Auf den Spuren der Roten Kapelle

W0173669

Gilles Perrault

AUF DEN SPUREN DER ROTEN KAPELLE

Europaverlag
Wien · Zürich

CIP-Titelaufnahme der Deutschen Bibliothek

Perrault, Gilles: Auf den Spuren der Roten Kapelle /
Gilles Perrault. [Aus d. Franz. übertr. von E. u. R. Thomsen]. –
Überarb. u. erw. Neuausg. – Wien ; Zürich : Europaverl., 1990
Einheitssacht.: L'orchestre rouge ‹dt.›
ISBN 3-203-51104-5

Überarbeitete und erweiterte Neuausgabe

Titel der französischen Originalausgabe

L'Orchestre rouge,
nouvelle édition revue et augmentée
© Librairie Arthème Fayard 1989
Erstausgabe Librairie Arthème Fayard 1967

Aus dem Französischen übertragen von E. und R. Thomsen
Alle Rechte an dieser Übersetzung bei der
Rowohlt Verlag GesmbH, Reinbek bei Hamburg 1969

Nachwort und Ergänzungen aus dem Französischen
übertragen von Wolfgang Astelbauer und Jessica Beer,
Übersetzung der Erstausgabe 1969 für die Neuauflage
bearbeitet von der Europa Verlag GesmbH 1990

Lektorat: Wolfgang Astelbauer

Graphische Gesamtgestaltung: Catherine F. Littasy-Rollier, Wien

Medieninhaber: Europa Verlag GesmbH, Wien
Deutsche Rechte by Europa Verlag GesmbH 1990
Hersteller: Elbemühl Graphische Industrie GesmbH, Wien
Printed in Austria

ISBN 3-203-51104-5

Inhalt

I. Das Netz

II. Der Grand Chef

III. Die Zentrale

Für meine Eltern,
Georges und Germaine Peyroles,
die in einer anderen Kapelle
mitgespielt haben

Das Netz

I

Von Cranz bis Utah Beach

Der Funker Walter Schmidt schob seinen Stuhl zurück, stand auf und reckte sich. Er fühlte sich zerschlagen und war schlecht gelaunt. Die Juninächte in Ostpreußen sind kurz – sicher dämmerte es schon. Er warf einen Blick auf die Uhr. 3 Uhr 30. Erst um 6 Uhr würde die Ablösung erfolgen; bis dahin hatte Schmidt nichts anderes zu tun, als den norwegischen Sender abzuhören. Langweilige Geschichte. Eine kleine Gruppe von Widerstandskämpfern mußte irgendwo in den Bergen einen Sender mit sich herumschleppen. Jede Nacht, Punkt 3 Uhr 48, nahm sie mit London Verbindung auf und übermittelte eine Meldung von ungefähr zehn verschlüsselten Codegruppen. Schmidt wußte, daß deutsche Spezialisten nach Norwegen geschickt worden waren, um diesen Geheimsender aufzustöbern. Keine leichte Aufgabe: die Bergketten schirmten ihn ab und erschwerten das Anpeilen. Man hatte versucht, die Schwierigkeiten durch Überfliegen der Gebiete zu bewältigen, in einen Fieseler Storch waren Peilgeräte eingebaut worden, aber sobald das kleine Beobachtungsflugzeug über den Fjorden auftauchte, verstummte der Sender, und die Flieger mußten unverrichteterdinge umkehren, wenn der Treibstoff verbraucht war.

Eines Tages aber würde man sie erwischen: man erwischte sie immer. Wozu das alles? Schmidt konnte an diesem norwegischen Geheimsender nichts Aufregendes finden. Der Sender funkte nach London, aber London war so gut wie genommen. Den Klartext der Nachrichten, die Schmidt auffing und um deren Entschlüsselung sich deutsche Dienststellen bemühten, würde man bald in irgendeinem Büro in London finden. Hitler hatte zwar die Invasion Englands abgeblasen, aber aufgeschoben war nicht aufgehoben. Den alten britischen Löwen hob man sich als besonderen Leckerbissen bis zuletzt auf. Inzwischen wurde der russische Bär in Scheiben zerlegt. Vor vier Tagen, am 22. Juni 1941, hatten Panzerdivisionen der Wehrmacht den Bug überquert und die Grenztruppen der Roten Armee unter ihren Panzerketten zermalmt. Von diesem Zeitpunkt an geizte das Oberkommando mit präzisen Angaben über den Verlauf der Operationen. Ein gutes Zeichen! Im Mai 1940, bei Beginn der Offensive im Westen, war man ebenso zurückhaltend gewesen: wozu den französischen Generalen auf ihrem hastigen Rückzug noch wertvolle Auskünfte geben? Jetzt waren es die russischen Generale, die nicht mehr genau wußten, wo die

Front verlief, und auch ihnen würde man keine Hinweise geben. In einigen Tagen, wenn die ganze Geschichte vorbei war, würde der deutsche Rundfunk eine von triumphierendem Fanfarengeschmetter angekündigte Sondermeldung bringen und die Vernichtung der Roten Armee bekanntgeben. Aber er, Walter Schmidt, würde an der Siegesparade vor dem Kreml nicht teilnehmen können. Er mußte in Cranz bleiben, um die lächerlichen Funksprüche eines Geistersenders abzufangen ...

Der Funker ging zum Fenster und drückte seine Stirn an die kühle Scheibe. Die Abhörstation von Cranz war einige hundert Meter von der Ostsee entfernt installiert. Trübsinnig starrte er auf die hohen Dünen am Strand. Heute morgen waren die Möwen landeinwärts geflogen. Das bedeutete Gewitter für den kommenden Tag, aber Schmidt wußte es nicht, er stammte aus den bayerischen Bergen. Die Melancholie der ostpreußischen Landschaft machte ihn beklommen und verschlimmerte seine bereits üble Laune. Er ging zum Tisch zurück, stülpte den Kopfhörer über, stellte sein Empfangsgerät auf die Frequenz von 15 465 Kilohertz, die Wellenlänge des norwegischen Senders, und wartete ohne Spannung auf das Rufzeichen, das pünktlich um 3 Uhr 48 ertönen würde.

Die voranstehenden Sätze sind zum größten Teil reine Erfindung. Der Autor weiß nicht, welcher Funker in der Nacht vom 25. zum 26. Juni 1941 damit beauftragt war, den norwegischen Sender zu überwachen. Er weiß auch nichts über seinen Seelenzustand. Er kann zu Recht vermuten, daß die Fensterscheibe des Raumes kühl war, aber er kann nicht wissen, ob der Funker tatsächlich seine Stirn gegen diese Scheibe drückte. Auch die Gewohnheiten ostpreußischer Möwen sind dem Autor unbekannt, und völlig aus der Luft gegriffen ist die Voraussage, daß sich über Cranz im Laufe des 26. Juni 1941 ein Gewitter entladen wird.

Der Autor hat sich entschlossen, den Funker in Cranz als einen Bayern darzustellen, dem es leid tut, daß er an dem Siegeszug gegen Rußland nicht teilnehmen darf, aber genausogut hätte er sich einen dicken Burschen ausdenken können, der höchst zufrieden ist, daß er den Staub der russischen Landstraßen nicht schlucken muß, oder gar einen fanatischen Nazi, der mit zusammengebissenen Zähnen auf die Sendung der verdammten Norweger wartet. Hielte sich der Autor an die wenigen Auskünfte, die ihm zur Verfügung standen und die er überprüfen konnte, müßte er sich auf folgende Zeilen beschränken:

Die Abhörstelle von Cranz war damit beauftragt, Geheimsendungen abzufangen. In der Nacht vom 25. auf den 26. Juni 1941 stellte ein Funker zur gewohnten Stunde sein Abhörgerät auf die Sendefrequenz eines norwegischen Senders ein. Aber an Stelle des norwegischen Rufzeichens hörte er ein unbekanntes Signal: KLK von PTX – KLK von PTX – KLK von PTX. Darauf folgte eine Meldung von mehreren chiffrierten Codegruppen. Der Funker erstattete Bericht über die Entdeckung eines neuen Geheimsenders und notierte die verwendete Frequenz. So begann das Unternehmen, das zum Alptraum von Himmler und Admiral Canaris werden und Hitler dazu bringen sollte, am 17. Mai 1942 zu erklären: »Die Bolschewiken sind uns auf einem einzigen Gebiet überlegen: in der Spionage.« Und an jenem Tag war Hitler noch nicht einmal der hundertste Teil von dem bekannt, was die Rote Kapelle vollbracht hatte.

Der Held dieser Geschichte ist Leopold Trepper, ein polnischer Jude, geboren am 23. Februar 1904 in Nowy Targ in Galizien, damals Provinz der österreichisch-ungarischen Monarchie. Sein Vater hatte eine Art Krämerladen, wo die Bauern einkauften. Die meisten Kunden, arm wie er, hatten kein Geld und bezahlten das Saatgut in Naturalien. Er starb 1917, mit 47 Jahren hatte er sich zu Tode gearbeitet, und ließ seine große Familie in Unsicherheit und Not zurück. Durch den Vertrag von Versailles geriet Nowy Targ bald darauf unter die Oberhoheit der 1918 gegründeten Republik Polen.

Wien hatte sich seinen Minderheiten gegenüber tolerant gegeben. Der eingefleischte Antisemitismus Warschaus wurde durch die wirtschaftliche Krise noch verschärft. Schon im Gymnasium trat der junge Trepper dem Haschomer Hazaïr bei, einer zionistischen, jedoch marxistisch beeinflußten Jugendbewegung. Drei Strömungen standen einander gegenüber. Die erste sah die einzige Lösung der jüdischen Frage in der sozialen Revolution: man hatte sich also darauf geeinigt, sich ohne Vorbehalt der Kommunistischen Partei Polens anzuschließen. Die zweite trat für die Schaffung eines sozialistischen jüdischen Staates in Palästina ein. Trepper gehörte der dritten Gruppe an, die an der Seite der kommunistischen Partei kämpfen wollte und gleichzeitig auf der Eigenheit ihrer Organisation beharrte. 1920 stieg Trepper in die nationale Verbandsleitung auf, verließ das Gymnasium und begann eine Uhrmacherlehre.

1921 zog die Familie nach Dombrowa in Oberschlesien, einer Industriestadt, die im Kohlenstaub erstickte. Trepper, der seinen religiösen Glauben längst verloren hat, lernt dort die furchtbaren Lebensbedingungen von Arbeitern kennen. Er leitet die lokale Organisation des Haschomer Hazaïr, beginnt jedoch heimlich für die kommunistischen Jugendverbände zu arbeiten. Für einen Hungerlohn verdingt er sich in einem metallverarbeitenden Betrieb, später dann in einer Seifenfabrik. Um seinen mageren Lohn aufzubessern, schmuggelt er hin und wieder Alkohol nach Krakau, wo die örtlichen Steuern die Preise hinaufgetrieben haben. Er nutzt die Gelegenheit, um an der Universität von Krakau Vorlesungen für Soziologie und Psychologie zu besuchen.

Von diesen Ausflügen abgesehen stürzt er sich unverzüglich in die politische Arbeit: Versammlungen und Demonstrationen, Abfassung und Verbreitung von Flugblättern. Von jetzt an steht für ihn fest, daß der Kommunismus die einzige Lösung der jüdischen nationalen Frage und die Antwort auf die Ausbeutung des Menschen durch den Menschen ist.

Er ist am Verhungern. Wie alle Arbeiter Polens. 1923 treibt das Elend Zehntausende Streikende auf die Straßen Krakaus. Sie besetzen die Stadt. Die Regierung hetzt ihre Lanzenreiter auf sie. Der Aufstand wird erbarmungslos niedergeschlagen. Trepper, einer der Organisatoren des Streiks, ist nun arbeitslos und polizeibekannt. Es bleibt ihm keine andere Wahl, als unterzutauchen oder Polen zu verlassen.

Ein Foto der illegalen kommunistischen Zelle, der Trepper damals angehörte, ist allen Nachforschungen der polnischen Polizei und später der Gestapo entgangen. Es zeigt zehn ganz junge Leute mit verschlossenen Gesichtern. Sie sehen einander alle sehr ähnlich: eine gemeinsame Leidenschaft beseelt sie, und die Anspannung verleiht ihnen denselben harten Zug. Unnahbar und verzweifelt zugleich. Und doch entdeckt man Trepper sofort. Obwohl das Alter und die Angst sein Gesicht zeichnen werden, erkennt man ihn an seinen hellgrauen Augen, die zugleich eine unerbittliche Entschlossenheit und eine überraschende Zartheit zum Ausdruck bringen.

Im April 1924 schifft er sich mit etwa fünfzehn Kameraden als Mitglied des Haschomer Hazaïr nach Palästina ein. Von Dombrowa nimmt er die ersten vier Buchstaben mit: in den folgenden zehn Jahren wird »Domb« sein Pseudonym sein. Danach wird er zum »Grand Chef« werden. Seine Männer und die der Gestapo werden ihn so nennen.

Im Hafen von Jaffa begegnet er dem Elend wieder. Und der Ausbeutung. Die Wirklichkeit – weit entfernt von den in Polen verbreiteten paradiesischen Vorstellungen – sah so aus, daß die reichen jüdischen Grundbesitzer des Landes die Einwanderer, die den Kopf voller Träume in Palästina ankamen, schamlos ausbeuteten. Er beginnt in den Sümpfen zu arbeiten, die trockengelegt werden, watet den ganzen Tag, von Mückenschwärmen zerstochen, im Schlamm, der einzige Brunnen ist kilometerweit entfernt. Und doch muß er sich glücklich schätzen, Arbeit zu finden: das jüdische Bürgertum bevorzugt arabische Arbeiter, die von der einzigen Gewerkschaft Histadrút nicht in ihren Reihen geduldet werden.

1925 tritt er in die Kommunistische Partei Palästinas ein. Sie zählt ein paar hundert Aktive und wird von den zionistischen Organisationen, dem arabischen Bürgertum und der englischen Polizei bekämpft. Der für Trepper einzig mögliche Ausweg aus dieser Umklammerung: die arabischen Massen zu gewinnen. Das Zentralkomitee gibt grünes Licht, und er gründet die »Einheit«. Ziel ist die Verwirklichung einer Aktionsgemeinschaft von Juden und Arabern gegen die englischen Besatzer auf der Grundlage eines Programms elementarer sozialer Forderungen, das durch die Öffnung der Histadrút für arabische Arbeiter durchgesetzt wird.

Der Erfolg stellt sich sofort ein. Im ganzen Land entstehen Gruppen der »Einheit«. Beim ersten Kongreß im Jahre 1926 versammeln sich hundert Delegierte, darunter vierzig Araber. Trepper ist aktiver denn je. Wenn er nicht gerade unterwegs ist, haust er mit neun Kameraden in einer Baracke in Tel Aviv, wo es im Sommer drückend heiß und im Winter eiskalt ist. Sie ernähren sich hauptsächlich von Tomaten und Obst. (Diese jungen Leute in kurzen Hosen und Unterhemden, furchtbar mager und arm, aber davon überzeugt, Geschichte zu machen, sind der Kern der zukünftigen Roten Kapelle.)

Die englische Polizei schlägt in den letzten Monaten des Jahres 1928 zu. Trepper, der bereits mehrere Monate im Gefängnis von Jaffa hinter sich hat, wird mit 23 Kameraden in der mittelalterlichen Festung Akka eingesperrt. Als die Gefangenen von ihrer bevorstehenden Deportation nach Zypern erfahren, treten sie in Hungerstreik. Der Streik wird zwar zunächst nicht ernst genommen, aber sie halten durch. Die britische Presse empört sich, es kommt zu Anfragen im Parlament. Der Vertreter der Krone in Palästina beschließt, seine lästigen Gefangenen freizulassen. Da sie zum Gehen zu schwach sind, legt man sie auf Tragbahren und bringt sie vor das Gefängnistor.

Einige Wochen später bricht Trepper nach Marseille auf. Er ist von den Behörden ausgewiesen worden. In sein Jackenfutter hat er eine Empfehlung des Zentralkomitees der Kommunistischen Partei Palästinas an die Kommunistische Partei Frankreichs eingenäht.

Er arbeitet als Tellerwäscher in einem Restaurant in Marseille, bis er sich einen Anzug kaufen kann. Er ist fünfundzwanzig Jahre alt und hat noch nie einen getragen. In Paris kommt er als Handlanger auf Baustellen unter, arbeitet in Pantin als Schienenträger, dann bei der Paketbeförderung, als Fußbodenreiniger, als Maler und Anstreicher. In einem Hotel der untersten Kategorie, dem Hôtel de France im Quartier Latin, hat er Alter Strom, seinen Jugendfreund, wiedergetroffen, einen Parkettleger und aktiven Kommunisten.

Die Empfehlung der Kommunistischen Partei Palästinas hat ihm die Türen zur französischen Partei geöffnet. Er leitet die jüdische Sektion der MOE*, deren Nachfolgeorganisation MOI sich in der Résistance auszeichnen wird, ist in der »Kultura Liga« aktiv, die sich in der jüdischen Gemeinde großer Beliebtheit erfreut, und gründet die in jiddischer Sprache erscheinende Wochenschrift »Der Morgen«, die bald ein echter Erfolg wird.

Im Sommer des Jahres 1932 bricht all das zusammen, und wieder einmal muß er sich aus dem Staub machen.

In Frankreich gab es damals einen sowjetischen Spionageapparat, der mit verblüffend einfachen Methoden zu erstaunlichen Ergebnissen kam. Er war auf dem System der »Rabkors« aufgebaut worden – so bezeichneten die Sowjets ihre »Arbeiterkorrespondenten«. Die Idee stammte von Lenin selbst. Die russische Revolution hatte die meisten der bürgerlichen Journalisten gezwungen, ins Ausland zu flüchten. Um die Berufsjournalisten zu ersetzen, mußte man sich an Amateure wenden. In Dörfern und Fabriken ersetzten Arbeiter die Pressekorrespondenten; sie überschütteten die Sowjetzeitungen mit Artikeln über lokale Probleme und denunzierten gleichzeitig Verräter und Saboteure. Die Polizei kam dabei auf ihre Kosten. Das System wurde später auf das Ausland ausgedehnt, und diesmal war es der russische Geheimdienst, der daraus seinen Nutzen zog.

In Frankreich gab es 1929 dreitausend »Rabkors«, von denen manche in den Militärarsenalen oder in Fabriken der Rüstungsindustrie arbeiteten. In ihren für die kommunistische Presse bestimmten Artikeln prangerten sie die ungünstigen Arbeitsbedingungen an und berichteten zwangsläufig auch über die Arbeit selbst. Die aufschlußreichsten Artikel wurden nicht veröffentlicht. Man übermittelte sie der Sowjetbotschaft in Paris, die sie nach Moskau weiterleitete. Lieferte irgendein »Rabkor« besonders interessante Informationen, wurde unverzüglich ein Agent zu ihm geschickt, um ihn über jede Einzelheit auszufragen.

Diese erfolgreiche Organisation arbeitete drei Jahre lang ohne jeden Zwischenfall. Im Februar 1932 ging bei der französischen Polizei eine Denunziation ein. Aber trotzdem brauchte der mit der Untersuchung beauftragte Kommissar, der den erstaunlichen Namen Faux-Pas-Bidet trug, mehr als ein halbes Jahr, um das Spionagenetz aufzudecken. In seinen Berichten sparte er nicht mit Bewunderung für die Spione, um deren Verhaftung er sich bemühte. Besonders

---

* *Die MOE (Main-d'Œuvre étrangère) faßte in Frankreich lebende ausländische Kommunisten in nationalen Gruppen zusammen. Sie wurde von einer Sonderabteilung des Zentralkomitees geleitet.*

der Chef zeichnete sich durch eine ungewöhnliche Geschicklichkeit aus, den Fahndungen zu entschlüpfen und gestellten Fallen auszuweichen. Er schien über eine vollständige Liste aller Häuser in Paris zu verfügen, die einen zweiten Ausgang besaßen. Fassungslos und bewundernd zugleich nannten ihn die Polizisten »Fantômas«. Als man ihn endlich gefaßt hatte, stellte sich heraus, daß es sich um einen über Palästina nach Frankreich gelangten polnischen Juden handelte. Er hieß Izaia Bir und war achtundzwanzig Jahre alt. Sein engster Mitarbeiter, siebenundzwanzig Jahre alt, war ebenfalls ein polnischer Jude, der auf dem Umweg über Palästina nach Frankreich gekommen war.

Es war Alter Strom, Treppers Jugendfreund und Zimmernachbar im Hôtel de France.

Die Akte der Sûreté läßt nicht den geringsten Zweifel daran, daß diesem Spionagenetz ein gewisser Leopold Trepper angehörte, der jedoch bis zu seinem Lebensende dabei blieb, nichts mit der Sache zu tun gehabt zu haben. Glaubt man Trepper, hatte Strom ihn unbedachterweise in Gefahr gebracht, indem er seine Post an Domb adressieren ließ. Trepper hatte ihm seine Briefe ausgehändigt, ohne auch nur einen Augenblick daran zu denken, daß sie etwas mit Spionage zu tun haben könnten. Auf jeden Fall suchte die französische Polizei nun nach ihm, und es blieb ihm nichts anderes übrig, als zu verschwinden.

Trepper war achtundzwanzig Jahre alt, als er in Moskau ankam, tief bewegt, nun im Herzen des Landes zu sein, das er als Heimat des Sozialismus betrachtete.

Hier endet der erste Lebensabschnitt des Grand Chef. Wir haben ihn in großen Zügen verfolgt, von Polen über Palästina nach Paris und Moskau.* Aber es ist einfacher, zwanzig Jahre aus dem Leben irgendeines Menschen zu schildern, als auch nur eine Viertelstunde aus dem Leben dieses Mannes wiederzugeben. Das gilt zum Beispiel auch schon für Treppers erste Begegnung mit Georgie de Winter 1939 in Brüssel. Georgie ist die Tochter eines großen, schlaksigen, gut aussehenden Amerikaners, einer Mischung von Gary Cooper und Cary Grant. Er ist Dekorateur bei der Paramount in Hollywood und versucht sich auch als Schauspieler. Georgie ist mit ihrer Mutter nach Belgien zurückgekehrt und führt das Leben eines jungen Mädchens aus gutem Hause. Sie studiert klassischen Tanz. Sie ist zwanzig Jahre alt und sehr schön. Fotos lassen ihren Zauber erkennen, ihre graziöse, vollendete Haltung, ihre strahlenden Augen. Noch zwanzig Jahre später wirkt die Erwähnung ihrer Person in den Erzäh-

---

* *Genauere Angaben finden sich in der leidenschaftlichen Autobiographie Treppers, die 1975 unter dem Titel »Die Wahrheit« (»Le Grand Jeu«) erschien.*

lungen der Überlebenden wie eine schöne, erfrischende Oase inmitten einer Landschaft des Grauens.

Trepper ist fünfunddreißig Jahre alt. Schön kann man ihn nicht nennen: er hat zwar ein interessantes, gut geschnittenes Gesicht, welliges, blondes Haar und auffallende Augen, aber er ist von gedrungener Statur und neigt zur Fülle. Sein Charme liegt in der Mischung aus Heftigkeit und Sanftmut, die ihm eine besondere Anziehungskraft verleiht. »Der geborene Chef«, urteilt der Maler Bill Hoorickx, »Trepper besaß die Kraft und die Vitalität eines Stiers.« – »Man spürte, daß er ständig unter Spannung stand«, ergänzt der Buchdrucker Mignon. Für Madame Queyrie, eine Büroangestellte, war er »ein guter Mensch, einer der besten aller Menschen!« Und der Schriftsteller Claude Spaak sagt: »Er war unendlich gütig. Es ging eine Kraft von ihm aus, die beruhigte und Vertrauen einflößte. In seiner Gegenwart wurde alles einfach. Er hätte einen ausgezeichneten Beichtvater abgegeben.«

Georgie geht in eine Konditorei. Beim Bezahlen läßt sie ihre Handschuhe fallen. Trepper bückt sich schnell und hebt sie auf. Seine Aufmerksamkeit und seine Art zu sprechen gefallen ihr; sie willigt ein, ihn wieder zu treffen. Einige Monate später ist Brüssel von der Wehrmacht besetzt. Georgie geht mit einer Freundin spazieren, auf der gegenüberliegenden Straßenseite läßt ein deutscher Offizier seine Handschuhe fallen. Ein Mann hebt sie auf und reicht sie lächelnd dem Offizier: wieder ist es Trepper. Georgie vermutet, daß dies eine Manie von ihm sein muß. Sie spricht ihn nicht an, denn auf Treppers Wunsch ignorieren sie sich, wenn einer von ihnen in Begleitung ist. Aber noch sind wir nicht soweit ...

Sie treffen sich. Georgie sieht natürlich in Trepper nur die Person, die er zu sein vorgibt: den großen Geschäftsmann. Wie könnte sie auch ahnen, daß sich hinter diesem liebenswürdigen, korpulenten Herrn ein Mann verbirgt, der am Aufstand von Dombrowa beteiligt war, sich in Palästina durchgeschlagen hat und als Komplize von »Fantômas« Paris verlassen mußte? Sie kann weder wissen, daß er aus Moskau kommt, noch ahnen, was er dort getan hat.

Was hatte er dort wirklich getan?

Von 1932 bis 1934 besuchte er die Vorlesungen der Marchlewski-Universität für nationale Minderheiten. Mit knurrendem Magen, wegen ihrer häßlichen, aus abgelegten Uniformen bestehenden Kleidung von den Moskauern belächelt, büffelten die Studenten Wirtschafts- und Sozialwissenschaften im Lichte des Marxismus-Leninismus. Die Vorlesungen dauerten täglich zwölf bis vierzehn Stunden.

Nach seinem Abgang von der Universität teilt ihn das Zentralkomitee der

Tageszeitung »Der Emes«, der jiddischen Ausgabe der »Prawda«, zu. Er arbeitet dort bis 1936, redigiert Berichte und Leitartikel. Die stalinistischen Säuberungen dezimieren die Redaktion. In ständiger Angst wartet man darauf, selbst an die Reihe zu kommen. Das Schlimmste ist nicht die Aussicht auf den Tod, sondern zu sterben, ohne zu wissen warum.

Ende 1936 kommt sein Freund Strom von der Gruppe »Fantômas« nach Verbüßung seiner Gefängnisstrafe in Frankreich nach Moskau. Er glaubt nicht an die offizielle Version der Ereignisse, die zur Zerstörung des Netzes geführt haben. Alle Welt hält einen Redakteur der »l'Humanité« namens Riquier für verantwortlich. Aber Strom ist von dessen Verrat nicht überzeugt und schlägt vor, Trepper mit der Mission nach Paris zu schicken, die Sache zu klären.

General Bersin, Chef des Geheimdienstes der Roten Armee, gibt seine Zustimmung.

Fünf Jahre nach seiner Flucht kehrt Trepper also mit einem falschen Paß auf den Namen Sommer nach Frankreich zurück. Er gibt sich als Verwandter von Strom aus und sucht zunächst die beiden wichtigsten Anwälte des »Fantômas«-Prozesses auf: Ferruci und André Philip, den bekannten Führer der Sozialistischen Partei. Dann führt er eine gründliche Untersuchung durch und kommt nach einigen Monaten zu der Überzeugung, daß Riquier unschuldig ist. Das ist wichtig, denn die Kommunistische Partei Frankreichs wird dadurch von dem Vorwurf reingewaschen, in ihren Reihen einen Spitzel gehabt zu haben. Aber Trepper gelingt noch mehr: er findet den wirklichen Verräter, einen holländischen Juden, der als ehemaliger Chef eines sowjetischen Spionagerings in den Vereinigten Staaten vom FBI verhaftet und umgedreht worden war und dem amerikanischen Geheimdienst auch noch Nachrichten lieferte, als Moskau ihn nach Frankreich versetzt hatte. Das FBI selber hatte ihn bei den französischen Dienststellen denunziert. Trepper fährt nach Moskau zurück, um seinen Vorgesetzten Bericht zu erstatten; er benutzt für diese Reise einen luxemburgischen Paß, der auf den Namen Majeris ausgestellt ist. Fünf Monate später kommt er nach Frankreich zurück, um die Beweise für den wirklichen Verrat zu holen: die Fotokopien aller Briefe, die zwischen dem holländischen Agenten und dem amerikanischen Militärattaché in Paris gewechselt wurden.

Der Geschäftsmann, den Georgie in der Brüsseler Konditorei vor sich zu haben glaubt, hält sich in Belgien auf, um dort ein Spionagenetz aufzuziehen, dessen Chef – dessen Grand Chef – er selbst sein wird.

Sie treffen sich wieder und finden Gefallen aneinander. Das wäre ein hübscher Anfang, selbst für eine Geschichte mit einem entsetzlichen Ende. Aber Georgie, so bezaubernd sie aussieht, erwartet ein Kind von einem Liebhaber, der sie verlassen hat. Und Trepper ist, bei all seiner Güte, auf dem besten Wege, Luba, die Gefährtin der harten Jahre, zu verraten. Er hat sie in Palästina kennengelernt, wo sie aktiv in der »Einheit« mitarbeitete. Sie ist ebenso alt wie er und ebenfalls Jüdin. Auch sie kommt aus Polen. Sie haben beide in der Jugend die gleichen schweren Zeiten durchgemacht, den gleichen illegalen Kampf geführt. Damals arbeitete sie in einer Schokoladenfabrik und studierte nachts, um Lehrerin zu werden. Sie gehörte einer kommunistischen Zelle an, die von einem sehr jungen Menschen namens Botvine geleitet wurde. In dieser Zeit richtete ein polnischer Spitzel in den Reihen der illegalen kommunistischen Partei große Verheerungen an. Zwei Attentate gegen den Verräter mißglückten. Die von Botvine geleitete jüdische Zelle beschloß, das Todesurteil zu vollstrecken, und tat es auch. Luba muß nach Palästina flüchten, wo sie mit Trepper zusammenarbeitet. Bei einer verbotenen kommunistischen Kundgebung verhaftet und zu einer Gefängnisstrafe verurteilt, kann sie sich der Ausweisung nur durch die Scheinheirat mit einem palästinischen Staatsbürger entziehen. Als sie schließlich Trepper in Frankreich wiedertreffen will, benutzt sie den Paß eines syrischen Arabers und gibt sich als dessen Frau aus.

Man wird zugeben, daß ein Paar, das solche Prüfungen bestanden hat, nicht den Regeln eines bürgerlichen Lustspiels und dessen frivolen Seitensprüngen unterliegt. Übrigens zögert Trepper nicht lange, Georgie und Luba miteinander bekannt zu machen. In allen Dingen ist er verschwiegen, nur nicht in der Liebe. Als er Georgie de Winters Handschuhe aufhebt, warten Luba und ihre zwei Kinder in einer Luxuswohnung in Brüssel auf ihn. Der erste Sohn wurde 1931 in Paris geboren, der zweite 1936 in Moskau. Doch das Kind, das in unserer Geschichte eine Rolle spielen wird, stammt nicht von Luba und Trepper: es ist das Kind, das Georgie in ihrem Schoß trägt.

Der Autor hätte über die erste Begegnung zwischen Georgie und dem Grand Chef ein ungeheuer spannendes Kapitel schreiben können. Liebe auf den ersten Blick zwischen einer Tänzerin und einem Spion – daraus ließe sich eine packende Szene machen. Er könnte das bezaubernde Kleid schildern, das die Tänzerin an diesem Tag trug; er könnte erzählen, wie Trepper sich vorstellte und welche Worte die beiden wechselten. Aber da der Autor bedauerlicherweise bei diesem Zusammentreffen, das so ungewöhnliche Folgen haben sollte, nicht zugegen war, wäre alles reine Erfindung.

Vergangenen Ereignissen nachzuspüren, hat etwas von der Arbeit eines Forschers, der sich mit den Überresten ausgestorbener Tiere beschäftigt. Hier und dort stößt man auf eine Spur, und wer eine glückliche Hand hat und genügend Ausdauer besitzt, dem kann es sogar gelingen, ein beinahe vollständiges

Skelett zusammenzustellen. Unglücklicherweise hat das breite Publikum nur ein beschränktes Interesse für derartige Gerippe. Zu leicht unterliegt man deshalb der Versuchung, die Dinge zu verschönern, eine prächtige Haut über die Knochen zu ziehen und in der Hoffnung, die Fauna prähistorischer Zeiten getroffen zu haben, das Skelett vor eine Kulisse zu stellen. Schließlich präsentiert man dann dem Publikum kein prähistorisches Reptil mehr, sondern ein aus Seemannsgarn gesponnenes Meeresungeheuer. Aus dem Exemplar für ein Museum ist eine Jahrmarktsattraktion geworden.

Einem Spion nachzuspüren, ist wahrscheinlich oft noch schwieriger als die Suche nach verschwundenen Urtieren. Ein General hinterläßt glänzende Spuren. Man kennt seine Uniform und seine Taten; man weiß, welche Schlachten er geschlagen hat, der Wortlaut seiner Tagesbefehle und seiner Lageberichte ist bekannt, und häufig sogar stehen seine Memoiren zur Verfügung. Handelt es sich beispielsweise um Napoleon, braucht man nicht zu erfinden, daß er an einem bestimmten Tag mit Leberschmerzen aufwachte: es genügt, schlicht bei der Wahrheit zu bleiben und zu beschreiben, wie er an diesem bestimmten Tag vor dem Problem stand, seine Armee über die Donau zu bringen.

Ein Spion dagegen muß notgedrungen unauffällig sein – ein Meister in der Kunst, unsichtbar zu bleiben. (Wäre er es nicht, würde man nicht über ihn schreiben.) Man kennt weder seine Pläne noch seine Sorgen, geschweige denn sein tägliches Leben. Sogar seine Tätigkeit ist unauffällig: er trifft Verabredungen zu einem kurzen Wortwechsel an einer Straßenecke, um gleich darauf einem anderen Treffpunkt zuzustreben. Mitunter gelingt es der Polizei, ihn festzunehmen, aber leicht schlüpft er dem Biographen durch die Finger.

Dieser fühlt sich also gezwungen, sein Urtier mit bunten Farben auszustatten, um es überhaupt kenntlich zu machen. Kühn macht er uns mit den Gedanken seines Helden vertraut, dichtet ihm ein auffälliges Gebaren an und erfindet auf gut Glück einen Tageslauf. Wenn der Spion zu seinem Chef ins Allerheiligste der betreffenden Geheimdienststelle befohlen wird, sitzt unser Biograph unter dem Tisch versteckt, um den Dialog aufzuzeichnen. Oder er tut zumindest so. Darum sind von allen historischen Berichten gerade die über Spionageaffären besonders lebendig geschrieben und mit vielen Einzelheiten ausgeschmückt. Ein amüsantes Paradox, wenn man bedenkt, daß gerade solche Vorfälle sich naturgemäß besonders schwer recherchieren lassen. So enthalten zum Beispiel die meisten Bücher, die sich mit Richard Sorge beschäftigen, genaue Details seiner Aktivität, ja sogar seiner Gedanken. Bedenkenlos wird berichtet, was er in intimen Augenblicken zu seiner jeweiligen Geliebten gesagt haben soll, ja sogar die Geste, mit der er seine Worte unterstrichen hat – es ist die gleiche Technik, in der sich der Verfasser dieses Buches bei der Beschreibung der Abhörstation von Cranz versuchte.

Der Vergleich mit Sorge ist nicht zufällig gewählt. Als Trepper 1939 in Belgien sein Spionagenetz aufzieht, arbeitet Sorges Organisation bereits in Tokio. Der Grand Chef holt den Vorsprung schnell auf. Alle Spezialisten der Spionage, die der Autor befragt hat, behaupten, daß Trepper, was die Wichtigkeit der von ihm ermittelten Nachrichten anging, Sorge ebenbürtig, ihm in der Organisationstechnik aber weit überlegen war. Das Schicksal der beiden Meisterspione war nicht das gleiche. Sorges Weg verlief schnurgerade: er spionierte, wurde gefaßt und gehängt. Die Geschichte des Grand Chef ist eine ganz andere ...

Der Verfasser hat diese Geschichte bewußt nicht romanhaft verbrämt, nicht etwa, weil er eine solche Technik verachtet, sondern aus einer persönlichen Scheu heraus. Nicht ungestraft nämlich beschäftigt man sich mit Menschen und ihren Schicksalen, und der Autor hat das Schicksal der Angehörigen der Roten Kapelle drei Jahre lang verfolgt. Dem Autor erging es ein wenig wie jemandem, der einem Urtier nachspürt und plötzlich entdeckt, daß die aufgefundenen Knochenreste nicht zu irgendeinem Reptil gehören, sondern heilige Reliquien sind. Da kann von bunten Farben keine Rede mehr sein. Der Autor hat keineswegs eine besondere Verehrung für sowjetische Spionageorganisationen, aber er hat Respekt vor dem Mut der Männer und Frauen der Roten Kapelle bekommen, und vor dem schrecklichen Schicksal, das die meisten von ihnen getroffen hat. Als die Agentin Käthe Voelkner von einem deutschen Militärgericht zum Tode durch Enthaupten verurteilt wurde, grüßte sie lächelnd mit der geballten Faust und sagte: »Ich bin glücklich, etwas für den Kommunismus getan zu haben.« Es würde dem Verfasser nicht einfallen, diese authentischen Worte in billiger Weise auszuschmücken. Es sind die einzigen Worte, von denen er mit Sicherheit weiß, daß Käthe Voelkner sie ausgesprochen hat. Er kann ihr keine anderen in den Mund legen. Ebensowenig will er die erste Begegnung zwischen Georgie und dem Grand Chef ausschmücken. Er weiß nur, daß sie sich liebten, daß Georgie Luba und er das ungeborene Kind hinnahm. Als es am 29. September 1939 auf die Welt kam, ging Trepper mit einem Riesenkorb voller Orchideen in die Klinik, beugte sich über die Wiege, betrachtete das Kind und sagte: »Ich werde es lieben, als wäre es mein eigenes.«

Das war ehrlich und großzügig. Aber einen Monat vor der Geburt des kleinen Patrick war der Zweite Weltkrieg ausgebrochen, und es bleibt fraglich, ob es Segen bringt, in Kriegszeiten – wenn auch nur inoffiziell – von einem Spion adoptiert zu werden.

Dieses Buch ist ein heikles Unterfangen. Wenn Spionageberichte, wie behauptet wird, nur dann lebendig wären, wenn sie romanhaft ausgeschmückt sind, dann wäre dieses Buch von vornherein zum Scheitern verurteilt. Walter Schmidt, so wie ihn der Autor gezeigt hat, ist eine erfundene Figur. Sollte diese Gestalt in den Augen des Lesers echter wirken als der Grand Chef, dann wäre das Unterfangen mißlungen.

Utah Beach ist nur ein paar Kilometer von dem Ort entfernt, wo ich diese Zeilen schreibe. In diesem Abschnitt landete am 6. Juni 1944 die 4. amerikanische Division an der Küste des Cotentin. Mit bewundernswertem Eifer hat die Stadtverwaltung ein Museum eingerichtet. Alles, was von der Schlacht zeugt, die an jenem Tag getobt hat, ist hier zusammengetragen: es ist ohne Zweifel die vollständigste und erschütterndste Sammlung an der Küste der Normandie. Später hat man dann komplizierte Apparate aus Amerika dazugestellt, die wie Fernsehgeräte aussehen. Im Innern sieht man kleine Bleisoldaten auf Förderbändern vorwärts stürmen, und Panzer und Kriegsschiffe, und auch die angreifenden Flugzeuge fehlen nicht. An den historischen Überresten gehen die Besucher flüchtig vorbei, aber von den Bleisoldaten können sie sich nicht trennen; man muß sie fast mit Gewalt zum Ausgang drängen. Manchmal kommen ehemalige Angehörige der 4. Division in das Museum, und auch sie bleiben bewundernd vor den kleinen Soldaten stehen ...

Das alles klingt recht melancholisch. Aber ich sehe von meinem Fenster aus weiße Tupfen auf den grünen Wiesen – Möwen, die sich ins Land zurückgezogen haben. Wenn der Autor auch die Gewohnheiten der ostpreußischen Möwen nicht kennt, so weiß er doch aus Erfahrung, daß es mit Sicherheit Sturm gibt, wenn die normannischen Wiesen weißgetupft sind.

Warten auf den Kampf

2

Michael Dzumaga, Kanadier, am 2. August 1914 in Winnipeg geboren, war im Spanischen Bürgerkrieg als Freiwilliger zu den Internationalen Brigaden gegangen. Er kam mit einem Paß nach Spanien, der die Nummer 43671 trug und 1937 ausgestellt worden war. Der Paß wurde ihm bei seiner Ankunft abgenommen. Das weitere Schicksal von Dzumaga ist unbekannt; vielleicht ist er gefallen, vielleicht lebt er noch, aber wenn er je wieder nach Kanada zurückgekehrt sein sollte, dann auf jeden Fall ohne seinen Paß. Der war nämlich im Besitz des Grand Chef und lautete – gut gefälscht – jetzt auf den Namen Mikler. Die Geschichte von Dzumagas Paß ist banal: fast alle angelsächsischen Freiwilligen der Internationalen Brigaden mußten ihre Ausweispapiere abgeben – zum großen Nutzen der sowjetischen Geheimdienste.

Der Grand Chef, jetzt Adam Mikler, kommt also im Herbst 1938 nach Brüssel. Er setzt sich sofort mit Leo Großvogel in Verbindung, den er aus Palästina kennt. Großvogel stammt aus einer großbürgerlichen jüdischen Familie, die seit Generationen in Straßburg ansässig ist. Nach einem romantischen, kurzen Aufenthalt in Palästina ist er wieder ins Geschäftsleben zurückgekehrt und leitet in Brüssel eine Firma mit mehreren Zweigniederlassungen: »Au Roi du Caoutchouc«, ein Fachgeschäft für Regenmäntel aller Art. Als leidenschaftlicher Kommunist leistet er weiterhin hervorragende, wenn auch vertrauliche Dienste und bietet Trepper sofort seine Mitarbeit an. Trepper stehen 10 000 Dollar zur Verfügung. Es wird beschlossen, das Geld in einem Exportgeschäft anzulegen, das dem Spionagenetz als Tarnung dienen soll. So wird die Firma »The Foreign Excellent Trench-Coat« gegründet – es bleibt bei Regenmänteln. Als Direktor wird ein Belgier engagiert, ungefähr sechzig Jahre alt, rundlich und jovial, mit weißem Schnurrbart und rosigem Teint, ein Liebhaber von guter Kost und guten Weinen: Jules Jaspar. Das ist ein Meisterstreich. Die Jaspars sind eine der großen belgischen Patrizierfamilien. Der Bruder von Jules war Ministerpräsident. Eine Straße in Brüssel wurde nach ihm benannt. Er selbst war lange als belgischer Konsul in Indochina und später in Skandinavien.* Mit einer solchen Persönlichkeit an der Spitze ist die Firma über jeden

* *Sein Neffe war bis 1966 belgischer Botschafter in Paris.*

24

Verdacht erhaben. Jules Jaspar ist zwar nicht völlig eingeweiht, vermutet aber, daß die Gewinne antifaschistischen Organisationen zugute kommen.

Im Jahre 1939 wird das Netz aufgebaut und seine Leistungsfähigkeit geprüft. Als der Zweite Weltkrieg ausbricht, ist der Grand Chef imstande, die aus Rußland kommenden Befehle auszuführen.

Seltsames Zusammentreffen: der erste Auftrag, den Moskau dem sowjetischen Agenten Trepper erteilt, ähnelt in vielem dem Auftrag, den der deutsche Agent Paul Leverkuehn von seinen Berliner Dienststellen erhält ...

Im März 1940 wurde Major Leverkuehn von der deutschen Abwehr mit einer merkwürdigen Aufgabe betraut: er sollte eine unbekannte Gegend erforschen. Selbst Geheimmissionen sind im 20. Jahrhundert im allgemeinen prosaischer. Wenn es sich auch noch um das Gebiet handelt, durch das in früheren Zeiten die alte Seidenstraße führte, auf der Marco Polo entlanggezogen war, kann man vermuten, daß Leverkuehn, wenn er auch nur ein bißchen romantisch veranlagt war, sich für einen Glückspilz gehalten haben muß.

Die letzten Schüsse des Polenfeldzugs waren vor sechs Monaten gefallen, man kämpfte in Europa nur noch rings um den Ladogasee, wo finnische und russische Truppen aufeinandergetroffen waren. Die französische und die deutsche Armee saßen einander am Rhein gegenüber und beobachteten den Feind am anderen Ufer. Leverkuehns Kollegen versuchten die feindlichen Operationspläne zu ergründen und bemühten sich, die Feuerstärke der Befestigungen der Maginotlinie zu erforschen. Ihre Gegner aus dem Deuxième Bureau verfolgten ein ähnliches Ziel: ihnen ging es darum, die deutschen Pläne und die Kampfstärke des Westwalls auszukundschaften. Es gab keinen ersichtlichen Grund, weshalb die Langeweile der »drôle de guerre« in absehbarer Zeit unterbrochen werden sollte. Leverkuehn packte seine Koffer und begab sich nach Täbris in Persien, wo er offiziell die Funktionen eines deutschen Konsuls übernahm. Als einzige brauchbare Landkarte nahm er eine Weltkarte im Maßstab von 1 : 1 000 000 mit, auf der die von ihm zu erforschende Gegend durch weiße Flecke als »unbekanntes Gebiet« gekennzeichnet war.

Im März 1940 hat das deutsch-sowjetische Bündnis seinen Höhepunkt erreicht. Hitler und Stalin haben Polen mit vereinten Kräften zerschlagen; jetzt machen sie Geschäfte miteinander. Tausende Tonnen russischen Getreides werden nach Deutschland transportiert und ersetzen die üblichen Einfuhren, die infolge der englischen Seeblockade ausbleiben. Aber wichtiger noch als russischer Weizen, russische Phosphate und russische Baumwolle ist das russische Erdöl. Das ist die Pulsader des Blitzkriegs. Damit Stalin diese vom Kaukasus bis zu den deutschen Öltanks laufende lebenswichtige Ader nicht durchschneidet, bringt ihm Hitler Opfer, die umso überraschender sind, als er schon zum Krieg gegen Rußland entschlossen ist. Als Gegenleistung bekommt Stalin Kanonen, Jagdflugzeuge, Bomber und zahllose Werkzeugmaschinen. Am 30. März ordnet Hitler an, daß Lieferungen von Kriegsmaterial für die Rote Armee Vorrang vor den Bestellungen der Wehrmacht haben sollen; er liefert Stalin den schweren Kreuzer »Lützow«; er ist bereit, ihm die Pläne für die »Bismarck«, eines der größten Schlachtschiffe des Zweiten Weltkriegs, zu verkaufen. Im Austausch für das russische Erdöl liefert Hitler Waffen, von denen er weiß, daß sie sich bald gegen ihn richten werden. Es gibt in der Weltgeschichte kaum Beispiele für einen Kuhhandel dieser Größenordnung.

Das russische Erdöl kommt aus Baku. General Weygand steht mit – so schätzt man – 150 000 französischen Soldaten in Syrien. 1000 Kilometer Luftlinie trennen Syrien von Baku. Würde Weygand, falls er sich entschließen sollte, einen kühnen Vorstoß in Richtung Baku zu unternehmen, um die Erdölfelder zu zerstören, im Kara Dagh befahrbare Straßen vorfinden, die es ihm erlaubten, sein Ziel zu erreichen?

Die Gegend, die Leverkuehn erforschen soll, ist ihm nicht völlig unbekannt. 1915 hatte er mit der Expedition Scheubner-Richter die Grenzgebiete von Persien, Syrien und Kaukasien durchstreift. Er ist übrigens der letzte Überlebende dieser Expedition, deshalb hat man ihn für diese zweite Forschungsreise ausgewählt. Aber zwischen diesen beiden Reisen liegt ein Vierteljahrhundert, und Leverkuehn weiß nichts von den umfangreichen Bauarbeiten, die der persische Schah Resa Pahlawi inzwischen ausführen ließ.

Begleitet von einem Chauffeur und einem Dolmetscher, begibt sich Leverkuehn auf die Fahrt durch die Wüste. Sehr schnell stellt er fest, daß Gebirgstruppen mit leichter Ausrüstung durchaus imstande wären, den Kara Dagh zu durchqueren. Leverkuehn folgt der alten Seidenstraße weiter nach Süden, erreicht die Ufer des Urmiasees und gelangt bis nach Saqqez, wo ihm eine mächtige Betonbrücke das Herz stillstehen läßt. Bei einem kurzen Aufenthalt machen sein Chauffeur und der Dolmetscher allerdings eine Entdeckung, die sie noch mehr beeindruckt: an einem Galgen hängen die Leichen von zwei kurdischen Wegelagerern. Die beiden weigern sich weiterzufahren. Leverkuehn versucht ihnen klarzumachen, was die deutsche Führung von ihnen erwartet – aber seine beiden Begleiter sträuben sich, die Reise fortzusetzen. Nach Täbris zurückgekehrt, erfährt Leverkuehn, daß wenige Kilometer von dem Ort, an dem sie kehrtgemacht haben, ein Auto überfallen worden ist: ein Toter und zwei Verletzte. Die verhafteten Angreifer sagen aus, daß sie den Auftrag be-

kommen hätten, den deutschen Konsul zu ermorden. Leverkuehn beglückwünscht sich nachträglich zur Feigheit seiner Begleiter und verfaßt einen Bericht für Berlin, der ohne Zweifel beträchtliches Aufsehen erregt. Der Mann
der Abwehr stellt fest, daß General Weygand weder natürliche Hindernisse
noch ernsthaften Widerstand feindlicher Streitkräfte zu befürchten hat, sollte
er einige Divisionen in Richtung Baku in Bewegung setzen. Dieselbe Frage, die
Leverkuehn an Ort und Stelle klären soll, versucht einige tausend Kilometer
weit entfernt auch der Grand Chef zu lösen, denn wie Hitler hat auch Stalin
Angst um sein Erdöl. Weygand ist der General, der 1920 vor den Mauern von
Warschau den Ansturm der neuentstandenen Roten Armee gebrochen hat.
Seine antikommunistische Einstellung ist bekannt. Wenn er in Baku zu-
schlagen kann, wird er es tun.

Trepper kann den Kreml beruhigen. Zwar hat Ministerpräsident Daladier
den französischen Generalstab zu prüfen beauftragt, ob ein Handstreich
gegen das russische Erdölgebiet Aussichten auf Erfolg hätte. Aber eine
Operation auf dem Landweg, wie sie Leverkuehn für absolut durchführbar
hält, wird vom französischen Oberbefehlshaber, General Gamelin, nicht einen
einzigen Augenblick lang in Erwägung gezogen. Er schlägt vielmehr den
Engländern eine gemeinsame Flottenaktion vor. Englische und französische
Einheiten sollen ins Schwarze Meer vorstoßen. Das setzt voraus, daß die
Türkei die Durchfahrt durch die Dardanellen freigibt und damit ihre
Neutralität aufs Spiel setzt. Die Generalstäbler ersuchen ihre Diplomaten, die
Türkei für diesen Plan zu gewinnen. Als die Wehrmacht in Paris einrückt,
findet sie in den französischen Archiven die Akten der abgebrochenen
Verhandlungen.

Der Bericht Leverkuehns hat Berlin nicht lange in Aufregung versetzt.
Drei Wochen nach Eintreffen seines Berichts dringen deutsche Truppen in
Dänemark und Norwegen ein. Diese unerwartete Ausweitung des Krieges
macht einen Handstreich auf Baku unwahrscheinlich. Für Stalin kam diese
Entwicklung überraschend. Seit Monaten hatte er die Landung eines
Expeditionskorps in Skandinavien erwartet, aber er war davon überzeugt, es
würden französische und englische Truppen sein. Ihre Aufgabe? Sich einen
Weg nach Finnland zu bahnen, um dort den Kampf gegen die Rote Armee
aufzunehmen!

Stalin wird bald den Beweis für seine Verblendung liefern. Das weit entfernte England ruft bei ihm eine so heftige, aus Angst und Haß gemischte Neu-
rose hervor, daß er die Bedrohung Rußlands durch die Deutschen vollständig
übersieht. Er ist zu fest davon überzeugt, recht zu haben: die Berichte seiner
Geheimdienste haben ihn in seiner Überzeugung bestärkt.

Versuchen wir uns zu erinnern: Im Winter 1940 schlugen die Herzen Englands und Frankreichs für Finnland. Da es schwerfiel, sich für Soldaten zu begeistern, die in den Unterständen der Maginotlinie Karten spielten, schwärmte man für die Taten der finnischen Skitruppen. In ihrer weißen Schutzkleidung, die sie im Schnee unsichtbar machte, widerstanden sie in den nordischen Wäldern schweigend und furchterregend dem Ansturm der Roten Armee. Gegenüber diesem tapferen David nahm sich die russische Armee wie ein widerwärtiger Goliath aus. Stalin spielt zu dieser Zeit auf der Weltbühne eine Rolle, die er bald seinem talentierten Doppelgänger Mussolini überlassen sollte: er ist der Waffenknecht, der dem Opfer den Gnadenstoß versetzt. Er hat dem von Hitler zerschmetterten Polen den Todesstoß gegeben, Italien wird bald dem besiegten Frankreich in den Rücken fallen. Zwei Monate später greift Stalin Finnland an. Er glaubte, Finnland leicht schlucken zu können – zur allgemeinen Überraschung bleibt ihm aber der Bissen in der Kehle stecken.

Es ist fraglich, ob die öffentliche Meinung zu diesem Zeitpunkt in den alliierten Ländern gegenüber Deutschland ebenso haßerfüllt war wie gegenüber Rußland. In den politisch-militärischen, traditionell antikommunistischen Kreisen erreichte die Leidenschaft ihren Höhepunkt. Der erklärte Feind Deutschland, der in Gewehrschußnähe gegenüberliegt, wird vernachlässigt; die alliierten Generale wollen »den Russen den Garaus machen«. General Weygand schreibt im Februar 1940 an General Gamelin: »Ich halte es für das Wichtigste, der Sowjetunion das Rückgrat zu brechen, sei es in Finnland oder anderswo.« Als Paul Reynaud Ministerpräsident wird, unterstreicht er vor dem Kriegskabinett seinen Willen, gegen Rußland vorzugehen, »sei es in Nordeuropa, am Schwarzen Meer oder südlich des Kaukasus«. Gamelin notiert dazu: »Beinahe alle Mitglieder des Kabinetts scheinen diesen Krieg leichten Herzens zu akzeptieren.«

Die Alliierten stellen ein Expeditionskorps von 57 000 speziell ausgerüsteten Soldaten auf. Der finnische Feldmarschall von Mannerheim bestätigt in seinen Memoiren, daß ihm von General Ironside, dem Chef des britischen Generalstabs, für Ende März ein erstes Kontingent von 15 000 Mann zur Unterstützung zugesichert wurde. Am 2. März verweigern Norwegen und Schweden den alliierten Truppen die Erlaubnis zum Durchmarsch. Am 8. März informiert Daladier Marschall von Mannerheim, daß – falls Finnland offiziell um Hilfe bittet – sich ein alliiertes Expeditionskorps mit Gewalt seinen Weg durch Skandinavien bahnen würde. Der alte und weise von Mannerheim lehnt ab. Er hat während des Polenfeldzugs 110 alliierte Divisionen Gewehr bei Fuß stehenbleiben sehen, obwohl Hitler zwischen Rhein und Berlin nur 23 Divisionen als Deckung zurückgelassen hatte. Es ist ihm auch nicht entgangen, daß sich seit Beginn dieses Winters 1940 die Söhne der Verdun-Kämpfer in ihren Klubsesseln fotografieren lassen. Der finnische Marschall glaubt nicht an den kriegerischen Elan der Alliierten. Er zweifelt an ihrem Willen, sich am Ufer das Ladogasees zu schlagen, nachdem sie an den Ufern des Rheins ihre Passivität unter Beweis gestellt haben.

Mitte März gibt von Mannerheim seiner Regierung den Rat, mit Rußland über einen Waffenstillstand zu verhandeln. Den Historikern entgeht ein faszinierendes Schauspiel.

Überlegen wir einmal: würden die Alliierten den Kampf gegen Rußland aufgenommen haben, sei es im äußersten Süden, um Baku, oder im äußersten Norden, in Finnland, hätten sie sich ein Jahr später wohl oder übel an der Ostfront mit Hitler gegen Stalin verbünden müssen, während sie zur gleichen Zeit im Westen gegen Hitler kämpften.

Steht man einem derartigen Wirrwarr gegenüber, dann kann alles, auch das Unwahrscheinlichste, Wirklichkeit werden.

Heute erscheinen uns die alliierten Pläne für Baku und Finnland lächerlich. Bald werden sie nur noch einen kleinen Kreis von Geschichtsforschern interessieren, die sich für die unausgereiften Pläne der Weltgeschichte begeistern. Damals jedoch maß der Kreml den Auskünften über diese Projekte größte Bedeutung bei. Seit Jahren versäumte Stalin keine Gelegenheit, seine düstere Warnung zu wiederholen: »Der Zweite Weltkrieg hat bereits begonnen!« Aber sein politischer Weitblick war durch einen merkwürdigen Sehfehler getrübt: selbst wenn ihn Berlin, Rom oder Tokio beunruhigten, so richtete er seine mißtrauischen Blicke doch in erster Linie auf London.

Wir wissen nichts über die Berichte des Grand Chef. Doch seine spätere, uns genau bekannte Tätigkeit läßt vermuten, daß sie präzis, fundiert und detailliert waren. Sollten die Archive des Kreml eines Tages zugänglich sein, wird man vielleicht eher verstehen, warum die Machenschaften des ehrenwerten Chamberlain in Stalins Augen so lange gefährlicher zu sein schienen als alle Pläne Hitlers.[*]

---

[*] Trepper bestreitet in seiner Autobiographie nachdrücklich, Moskau diesbezüglich informiert zu haben: Die Rote Kapelle habe bis zu Beginn der deutschen Offensive im Mai 1940 keine einzige Nachricht über Frankreich weitergegeben. Wüßten wir nicht, daß Trepper in den siebziger Jahren in Frankreich massiven Beschuldigungen ausgesetzt war, »gegen Frankreich« spioniert zu haben, würden wir dem gerne Glauben schenken. Für einen sowjetischen Agenten – und das war Trepper – wäre es in keiner Weise unehrenhaft gewesen, die Sowjetunion durch eine Enthüllung der finsteren Pläne Weygands »gegen Frankreich« zu schützen. Auch dieser – nicht wirklich entscheidende – Punkt wird sich erst an dem heute bereits absehbaren Tag aufklären lassen, an dem Moskau die Archive der Roten Kapelle öffnen wird.

Pläne, von denen man übrigens in Moskau nicht viel weiß. Die Gestapo hat mit der deutschen Kommunistischen Partei gründlich aufgeräumt und die sowjetischen Spionagenetze in Deutschland zerstört. Nach der Unterzeichnung des Paktes mit Hitler hält sich Stalin an die Spielregeln: er verbietet den Aufbau eines neuen Spionageapparates. Die Chefs der russischen Geheimdienste sind sich darüber im klaren, daß sie ihren Kopf riskieren, wenn sie sich über diesen Befehl hinwegsetzen. Sie gehorchen, aber nur zögernd. Sie beschränken sich darauf, ein paar Fühler für künftige Aktionen auszustrecken. Im übrigen war die Karte Deutschlands für sie ebenso mit weißen Flecken übersät wie die Leverkuehns.

England dagegen wird von der Organisation des Grand Chef sorgfältig überwacht. Aus strafrechtlichen und geographischen Überlegungen hat er sich in Brüssel niedergelassen. In Spionageangelegenheiten ist die belgische Gesetzgebung besonders nachsichtig. Nur gegen Belgien selbst gerichtete Aktionen sind strafbar. Und geographisch ist das Land eine gute Plattform, um in alle Richtungen zu operieren. Von Brüssel aus arbeitet Trepper das ganze Jahr 1939 an seinem Netz. Er richtet für seine Agenten in Oslo, Stockholm, Kopenhagen und Ostende Zweigniederlassungen der Firma »The Foreign Excellent Trench-Coat« ein. Die Beziehungen des ehemaligen Konsuls Jules Jaspar erleichtern die Vorbereitungen besonders in den nordischen Ländern.

Am 10. Mai 1940 greift die Wehrmacht im Westen an.

Für die jungen Nazis bedeutete der militärische Spaziergang quer durch Frankreich keine Überraschung: Hitler hatte ihnen Blitzsiege versprochen. Harry Piepe dagegen, dem alten Verdun-Kämpfer von 1914, schien es wie ein Wunder. Der Oberleutnant der Panzertruppen besetzt in einer Stunde ein Gebiet, das man damals nur nach sechs Monate langen Kämpfen erobern konnte – und das man nach sechs weiteren Monaten wieder aufgeben mußte. Anstatt in schlammigen Schützengräben herumzustapfen, fährt er diesmal im offenen Panzerturm über asphaltierte Straßen und läßt seine alten Narben von der Sonne bräunen. Dieser neue Krieg ist um einiges angenehmer als der vorangegangene ...

Piepe ist beim Durchbruch durch die französische Front und beim Vorstoß auf die Kanalküste mit dabei. Vor Dünkirchen wird er zum Hauptmann befördert und Chef einer Panzerkompanie. Seine Panzer rollen über Landstraßen, die von Gefangenen verstopft sind, sie überholen Züge von Flüchtlingen, deren schwerfällige Karren in die Straßengräben gestoßen werden müssen, um freie Bahn zu schaffen. Inmitten dieses kläglichen Stroms rollt ein Privatwagen, auf dessen Dach keine Matratze und in dessen halboffenem Kofferraum kein

Vogelbauer verstaut ist; die Passagiere sind keine Flüchtlinge, und sie fliehen auch nicht vor dem Krieg: sie fahren mit, schlängeln sich zwischen den Panzerkolonnen hindurch, bleiben in der Nähe der Befehlsstände, stoßen mit einem Benzintransport bis zur vordersten Kampflinie vor, müssen hier den Maschinengewehrgarben der Stukas, dort dem Granatfeuer der Alliierten ausweichen. Ob Piepe dieses Auto überhaupt beachtet? Er ist ein Frontsoldat, der sich um Probleme der Sicherheit nicht zu kümmern hat. Noch nicht. Übrigens nehmen die deutschen Feldgendarmen, mit ihren großen Silberschildern auf der Brust, die das Auto anhalten, um die Papiere der Insassen zu kontrollieren, sofort Haltung an und geben die Durchfahrt frei. Den Wagen fährt Durow, der bulgarische Konsul aus Brüssel; ein Diplomat, der um so mehr respektiert wird, als sein Land mit Deutschland sympathisiert. Neben ihm sitzt Großvogel. Auf dem Rücksitz: der Grand Chef.

Zwischen Knokke und Brüssel hat der Wagen, der gerade eine SS-Einheit überholt, eine Panne. Der hilfsbereite SS-Standartenführer stellt dem bulgarischen Konsul einen Wagen zur Verfügung und befiehlt einem jungen Untersturmführer, das Gepäck der drei Reisenden umzuladen. Man kann sich Trepper, der gelassen zusieht, wie der Untersturmführer vorsichtig einen Koffer mit einem Sendegerät verstaut, lebhaft vorstellen ...

Durow dürfte dem Spionagenetz nicht angehört haben. Er war ein Freund von Großvogel, oder genauer: Großvogel unterhielt Geschäftsbeziehungen mit einem Bulgaren namens Petrow, der die beiden miteinander bekannt gemacht hatte. Einige Tage nach dem Einfall in Belgien sprach Großvogel mit Durow über seine geschäftlichen Sorgen. Die Zweigniederlassung des »Roi du Caoutchouc« in Ostende ist durch einen deutschen Bombenangriff zerstört worden. Er möchte wissen, was aus seinen anderen Lagern geworden ist. Durow schlägt vor, die Filialen an Ort und Stelle zu besichtigen. Offiziell tritt der Konsul die Reise aus Sorge um bulgarische Staatsangehörige an, die sich im Gebiet der Kampfhandlungen befinden. Ein seltsamer Mensch, der sich aus einem so nichtigen Grund den Gefahren des Krieges aussetzt ...

Die Inspektionsreise beginnt am 19. Mai, als der belgische Feldzug seinen Höhepunkt erreicht hat. Der Grand Chef, der inzwischen seinen kanadischen Paß vernichtet hat, verfolgt als privilegierter Zuschauer den Durchbruch bei Sedan und die Schlacht um Abbeville. Er fährt zusammen mit Piepes Panzern in Richtung Dünkirchen und erlebt den Fall der Stadt. In seiner Tasche steckt ein eng beschriebenes Notizbuch. Er interessiert sich besonders für die Organisation des Nachschubs, den Einsatz der Stukas und für die von den Panzerdivisionen angewandte Taktik beim Überrollen feindlicher Abwehrstellungen. Sobald die drei ihre Rundreise beendet haben, schickt der Grand Chef einen achtzig Seiten langen Bericht über die von Hitler entwickelte Strategie nach Moskau: ein Dossier über den Blitzkrieg.

Wie alle vorhergegangenen gelangt auch dieser Bericht durch Vermittlung sowjetischer Diplomaten an seinen Bestimmungsort. Daß der Grand Chef Diplomatengepäck benutzen kann, enthebt ihn der Notwendigkeit, seine Nachrichten durch Funk zu übermitteln, aber er ahnt bereits, daß die Verbindung mit Moskau recht bald auf drahtlosem Weg hergestellt werden muß. Das war auch der Grund, warum er inmitten der Kämpfe das in einer Villa in Knokke versteckte Sendegerät sicherstellen wollte.

Während der russische Außenminister Hitler zu den glänzenden Erfolgen der Wehrmacht beglückwünscht, bereitet der Grand Chef sich also schon auf den kommenden deutsch-russischen Krieg vor.

Nach der Unterzeichnung des Waffenstillstandes mit Frankreich wird das deutsche Heer umorganisiert. Ältere Offiziere werden von den Fronteinheiten abgezogen. Der siebenundvierzigjährige Harry Piepe muß seine Panzer verlassen. Er wird zur Spionageabwehr nach Belgien versetzt. Als Feind gilt selbstverständlich der britische Intelligence Service. Die Aufgabe Piepes besteht darin, für die Geheimhaltung der Operation »Seelöwe«, der geplanten Invasion Englands, zu sorgen. Aber im Laufe des Sommers 1940 erhält er ein seltsames Telegramm: aus Berlin wird ihm die Ankunft einer dreißig Mitglieder umfassenden sowjetischen Mission in Brüssel angekündigt. Offiziell ist Rußland eine befreundete Nation, aber ... Piepe überwacht diese Gäste aufmerksam. Er kann keine verdächtige Tätigkeit feststellen, und nach der Abreise der Kommission schickt er einen beruhigenden Bericht nach Berlin.

Einige Wochen später kommen neue Besucher nach Belgien. Da sie sorgfältig geprüft und nur sparsam mit Passierscheinen versehen sind, erwecken die neuen Besucher bei der Abwehr keinerlei Besorgnis. Es handelt sich um Diplomaten und höhere Offiziere aus deutschfreundlichen, aber neutralen Ländern: Ungarn, Bulgarien, Spanien, Rumänien, denen man die Unschlagbarkeit der Wehrmacht demonstrieren und die man dazu bringen will, sich der Sache des Siegers anzuschließen. Die verblüffte Besuchergruppe wird über Schlachtfelder geführt, Generalstabsoffiziere analysieren an Hand von Karten und Fotos die errungenen Siege. Um ja nichts im unklaren zu lassen, erhält jeder Gast noch zusätzliche Unterlagen. Neben dem bulgarischen Konsul, diskret und unauffällig, wie es sich für einen in letzter Minute hinzugekommenen Gast gehört: der Grand Chef.

Haben es die Zufälle des Krieges so gefügt, daß Durows Auto und Piepes

Panzer eine Zeitlang Seite an Seite fuhren? Vielleicht. Vielleicht haben sich der Grand Chef und sein späterer Jäger auf dieser Propagandareise zum erstenmal gegenübergestanden. Wenn es so war, war es eine schicksalhafte Begegnung.

3

September 1965. Der belgische Maler »Bill« Guillaume Hoorickx empfängt mich in seinem Atelier in der Avenue Émile-Zola in Paris. Mittelgroß, schlank, mit dunklen Augen und lebhaftem Blick, wirkt er wie ein Fünfzigjähriger. Aber Bill ist sechsundsechzig, und er ist durch die Kerker der Gestapo und das Konzentrationslager Mauthausen gegangen. Er haßt es, über die Vergangenheit zu sprechen. An den Wänden des Ateliers hängen seine letzten Bilder, abstrakte Bilder von außergewöhnlicher Schönheit. Auf einem Bild steht der Satz: »Wenn ich nicht ich selbst bin, wer ist es dann?«

»Der Zusammenbruch von 1940 hatte mich nach Tarbes verschlagen. Dort arbeitete ich im Heeresarsenal. Beim Einzug der Deutschen haben wir alles sabotiert. Natürlich hatte ich keine Erfahrung, aber die Franzosen zeigten mir, was zu tun war. Wir haben tüchtige Arbeit geleistet. Das bleibt eine meiner besten Erinnerungen.

Dann bin ich nach Brüssel zurückgegangen und habe meine Frau aufgesucht. Ich muß dazu sagen, daß wir uns getrennt hatten, aber immer gute Freunde geblieben sind. Ich habe sie oft besucht. Bei einem meiner Besuche – vor dem Krieg – hatte ich bei ihr einen Uruguayer getroffen, der Carlos Alamo hieß. Ein sehr gut aussehender, sympathischer Mann; ich habe bald gespürt, daß mehr hinter ihm steckte, als sein Auftreten vermuten ließ. Wir haben zwei- oder dreimal zusammen gegessen.

Als ich also aus Tarbes zurückkam, wollte ich sehen, wie es meiner Frau ergangen war. Sie lebte jetzt mit Alamo zusammen und erzählte mir, daß sie beide bei Ausbruch des Krieges nach Ostende geflüchtet waren. Alamo leitete dort ein Geschäft. Ich glaube, es handelte sich um Regenmäntel.

Und jetzt erzähle ich Ihnen etwas, das nichts mit Ihrer Geschichte zu tun hat. Als ich 1945 zurückkam, war meine Frau unheilbar krank: Krebs im letzten Stadium. Sie sagte zu mir: ›Ich wußte, daß du zurückkommst, und ich habe auf dich gewartet. Ich werde nicht mehr lange leben. Laß uns eine Flasche Champagner trinken.‹ Das haben wir getan. Und am übernächsten Tag ist meine Frau gestorben.

Carlos Alamo habe ich also 1940 wiedergesehen. Zur gleichen Zeit machte ich die Bekanntschaft eines gewissen Rauch; er war Tschechoslowake, ich erinnere mich nicht mehr, wo ich ihn zuerst getroffen habe, vielleicht in einer

Bar ... vielleicht auch woanders. Rauch war ungefähr fünfzig, groß und würdevoll, wie ein Gentleman aus der City. Er war Vertreter einer belgischen Sprengstoffabrik für die Tschechoslowakei. Wir sind häufig zusammen ausgegangen: Rauch, Alamo und ich.

Verhältnismäßig früh hat sich Rauch nach meinen politischen Überzeugungen erkundigt. Als er meiner antinazistischen Gesinnung sicher war, vertraute er mir an, daß er für den Intelligence Service arbeite, und fragte unumwunden, ob ich ihm helfen wolle. Ohne Zaudern willigte ich ein. Rauch erklärte mir, daß seine Meldungen durch Alamo, der über ein Funkgerät verfüge, nach London durchgegeben würden. Bei mehreren Übermittlungen war ich anwesend. Das spielte sich in einer Villa in der damaligen Avenue de Longchamps ab, die heute Avenue Winston-Churchill heißt. Ein Funker und noch ein oder zwei Frauen, an die ich mich nur dunkel erinnern kann, waren auch dort. Ich spreche akzentfrei Englisch, aber die Leute in der Villa beherrschten diese Sprache sehr schlecht. Das fiel mir auf, und ich sprach mit Rauch. ›Es sind auch keine Engländer‹, sagte er, ›sondern Amerikaner. Das ist sehr nützlich, Amerika ist neutral, darum ist es für uns viel sicherer, mit Amerikanern zu arbeiten.‹

Tatsächlich hatte Alamo mir erzählt, er sei amerikanischer Herkunft und seine Mutter lebe in New York. Aber all dies schien mir recht fragwürdig. Eines Tages verließ er mich plötzlich auf der Straße mit der Bemerkung, er müsse auf dem uruguayischen Konsulat noch etwas erledigen. Ich bin ihm gefolgt, er ist auch bis zum Konsulat gegangen, aber vor der Tür drehte er um und ging fort. Nun war ich überzeugt, daß er kein Amerikaner und wahrscheinlich auch kein Uruguayer war. Die ganze Geschichte kam mir immer geheimnisvoller vor. Ich konnte vor allem nicht verstehen, warum Rauch mir solche Märchen erzählte.

Trotzdem gab ich ihm auch weiterhin alle Auskünfte, die ich erhalten konnte. Es war nichts Wichtiges, aber ich tat, was ich konnte.

Um diese Zeit – also im Herbst 1940 – besuchte ich oft meinen Schwager, der in Antwerpen einen Importhandel für Trockenfrüchte betrieb. Sein Unternehmen und alle Vorräte waren beschlagnahmt worden. Zwei- oder dreimal in der Woche mußte er einen Lastwagen voller Trockenfrüchte zum Flughafen von Antwerpen bringen, der selbstverständlich von der Luftwaffe besetzt war. Eines Tages bat ich ihn, mir einen Transport anzuvertrauen. Nachdem ich den Wagen abgeladen hatte, ging ich in die Kantine und kam mit den Deutschen ins Gespräch. Ich stellte ihnen Fragen: ›Was macht ihr denn mit all den Trockenfrüchten?‹ Ich bekam die Antwort: ›Die sind für England bestimmt.‹ – ›Wieso?‹ – ›Wir bereiten doch die Invasion vor! Wenn's losgeht, sind unsere

Piloten dauernd in der Luft und werden kaum Zeit haben, richtig zu essen. Da bekommen sie dann Trockenfrüchte.‹ Von dieser Unterhaltung erzählte ich Rauch.

Ein anderes Mal sah ich über Antwerpen ein einzelnes englisches Flugzeug auftauchen. Ich weiß noch genau, es war herrliches Wetter. Der Flieger setzte zum Sturzflug auf die Fabrik von General Motors an und warf eine Reihe von Bomben ab. Dann verschwand er. Eine der Bomben fiel auf die Karosserie-Werkstätten. Im Nu standen die Farbvorräte in Flammen, und in wenigen Minuten griff das Feuer auf die ganze Fabrik über. Am gleichen Tag sah ich eine Demonstration auf dem Hauptplatz von Antwerpen: Frauen marschierten hinter einer schwarzen Fahne. Ich erkundigte mich nach der Bedeutung der Fahne und erfuhr, daß sie von alters her das Symbol der Hungersnot sei und daß die Frauen gegen den Abtransport der Kartoffelvorräte nach Deutschland protestierten.

Am Nachmittag kam ich nach Brüssel zurück und berichtete Rauch und Alamo über die beiden Vorfälle. Sie waren gerade dabei, eine Meldung fertigzumachen, und fügten meine Beobachtungen sofort hinzu. Dann aßen wir zu Abend und plauderten. Um Mitternacht hörten wir wie so oft die Auslandssendungen von Radio Moskau. An diesem Abend lösten sich die Sprecher, eine Frau und ein Mann, bei den Nachrichten ab. Ich erinnere mich nicht mehr, ob die Frau den Fliegerangriff schilderte und der Mann die Demonstration, oder umgekehrt. Auf jeden Fall hat mir das einen Schock versetzt. Ich blickte Alamo und Rauch an, beide waren sehr verlegen. Dann stand Alamo auf, schaltete das Radio ab und sagte drohend zu mir: ›Wenn du je ein Wort darüber verlierst, bist du erledigt!‹

Am nächsten Tag stellte ich Rauch zur Rede. Er sagte: ›Hör zu, ich gehöre wirklich zum Intelligence Service: ich überwache diese Russen. Paß gut auf: wir riskieren beide Kopf und Kragen. Diese Kerle sind noch gefährlicher als die Deutschen!‹

Das spielte sich natürlich vor dem deutschen Angriff auf Rußland ab; der deutsch-sowjetische Pakt war immer noch gültig.

Es war mir sehr peinlich, zu erfahren, daß Carlos Alamo eigentlich Russe war. Einige Tage vorher hatte er mich darum gebeten, ihn einer Frau vorzustellen, da er niemanden hier kannte. Ich arrangierte also ein Abendessen mit zwei jungen Russinnen, mit der Prinzessin Scherbatow und einer ihrer Freundinnen, die heute meine Frau ist. Ich merkte wohl, daß Alamo zusammenzuckte, als ich den Namen der Prinzessin nannte, beachtete es aber nicht weiter. Später machte er ihr den Hof, aber auf ungewöhnlich ungeschickte, beinahe flegelhafte Art. Obendrein benahm er sich bei Tisch sehr, sehr schlecht, und beide

Frauen machten sich – natürlich auf russisch – ausgiebig über ihn lustig. Anna, meine spätere Frau, sagte mir hinterher, daß sie ihn mit allen nur möglichen Schimpfnamen bedacht hätten. Als ich erfuhr, daß der arme Alamo Russe war und jedes Wort verstanden haben mußte, tat er mir noch nachträglich leid ...«

Dezember 1965. Abends um elf Uhr traf ich in Brüssel ein. Trotz der späten Stunde wollte ich sofort wissen, ob meine Reise vergeblich gewesen war oder nicht. Margarete Barcza war selbst am Telefon und bereit, mich zu empfangen. Als ich fragte, welche Zeit ihr angenehm wäre, bekam ich zur Antwort: »Warum kommen Sie nicht gleich? Ich gehe immer sehr spät schlafen.« Ich hörte ihr bis vier Uhr morgens zu.

1940 war sie achtundzwanzig Jahre alt. Hochgewachsen, blond, immer auffällig gekleidet, nicht zu übersehen, auch nicht von der Gestapo. Ihre schönen Augen haben sowohl die Jahre als auch die schweren Krankheiten unbeschadet überstanden. Sie spricht lebhaft, mit einem leichten Brüsseler Akzent.

»Mein erster Mann, Ernst Barcza, war siebzehn Jahre älter als ich; wir lebten in der Tschechoslowakei, und dort kam auch 1932 mein Sohn René zur Welt – ich war gerade zwanzig. Wir führten ein angenehmes Leben. Meine Familie war durch Hopfenexport reich geworden. Ich war die Tochter eines Millionärs und hatte einen Millionär geheiratet. Und ich sah keinen Grund, warum sich mein Lebensstil ändern sollte. Aber nach dem Münchener Abkommen und der Annexion des Sudetenlandes durch Hitler mußten wir nach Prag ziehen. Ein Jahr später konnten wir Prag noch gerade vor dem Einzug der deutschen Truppen verlassen und nach Belgien fliehen ... Ach ja, ich vergaß Ihnen zu sagen, daß wir Juden sind.

In Brüssel mieteten wir eine Wohnung in der Avenue de Béco Nr. 106. Ich bewohnte mit meinem Mann ein Appartement in der sechsten Etage, meine Eltern wohnten unter uns. Wir führten kein großartiges Leben mehr, und unser Zeitvertreib bestand hauptsächlich darin, mit unserem Flurnachbarn, einem netten belgischen Beamten, Bridge zu spielen.

Am 15. März 1940 ging mein Mann nach der Kartenpartie wie gewöhnlich schlafen; er starb im Laufe der Nacht: Herzembolie. Sechs Wochen später fielen die Deutschen in Belgien ein. Es gab immer wieder Fliegeralarm. Im Luftschutzkeller lernte ich den Mieter aus der vierten Etage kennen, einen uruguayischen Studenten namens Vincent Sierra. Er war wirklich nicht schön; kleiner als ich und blond, und er hatte dicke, aufgeworfene Lippen. Aber er war sehr zuvorkommend und gefällig, und er hatte unglaublich viel Charme. Außerdem war er elegant und reich und verstand es, Geld auszugeben – das trifft nicht oft zusammen. Kurzum, es war Liebe auf den ersten Blick. Ich war so verliebt, daß ich mich weigerte, mit meinen Eltern nach Frankreich zu flüchten.

Wir zogen in ein fürstliches Appartement mit siebenundzwanzig Zimmern in der Avenue Slegers. Wir richteten einen Raum als Gymnastiksaal ein, und jeden Morgen kam nach dem Turnen ein Masseur zu uns. Wir hatten auch ein Landhaus. Ich führte wieder ein schönes Leben, beinahe jeden Abend gingen wir aus. Vincent war ein wunderbarer Tänzer, und wir haben zusammen viele Turniere gewonnen. Ich erinnere mich noch besonders an Silvester 1940, als wir die ganze Nacht im Casino von Namur verbrachten. Es war einfach himmlisch.

Im März 1941 beschloß Vincent, sein Studium aufzugeben, um sich ins Geschäftsleben zu stürzen. Er gründete eine Import-Export-Gesellschaft, die Simexco. Am schwierigsten war es, die vom Handelsgesetz vorgeschriebene Anzahl von Aktionären zu finden. Wir versuchten einige belgische Freunde zu interessieren. Ich erinnere mich noch daran, daß ich mit unserem ehemaligen Nachbarn, Monsieur Seghers aus der Avenue de Béco, gesprochen habe. So wie man jemanden als vierten Partner zu einer Bridgepartie auffordert, bat ich ihn darum, unserer Gesellschaft beizutreten. Er nahm an. Nebenbei gesagt kam diese Import-Export-Gründung einem alten Freund meiner Familie, Monsieur Rauch, sehr zupaß. Wir kannten ihn aus der Tschechoslowakei und hatten ihn in Brüssel wiedergetroffen.

Der Krieg erlaubte es ihm nicht mehr, seinen gewohnten Geschäften nachzugehen – ich habe vergessen, um was es sich handelte. Kurz, er war in Schwierigkeiten, und ich hatte ihn Vincent vorgestellt, der ihn mit Übersetzungen betraute … Dann wurde er kaufmännischer Direktor der Gesellschaft oder so etwas.

Vincent hatte mit seinen Geschäften großen Erfolg. Er hatte auch viel zu tun. Abends kam er müde heim und sagte zu mir: ›Wie schön, nach Hause zu kommen … wie ruhig es hier ist … Kein Wort über unangenehme Dinge und du stellst keine Fragen …‹ Tatsächlich sprach er niemals mit mir über seine Geschäfte. Doch einmal ließ er ein Paket zurück, das jemand abholen sollte. Es läutete. Ich machte auf. Vor der Tür stand ein gut aussehender Mann, der sehr überrascht zu sein schien; er trat einen Schritt zurück, stotterte: ›Ist Monsieur Sierra nicht da?‹ und rannte Hals über Kopf die Treppen hinunter. Ich fand es überaus komisch, daß ein so glänzend aussehender Mann derart schüchtern sein konnte … Später erfuhr ich, daß es Carlos Alamo gewesen war.

Über dieser glücklichen Zeit lag nur ein einziger Schatten: unsere entsetzliche Eifersucht. Anfang 1941 mußte Vincent geschäftlich zur Leipziger Messe und dann nach Prag. Für mich war das furchtbar. Ich versuchte die Zeit mit

Einkäufen von Pelzen und Diamanten totzuschlagen, aber ich verlor mehrere Kilo in den wenigen Tagen. Er hatte mir zwar gesagt, daß er verlobt sei, und mir sogar das Foto eines jungen Mädchens gezeigt, aber sie lebte in Uruguay, und ich machte mir darüber nicht allzu viele Gedanken. Die Bekanntschaften, die er in Brüssel und anderswo machen konnte, beunruhigten mich weit mehr. Er mußte fast jede Woche einmal geschäftlich nach Paris und blieb dann zwei oder drei Tage fort. Einmal fand ich in seiner Jackentasche das signierte Foto einer Kabarett-Tänzerin namens Nila Cara. Hat das einen Krach gegeben! Ich verlangte von da an, daß er nur noch einen einzigen Tag in Paris blieb. Das zwang ihn dazu, zwei Nächte im Zug zu verbringen. Aber das war mir ganz gleichgültig. Seine Verabredungen traf er außerdem alle in einem Nachtlokal, im ›Moulin-Rouge‹. Wie oft habe ich ihn dort ans Telefon rufen lassen, nur um mich zu vergewissern, ob er auch wirklich dort war. Das versetzte ihn jedesmal in rasende Wut.«

Eine Gestalt taucht sowohl in den Erzählungen von Hoorickx wie in denen von Margarete Barcza auf: Rauch. Bewundernswert ist die Geschicklichkeit dieses Mannes, dem es gelingt – zweifellos durch glückliche Umstände begünstigt – mit zwei Agenten der Roten Kapelle Kontakt aufzunehmen. Bewundernswert ist aber auch die Geschicklichkeit des Intelligence Service, der es fertigbringt, seine Leute überall einzuschleusen. Wir haben aber nicht viel Zeit zur Bewunderung, denn Rauch wird sehr schnell aus dem Blickfeld verschwinden. Sanft, aber bestimmt wird er vom Grand Chef beiseite geschoben.

Robert Christen, ein Schweizer, um die sechzig, klein, untersetzt, quicklebendig, kennt das Brüsseler Gastgewerbe: »Ich habe immer nur nachts gearbeitet, Monsieur, dreißig Jahre lang bin ich als Sänger in Kabaretts aufgetreten. Vor dem Kriege war ich Conférencier hier in Brüssel, im ›Broadway‹. Jeden Samstag kam ein Stammkunde, ein uruguayischer Student. Er interessierte sich lebhaft für die einzelnen Nummern des Programms, und wir haben Bekanntschaft geschlossen. Ich erzählte ihm von zu Hause, er erzählte mir von Uruguay, zeigte mir Fotos von seiner Verlobten, von seinem Elternhaus in Montevideo, seinem Auto und so ... Als die Deutschen kamen, mußte das ›Broadway‹ schließen; der Inhaber war Jude. Ich habe dann im ›Moulin-Rouge‹ gearbeitet. Den Cancan vom ›Moulin-Rouge‹ werde ich übrigens nie vergessen: in der Truppe tanzten nur jüdische Mädchen, die sich zusammengetan hatten, weil sie von ihren arischen Tanzpartnern im Stich gelassen worden waren. Im ›Moulin-Rouge‹ habe ich dann auch meinen Sierra wiedergetroffen. Er kam oft mit seiner Freundin, einer großen, hübschen Blonden, die gar nicht spröde zu sein schien. Eines Tages fragte mich Sierra, ob ich nicht Aktionär in einem

Import-Export-Geschäft werden wollte, das er gerade aufbaute. Ich habe ihm zwar gesagt, daß ich davon nichts verstünde, aber er war dermaßen hartnäckig, daß ich schließlich zusagte. Später gehörte ich sogar zum Aufsichtsrat. Inzwischen hatte ich aber das ›Florida‹ übernommen und alle Hände voll zu tun; Sierra kam außerdem oft mit seiner Freundin zu mir. Ich brauche Ihnen also nicht erst zu sagen, daß ich die Büros seiner Firma so gut wie nie betreten habe.«

In Brüssel: das »Broadway«, das »Florida«, das »Moulin-Rouge«, gepflegte Abendessen mit schönen Russinnen, Kasinobesuche in Namur und Spa, Tangoturniere, Pelzmäntel und Brillanten.

In Paris: das »Folies-Bergère«, das »Casino de Paris«, Chansonlokale und Kabaretts. Der Grand Chef und Georgie de Winter, die nun Pariser geworden sind, gehen dort ein und aus. Sie erlauben es sich sogar, die Sperrstunden zu überschreiten, denn sie fahren nachts mit Fahrradtaxis nach Hause, die auf eine gewisse Toleranz der Besatzungsmacht rechnen können. Zuerst wohnen sie in der Rue Fontaine, dann in der Rue de Prony; sie haben auch eine Villa in Le Vésinet gemietet. Trepper legt Wert auf luxuriöse und sehr gut geheizte Wohnungen; er liebt schöne Dinge, alte Bücher, Gemälde; er gibt viel Geld aus für seine Garderobe und hat eine Schwäche für teure Parfums, mit denen er Georgie überhäuft. Er sammelt Schallplatten von Édith Piaf; er verkehrt nur in Restaurants mit erstklassiger Küche. Der Winter 1940/41 stellt die Pariser vor schwere Probleme, die für dieses auf großem Fuß lebende Paar nicht existieren; der Schwarzmarkt liefert ihnen alles: Heizung, Kleidung, Essen.

Capua und seine Verführungen? Nein, das Spionagenetz liegt im Dornröschenschlaf und wartet auf die Berührung des Zauberstabs.

»Heute nacht greifen die Deutschen an«

4

Im August 1940 ist Trepper zusammen mit Georgie nach Paris gekommen. Luba und die beiden Kinder sind in Sicherheit. Mit Hilfe der sowjetischen Botschaft in Vichy war es gelungen, sie mit dem jüngeren Sohn über Marseille nach Rußland zu schicken.* Der Grand Chef kann sich also beruhigt auf die bevorstehende große Auseinandersetzung vorbereiten. Für ihn steht fest, daß der eigentliche Feind Deutschland sein wird, dessen Soldaten Europa wie eine Sturmflut überschwemmen. Für den Kampf gegen Deutschland ist Paris eine bessere Drehscheibe als Brüssel. Trepper richtet hier sein Hauptquartier ein und bemüht sich, einen Apparat aufzubauen, der den neuen Aufgaben gewachsen ist. Moskau ernennt ihn zum Residentur-Leiter, das heißt, zum Verantwortlichen für die Sowjetspionage in ganz Westeuropa.

Zwei seiner besten Mitarbeiter sind bei ihm. Zunächst Leo Großvogel, dessen gesamter Besitz auf Grund der antijüdischen Gesetze von der Besatzungsmacht beschlagnahmt worden ist. Er stellt Trepper seine kaufmännische Erfahrung und sein Organisationstalent zur Verfügung. In wenigen Wochen verschafft er der Gruppe eine finanzielle Basis und mietet in verschiedenen Gegenden von Paris ungefähr zehn Wohnungen an, die als Treffpunkt oder Unterschlupf dienen können. Er engagiert auch Agenten, die als »Briefkästen« fungieren sollen, um unter Beachtung strengster gegenseitiger Abschottung rasche, interne Verbindungen zu ermöglichen. Der gesamte innere Aufbau des Apparates ist sein Werk. Großvogel bürgt für gesicherten Nachschub und gleichzeitig für eine gesellschaftlich eindrucksvolle Fassade: wer würde diesen seriösen Herrn verdächtigen, der wie ein Generaldirektor aussieht, immer tadellos gekleidet ist und sich leidenschaftlich für klassische Musik interessiert? Er hat keinen Sinn für romantische Maskierungen. Er betreibt Spionage mit der gleichen ruhigen Umsicht, mit der er sein Textilgeschäft geführt hat: nur geht es jetzt um eine andere Ware – das ist alles ... Er besitzt die Qualitäten eines guten Generalstabschefs: man steckt ihm ein Ziel, und er beschafft die notwendigen Mittel.

* *Den älteren Sohn hatten sie in Moskau zurückgelassen.*

Und Hillel Katz? Befähle ihm Trepper, sich der Gestapo zu stellen, würde Katz gehorchen, ohne ein Wort zu verlieren. Übertreibung? Warten wir ab ... Katz ist jung, schmächtig, klein und trägt eine Brille, die das halbe Gesicht verdeckt. Alle finden, daß er wie ein typischer Durchschnittsfranzose aussieht. Aber auch er ist ein polnischer Jude. Trepper und Hillel Katz haben sich in Palästina kennengelernt; auch Katz hat an dem aufsehenerregenden Hungerstreik teilgenommen. Dann sind sie nach Frankreich gekommen, und Katz hat sich als Maurer durchgeschlagen, bevor er zur rechten Hand des Grand Chef wurde. Der kleine Katz, immer optimistisch, immer vergnügt. Von nie versagender Hilfsbereitschaft und totaler Selbstverleugnung. Er ist aus dem Stoff, aus dem die guten Märtyrer gemacht sind, die Opfer, die gefaßt werden und freudigen Herzens sterben. Hillel Katz wird unter dem Henkerbeil der Nazis enden.

Leo Großvogel und Hillel Katz: die jüdische »alte Garde« des Grand Chef.

Das belgische Netz liegt vorläufig noch still. Es besteht nur eine rein routinemäßige Funkverbindung mit Moskau, für die das Nachrichtenmaterial von Komparsen wie Hoorickx geliefert wird. Die wirklichen »Quellen« werden noch nicht benutzt, das Netz »schläft«, wie es im Jargon der Nachrichtendienste heißt. An seiner Spitze stehen zwei Russen, die noch nicht dreißig Jahre alt sind.

Michail Makarow, alias Carlos Alamo, gefällt auch Trepper. Schließlich ist er ein Held: als russischer Fliegeroffizier, aber zum Bodenpersonal gehörend, wurde er nach Spanien geschickt, um auf republikanischer Seite zu kämpfen. Eines Tages gelingt den Falangisten ein Durchbruch, die republikanische Front gerät in Gefahr. Die Infanterie fordert dringend die Luftwaffe zur Unterstützung an. Kein Pilot ist zur Stelle. Makarow springt in ein Flugzeug und fliegt los. Er hat keine Fliegerausbildung, sondern nur die rudimentären Kenntnisse, die man unwillkürlich erwirbt, wenn man mit Flugzeugen zu tun hat. Er stößt auf die Angreifer herab, wirft Bomben, schießt aus allen Rohren, fliegt zurück und landet ohne Zwischenfall. Im Triumph holt man ihn aus der Maschine. Das ist typisch Makarow.

Im Frühjahr 1939 trifft Trepper ihn zum ersten Mal in Belgien. Er lädt ihn in ein Café ein. Makarow bestellt Cognac. Der Kellner bringt große Schwenkgläser und gießt die übliche Menge ein. Makarow aber gibt ihm ein Zeichen, er solle weiter einschenken. Verdutzt gehorcht der Kellner und füllt das Glas bis an den Rand. Makarow schaut befriedigt zu und versteht überhaupt nicht, warum ihm Trepper unter dem Tisch Fußtritte versetzt. Schließlich sagt er ärgerlich: »Was soll denn das? Ich kann's doch bezahlen!« Auch das ist typisch Makarow.

Er kauft sich ein Auto. Der Grand Chef hält es für gefährlich, daß ein Spion einen eigenen Wagen hat. Das kann, besonders bei Unfällen, zu unliebsamen Kontakten mit der Polizei führen. Makarow kennt nur eine Art des Auto-fahrens: Vollgas. Eines Tages, als Trepper mit ihm zusammen unterwegs ist, verliert er die Kontrolle über seinen Wagen und rast gegen einen Baum. Trep-per klettert aus den Trümmern und betrachtet schweigend die Überreste des Autos. Wütend schreit Makarow ihn an: »Wie kannst du nur so ruhig bleiben? Das ist doch nicht normal!« Auch das ist typisch Makarow.

Ihm wird die Leitung der Filiale in Ostende übertragen. Er versteht nichts vom Geschäft, kommt mit der Buchhaltung nicht klar, geht kaum ins Büro und stöhnt, er langweile sich zu Tode: immer noch typisch Makarow.

Im Juni 1940, während des belgischen Zusammenbruchs, beauftragt ihn Trepper, das in Knokke versteckte Funkgerät nach Brüssel zurückzubringen. Aber Makarow hat keine Zeit dazu: er bleibt in Ostende, bis über die Ohren in Madame Hoorickx verliebt. Trepper muß selbst nach Knokke …

Er kann nicht umhin, darüber nach Moskau zu berichten. Am Ende des Sommers wird Makarow wegen notorischer Unfähigkeit telegrafisch nach Moskau zurückbeordert. Er beschwört Trepper: »Meine Karriere ist zum Teu-fel, du weißt, was das für einen Offizier bedeutet …« Er denkt an Selbstmord. Großmütig erwirkt Trepper für ihn eine Gnadenfrist, eine letzte Chance. Er mag ihn eben gern: schließlich ist Michail Makarow ein Held.

Niemand mag hingegen Hauptmann Gurewitsch – und das ist merkwürdig, denn er arbeitet vorzüglich. Am 17. Juli 1939 ist er aus Montevideo nach Brüssel gekommen. Sein Paß mit der Nummer 4649 ist am 17. April 1936 in New York ausgestellt worden. Er lautet auf den Namen Vincente Antonio Sierra, geboren am 3. November 1911, wohnhaft in Montevideo, Calle Colón Nr. 9.

Wie Makarow hat auch Gurewitsch in Spanien bei den Internationalen Bri-gaden als Hauptmann gedient. Und wie Makarow hat auch er in Spanien glor-reiche Stunden erlebt. Nicht in der Luft, sondern zur See, als er mit einem Unterseeboot nach Spanien gebracht wurde. Das U-Boot blieb mehrere Stunden mit Motorschaden auf dem Meeresgrund liegen, und die Mannschaft glaubte sich schon verloren, als es einem Mechaniker gelang, den Schaden zu beheben. Während dieser dramatischen Stunden war Gurewitsch die Ruhe selbst – so behauptet er wenigstens. Er hatte ursprünglich nicht für den Grand Chef arbeiten sollen. Seine eigentliche Mission lautete, in Kopenhagen ein

Spionagenetz aufzubauen. Sein Aufenthalt in Brüssel sollte kurz sein, einige Monate höchstens; gerade Zeit genug, um seine Sprachkenntnisse zu vervollständigen und sich mit Fragen des Handelsrechts vertraut zu machen. Aber nach Kriegsausbruch hat er den Befehl erhalten, an Ort und Stelle zu bleiben und sich dem Grand Chef zur Verfügung zu stellen.

Trepper ist mit ihm zufrieden. Im Gegensatz zu Makarow-Alamo gelingt es Gurewitsch-Sierra vorzüglich, sich in die Brüsseler Gesellschaft einzuführen. Sein großzügiger Lebensstil, seine prächtigen Empfänge schaffen ihm Beziehungen; er ist fleißig und geschickt: Sierra ist ohne jeden Zweifel ein Gewinn für den Apparat.

Aber keiner mag ihn – bis auf Margarete natürlich, die ohne ihn nicht leben kann. Man hält ihn für hochmütig, stolz und prahlerisch. Einstimmiges Urteil der ehemaligen Mitglieder der Roten Kapelle: »Kent? Ein ekelhafter Kerl ...«

Nachdem er den Grand Chef an der Spitze des belgischen Apparats abgelöst hat, nennt sich Gurewitsch-Sierra auch »Petit Chef«. Aber für alle, selbst für Moskau bleibt er Kent. Diesen Decknamen hat er selbst gewählt. Das ist eine Geschichte für sich: Um 1929 erschien in Rußland ein Buch mit dem Titel »Tagebuch eines Spions«. Der Autor, N. G. Smirnow, schildert darin die Abenteuer eines britischen Agenten namens Edward »Kent«, der sich durch Kaltblütigkeit, unglaubliche Kühnheit und Verschlagenheit auszeichnet. Gurewitsch las diesen Roman mit Begeisterung, als er achtzehn Jahre alt war. Man stelle sich vor, heute würde sich bei irgendeinem Nachrichtendienst ein Kandidat bewerben und rundheraus erklären, er habe sich bereits einen Decknamen zugelegt, er wolle James Bond heißen! Würde man ihn nicht mit einem nachsichtigen Lächeln nach Hause schicken und ihm vielleicht noch den Rat mitgeben, er solle sich lieber aufs Schreiben von Romanen verlegen? Die russischen Dienststellen nahmen keinen Anstoß.

In Brüssel kannte man den Ursprung des Decknamens nicht. Man fand Gurewitsch ohne besonderen Grund unsympathisch. Luba Trepper zum Beispiel, über die bis zu ihrer Abreise nach Moskau die Verbindung zwischen Kent und dem Grand Chef lief, hatte eine große Schwäche für Makarow, den sympathischen Taugenichts, während sie den arbeitsamen Kent nicht ausstehen konnte. Sie fand seinen Hang zum Luxus und sein verschwenderisches Auftreten beunruhigend. Ihrer Meinung nach würde ein Mensch, der das Wohlleben so über alle Maßen liebte, davor zurückschrecken, sein Leben einzusetzen. Trepper, mit dem sie darüber sprach, nahm die Sache nicht so tragisch. Als er Kent einmal in der prunkvollen Wohnung in der Avenue Slegers besuchte, öffnete dieser stolz seinen Kleiderschrank, in dem mehr als fünfzig Anzüge hingen. Trepper murmelte kopfschüttelnd: »Bravo, ausgezeichnet! Ich an deiner Stelle würde das alles fotografieren … zur Erinnerung … aber ich bin gar nicht so sicher, ob du es sein wirst, der sich das Foto anschaut …« Kent mißfiel diese Bemerkung ausgesprochen.

Alamo und Kent: die russische »junge Garde« des Grand Chef. Er hat nicht das gleiche Vertrauen zu ihnen wie zu seinen alten jüdischen Weggefährten, die fast alle durch die gleiche Schule des Elends gegangen sind, denen der illegale Kampf vertraut ist, die es gelernt haben, sich in jedem Milieu unauffällig zu bewegen. Ein Trepper, ein Katz können ein Luxusleben führen, ohne sich davon korrumpieren zu lassen. Bei Alamo und Kent ist das etwas anderes! Erst wenn es hart auf hart geht, wird sich herausstellen, aus welchem Holz sie geschnitzt sind.

Die Feuerprobe steht nahe bevor. Man weiß es in Washington und in London, man weiß es in den neutralen Hauptstädten, deren Zeitungen in Schlagzeilen davon berichten, daß die Wehrmacht am polnischen Ufer des Bug aufmarschiert ist, bereit, nach Osten vorzustoßen. Man weiß es in Genf, von wo der verantwortliche Leiter des sowjetischen Geheimdienstes, Alexander Radó, immer alarmierendere Nachrichten durchgibt. Man weiß es in Tokio, von wo Sorge mehrere Wochen im voraus Moskau das genaue Datum für den bevorstehenden deutschen Angriff meldet: er wird am 22. Juni 1941 stattfinden …
Man weiß es in Paris. Der Grand Chef unterrichtet den Kreml schon vor Mai über Hitlers offensive Truppenkonzentration. Er hat die Bekanntschaft eines deutschen Ingenieurs namens Ludwig Kainz gemacht. Nach dem Polenfeldzug hat Kainz an den deutschen Befestigungen am Bug mitgearbeitet. Im April 1941 wird er für kurze Zeit wieder dorthin beordert. Sofort fällt ihm auf, wie sich alles verändert hat und daß man sich zum Angriff rüstet. Nach Frankreich zurückgekehrt, wettet er mit Trepper um eine Kiste Champagner, daß der Krieg im Osten noch vor Ende Mai ausbrechen wird. Kainz verliert die Wette. Aber er beharrt darauf, daß es sich nur um eine Verzögerung von einem Monat handelt: Hitler hat seine Angriffspläne lediglich verschoben, weil er im Balkan eingreifen und den geschlagenen Truppen Mussolinis zu Hilfe kommen mußte. Kainz schließt eine neue Wette ab und verdoppelt den Einsatz: Termin Juni!
Der Grand Chef hat aber noch andere Informationsquellen. Er steht in ständiger Verbindung mit einem braven österreichischen Oberst, der für die Versorgung der Wehrmacht in Frankreich verantwortlich ist. Im Frühjahr 1941 vertraut dieser Mann Trepper an, daß er jetzt sehr viel weniger Versorgungsrationen benötigt: aus Frankreich werden Besatzungstruppen abgezogen.

Wohin? Trepper weiß es aus Hunderten von Berichten, die er von französischen Eisenbahnern erhält: nach Osten, in Richtung Polen. Schließlich erhält er nach zahlreichen Trinkgelagen in Pariser Nachtclubs von einer Gruppe höherer SS-Führer die letzte Bestätigung: sie feiern ihre Verlegung nach Polen und trinken mit ihm auf die bevorstehende russische Niederlage.

Zweimal warnt Trepper seine Moskauer Vorgesetzten. Seine Berichte werden durch den sowjetischen Militärattaché General Susloparow weitergeleitet. Eigentlich darf Trepper keinerlei direkten Kontakt zu ihm unterhalten. Aber er ist beunruhigt, denn er sieht die entscheidende Stunde heranrücken und ist für den Kampf noch nicht gerüstet: er braucht Sendegeräte. Er setzt sich über die Befehle hinweg und bestürmt den Militärattaché. Susloparow, ein phantasieloser Berufsoffizier, beruhigt ihn und meint, daß doch alles nicht so eilig sei ...

Am Abend des 21. Juni kommt Trepper nach Vichy und stürzt zu Susloparow: »Hier ist eine dringende Meldung, die sofort übermittelt werden muß!« Susloparow will die Gründe für seine Aufregung wissen. Trepper eröffnet ihm, daß die Wehrmacht noch in der gleichen Nacht Rußland angreifen wird. Der General lacht schallend: »Du bist vollkommen verrückt, du blöder Kerl! Das ist undenkbar. Völlig ausgeschlossen! Auf keinen Fall gebe ich diesen Funkspruch durch, du machst dich nur lächerlich!« Trepper läßt nicht locker, der andere gibt schließlich nach. Der Spruch wird abgeschickt.

Erschöpft geht der Grand Chef in sein Hotel. Am nächsten Morgen weckt ihn der Hotelbesitzer: »Monsieur, es ist soweit. Sie sind in Rußland eingefallen!«

Zwei Tage später kehrt der Adjutant von Susloparow auf Umwegen von Moskau nach Vichy zurück. Trepper erkundigt sich, ob seine Warnung beachtet wurde. Der Russe antwortet: »Ich habe den Direktor (des Geheimdienstes der Roten Armee) an dem Abend gesehen, an dem dein Funkspruch eintraf. Er hat mir versichert, er sei unverzüglich dem Chef (Stalin) gezeigt worden. Der soll sehr überrascht gewesen sein und gesagt haben: ›Gewöhnlich schickt uns Trepper wertvolles Material, das seinem politischen Verstand Ehre macht. Warum hat er nicht sofort gemerkt, daß es sich nur um eine plumpe englische Provokation handeln kann?‹«*

---

* In Wirklichkeit hat Stalin nicht »Trepper«, sondern »Otto« gesagt, denn unter diesem Decknamen wurde der Grand Chef in Moskau geführt. Für Georgie war er »Eddy«, für Katz »René«, für Spaak »Henri«. Auch unter den folgenden Decknamen kannte man den Grand Chef: »General«, »Georges«, »Onkel«, »Bauer«, »Gilbert«, »Herbert«, »Sommer« u. a. Der Einfachheit halber hat der Autor auf die meisten dieser Pseudonyme verzichtet.

Eine englische Provokation? Dieses Wort ist dem Direktor der russischen Nachrichtendienste schon geläufig. Im Laufe des Monats April hat er Stalin den Bericht eines tschechischen Agenten übermittelt, aus dem hervorging, daß erstens die Rüstungsfabriken von Skoda den Befehl erhalten hatten, russische Bestellungen nicht mehr auszuführen, und zweitens die Deutschen begannen, Truppen an der sowjetischen Grenze zusammenzuziehen. Mit roter Tinte hatte Stalin auf den Bericht geschrieben: »Diese Information ist eine englische Provokation. Herausfinden, von wem diese Provokation stammt, und bestrafen.« Major Achmedow, Chef der 4. Abteilung des russischen Geheimdienstes, wurde sofort als »TASS-Korrespondent« nach Deutschland geschickt, um den Schuldigen zu suchen; der deutsche Angriff ließ ihm jedoch keine Zeit mehr dazu.*

Moskau hat sich also bis zum ersten Kanonenschuß geweigert, an den unmittelbar bevorstehenden Krieg zu glauben, der ihm aus Genf, aus Tokio und aus Paris – von London und Washington ganz zu schweigen – angekündigt worden war. Antienglische Voreingenommenheit Stalins? Gewiß, bestärkt noch durch die alliierten Pläne in bezug auf Baku und Finnland. Aber sicher auch ein politischer Denkfehler. Seit langem hatte Stalin immer wieder proklamiert, er werde dem Kampf zwischen kapitalistischen und faschistischen Ländern ruhig zusehen. Die Rote Armee würde sich nur in Bewegung setzen, um nach der Erschöpfung aller kriegführenden Nationen die Ernte in Europa einzuheimsen. Im Frühjahr 1941 glaubte Stalin, die Frucht sei noch nicht reif. England und Deutschland seien noch nicht ausgeblutet, und Hitler könne auf keinen Fall im Osten angreifen, bevor er nicht im Westen gesiegt habe.

Stalin hat sich getäuscht. Wir kennen den Preis, den sein Land zahlen mußte: »Ein Pearl Harbor der Luft«, wie es Paul Carell treffend bezeichnet hat. Tausende am Boden zerstörte Flugzeuge; überrannte, umzingelte, vernichtete russische Divisionen – der Weg nach Moskau frei …

In Tokio und an anderen Orten zahlte man auch: mit Nerven, vorläufig. Nichts ist für einen Spion unfaßbarer als die Entdeckung, daß er sein Leben für nichts und wieder nichts aufs Spiel gesetzt hat, daß seine Warnrufe zwar gehört, aber nicht beachtet wurden. Klausen, der Funker Sorges, sagt: »Richard war außer sich, es war das einzige Mal, daß wir beide maßlos wütend waren. Sorge ist aufgesprungen, im Zimmer auf und ab gerannt, hat sich den

---

* Diese Episode hat Major Achmedow selbst mitgeteilt, nachdem er abgesprungen und in den Westen geflohen war (vgl. seine Aussage im Oktober 1953 vor einem Ausschuß des Senats der USA).

Kopf mit beiden Händen gehalten und immer wieder gestöhnt: ›Jetzt hab ich's aber satt! Warum glauben sie mir nicht? Wie können nur diese Unglücksmenschen unsere Meldung so völlig außer acht lassen?‹«[1] Moskau hatte geantwortet: »Wir bezweifeln die Glaubwürdigkeit Ihrer Information!«

Für Trepper dagegen fegt das Gefühl der Erleichterung alles hinweg, auch den Groll, verkannt worden zu sein. Alle, die ihn während dieser historischen Woche gesehen haben, bestätigen seinen Enthusiasmus; er war wie ausgewechselt, im wahrsten Sinne des Wortes närrisch vor Freude. Natürlich fehlte es ihm nicht an politischem Verständnis, wie Stalin selbst bemerkt hatte. Er hatte eingesehen, daß der deutsch-sowjetische Pakt vielleicht notwendig war, um der Roten Armee eine längere Atempause zu verschaffen. Aber welch ein Kampf für ihn, welche Qual, die tiefsten Gefühle betäuben und nur der Stimme der Vernunft folgen zu müssen! Trepper und seine alte Garde waren keine Berufsspione, das darf man nicht vergessen; sie gleichen in keiner Weise den Supermännern der Spionageromane, die, mit allen möglichen Gadgets ausgerüstet, jede Mission für jeden Auftraggeber ausführen; sie unterscheiden sich sogar von den heutigen Spezialisten, ob Kommunisten oder nicht, bei denen die Leidenschaft für ihren Beruf den verschwundenen Glauben ersetzt. Hätte man Trepper und seinen Leuten gesagt, sie seien Spione, so hätten sie diese Bezeichnung schroff zurückgewiesen; sie hielten sich für Revolutionäre. Ein Mann ihrer Generation, Otto Braun, sagte über seine Gefährten und sich selbst: »Wir waren keine bürokratischen Verschwörer, wir waren romantische Revolutionäre.« Ein gerader Weg führt Trepper von den Aufständen in Dombrowa über die politische Tätigkeit in Palästina bis zu seiner Arbeit für den Geheimdienst. Für ihn ist es der gleiche Kampf, nur an verschiedenen Fronten. Heute kann man die Berechtigung eines solchen Gefühls anzweifeln, aber 1940 entsprach dies der Überzeugung von Trepper und seinen Leuten. Damals sagte Trepper oft, der bedeutendste Mann seiner Generation sei André Malraux, er verkörpere ihr Ideal am deutlichsten.

Am 22. Juni 1941 beginnt für Treppers Apparat ein unbarmherziger Kampf, der für jeden von ihnen die Gefahr birgt, das Leben oder, durch Folterungen, die Selbstachtung zu verlieren. Aber diese Gefahren bedeuten wenig gegenüber der ungeheuren Erleichterung, endlich aus einer zwiespältigen Situation herausgerissen worden zu sein. Allen offiziellen »Richtlinien« und deutsch-sowjetischen Vereinbarungen zum Trotz wußten die Leute in Brüssel und Paris schon seit Jahren, daß der Nationalsozialismus der Hauptfeind war. Seit der Besetzung von Belgien und Frankreich, seit achtzehn Monaten, lasen sie es auf den gelben Plakaten mit den Todesurteilen; sie spürten es an dem Verwesungsgeruch, der aus dem fernen Polen herüberwehte, wo die meisten von ihnen ihre Familie zurückgelassen hatten. Jetzt endlich konnten sie das gleiche fühlen und denken.

Für diese Männer ist der 22. Juni 1941 ein Festtag.

Außerdem ist Trepper Jude.

Am Anfang seiner Untersuchungen hielt es der Autor für unwesentlich, ob die eine oder andere seiner Hauptpersonen jüdischer Herkunft war. Genausowenig, wie er jemals daran gedacht hätte, seine Leser darauf hinzuweisen, daß er selbst aus der Auvergne stammt. Seine einzige Reaktion war technischer Art gewesen: er hielt es für unklug, daß manche der Verfolgung ausgesetzten Juden auch noch das gefährliche Dasein eines Geheimagenten auf sich nahmen. Im Laufe der Zeit stellte sich heraus, daß dieser Gesichtspunkt falsch war. Der Grand Chef hat einmal auf die Frage, warum es in seiner Gruppe so viele Juden gegeben habe, geantwortet: »Weil sie mit den Nazis eine besondere Rechnung zu begleichen hatten.«

Himmler hat es genauso verstanden: den Polizisten, die beauftragt waren, »mit dem jüdischen Pack (der Roten Kapelle) aufzuräumen«, hat er den schriftlichen Befehl erteilt, »alle Mittel anzuwenden, um ein Geständnis zu erzwingen«. Das ist unserer Kenntnis nach der einzige Fall, in dem es der Reichsführer-SS gewagt hat, seine Unterschrift unter ein Dokument zu setzen, das Folter bis zum Eintritt des Todes erlaubt. Ein unwichtiges Detail? Nein. Die gegen die Rote Kapelle gerichteten Maßnahmen, die Reaktionen der Polizeibeamten basieren alle auf der Voraussetzung, daß die Gegner Juden, also verächtliche Subjekte sind, auch wenn sie noch so geschickt vorgehen. Ein Jude ist schwer zu fassen, hat man ihn aber erwischt, fällt er um. Als der Verfasser ehemalige Gestapobeamte fragte, warum sie das Risiko eingegangen waren, den einen oder anderen verhafteten Agenten auf freien Fuß zu setzen, in der offensichtlich leichtfertigen Hoffnung, er würde seine Kameraden verraten, antworteten sie voller Erstaunen: »Aber Monsieur, das war doch ein Jude ...«

Der 22. Juni 1941 ist also auch der Tag, an dem im besetzten Europa ein Kampf auf Leben und Tod beginnt, ein höchst symbolischer Kampf zwischen dem unheilvollen Goliath der »Herrenrasse«, den SS-Leuten von der Gestapo, und dem kleinen Trupp der jüdischen Mitglieder der Roten Kapelle, den schmächtigen Davids eines gemarterten Volkes.

———

Harry Piepe nimmt die Fährte auf

5

Im Jargon der deutschen Geheimdienste bezeichnet man den Chef eines Spionagenetzes als »Kapellmeister«; er dirigiert das Spiel seiner Musiker. Ein besonders wichtiger Solist ist der »Pianist«, der Funker. Und das Funkgerät nennt man »Spieluhr«.

Die Entdeckung des Senders PTX durch die Abhörstelle in Cranz wurde weder von den leitenden Dienststellen der Abwehr noch von der auf Ortung und Ausschalten von Geheimsendern spezialisierten Funkabwehr für ein bemerkenswertes Ereignis gehalten. Seit dem Einfall der Wehrmacht in Rußland wurde überall im besetzten Europa »musiziert«. Noch war es nicht gelungen, den Zuhörer zu orten, der auf diese Symphonien lauschte, aber das merkwürdige Zusammentreffen ließ eine Vermutung auftauchen: ein unsichtbarer Taktstock schien den »Musikern« im Augenblick des deutschen Angriffs das Zeichen zum Einsatz gegeben zu haben. Aller Wahrscheinlichkeit nach mußte sich also der Zuhörer in Moskau befinden.

Eine logische und sehr beruhigende Schlußfolgerung. Für die Deutschen fing es gut an. Alles war eitel Freude. Nach Polen, Dänemark, Norwegen, Holland, Belgien, England, Frankreich, Jugoslawien und Griechenland war jetzt Rußland an der Reihe, und auch die russischen Soldaten zeigten dem Feind den Rücken. Hitler hatte es vorausgesagt: »Das sowjetische Gebäude ist verfault; ein Fußtritt in die Tür, und alles bricht zusammen.« Wieder einmal bestand das Hauptproblem im Sammeln und im Abtransport von Kriegsgefangenen. Was besagten schon einige Spionagenetze gegenüber solchen Triumphen! Die Kapellen würden nacheinander verstummen, sobald es in Moskau niemanden mehr gab, der ihnen zuhören konnte. Schon jetzt wurden die armseligen Melodien von den Fanfarenklängen übertönt, die im deutschen Rundfunk die Sondermeldungen über neuerrungene Siege verkündeten. Nach den Aussagen seiner Mitarbeiter vertrat der Chef der Funkabwehr die Auffassung, dieses nutzlose Treiben werde von selbst abflauen.

Einige Tage nachdem PTX entdeckt worden war, stellte die Station in Cranz einen neuen Sender fest. Spezialisten versuchten ihn in Zusammenarbeit mit ihren Kollegen in Breslau zu orten. Nachdem sie ihre Versuche mehrere Male wiederholt hatten, übermittelten sie die Ergebnisse nach Berlin, wo sie mit einem Achselzucken entgegengenommen wurden. Die Spezialisten machten sich von neuem an die Arbeit und überprüften ihre ersten Berechnungen. Für sie gab es kaum noch einen Zweifel: in Berlin arbeitete ein Geheimsender; seine Technik ähnelte der von PTX. Diese Feststellung schlug bei der Abwehr wie ein Blitz ein. Daß auf dem Körper des besetzten Europa einige Furunkel ausbrachen, war nicht gefährlich, ja beinahe normal: mit der Zeit würde man schon für Abhilfe sorgen. Aber ein Pianist in Berlin, mit einem dazugehörigen Informationsnetz, das war ein entsetzliches Krebsgeschwür im Herzen des Imperiums. Wenn die heutigen russischen Machthaber erführen, daß nur wenige Meter von der Kremlmauer entfernt ein US-Geheimsender arbeitet, wären sie höchstwahrscheinlich nicht so verblüfft, wie es die deutschen Chefs bei der Lektüre des Berichtes der Funkabwehr waren.

Schließlich war doch allgemein bekannt, daß die Kommunistische Partei Deutschlands von der Gestapo vernichtet worden war. Von dieser vor dem Zweiten Weltkrieg mächtigsten kommunistischen Partei in Europa waren nur noch vereinzelte, isolierte Zellen übriggeblieben – und auch diese waren von Spitzeln unterwandert. Die sowjetische Spionage hatte sich früher in den kommunistischen Massen bewegen können wie ein Fisch im Wasser; ohne dieses Element mußte sie zwangsläufig ersticken. Außerdem stand fest, daß Stalin nach dem deutsch-sowjetischen Pakt ein ehrliches Spiel getrieben hatte. Waren nicht der Gestapo – zu ihrer geheimen Freude – von der GPU einige nach Rußland geflohene deutsche Kommunisten ausgeliefert worden? Die Beziehungen hatten sich zwar mit der Zeit etwas abgekühlt, und die russischen Dienststellen hatten aus eigener Initiative oder gar mit Stalins Wissen versucht, wieder eine Art Informationsdienst aufzubauen, aber es waren kümmerliche Versuche! Eine Quelle der Heiterkeit für Berlin! Die Geschichte mit den baltischen Ländern zum Beispiel ... Als diese 1940 unter sowjetische Kontrolle kamen, waren die 500 000 dort ansässigen Deutschen von Berliner Behörden umgesiedelt worden. Tausende* gaben der Gestapo an, daß russische Dienststellen vor ihrer Aussiedlung an sie herangetreten wären, um sie durch Drohung oder Geldversprechungen dafür zu gewinnen, Spionage gegen ihr Vaterland zu betreiben. Eine so ungewöhnlich plumpe, aussichtslose Methode zeigte deutlich, wie hilflos der sowjetische Informationsdienst war.

Wenn die Russen gezwungen waren, zu so verzweifelten Mitteln zu greifen, mußten die klassischen Methoden versagt haben. Bevor Hitler Rußland angriff, hatte er ein Weißbuch vorbereiten lassen, in dem die Tatsachen geschickt verdreht und Rußland allein die Verantwortung für den Krieg zugeschoben

---

* *Nach Heydrich waren es fünfzig Prozent der Umgesiedelten; aber der Prozentsatz dürfte aus Propagandagründen höher angesetzt worden sein.*

wurde. Grenzzwischenfälle, Überfliegen deutschen Gebietes durch russische Flugzeuge, unlautere diplomatische Manöver und andere Vergehen gleicher Art waren dort aufgeführt. Dem Chef der Sicherheitspolizei und des SD, Reinhard Heydrich, war die Abfassung eines Berichtes über die sowjetische Spionage übertragen worden. Auch hier ging es darum, den Russen schwerste Verstöße gegen den deutsch-sowjetischen Pakt nachzuweisen, auf die Deutschland unmöglich anders als mit Krieg antworten konnte. In Heydrichs Bericht vom 10. Juni 1941 (Reg. Nr. IV E 1 17/41 gRS) heißt es:

Seit dem Paktabschluß hat sich der russische Spezial-Spionagedienst in einer fast provozierend wirkenden Form in seiner Arbeitsweise gezeigt. Er ging bei seinen bereits üblichen rücksichtslosen Methoden nunmehr auch dazu über, die russischen Vertretungen im Reich – und hier an der Spitze die *Russische Botschaft in Berlin* – für seine Ausspähungszwecke weitgehendst einzuschalten. Als vor einiger Zeit der damalige russische Botschafter *Schkwarzew* in Berlin abberufen und durch den Botschafter *Dekanasow* ersetzt wurde, war dieser Wechsel auf dem Botschafterposten das Signal zu noch stärkerer Intensivierung der Ausspähung in Form der politischen, wirtschaftlichen und militärischen nachrichtendienstlichen Tätigkeit. Dekanasow, ein Vertrauter Stalins, war in Rußland Leiter der Nachrichtenabteilung des NKWD (des russischen Volkskommissariats des Innern), dem die GPU als Spionage-Spezialabteilung angehört. Seine Aufgabe, die er aus Moskau mitbrachte, war dahin festgelegt, durch ein auszubauendes Vertrauensmännernetz in die Reichsbehörden Eingang zu finden und vor allem *Berichte über militärische Stärke und die operativen Pläne des Reichs zu beschaffen*. Sein getreuer Gehilfe war der GPU-Angehörige und sogenannte ›Botschaftsrat‹ *Kobulow*, der eine intensive Tätigkeit auf dem Spionagegebiet entwickelte unter rücksichtsloser Ausnutzung seiner exterritorialen Stellung. Das Ziel der russischen Spionage im Reich ging dahin, neben der rein militärischen Nachrichtengewinnung die politische Planung des Reiches zu erfahren und durch *Ausbau geheimer Schwarzsendeanlagen* an vielen Stellen Deutschlands Meldeköpfe bereit zu haben, die nach einem ausgeklügelten Chiffriersystem alle für Rußland wichtigen Meldungen durchgeben sollten. Es war also seit 1940 eine *großangelegte Mobilisationsvorbereitung auf dem Spionagegebiet* im Gange, die unter Einsatz unvorstellbarer Geldmittel in Szene gesetzt wurde. (Der deutsche Abwehrdienst konnte sich rechtzeitig einschalten.)

Das ist eindeutig: Immer und überall hatte die nationalsozialistische Abwehr die sowjetische Intrige durchschauen, alle Agenten Moskaus verhaften und alle Geheimsender aufdecken können. Am Vorabend des Krieges gegen Rußland garantiert Heydrich seinem Führer ein Deutschland so blitzsauber wie ein frischgeprägtes Goldstück.

Und der Bericht der Spezialisten aus Cranz? Man konnte ihm nicht Glauben schenken, ohne gleichzeitig Heydrichs Bericht in Zweifel zu ziehen. Bei der Abwehr ist man geteilter Meinung: einige vertrauen den Technikern, aber die meisten weigern sich, an die Existenz eines Berliner Pianisten zu glauben, und führen als Grund für diese Überzeugung die mangelnde Präzision der benutzten Ortungsgeräte an. Doch beide Parteien hielten es für notwendig, eine Verbesserung der Peilapparaturen zu fordern, um mit absoluter Sicherheit feststellen zu können, ob in Berlin ein Funker am Werk war oder nicht.

Ohne Göring und dessen Klüngel hätte alles viel schneller gehen können. Der Verlierer der Luftschlacht um England befand sich seit 1941 psychisch in einem schlechten Zustand. Bald würde er an jedem Finger mehrere Ringe tragen, sich schminken und in eine prunkvolle Toga hüllen. Von 1933 bis 1939 war er nach Hitler die mächtigste Persönlichkeit in Deutschland gewesen. Doch dann wurde er immer mehr zu einer qualligen Kopie Neros. Einen Teil seiner Befugnisse im Polizeibereich hatte er nach und nach an Himmler abtreten müssen, aber um das Forschungsamt kämpfte er mit äußerster Energie. Das »Forschungsamt der Luftwaffe« kontrolliert das gesamte Fernsprech- und Telegrafennetz sowie alle Funkverbindungen in Deutschland und im besetzten Europa. Ihm stehen Fernpeilgeräte von einer bis dahin unbekannten Präzision zur Verfügung. Mit diesem Institut hält Göring ein außerordentliches Machtmittel in Händen. Alle Versuche, ihm die Leitung zu entreißen, sind fehlgeschlagen. Für eventuelle gemeinsame Arbeiten steht das Amt zwar auch der SS zur Verfügung, aber es bleibt der ausschließlichen Befehlsgewalt des Reichsmarschalls unterstellt. Und als die Funkabwehr, die der Wehrmacht untersteht und keineswegs über die furchteinflößende Machtposition der SS verfügt, ihrerseits das Forschungsamt um Hilfe bittet, schlägt ihr eine von Görings Kreaturen die Tür vor der Nase zu.

Das ist ärgerlich, aber nicht katastrophal. Die deutsche Funk- und Radiotechnik ist die beste der Welt; sie wird die erforderlichen Apparate herstellen. Die Funkabwehr benötigt genau arbeitende Peilgeräte, um die Lage eines Senders feststellen zu können. Cranz zum Beispiel umreißt das Gebiet, in dem sich PTX befinden soll, folgendermaßen: Norddeutschland, Holland, Belgien oder Nordfrankreich. Warum nicht Patagonien? Erst wenn man zumindest mit Sicherheit die Stadt bestimmen kann, läßt sich mit Hilfe von Nahpeilgeräten der Standort des Senders ausfindig machen.

Die Firma Loewe-Opta, von der Funkabwehr zu Rate gezogen, unterbreitet interessante Pläne. Das Hauptproblem bei den Nahpeilgeräten besteht darin, sie so unauffällig wie möglich zu machen, damit sie keinen Verdacht erwecken. Die alten Apparate der Polizei und der Funkabwehr sind so groß, daß man sie in kleinen Lastwagen unterbringen muß. Überdies erkennt man sie schon von weitem an dem Rund einer Röhre von mehr als einem Meter

Durchmesser, das auf dem Verdeck des Wagens montiert ist. Das muß verbessert werden. Zunächst wird ein Koffergerät entwickelt, aber der Träger muß Kopfhörer benutzen, die ihn für jeden Warnposten leicht kenntlich machen. Dann wird das Koffergerät in ein langsam fahrendes Auto eingebaut. Schließlich konstruiert man Apparate, die so klein sind, daß sie unter dem Mantel am Gürtel getragen werden können. Die Kopfhörer werden durch Stöpsel ersetzt, die, wie bei Apparaten für Schwerhörige, unauffällig in der Ohrmuschel stecken. Die Funkabwehr jubiliert: jetzt gilt es nur noch, eine bestimmte Anzahl dieser Apparate nach den genehmigten Konstruktionsplänen herzustellen.

Aber auf den Jubel folgen Enttäuschung und Ärger: trotz des Drängens der Funkabwehr zieht sich alles endlos hin. Dabei sind die verantwortlichen Ingenieure besten Willens. Sie verbessern unaufhörlich ihre Arbeitsmethoden, um schneller und billiger produzieren zu können, aber das ständige Umdisponieren hat auch manche nachteilige Wirkung. Spezialisten werden plötzlich an die Front beordert, und erst nach ihrer Abreise stellt sich heraus, daß sie unentbehrlich waren. Und zu allem Unglück geraten dann die endlich fertiggestellten Fernpeilgeräte an eine falsche Adresse. Die eine Hälfte der Apparate war für die Funkabwehr bestimmt, die andere sollte das Forschungsamt bekommen. Aber alle werden an Göring ausgeliefert. Unmöglich, sie wieder zurückzubekommen. Es ist zum Verzweifeln ...

Bei Loewe-Opta arbeiten drei Agenten der Roten Kapelle, davon einer in der Direktion. Ihr direkter Vorgesetzter innerhalb des Netzes ist ein Offizier aus dem Forschungsamt des Reichsluftfahrtministeriums.

Der in Berlin vermutete Sender, den man Ende Juni entdeckt hat, funkt drei Wochen lang; dann verstummt er – zur höchsten Zufriedenheit aller, die an einen Irrtum von Cranz glaubten. Plötzlich nimmt er Anfang August die Sendungen vierzehn Tage lang wieder auf, ehe er von neuem verstummt. Diese Eigenart macht die Leute von der Funkabwehr, die schon durch die Verzögerungen bei den Loewe-Opta-Lieferungen nervös geworden sind, vollends mürbe. Sie tappen im dunkeln, ihr einziger Anhaltspunkt ist das beunruhigende Signal, das Cranz entdeckt hat: der Sender PTX. Bis zum 7. September sind schon 250 Funksprüche aufgefangen worden, und die Dechiffrierabteilung bemüht sich um die Entschlüsselung. Die Regelmäßigkeit der Sendungen ist zwar erschreckend, aber die Extravaganzen des gespenstischen Senders sind für Berlin fast noch unheimlicher, und weil man gegen diesen unbeständigen, vielleicht in Berlin verborgenen Pianisten nichts unternehmen kann, wird man versuchen, seinen emsigen Kollegen aufzustöbern. Cranz behauptet, daß PTX mit Moskau in Verbindung steht. Der Rhythmus der Funkzeichen, die Wahl der Frequenzen und die Sendezeiten gleichen dem vermutlich in Berlin stationierten Sender. Beide Pianisten müssen durch die gleiche Schule gegangen sein. Faßt man den einen, kann man vielleicht auch dem anderen auf die Spur kommen.

Langsam zieht Cranz seine Kreise enger. Zuerst können Deutschland und Frankreich ausgeschaltet werden, dann Holland. Bleibt nur Belgien. Es ist schwer, noch genauere Angaben zu machen, aber die Spezialisten vermuten PTX in der Nähe der Kanalküste, wahrscheinlich in Brügge. Man hetzt den für diesen Abschnitt verantwortlichen Abwehroffizier auf diese Fährte: Harry Piepe.

Piepe hat sich eingearbeitet. Er verfügt über ein Netz von Spitzeln, das von zwei Flamen geleitet wird, die bereits im Ersten Weltkrieg für deutsche Dienststellen gearbeitet haben. Er befiehlt ihnen, sich unter die extremistischen Kreise in Brügge zu mischen und in den Kneipen der Stadt herumzulungern. Stand in dem Telegramm aus Berlin nicht, daß der Sender für Moskau arbeitet? Der gesunde Menschenverstand läßt Piepe sein Wild dort suchen, wo es sich zwangsläufig verbergen muß: bei den belgischen Kommunisten. Er ist überzeugt, daß seine Spitzel, wenn sie nur ihre Ohren am richtigen Ort spitzen, bald auf Spuren stoßen werden, die zu dem versteckten Funker führen müssen.

Von ihren Streifzügen durch die Kneipen von Brügge bringen Piepes Spitzel nur Spesenrechnungen mit. Ihrer Meinung nach verhalten sich die ortsansässigen Kommunisten völlig passiv; sie trachten nur danach, nicht aufzufallen, sind wie gelähmt durch die deutschen Siege in Rußland und überzeugt, daß Moskau bald fallen wird. Harry Piepe berichtet darüber nach Berlin. Ein Fernschreiben weist ihn darauf hin, daß sich der Sender in Knokke befinden muß. Seine Leute streifen durch die Gaststätten von Knokke, trinken ein Bier nach dem anderen, ertappen aber keinen Gast, der den Wirt vertraulich nach der letzten Sendung fragt. Achtundvierzig Stunden später trifft wieder ein Fernschreiben aus Berlin ein: das neue Arbeitsfeld sind die Kneipen von Gent. Fest entschlossen, sich bis zum letzten Tropfen Alkohol zu schlagen, durchstöbern die Spitzel auch diese Stadt, dann muß Piepe abermals einen negativen Bericht nach Berlin durchgeben. Seine Vorgesetzten in Berlin lassen nicht locker, per Fernschreiben kommt der Hinweis, daß sich der Sender in den Gebäuden der Genter Universität befinden muß. Piepe führt eine Polizeiaktion durch, die in einem Laboratorium der Universität endet: um ihren Professor geschart, führen Physikstudenten gerade einen Kurzwellen-Versuch durch. Die Streifzüge haben ein klägliches Ende genommen.

Doch die Angelegenheit wird keineswegs zu den Akten gelegt. Piepe hat sich ein Empfangsgerät geben lassen und hört selbst jede Nacht die Geheimsendungen ab. Natürlich kann er ohne Peilgerät den Sender nicht orten. Aber diese Tatsache scheint seinen Chefs gleichgültig zu sein. Die Berliner Vorgesetzten verlangen den Kopf des Funkers. Man überschüttet Piepe mit Fernschreiben und Telefonanrufen; man schickt ihm Vorgesetzte, die große Worte im Mund führen; man verlangt Resultate. Die Funkabwehr wagt nicht mehr anzugeben, in welcher Stadt der Sender versteckt sein soll: Piepe hat sich mit der Feststellung zu begnügen, daß er sich in Belgien befindet.

Seine Spitzel müssen die Suppe auslöffeln, die ihnen in Cranz eingebrockt wurde, und in Belgien gibt es viele kleine Kneipen ...

———————————

Ein deutliches Lebenszeichen

Februar 1965. Es schneite, glaube ich, und Constantin Melnik und ich saßen in der Halle des Hotels Deutscher Kaiser in München. Man konnte die Lichtreklame des Hotels Eden-Wolff sehen, in dem Antoine Argoud, einer der Köpfe der OAS, von einem Kommando französischer »barbouzes« entführt worden war. Aber Melnik, der dem französischen Geheimdienst angehört hatte, bevor er sich verlegerischen Aufgaben zuwandte, antwortet nur einsilbig und mit mürrischem Knurren auf Fragen, die derartige Themen betreffen. Also hören wir zu reden auf. Wir schweigen und warten. Nach einer Viertelstunde kommt ein junges, blondes Mädchen in die Hotelhalle. Sie geht zum Empfang; ein Dr. Tilden wird ausgerufen. Melnik steht auf und verschwindet mit dem blonden Fräulein. Später erzählt er mir, daß sie ihn eine halbe Stunde lang kreuz und quer durch München gefahren und dann in einer abgelegenen Straße gehalten habe. Dort habe ein anderer Wagen gewartet, der ihn dann zu seiner Verabredung brachte.

Obwohl ich mit der Welt der Geheimdienste nicht vertraut bin, weiß ich doch, daß man in diesem Milieu von romantischen Vorstellungen besessen ist. Ob das Getue der hübschen Blonden wirklich dazu diente, eventuelle Verfolger abzuschütteln oder einem Spionagefilm entlehnt war, werden wir nie erfahren … Die Freude mancher Agenten an dramatischen Posen ist natürlich oft irritierend, aber andererseits bestand eines der Erfolgsgeheimnisse des Grand Chef tatsächlich darin, daß er dauernd auf der Hut war: er handelte stets so, als ob an der nächsten Straßenecke die Polizei auf ihn lauern könnte.

Wir waren des Ariadnefadens wegen nach München gekommen, der uns zu Harry Piepe führen sollte. Unser »Verbindungsmann« war Oberst Giskes, der ehemalige Sachbearbeiter III F (Gegenspionage) bei der Abwehrstelle Den Haag. Er mußte die Adresse von Piepe kennen, aber würde er sie uns mitteilen?

Giskes ist ein rüstiger älterer Herr mit weißen Haaren, die gut zu seinem frischen Gesicht passen. Er sieht aus, als sei er aus rosa Granit gehauen. Er führt das Leben eines pensionierten Beamten in einem bescheidenen Haus am Ufer eines kleinen Sees in der Umgebung Münchens. Er empfängt uns herzlich, bittet uns Platz zu nehmen und kündigt sofort an, daß Oberst Reile auch kommen wird. Eine Überraschung! Von seinem Hauptquartier im Hôtel Lutétia in Paris aus hatte Reile vier Jahre lang die deutsche Gegenspionage im besetzten

Frankreich geleitet. Neben Giskes, dem Verantwortlichen für Holland, und Reile, dem Verantwortlichen für Frankreich, fehlte nur noch der Mann, dessen Spuren uns nach München geführt haben: Piepe, der Verantwortliche für Belgien. Dann wären in dem gemütlichen Raum die Prinzen der deutschen Gegenspionage in Westeuropa von einst vollzählig versammelt gewesen.

Aber ich dachte nicht mehr an Piepe, auch nicht mehr an den Grand Chef oder die Rote Kapelle. Ich starrte auf den mit Andenken überladenen Kaminsims. Unter den vielen Gegenständen befanden sich mehrere »Flachmänner«, wie sie bequem in einer Pistolentasche Platz haben. Ich wußte, welche Bedeutung sie für den alten Herrn vor mir hatten: Sie waren Trophäen seines triumphalen »Unternehmens Nordpol«. Oberst Giskes war es gelungen, mit Hilfe eines von den Engländern nach Holland eingeschleusten Funkers, den er festgenommen und umgedreht hatte, London so gut zu täuschen, daß Dutzende von holländischen Agenten, die mit Fallschirmen zur Verstärkung abgesetzt wurden, bei der Landung statt von den erwarteten Widerstandskämpfern von einem deutschen Empfangskomitee in die Arme geschlossen wurden. Die kleinen Flaschen auf dem Kamin waren Erinnerungen an diese Tragödie ... Zuerst die Freude und Begeisterung des Aufbruchs, als man ihnen die Ration Whisky aushändigte, ehe sie ins Flugzeug stiegen – der Höhepunkt ihres Lebens: durch die Niederlage aus dem Land getrieben, würden sie nun zurückkehren, um den Sieg vorzubereiten. Sorgfältig ausgewählte und für den Kampf geschulte Männer – Helden, denen die Blicke mit besonderer Ehrfurcht bis zum Flugzeug folgten. Und dann, eine Stunde später, der Abgrund tiefster Verzweiflung: in der Gewalt Giskes', der die Gefangenen höflich, wie es so seine Art ist, auffordert, sich noch zu stärken, bevor die leere Flasche konfisziert wird und sie den schweren Gang zur Hinrichtung antreten müssen. Die »Flachmänner« aber landen auf einem Münchener Kaminsims, zwischen Aschenbechern und Familienfotos.

Ohne diese makabren Trophäen wäre es schwierig gewesen, eine Beziehung herzustellen zwischen dem Kekse knabbernden Beamten in Ruhestand und dem strategischen Meister des »Unternehmens Nordpol«. Mit Oskar Reile aber haben die Geister der Vergangenheit den Raum betreten. Reile ist hochgewachsen und hager. Unstete Augen. Er macht einen gequälten Eindruck. Er, der so viele Verhöre geführt hat, spricht mit der dumpfen und zögernden Stimme eines Angeklagten, obgleich er niemals die Qualen der Angst ausstehen mußte, die er Hunderten von französischen Widerstandskämpfern bereitet hat. Ein Mann der Abwehr – wie Giskes und Piepe. Und die Alliierten ließen nach ihrem Sieg die Herren von der Abwehr in Ruhe und behielten sich ihre Strafmaßnahmen für die Kerle von der Gestapo vor. Reile wie Giskes wurden bald in den Geheimdienst der neuen Bundesrepublik Deutschland übernommen. Wie war es möglich, daß er zwanzig Jahre später genauso wirkte wie jene Leute, die ihm damals in seinem Büro im Hôtel Lutétia vorgeführt wurden?

Eine Welt von Erinnerungen bevölkerte den Raum, während wir so dasaßen, Whisky tranken und Kekse aßen. Ich hatte mir, um aufrichtig zu sein, die ersten Minuten dieses Treffens sehr quälend vorgestellt. Ich war auf mehr oder weniger scheinheilige Klagen (»Krieg ist immer ein schreckliches Unglück ...«) gefaßt gewesen, aber ich hatte mich getäuscht. Die beiden Deutschen und Melnik sprachen nicht von der Vergangenheit, sie erwähnten weder das »Unternehmen Nordpol« noch das »Unternehmen Großherzog«, bei dem ganze Widerstandsgruppen in Reiles Fänge geraten waren: sie sprachen von der Gegenwart und – von der Roten Kapelle. Das Ganze ähnelte mehr einer Pokerpartie als einem Zusammentreffen alter Krieger. Jeder legte seine Karten nur mit Vorsicht auf den Tisch, ein Name wurde erwähnt, eine Adresse genannt – oder auch nicht.

Ich war sprachlos. Ich konnte nicht folgen, vieles entging mir. Ich war der einzige, der blieb, was er war: ein Schriftsteller, der sich informieren wollte. Die drei anderen veränderten sich zusehends. Wir waren hierhergekommen, um einen alten Herrn der ehemaligen Abwehr zu treffen, aber wir saßen zwei ausgezeichnet informierten Männern gegenüber, die bis vor wenigen Monaten noch dem Bundesnachrichtendienst angehört hatten. Auch Constantin Melnik war nicht mehr der Verleger, dessen Hilfe mir die Recherchen erleichtern sollte: er wurde wieder der Mann, der während der letzten Jahre des Algerienkrieges den französischen Ministerpräsidenten in Fragen der Sicherheit und des Nachrichtendienstes beraten hatte. (Bis 1966 unterstanden in Frankreich die Geheimdienste direkt dem Ministerpräsidenten.)

Ein deutliches Lebenszeichen.

Vierzehn Tage später waren wir in Westberlin und klingelten an Harry Piepes Haustür.

Ungefähr siebzig Jahre alt, untersetzt, stiernackig, mit kräftiger Nase und ungewöhnlich großen Ohren, einer gewaltigen Stimme und einem Lachen, das einem die Eingeweide umdreht: das ist Harry Piepe. Auf die Menschen, die er vor zwanzig Jahren morgens mit dem lauten Ruf »Gestapo« aus dem Schlaf gerissen hat, muß er einen schlimmen Eindruck gemacht haben. Denn die Herren von der Abwehr hatten zwar mit den Kerlen von der Gestapo nichts gemein, aber sie scheuten sich nicht, die schwarze Uniform und den unheimlichen Ruf ihrer Kollegen dann und wann auszunutzen, um größeren Eindruck zu machen.

Piepe, der auf unseren Besuch vorbereitet war, zeigte sich willens, Rede und Antwort zu stehen. Wie weit? Als er den Namen Claude Spaak fallen ließ, reagierte seine Frau äußerst heftig und tadelte seine Unvorsichtigkeit. Es schien ihr gefährlich, Persönlichkeiten von solchem Rang zu erwähnen. Uns war jedoch bereits bekannt, daß Claude Spaak, der Bruder des bekannten belgischen Staatsmannes, mit dem Grand Chef zusammengearbeitet hatte. Nach einigen Fragen, die wir freimütig beantworteten, erkannte Piepe, daß wir genug wußten und er uns ohne Vorbehalt auch den Rest erzählen konnte. Er stellte allerdings eine Bedingung: sein richtiger Name dürfe in dem Buch nicht genannt werden.* Dieses vorsichtige Abtasten ließ darauf schließen, daß auch das Ehepaar Piepe nicht daran glaubte, daß die Vergangenheit endgültig begraben war.

Einem Gespräch stand nun nichts mehr im Wege. Aber in welcher Sprache sollten wir es führen? Er hatte sein Französisch vergessen, und unser Deutsch reichte nicht aus für längere Unterhaltungen, die mit technischen Ausdrücken gespickt waren und in denen jedes Adjektiv seine Bedeutung hatte. Wir schlugen ihm eine vertrauenswürdige Dolmetscherin vor. Piepe weigerte sich; die Sorge um seine Sicherheit gestatte ihm nicht, eine Unbekannte in sein Haus zu lassen. Könnten wir uns an einem anderen Ort unterhalten? Piepe lehnte Hotelzimmer in Westberlin ab: wie leicht waren dort Mikrophone zu verstecken. Eine Privatwohnung? Auch das war gefährlich! Er schlug das französische Konsulat vor. Ein sicherer Ort, aber die Räume standen uns nicht zur Verfügung. Inzwischen war es Nacht geworden, und wir unterhielten uns immer noch. Wieder saßen wir in einem komfortabel eingerichteten Wohnzimmer einer Vorstadtvilla, Whiskygläser und Kekse vor uns ...

Ich habe vergessen, wer auf die Idee kam, Paris als Treffpunkt vorzuschlagen. Dort konnten wir Piepe alle Garantien für die Diskretion unserer Unterhaltung bieten. Piepe lehnte zunächst ab; er berief sich auf mehrere Entführungen, die von sowjetischer Seite auf französischem Territorium ausgeführt worden seien. Andererseits aber hatte er große Lust, Paris wiederzusehen. Seine Frau widersetzte sich mit aller Entschiedenheit, einer solchen Einladung Folge zu leisten. Sie wollte von einem so unsicheren Unterfangen nichts wissen.

Am nächsten Morgen verließen wir Westberlin. Wir waren enttäuscht, aber vor allem verblüfft. Jahrelang war die Rote Kapelle von Piepe gejagt worden; es war erstaunlich, wie jetzt die Rollen vertauscht waren. Diese Wendung brachte eine gewisse Spannung ins Spiel, und ich kann nicht leugnen, daß ich

---

Während in der 1967 erschienenen ersten Ausgabe von »L'Orchestre rouge« noch ein Pseudonym verwendet wurde, sprach nach dem Tod Piepes nichts mehr gegen die Preisgabe seiner wahren Identität.

Gefallen daran fand, selbst wenn wir dadurch um Piepes Erinnerungen gebracht werden sollten.

Aus Frankreich schrieb ich ihm einen Brief, in dem ich mit überschwenglichen Worten den Frühling in Paris schilderte. Drei Wochen später landete Piepe in Orly. Der Flugplatz war mit unzähligen Fahnen geschmückt: es war der zwanzigste Jahrestag des Sieges der Aliierten über Deutschland.

Zwischen zwei Unterhaltungen vor einem Tonbandgerät gab es ein seltsames Mittagessen im Restaurant Calvet am Boulevard Saint-Germain. Melnik hatte zwei Gäste dazu eingeladen, die offensichtlich nichts mit dem Verlagswesen zu tun hatten. Sie waren über Piepes Anwesenheit unterrichtet worden und hatten den Wunsch geäußert, mit ihm zusammenzutreffen. Ich fand, daß meine Recherchen allmählich eine merkwürdige Wendung nahmen. Ich hatte mir eine Maschine gebastelt, die mich in die Vergangenheit befördern sollte, aber sie brachte mich beharrlich immer wieder in die Gegenwart zurück. Ein Sprichwort – ich glaube, es stammt aus Indien – sagt, es sei schwierig, rittlings auf einem Tiger zu reiten. Auch ich fühlte mich auf dem Rücken meines Urtiers nicht mehr recht wohl, das sich nicht damit begnügte, dann und wann zu zukken: es fing an, mit allen vieren auszuschlagen.

Zugegeben, auch ich hatte meine romantische Viertelstunde gehabt: am Abend nach dem Besuch bei Giskes konnte ich lange keinen Schlaf finden. Ich verwünschte alle prähistorischen Knochenreste und sehnte mich nach lebendigem Wild! Ich sah mich schon als Agent, als Jäger von Spionen und Entdecker geheimer Verbindungen ... Endlich war ich, in der Hoffnung auf spannende Träume, eingeschlafen. Ich weiß nicht mehr, ob ich geträumt hatte, aber beim Aufwachen entdeckte ich, daß ein Hoteldieb während der Nacht in mein Zimmer eingedrungen war und mir, zehn Zentimeter von meiner Nase entfernt, die Brieftasche vom Nachttisch gestohlen hatte. Da wußte ich ein für allemal, daß ich nicht das Zeug zu einem James Bond in mir hatte.

Es dauerte eine ganze Weile, bis sich die Atmosphäre beim Essen entspannte. Seit zwei Tagen hatten wir Piepe durch ein fahnengeschmücktes, festliches Paris geführt. Das Feiern eines Sieges, der für den guten Piepe eine Niederlage war, versetzte unseren Gast in eine unbehagliche Stimmung. Er bemühte sich, uns begreiflich zu machen, daß er sich nicht um eines guten Essens, sondern um ernsterer Motive willen bereit erklärt habe, mitzuarbeiten. Ich mußte unwillkürlich daran denken, wie der Grand Chef wohl über diese weitschweifigen Erklärungen gelächelt hätte. 1939 stand er offiziell auf der Seite Piepes gegen Frankreich. Nach 1941 kämpfte er auf der Seite Frankreichs gegen Piepe. Und nach 1945 arbeitete Frankreich auf Piepes Seite gegen die Organisation, die der Grand Chef aufgebaut hatte. Der Geheimkrieg erfordert von seinen Kämpfern eine ungewöhnliche geistige Wendigkeit. Piepe war dafür sichtlich nicht gelenkig genug.

Das gefällt mir an ihm: Harry Piepe war ein Amateur und ist es immer geblieben. Als er nach der Schlacht um Dünkirchen von seiner Panzereinheit abgezogen wird, bekommt er den Befehl, sich bei einer Dienststelle in Hamburg einzufinden. Er geht in das Büro, an dessen Tür »Abwehrstelle« steht. Er tritt ein, stellt sich vor und erkundigt sich nach seinem neuen Arbeitsbereich. »Haben Sie nicht das Schild gelesen?« – »Doch, warum?« – »Wollen Sie etwa behaupten, daß Sie noch nie von der Abwehr gehört haben?« – »Kaum ...« – »Gut, von jetzt ab werden Sie sich mit der Gegenspionage beschäftigen!« – »Ich? Davon habe ich doch keine Ahnung!« – »Sprechen Sie Englisch?« – »Etwas.« – »Französisch?« – »Ja, auch etwas ...« – »Ausgezeichnet, dann kommen Sie nach Brüssel!«

Vor seiner Abreise erhält er technische Anweisungen über seinen neuen Wirkungskreis. Der frischgebackene Spionagefachmann wird wieder munter: seine neue Tätigkeit ähnelt in mancher Hinsicht seiner Vorkriegsbeschäftigung. Damals war Piepe als Untersuchungsrichter tätig. Er erließ Haftbefehle und verhörte Angeklagte. Von jetzt an soll er Spione verhaften lassen und verhören. Das klingt recht einfach. Aber es ist nicht einfach. Die Arbeit eines Untersuchungsrichters beginnt mit der Verhaftung eines Kriminellen. Die Arbeit eines Abwehroffiziers ist praktisch beendet, wenn er seinem Opfer die Handschellen anlegen läßt – wenigstens sollte es so sein. Der Untersuchungsrichter interessiert sich nur für einen einzelnen; er bemüht sich zuerst um dessen Verhaftung, dann um sein Geständnis. Ein Offizier der Abwehr ist einem ganzen Spionagenetz auf der Spur. Ein einzelner Agent, der verhaftet wird, ist lediglich ein aus der Kette gerissenes Glied, und die Hauptaufgabe besteht darin, die gesamte Kette mit einem Schlag zu sprengen. Dazu muß man einem entlarvten Agenten nachspüren, seine Treffpunkte auskundschaften, ihn mit einem Doppelagenten in Kontakt bringen, vielleicht versuchen, ihn umzudrehen, und ihn natürlich verhaften, wenn es nicht mehr anders geht.

Piepe ist noch nicht soweit. Augenblicklich ist er dabei, seiner Beute in belgischen Kneipen nachzuspüren. Er muß noch viel dazulernen. Schön, dann wird er eben lernen müssen, selbst wenn es Zeit kostet, denn die deutschen Dienststellen haben nun einmal keinen besseren Mann gefunden; sie müssen diesen gutwilligen Amateur gegen die Fachleute des Grand Chef einsetzen. Und gewinnen wird er auf jeden Fall; er kann nicht schlecht abschneiden: er steht einer Gruppe isolierter Männer gegenüber und verfügt über den gewaltigen deutschen Abwehrapparat. Eines Tages wird er dem Grand

Chef seine schwere Hand auf die Schulter legen. Was wird er dann mit ihm anstellen?

Er wird ihn nicht foltern lassen. Seine juristische Ausbildung untersagt es ihm. Er wird einen Spion an den Galgen bringen, wie es das Recht und sogar seine Pflicht verlangt, aber er wird ihm vorher nicht ein Haar krümmen. Piepe ist ein anständiger Mensch, dem Gewalt ein Greuel ist. Noch mit dreiundsiebzig Jahren widmet er seine Zeit einem Hilfswerk, das es sich zur Aufgabe gemacht hat, das Schicksal von Strafgefangenen zu verbessern und ihnen die Rückkehr in eine bürgerliche Existenz zu erleichtern.

Wird er also seine Verhöre so führen wie in der Vorkriegszeit, als er Straffällige vor sich hatte? Keineswegs! Von Zeit zu Zeit beugt er sich während des Essens zu mir herüber und murmelt mir mit Donnerstimme Sätze zu, die mit »Von Offizier zu Offizier ...« oder so ähnlich beginnen. Ein Satz, der etwas peinlich wirkt, wenn man es selbst nur bis zum Obergefreiten gebracht hat. Piepe ist Offizier; er gehört zu den Leuten, die ihre Schulterstücke entgegennehmen, wie man in alten Zeiten den Ritterschlag oder den Kreuzrittermantel empfing. Will er einen in jeder Hinsicht bewundernswerten Menschen charakterisieren, so sagt er: »Das war ein typischer Offizier!« Trepper ist General der Roten Armee. Selbstverständlich ohne viel Aufheben davon zu machen. Aber als Piepe es erfährt, ändert er instinktiv sein Verhalten.

Piepe wird sein Handwerk lernen, aber immer »ein typischer Offizier« bleiben. Menschlich gesehen ist das lobenswert. Beruflich kann es katastrophale Folgen haben. Der Grand Chef hat schon bedeutend gefährlicheren Gegnern gegenübergestanden. Die unbarmherzige polnische Polizei, die englischen Polizisten in Palästina, die Agenten des französischen Geheimdienstes: das war nicht einfach gewesen. Und die eigenen Chefs: war mit ihnen nicht noch schwerer fertig zu werden?

Als Trepper nach der Aufklärung des »Fantômas«-Verrats den Zug nach Moskau bestieg, grübelte er sicherlich über das Schicksal nach, das ihn am Ende seiner Reise erwartete: würde man ihn zum Hauptsitz des Geheimdienstes in der Znamenskistraße, in die »Zentrale«, bringen oder ins Lubjanka-Gefängnis, das die Todeszellen Stalins birgt? Mit ihm zusammen wurden Dutzende von Spionagechefs von überallher nach Moskau zurückbeordert. Alle mußten fürchten, umgebracht zu werden, und alle stellten sich die Frage: warum?

Warum? Noch heute ist die Sache nicht völlig geklärt. Begonnen hatte es mit einem großangelegten Betrugsmanöver, das von Reinhard Heydrich inszeniert worden war. Er hatte Dokumente fälschen lassen, aus denen hervorging, daß der Erste Stellvertreter des Volkskommissars für Verteidigung, Marschall

Tuchatschewski, gegen Stalin konspirierte. Diese Dokumente ließ Heydrich auf komplizierten Wegen nach Moskau gelangen. Das Ziel war eindeutig: es ging darum, eine Lawine auszulösen, die höchste russische Führungsschichten unter sich begraben sollte. Zerfleischen die Bären einander, triumphiert der Naziwolf. Heydrich erzielte einen unerwarteten Erfolg. Eine Säuberungswelle überflutete Rußland und enthauptete die Rote Armee. Alles aufgrund einiger Dokumente, die von den Fälschern der SS hergestellt worden waren? Das ist nicht so sicher! Wahrscheinlicher ist, daß Stalin das Manöver erkannte und ausnutzte, um sich einen zu beliebten Marschall und einen unbequemen Generalstab vom Halse zu schaffen. Es ist auch denkbar, daß Tuchatschewski wirklich einen Putsch vorbereitete. Heydrich wäre also nur ein willkommener Handlanger – oder Totengräber gewesen.

Sind die Zusammenhänge auch undurchsichtig, das Resultat ist eindeutig: mit einem Streich hat Stalin die Rote Armee entmachtet. Offiziere wandern in sibirische Straflager oder werden erschossen. Nach glaubwürdigen Schätzungen ist die Hälfte des russischen Offizierskorps auf diese Weise ausgeschaltet worden – das heißt etwa 30 000 bis 40 000 Menschen. Zu den ersten Opfern der Säuberungsaktion gehörten die Mitglieder des militärischen Geheimdienstes. Das war logisch. Konspirierte die Armee, wo sollte der Kern einer Verschwörung stecken, wenn nicht in jenen Dienststellen, über deren Tätigkeit ein undurchdringlicher Schleier liegt? Alle höheren Offiziere werden liquidiert, die im Ausland arbeitenden Agenten zurückbeordert. Sie sind besonders verdächtig, erlaubt ihnen doch das Ausland eine für Verschwörungen besonders günstige Bewegungs- und Handlungsfreiheit.

Gehörte Trepper zu den Verdächtigen, oder kehrte er lediglich zurück, weil seine Mission beendet war? Wir wissen es nicht, aber es ist auch von untergeordnetem Interesse. Tatsache ist, daß Trepper bei seiner Rückkehr nach Moskau mitten in das Blutbad gerät und daß er einige Spritzer abbekommt. Wir wissen, daß er von Jan Bersin, dem Chef des militärischen Nachrichtendienstes der Roten Armee, protegiert wurde; Bersin wird zusammen mit seinem Adjutanten Alexander Korine hingerichtet. Wir wissen, daß Trepper später gesagt hat: »Meine Freunde verschwanden einer nach dem anderen, und ich wußte, daß meine Stunde unweigerlich kommen würde. Nur der Brüsseler Auftrag hat mir das Leben gerettet.« Wir wissen nicht, was sich in diesen schicksalsschweren Tagen im einzelnen abgespielt hat. Es ist nicht schwierig, sich das vorzustellen … Ständige Angst. Verhöre, in denen Menschen ihre Unschuld hinausschreien, ohne überhaupt zu ahnen, wessen sie angeklagt sind. Gegenüberstellungen mit einem Kameraden, der von zwei Polizisten hereingeführt wird und gelassen gesteht, daß er seit zehn Jahren Verrat betreibt. Angst, immer wieder Angst. Die zermürbende Frage: findet man die richtige Antwort? Welches Wort öffnet die Tür zur Freiheit? Welches Wort führt in die Todeszellen im Keller? Jede Antwort ist wie ein Einsatz im Roulettespiel. Aber das Spiel geht um das eigene Leben. Die schmutzige Flut der Denunziationen. Und die Feigheit. »X hat ausgesagt, daß Sie ihm gegenüber vor fünf Jahren antirevolutionäre Äußerungen gemacht haben ...« – »Er lügt! Ich hatte ihn immer schon im Verdacht, daß er für die Imperialisten arbeitet.« Jeder für sich. Die Schwächsten und die vom Glück Verlassenen werden in den düsteren Keller geschleift. Die anderen läßt man frei; aber sind sie unversehrt davongekommen? Wie Gladiatoren hat man sie in die Arena gestoßen, und sie haben ihr Leben nur retten können, indem sie das ihrer Kameraden opferten.

So war es. Aber als die Gladiatoren sich dann auflehnten und eine Armee bildeten, schlugen sie die Elitelegionen des hochmütigen Rom. Durch die grausamen Kampfspiele waren sie listiger, stärker und unbarmherziger geworden als die Soldaten, die man ihnen entgegenschickte.

Trepper ging es genauso. Selbst wenn er nicht in den Wirbel geraten, selbst wenn sein Leben nicht in Gefahr gewesen war, hatte er doch zusehen müssen, wie zahllose seiner Chefs und seiner Kampfgefährten hingerichtet wurden. Und wenn es ihm auch gelungen ist, dem Tode zu entrinnen, so verläßt er Moskau doch mit Wunden, die nicht so bald vernarben werden. Aber das ist seine Angelegenheit; wir sind nicht seine Seelsorger. Tatsache ist, daß Trepper durch diesen Aufenthalt in der Hölle eine Art Perfektion erlangt – allerdings eine ganz andere als die, die ein »normaler Mensch« oder ein »typischer Offizier« anstrebt. Jetzt kann er den schrecklichen Prüfungen, die auf ihn zukommen werden, entgegentreten. Als Trepper war er nach Moskau zurückgekehrt, als Grand Chef bricht er nach Brüssel auf.

Wir haben viel über ihn gesprochen, im »Calvet«, und dann Cognac bestellt. Niemand kam auf die Idee, auf sein Wohl anzustoßen. Aber das war auch überflüssig: die kleine Konferenz in München und unser Essen waren schon eine recht beachtliche Würdigung. Am Nachbartisch ein Vater, der seinem leichtfertigen Sohn Vorwürfe machte, etwas weiter entfernt zwei Geschäftsleute, die über Import und Export diskutierten, der Oberkellner und das übrige Personal – sicher wußte jeder von ihnen, wer Sorge war, aber den Grand Chef kannte niemand. Der Spionagering von Sorge war bereits 1943 von der japanischen Polizei endgültig vernichtet worden. Mit der Roten Kapelle beschäftigen sich die westlichen Abwehrdienste noch heute. Auch Geheimdienste haben ihre verkannten Größen. Und das sind – wie könnte es anders sein – die wichtigsten.

Berlin muß schweigen

7

Ende September 1941, als sich Piepes Berichte in den Aktenschränken der Abwehr häufen, macht sich der Berliner Sender von neuem bemerkbar. Wieder funkt er, unregelmäßig, fieberhafte Tätigkeit wechselt mit zeitweiliger Funkstille. Aber diesmal ist jeder Zweifel ausgeschlossen: der Funker sitzt in Berlin.

Die Funkabwehr erhält den kategorischen Befehl, diesem Skandal ein Ende zu machen.

Die Technik hat unsere heutige Welt um manches aufregende Erlebnis gebracht. Die Jagd zum Beispiel ist nicht mehr, was sie einst war, als Keiler noch mit dem Spieß erlegt werden mußten. Nichts ist alberner als die heutigen Hetzjagden, bei denen das verfolgte Wild durch Dörfer getrieben wird, Verkehrsstauungen hervorruft und die verwirrten Pferde auf dem Asphalt ausrutschen. Aber die Technik hat fürsorglicherweise für die älteste und grausamste Jagd, die Jagd auf Menschen, eine neue, unglaublich aufregende Form entwickelt.

Der Funker spielt die Rolle des gejagten Wildes. Zwar fehlt ihm die Beweglichkeit, über die das Tier verfügt, denn im allgemeinen funkt er immer vom gleichen Ort aus, aber dafür ist er in einer großen Stadt genauso sicher versteckt wie ein Hirsch im tiefen Dickicht eines Waldes. Hunde müssen die Spur finden und die Witterung aufnehmen, die Wellen, die der Funker in den Äther schickt.

Und Wellen lassen sich auffangen. Mehr noch: Spezialapparate erlauben es, die Richtung der ausgestrahlten Wellen festzustellen. Es ist also möglich, den Standort des Senders genau zu orten. Nehmen wir ein Beispiel: ein Angehöriger der deutschen Funkabwehr erhält den Befehl, einen im besetzten Paris arbeitenden Sender zu überwachen. Wie geht er vor? Er schickt einige seiner Leute mit einem Peilgerät, sagen wir, zur Place de la Concorde, andere zur Place de Wagram. Er selbst rührt sich nicht aus seiner Dienststelle: die Freuden einer solchen Jagd sind rein geistiger Art. Die Waffen? Ein Stadtplan von Paris und zwei in 360 Grad eingeteilte Zelluloidscheiben; in der Mitte jeder Scheibe ist ein Seidenfaden befestigt. Auf den ausgebreiteten Stadtplan werden die Scheiben so aufgelegt, daß die eine mit dem Zentrum genau auf der Place de la Concorde, die zweite auf der Place de Wagram liegt. Alles ist bereit, die Treiber können an die Arbeit gehen. Sowie der Sender funkt, fangen beide Trupps die ausgestrahlte Energie auf und bestimmen die Senderichtung; das Ergebnis geben sie dem Chef durch. Wenn das Peilgerät von der Place de la Concorde einen Orientierungswinkel von 80 Grad angibt, spannt der Chef den einen Seidenfaden dem angegebenen Winkel entsprechend über den Stadtplan. Der Trupp von der Place de Wagram übermittelt das von ihm errechnete Resultat: 160 Grad. Der zweite Faden wird gespannt: am Schnittpunkt beider Fäden muß sich der Sender befinden. Auf dem Stadtplan läßt sich der Standort ablesen. (In unserem Fall säße der Funker unter dem Arc de Triomphe.)

In der Praxis ist alles natürlich viel komplizierter. Zunächst bedarf es mehrerer Peiloperationen, um das Jagdgebiet einzugrenzen. Außerdem werden sich begreiflicherweise die Pianisten weder in öffentlichen Gebäuden noch in alleinstehenden Villen verstecken, die leicht zu entdecken sind; sie nutzen den Vorteil, den dichtbesiedelte Stadtteile mit eng ineinander verschachtelten Häusern bieten. Oft ist es unmöglich, mit den Fäden die genaue Position zu bestimmen. Dann muß ein Suchkoffer zu Hilfe genommen werden, der die Veränderungen des elektrischen Kraftfeldes in unmittelbarer Nähe des Senders registriert und das Versteck genauer orten kann. Steht kein solches Instrument zur Verfügung oder versagt auch diese Methode, bleibt die Möglichkeit, während einer Sendung den elektrischen Strom in allen verdächtigen Gebäuden der Reihe nach zu unterbrechen: 1940 arbeiteten die Sendegeräte noch nicht mit Transistoren, sondern mit Netzanschluß. Bewirkt das Ausschalten des Stroms eine plötzliche Funkstille, dann muß sich das Wild in dem entsprechenden Gebäude befinden. Nun braucht man nur noch die Hunde loszulassen.

Der Reiz der Jagd beruht auf der Intelligenz des Wildes. Und in dieser Hinsicht steht der Mensch dem Tier nicht nach. Auch er wird versuchen, seine Spuren zu verwischen. Jeder Pianist benutzt eine bestimmte Wellenlänge. Die Empfangsstation erwartet zu festgelegten Zeiten auf dieser Wellenlänge die Verbindung. Haben die Jäger diese Zeit herausgefunden, legen sie sich auf die Lauer. Der Pianist gleicht also einem Hirsch, von dem die Jagdhüter wissen, wo er wechselt. Aber er kann sich im Äther frei bewegen: das heißt, er kann seine Wellenlänge ändern. Eine schwierige Aufgabe, die ein vorzügliches Zusammenspiel zwischen dem Pianisten und seiner Empfangsstation erfordert, wenn ihn diese bei seinen Sprüngen nicht verlieren will. Als Beispiel der »Sendeplan« eines sowjetischen Pianisten: er funkt zunächst sein Rufzeichen auf 43 Meter, Moskau bestätigt den Empfang auf 39 Meter, und der Pianist gibt den Funkspruch dann auf 49 Meter durch. Zusätzliche List: bevor der Funker von 43 Meter auf 49 Meter übergeht, gibt er zunächst ein neues Rufzeichen durch, um seine Überwacher glauben zu machen, ein neuer Sender habe seine Arbeit begonnen.

Mit diesen technischen Kniffen ist Zeit zu gewinnen, aber der Gegner läßt sich nicht lange täuschen. Immer neue Tricks müssen erfunden, unaufhörlich Wellenlängen und Rufzeichen verändert werden. Das ist technisch möglich, aber praktisch sehr schwer durchzuführen. Der Funker ist kein Roboter. Er arbeitet unter besonders nervenaufreibenden Bedingungen und könnte sich im Labyrinth eines zu komplizierten Sendeplans verlieren. Zweckmäßiger ist es, den Standort zu wechseln. Die Verfolger werden daraufhin die Straßenkontrollen verschärfen, und mancher Funker wird ihnen mitsamt seinem Sendegerät in die Hände fallen. Folglich müssen die Sendegeräte an Ort und Stelle bleiben, die Funker aber beweglich sein. Verfügt das Netz nur über ein Sendegerät, sind die Pianisten gezwungen, auf diesem einen Sender abwechselnd in ihrer jeweiligen Tonart zu spielen. Handelt es sich um ein technisch gut ausgerüstetes Netz, verfügt jeder Funker über mehrere »Spieluhren«. In jedem Fall aber ist der Zeitfaktor von entscheidender Bedeutung. Der Funker muß im voraus ahnen, ob sein Standort in Gefahr ist, ausgehoben zu werden. Und die Meute bemüht sich, immer schneller zum Schlupfwinkel zu gelangen, um das Wild zu überraschen.

Mit zwei stationären Geräten kann bei jeder Sendung nur eine Peilung vorgenommen werden; dann muß der Standort geändert und auf die nächste Sendung gewartet werden, um von neuem zu beginnen. Aber bald kann der neue Peilwagen der Firma Loewe-Opta eingesetzt werden, der ein schnelleres Arbeiten ermöglicht. Einer der Peiltrupps bleibt an einem festen Standort (in Paris wird er in der Kaserne am Boulevard Suchet stationiert werden), der andere Trupp wird beweglich eingesetzt. Diese Manövrierfähigkeit erlaubt mehrere Peilungen in kurzen Zeitabständen. Wenn gar mehrere Wagen zur Verfügung stehen, sind nur noch durchschnittlich vierzig Minuten nötig, um einen Sender aufzustöbern. Die gejagten Pianisten verkürzen ihre Sendezeit immer mehr. Der Gegner zwingt sie, ihr kostbares Zeitkapital zu vergeuden, er nagelt sie durch Stören der Sendungen in ihrem Versteck fest: sie müssen ihre Funksprüche mehrmals wiederholen. Sie versuchen sich durch Warnposten abzusichern. Die Peugeots mit den grauen Planen sind leicht zu erkennen. Daraufhin werden die Peilfahrzeuge als Kranken- oder Lieferwagen getarnt ... und gleichzeitig läßt man das Jagdrevier von Polizeimannschaften durchkämmen, die alle verhaften, die verdächtig an einer Ecke stehen. Sobald die Firma Loewe-Opta ihren Peilapparat so verkleinert hat, daß er am Gürtel getragen werden kann, vermögen die Warnposten ohnehin nichts mehr auszurichten. In unmittelbarer Nähe des Ortes, an dem man den Sender vermutet, steigen einige Leute aus dem Auto und schlendern Zeitung lesend die Straße entlang. Ganz anders als bei dem leicht erkennbaren »Suchkoffer« von früher ist der feine Draht, der ihren Apparat mit der Ohrmuschel verbindet, praktisch unsichtbar.

Die Hetzjagd bleibt gefährlich. Es kommt vor, daß Hunde aus der Meute aufgeschlitzt werden. Mitunter verteidigt sich der aufgespürte Pianist mit der Waffe in der Hand, oder er hat an seinem Sendegerät eine Sprengladung angebracht, die bei der leisesten Berührung explodiert. Oder Abwehrleute finden auf dem Tisch eine offene Cognacflasche, sie trinken einen Schluck und sterben. Aber das sind die Gefahren der Jagd, sie verleihen ihr einen bitteren Reiz. Die Abwehr verliert einige Leute, aber sie ist siegessicher. Im Sommer 1943 können die Spionagenetze in Paris nur noch im äußersten Notfall funken. Die Abwehr ist Herr der Lage.

Eine lautlose und heimtückische Jagd, ohne Jagdhörner und farbenprächtige Tracht, die dennoch fast immer endet wie jede andere Jagd: das Wild wird zur Strecke gebracht. Zugleich eine entscheidende Jagd, denn in dem Kampf, den die Widerstandsorganisationen und die deutsche Polizei gegeneinander führten, hing eigentlich immer alles von dieser Jagd ab. Ohne Sendegerät ist ein Spionagenetz nutzlos; dafür geschaffen, Nachrichten zu sammeln, ist es nur wirksam, wenn die Informationen weitergegeben werden können. Doch der Sender, der die Existenz der Organisation rechtfertigt, bringt sie gleichzeitig in Gefahr. Er lenkt die Verfolger auf sich. An der Spitze der deutschen Abwehr ahnte man nichts von der Existenz eines sowjetischen Netzes in Belgien, geschweige denn in Deutschland. Die Funker haben sie auf die Spur gebracht. Ein U-Boot ist mit bloßem Auge nicht zu erkennen, solange es unter Wasser bleibt, aber man kann es entdecken, wenn es sein Periskop ausfährt. Ein Spionagenetz muß stets mit ausgefahrenem Periskop manövrieren.

Eine grausame Jagd, in der ein Mensch das Wild ist. Jedesmal wenn einer der Funker des Grand Chef sich vor sein Funkgerät setzt, ist ihm die Spannung des Verfolgtseins, die Angst vor dem Feind, ins Gesicht geschrieben. Er ist verwundbar wie ein Soldat, der aus dem Schützengraben springt, um sich den Garben der feindlichen Maschinengewehre entgegenzuwerfen. Die Meute ist auf seiner Spur, er weiß es, er spürt, wie die Peilwagen langsam heranrollen, spürt, wie unauffällige Passanten sich seinem Haus nähern, er hört, wie schon die Haustür aufgebrochen wird. Sein Mut besteht darin, vor seinem Gerät sitzen zu bleiben und weiterzufunken. Das ist wahrscheinlich schwieriger, als mit der blanken Waffe anzugreifen.

Eine ergreifende Jagd: ein Heldentum ohne Fanfaren und bunte Wimpel. Wenn man weiß, daß Moskau trotz aller Warnungen des Grand Chef dem Pianisten von PTX den Befehl erteilt hat, jede Nacht fünf Stunden ohne Unter-

brechung zu funken – ein Befehl, der einem glatten Todesurteil gleich-
kommt –, dann wird einem klar, daß dieser Funker noch mehr Mut aufbringen
muß als ein Soldat, der beim Rückzug seiner Truppe mit Munition und dem
Befehl zurückgelassen wird, sich an Ort und Stelle töten zu lassen, um den
Feind aufzuhalten. Oberleutnant Makarow, alias Carlos Alamo, ist für diese
fünf ununterbrochenen Sendestunden noch mehr zu bewundern als für seinen
Feindflug in Spanien.

Eine atemberaubende Jagd: alle aufgefangenen Funksprüche wirken auf die
Jäger, als sähen sie ihr eigenes Blut aus einer offenen Wunde fließen. Hebt man
den Sender aus, kann die Blutung zum Stillstand gebracht werden. Bringt man
den Funker zum Sprechen, kann das gesamte Netz aufgedeckt und der Infek-
tionsherd beseitigt werden.

Eine groteske Jagd mitunter, wie zum Beispiel die im Oktober 1941 in
Berlin …

Es fängt schlecht an: die von Loewe-Opta hergestellten Peilwagen sind nach
Paris und Warschau geschickt worden. Für die Funkabwehr steht, als die Berliner Aktion beginnen soll, kein Wagen zur Verfügung. Wer ist verantwortlich
für diese Nachlässigkeit? Die Leute von der Funkabwehr blicken verbittert auf
das Forschungsamt der Luftwaffe. Aber es ist nicht zu ändern, die Wagen sind
nicht vorhanden, man muß sich mit stationären Geräten behelfen. Das bedeutet Zeitverlust, denn der Pianist scheint außerordentlich listig zu sein: Peilversuche haben einwandfrei ergeben, daß er von drei verschiedenen Orten aus
funkt. Das kann heiter werden …

Problem Nummer eins: wie sollen die Peiltrupps eingekleidet werden? In
Uniformen wären sie sofort zu erkennen. Also Zivil? Der Chef der Funkabwehr ist grundsätzlich dagegen: eine solche Maßnahme wäre der Anfang vom
Ende, die Disziplin der deutschen Armee könnte leiden. Sein Hauptargument:
ein Soldat in Zivil kann seine vorgesetzten Offiziere nicht vorschriftsmäßig
grüßen. Unglaublich? W. F. Flicke, ein ehemaliger Angehöriger der Funkabwehr, verbürgt sich für die Glaubwürdigkeit des Vorfalls. Dieses Volk ist wirklich erstaunlich! Schließlich wird eine Lösung gefunden: die Spezialisten bekommen Postuniformen.

Am ersten Tag bemerkte der Pianist in der Nähe des Hauses, aus dem er
funkte, auf dem Bürgersteig ein großes Zelt und sehr beschäftigte Postarbeiter.
Er nahm daran keinen Anstoß: die Postverwaltung verwendet immer solche
Zelte, wenn Kabel verlegt oder Reparaturen ausgeführt werden. Auch die Lastwagen der Wehrmacht, die das Material heranbrachten, fand er nicht ungewöhnlich. Der Mangel an Transportmitteln brachte es mit sich, daß die Post-

verwaltung bei der Wehrmacht Lastwagen ausleihen mußte. Unverständlich war ihm nur, warum die Leute so tadellose Uniformen trugen. Kabelleger und Monteure kamen doch sonst immer in blauem Arbeitszeug.

Am nächsten Tag schlenderte der Pianist ein wenig umher, bevor er in seine zweite Wohnung ging. Unterwegs bemerkte er wieder ein Zelt und viele geschäftige Arbeiter in Postuniformen. Er ging langsam an der Zeltwand entlang und hörte eine gedämpfte Stimme sagen: »Jawohl, Herr Leutnant!«

Am dritten Tag, als er um seinen dritten Unterschlupf strich, blieb der Pianist vor einem großen Zelt der Postverwaltung stehen. Er bat einen der Arbeiter um Feuer. Während der Mann, der Wache zu stehen schien, ihm Feuer gab, hörte der Pianist deutlich den charakteristischen Pfeifton eines Empfängers, der gerade auf eine bestimmte Wellenlänge eingestellt wird.

Am vierten und den darauffolgenden Tagen warteten die Peiltrupps vergeblich auf eine Sendung. Die Zelte mußten abgebrochen, die Uniformen zurückgegeben werden, die Aktion wurde abgeblasen. Unverrichteterdinge zog sich die Funkabwehr zurück und grollte.

Auf der Gegenseite, innerhalb des Berliner Kreises, der in der Vorstellung der Abwehroffiziere vorzüglich organisiert ist und von teuflisch geschickten Sachverständigen geleitet wird, herrscht Unordnung und Verwirrung. Das Netz ist zu schnell gewachsen. Die sowjetischen Diplomaten, die in Heydrichs Bericht der »Ausspähung« beschuldigt wurden, sind bei Ausbruch des Krieges nach Rußland abgeschoben und gegen das Personal der deutschen Botschaft in Moskau ausgetauscht worden. Vor ihrer Abreise haben sie in aller Eile noch einige Saatkörner auf deutschem Boden ausgestreut, wahllos, wie man gegen den Wind sät, wenn die Zeit drängt. Das ist für das Nachrichtenwesen eine falsche Methode; auf diesem Gebiet rächt sich Hast noch mehr als anderswo.

Und warum schweigt der Berliner Sender? Die Abwehr glaubt, daß das Bestandteil eines festgelegten Planes ist, der sie irreführen soll. Tatsächlich ist die Unerfahrenheit des Funkers daran schuld. Er hat irrtümlich das Gerät auf Kraftstrom geschaltet und den Sender, der ihm von einem Beamten der sowjetischen Botschaft anvertraut worden ist, durchschmoren lassen. Als der Sender wieder repariert ist, findet sich der Pianist nicht mehr in den komplizierten Instruktionen zurecht, mit denen man ihn überschüttet. Es sind ausgezeichnete Angaben für einen erfahrenen Techniker, aber sie überfordern die Kenntnisse eines Anfängers. Der russische Beamte hat ihn angewiesen, sein Rufzeichen und seine Wellenlänge nach einer bestimmten Anzahl durchgeführter Sendungen einem festgelegten System folgend zu ändern: so kann man die Jäger der Funkabwehr auf Distanz halten. Eine »durchgeführte Sendung« ist für Moskau eine Funkverbindung, in deren Verlauf Nachrichten übermittelt werden. Der Funker hat das mißverstanden: Er hält jede Verbindung für eine »durchgeführte Sendung«, selbst wenn er bereits durchgegebene Meldungen nur wiederholt oder technische Einzelheiten klärt. Unvermeidliche Folge dieses Mißverständnisses: die Zentrale erwartet den Funkspruch auf einer bestimmten Wellenlänge, während der Funker vergeblich auf seiner Welle Moskau ruft. Schließlich findet man wieder Kontakt, und der Irrtum wird aufgeklärt, die Sendungen werden wiederaufgenommen. Den Instruktionen gemäß benutzt der Funker sechs Wellenlängen und 30 Rufzeichen. Anders ausgedrückt: die ersten sechs tatsächlich durchgeführten Sendungen erfolgen auf verschiedenen Wellenlängen. Die siebte wird dann wieder auf der ersten Länge ausgestrahlt, und so fort. Das gleiche gilt für die Rufzeichen. Sie verändern sich nach einer bestimmten Reihenfolge, die von dem Plan für die Wellenlängen abweicht. Daraus ergeben sich ständig Veränderungen, ein Wirrwarr, der die Funkabwehr durcheinanderbringen soll. 30 Rufzeichen für jeden Monat, eins pro Tag. Aber manche Monate haben einunddreißig Tage. Für die Zentrale in Moskau und für jeden erfahrenen Funker versteht es sich von selbst, daß am einunddreißigsten Tag Funkstille herrscht, um den monatlichen Rhythmus nicht zu stören. Der Berliner Pianist kennt diese Regel nicht, er funkt auch am einunddreißigsten Tag und benutzt dabei das erste Rufzeichen seiner Liste. Resultat: wenn sich die Zentrale am zweiunddreißigsten Tag auf die festgelegte Wellenlänge einschaltet, findet sie ihren Mann nicht mehr, und dieser ruft vergeblich auf einer anderen Welle. Kontakt unterbrochen.

So kann das nicht weitergehen. Die Zentrale in Moskau beschließt, erfahrene Funker mit Fallschirmen über Deutschland abzusetzen. Damit aber diese Agenten eine Chance haben, der Polizeiüberwachung zu entgehen, müssen sie ein Spezialtraining absolvieren. Außerdem liegt Deutschland zu weit von russischen Flugplätzen entfernt; es ist notwendig, die Engländer um Beistand zu bitten. Das wiederum erfordert Verhandlungen auf höherer Ebene. Schulung und Verhandlungen ziehen sich in die Länge. Dabei geht im Oktober 1941 der deutsche Angriff noch in voller Stärke weiter. Die sowjetischen Divisionen werden nacheinander überrannt, umzingelt, vernichtet. Der Weg nach Moskau liegt frei: für die Rote Armee, die sich am Rande der Katastrophe befindet, sind die von den Geheimdiensten übermittelten Nachrichten so lebenswichtig wie Sauerstoff für einen Erstickenden. Niemand in der Zentrale denkt daran, das Berliner Netz so lange stillzulegen, bis die Vorbereitungen für das Fallschirmunternehmen abgeschlossen sind. Am 10. Oktober wird Kent zu Hilfe gerufen. Merken wir uns diesen von der Zentrale in den Äther geschickten Funkspruch: durch ihn wird eine Person in Zylinder, Gehrock und weißen Handschuhen auf den Plan gerufen – der deutsche Henker. Denn auf Grund dieser wenigen, gleichgültig durchgegebenen Sätze werden Dutzende von Männern und Frauen geköpft und gehenkt werden:

KLS von RTX. 1010. 1725.99 wds. qbt.
An Kent von Direktor. Persönlich.
Begeben Sie sich sofort zu den drei angegebenen Adressen in Berlin und stellen Sie fest, weshalb Funkverbindung ständig versagt. Falls Unterbrechungen sich wiederholen, übernehmen Sie Funkübermittlung. Arbeit der drei Berliner Gruppen und Nachrichtenübermittlung von größter Wichtigkeit. Adressen: Neu-Westend, Altenburger Allee 19. Drei Treppen rechts. Choro. – Charlottenburg, Fredericiastraße 26 a. Zwei Treppen links. Wolf. – Friedenau, Kaiserallee 18. Vier Treppen links. Bauer. Erinnern Sie hier an Eulenspiegel. – Kennwort überall: Direktor. Geben Sie Nachricht bis 20. Oktober. An allen drei Stellen mit Funkplan am 15. vormittags neu (wiederhole: neu) beginnen. qbt. 50385. ar. KLS von RTX.

Drei Tage später, am 13. Oktober, erhält das Berliner Netz von der Zentrale die nachstehende Ankündigung:

RSK von BTR. 1310. 1425.54 wds. qbt.
An Freddy für Wolf zur Übermittlung an Choro. Von Direktor. – Dort eintrifft Kent aus BRX. Hat Weisung, Funkverkehr zu regeln. Im Falle des Nichtgelingens oder nochmaliger Störung alles Material an Kent zur Übermittlung senden. Vorhandenes Material Kent mitgeben. Neuer Versuch der Verkehrsaufnahme am 15. Zentrale steht ab 09.00 auf Empfang.

Kent fährt also nach Berlin mit dem Auftrag, dort auszuhelfen. Er hat schon im April mit dem deutschen Netz Verbindung aufgenommen: wir kennen seine Reise zur Leipziger Messe aus Margaretes Erzählung. Dieses Mal trifft er die beiden Verantwortlichen des Berliner Kreises im Zoologischen Garten. In wenigen Tagen verschafft er dem Berliner Pianisten ein Zusatzgerät und bringt ihn mit einem alten kommunistischen Kämpfer zusammen, der vor dem Krieg in Moskau Funkkurse absolviert hat. Dieser wird dem Berliner Pianisten Nachhilfeunterricht geben. Von Berlin fährt Kent nach Prag. Unterwegs trifft er Rauchs Frau. Das wissen wir aus einem Telegramm von Kent, in dem er Maria Rauch ein Treffen in der Nähe des Speisewagens auf dem Bahnsteig in Raudnitz vorschlägt, wo sein Zug einige Minuten Aufenthalt hat. Über Kents Mission in Prag besitzen wir keine Einzelheiten, aber sie zeigt, daß die Rote Kapelle wirklich überall über Musiker verfügt.

Anfang November kehrt Kent, zufrieden, daß er seine Mission erfüllt hat, nach Brüssel zurück. Aber eine schlechte Nachricht erwartet ihn: der Berliner Pianist kann nicht mehr musizieren. Am 21. Oktober, kurz nach Kents Abreise, haben die Peiltrupps der Funkabwehr ihre Jagd begonnen. Berlin muß

schweigen. Gemäß den Anweisungen aus Moskau sollen nun alle in Berlin ge-
sammelten Nachrichten von Brüssel aus übermittelt werden. Der umsichtige
Kent hat bereits Vorkehrungen getroffen: ein Kuriersystem zwischen
Deutschland und Belgien steht für diesen Fall bereit. Das bedeutet selbstver-
ständlich Mehrarbeit für Brüssel. Der arme Alamo, der unentwegt vor seinem
Sendegerät hockt, wird noch manches Mal von den herrlichen Zeiten des
Spanien-Krieges träumen ...

Treffpunkt Stalingrad

8

Waren die Nachrichten, die das Berliner Netz zwar zusammentragen, aber nicht korrekt weiterleiten konnte, wirklich so wichtig? Urteilen Sie selbst:

An Direktor von Choro. Quelle: Maria.
Aus der Festung Königsberg ist schwere Artillerie in Richtung Moskau unterwegs. In Pillau wird schwere Küstenartillerie in gleicher Richtung verladen.

An Direktor von Choro. Quelle: Gustav.
Die Verluste der deutschen Panzerwaffe an der Ostfront betragen bis heute mengenmäßig den Materialbestand von elf Divisionen.

An Direktor von Choro. Quelle: Arwid.
Hitlers Befehl lautet auf Einnahme Odessas bis 15. September. Verzögerung störte erheblich Dispositionen für deutschen Vormarsch am Südflügel. Information stammt von einem Offizier des OKW.

An Direktor von Choro. Quelle: Moritz.
Dortige Ansicht unzutreffend. Plan II ist bereits vor drei Wochen in Kraft getreten. Voraussichtlich Erreichung der Linie Archangelsk-Moskau-Astrachan bis Ende November. Aller Nachschub wird seither nach diesem Plan geregelt.

An Direktor von Choro.
Seit dem 19. Oktober stehen in Brjansk die Panzer der Propagandakompanien in Erwartung des deutschen Einzugs in Moskau, der für den 20. Oktober vorgesehen war.

An Direktor von Choro. Quelle: OKW über Arwid.
An der Ostfront haben die meisten deutschen Divisionen infolge der erlittenen schweren Verluste ihre normale Zusammensetzung eingebüßt. Sie bestehen nur noch zu einem Bruchteil aus Leuten mit voller Ausbildung und setzen sich im übrigen aus Leuten mit einer Ausbildung von vier bis sechs Monaten zusammen, ferner Mannschaften mit einem Sechstel der notwendigen Ausbildungszeit.

Diese Beispiele ließen sich beliebig fortsetzen, es gibt Hunderte solcher Funksprüche. Dem Berliner Kreis sind die Angriffspläne der Wehrmacht, die Verteilung der Streitkräfte und der Umfang des Nachschubs bekannt. Er kann im voraus die Abschnitte bezeichnen, wo Fallschirmeinheiten eingesetzt werden sollen; er unterrichtet Moskau über die deutschen Verluste an Truppen und Material. Und das ist noch nicht alles: die Berliner haben genaue Informationen über die deutsche Produktion von Treibstoff und chemischen Erzeugnissen; sie kennen die Zahl der Flugzeuge, die jeden Monat im Reich fertiggestellt werden. Ihre Fühler reichen bis in die führenden Parteiorgane und in den Generalstab, dessen Auffassungen und Zwistigkeiten ihnen kein Geheimnis sind. Sie wissen über die geheimen politischen Machenschaften eines Ribbentrop ebenso Bescheid wie sie täglich über Hitlers jeweiligen Aufenthalt informiert sind.*

Den neuen Absprachen gemäß gehen von jetzt an diese entscheidend wichtigen Informationen über den Sender Kents.

Auch Brüssel wird von der Zentrale mit Anfragen überschwemmt. Einige betreffen die Truppenbewegungen in Belgien und in Holland, andere die Leistungsfähigkeit dort ansässiger Fabriken, die für die Besatzungsmacht arbeiten, und natürlich die Haltung der Zivilbevölkerung. Aber die meisten Anfragen gehen weit über den belgischen oder holländischen Rahmen hinaus. Wenn die Zentrale über die Stärke der Schweizer Armee, über die Kriegsproduktion der deutschen chemischen Industrie oder über die genauen Verluste der Wehrmacht Einzelheiten wissen will, dann wendet sie sich an Brüssel:

An Kent von Direktor.
Benötigen Bericht über Schweizer Armee, die in Verbindung mit möglicher deutscher Invasion interessiert. Stärke der Armee im Falle allgemeiner Mobilmachung. Art der Befestigungen. Qualität der Bewaffnung, Einzelheiten über Luftwaffe, Panzerwaffe und Artillerie. Technische Mittel nach Waffengattungen.

An Kent von Direktor.
Erkundungen betr. die Produktionsmöglichkeiten von chemischen Kampfstoffen in deutschen Fabriken, Vorbereitung von Sabotageakten in den betr. Werken.

An Kent von Direktor.
Schneiders Quelle scheint gut informiert zu sein. Kontrollieren Sie durch ihn Gesamtzahlen aller bisherigen deutschen Verluste, spezialisiert nach Art und Feldzügen.

Zudem gehen auch alle vom Grand Chef in Frankreich gesammelten Informationen über Brüssel. Auch diese Nachrichten aus den verschiedenen Bereichen

---

* In seiner Autobiographie berichtet Trepper, daß die Berliner Gruppe einen Stenotypisten vom Generalstab Hitlers rekrutiert hatte.

sind zahlreich und präzise. Sie zeugen von einer Unterwanderung der deutschen Organisationen, wie sie im Verlauf des letzten Weltkriegs keinem anderen Spionagesystem der Alliierten auch nur annähernd gelungen ist:

Quelle: Suzanne.
Linie, die als Winterstellung der deutschen Armee von Generalstab vorgeschlagen wurde und Anfang November bezogen sein sollte, verläuft von Rostow über Isjum-Kursk-Orel-Brjansk-Dorogobusch-Nowgorod-Leningrad. Hitler lehnte auch diesen Vorschlag ab und befahl sechsten Angriff auf Moskau, wobei sämtliches verfügbares Material in den Kampf geworfen wird. Mißlingt dieser Vorstoß, so stehen den deutschen Truppen bei einem Rückzug keinerlei Materialreserven im Augenblick zur Verfügung.

Quelle: Emile.
Zwei neue Giftgase entdeckt: 1.) Nitrosylfluorid, Formel: HC_2F.
2.) Kakodylisocyanid, Formel: $(CH_3)_2$ As NC.

Quelle: Berlin.
In Kreisen führender deutscher Offiziere ist man der Ansicht, daß infolge Versagens des Blitzfeldzuges im Osten ein Sieg fortan undenkbar. Neigung erkennbar, auf Hitler einzuwirken, um ihn zum Friedensschluß mit England zu bewegen. Führende Generale im OKW rechnen noch 30 Monate Kriegsdauer und hoffen dann auf Kompromißfrieden.

Quelle: Jacques.
Deutsche haben Elite ihres Heeres an Ostfront verloren. Russische Kampfwagen machen überlegenen Eindruck. Deutsche Generalstäbler entmutigt wegen ständiger Änderungen der strategischen Pläne und Angriffsziele durch Hitler.

Quelle: Paulette.
Deutscher Offizier berichtet über zunehmende Spannung zwischen italienischer Armee und faschistischer Partei. Ernste Zwischenfälle in Rom und Verona. Armeestellen sabotieren Weisungen der Partei. Möglichkeiten eines Umsturzes nicht ausgeschlossen, jedoch vorerst nicht zu erwarten. Deutsche versammeln Truppen zwischen München und Innsbruck für eventuellen Einmarsch.

Quelle: Maria.
Von hohem deutschen Offizier, der soeben aus Berlin zurückkehrte. In Deutschland sind höhere militärische Kreise skeptisch bezüglich Ausgang des Krieges im Osten. Auch Göring zweifelt an klarem militärischem Sieg. Alle deutschen Garnisonen und Übungsplätze sind fast leer. Man spricht in Berlin bereits von dem Wunsch nach Hitlers Tod und von kommender Militärdiktatur.

Quelle: Pierre.
Gesamtstärke des deutschen Heeres 412 Divisionen. Davon in Frankreich zur Zeit 21, zumeist Divisionen zweiter Linie; ihr Bestand schwankt infolge dauernder Abgänge. Truppen, die bei und südlich Bordeaux am Atlantikwall in Stel-

lung waren, befinden sich auf dem Wege nach Osten; es sind etwa drei Divisionen. Gesamtstärke der Luftwaffe etwa eine Million Mann, einschließlich des Bodenpersonals.

Quelle: José.
Bei Madrid, 10 km westlich der Stadt, befindet sich deutsche Horchstelle zum Abhören britischen, amerikanischen und französischen (kolonialen) Funkverkehrs. Getarnt als Handelsorganisation mit Decknamen »Stürmer«. Spanische Regierung ist unterrichtet und unterstützt die Stelle. Besatzung ein Offizier und fünfzehn Mann in Zivil. Nebenstelle in Sevilla. Von Madrid direkte Fernschreibleitung nach Berlin über Bordeaux und Paris geschaltet.

Was ist Brüssel denn eigentlich?
Zunächst einmal der Kopf einer Organisation, die sich über Belgien und Holland erstreckt und Informationen über diese Länder an die Widerstandsbewegungen weiterleitet.

Vor allem aber das Herz des erstaunlichen Spionageapparates der Roten Kapelle. Von Dutzenden über ganz Europa verstreuten Agenten werden Nachrichten nach Brüssel geschleust und von dort an die Zentrale weitergegeben.

Für Moskau, betäubt vom Kanonendonner und dem Dröhnen der deutschen Flugzeuggeschwader, ist die Stimme aus Brüssel die Stimme der Hoffnung. Fronten werden eingedrückt, ein Deich nach dem anderen bricht, die feldgraue Flut überschwemmt das Land und kommt den Mauern des Kreml bedrohlich näher. Aber es gibt den Brüsseler Horchposten, der inmitten glorreicher deutscher Siegesmeldungen winzige Dissonanzen registriert: die Zweifel von Hitlers Generalen, die Erschöpfung der Truppen, die Materialverluste. Als Adolf Hitler vor den Berliner Mengen brüllt: »Ich erkläre heute, ohne jede Einschränkung, daß unser Feind im Osten niedergeschlagen ist und sich niemals wieder erheben wird ...«, ist es die Stimme aus Brüssel, die Moskau immer wieder ermutigt, nicht alle Hoffnung aufzugeben.

Sie übermittelt dem Generalstab der Roten Armee auch viele taktische Auskünfte, aber die sowjetischen Generale, vom Feind bedrängt, können keinen Gebrauch davon machen. Die deutsche Übermacht ist so groß, daß die Russen, auch wenn sie vom bevorstehenden Angriff unterrichtet sind, den Vorstoß nicht abfangen können. Der Roten Armee ist es noch nicht gelungen, genügend Raum zwischen sich und den Feind zu bringen, um die Truppen neu ordnen und die erhaltenen Informationen praktisch und erfolgversprechend verwerten zu können. Aber am 12. November 1941, genau an dem Tag, an dem sich die Generalstabschefs dreier deutscher Armeen in Orscha treffen, um den letzten Ansturm gegen die russische Hauptstadt vorzubereiten (die Vorhuten der Panzertruppen stehen 25 Kilometer vor Moskau), trifft ein Funkspruch aus

Brüssel bei der Zentrale ein, und dieser Funkspruch wird nicht im Papierkorb landen, sondern in die Geschichte eingehen, denn durch ihn erfährt man, daß die Zeit dem fehlenden Raum zu Hilfe kommen wird:

> Von Kent an Direktor. Quelle: Choro.
> Plan III mit Ziel Kaukasus, der ursprünglich für November vorgesehen war, tritt im Frühjahr 1942 in Kraft. Aufmarsch soll bis 1. Mai beendet sein. Aller Nachschub geht ab 1. Februar im Hinblick auf dieses Ziel. Aufmarschraum für Kaukasusoffensive: Losowaja-Balakleja-Tschugujew-Belgorod-Achtyrka-Krasnograd. Oberkommando in Charkow. Weitere Einzelheiten folgen.

Moskau wird nicht erobert werden. Fünf Tage später, am 17. November, wirft sich die mongolische Kavallerie der 44. Division vor Mussino, kaum 50 Kilometer vom Kreml entfernt, mit blankem Säbel dem Feind entgegen, und ihre blutige Attacke gibt den aus Sibirien herangeholten Truppen das Signal zum Angriff. Diese frischen Divisionen hat Stalin vor seiner Hauptstadt zusammenziehen können, weil der Agent Richard Sorge ihm versichert hat, daß Japan Rußland nicht durch einen Angriff in Sibirien in den Rücken fallen wird. Und während die Rote Armee sich noch vor den Toren von Moskau schlägt, gibt ihr die Rote Kapelle mit ihrem historischen Telegramm vom 12. November – neun Monate im voraus – bekannt, wo das entscheidende Treffen an der weitentfernten Wolga stattfinden wird: in Stalingrad.

Sorge hat die Niederlage vor Moskau verhindert. Trepper und seine Leute machen den Sieg bei Stalingrad möglich.

Nach dem Mißerfolg in Berlin muß die Funkabwehr feststellen, daß sich die Sendezeiten von PTX beträchtlich vermehrt haben. Vergleichende Untersuchungen über Anzahl und Art der übermittelten Funksprüche ergeben, daß der Funker von PTX die Arbeit seines verhinderten Berliner Kollegen übernommen haben muß. Dank der geduldigen Ortungsversuche von Cranz und Breslau besitzt man jetzt die Gewißheit, daß der Sender im Raum von Brüssel steht. Die Funkabwehr schickt Piepe Spezialisten, Nahfeldpeiler und zwei Suchkoffer. Ein derartiges Aufgebot schließt jeden Mißerfolg aus. Diesmal ist die Jagd auf PTX gründlich vorbereitet.

Die Rue des Atrébates wird ausgehoben

9

Man nannte ihn noch immer PTX, obwohl er sein ursprüngliches Rufzeichen schon lange geändert hatte. Er benutzte jetzt an die 30 verschiedene Zeichen und jonglierte meisterhaft mit den Wellenlängen. Die Techniker der Funkabwehr verfolgten hartnäckig seine Kunststücke, aber am 17. November mußten sie eine Entdeckung machen, die ihre Überwachungsarbeiten erheblich erschweren sollte: es gab plötzlich in Brüssel nicht einen, sondern drei Geheimsender, und alle drei benutzten das gleiche Rufzeichen und die gleiche Wellenlänge. Unter diesen Umständen war es unmöglich, festzustellen, welcher von ihnen der gesuchte PTX war – obgleich eine der Stationen mehr Meldungen durchgab als die anderen.

Die Leute von der Funküberwachung kamen am 30. November schlecht gelaunt in Brüssel an. Drei Sender zu orten, die auf gleicher Wellenlänge und mit gleichen Rufzeichen arbeiteten, war nicht einfach. Wenn die Pianisten auch über zahlreiche Ausweichquartiere verfügten, konnte die Aufgabe wirklich sehr schwierig werden. Mit Erleichterung stellten sie fest, daß die Sender nur nachts in Aktion traten. Nachts war Sperrstunde, also konnten sich die Pianisten nicht durch Warnposten absichern.

Die ersten Peilversuche waren völlig ergebnislos. Der leitende Leutnant traute seinen Augen nicht, als er feststellen mußte, daß sich seine Seidenfäden an keinem Punkt kreuzten. Das Geheimnis schien unergründlich. Kontrollpeilungen ergaben, daß sämtliche Geräte um mehrere Grade falsch eingestellt waren. Da alle Nahfeldpeiler fabrikneu von Loewe-Opta kamen, mußte bei der Firma etwas nicht in Ordnung sein. Die Jagd wurde wiederaufgenommen, diesmal unter Berücksichtigung der festgestellten Abweichungen.

Sehr schnell wurde ausgemacht, daß die drei Sender von festen Standorten aus arbeiteten. Einer mußte sich in der Brüsseler Gemeinde Etterbeek, der zweite in Uccle, der dritte in Laeken befinden. Die Spezialisten von der Funkabwehr wollten umfangreiche Ermittlungen anstellen, um alle drei Sender auf einmal auffliegen zu lassen. Aber sie erhielten ihre Befehle von der örtlichen Dienststelle der Abwehr, und diese war anderer Meinung. Seit Monaten drängte Berlin darauf, PTX zu fassen: der Sender war allen zum Alpdruck geworden. Also schnellstens zupacken, damit endlich die Scherereien mit Berlin aufhörten! War dieses Gespenst erst einmal erledigt, blieb immer noch Zeit zur Jagd auf die anderen beiden Funker. Die Fachleute vermuteten, daß PTX der Sender in Etterbeek sein mußte, der seit einigen Tagen besonders eifrig funkte. Durch mehrere Peilversuche konnte das Versteck des Pianisten geortet werden. Es lag in einer engen, traurigen Straße, in der sich kaum Geschäfte befanden: in der Rue des Atrébates.

Piepe erzählt:

»Offiziell war ich immer noch für die Gegenspionage in Gent verantwortlich, aber Berlin hatte mir befohlen, den Geheimsender aufzuspüren. Als feststand, daß er von Brüssel aus funkte, quartierte ich mich in einer luxuriösen, von ihrer englischen Inhaberin verlassenen Wohnung am Boulevard Brand-Whitlock ein. Die Dame hat mir übrigens nach dem Krieg einen Dankbrief geschrieben, weil ich alles in gutem Zustand zurückgelassen hatte. Die Hausmeisterin ahnte natürlich nichts von meiner Tätigkeit. Sie hielt mich für einen Schwarzmarkthändler, und ich bestärkte sie in ihrer Überzeugung, indem ich ihr von Zeit zu Zeit Seife schenkte.

Bis zum Eintreffen der Funkabwehrgruppe hatte ich mich damit begnügen müssen, PTX jede Nacht auf meinem Empfänger abzuhören, ohne irgendwie handeln zu können. Nun wurde alles anders. Der Techniker mit dem Suchkoffer hat mir großen Eindruck gemacht. Es war ein sehr selbstsicherer, ehrgeiziger Unteroffizier. Von vornherein erklärte er mir: ›Ich werde den Kerl schon fassen!‹

Die Peilversuche machten gute Fortschritte. Ich erinnere mich, daß wir sogar ein Gerät in einem Fieseler Storch untergebracht und die Stadt überflogen haben. Die Tatsache, daß der Sender nachts fünf Stunden ununterbrochen arbeitete, begünstigte unser Vorhaben. Die Russen waren nicht mißtrauisch – das war klar. Warum auch? Sie konnten nicht ahnen, daß wir über so präzise Apparate verfügten. Besonders der Suchkoffer war ein technisches Wunder, das auf der ganzen Welt nicht seinesgleichen hatte. Selbst alte, ausgekochte Fachmänner waren stumm vor Bewunderung. Ich glaube, daß wir damals dieses Gerät zum erstenmal außerhalb Deutschlands einsetzten.

Wir haben uns also an die Rue des Atrébates herangepirscht. Mein Unteroffizier war davon überzeugt, daß sich der Sender in einem von drei Häusern befinden mußte: in Nr. 99, 101 oder 103. Ich ließ die Personalien der Bewohner diskret überprüfen. In Nr. 99 wohnte eine flämische Familie, deren deutschfreundliche Gefühle bekannt waren. In Nr. 101 wohnten Südamerikaner, die – wie ihre Nachbarn erzählten – für deutsche Wirtschaftsstellen arbeiteten. Das Haus Nr. 103 stand leer. Ich hatte das Gefühl, daß der Sender in dem leerstehenden Haus verborgen war, aber wir brauchten absolute Gewißheit.

Im gleichen Wohnblock, auf der Rückseite der drei Häuser, befand sich eine beschlagnahmte Villa, die von zwei Angehörigen der Organisation Todt bewohnt wurde. Diese Auskunft erhielten wir vom Brüsseler Wohnungsamt. Ich erlangte vom Militärbefehlshaber in Belgien für diese beiden Männer ein Ausgehverbot von einigen Tagen. Wir weihten sie in unsere Geschichte ein; sie mußten schwören, mit niemandem ein Wort zu wechseln und ihre Wohnung nicht zu verlassen. Wir richteten uns bei ihnen häuslich ein, und vier oder fünf Nächte lang konnte der Unteroffizier in unmittelbarer Nähe der drei verdächtigen Häuser arbeiten. Schließlich versicherte er mir, die Sendungen kämen aus dem mittleren Haus, aus dem Haus der Südamerikaner. Jetzt konnten wir zufassen.

Aber im Gegensatz zu meinem so selbstsicheren Unteroffizier, der überzeugt war, wir könnten zu zweit in das Haus eindringen, hielt ich größte Vorsicht für angebracht. Meine Informanten hatten mir berichtet, daß die Kommunisten inzwischen sehr viel rabiater geworden waren und damit zu rechnen sei, daß sie sich im Falle eines Angriffs mit der Waffe verteidigen würden. Die Militärbehörde stellte mir zehn Mann von der Geheimen Feldpolizei zur Verfügung. Würde das genügen? Ich war nicht recht sicher. Doch in der Nähe der Rue des Atrébates, am Boulevard Saint-Michel, befand sich eine Kaserne. Dort lag ein Bataillon Landesschützen, über fünfzig Jahre alte Reservisten, die Eisenbahnstrecken und Brücken zu bewachen hatten. Der Bataillonskommandeur empfing mich kühl; er lehnte jede Unterstützung ab. Aber ein gerade anwesender Kompaniechef war Feuer und Flamme und stellte mir 25 Mann zur Verfügung.

Nun waren wir angriffsbereit. Der Überfall wurde für die Nacht vom 12. zum 13. Dezember auf zwei Uhr morgens angesetzt.«

Bill Hoorickx erzählt:

»Mit der Zeit hatte ich mich immer enger mit Carlos Alamo angefreundet. Wir wohnten sogar eine Weile zusammen. Er gefiel mir ausnehmend gut, wir haben endlose Unterhaltungen geführt. Worüber? Sie werden erstaunt sein: wir sprachen viel über Metaphysik. Als ich jung war, wollte ich als protestantischer Missionar in die Kolonien gehen. Ich hatte sogar eine Zeitlang Tropenmedizin studiert, bevor ich zu malen anfing. Ich bin aber ein gläubiger Mensch geblieben und habe gern mit Alamo über die großen religiösen Probleme gesprochen. Für ihn war das eine Entdeckung, denn in Rußland spricht man natürlich nicht über diese Dinge. Ich möchte nicht behaupten, Alamo zum Glauben bekehrt zu haben, aber ich habe ihn sozusagen dazu gebracht, über religiöse Probleme nachzudenken.

Abgesehen davon hatte Alamo wie jeder Mann seine Schwächen und Neigungen. Ich habe ihn einem sehr hübschen Mädchen aus den holländischen Kolonien, von Sumatra oder Java, vorgestellt. Sie hieß Suzanne Schmitz, wurde seine Geliebte und wohnte sogar bei uns. Eines Tages lud er uns zum Abendessen in die Rue des Atrébates ein. Ich war schon zweimal dort gewesen und hatte Rauch davon erzählt, der daraufhin sagte: ›Nanu, ich wußte gar nicht, daß er dort auch noch eine Wohnung hat.‹ Seine Äußerung hat mich nicht sonderlich überrascht: man kann nicht sagen, daß Rauch links liegengelassen wurde, aber er machte auf mich immer den Eindruck eines Menschen, der etwas abseits steht. Er war ein Einzelgänger.

Ich nahm Alamos Einladung an, die natürlich auch für meine jetzige Frau Anna galt. Aber als ich es ihr erzählte, sagte sie: ›Du mußt absagen, ich habe schon Olga Scherbatow versprochen, daß wir zum Essen zu ihr kommen.‹ Ich rief Alamo an. Er war sehr enttäuscht, aber trotz seines Drängens konnten wir unsere Freundin Olga nicht im Stich lassen. Suzanne Schmitz ist also am 13. Dezember allein in die Rue des Atrébates zum Abendessen gegangen.«

Am 12. Dezember war der Grand Chef nach Brüssel gekommen und hatte Kent aufgesucht, bei dem immer ein Zimmer für ihn bereit stand. Vermutlich war er optimistisch: japanische Flugzeuge hatten vor fünf Tagen Pearl Harbor angegriffen, und der Krieg nahm eine völlig neue Wendung. Er hatte einen der drei Koffer in der Hand, mit denen er immer reiste. Sie waren verschieden groß, aber alle nach dem gleichen Muster gearbeitet und sehr luxuriös. Man konnte zwei, vier oder sechs Anzüge darin aufhängen, außerdem gab es ein Extrafach für Schuhe und eines für Bücher. Überrascht hatte Margarete festgestellt, daß er die gleichen Koffer besaß wie Kent, aber noch erstaunter war sie gewesen, als sie bemerkte, daß auch Alamo diese Art Koffer benutzte.

Sie mochte Trepper nicht besonders gern; er war ihr unheimlich. Als Kent in Leipzig gewesen war, hatte Trepper sich ohne viel Umstände bei ihnen in der Avenue Slegers einquartiert und Margarete in recht aufdringlicher Weise den Hof gemacht. Nach drei Tagen hatte er dann das Feld geräumt und sich mit folgenden Worten verabschiedet: »Ich wollte wissen, ob Sie Vincent treu sind und ob er sich auf Sie verlassen kann.« Seither mißtraute ihm Margarete, obwohl er sie mit Geschenken überhäufte. Ging er mit Kent aus, war sie überzeugt, daß er ihn zu irgendwelchen Mädchen mitnahm. Sie war richtig froh, als sie ihm eines Tages etwas anhängen konnte: alle drei hörten den deutschen Rundfunk. Nach den Nachrichten hatte Trepper das Gerät abgeschaltet und fast mechanisch etwas auf deutsch gesagt. Margarete beherrschte diese Sprache so gut, daß sie sofort seinen jiddischen Akzent erkannte und später zu Kent sagte: »Er ist Jude!« Kent stritt das nicht sehr überzeugend ab.

Der Grand Chef kam nach Brüssel, um Makarow alias Alamo zu treffen. Der arme Kerl langweilte sich zu Tode und überschüttete ihn mit Klagen: »Genosse, was tue ich hier bloß? Eure ganzen Geschichten sind viel zu kompliziert für mich! Ich schwöre dir, ich tauge besser zu anderen Sachen ... Hätte ich bloß ein Flugzeug, dann könnte ich etwas unternehmen ...« Sie waren in der Rue des Atrébates verabredet, für den nächsten Tag, den 13. Dezember.

Piepe:

»Am 12. Dezember gegen zehn Uhr abends quartierten wir uns bei den Leuten von der Organisation Todt ein, mein Unteroffizier, drei Abwehroffiziere, ich und sechs Feldgendarmen. Die anderen waren im Haus Nr. 97 versteckt. Die Landesschützen standen in ihrer Kaserne bereit, um die Straße abzuriegeln. Sie waren mit Maschinenpistolen bewaffnet, und ich hatte ihnen befohlen, ihre Stiefel mit Lappen zu umwickeln, um jeden unnötigen Lärm zu vermeiden.

Mein Plan war einfach: direkter Angriff. Mit zwei Gendarmen würde ich das Haus der Flamen stürmen, ein Offizier und zwei Gendarmen sollten bei den Südamerikanern eindringen, das gleiche war für das leerstehende Haus vorgesehen. Dem dritten Offizier war das Kommando über die Landesschützen in der Straße zugedacht. Wir hatten Taschenlampen, Äxte und sogar Feuerwehrleitern besorgt, um eventuell auf die Dächer zu klettern.

Um zwei Uhr früh bezogen meine Leute ihre Posten, und eine halbe Stunde später gab ich den Einsatzbefehl. Die Flamen waren sprachlos, als sie mich mit meinen Gendarmen sahen, und ich begriff sofort, daß der Sender nicht bei ihnen versteckt war.

In Nr. 101 brüllte der Abwehroffizier: ›Hierher, hier ist es!‹ Dann knallten Schüsse. Ich sah die Gendarmen auf einen flüchtenden Mann schießen. Die Landesschützen nahmen die Verfolgung auf.

Ich stürzte hinüber. Im Erdgeschoß eine Frau im Morgenrock, die auf einem Feldbett geschlafen hatte. Ein hübsches Mädchen, ungefähr fünfundzwanzig Jahre alt, aber ein ausgesprochen jüdischer Typ. In der ersten Etage das Sendegerät, es war noch warm, mein Unteroffizier hantierte schon daran herum. In der zweiten Etage eine andere Frau, die noch im Bett lag. Groß, recht hübsch, fünfundzwanzig bis achtundzwanzig Jahre alt, auch sehr jüdisch. Ich hörte, wie jemand rief: ›Wir haben ihn, wir haben ihn!‹, und ging wieder ins Erdgeschoß hinunter. Der Flüchtling war gefaßt worden, als er versuchte, sich im Keller des gegenüberliegenden Hauses zu verstecken. Er hatte sich gewehrt und war niedergeschlagen worden. Er blutete. Sein südamerikanischer Paß war in Ordnung. Die Frau aus dem Erdgeschoß zeigte mir ihre französische Kennkarte, die auf den Namen Sophie Posnanska ausgestellt war.* Ich sagte: ›Sie sprechen aber ein sehr schlechtes Französisch.‹ Da verstummte sie sofort. Auch der Verwundete gab kein Wort von sich. Ich ging wieder in den zweiten Stock. Auf der Treppe rief mir ein Gendarm nach, daß die Posnanska auf die Toilette gehen wollte. ›Nur unter Bewachung!‹ rief ich zurück. Sie lehnte ab.

Die Frau im zweiten Stock hieß Rita Arnould. Sie schluchzte: ›Ich bin froh, daß alles zu Ende ist. Ich habe gegen meinen Willen für diese Leute arbeiten müssen, ein Freund hat mich dazu gezwungen.‹ Zuerst sprach ich mit ihr Französisch, aber sie unterbrach mich: ›Sprechen Sie ruhig Deutsch, das ist einfacher. Ich bin Deutsche, ich bin in Frankfurt geboren.‹** Sie war bereit, alles zu erzählen. Ich ließ zwei Flaschen Wein holen, und wir tranken zusammen. Eigentlich hatte das arme Mädchen nie Glück gehabt, ein bedauernswertes Geschöpf. Vaterlos aufgewachsen, hatte sie in Frankfurt Philosophie studiert und zu dieser Zeit einer kommunistischen Zelle angehört, die von einem gewissen Isidor Springer, einem sehr guten Freund von ihr, geleitet wurde. Nach Hitlers Machtübernahme war sie nach Brüssel gekommen, um dort ihr Studium fortzusetzen, hatte aber einen schon älteren Textilvertreter, Arnould, kennengelernt, geheiratet und Studium und politische Tätigkeit aufgegeben. Wahrscheinlich hätte sie ihr Leben als brave Hausfrau weitergeführt, wenn Arnould nicht 1940 gestorben wäre. Er ließ sie mittellos zurück, und zu ihrem Unglück hatte Rita dann Springer wiedergetroffen, der auch nach Belgien geflüchtet war. Er hatte sie in die Rue des Atrébates gebracht, wo sie sich um den Haushalt kümmerte. Sie wurde ausreichend bezahlt, um für ihre alte Mutter sorgen zu können. Als Jüdin in einem von uns besetzten Land konnte sie sowieso keine großen Ansprüche stellen …

Ich muß gestehen, daß mir Rita Arnould leid getan hat. Ich war davon überzeugt, daß sie wirklich nicht viel mit der Sache zu tun hatte und nur durch ihre Not da hineingeraten war. Ich habe versucht, ihr zu helfen. Anstatt sie ins Gefängnis zu stecken, habe ich sie in einem Hotel untergebracht und ihre Mutter beruhigt. Einige Monate später, als ich mit einem Auftrag nach Spanien geschickt wurde, habe ich ihr sogar angeboten, sie mitzunehmen und sie dort zu

---

* *Hier ließ Piepe sein Gedächtnis im Stich. Sophie Posnanska hatte falsche Papiere, die auf den Namen Anne Verlinden ausgestellt waren.*

** *In Wirklichkeit war Rita Arnould Holländerin.*

lassen. Ihre Antwort hat mich tief erschreckt: ›Wozu?‹ hat sie müde gefragt. ›Ich habe Verrat begangen, und die russischen Stellen werden mich finden, wo immer ich auch bin.‹ Sie ist dann bald darauf erschossen worden.

Na gut … kommen wir wieder auf den 13. Dezember zurück. Im Verlauf unserer Unterhaltung flüsterte mir Rita zu: ›Passen Sie unten auf …‹ – ›Worauf?‹ – ›Gehen Sie nur hinunter, Sie werden es schon finden.‹ Im Erdgeschoß ließ ich alles genau von den Gendarmen durchsuchen. Einer von ihnen klopfte die Wände ab. Hinter dem Feldbett der Posnanska klang es hohl! Sie hatte sich inzwischen wieder hingelegt. Ich verlangte, daß sie aufstand. Sie weigerte sich. Jemand riß sie vom Bett, stieß sie beiseite und entdeckte eine Tapetentür. Sie führte in einen kleinen Raum, der durch eine rote Lampe nur spärlich beleuchtet war. Ich ließ die Lampe auswechseln, um besseres Licht zu haben. Und was sahen wir? Eine Fälscherwerkstatt! Alles, was man zur Herstellung von falschen Papieren brauchte! Stempel, Formulare, unbenutzte Pässe, Glasflaschen mit seltsamen Flüssigkeiten und Kristallen! Da Rita behauptete, es seien Giftstoffe, haben wir die Flaschen einem Laboratorium in Köln zur Analyse geschickt. Der Laborchef hat mir dann berichtet, daß es sich um Chemikalien handelte, aus denen man eine hervorragende unsichtbare Tinte herstellen kann, die praktisch nicht zu entdecken ist.

In diesem Raum habe ich einen der größten Schocks meines Lebens bekommen. Bedenken Sie nur: es gab dort Blankoformulare aus unseren Dienststellen, und aus Berlin! Unglaublich! Das bedeutete ein gigantisches Netz mit Helfershelfern überall! Inzwischen kam mein Unteroffizier mit versengten Papieren aus dem ersten Stock, die er beim Sendegerät gefunden hatte: alles auf deutsch! Ich konnte es nicht fassen … Ich fragte Rita, die mir in selbstverständlichem Ton antwortete: ›Ja, natürlich, hier wurde nur Deutsch gesprochen.‹ Einfach unvorstellbar …

Wir haben dann noch zwei Fotos gefunden, die wohl gerade für neue Pässe verwendet werden sollten. Nach Ritas Aussage waren es die Bilder von zwei Männern, die ›Grand Chef‹ und ›Petit Chef‹ genannt wurden. Es waren gute, scharfe Fotos. Rita konnte nichts über den Grand Chef berichten; dagegen wußte sie, daß der Petit Chef in der Gegend des Boulevard Brand-Whitlock – also in meiner Gegend – wohnte. Und daß er eine große, blonde Freundin hatte, die größer war als er, und daß beide oft mit einem dicken Hund an der Leine spazierengingen. Diese Angaben genügten, um den Mann noch am gleichen Tag ausfindig zu machen.

Gegen sechs Uhr morgens verließen wir die Rue des Atrébates, aber ein Gendarm und ein Dolmetscher blieben an Ort und Stelle mit dem Befehl zurück, jeden zu verhaften, der noch in die Falle tappen würde.

Ich fuhr schnurstracks zum Chef der Abwehrstelle in Brüssel, um ihm unseren Erfolg zu melden. Er war selbstverständlich ungeheuer zufrieden und machte sich sofort daran, einen Bericht für Berlin aufzusetzen. Aber welchen Decknamen sollten wir diesem Netz geben? Sie werden darüber unterrichtet sein, daß wir bei der Abwehr für ein Spionagenetz das Wort ›Kapelle‹ gebrauchten. Es gab zum Beispiel die ›Ardennenkapelle‹, die in der Nähe von Bastogne arbeitete. Mein Chef schlug ›Russische Kapelle‹ vor. Ich sagte ihm, ›Rote Kapelle‹ wäre noch besser ...«

Der Verhaftete, der leicht verwundet wurde, ist David Kamy. Hillel Katz hat ihn Trepper vorgestellt. Kamy hat lange Zeit in Palästina gelebt, dann in Spanien bei den Internationalen Brigaden gekämpft. Er ist ein vielseitiger Mann, tapfer und leidenschaftlich, ein erfahrener Techniker, Chemiker und Funker – und ein Meister in der Kunst des Mikrofilms. Er ist seit zwanzig Jahren politisch aktiv und gehört dem geheimen technischen Verband der französischen KP an: er kennt so viele Leute, daß ein Zusammenbruch unter der Folter eine Katastrophe auslösen würde. Um dieses Risiko auszuschalten, gibt sich Kamy, der fließend Russisch spricht, Piepe gegenüber als Leutnant Anton Danilow aus, als sowjetischer Offizier, der seit einigen Monaten mit der Roten Kapelle zusammenarbeitet. Durch diesen Geniestreich gewinnt er natürlich Piepes Respekt (»Ein Offizier!«) und vermeidet peinliche Fragen: er ist noch nicht lange genug bei der Gruppe, um über alles genau orientiert zu sein.

Sophie Posnanska, die Schlüsselexpertin der Gruppe, ist ebenfalls eine alte Gefährtin aus Palästina. Trepper hatte dort schon ihren Mut und ihre Intelligenz schätzen gelernt. Verriete sie Piepe den Code, wäre das ein schwerer Schlag für die Rote Kapelle. Sophie Posnanska verrät nichts. Sie begeht in der Zelle des Gefängnisses Saint-Gilles, in das Piepe sie überführen läßt, Selbstmord.

Die in einem Hotelzimmer verwöhnte Rita Arnould ist bereit, alles auszuplaudern. Zuerst hat es den Anschein, als sei sie in die Geheimnisse des Netzes nicht eingeweiht. Sie hat sich ja nur um den Haushalt der Bewohner gekümmert ... und doch gelingt es mit ihrer Hilfe, Kent in wenigen Stunden auf die Spur zu kommen. Vor allem aber hofft Piepe auf den Erfolg der Falle, die er in der Rue des Atrébates aufgestellt hat. Mit großer Wahrscheinlichkeit kann er damit rechnen, noch weitere Agenten zu fangen ...

Als erster erscheint ein Mann, der behauptet, er sei der Hausbesitzer und wolle die Miete einkassieren. Der Feldgendarm und der Dolmetscher verlangen seine

Papiere und fragen beim Wohnungsamt an. Der Mann ist tatsächlich der Besitzer des Hauses Nr. 101; man läßt ihn laufen.

Der zweite Besucher ist ein zerlumptes Individuum, unrasiert und schmutzig. Auf dem Arm trägt er einen Korb mit Kaninchen. Er möchte die Hausfrau sprechen und behauptet, sie hätte ihm immer seine Kaninchen abgekauft. Man erklärt ihm, daß sie nicht zu sprechen sei. Er will sich nicht abweisen lassen und wird schließlich mit Fußtritten aus dem Haus gejagt.

Etwas später klingelt es zum drittenmal. Man läßt den Besucher herein und prüft seine Papiere. Sie sind auf den Namen Carlos Alamo ausgestellt. Beim Durchsuchen seiner Taschen entdeckt der Feldgendarm einige chiffrierte Meldungen. Man legt ihm Handschellen an. Carlos Alamo kennt fast alle Mitglieder des Netzes und den in der Rue des Atrébates benutzten Code.

Der vierte Besucher ist ein unbequemer Mann. Barsch fragt er, ob man wisse, wann die in der Nähe liegende Garage öffnet. Welche Garage? Die von den Deutschen beschlagnahmte. Man holt ihn herein und läßt sich seine Papiere zeigen. Er zeigt einen Sonderausweis der Organisation Todt vor. Unsicher geworden, wollen ihn die beiden Wächter einstweilen festhalten, aber der Mann tobt und droht, sich bei den Militärbehörden zu beschweren, wenn sie nicht unverzüglich mit ihrem Vorgesetzten telefonieren. Der Feldgendarm ruft bei der Abwehr an und erwähnt den Sonderausweis. »Sofort freilassen!« befiehlt der Offizier. Und das geschieht auch.

Gegen Abend erwischt man noch ein hübsches, exotisch aussehendes Mädchen: Suzanne Schmitz.

Wir hatten uns in einem Büro von Fayard um ein Tonbandgerät versammelt. Melnik, der mit unbeteiligtem Gesicht geräuschvoll an seiner Pfeife zog, saß etwas abseits, und ich blickte kaum von dem vor mir liegenden Schreibblock auf. Piepe mußte den Eindruck haben, daß nur unsere Dolmetscherin ihm zuhörte. Sie war jung, blond und umgänglich. Piepe hatte eine nicht-deutsche Dolmetscherin verlangt. So kam uns der Name unserer Mitarbeiterin sehr gelegen: Ruth Hamel-Valentini: Ruth, das klang englisch, Hamel französisch und Valentini italienisch. In Wirklichkeit war sie deutscher Herkunft. Das war eine Täuschung unsererseits, aber sie war ebenso belanglos wie der Ruf »Gestapo«, dessen Piepe sich bediente, um Leute einzuschüchtern, obgleich er nur ein Gentleman der Abwehr war.

Während Piepe seinen Überfall schilderte, blickte Ruth Hamel-Valentini ihn mit gut gespielter Bewunderung an. Sie hörte dem alten Herrn aufmerksam und verständnisvoll zu. Melnik verzog keine Miene. Ich war der schlechteste der drei Schauspieler, der einzige, der nur mit Mühe einen plötzlichen Lachkrampf unterdrücken konnte, als Piepe mit kaum vernehmbarer Stimme murmelte: »Natürlich habe ich einen riesigen Fehler gemacht: ich hätte den beiden Wachen die von uns gefundenen Fotos zurücklassen müssen ... aber wir waren schließlich noch Anfänger ... wir mußten unser Handwerk erst lernen ...«

Harry Piepe hatte uns gerade gestanden, daß der mit Fußtritten aus dem Hause gejagte Kaninchenhändler der Grand Chef gewesen war.

Am Abend des 13. Dezember wird Trepper von Kent und Margarete zum Bahnhof begleitet. Auf dem Bahnsteig angekommen, sehen sie gerade noch die Schlußlichter des Pariser Zuges. Das Trio kehrt in die Avenue Slegers zurück. Die Straße ist von Feldgendarmen abgeriegelt, mehrere Wagen stehen vor ihrem Haus. Von einem Café aus ruft Kent in seiner Wohnung an. Eine deutsche Stimme ist am Apparat. Kent und Margarete suchen bei einem belgischen Freund Zuflucht. Trepper nimmt den nächsten Zug.

Später hat er erzählt, daß seine Betroffenheit alle anderen Gefühle verdrängte. Seit langem hatte er eine Katastrophe herannahen sehen. Man konnte nicht unbehelligt jede Nacht fünf Stunden lang senden, wie es Moskau verlangte. Um dieser Gefahr zu begegnen, hatte Trepper den Sender in der Avenue de Longchamps gerade stillgelegt und den größten Teil der Funkmeldungen auf den Sender der Rue des Atrébates übertragen, der bis Dezember kaum gearbeitet hatte. Wie waren die Deutschen so schnell ans Ziel gelangt? Die klassischen Peilmethoden verlangten mehr Zeit ... War Verrat im Spiel? Was tun?

Der Überfall auf die Rue des Atrébates zog noch andere Überraschungen und Verdächtigungen nach sich. Auf eine der Folgen, eine gehörige Tracht Prügel auf den Hintern eines Hauptsturmführers der SS, kommen wir noch zurück. Aber noch sind wir nicht bei dieser erquicklichen Episode angelangt.

Brüssel, das Herz der Organisation, ist vom Blitz getroffen worden.

Die Bresche wird geschlossen

10

Im August 1965 fuhr ich in die Cevennen. Die Straße schlängelte sich an steilen Hängen entlang und führte mich durch enge Schluchten immer tiefer in eine herbe und öde Landschaft. Hier und da standen am Straßenrand Gedenksteine zur Erinnerung an die Kämpfe, die hier zwischen dem Maquis und den deutschen Truppen stattgefunden hatten. Schon zur Zeit Ludwigs XIV. waren die bescheidenen Dörfer von Dragonern heimgesucht worden, die protestantische Frauen und Kinder verbrannt hatten. Eine menschenleere Gegend, auf der eine unerbittliche Geschichte lastet ... und in der seit zwanzig Jahren eine Frau lebte, die für Vergnügen und Feste geschaffen zu sein schien: Georgie de Winter. Der Gegensatz zwischen meinem Bild dieser Frau und der Kargheit der Landschaft war erschreckend.

Seit ich mich mit der Roten Kapelle beschäftigte, hatte ich mir eine gewisse Vorstellung von der »schönen Georgie« gemacht, wie sie alle nannten. Man wußte, daß sie Ravensbrück überlebt hatte, aber nach der Rückkehr aus dem Konzentrationslager hatte sich ihre Spur verloren. Einige Überlebende der Gruppe vermuteten sie in Belgien – aber wo? ... Ich hatte alle Hoffnung aufgegeben, diese wertvolle Zeugin zu finden. Mußte ich mich mit einem Bild zufriedengeben, das gerade für eine Randbemerkung in meinem Bericht reichen würde?

Doch vor einem Monat, im Juli, hatte mir ein ehemaliger Angehöriger der Gruppe, der infolge der in der Gefangenschaft erlittenen Mißhandlungen ans Bett gefesselt war, lächelnd eine Hochzeitsanzeige gezeigt, als ich mit ihm über Georgie sprach. Sie hatte in Soulorgues bei Lasalle in den Cevennen einen emigrierten polnischen Oberst geheiratet.

Nun war ich auf dem Weg nach Lasalle, voller Ungeduld, aber auch etwas unsicher – es ist gefährlich, wenn Traum und Wirklichkeit aufeinander treffen; dazu gesellte sich die Sorge über mögliche Folgen meines Besuchs.

Ich wußte seit langem, daß die Rote Kapelle für manche Geheimdienstkreise eine Art geheimnisumwittertes Ungeheuer war. Genauer gesagt: für die ehemaligen Mitglieder der Abwehr und Gestapo. Wenn sie auf die Rote Kapelle zu sprechen kommen, schwelgen diese fanatischen Antikommunisten in düsteren Prophezeiungen. Walter Schellenberg, der ehemalige Chef des Auslandsnachrichtendienstes der SS, schloß in seinen Memoiren das Kapitel über die Rote Kapelle mit folgenden Worten: »Eine wirkliche Zerstörung dieses hydraähnlichen Spionagerings *Rote Kapelle* ist uns jedoch bis zum Ende des Krieges niemals gelungen.«[2]

Paul Leverkuehn – der Abwehroffizier, der nach Persien geschickt wurde, um die Möglichkeit eines Zugriffs auf Baku zu prüfen – versichert uns: »Der Kampf (gegen die Rote Kapelle) wurde niemals ganz abgeschlossen, und es kann kein Zweifel darüber herrschen, daß dieselbe Organisation, vielleicht in manchen Fällen mit den gleichen Agenten, immer noch am Werk ist.«[3] W. F. Flicke behauptete 1954, daß »die Nachfolgeorganisationen der ›Roten Kapelle‹ ganz Westeuropa überwuchern«[4]. Auch Harry Piepe war davon überzeugt. Die ehemaligen Abwehrleute bemühten sich, die Fackel ihren Nachfolgern, den westlichen Spionageabwehrdiensten, in die Hand zu drücken. Ich war zunächst der Meinung, die französischen Dienststellen hätten sich geweigert, die Fackel zu übernehmen, nicht weil sie ihnen aus zweifelhafter Hand entgegengestreckt wurde, sondern aus der Überzeugung heraus, daß die Flamme erloschen sei. Doch dann ließen mich gewisse Einzelheiten vermuten, daß sie dessen gar nicht so sicher waren und sich weiterhin für die ehemaligen Mitglieder der Gruppe interessierten. Das war ihre Angelegenheit, ihre Pflicht und lag im Interesse des Staates, ich jedoch fühlte keinerlei Verlangen danach, mich in die wachsame Kohorte der Polizeispitzel einzureihen.

Es ist ein schönes Gefühl, mit ehrenwerten Skrupeln zu jonglieren, wenn man weiß, daß man im Grunde ein reines Gewissen hat. Alle meine Untersuchungen habe ich mit offenem Visier geführt. Jedem Zeugen, den ich aufsuchte, überreichte ich gewissermaßen als Visitenkarte ein Exemplar meines letzten Buches, in dem Constantin Melnik als Herausgeber aufscheint. Für eventuell neuverpflichtete Mitglieder der Roten Kapelle mußte dieser Name wie eine Alarmglocke wirken. Und außerdem gab ich offen das von mir verfolgte Ziel an: ich wollte ein Buch schreiben. Die Befragten wußten also, daß jede Antwort zur Veröffentlichung bestimmt war.

Meine Neugier würde befriedigt werden, dessen war ich mir ziemlich sicher. Die Befürchtung aber blieb: würde ich von Georgie enttäuscht sein? Obwohl ich sie niemals gesehen hatte, war ich mit den zwiespältigen Gefühlen eines Mannes nach Lasalle unterwegs, der nach zwanzig Jahren eine Frau wiedersehen wird, die er einmal geliebt hat ...

Lasalle zieht sich eine enge, nicht enden wollende Straße entlang, auf beiden Seiten ein finsteres Loch neben dem anderen. Hat man das Räubernest endlich hinter sich gelassen, findet man sich auf der halsbrecherischen Landstraße wieder, die das Autorennen in den Cevennen zu einem der schwierigsten der Welt macht. Die Straße windet sich drei Kilometer über einem kleinen Tal dahin, in dem hier und da einige Häuser liegen, massiv wie Festungen. Als ich schließlich den Weiler Les Horts erreiche, brauche ich eine halbe Stunde, bis ich den ausgefahrenen Weg entdecke, der in das Tal hinab- und zu den drei oder vier Häusern hinaufführt, die sich an den gegenüberliegenden Hang klammern. Georgie wohnt im vorletzten. Ich kann mir diese Klause nicht gut als Treffpunkt für ein Spionagenetz vorstellen; und wenn Georgie auch nur als »Briefkasten« diente, der Briefträger würde mir leid tun ...

Ein niedriger, gedrungener Bau mit Mauern, die einer Belagerung standhalten könnten. Im Keller entdecke ich später einen unterirdischen Gang, der in die Berge führt: er hatte früher den Einwohnern die Flucht vor den königlichen Dragonern ermöglicht. Vergeblich klopfe ich an die Tür und will schon wieder fortgehen, als hinter mir, leichten Schritts, in Hosen und Hemdbluse, eine junge Frau aus dem Garten kommt. Die 1940 zwanzig Jahre alte Georgie sieht Jacqueline Kennedy verblüffend ähnlich. Ihr Mann liegt mit einem Herzinfarkt im Krankenhaus von Montpellier.

Im Haus ein Hund, mehrere Katzen und – deutliche Schatten des Urtiers, dem ich auf der Spur bin. Hund und Katzen werden vor die Tür gesetzt, damit wir uns ungestört der Vergangenheit zuwenden können. Nach der Rückkehr aus Ravensbrück hatte Georgie ihre Mutter in Belgien aufgesucht. Die belgischen Sicherheitsbehörden hatten sie aufgespürt, sie verhaftet und verhört. In Frankreich hatte die DST*, die wichtigste Dienststelle für Spionageabwehr, sich lange mit ihrem Fall beschäftigt. Im Jahre 1962 – 1962! – kamen Inspektoren der DST aus Marseille in diese Einöde, um Georgie abzuholen, brachten sie zur Gendarmerie in Lasalle und verhörten sie dann zwei Tage lang ohne Unterbrechung. Die Dorfbewohner witterten eine mysteriöse Angelegenheit – einen Mord, oder gar mehrere. Georgie hatte geahnt, daß man ihre Briefe öffnete, aber jetzt erfuhr sie, daß alle ihre Schritte überwacht worden waren und weiterhin überwacht wurden.

Es war kaum zu glauben.

Georgie ist groß und schlank und hat wunderschöne Augen. Das schwarze Haar fällt ihr bis auf die Schultern. Ihre Stimme ist jugendlich wie ihr Gang. Nichts ist ergreifender an dieser Frau, die Gestapohaft und Ravensbrück überlebt hat, als ihre fast kindliche, glasklare Stimme, die nur bei einigen Silben brüchig klingt.

»Kurz nach Ausbruch des Krieges hat Eddy – das heißt der, den Sie Trepper

---

* *Direction de la Surveillance du Territoire.*

nennen – mir geraten, in die USA zu fliehen, er hat mir sogar angeboten, die Reise zu finanzieren. Ich wollte ihn nicht verlassen und hielt es auch nicht für besonders gefährlich, das Schicksal mit ihm zu teilen; nicht einmal nachdem der Gendarm bei uns gewesen war. Das war im Mai 1940, in Brüssel, während der deutschen Offensive. Ein belgischer Gendarm kam in unsere Wohnung und verlangte Auskünfte über den ›Ausländer‹, mit dem ich zusammenwohnte. Ohne überhaupt etwas über Eddys wirkliche Tätigkeit zu wissen, hatte ich das Gefühl, ich dürfte nicht die Wahrheit sagen: ich gab einen falschen Namen und eine falsche Nationalität an. Vielleicht weil ich unbewußt Zweifel hatte? Aber damals habe ich mir keine weiteren Fragen gestellt.

Ich bin mit Begeisterung nach Paris gezogen, ich liebe Paris. Wir haben dort ein herrliches Leben geführt. Sie können sich nicht vorstellen, wie liebenswürdig, wie aufmerksam und zartfühlend dieser Mann war. Wenn er verreisen mußte, besorgte er mir vorher für jeden Abend, den ich allein verbringen mußte, Theater- oder Konzertkarten. Und er liebte meinen Sohn Patrick, der natürlich bei uns war. Um diese Zeit – das heißt vor Pearl Harbor – holte ich für Patrick von der Amerikanischen Botschaft regelmäßig Lebensmittelpakete, die von der American Aid Society verteilt wurden. Die Angestellten rieten mir, in die USA zurückzukehren, und Eddy selbst kam immer wieder auf seinen Vorschlag zurück; er wollte mir genügend Geld mitgeben, damit ich drüben leben könnte. Aber ich liebte ihn zu sehr, ich war bereit, mein Leben für ihn zu lassen. Übrigens – wenn er mir gegenüber auch unendlich zärtlich war, fühlte ich doch, daß er rücksichtslos sein konnte. Einmal kam er ziemlich aufgebracht nach Hause; er war böse auf jemanden und sprach eine Weile laut vor sich hin – man hätte glauben können, er sei ein Staatsanwalt, der seine Anklagerede hält – dann hat er sich plötzlich beruhigt und abschließend in friedlichem Ton gesagt: ›Na schön, soll er doch krepieren …‹ Das habe ich nicht vergessen.

Er hat mir einige – wenige – Freunde vorgestellt. Besonders gern mochte ich den liebenswürdigen Hillel Katz und Leo Großvogel, der einfach und nett war und eine Leidenschaft für klassische Musik hatte. Beide standen völlig unter dem Einfluß von Eddys Persönlichkeit. Man merkte, daß er ihr Chef war und beide für ihn durchs Feuer gegangen wären, wenn er es ihnen befohlen hätte.

Mit mir hat er niemals über seine Angelegenheiten gesprochen. Im Grunde war er sehr verschwiegen. Gott sei Dank war ich nicht neugierig, heute würde ich wahrscheinlich nicht mehr so reagieren. Damals war er fast vierzig und ich zwanzig: er imponierte mir ungeheuer, und ich hatte sofort gespürt, daß man ihm keine Fragen stellen durfte. Er war unergründlich wie ein tiefer See. Ich hatte übrigens auch keine Lust, mir den Kopf über alles Mögliche zu zerbrechen. Es interessierte mich alles nicht. Ich war sehr jung, sehr sorglos, wir liebten uns, und das Leben war wunderschön.

Nach dem Eintritt der USA in den Krieg hätte ich als Amerikanerin interniert werden können. Bei dieser Gelegenheit eröffnete mir Eddy, daß er für den Intelligence Service arbeite, und verschaffte mir falsche Papiere auf den Namen Élisabeth Thévenet. Ich habe ihm die Geschichte mit dem Intelligence Service natürlich geglaubt. Für mich hatte das keinerlei Bedeutung. Ob er so etwas tat oder Regenmäntel verkaufte, änderte nichts an meinen Gefühlen.

Das Leben ging weiter, aber ich hatte Angst, daß ich mit meinen falschen Papieren verhaftet werden könnte. Eines Tages sagte ich ihm: ›Man wird mich erwischen und ins Gefängnis stecken.‹ Er hat nur die Achseln gezuckt: ›Menschen wie du und ich kommen überall durch.‹ Er blieb immer sehr ruhig und beherrscht. Nur ein einziges Mal habe ich ihn wirklich aufgeregt gesehen: es war bei einer Kahnpartie in Saint-Germain-en-Laye. Unser Boot wäre fast gekentert, ich konnte mich im letzten Moment an ein paar Zweigen festhalten und so das Gleichgewicht wiederfinden. Eddy war ganz blaß und gestand mir, daß er nicht schwimmen könne. Er betrieb übrigens keinerlei Sport. Das wunderte mich eigentlich bei einem so kultivierten Mann. Um noch einmal auf meine falschen Papiere zurückzukommen: ich wäre tatsächlich beinahe einmal an einem Metro-Ausgang verhaftet worden. Polizeibeamte hatten den Bahnsteig abgeriegelt. Ich tat so, als ob ich an einer falschen Station ausgestiegen wäre, ging auf den angeschlagenen Fahrplan zu und hoffte, unauffällig in den nächsten Zug einsteigen zu können. Aber ein Wachtmeister hatte mich bemerkt und sagte zu einem seiner Polizisten: ›Hol mir doch mal das kleine Fräulein, die scheint kein ruhiges Gewissen zu haben.‹ Zitternd zog ich meinen falschen Ausweis heraus, er sah hinein und rief: ›Das ist ja lustig, Sie sind in Neuvilly geboren? Mein Kollege da drüben kommt auch von dort!‹ Lachend kam der andere heran, ich war zu Tode erschrocken. Er fragte mich nach Leuten aus Neuvilly, ich konnte mich gerade mühsam damit herausreden, daß ich schon als ganz kleines Kind den Ort verlassen hätte. Sie haben mich dann freundlich laufenlassen, aber was habe ich für eine Angst ausgestanden!

Wir wohnten damals in der Rue Fontaine, aber wir hatten auch eine Villa in Le Vèsinet, nahe bei Paris, gemietet. Jeden Tag nahm ich Ballettstunden in einer Schule an der Place de Clichy. Eddy bestand darauf, daß ich weiterlernen sollte, um mich später einmal allein durchschlagen zu können. Ich habe auch Fremdsprachen gelernt. Abends gingen wir fast immer aus – zuerst in ein Restaurant und anschließend in ein Kabarett oder in ein Chansonlokal. Er liebte Chansons, leidenschaftlich. Wir haben damals ein herrliches Leben geführt. Ich kann nur sagen, daß ich nie glücklicher gewesen bin ...«

Paris, Hinterland einer Front, die durch Brüssel und Berlin verläuft? Paris, wo man tanzt und schwelgt, während Leutnant Makarow alias Alamo in seiner Gefängniszelle hockt und die Schlüsselexpertin Sophie Posnanska sich in ihrer Zelle erhängt? Nein, so war es natürlich nicht. Brüssel war bis zum Überfall auf die Rue des Atrébates das Herz der Roten Kapelle; Berlin ist ihr Hirn, ein Hirn, das mit der Präzision einer elektronischen Rechenmaschine alle Nachrichten sammelt und verarbeitet; Paris aber ist das Nervenzentrum der großen Organisation. Von Paris schwärmen Kuriere mit den Befehlen des Grand Chef durch ganz Europa aus, in Paris strömen alle Berichte zusammen, die – nach Moskau weitergeleitet – es dem Direktor erlauben, die Tätigkeit seiner Agenten bis in alle Einzelheiten zu verfolgen.

Die Wonnen des Pariser Lebens? Es ist eine bunte Gesellschaft, ein aufmerksamer Beobachter kann mindestens zwei soziale Gruppen unterscheiden: die politischen oder wirtschaftlichen Kollaborateure und die Spitzen der Résistance. Ein gemeinsamer Punkt: sie haben Partei ergriffen, der Krieg geht für sie weiter. Fast ausnahmslos haben die Franzosen den Waffenstillstand akzeptiert und kümmern sich seitdem ausschließlich um sich selbst. Die große Frage, die von 1940 bis 1944 alle beschäftigt, lautet: wird mein Lebensmittelabschnitt eingelöst werden oder nicht? In der Eisenbahn, beim Schlangestehen, bei der Arbeit spricht man nur vom Essen. Eine Nation wird nicht ungestraft besiegt. Es genügt jedoch bezeichnenderweise, die durch den Waffenstillstand gegebene Sicherheit abzulehnen, und alle damit zusammenhängenden Ernährungssorgen verschwinden. Wenn man kämpft, findet man auch sein Essen. Deshalb sieht man in den kleinen Schwarzmarkt-Restaurants neben den Kollaborateuren, die auf den fahrenden Panzerzug der Nazis aufgesprungen sind, auch die Chefs der Résistance, die sich bemühen, den Zug zum Entgleisen zu bringen, um die Creme des deutschen Offizierskorps versammelt, die die Lokomotive wohl oder übel heizen muß. Pikant ist an diesen Gelagen, daß alle Gäste wissen, daß sie die Rechnung eventuell mit ihrem Leben bezahlen müssen.

Die Führung der Résistance kennt keinen Hunger. Colonel Rémy – der Unbestechlichste unter den Unbestechlichen – stellt 1942 fest, daß er in drei Tagen für seine Nahrung das durchschnittliche Monatseinkommen einer Pariser Familie ausgibt. Roger Vaillands »Drôle de jeu«, der sicher beste Résistance-Roman, spielt vor allem in verborgenen Bistros und getarnten Nachtklubs und enthält sogar einen mehrseitigen Führer durch die damaligen Schwarzmarktlokale – nur die Sterne für die Kategorie fehlen. Das ist einfach zu erklären: ein

Widerstandskämpfer mit gefälschten Papieren und ohne festen Wohnsitz konnte auf dem offiziellen Weg nicht an Lebensmittelkarten herankommen. Und auch moralisch gerechtfertigt: wenn man sich Folterungen und dem Tod aussetzte, brauchte man nicht obendrein noch einen leeren Magen zu haben. Es ist richtig, gerechtfertigt und gesund, daß der Grand Chef sich nicht nur von Steckrüben ernährt. Und schließlich gibt es eine technische Erklärung: manchen – und besonders Trepper – dient ein gewisser Lebensstil als Tarnung. Wir werden darauf noch zurückkommen.

Paris ist kein Hinterland: es ist das Hauptquartier, von dem aus der Grand Chef die Schlacht leitet. Sofort nach seiner Rückkehr aus Brüssel macht er sich daran, die von Piepe geschlagene Bresche zu schließen.

Problem Nummer eins: Kent. Luba Trepper hat sich nicht getäuscht. Dieser Mann, für Aufgaben in Friedenszeiten, bei denen er nur seine Freiheit riskiert, vorzüglich geeignet, hat nicht genügend Format, um sein Leben aufs Spiel zu setzen. Kent? Ein junger Mann, dem ein Buch den Kopf verdreht hat und der nach der Überrumplung in der Rue des Atrébates die Nerven verliert. Nichts ist ansteckender als Panik. Kent ist zu einer Gefahr geworden, die ausgeschaltet werden muß. Trepper schickt ihn darum nach Marseille, in das unbesetzte Frankreich. Er wird dort den guten Monsieur Jaspar, den ehemaligen Direktor der »Foreign Excellent Trench-Coat« wiedertreffen. Warum sollten nicht beide zusammen in Marseille eine Gruppe mit einem unabhängigen Sender aufbauen? Die unbesetzte Zone ist dafür gut geeignet, denn sie wird natürlich weniger bewacht als das übrige Frankreich. Aber der Grand Chef hegt keine allzu großen Erwartungen. Kent ist gewogen und zu leicht befunden worden. Falls er sich wieder fängt, kann ihm Marseille ein neues Betätigungsfeld bieten, im Augenblick soll es vor allem ein Abstellgleis für ihn sein. Und Margarete Barcza? Trepper hält ihren Einfluß für außerordentlich gefährlich. Kent liebt sie so leidenschaftlich, daß er noch mehr Angst um sie hat als um sich selbst. Sie lähmt seine Widerstandskraft und raubt ihm Zeit. Trepper schlägt Kent vor, Margarete in die Schweiz zu bringen, damit sie dort friedlich auf den Ausgang des Krieges und auf geeignetere Zeiten für ihr Liebesidyll warten kann. Kent lehnt ab; ohne sie geht er nicht nach Marseille. Der Grand Chef muß nachgeben.

Kent gelingt es, sich abzusetzen. Er kennt viele Leute in Brüssel. Ein sang- und klangloses Verschwinden wäre verdächtig. Er verabschiedet sich überall; die Gründe, die er für seine Abreise gibt, sind plausibel. Robert Christen, der Besitzer des »Florida«, erzählt: »Ende Dezember 1941 suchte er mich in meiner Wohnung auf und sagte: ›Robert, ich muß nach Frankreich verschwinden, die Gestapo sucht mich ...‹ – ›Die Gestapo? Warum?‹ – ›Deutschland hat den Vereinigten Staaten den Krieg erklärt, und mein Land wird bestimmt mit den Amerikanern zusammengehen. Die Boches merken, woher der Wind weht, und bereiten sich darauf vor, alle Uruguayer zu internieren ...‹ Ich konnte das verstehen und wünschte ihm viel Glück. Er bat mich noch, bis zu seiner Rückkehr einen Koffer aufzubewahren. Dazu habe ich mich natürlich sofort bereit erklärt ...«

Paris ist die erste Etappe. Kent fährt direkt dorthin, während Margarete und ihr Sohn René heimlich über die Grenze gehen müssen, denn ihre Kennkarten tragen den Stempel »Jude«. Am 20. Dezember treffen sie sich im Hôtel Océanic wieder. Kent ist nervös und bedrückt, aber trotzdem verzichtet das Paar nicht auf tägliche Streifzüge durch die Pariser Nachtlokale, der kleine René wird dem Hotelportier anvertraut. Am 29. Dezember fährt Kent allein ins unbesetzte Frankreich, Margarete und das Kind bleiben in der Obhut von Trepper. Dieser, immer der gleiche, besorgt ihnen für den Nachmittag des 29. Karten für das »Alhambra« und läßt sie einen Tag später an die Demarkationslinie bringen. Es ist schwierig, auf die andere Seite zu kommen. Margarete und das Kind müssen bei eisiger Kälte neun Stunden marschieren; es wird auf sie geschossen, sie werden von Hunden verfolgt. Erschöpft erreichen sie einen Bauernhof. Der Lieferwagen einer Bäckerei holt sie dort ab und bringt sie zum Bahnhof. Margarete erreicht Marseille am 31. Dezember. Madame Jaspar sieht voller Mißbehagen dieses Luxusgeschöpf bei sich auftauchen, aber als sie erkrankt, pflegt Margarete sie voller Hingabe; die beiden Frauen söhnen sich aus. Kent hat inzwischen neue Ausweispapiere beschafft und eine Wohnung in der Rue de l'Abbé-de-l'Épée gemietet.

Ein weiteres Mitglied der belgischen Gruppe ist in Gefahr: Isidor Springer, der Geliebte Rita Arnoulds. Auch ihn schickt der Grand Chef ins unbesetzte Frankreich, er soll in Lyon untertauchen. Springer ist ein sehr gut aussehender Mann, Diamantenhändler aus Antwerpen, ehemaliger Angehöriger der Internationalen Brigaden in Spanien, ein 1940 für seine Tapferkeit ausgezeichneter belgischer Offizier. Bei einer solchen Vergangenheit ist verständlich, daß sich »Romeo« – diesen Decknamen verdankt er seinem Erfolg bei Frauen – mit einem zurückgezogenen Leben nur schlecht abfinden wird. Er wird in Lyon viel Wirbel machen.

Problem Nummer zwei: die Gefangenen. Werden sie schweigen? Und wenn man sie zum Sprechen bringt, was werden sie sagen? Die Existenz der Gruppe liegt in ihren gefesselten Händen, und Trepper kann nicht weiterspielen, wenn er nicht weiß, über welche Trümpfe der Feind verfügt. Er betraut einige Agenten mit der ausschließlichen Aufgabe, Auskünfte über die fünf Gefangenen einzuholen: über Alamo, Sophie Posnanska, Kamy, Rita Arnould und über Suzanne Schmitz, die übrigens schnell freigelassen wird. Seine Leute bestechen in Saint-Gilles einige Wärter. Auf diese Weise erfährt Trepper, wie oft man die Gefangenen verhört, wie lange die Verhöre dauern und in welchem physischen und moralischen Zustand die Gefangenen wieder in ihre Zelle zurückgebracht werden. Durch die Wärter weiß er auch, daß Rita alles ausplaudert, daß Alamo und Kamy schweigen und daß Sophie Posnanska Selbstmord begangen hat. Treppers Agenten überwachen das Gebäude der Abwehr und beobachten, ob alles im täglichen Trott weitergeht: das erste Zeichen ungewöhnlicher Aktivität wird für sie das Signal sein, daß ein Gefangener gestanden hat.

Die Breschen sind geschlossen, nun muß das belgische Netz wieder aufgebaut werden. Kent und Alamo sind außer Gefecht gesetzt, und Treppers Platz ist in Paris – wer wird in Brüssel die Führung übernehmen? Die Antwort aus Moskau: Hauptmann Konstantin Jefremow. Soll er mit dem Fallschirm in Belgien abgesetzt werden? Nicht nötig: er wohnt ja schon seit zwei Jahren dort. Der Grand Chef weiß von seiner Existenz, er hat ihn ein- oder zweimal getroffen, aber Jefremow wurde vom Direktor in Reserve gehalten. Er taucht zum richtigen Zeitpunkt auf, um das von Kent verlassene Steuer zu übernehmen. Die Zentrale hat ihre unangenehmen Seiten, aber es ist doch beruhigend, für eine Organisation zu arbeiten, die so gut funktioniert.

Den Beweis für ihre Leistungsfähigkeit hatte sie bereits bei Jefremows Einreise nach Belgien geliefert. Er war im September 1939 über die Schweiz ins Land gekommen. Sein Paß mit der Nummer 20268 war am 22. Juni 1937 in New York ausgestellt worden und lautet auf Eric Jernstroem, finnischer Student, geboren am 3. November 1911 in Vaasa. Der Krieg war gerade ausgebrochen, als Jefremow an der belgischen Grenze einer besonders aufmerksamen Polizei seinen Paß präsentieren mußte. Er war zu lange in der Schweiz geblieben und sein Paß, für zwei Jahre gültig, seit drei Monaten abgelaufen. Man verlangte ein polizeiliches Führungszeugnis für die letzten fünf Jahre, das Versprechen, sich nicht in Belgien niederzulassen, und außerdem den Namen eines belgischen Bürgen. Jefremow konnte alle Forderungen erfüllen. Die belgische Polizei setzte trotzdem ihre Nachforschungen fort und holte bei den Schweizer Behörden Auskünfte über ihn ein. Der Bescheid lautete: »Im Strafregister nicht aufgeführt.« Jefremow hatte also bei der für ihre Wachsamkeit bekannten Schweizer Polizei keinerlei Verdacht erregt. Die hartnäckigen Belgier zogen auch noch beim finnischen Konsulat in New York Erkundigungen über den finnischen Staatsangehörigen Eric Jernstroem ein. Antwort: »Jernstroem führt hier seit 1932 ein bescheidenes Leben. Er ist ein treuer Finne.« Dieser Hinweis beruhigte die belgische Polizei. In uns erweckt die Auskunft eine gewisse Bewunderung, denn wir wissen, daß Jefremow-Jernstroem niemals amerikanischen Boden betreten hat. Die Nachfrage hätte zu einem anderen Ergebnis geführt, wenn die Zentrale nicht im finnischen Konsulat in New York einen Agenten gehabt hätte. Um die Bedeutung dieser Episode wirklich zu erkennen, muß man sich vergegenwärtigen, daß der finnische Agent in New York den sowjetischen Spion in Brüssel zu einem Zeitpunkt deckt, da russische und finnische Truppen sich um den Ladogasee erbitterte Kämpfe liefern ...

Jefremow sieht recht gut aus, er ist ein Meter achtzig groß, hellblond, hat blaue Augen mit melancholischem Blick und eine ausgeprägte Denkerstirn. Man könnte ihn für einen romantischen Dichter halten. Tatsächlich ist er ein Militäringenieur im Rang eines Hauptmanns, sein Spezialgebiet ist Chemie. Gleich nach seiner Ankunft in Brüssel schreibt er sich an der Technischen Hochschule ein und führt das Leben eines strebsamen Studenten. Als der Grand Chef ihn zum Einsatz aus seiner Reservestellung holt, die ihm der Direktor zugewiesen hatte, steht fest, daß der besonnene Jefremow keinerlei Verdacht bei den deutschen Besatzungsbehörden geweckt hat.

Sie treffen sich in Brüssel in der Wohnung eines Agenten. Der Grand Chef unterrichtet seinen neuen Mitarbeiter über die Aufgaben, die ihn erwarten, stellt ihm 100 000 belgische Franc für die ersten Aufwendungen zur Verfügung und mahnt ihn zur Vorsicht. Das belgische Netz wird sechs Monate lang stillgelegt. Die beiden Piepes Nachforschungen entgangenen Sender müssen bis auf weiteres stumm bleiben; Kuriere müssen ihre Reisen auf das Äußerste beschränken; die gegenseitige Abschottung muß eisern durchgehalten werden. Jefremow stimmt diesen Vorsichtsmaßnahmen zu. Er ist wirklich umgänglich. Vielleicht allzusehr. Um es deutlich auszudrücken: Trepper findet ihn zu weich. Nach Alamo, der nur von Schlägereien träumte, und Kent, der zitterte, wenn er an den Verlust seiner fünfzig Anzüge dachte, hat ihm Moskau jetzt einen netten Kerl geschickt, der Befehle mit der resignierten Gleichgültigkeit eines Vatersöhnchens entgegennimmt, dem plötzlich die Verantwortung für die väterliche Fabrik übertragen wird.

Die alte Garde hat entschieden mehr Format.

___

Das Konzert geht weiter

I I

Nach dem Überfall auf die Rue des Atrébates erscheinen Moskau, das keine Nachrichten mehr bekommt, die Anstrengungen der Roten Kapelle genauso unsinnig und albern wie die Bewegungen von Tänzern hinter einem Fenster, denen man von der Straße aus zusieht, ohne die Musik zu hören.

Berlin? Die Unerfahrenheit der dort tätigen Funker und die Überwachung durch die Funkabwehr erschweren die Arbeit. Brüssel? Piepes Peilwagen fahren unablässig durch die Stadt. Paris? Der Grand Chef hat kein Sendegerät. General Susloparow ist mit dem Personal der Botschaft auf und davon, ohne ihm die so oft reklamierten Sender auszuhändigen.

Was tun?

Letzte Hoffnung, letzter Ausweg: die Kommunistische Partei Frankreichs. Trepper darf eigentlich keinen Kontakt mit ihr aufnehmen. Eine der Grundregeln der sowjetischen Spionage verlangt eine scharfe Trennung der Nachrichtennetze von der kommunistischen Partei des jeweiligen Landes. Aber jede Regel hat ihre Ausnahme. Einmal im Jahr findet ein Routinetreffen zwischen dem Residentur-Leiter und einem Delegierten der französischen KP statt. Dieses Treffen wird immer von der Zentrale anberaumt. Trepper besitzt eine Liste von verschiedenen Treffpunkten. Erhält er zum Beispiel eine Ansichtskarte vom Mont Blanc, weiß er, an welchem Ort er den Parteidelegierten treffen soll; eine Karte vom Alten Hafen in Marseille entspricht einem anderen Treffpunkt, und so weiter. Der Tag? Eine bestimmte Zahl ist dem Datum des Poststempels hinzuzufügen. Die Uhrzeit ist immer die gleiche.

Sollten es die Umstände erfordern, können beide Partner sich auch häufiger treffen – monatlich zum Beispiel. Aber dazu bedarf es der Zustimmung Moskaus. Das vereinfacht die Dinge nicht.

Wir wissen, daß 1941 das Routinetreffen im Dezember stattgefunden hat. Vor oder nach der Überrumplung in Brüssel? Das wissen wir nicht, obgleich dieser Umstand außerordentlich wichtig ist. Sehr wahrscheinlich hat das Treffen vor dem 13. Dezember stattgefunden, sonst wären die Probleme des Grand Chef schneller gelöst worden. Erst zwei Monate nach der Katastrophe in Brüssel, im Februar 1942, findet Trepper, der sich darum bemüht, seine Isolierung zu durchbrechen, neuen Kontakt zur Kommunistischen Partei Frankreichs. Die Vermutung liegt also nahe, daß die beiden Partner sich vor dem 13. Dezember getroffen und häufigere Kontakte verabredet hatten.

Zwei verlorene Monate! Sechzig Tage lang war die Quelle versiegt, aus der Moskau die wichtigsten Auskünfte schöpfte. Das ist zwangsläufig der Nachteil einer strengen Abschottung. Sicherheit und Schnelligkeit lassen sich nicht immer auf einen Nenner bringen. Aus Sicherheitsgründen zwei volle Monate vergeuden – ist das nicht empörend? Vielleicht. Aber wenn man das empörend findet, muß man auch gutheißen, daß Moskau bei einer anderen Gelegenheit aus Gründen der Dringlichkeit fast hundert Menschen geopfert hat: mit dem Funkspruch an Kent, in dem die Adressen der drei wichtigsten Mitglieder der Berliner Gruppe angegeben waren. Wir haben bereits erwähnt, daß durch diesen Funkspruch die Gruppe dem Henker ausgeliefert wurde.

Der Vertrauensmann der Partei kommt im Februar zu dem vereinbarten Treffen: ein dunkler Typ, verhältnismäßig jung, mittelgroß, sehr elegant. Sein Deckname: Michel.* Als Erkennungszeichen hält er eine wenig gelesene Pariser Zeitung in der Hand. Trepper erklärt ihm, worum es geht. Die Partei soll zunächst die seit zwei Monaten angesammelten Informationen nach Moskau weiterleiten. Ein ungewöhnliches Vorgehen, aber die Dringlichkeit rechtfertigt diesen Schritt. Um aber daraus keine Gewohnheit zu machen und das Prinzip der Trennung von Nachrichtendienst und Partei beizubehalten, muß für Trepper ein Sendegerät beschafft werden.

Wenige Tage später kommt die Antwort aus Moskau. Der Direktor befiehlt Trepper, wie wir bereits wissen, mit Jefremow Kontakt aufzunehmen und ihn an die Spitze der belgischen Gruppe zu stellen. Ausnahmsweise billigt er Trepper zu, dem Sender der Partei wöchentlich 200 bis 300 verschlüsselte Codegruppen zur Übermittlung anzuvertrauen – das ist nicht viel, doch die Funkverbindung der Partei ist schon überlastet. Um das angeforderte Funkgerät werden sich kommunistische Techniker kümmern.

Damit tritt Fernand Pauriol in Erscheinung. Der ehemalige Funker der Handelsmarine ist ein Fachmann für »Spieluhren«, der Funkvirtuose der Partei; ein Journalist, ehemaliger Chefredakteur des von der KP herausgegebenen Blatts »Rouge-Midi« und Korrespondent der »l'Humanité« in Marseille. Dunkles Haar, ebenmäßiges Gesicht, offener, ernster Ausdruck, jugendliches Lächeln, warmer Blick. Er bringt Trepper ein Sendegerät eigener Bauart. Der Apparat ist nicht stark genug, um bis nach Moskau zu funken, aber man kann damit London erreichen, wo die Empfänger der Botschaft die Sendungen auf-

---

* *Heute wissen wir, daß es sich um Louis Gronowski handelte.*

nehmen und an die Zentrale in Moskau weiterleiten können. Jetzt fehlt nur noch ein Funker. Der ist leichter zu finden als ein Gerät. Zwar ist Kamy, den Trepper in Paris einsetzen wollte, in Brüssel verhaftet worden, aber General Susloparow hatte dem Grand Chef wenn auch keine Geräte, so doch wenigstens die Adresse zweier möglicher Pianisten überlassen. Als Kommunisten russisch-polnischer Abstammung hatte das Ehepaar Sokol beim sowjetischen Konsulat die Rücksiedlung beantragt. Beruf: Radiotechniker. Das klang vielversprechend.

Der Grand Chef, der sich niemals hinreißen ließ, war hingerissen und holte über seinen V-Mann zur Partei eingehende Auskünfte über das Ehepaar ein. Ergebnislos: die Sokols kommen aus Belgien, sie sind in französisch-kommunistischen Kreisen unbekannt. Daraufhin werden bei der belgischen Parteileitung Erkundigungen eingezogen. (Man beachte, wie gründlich vorgegangen wird!) Positive Antwort: absolut zuverlässige Aktivisten, wegen politischer Agitation aus Belgien ausgewiesen. Aber wie sind sie auf die kuriose Idee gekommen, sich als Radiotechniker auszugeben? Nach den Auskünften der belgischen Partei ist Hersch Sokol Arzt, und seine Frau Mira Doktor der Sozialwissenschaften. Ein Spleen? Nein, eine List, eine fromme Lüge, die dem Vertriebenendasein ein Ende bereiten und die Rückkehr in das Vaterland möglich machen sollte.

Hersch Sokol wurde 1908 in Bialystok geboren. Die Stadt war damals russisch. 1918 wurde Bialystok polnisch, und Warschau verbot den Unterricht in russischer Sprache, ohne jedoch für polnische Lehrer zu sorgen. Ein pädagogisches Chaos. Die jüdische Gemeinde gründete eine hebräische Schule, aber die Eltern Sokol, gutgestellte Kaufleute, ziehen es vor, ihre beiden Söhne auf ein deutsches Gymnasium nach Frankfurt am Main zu schicken. Hersch, ungemein begabt, energisch und von übersprudelnder Lebhaftigkeit, macht mit sechzehn Jahren sein Abitur. Er schwankt zwischen dem Medizinstudium und einer Musikerlaufbahn: er ist ein ausgezeichneter Klavierspieler. Die Medizin trägt den Sieg davon. Sokol geht nach Genf und studiert dort zwei Jahre. Er trifft einen nach Südafrika ausgewanderten Vetter, der ihn auffordert, in sein Geschäft einzutreten. Er nimmt den Vorschlag an. Sechs Monate in einem namhaften englischen College genügen ihm, um perfekt Englisch zu lernen. Die nächste Station ist Johannesburg und das Unternehmen seines Vetters: Damenkonfektion. Hersch bewährt sich glänzend. Man schickt ihn als Einkäufer nach Paris. Er bleibt ein Jahr. Rückkehr nach Johannesburg und Zerwürfnis mit dem Vetter. Und der unerträgliche Rassismus. Hersch kehrt nach Genf zurück. Sein medizinisches Abschlußexamen macht er in Brüssel. Er will sich als Kinderarzt spezialisieren. Er heiratet Mira, die aus dem Ghetto von Wilna stammt und in Brüssel Doktor der Sozialwissenschaften geworden ist. Kurz – zwei brillante Köpfe. Aber Ausländer. Hersch darf seinen Beruf nicht aus- üben, und auch Mira kann nicht weiterkommen. Er wird Reisender für medi- zinische Apparate, sie Sekretärin eines sozialistischen Abgeordneten. Beide hatten diese Sackgasse vorausgesehen und ein Jahr vor Abschluß ihrer Studien ihre Rücksiedlung nach Rußland beantragt. Unter dem Vorwand, es gäbe für sie keine Wohnung in Moskau, ist das Gesuch abgelehnt worden. 1935: noch ein Antrag, noch ein ablehnender Bescheid. Da sie nicht in das sozialistische Vaterland kommen können, treten sie der Kommunistischen Partei Belgiens bei – sie hatten schon vorher extrem linken Studentenorganisationen angehört. Sie arbeiten vor allem auf kulturellem Gebiet. Hersch benutzt seine beruflichen Reisen durch die belgischen Provinzen, um Vorträge und Diskussionen über den Marxismus zu organisieren. Aber in Belgien wie in allen anderen Ländern der Welt ist Ausländern jede politische Tätigkeit untersagt. 1938 werden die Sokols ausgewiesen. Sie gehen nach Frankreich. Sofort nach Ausbruch des Krieges meldet sich Hersch zur Fremdenlegion. Nach dem Zusammenbruch wird er entlassen. Was kann man als Jude und Kommunist ohne Geld und Beruf im besetzten Frankreich tun? Versuchen, wegzukommen! Hersch und Mira reichen bei der Pariser Botschaft ein drittes Rücksiedlungsgesuch ein. Da es aber diesmal um Leben oder Tod geht, schreibt Hersch als Beruf Radiotech- niker auf den Fragebogen. Es fehlt Rußland an technisch ausgebildeten Leuten; Radiotechniker werden vielleicht schneller eine Wohnung finden als ein Arzt und eine Sozialwissenschaftlerin. Sie unterzeichnen damit ihr Todes- urteil.

Trepper sucht Verbindung mit den Sokols. Er trifft nur Mira an. Hersch hat man gerade in das Lager für ausländische Juden nach Pithiviers gebracht. Der Grand Chef könnte auf die Sokols verzichten, aber er gibt nicht nach, weil er bei Hersch vermutet, was er bei Mira erkannt hat, das Zusammentreffen dreier seltener Qualitäten: Intelligenz, Mut und Überzeugung. Unmöglich, die beiden aufzugeben: sie haben ein Recht auf den Kampf. Man wird sie zu Funkern ausbilden. Mira beginnt sofort ihre Lehre. Aber wie kann man Hersch aus dem Lager befreien?

La Ferté-Choisel, ein kleines malerisches Dorf im Tal der Chevreuse. Es wirkt wie eine Theaterkulisse, die man für Pariser Wochenendausflügler aufgebaut hat. Am Mittwoch, dem 28. April 1965, sind die Straßen leer, alle Häuser ver- schlossen, und wie unnütze Dekorationen langweilen sich die Blumen in den Gärten.

Das abseits liegende Haus der Spaaks ist schwer zu finden. Es ist besonders schön, vielleicht einfach nur deshalb, weil es bewohnt ist. Ein Gärtner ist mit einer Rose beschäftigt, er dreht sich nicht einmal um. Die Dame des Hauses führt mich in ein englisch möbliertes Arbeitszimmer: an einer Wand die Bibliothek, dem Arbeitstisch gegenüber ein Gemälde von Magritte: zwei schöne Kinder in surrealistischem Dekor. In einer Ecke ein Plattenspieler, auf einem niedrigen Tischchen ein Pfeifenständer, überall Tabakdosen. Durch die Fenstertür schweift der Blick über eine große Rasenfläche, die sanft zu einem versteckten Bach abfällt.

Kennt man seinen Bruder Paul-Henri, kann man Claude Spaak einfach umreißen: er ist sein genaues Gegenteil. Paul-Henri, der Politiker, ist rund, rosig und jovial. Claude, der Schriftsteller, ist hager und herb. Graumeliertes Haar und Backenbart. Er nimmt eine Pfeife, stopft sie und setzt sich an seinen Schreibtisch. Die Stimme ist gelassen und ruhig. Er wählt seine Worte, versteht meisterhaft zu erzählen – aber das ist ja sein Handwerk.

»Belgische Freunde hatten uns die Sokols geschickt. Sie waren gerade wegen ihrer kommunistischen Tätigkeit aus Belgien ausgewiesen worden. Das war natürlich vor dem Krieg. Meine Frau und ich gehörten zu einer Gruppe von Linksintellektuellen, darum sollten wir sie unterstützen. Sie haben ziemlich lange hier in Choisel gewohnt.

Meine Frau mochte sie sehr gern. Ich fand ihr Sektierertum etwas übertrieben und beengend, aber ich bewunderte ihren Idealismus und die absolute Reinheit ihrer Überzeugungen. Sie waren ehrliche, grundanständige Menschen. Der deutsch-sowjetische Pakt hatte sie in einen schweren Gewissenskonflikt gestürzt.

Schließlich fanden sie in der Nähe des Eiffelturms eine kleine Wohnung, aber wir sahen uns auch weiterhin häufig. Eines Tages – es muß Anfang 1941 gewesen sein – benachrichtigte uns Mira, daß ihr Mann als ausländischer Jude verhaftet und in das Lager von Pithiviers gebracht worden war. Aber es gab eine Hoffnung, ihn freizubekommen, denn Harry – so nannten wir ihn – war in einer polnischen Stadt geboren, die im russisch besetzten Teil lag. Auf Grund des deutsch-sowjetischen Paktes ließen die Deutschen polnische Juden in Ruhe, wenn sie aus dieser Zone stammten.

Mira bekam vom sowjetischen Konsulat in Paris die Bestätigung, daß ihr Mann dieser Kategorie angehörte. Ich glaube, er war durch die russische Annektierung seiner Geburtsstadt sogar sowjetischer Staatsbürger geworden. Wie sollten wir Harry diese Bestätigung zukommen lassen, damit er sie der Lagerleitung vorlegen konnte? Mira bat mich, nach Pithiviers zu fahren. Ich erinnere mich noch, daß ich ihr schwören mußte, dieses Dokument nur Harry persönlich zu übergeben, das Konsulat hatte Mira wissen lassen, daß man unmöglich eine zweite Bestätigung ausstellen könne. Dieses Stück Papier bedeutete also Harrys letzte Chance. Es verlieren oder verlegen, hieß ihn zum Tode verurteilen.

Ich nahm einen Zug, der überfüllt war mit unglücklichen Menschen, die ihre gefangenen Verwandten in Pithiviers besuchen wollten. Es war erschütternd. In Pithiviers gab es kein einziges freies Hotelzimmer. Ich mußte die Nacht in einem Bordell verbringen, wo ich schließlich eine winzige Kammer gefunden hatte. Am nächsten Morgen machten wir uns auf den Weg ins Lager, ungefähr tausend Besucher – überwiegend Frauen. Wir wurden, von Gendarmen begleitet, auf ein verlassenes Vorstadtgelände geführt, das von drei Meter hohen Stacheldrahtzäunen umgeben war. Vor uns – durch ein etwa 50 Meter breites Niemandsland getrennt – befand sich ein zweiter, von Stacheldraht umgebener Verhau mit ungefähr 500 zusammengepferchten Gefangenen. Seit 1941 hatten wir vieles kennengelernt, viele grauenvolle Berichte gelesen oder gehört, aber man muß sich vorstellen, wie erschüttert ich war, als ich dieses Inferno sah. Die unglücklichen Leute gebärdeten sich wie verrückt. Von einem Käfig zum anderen schrien sie sich Neuigkeiten zu, zeigten die mitgebrachten Pakete, die Frauen weinten und jammerten. Es war entsetzlich ... Zwischen den Käfigen patrouillierten gleichgültige Gendarmen ... Ich rief einen heran und setzte ihm auseinander, um was es ging. Er erklärte sich bereit, Harry die Bescheinigung zu bringen. Ich zögerte – dachte an meinen Schwur, den ich Mira geleistet hatte – und fragte den Gendarmen: ›Wissen Sie, daß das Leben dieses Mannes in Ihren Händen liegt?‹ Er antwortete: ›Ich gebe Ihnen mein Ehrenwort, daß ich ihm diesen Schein aushändige.‹ Dagegen lehnte er es ab, das mitgebrachte Paket anzunehmen. Und er hatte recht: wenn man ihn mit dem Paket gesehen hätte, wäre die Menge rasend geworden.

Ich wartete eine halbe Stunde lang, und diese dreißig Minuten inmitten der hysterischen Menge werde ich nie im Leben vergessen. Dann kam mein Gendarm zurück und reichte mir einen Fetzen Papier, auf dem stand: ›Danke, Harry.‹ Ich hatte das Gefühl, es sei ein Wunder geschehen.«

Diese Geschichte über Pithiviers erinnert mich an ein anderes Wunder. Auch für Alamo muß es wie ein Wunder gewesen sein, daß Trepper sich für ihn einsetzte und verhinderte, daß man ihn nach Moskau zurückrief, wo ihn eine Disziplinarstrafe oder vielleicht gar die Degradierung erwartete. Inzwischen war Alamo in ein Brüsseler Gefängnis eingeliefert worden und wartete auf sein Todesurteil. Wäre er in die Sowjetunion zurückgekehrt, hätte man ihm vielleicht ein Flugzeug gegeben, wie er es sich ersehnte, und ihn aufsteigen lassen, um Stukas abzuschießen. Ein fragwürdiges Wunder.

Und das war es auch für Hersch Sokol, den Claude Spaak gerettet zu haben glaubte, der sich selbst für gerettet hält, als er als freier Mann durch das Lagertor geht. Er tauscht einen relativ leichten Tod – den Tod in der Gaskammer – gegen einen langen Todeskampf ein, dem schwere Folterungen vorausgehen werden. Soll man ihn beklagen, weil er bei diesem unheimlichen Tausch den kürzeren zieht? Es ist Zeit, sich klarzumachen, daß für die meisten Menschen, die in diesem Buch auftreten, nicht mitkämpfen zu können schlimmer war als Folter und Tod. Hersch Sokol verläßt Pithiviers, um zu kämpfen.

Während ich in meinem Bericht fortfahre, steht im Hintergrund schon die grausige Gestalt in Gehrock und Zylinder, und wie der Todesengel der Heiligen Schrift zeichne ich die Stirnen derer, die sterben müssen, mit einem blutigen Kreuz. Sophie Posnanska ist die einzige, die uns bisher verlassen hat. Nur Geduld, es wird noch genug Erschossene, Gehenkte, Enthauptete geben. Wir werden noch die Schreie der gequälten Gefangenen hören. Aber statt im voraus Galgen und Hinrichtungsstätten zu zeigen, sollte ich einmal Bilanz ziehen: sieben Monate verbissener Arbeit und bisher nur ein Opfer. Der Chef einer großen französischen Widerstandsbewegung sagte mir einmal stolz: »Ich hatte die Ehre, die Organisation zu leiten, die am meisten Verluste erlitten hat.« Trepper hätte sich das Gegenteil höher angerechnet. Trotz der Irrtümer der Berliner Gruppe, trotz der Niederlage in Brüssel geht das Konzert der Roten Kapelle weiter. Am Klavier: Hersch Sokol. Der Abwehr dröhnen die Ohren.

In Brüssel ist ein Sender gefaßt worden? Ein Schlag ins Wasser. Man hätte gleichzeitig alle drei Brüsseler Sender auffliegen lassen müssen, anstatt die übrigen Funker zu warnen. Nun werden sie ihre Arbeit wieder aufnehmen, sobald das Gewitter vorüber ist. Was nützt es überhaupt, einen Sender in seine Gewalt zu bekommen, wenn der Agentenapparat intakt bleibt? Piepe ist blind drauflosgestürzt, statt sein Vorhaben gründlich und geduldig vorzubereiten. Er wußte, daß in der Rue des Atrébates Nr. 101 ein Sender versteckt war: warum hat er nicht im gegenüberliegenden Gebäude einen Beobachtungsposten installiert, der alle Verdächtigen beim Betreten des Hauses fotografierte? Warum hat er die Kuriere nicht beschatten lassen, um dem Chef auf die Spur zu kommen? Die Bilanz seines Unternehmens: Rita Arnould, die drauflosschwatzt, aber kaum etwas weiß. Alamo und Kamy, die schweigen. Sophie Posnanska, die sich erhängt. Ein klägliches Resultat ...

Die Abwehr sammelt ihre Meute zu neuer Jagd. Die verlorene Fährte muß wiedergefunden werden, dieses Mal wird man mehr Geduld aufwenden. Aber die Gesuchten haben sich in alle Winde zerstreut, man kann also nichts anderes tun, als sich mit toten Buchstaben beschäftigen: mit den seit Monaten aufgefangenen Funksprüchen von PTX. Sie bringen die Code-Experten der Wehrmacht, denen die Funkabwehr diese Aufgabe übertragen hat, zur Verzweiflung. Wie enträtselt man einen chiffrierten Text? Hauptsächlich mit Hilfe von Buchstabenhäufigkeitsberechnungen. Eine statistische Zusammenstellung ermöglicht es, die in der jeweiligen Sprache am häufigsten vorkommenden Buchstaben herauszufinden. Aber die Russen verwenden ein besonders kompliziertes System: der nach einem Code verschlüsselte Text wird noch überschlüsselt. Auf diese Weise kann man 5000 Funksprüche senden, bevor die ersten aufschlußreichen Wiederholungen sichtbar werden. Das bedeutet praktisch, daß jeder Entschlüsselungsversuch verlorene Mühe ist.

Die Funkabwehr läßt nicht locker. Wenn die Wehrmacht das Rätsel nicht lösen kann, wird man eine eigene Arbeitsgruppe zusammenstellen. Man holt sich einen Experten, Wilhelm Vauck, und stellt ihm fünfzehn ausgesuchte Mathematik- und Philologiestudenten zur Verfügung, denen er das Handwerk beibringen soll. Die aufgefangenen Funksprüche befinden sich in Brüssel. Die Funkabwehr verlangt dringend die Übersendung nach Berlin. Brüssel antwortet freundlich, daß alles verbrannt worden sei: da die Funksprüche nicht zu entziffern waren, habe man keinen weiteren Grund zur Aufbewahrung gesehen. Himmel und Hölle! Ist alles verloren? Nein, denn die deutschen Abhörstationen müssen die Kopien aller aufgefangenen Funksprüche prinzipiell drei Monate lang aufbewahren. Die erboste Funkabwehr schickt einen Offizier zu den vier Stationen, die PTX gehört haben. In Jüterbog findet er noch zwölf Funksprüche; die anderen Kopien sind als Notizpapier verwendet worden. In Langenargen erfährt er, daß alle Funksprüche als Übungsmaterial zu einem Lehrgang für Entzifferungsspezialisten und Codeknacker* nach Stuttgart geschickt worden sind. Er fährt eiligst nach Stuttgart und sammelt einige Funksprüche ein. In Hannover ist fast alles Material vernichtet worden. In Cranz führt man den Offizier in einen Keller, in dem riesige, mit Telegrammen vollgestopfte Säcke darauf warten, als Altpapier abgeholt zu werden. Mehrere Tage verbringt er mit Sichten und Sortieren; dann kehrt er mit ganzen 300 geretteten Funksprüchen nach Berlin zurück. Das ist nicht genug, um den Spezialisten eine einigermaßen erfolgversprechende Arbeit zu ermöglichen.

Aber Vauck bekommt auch die beim Sender selbst gefundenen Funkunterlagen. Ein deutscher Gendarm hat sie noch aus dem Ofen gerissen, in dem Kamy sie verbrennen wollte. Vauck prüft diese halbverkohlten Blätter und ent-

---

* *Unter »Entziffern« versteht man das Entschlüsseln eines Textes mit Hilfe eines bereits bekannten Codes, während es beim »Knacken« eines Codes darum geht, das System herauszufinden, nach dem ein Text verschlüsselt wurde.*

deckt darunter einen Überschlüsselungsplan. Damit ist bewiesen, daß die Funksprüche von PTX in der Rue des Atrébates verschlüsselt wurden. Nach mehreren Tagen hartnäckiger Arbeit gelingt es Vauck, ein Wort zu entziffern. Der Zufall will, daß es sich um einen Eigennamen handelt, um den Namen einer Romangestalt aus einem Buch, das die Chiffrierexpertin Sophie Posnanska benutzt hat. Die russischen Nachrichtendienste verwenden zum Überschlüsseln ihrer Funksprüche immer ein Buch, von dem die Zentrale ein zweites Exemplar besitzt. Das Dunkel beginnt sich zu lichten. Die Funkabwehr weiß jetzt, daß die Funksprüche in der Rue des Atrébates chiffriert wurden und der entdeckte Eigenname in dem dazu benutzten Buch zu finden sein muß. Folgerung: alle in der Rue des Atrébates gefundenen Bücher müssen sorgfältig untersucht werden, um den Band zu finden, nach dem überschlüsselt wurde. Dann würden die gefundenen Funksprüche ihre Geheimnisse schnell preisgeben.

Piepes Antwort auf die telefonische Aufforderung von Berlin, alle gefundenen Bücher nach Berlin zu senden, klingt verlegen. Er muß eingestehen, daß in der Rue des Atrébates nur einige Tage ein Posten zurückgelassen wurde, bevor man dann das Haus räumte. Und jetzt ist kein Buch mehr vorhanden, denn zwei Unbekannte haben kurz darauf mit einem Handkarren die gesamte Bibliothek fortgeschafft ...

Dieser verdammte Piepe!

Aber Rita Arnould? Sie hat doch die Bücher abgestaubt? Vielleicht erinnert sie sich an die Titel? Rita bestätigt, daß auf dem Schreibtisch von Sophie Posnanska immer viele Bücher gelegen hätten, aber sie kann sich nur an fünf Titel erinnern. Vier davon werden in belgischen und deutschen Buchhandlungen gefunden: der wichtige Name steht in keinem dieser Bücher. Ein Sonderbeauftragter wird nach Paris geschickt, um das fünfte Buch aufzutreiben: »Le Miracle du professeur Wolmar« von Guy de Téramond. Es ist das richtige Buch! Anfang Juni 1942 können Vauck und seine Gehilfen mit der Entschlüsselung der 300 Funksprüche von PTX beginnen.

Das Glück wendet sich.

Aber in Berlin hängt man den Erfolg nicht an die große Glocke, im Gegenteil, alle sind fassungslos. Katastrophenstimmung herrscht: es muß in Berlin einen Geheimsender geben. In Brüssel wurden deutsche Dokumente gefunden, und dieses Mädchen, Rita Arnould, erklärt gelassen-gleichgültig: »Aber natürlich, hier wurde nur Deutsch gesprochen!« Im Herzen des Reichs muß also eine Spionagezelle existieren, die allen polizeilichen Kontrollen entgeht! Aus dieser Zeit stammt auch Hitlers Geständnis: »Die Bolschewiken sind uns auf einem einzigen Gebiet überlegen: in der Spionage!« Überzeugt von der

Wirksamkeit der sowjetischen Spionage, die er für besser hielt als die englische, hatte er schon Ende 1941 den strikten Befehl gegeben, die Aktivität der russischen Geheimdienste in Deutschland und im besetzten Europa mit allen Mitteln zu bekämpfen. Und das Rapportbuch der von Reichsführer Himmler geführten Telefongespräche bestätigt seine endlosen Unterhaltungen mit Heydrich über das Thema Rote Kapelle.

Bei der Abwehr, bei der SS, bei der Gestapo, überall verkniffene Gesichter: »Die sind auf Draht, verdammt auf Draht ...«

Ernst von Salomon, der Komplize der Rathenau-Mörder, der nach Verbüßung seiner Strafe »Die Geächteten«, »Die Kadetten«, »Die Stadt« und »Der Fragebogen« schrieb, wird von gewissen Leuten für einen der größten deutschsprachigen Autoren gehalten. Die Nazis ließen den ehemaligen Angehörigen der im Baltikum und in Oberschlesien eingesetzten Freikorps nicht aus den Augen, sie steckten ihn sogar von Zeit zu Zeit ins Gefängnis – aber das geschah ihm auch nach Kriegsende wieder. Bei den Nazis verhinderte seine Vorsicht das Schlimmste. Einer der Hauptgründe für seine Vorsicht war Ille. Sie war jung, hübsch, unbedacht, naiv und – Jüdin. Das wußte die Gestapo nicht. Zu ihren zahlreichen Bekannten zählte ein sympathisches junges Ehepaar: Harro und Libertas Schulze-Boysen.

»Er (Harro) lud Ille und mich zu Freunden ein, zu Herrn Harnack, einem nahen Verwandten des verstorbenen berühmten Theologen Adolf Harnack. Ich kannte Herrn Harnack und seine Frau, eine gebürtige Amerikanerin – sie nannte sich Harnack-Fish – von der russischen und amerikanischen Botschaft her, das junge Paar bewegte sich mit Sicherheit in diplomatischen Kreisen. Harnacks wohnten in der Nähe des Halleschen Tores, in einer großen, wohleingerichteten Etagenwohnung. Ille und ich fuhren hin, wir blieben eine Stunde und machten uns dann auf den Heimweg. Ille und ich pflegten den Brauch der üblen Nachrede, der gebietet, frühestens an der Wohnungstür, in besseren Fällen aber mindestens an der Haustür mit der Meinung über die Gastgeber nicht zurückzuhalten. Ille begann in diesem Falle schon an der Wohnungstür. ›Das habe ich gern‹, sagte sie. ›Da stehen die Leute, lässig an den Kamin gelehnt, balancieren eine Teetasse und erzählen, so ganz beiläufig, Sachen ... Sachen! Jeder einzelne Satz kann sie den Kopf kosten!‹ Ich schwieg, Ille machte zu Hause genau das gleiche. Ille sagte: ›Ich habe gar kein gutes Gefühl! Ich habe ein ganz schlechtes Gefühl. Ich kann mich, glaube ich, auf mein Gefühl verlassen!‹ Sie sagte eindringlich: ›Versprich mir: wir gehen da nie wieder hin! Ich will nicht ganz beiläufig meinen Kopf verlieren! Ich will nicht!‹

Ich schwieg, es war gut, daß Ille so dachte. Wenn sie nur immer so dächte.

Sie sagte: ›Das habe ich gern! Da stehen da so Leute herum, gutangezogene, gutaussehende Leute und plaudern von ‹Querverbindungen› – weißt du, was das ist?‹ Ich wußte es, aber ich schwieg. Ille sagte: ›Da sprechen sie von Hitler und Himmler und Rosenberg und Frick, als seien das ausgemachte Trottel, und erzählen mir, mir, ich kenne die Leute gar nicht, habe sie nie gesehen, außer Harnacks und Schulze-Boysens, mir erzählen sie …‹ Ille blieb mitten auf der Straße stehen, sie rührte mit einer Hand in einer imaginären Teetasse und sagte: ›Wissen Sie, gnädige Frau, ich weiß aus todsicherer Quelle, ich habe da einen direkten Draht nach Zürich … natürlich tauschen wir unsere Informationen aus! … und dann‹, sagte Ille, ›dann blinkert der Herr einem anderen Herrn zu und sagt: ‹Entschuldigen, gnädige Frau›, und gibt dem anderen Herrn ein gelbes Kuvert und sagt: ‹Streng vertraulich!› und blinkert, – und ich sitze da wie Frau Palm auf dem Sofa und habe das Gefühl, die ganze Stube ist voller Qualm, und ich frage rundum, wer ist das eigentlich, dieser gutaussehende Herr und jener, und ich erfahre, das ist ein Ministerialrat, und das ist ein Adjutant, und der ist in der SS und der ist Diplomat …, nun sag mal, verstehst du das?‹ Ich sagte: ›Ja, ja, das ist so, nun komm!‹«[5]

Harro Schulze-Boysen und Arvid Harnack sind die Chefs der Berliner Gruppe; sie empfingen an jenem Abend zusammen mit den anderen Gästen mehrere ihrer Agenten. Die besten Polizeispitzel des Dritten Reiches werden von diesen vornehmen Verrückten, die augenzwinkernd gelbe Umschläge austauschen, in Schach gehalten.

Am 22. Mai 1942, während eines Essens im Speisesaal seines Hauptquartiers in Rastenburg, erklärt Hitler, es gebe heute zwei Gruppen von Menschen, die sich an der Spionage beteiligten: die sogenannte »gute Gesellschaft« und das Proletariat. Der Mittelstand sei zu solide dafür. Wenn man die Spionage wirksam bekämpfen wolle, müsse man jeden, der in Versuchung geraten könnte, davon überzeugen, daß er unter gar keinen Umständen mit dem Leben davonkommt, wenn man ihn erwischt.

Die SS kommt zu Hilfe

12

Harry Piepe hatte Suzanne Schmitz, die junge Schönheit aus Indonesien, schnell wieder auf freien Fuß gesetzt, da sie nicht zum Netz gehörte.. Einige Tage nach ihrer Entlassung erhielt sie von Carlos Alamo folgenden Brief:

Gefängnis Saint-Gilles
Sektion C Zelle 193

Liebe Suzanne,
entschuldigen Sie die Unannehmlichkeiten, die ich Ihnen gegen meinen Willen verursacht habe.
Da die gegen mich vorgebrachten Anschuldigungen sehr schwerwiegend scheinen, kann ich weder die Dauer der Untersuchung noch das endgültige Ergebnis voraussehen. Ich habe aber ein reines Gewissen und bin darum ruhig und fast guter Laune. Liebe Suzanne, ich wäre Ihnen sehr dankbar, wenn Sie Bill sagen würden, daß ich von ihm einige Päckchen Zigaretten erwarte. Die Tabakbeschaffung ist hier sehr schwierig, und es ist sehr unangenehm, nicht rauchen zu können.
Ich kenne die jetzige Adresse von Bill leider nicht, sonst würde ich Sie, liebe Suzanne, nicht um die Mühe bitten, ihn zu benachrichtigen ...
Ich grüße Sie herzlich und versichere Ihnen, daß alle meine Gedanken bei Ihnen sind.

Ihr Carlos Alamo

PS. Um von hier aus zu schreiben, muß man Umschläge und Briefmarken haben. Ich bin darauf angewiesen, sie von Ihnen, Suzanne, zu erbitten.

PS 2. Wie es scheint, darf ich nur einer einzigen Person schreiben. Ich habe mich für Sie entschieden. Seien Sie mir deswegen bitte nicht böse. Ich wollte Sie damals nicht im Hotel am Südbahnhof besuchen, weil ich seit mehreren Tagen unrasiert und mein Äußeres eines Gentleman unwürdig war. Machen Sie sich keine Sorgen um mich: ich bin Fatalist, und wenn mir etwas zustößt, dann hat der Himmel es so gewollt. Gott weiß, was er tut.
Ich würde jetzt gern eine Stunde mit Ihnen zusammen sein ... aber wir werden uns wiedersehen, wir sind doch beide Optimisten, nicht wahr? Im Augenblick sind die Deutschen recht korrekt zu mir.
Meine Zelle ist ganz nett, schade, daß ich allein bin. Wenn ich doch etwas zu lesen hätte ... Auf Wiedersehen, meine liebe Suzanne, ich habe Sie genug gelangweilt. Ich umarme Sie zärtlich. Carlos.

Wir haben schon berichtet, daß Piepe kein Folterknecht war: »Im Augenblick sind die Deutschen recht korrekt zu mir.« Wir haben auch gesehen, daß Piepe ziemlich naiv ist: er läßt den Brief anstandslos hinausgehen und verhört nicht einmal Suzanne über diesen geheimnisvollen Bill, den sie benachrichtigen soll. Ja, noch mehr: als der Gefangene, den die Gespräche mit Bill Hoorickx innerlich aufgewühlt haben, von diesem eine Bibel erbittet, ist Piepe nicht neugierig auf die Person, die durch Vermittlung des bezaubernden Mädchens aus Indonesien einem kommunistischen Agenten ein Buch beschafft, das von der Zentrale nicht gerade als Leitfaden verwendet wird. Der Brief ist mit »Carlos Alamo« unterzeichnet, wie auch die folgenden. Dann erhält Suzanne Schmitz, nach einem längeren Stillschweigen ihres Gefangenen, einen Brief mit der Unterschrift »Michail Makarow-Carlos«. Sie begreift nicht. Der Grand Chef dagegen befürchtet, nur zu gut begriffen zu haben.

Sein Überwachungstrupp hatte ihm vom Abtransport Alamos berichtet: mit unbekanntem Ziel war er aus dem Gefängnis Saint-Gilles fortgebracht worden. Einige Wochen später melden ihm seine Agenten, daß ein gewisser Michail Makarow aus Berlin nach Saint-Gilles überstellt worden sei. Trepper kannte damals den richtigen Namen Alamos nicht. Über Funk fragt er daher in Moskau an: »Wer ist Makarow?« Antwort: »Alamo«. Er hat also nicht geschwiegen. Auf jeden Fall hat er seine Identität preisgegeben. Und was noch? Die Namen der Brüsseler Agenten? Den Code, nach dem mit Hilfe des Buches »Le Miracle du professeur Wolmar« die meisten Nachrichten der Berliner Gruppe verschlüsselt worden sind? Der Grand Chef vermutet, daß Alamo entsetzlichen Folterungen ausgesetzt wurde. Er irrt sich. Alamo ist nach Berlin gebracht und in der Wohnung des Kriminalrats und hohen SS-Führers Karl Giering beherbergt, verköstigt und verwöhnt worden.

Auf Befehl von Hitler überwachte Himmler persönlich den Kampf gegen die Rote Kapelle. Für die Zusammenarbeit der beteiligten Dienststellen Schellenbergs, Müllers und Canaris' war Heydrich verantwortlich.

Das ist verwirrend wie so vieles am byzantinischen Gebäude des Naziregimes, aber es ist von entscheidender Bedeutung. Allein die Namen lassen es erkennen: Himmler, Reichsführer SS, nach Hitler der mächtigste Mann in Deutschland; Heydrich, Chef des SD und der Sicherheitspolizei; Müller, genannt Gestapo-Müller, weil er die Gestapo leitet; Schellenberg, Chef des Auslandsnachrichtendienstes der SS; Admiral Canaris, Leiter der Abwehr, der Spionage und der Gegenspionage der Wehrmacht.

Schellenberg ist auf Müller eifersüchtig, der ihn zwar verachtet, aber vorsichtig mit ihm umgeht, weil Heydrich ihn zu beschützen scheint, obwohl er ihn gelegentlich bedroht, je nachdem, ob seine eigene Stellung bei Himmler gerade stärker oder schwächer ist. Himmler wiederum, der Heydrich bewundert, aber zugleich Angst hat, zögert nicht, Müller und Schellenberg, die beide Heydrich nicht ausstehen können, gegen diesen auszuspielen, und so weiter ...

Heydrich, Müller und Schellenberg haben aber eines gemeinsam: alle drei gehören zur SS, während Canaris der Wehrmacht untersteht, was natürlich zu Kompetenzstreitigkeiten führt.

Jedes Land kennt solche Rivalitäten zwischen den verschiedenen Nachrichten- und Sicherheitsdiensten. Der wachsame Haß der Amtsbrüderschaft ist für das Verhältnis von CIA und FBI ebenso bezeichnend wie für das von MI6 und Special Branch, SDECE und DST, KGB und Dienststellen der Roten Armee. Aber der Kampf zwischen der SS und der Abwehr hat doch etwas Besonderes: an seinem Ende steht der Galgen. Es ist ein mit der Feder geführter blutiger Krieg: man kämpft mit vertraulichen Hinweisen auf Heydrichs angeblich jüdische Großmutter, Finanzmachenschaften gewisser Mitarbeiter der Abwehr, Canaris' Kontakte mit dem Feind ... Der Ausgang ist bekannt. Die Abwehr wird im Februar 1944 der SS einverleibt, die Spitzen der Abwehr werden hingerichtet. Der kleine Admiral Canaris wird am eiskalten Morgen des 9. April 1945 gehenkt, splitternackt, während in der Ferne die Kanonen der Alliierten grollen. Um das Leiden des Opfers zu verlängern, wählen die SS-Schergen als Strang eine besonders feine Klaviersaite.

Auf Befehl von Hitler müssen diese verschiedenen Dienststellen ab Anfang 1942 zusammenarbeiten. Eine Gruppe wird gebildet, das »Sonderkommando Rote Kapelle«, die den Auftrag erhält, das Netz des Grand Chef lahmzulegen. Es gibt keine größere Würdigung für Trepper als diese Allianz aller deutschen Dienststellen gegen einen Feind, der für so gefährlich gilt, daß man nicht getrennt gegen ihn vorgehen kann. Aber wie viele Gefahren bringt das mit sich ...

Colonel Rémy schreibt: »Heute kennen wir bis in alle Einzelheiten den wütenden Kampf, den Himmler unablässig gegen Admiral Canaris geführt hat. Wir haben von diesem Machtkampf weitgehend profitiert.«[6]

Aber nicht der Grand Chef.

Rémy: »Es stand fest, daß wir nach einer Festnahme erschossen werden würden. Die Abwehr hielt sich an diese Regel – und dagegen ist nichts einwenden. Die Mehrzahl ihrer Offiziere führte die Verhöre mit vorzüglicher Korrektheit durch, und ich kenne verschiedene von ihnen vorbereitete Prozesse und gefällte Urteile, die man als Modelle ihrer Art zitieren kann. (...) Mit der Gestapo war das anders, aber ich muß zugeben, daß ihre unmenschlichen Methoden erfolgreicher waren.«[7]

Die SS-Leute des Sonderkommandos mögen unmenschlich sein, aber sie haben andere, viel gefährlichere Waffen als alle Folterinstrumente zusammengenommen: sie bringen Erfahrung und Intelligenz mit.

Piepe fuhr oft nach Berlin, um Bericht zu erstatten. Er hatte dort schon eine gewisse Popularität erlangt. In der Offiziersmesse deutete man mit dem Finger auf ihn; seine Kollegen nannten ihn den Leiter der Roten Kapelle. Das war alles ganz amüsant. Aber eines Tages wird Piepe zu seinen Vorgesetzten befohlen, die ihm die überraschende Mitteilung machen, von nun an müsse er mit der SS zusammenarbeiten. Piepe war darüber so erschüttert, wie es jeder andere Angehörige der Abwehr auch gewesen wäre. Mit solchen Banditen zusammenarbeiten! Nachdem man so sorgfältig die Distanz gewahrt hatte! Manche Offiziere der Abwehr verabscheuten die Gestapo so sehr, daß sie das nicht einmal vor ihren Gefangenen verbargen: »Ich gehöre zur Abwehr, Sie wissen genau, daß ich Ihnen kein Haar krümmen werde. So etwas gibt es bei uns nicht. Aber passen Sie auf, falls Sie weiterschweigen, bin ich gezwungen, Sie der Gestapo zu übergeben. Das übrige, lieber Freund, können Sie sich selbst ausmalen ... Finden Sie es nicht viel vernünftiger, jetzt ein offenes Gespräch von Mann zu Mann zu führen, wenn Sie am Schluß doch gezwungen werden, den Mund aufzumachen?« Das war im Grunde eine saubere und nützliche Arbeitsteilung, während man sich bei einer Zusammenarbeit womöglich die Finger schmutzig machen mußte.

Übelgelaunt ging Piepe zu der Unterredung mit dem SS-Hauptsturmführer Karl Giering, dem Chef des »Sonderkommandos Rote Kapelle«. Er traf einen langaufgeschossenen, mageren, leichenblassen Mann, der ihm lächelnd die Hand reichte und mit heiserer Stimme sagte: »Wissen Sie, ich bin ein alter Polizeibeamter und kein SS-Mann: sind Sie bereit, mit mir zusammenzuarbeiten?«

Die beiden Männer duzten sich später.

Giering ist einer der besten Polizeibeamten Deutschlands. Viele behaupten: der beste. Jedesmal, wenn gegen Hitler ein Attentat verübt wurde, hatte er die Ehre gehabt, die Untersuchung zu leiten. Weil er ein ergebener Diener des Nationalsozialismus war? Ganz bestimmt nicht: für Giering ist Adolf Hitler ein Staatschef; er würde mit der gleichen Leidenschaft Attentate auf einen sozialistischen oder kommunistischen Führer verfolgen. Seine Ansicht deckt sich mit der seines zuverlässigen Mitarbeiters Willy Berg, der gern sagte: »Ich war Polizeibeamter unter dem Kaiser und unter der Weimarer Republik, ich bin Polizeibeamter unter Hitler und bleibe es auch, wenn Thälmann an die

Macht kommen sollte.« Als die deutsche Polizei fast geschlossen der SS eingegliedert wurde, erhielten die beiden Kollegen die schwarzen Uniformen der Himmler-Garde und einen SS-Rang. Das war ihnen höchst gleichgültig. Vielleicht entlockte es ihnen ein flüchtiges Lächeln, wie wenn sich einer als Pfarrer oder Bettler verkleidet, um den Schlupfwinkel eines Verdächtigen zu überwachen. Eine langjährige Erfahrung als Polizeibeamter macht immun gegen jede Art von Fanatismus. Man sieht zuviel, man hört zuviel, und es steigen einem zuviel ekelerregende Gerüche in die Nase. Giering besitzt aufschlußreiche Unterlagen über die »Nazibonzen«. Ihm kann man nichts vormachen. Er steht den Herren der Abwehr, die an den lieben Gott glauben, ebenso fern wie den SS-Banditen, die sich dem Teufel verschrieben haben.* Er glaubt an nichts, am wenigsten an Menschen: ein echter Polizeibeamter. Seine Welt besteht aus traurigen und unfreundlichen Büroräumen, in denen man den Gefangenen duzt und dabei sein Butterbrot verzehrt. Die Abwehr respektiert im allgemeinen den Gegner; die SS freut sich, wenn sein Blut spritzt; Giering will nur eines: ein Geständnis. Er gebraucht dazu viel Intelligenz, die Schliche eines alten Fuchses; wenn nötig, wird er böse. Seine ehemaligen Gegner bestätigen: »Er war der Gefährlichste.«

Sein engster Mitarbeiter und Vertrauter Willy Berg ist aus dem gleichen Holz geschnitzt: zwei verwandte Seelen. Berg hat Ribbentrop bei der aufsehenerregenden Reise nach Moskau zur Unterzeichnung des deutsch-sowjetischen Abkommens als Leibwächter begleitet. Er ist sehr klein und eher rundlich, ein komischer Gegenpart zum langen, dürren Giering. Dieser Don Quichotte und sein Sancho Pansa spazieren Arm in Arm in unseren Bericht hinein, mit zynischem Blick und ironisch herabgezogenen Mundwinkeln, nicht einen Augenblick von den Deklamationen des braven »Heini« Himmler beeindruckt, der gegen das »jüdische Pack« wettert, das man »ausrotten muß«, aber doch ein wenig geblendet von dem ungeheuren Tätigkeitsfeld, das sich vor ihnen eröffnet.

Zur Abrundung des Bildes: Giering ist verloren, und er weiß es. Seine heisere Stimme ist die Folge eines Kehlkopfkrebses. Merkwürdigerweise verordnen die Ärzte nur zwei Mittel: Kaffee und Alkohol. Beides konsumiert er in unheimlichen Mengen. Wenn von ihm die Rede ist, sollte man nie die Cognac-Flasche auf seinem Schreibtisch vergessen und die Kaffeekanne, die auf dem Ofen steht. Und auch nicht den Wettlauf zwischen Giering, der die Rote Kapelle vernichten soll, und dem Krebs, der Giering vernichten wird.

---

* *Berg wurde erst 1939 Mitglied der NSDAP, Giering 1940 ...*

Alamo ist entschieden der wichtigste Agent, der in der Rue des Atrébates gefaßt wurde. Er hat Piepe nichts gestanden. Giering läßt ihn nach Berlin überführen. Er könnte ihn foltern lassen, in seinem Kommando gibt es einige Experten auf diesem Gebiet. Giering ist nicht prinzipiell gegen die Folter, aber sie muß einen Sinn haben. Er bildet sich ein Urteil über seinen Mann: ein Idealist, ein Enthusiast, der sich opfern, der ein Held sein möchte. Gibt man ihm die Gelegenheit, unter der Folter zu sterben, singt er noch bis zum letzten Augenblick die Internationale. Das hat also keinen Zweck. Man muß ihm das Fell kraulen, ihn mit leiser Hand gefügig machen. Bei einer Flasche Cognac plaudern. Alamo läßt verlauten, daß er in Spanien gedient hat.* Bei welcher Waffe? Was für eine Frage! Selbstverständlich als Flieger! Wenn man von Flugzeugen spricht, kann Alamo sich nicht mehr beherrschen. Giering weiß Bescheid. Noch am selben Abend wird Alamo aus seiner Zelle geholt und in der Wohnung des Polizeibeamten einquartiert. Ein großer, melancholischer junger Mann wird ihm dort vorgestellt, ein ehemaliger Pilot der Luftwaffe, dem ein Bein amputiert wurde: Gierings Sohn. An den folgenden Tagen gibt es leidenschaftliche Gespräche, begleitet von den Handbewegungen, die alle Piloten an sich haben, wenn sie ihre Luftkämpfe darstellen. Das war nicht dumm, aber Alamo beschränkt seinen Redefluß auf die Luftfahrt: er verrät weder den Code noch die Gliederung des Brüsseler Netzes. Giering schickt seinen Gefangenen wieder ins Brüsseler Gefängnis zurück, der Versuch ist fehlgeschlagen. Aber wir wissen jetzt, daß ein Meisterpolizist am Werk ist.

---

* In seiner Autobiographie enthüllt Trepper, daß die Sache komplizierter war. Nachdem Giering ein sowjetisches Spionagenetz in der Tschechoslowakei zerschlagen hatte, war es ihm gelungen, aus den Gefangenen Informationen über einen sowjetischen Flieger, ein ehemaliges Mitglied der Internationalen Brigaden, herauszuholen, dessen Beschreibung auf Alamo zutraf. Er zeigte den Gefangenen ein Foto von ihm. Sie erkannten Makarow, dem sie in Spanien begegnet waren. Alamo hat also seine Identität nicht selbst enthüllt.

Eine neue Spur

13

Piepe macht Fortschritte. Im Augenblick läßt man ihm in Brüssel freie Hand. Giering hat begriffen, daß eine Wiederaufnahme der Offensive in Belgien nur mit Hilfe von Rita Arnould möglich ist. Und Piepe hat sich von Anfang an aus ehrlicher Sympathie Rita gegenüber so verhalten, wie es Giering aus List bei Alamo versucht hat. Und da das Mädchen leichter zu knacken ist als der Russe …

Sie hat beunruhigende Decknamen preisgegeben: »Grand Chef«, »Petit Chef«, »Professor«, und eine Reihe von Anhaltspunkten ausgeplaudert. Sie kennt die Adresse von Isidor Springer zwar nicht, aber weiß, daß er oft zur Brüsseler Börse geht. Piepe stellt dort vergeblich Nachforschungen an; der Vogel ist ausgeflogen. Aber Piepe bekommt einen interessanten Hinweis: falls er sich für Springer interessiert, solle er eine Frau überwachen lassen, die das Sekretariat der Börse leitet. Piepe entdeckt, daß sie Botschaften in die offizielle Korrespondenz schmuggelt, die an eine Angestellte der belgischen Handelskammer in Paris gerichtet sind. Sollten die Verbindungen der Gruppe bis nach Frankreich reichen? Piepe läßt die Post fotokopieren, bevor sie abgeht. Die Empfängerin scheint als »Briefkasten« zu fungieren. Sie wird überwacht.

Er fragt Rita auch nach dem Agenten, der in der hervorragenden Fälscherwerkstatt der Rue des Atrébates gearbeitet hat. Sie kann ihn gut beschreiben, weiß auch, daß er ein polnischer Jude ist, aber sonst nichts; sie kennt weder seine Adresse noch die Kreise, in denen er verkehrt. Die Auskünfte sind mager, aber Piepe ist auf vertrautem Gebiet. Als Untersuchungsrichter hat er mehrere Fälscher überführen können. Ein guter Fälscher wird nicht geboren und zieht im Laufe seiner Karriere leicht einmal die Aufmerksamkeit der Polizei auf sich. Piepe wendet sich an die belgische Polizei und entdeckt in deren Akten, daß ein gewisser Abraham Raichman, ein polnischer Jude, in der Vorkriegszeit verdächtigt worden war, die illegale Kommunistische Partei mit Falschgeld versorgt zu haben. Sein Steckbrief entspricht Ritas Beschreibung. Wie kann er Raichman finden? Zum erstenmal ist nun das Glück auf seiner Seite.

Weigelt*, einer seiner Gehilfen, lernt einen belgischen Polizeibeamten

* Name vom Verfasser geändert.

kennen, der bereit ist, die Abwehrleute mit falschen Papieren zu versorgen. Eine interessante Sache, denn im allgemeinen ist die belgische Polizei nicht sehr hilfsbereit, und Piepes Informanten müssen oft ihre Identität wechseln. Wieviel kostet das? Eine Kennkarte 1000 Franc. Piepe verzieht das Gesicht, aber Weigelt fügt noch hinzu, daß der belgische Beamte obendrein wichtig sein kann, weil er zu einer kommunistischen Organisation Kontakt hat. Er willigt ein, sich mit ihm zu treffen.

Der belgische Polizeiinspektor heißt Mathieu, sein Mittelsmann Abraham Raichman.

Zwischen einem Raichman und einem Alamo besteht der gleiche Unterschied wie zwischen einem Giering und einem typischen SS-Mann.

Alamo, der sowjetische Offizier, arbeitet für seine Gruppe wie ein französischer Offizier, der zum Deuxième Bureau abkommandiert wird. Er würde sein Tarnkleid ohne Bedauern abstreifen und wieder eine Uniform anziehen. Raichman dagegen trägt ein Nessusgewand – er könnte es nicht ablegen, ohne sich die Haut abzuziehen. Er ist ein Revolutionär, ein Berufsverschwörer, er ist ein Mann der Komintern.

Bis zum Krieg gab es in jedem Land eine kommunistische Partei, die im nationalen Rahmen für ihre Ziele kämpfte. Auf internationaler Ebene koordinierte die Komintern diese einzelnen Aktionen, um sie in die allgemeine Offensive einzugliedern. Die Komintern war gewissermaßen der Generalstab der Weltrevolution, deren Mitglieder unter den besten Elementen der nationalen Parteien ausgewählt worden waren. Sie bildeten eine Aristokratie, besaßen deren Fehler und Qualitäten. Unter Stalin, der den Gedanken der Weltrevolution aufgab, um allein die Sowjetunion stark zu machen, wurden sie entmachtet. Die Geschichte der ersten Säuberungsaktionen Stalins ist unter anderem die Geschichte der Gleichschaltung der Komintern.

Selbstverständlich bestand eine große Rivalität zwischen den sowjetischen Nachrichtendiensten, die Stalin absolut treu waren und für Rußland arbeiteten, und der Komintern im Dienst des Weltproletariats. Doch muß man sich vor Verallgemeinerungen hüten: Trepper, der zur Zentrale gehört, steht von Natur aus einem Raichman, Mitglied der Komintern, näher als einem Alamo, der wie er aus der Zentrale kommt; er läßt sich nicht in ein simples Schema pressen. Als Kent und Alamo in Brüssel ankommen, berichten sie dem Grand Chef über ihre Instruktionen. So sollten sie unter anderem jedes Abenteuer mit Frauen vermeiden und kein Nachtlokal betreten. »Ausgezeichnet«, antwortet Trepper, »dann muß ich also annehmen, daß ihr eure Sexualität in Moskau gelassen habt? Nein? Das ist aber schlimm! Aber ich kann euch beruhigen: wenn euch eine Frau gefällt, braucht ihr euch nicht zurückhalten. Nur vorsichtig müßt ihr sein.« Diese Antwort, ganz im Stil der Komintern, wäre in der Zentrale sehr schlecht aufgenommen worden.

Die beiden Organisationen sind von Grund auf verschieden. Die Männer der Zentrale sind kühle, berechnende Techniker; die Agenten der Komintern sind ihrem Selbstverständnis nach Amateure, die in einer romantischen Tradition stehen. In der Zentrale kleidet man sich wie ein solider Geschäftsmann; bei der Komintern trifft man häufig auf Leute mit schwarzen Fingernägeln und langen Haaren.

Bei Ausbruch des Krieges gehen die Leute der Komintern mit schweren Nachteilen in den Kampf. Sie gehören einem Apparat an, der in Ungnade gefallen ist; viele von ihnen hatten Meinungsverschiedenheiten mit dem Kreml. Sie werden zwar eingesetzt, aber nicht aus den Augen gelassen. Sollte ihnen etwas zustoßen, wird man sich kein Bein ausreißen, ihnen zu helfen.

Verhaftet zu werden ist für alle eine Katastrophe, aber auch hier gibt es Unterschiede. Alamo zum Beispiel ist ein einfacher Fall: er ist sowjetischer Offizier, sein Land befindet sich im Krieg mit Deutschland, und er schlägt sich für sein Land. Selbst ein SS-Mann kann nichts dagegen einwenden. Ein Agent der Komintern hingegen schleppt seine Vergangenheit – Verschwörungen, revolutionäre Streiks und bewaffnete Aufstände – mit sich herum. Ganz besonders, wenn er in Deutschland eingesetzt war, bis zur Machtübernahme das Hauptkampffeld der Kominterngruppen, die zuerst den Freikorps und später den Naziverbänden gegenüberstanden. Unzählige Straßenkämpfe mit verstümmelten Toten, Entführungen, Folterungen, Strafexpeditionen, Morde und Geiselerschießungen: da gab es viele offene Rechnungen und tödlichen Haß, wie er nur aus Bürgerkriegen erwächst. Wenn man sich an die Stelle eines Folterknechts aus dem Sonderkommando versetzt, ist Alamo schon ein Glückstreffer. Ist ein sowjetischer Agent aber obendrein Jude, dann wird das Geschenk noch größer. Und wenn er dazu noch in Deutschland für die Komintern gearbeitet hat, dann ist das einen Luftsprung wert. Der Gefangene weiß es und weiß auch, was mit ihm geschehen wird. Es ist nicht lustig, in den Kellern der Gestapo mit Triumph empfangen zu werden.

Dazu kommt, daß die Kominternagenten Gefahr laufen, schneller gefaßt zu werden als die anderen. Im Laufe ihres langen, bewegten Lebens sind sie fast ausnahmslos von der Polizei registriert worden: in irgendeinem belgischen, französischen oder holländischen Polizeibüro findet sich sicherlich eine Karteikarte mit ihrem Namen oder gar eine Akte mit Fotos und Einzelheiten über ihre Verbindungen und Lebensgewohnheiten. Kent und Alamo sind ein unbeschriebenes Blatt. Sie haben keine Vergangenheit. Die anderen sind Rückfalltäter mit einem langen Strafregister.

War es richtig von Moskau, nach Kriegsausbruch die Komintern mit den klassischen Geheimdiensten zusammenzulegen? Wahrscheinlich blieb den Chefs im Kreml keine andere Wahl. In einer verzweifelten Situation ist jedes Mittel recht, selbst wenn sich später das eine oder andere als gefährlich erweisen sollte.

Im übrigen verwischen sich die Unterschiede, wenn man dem Tode gegenübersteht. Angesichts des Todes, unter der Folter, hören sich die Unterschiede zwischen Geheimdienst und Komintern auf. Da geht es nur um den Menschen. Er mag müde sein nach einer zu langen illegalen Tätigkeit, zermürbt von den Kompromissen, die er schließen mußte, enttäuscht durch betrogene Hoffnungen, er kann sich aufgerieben haben bei den ideologischen Auseinandersetzungen und den darauf erfolgten Säuberungen. Er kann aber auch, im Gegensatz dazu, wie eine Klinge sein, die im Feuer von tausend Prüfungen stahlhart geworden ist.

Nachstehend folgt, ohne jeden Kommentar, der Bericht meines Besuchs bei einem der Mitglieder der Komintern, der der Roten Kapelle angehört hat:

Eine Mietskaserne in Ménilmontant. Betontreppen, große, zementierte Flure, dünne Wände. Ein menschlicher Bienenkorb in seiner ganzen Häßlichkeit.

Die dreiköpfige Familie Brun* haust in einer winzigen Wohnung – Zimmer und Küche. Madame Brun ist eine kleine, rundliche, lebhafte Frau. Ihr Mann ist sichtlich älter. Er trägt eine Brille; seine weißen Haare sind straff nach hinten gekämmt; er hat ein wächsernes, zerfurchtes Gesicht und eine rauhe Stimme. Der Sohn, ungefähr achtzehn Jahre alt, hat Fotos von seinen Lieblingssängern an die Wand geheftet. Er läßt sich dazu herbei, den Plattenspieler, der schon drei Etagen tiefer zu hören war, leiser zu stellen. Die Stille wirkt erquickend.

Mein Brief ist richtig angekommen, hat aber den Empfänger überrascht: »Meine Tätigkeit in der Résistance? Ich habe niemals dazugehört!« Ich erkläre ihm, weshalb ich gekommen bin. Allgemeine Verblüffung. Brun: »Ach so, Sie wollen wahrscheinlich über meinen Widerstand gegen die Zwangsarbeit sprechen?« Er hatte der Aufforderung, sich zur Zwangsarbeit nach Deutschland zu melden, nicht Folge geleistet. Ein schweres Vergehen. Ich erfahre Einzelheiten und auch, wie Brun einen Arbeitskollegen, der in der gleichen Lage war,

---

* *Name vom Verfasser geändert.*

in einem Handkarren versteckt durch eine deutsche Straßensperre brachte. Dann vom Erscheinen des französischen Polizisten, der Brun in seinem Unterschlupf in dieser Mietskaserne hier aufgestöbert hat, und wie Brun ihm erklärt hat: »In Ordnung, ich komme mit, aber haben Sie daran gedacht, daß wir uns hier in der sechsten Etage befinden und daß es ein Treppenhaus gibt und viele Leute im Haus sind?« Der Polizist hatte verstanden. Er konnte sich gut ausmalen, was geschehen würde, wenn Brun in diesem Riesenbau zu schreien angefangen hätte. Und ich erfahre von einem anderen Höhepunkt in der Geschichte der Familie Brun: von den Fahrradexpeditionen aufs Land, um Gemüse zu hamstern. Auf dem Rückweg gerieten sie in eine deutsche Absperrung. Eine sehr, sehr schwerwiegende Angelegenheit. Zwanzig Jahre danach erinnern sie sich noch genau an das Gesicht des Soldaten, der sie verhörte und den Rucksack prüfend aufhob ...

Offenbar bin ich vergeblich gekommen. Aber ich rühre mich nicht vom Stuhl, und hartnäckig wie ein Maulesel wiederhole ich zehnmal alles, was ich weiß: Brun hat einer Widerstandsgruppe angehört, ich habe seinen Namen auf Gestapodokumenten gefunden, und Kameraden von ihm haben es mir bestätigt ...

Und plötzlich taut er auf. Ich will also etwas über die Geschichte mit den Briefen wissen? Ach so, das hätte ich auch gleich sagen können. Ja, das stimmt, er hat Briefe weitergegeben, das ist alles ... Namen oder Einzelheiten kann er mir keine nennen, das liegt alles schon so lange zurück ... Erstauntes Gesicht von Madame Brun: »Was? Du hast Briefe weitergegeben?« Madame Brun ist verblüfft. Sie hat geglaubt, einen Mann zu haben, der sich der Zwangsarbeit entzogen hat, das war schon was, aber jetzt hat er auch noch zur Widerstandsbewegung gehört. Sie ist wütend und beglückt zugleich: »Warum hast du mir nie was gesagt?« Er zuckt die Achseln: »Wozu? Das ist doch keine Sache für Frauen.«

Er hat also Nachrichten weitergeleitet. Er hat sie im Lenker seines Fahrrades versteckt und mußte zu einer bestimmten Stelle auf der Landstraße zwischen Étampes und Orléans fahren. Dort tat er so, als ob er im Straßengraben seine Notdurft verrichten müßte, und verbarg die Dokumente in einer verrosteten Konservendose. Das ist die Technik der »toten Briefkästen«. Sie hat den Vorteil, daß jeder Kontakt zwischen den Agenten vermieden wird. Die Spezialisten haben bisher geglaubt, sie sei erst nach dem Krieg vom russischen Geheimdienst erfunden worden: sie haben sich getäuscht.

Aber von wem bekam er diese Nachrichten? Von einem Kameraden. Aber der hatte doch einen Namen, einen Decknamen? Den kannte er nicht ... (»Klar«, unterbricht sein Sohn und beruft sich auf die vielen Spionageromane, die er gelesen hat, »deine Gruppe war natürlich gut abgeschirmt.« – »So, glaubst du?« murmelt der Vater einfältig, aber in seinen Augen blitzt es.) Wer aber hat ihn mit diesem Mann bekannt gemacht? Keine Ahnung ... Wie sah er aus? Nichts. Totaler Gedächtnisschwund. »Das ist doch nicht möglich, Sie erinnern sich noch genau, wie die deutsche Wache aussah, die Ihnen den Sack Bohnen weggeschnappt hat. Aber Sie wissen nicht mehr, ob der Mann, der Sie in Todesgefahr brachte, blond oder dunkel war?« – »Tja, das ist wirklich komisch ...« – »Und wo wurden Ihnen die Nachrichten ausgehändigt?« – »Da drüben, in einer Wohnung ...« – »Wo drüben?« – »Na dort drüben irgendwo, ich weiß es wirklich nicht mehr genau ...« – »Was stand in diesen Papieren?« – »Ich habe nie gefragt, ich bin nicht neugierig, verstehen Sie ...«

Wenn alle so waren, konnte Trepper sich zu dieser Verstärkung beglückwünschen.

Abraham Raichman war nicht so. Seine Rolle war wichtiger, sein Charakter schwächer. Er hatte dem legendenumwobenen, von der Komintern aufgezogenen »Paßapparat« in Berlin angehört, einer regelrechten Fabrik für falsche Papiere. Der Apparat beschäftigte 170 Leute und verfügte über 30 000 Stempel, Graviermaschinen, Druckeinrichtungen und fotografische Reproduktionsapparate. Jahrein, jahraus lieferte diese Fabrik 2000 Pässe sowie eine Unmenge von Dokumenten aller Art. Die Archivisten der ND-Zentralen, die sich sonst eines trockenen Stils befleißigen, verfallen bei der Erwähnung dieses Paßapparates in lyrische Tiraden: »eine in der Geschichte einzig dastehende Leistung«, »eine wunderbar geschickte, präzise und einfallsreiche Arbeit«. Ein Vierteljahrhundert später sprechen sie noch voller Bewunderung von den »Schustern« aus Berlin. »Schuster« ist in der Fachsprache der russischen Dienststellen ein Fälscher; die von ihm hergestellten falschen Papiere heißen folgerichtig »Schuhe«. Warum? Weil so manches Schusterwerkzeug, zum Beispiel die Ahle, bei der Herstellung von Fälschungen Verwendung findet.

Der Gestapo war es nur nach größten Anstrengungen gelungen, den Paßapparat außer Gefecht zu setzen; die Belegschaft hatte sich über ganz Europa zerstreut.

Trepper schätzt Raichman als »Schuster«, aber er traut ihm nicht, denn Raichman ist eitel, unvorsichtig und oft hochmütig. Unmöglich, auf die Dienste eines solchen Meisterfälschers zu verzichten, aber die Zügel müssen kurzgehalten werden, damit er auf dem rechten Weg bleibt. Solange der Grand Chef in Brüssel ist, geht alles gut. Als er aber nach Paris übersiedelt und Raichman mit seinem Nachfolger Kent – diesem jungen Burschen – zusammenbringt, protestiert Raichman: »Was? Der soll mein Chef sein? Der hat doch keine Ahnung!« Nach der Aushebung der Rue des Atrébates wird Kent von Jefremow abgelöst. Wieder ein Neuling, der im Vergleich zu Raichman und dessen Vergangenheit ein unbeschriebenes Blatt ist. Eines Tages teilt er Jefremow mit, er habe einen belgischen Polizei-Inspektor kennengelernt, der für den Widerstand arbeitet. Inspektor Mathieu habe ihm ein Angebot gemacht: »Sie stellen falsche Papiere her? Wozu? Ich kann echte beschaffen.« Jefremow berichtet dem Grand Chef und verlangt Instruktionen. Unverzügliche Antwort: »Eigene alte Schuhe sind mehr wert als neue, die von einem Unbekannten angeboten werden. Brechen Sie sofort jede Verbindung ab.« Jefremow ist zu jung, um sich bei Raichman durchzusetzen. Die Verbindung bleibt bestehen.

Die Brüsseler Abwehr gibt Mathieu den Decknamen »Carlos«: schließlich geht es um einen Fall, in den lauter falsche Südamerikaner verwickelt sind. Die deutschen Dienststellen haben Spaß an plumpen Scherzen, die ihnen mitunter teuer zu stehen kommen.* Wenn der Gruppe zu Ohren kommt, daß ein belgischer Polizist unter dem Pseudonym Carlos für die Abwehr arbeitet, kann sie daraus schließen, daß man ihr nachspürt, und Mathieus Doppelspiel leicht aufdecken. Aber in diesem Fall braucht die Abwehr ihren Scherz nicht zu bereuen: nichts sickert durch.

Mathieu erweist sich als eine große Hilfe. Es ist also nicht erstaunlich, daß Piepe ihm das Lob ausspricht, er sei »der Typ des deutschen Offiziers« gewesen. Äußerlich ist dieser großgewachsene, breitschultrige Mann tatsächlich der Prototyp eines Ariers. Die moralische Wertung hängt davon ab, ob man ihn aus der Sicht seiner deutschen Herren oder vom Standpunkt seiner Opfer aus betrachtet. Piepe empfindet die zwölf Kugeln, die nach Kriegsende Mathieus Verrat quittieren, als blutige Ungerechtigkeit. Mit bewegter Stimme widmet er ihm den erstaunlichen Nachruf: »Er war ein großer Europäer!«

Mathieu bewährt sich also ausgezeichnet. Als erfahrener Polizeibeamter hütet er sich, übereilt vorzugehen. Er zeigt keine Neugier: er steht Raichman jederzeit zur Verfügung, das ist alles … Es scheint ihn gar nicht zu interessieren, wozu seine Kennkarten dienen sollen. Dieses beruhigende Gebaren ist Vorbedingung für Mathieus Erfolg: er braucht der Gruppe nicht nachzulaufen, die Gruppe wird zu ihm kommen.

---

* Colonel Verneuil, einer der Leiter des Deuxième Bureau, erhielt einmal eine Einladung zu einem Treff mit einem ihm unbekannten Agenten. Kennwort sollte folgender Satz sein: »Monsieur, wir erwarten Sie seit langem.« Er überlegte hin und her, fand den Satz dann zu geschmacklos und ging nicht zu der Verabredung. Die Gestapo erwartete ihn vergebens.

Erinnern wir uns noch an den Koffer, den Kent vor seiner Flucht nach Frankreich beim Inhaber des »Florida« abgestellt hat?

Robert Christen erzählt: »Einige Wochen später besuchte mich Nazarin Drailly. Er war der kaufmännische Direktor der Firma, in die mich Sierra hineingedrängt hatte. Er wollte den Koffer abholen. Ich lehnte ab: ›Unmöglich, Sierra hat ihn mir anvertraut, und er wird bis zu seiner Rückkehr hierbleiben.‹ Drailly schien sehr betroffen und erklärte schließlich: ›Sie sind in großer Gefahr ... Wissen Sie eigentlich, was in diesem Koffer ist? Ein Funkgerät!‹ So habe ich erfahren, in welch eine Geschichte man mich verwickelt hatte. Eine gute Arbeit, das muß man ihnen lassen. Die hatten mich schön reingelegt.«

Die Gruppe hat durch Raichman ein Versteck für das Gerät gefunden, das sicherer scheint als Christens Wohnung: das Haus von Mathieu. Der Inspektor schlägt vor, den Sender in seiner Garage unterzubringen. Raichman inspiziert den Ort genau und ist zufrieden. Aus Berlin kommen Spezialisten, um den Sender zu untersuchen. Sie arbeiten mit Handschuhen, um jeden Fingerabdruck zu vermeiden, nehmen alles auseinander, fotografieren jedes Einzelteil. Das Gerät ist laut Piepe ein russisches Fabrikat und überraschend gut. Es ist den deutschen, ja sogar den von englischen Agenten benutzten Geräten überlegen.

Nach der Untersuchung wird alles wieder sorgfältig zusammengebaut und in das Versteck zurückgebracht. Die Abwehr wartet frohlockend darauf, daß der Koffer abgeholt wird. Wenn sich das nächste Mal ein Pianist in Brüssel bemerkbar macht, wird man ihn fassen können, ohne erst die Funkabwehr zu bemühen.

Aber in Brüssel bleibt es einstweilen still. Pianist der Roten Kapelle ist immer noch Hersch Sokol.

Der Grand Chef sorgt sich um ihn. Er befürchtet einen neuen Handstreich, ähnlich dem in der Rue des Atrébates. Er beschwört Moskau, die Gefahr richtig einzuschätzen; er protestiert gegen die drakonischen Weisungen der Zentrale: zuerst die Nachrichten, dann die Sicherheit der Agenten; er schlägt vor, Sokols Funktätigkeit auf jeweils eine halbe Stunde zu beschränken. Vergeblich: der Direktor überhäuft den Funker weiterhin mit unendlich langen Fragen, ganz im Gegensatz zum Grand Chef, der seine Meldungen in knappster Form durchgibt, um die Sendezeit zu reduzieren.

Wenigstens ist es nicht mehr nötig, die Unmenge der von der Berliner Gruppe zusammengetragenen Nachrichten zu übermitteln. Sind die von Moskau angekündigten Fallschirmspringer endlich eingetroffen? Ja und nein. Im Mai 1942 springen Erna Eifler und Wilhelm Fellendorf über Ostpreußen ab – man hat darauf verzichtet, sie von England aus einzufliegen. Beide sind Veteranen der Untergrundarbeit. Erna hat zuerst in Deutschland für eine »Rabkor«-Organisation gearbeitet, die ähnlich aufgebaut war wie das »Fantômas«-Netz. Dann war sie nacheinander in Wien, in Shanghai, in Holland und in England eingesetzt. Fellendorf, ein ehemaliger Offizier der Internationalen Brigaden, war in der Tschechoslowakei, in Belgien und in Holland tätig. Sie haben mehrere Monate intensiver Ausbildung in einer sowjetischen Spionageschule hinter sich. Das wird ihnen nützlich sein: sie bekommen den Auftrag, sich nach Hamburg durchzuschlagen, wo beide früher gelebt und noch zuverlässige Freunde haben. Von dort aus sollen sie mit der Berliner Gruppe Kontakt aufnehmen.

Der erste Teil des Unternehmens läuft programmgemäß ab; nur das Sendegerät geht bei der Landung verloren. Die schwierige Reise quer durch Deutschland gelingt ebenfalls, ohne Zwischenfälle kommen sie nach Hamburg. Aber die Kontaktaufnahme mit Berlin verzögert sich. Im Juni 1942 sind Erna Eifler und Wilhelm Fellendorf immer noch in Hamburg. Das Problem der Funkverbindungen ist allerdings auch weniger dringlich geworden. Ein Teil der Nachrichten läuft über die Berliner Sender, die trotz technischer Schwierigkeiten und der Angst vor der Funkabwehr sporadisch arbeiten. Der größte Teil des Materials wird von Kurieren nach Amsterdam gebracht und von dort über den Sender der holländischen Gruppe nach Moskau gefunkt. Die belgischen Sender wird man erst nach der erzwungenen Ruhepause wieder einsetzen.

Aber trotzdem ist Sokol mit Arbeit überlastet: das französische Netz hat unter dem Grand Chef derartige Ausmaße angenommen, daß mehrere Funker nötig wären, um die Nachrichtenflut weiterleiten zu können. Hersch Sokol ist intelligent genug, das unmittelbar bevorstehende Ende klar vorauszusehen. Stoisch bleibt er auf seinem Posten, den Kopfhörer übergestülpt, den Finger auf der Funktaste. Am 9. Juni 1942 schlägt die Gestapo, nach sorgfältiger Peilung, die Haustür der Villa in Saint-Germain ein. Mira wird mit Hersch zusammen verhaftet.

Zunächst nimmt man an, sie seien Mitglieder einer französischen Untergrundorganisation. Als ihre Zugehörigkeit zur Roten Kapelle herauskommt, ordnet Giering ihre Überführung nach Berlin an. Piepe besucht sie und fragt Sokol, wie er Funker geworden ist. Antwort: »Ich saß in einem Café und klopfte mechanisch mit meinen Fingern auf den Tisch. Mein Tischnachbar tat lächelnd dasselbe, setzte sich zu mir und fragte, ob ich Funker werden wollte. Ich sei offenbar für eine solche Arbeit geeignet.« Piepe wütend: »Sie brauchen nicht kindisch zu werden, nur weil Sie Kinderarzt sind!« Sokol schweigt, aber die Folterknechte des Sonderkommandos werden sich schon etwas einfallen lassen, um ihm die Zunge zu lösen. Seine Verhaftung bietet die unerwartete

Chance, die in Brüssel versandete Untersuchung in Paris wiederaufleben zu lassen. Man wendet die schlimmsten Folterungen an. Sokol schweigt. Man fällt über Mira her. Sie schweigt. Zuletzt greift das Sonderkommando zu seiner bevorzugten Methode: man hält Hersch Sokol in Miras Gegenwart einen Revolver an die Schläfe. Wenn sie die Aussage verweigert, soll er vor ihren Augen erschossen werden. Sie gibt einen der Decknamen von Trepper preis: »Gilbert«.

Das ist alles. Die Sokols kannten den Geheimcode des Grand Chef und hatten Kontakt mit seinem engsten Mitarbeiter, mit Hillel Katz.

Claude Spaak:

»Kurz nachdem wir Harry aus dem Lager von Pithiviers geholt hatten, sagte meine Frau: ›Ich habe Mira gesehen. Wir können nicht mehr zu ihnen gehen, ohne uns vorher anzukündigen, sie arbeiten gegen die Nazis.‹ Meine Frau traf Mira von Zeit zu Zeit, und einmal gab diese ihr eine kleine Rolle Goldstücke, die wir bei uns verstecken sollten. Selbstverständlich war ich einverstanden, aber ich sagte zu meiner Frau: ›Uns oder den Sokols kann etwas zustoßen, und wir müssen wissen, wem wir die Rolle im Notfall aushändigen dürfen.‹ Wir verabredeten mit Mira, daß jede Person, die sich als ›Henri‹ vorstellen würde, die Goldrolle erhalten sollte.

Wir hatten damals in der Rue de Beaujolais, hinter dem Palais-Royal, eine kleine Stadtwohnung. Die Schriftstellerin Colette war unsere Nachbarin. Eines Tages tauchte ›Henri‹ – der Mann, den Sie Trepper nennen – dort auf. Er war ungefähr fünfundvierzig Jahre alt,* machte einen soliden Eindruck und sprach mit einem starken, russischen Akzent. Er flößte uns unbedingtes Vertrauen ein, in seinem Blick lag viel menschliche Wärme und Güte.

Er war sehr nervös. Er sagte: ›Ihre Freunde sind verhaftet worden. Sie haben aus dem kleinen Haus in Saint-Germain Nachrichten an die sowjetische Botschaft in London gefunkt. Es steht besonders schlecht um sie; sie sind Juden, Russen und Spione.‹ Das klang tatsächlich so, als ob ein Arzt seinem Kranken ankündigt: Sie haben Krebs, Tuberkulose und außerdem einen Darmverschluß …

Nach einigem Schweigen fragte ich ihn, ob er die Goldrolle an sich nehmen wolle. Trepper lehnte ab: ›Nein, ich brauche sie nicht. Vielleicht werde ich Ihnen jemanden schicken, der sie abholt.‹

Dann ging er fort.«

* *Tatsächlich war Trepper damals achtunddreißig.*

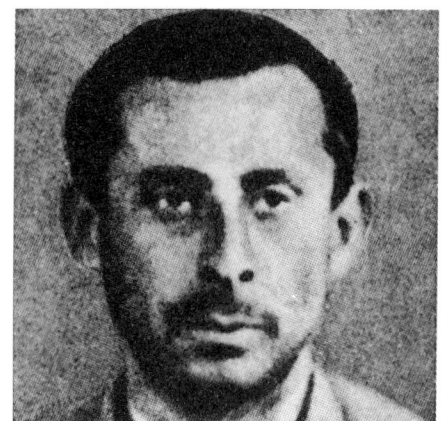

Hersch und Mira Sokol mit den Eltern von Hersch
Mira und Hersch nach ihrer Verhaftung (Fotos der Gestapo)

Die beiden der Funkabwehr entgangenen Brüsseler Sender waren verstummt, sie unterhielten mit Moskau nur spärlichen Routinekontakt. Nach der Verhaftung der Sokols erhält Jefremow vom Grand Chef den Auftrag, einen der beiden Sender wieder in Betrieb zu nehmen. Sechs Monate sind seit dem Überfall auf die Rue des Atrébates vergangen. Trepper hat allen Grund, anzunehmen, daß in Brüssel das Pflaster nicht mehr so heiß ist.

Die Professoren haben das Wort

14

In Berlin arbeiten Vauck und seine Studenten ohne Unterlaß an der Entschlüsselung der Funksprüche. Von den 300 Meldungen, die ihnen vorliegen, sind 97 nach dem Buch Téramonds verschlüsselt worden. Die Funkabwehr weiß nicht, daß für alle anderen »Die Frau von dreißig Jahren« von Balzac benutzt wurde. Zwei Drittel der Beute scheiden also von vornherein aus. Mit doppeltem Eifer bemüht man sich um das letzte Drittel.

Natürlich waren die Funksprüche nicht nach einem fortlaufenden Textabschnitt aus Téramonds Buch überschlüsselt worden: nach einem mit Moskau vereinbarten Schema liegen der Überschlüsselung Auszüge aus dem Buch zugrunde, und die Funkabwehr kennt dieses Schema nicht. Für jeden Funkspruch muß darum der entsprechende Satz gesucht werden. Manchmal fällt der Blick zufällig auf die richtige Stelle; meistens muß man das ganze Buch aufmerksam durchlesen, um sie zu finden. Diese Geduld und Beharrlichkeit erfordernde Fleißarbeit ist das Los aller Schlüsselexperten. Aber in diesem Fall kommen zu den üblichen Schwierigkeiten noch besondere Umstände. »Le Miracle du professeur Wolmar« ist kein Meisterwerk. Der 1910 in Arcachon entstandene Roman erschien nach »La Force de l'amour« und »Le Mystérieux Inconnu«, einem »auch für Jugendliche geeigneten« Werk. Weshalb ausgerechnet dieses Buch gewählt wurde, erklärt sich zweifellos durch die Ankündigung auf der ersten Seite: »Dieses Buch, eine Gratiszugabe für die Abonnenten des ›Monde illustré‹, darf nicht verkauft werden.« Es war also ein Buch, das nie in den Handel gekommen war. Darum hatte der von der Abwehr eigens nach Paris geschickte Mann es auch erst nach langem Suchen in einem Antiquariat auftreiben können.

Der Text selbst wird bei Vaucks Studenten, die ihn zwangsläufig fast auswendig lernen mußten, einigen Verdruß hervorgerufen haben. Der Held des Romans, Professor Wolmar, ein begabter Chirurg, vertritt die Theorie, daß »alle abnormen Phänomene durch Verwachsungen der Gehirnmasse hervorgerufen werden«, und folgert daraus »mit der ihm eigenen Kühnheit, daß man das Gehirn (eines Kriminellen) nur von allen Wucherungen, die seine Intelligenz und seinen Willen beeinflussen, zu säubern brauche, um einen verantwortungsbewußten Menschen aus ihm zu machen«. Nach vielen Bemühungen erhält er die Erlaubnis, an einem zum Tode verurteilten Mörder, der »Kleine

Lockenkopf« genannt, einen Operationsversuch vorzunehmen. Dieser ist für Wolmar »eines der degenerierten Wesen, eines der Wracks, die man erstaunlicherweise manchmal inmitten einer zivilisierten Gesellschaft antrifft«. Der »Kleine Lockenkopf« wird begnadigt und nach der Operation, die gescheitert scheint, in ein Zuchthaus überstellt. Es gelingt ihm auszubrechen, und er wird eine Art Superman, dem phantastische und nützliche Erfindungen gelingen. Wie wird er dem Professor danken? Indem er dem deutschen Kaiser folgendes Telegramm schickt: »Wenn Sie bis übermorgen vier Uhr nicht abzurüsten beginnen, werde ich ganz Deutschland in die Luft sprengen.« Unterzeichnet ist das Telegramm mit »Frankreich«. Guy de Téramond schließt: »In einem unwiderstehlichen Volksaufstand fegte Deutschland seinen Kaiser und seine Minister hinweg und beeilte sich, als Antwort auf diesen begeisterten Schritt zur Weltverbrüderung um Frieden zu bitten.«

Es war bestimmt nicht angenehm, in einem dummen und albernen Romantext nach Spuren suchen zu müssen, die zum Verständnis der Funksprüche des Grand Chef an die Zentrale führen konnten, aber Vaucks Mannschaft hielt sich mit solchen subalternen Abneigungen nicht auf. Ab Juni 1942 können Vauck und seine Leute bereits täglich zwei bis drei Sprüche von PTX entziffern. Der Inhalt? Darum kümmern sie sich kaum. Sie haben ihre Aufgabe erfüllt, wenn es ihnen gelungen ist, den Schutzpanzer der Texte aufzubrechen und den verborgenen Sinn freizulegen. Ob aus diesen Meldungen hervorgeht, daß Deutschland den Krieg verlieren wird, ist nicht ihre Sache.

Das ist Sache der Abwehr. Und dort ist man entsetzt. Flicke schildert uns, daß sie mit Angst und Schrecken an die Texte dachten, die ihnen Vauck mit strahlendem Lächeln auf den Schreibtisch legte. Das Vorhandensein fremder Geheimsender in Berlin war beunruhigend, die Aussagen von Rita Arnould und die in Brüssel aufgefundenen deutschen Dokumente waren bedenklich. Die Entschlüsselung der Funksprüche aber zeigte, daß die Katastrophe jedes vorstellbare Maß überstieg. Es gab keinen Sektor des politischen, wirtschaftlichen und militärischen Lebens, der den Russen nicht bis in alle Einzelheiten bekannt zu sein schien. Das Dritte Reich, einer der gewaltigsten Polizeistaaten aller Zeiten, war für Moskau ein Haus mit gläsernen Wänden geworden.

Mitte Juni meldet Cranz, daß ein Brüsseler Sender seine Funktätigkeit wiederaufgenommen hat. Die Abwehr fackelt nicht lange: Schluß mit den ausgeklügelten Versuchen, bis zum Kern der Organisation vorzudringen. Die Zeit ist zu knapp! In wenigen Tagen – am 28. Juni 1942 – werden die Panzerdivisionen der Wehrmacht zum entscheidenden Angriff ansetzen. Die »Operation Blau« soll die Deutschen bis nach Stalingrad vorstoßen lassen und ihnen die Ölfelder des Kaukasus sichern. Nach den Rückschlägen der Winterschlacht, nach den Strömen deutschen Blutes, die den russischen Schnee gefärbt haben, weiß jeder in Berlin, daß die unmittelbar bevorstehende Offensive alles entscheiden wird: zwischen Woronesch und Stalingrad werden die Würfel über den Ausgang des Krieges fallen. Unter keinen Umständen dürfen Nachrichten nach Moskau gefunkt werden, die vielleicht die Geheimnisse der lebenswichtigen »Operation Blau« verraten.

Harry Piepe erzählt:

»Natürlich war es eine bittere Überraschung, als Berlin uns signalisierte, daß in Brüssel wieder ein Sender arbeitete. Niemand hatte das in der Garage von Mathieu versteckte Gerät abgeholt. Wir hatten umsonst gelauert und mußten von vorne anfangen, genau wie bei der Rue des Atrébates.

Die Peiltrupps sind wieder nach Brüssel geholt worden, darunter auch mein selbstsicherer Unteroffizier mitsamt seinem Suchkoffer. Die Funkabwehr hat sofort mit den Peilungen begonnen. Es wird Ihnen unglaublich vorkommen, aber es ist die reine Wahrheit: wie in der Rue des Atrébates arbeitete auch dieser Sender die ganze Nacht hindurch. Das erleichterte uns natürlich die Sucharbeit. Ich habe die Haltung der Russen nie begriffen ... Waren sie derart überlastet? Auch ein Funker, der wenig arbeitet, ist doch auf jeden Fall noch besser als ein verhafteter! Nein, ich glaube, sie wußten nicht, welchen Grad der Perfektion unsere Peiltechnik erreicht hatte. Es gibt keine andere Erklärung. Es sei denn, sie hätten kaltblütig ihre Pianisten geopfert ...

Kurz und gut, wir haben bald entdeckt, daß der Sender in Laeken saß. Unglücklicherweise lief eine elektrifizierte Eisenbahnlinie quer durch den Bereich. Sie störte die elektrischen Felder oder sonstwas, jedenfalls mußte mein Unteroffizier zu seinem großen Kummer eingestehen, daß der Suchkoffer nicht zu gebrauchen war. Wir holten einen Wagen der Funkabwehr zu Hilfe, dessen starkes Gerät nicht durch die Eisenbahnlinie gestört wurde. Der Wagen war getarnt, aber wir brauchten ohnehin keine Warnposten des Gegners zu fürchten, da wir nur in den Sperrstunden arbeiteten. Dagegen liefen wir selbst Gefahr, von Militärstreifen angehalten zu werden, und das wollte ich auf jeden Fall vermeiden. In dem betreffenden Stadtteil sollte nicht das Gerücht verbreitet werden, ein geheimnisvolles Auto fahre in der Nacht spazieren, ohne von der Polizei behelligt zu werden, und so weiter.

Natürlich ist das doch passiert.

Gleich in der ersten Nacht sind wir auf eine Streife gestoßen. Selbstverständlich waren wir alle in Zivil und hatten ›echte‹ falsche Papiere von Mathieu. Die Gendarmen kontrollierten unsere Kennkarten und wollten wissen, was wir um diese Zeit draußen zu suchen hätten. Ich versuchte ihnen weiszumachen, daß es sich mehr oder weniger um Schwarzmarktgeschäfte handle, und hoffte, sie so beschwichtigen zu können, aber sie wollten unbedingt den Wagen kontrollieren. Unmöglich: sie hätten unser Gerät entdeckt. Ich klopfte also meinem Fahrer auf die Schulter – er gab Vollgas, die Gendarmen stoben auseinander. Wir sind entkommen, aber für diese Nacht war es aus mit der Jagd.

In der zweiten Nacht: wieder Pech! In der Nähe lag eine Kaserne der Luftwaffe. Die Posten sahen uns hin- und herfahren, wurden unruhig und hielten uns an. Sie schleppten uns auf die Wache, wir mußten unsere Papiere vorzeigen, Erklärungen abgeben und schließlich alles durch meinen Vorgesetzten telefonisch bestätigen lassen: ich war wütend …

Diese Zwischenfälle haben uns Zeit gekostet, aber der Sender funkte glücklicherweise nach wie vor jede Nacht fünf Stunden ununterbrochen, und wir konnten das Haus, in dem er versteckt war, schließlich ausfindig machen. Ein großes Gebäude, das zwischen einer Holzhandlung und einem anderen Geschäft lag. Mein Spezialist versicherte, der Sender müsse in einer der oberen Wohnungen stehen. Präziser konnte er den Standort nicht angeben. Auf jeden Fall war jetzt ich an der Reihe. Zuerst einmal mußte ich Leute anfordern. Der Vogel durfte nicht ausfliegen. Ich wollte nichts riskieren, lieber vorsichtig sein. Ich bekam 25 Mann von der Geheimen Feldgendarmerie, dann ging ich wieder zur Luftwaffenkaserne und erklärte mein Vorhaben. Die Flieger waren junge, begeisterte Kerle: sie stellten sich spontan zur Verfügung. Ich setzte den Angriff auf den 30. Juni, drei Uhr morgens fest.*

Sternklare Nacht, Vollmond. Ich schicke die Flieger in den Lagerschuppen der Holzhandlung, zur vereinbarten Stunde sollen sie die Straße abriegeln. Mit meinen Feldgendarmen wecke ich den Mieter einer Wohnung im Erdgeschoß des Hauses. Er ist sehr freundlich, plaudert mit uns und bietet uns Kaffee an. Punkt drei Uhr geht es los. Für jede Etage zwei Gendarmen, die anderen bleiben unten. Wir flitzen die Treppe hinauf. Plötzlich höre ich vom Dachboden her: ›Kommt her, schnell! Hier ist es!‹ Ich renne nach oben, der Dachboden ist in kleine Verschläge geteilt. Ich sehe Licht und stoße auf meine Gendarmen – sie sind allein! Ich sehe mich rasch um und lasse den ganzen Bodenraum durchstöbern. Auf einem kleinen Tisch steht ein noch warmes Sendegerät. Daneben liegen viele Dokumente in deutscher Sprache. Und überall Dutzende von Postkarten aus deutschen Städten … Mir bleibt die Luft weg.

---

* Ein mit Müller unterzeichneter Bericht der Gestapo vom Dezember 1942 gibt das Datum der Operation mit 30. Juli an. Da mehrere Hinweise für Juni sprechen, handelt es sich wahrscheinlich um einen Tippfehler. Auch dieser Punkt wird sich erst nach Öffnung der sowjetischen Archive klären lassen.

Auf dem Fußboden eine Jacke und ein paar Schuhe. Der Kerl muß sich also ziemlich sicher gefühlt haben; er hatte es sich bequem gemacht. Aber wie hat er entwischen können? Ich entdecke über mir eine offene Dachluke und stecke den Kopf raus: Bums – ein Schuß! Ich ducke mich und höre von der Straße: ›Achtung, er hockt hinterm Schornstein!‹ Ich raffe die Dokumente zusammen und gehe nach unten. Meine Flieger halten die Straße besetzt, stehen aber in den Hauseingängen in Deckung. Noch ein Schuß. Deutlich kann man sehen, wie der Flüchtende von Dach zu Dach springt. In jeder Hand hat er einen Revolver, und zwischen zwei Sprüngen schießt er. Ich merke, daß meine jungen Leute die Nerven verlieren und ihn abknallen wollen, aber ich rufe ihnen zu: ›Auf keinen Fall! Ich muß ihn lebend haben!‹

Unser Mann erreicht das letzte Haus des Wohnblocks. Er ist umzingelt. Aber er schlägt eine Dachluke ein und verschwindet. Eine Frau ruft um Hilfe. Was ist los? Ein Mann ist durch ihr Zimmer gerannt und im Treppenhaus verschwunden. Wir stürmen ins Haus, durchsuchen alle Stockwerke: nichts! Ich bekomme es mit der Angst zu tun. Aber die Flieger gehen in den Keller, heben eine umgestülpte Badewanne hoch und entdecken den Kerl, der sich darunter versteckt hat. Wütend schlagen sie mit ihren Gewehrkolben auf ihn ein. Ich fahre dazwischen und bringe meinen Gefangenen zur Feldgendarmeriekaserne. Er ist völlig verstört. Ein ziemlich kleiner Mann, ungefähr vierzig, untersetzt, mit einem harten Gesicht. Ein richtiger Arbeitertyp. Ich muß sagen, er hat keinen großen Eindruck auf mich gemacht.

Seine erste Frage: ob ich zur Abwehr oder zur Gestapo gehöre. Ich beruhige ihn. Er spricht Französisch, aber sehr schlecht und mit starkem Akzent. Man hat ihm die Hände auf dem Rücken gefesselt. Er bittet mich, die Arme nach vorn nehmen zu dürfen. Aber ich lehne ab: ›O nein, das kenne ich! Kommt nicht in Frage. Sie wollen nur versuchen, sich auf mich zu werfen und loszuschlagen!‹ Er versichert, daß er an so etwas nicht dächte, aber ich bleibe mißtrauisch. Ich lege meine Pistole auf den Tisch und sage zu ihm: ›Da, sehen Sie, ich bin jetzt ohne Waffe. Sie haben nichts zu befürchten!‹ Er beklagt sich über die Kolbenschläge, aber ich mache ihm klar, daß er selbst daran schuld ist. Er hätte nicht mit dem Revolver spielen sollen. Soldaten haben es nun einmal gar nicht gern, wenn man auf sie schießt, ohne daß sie sich wehren können. Er wird ruhiger, und wir fangen Deutsch zu reden an; er spricht ausgezeichnet Deutsch.

Schließlich sage ich ihm, daß ich seine Personalien aufnehmen muß. Er wirft einen zögernden Blick auf die beiden in meinem Büro anwesenden Soldaten. Ich gebe ihnen einen Wink, daß sie verschwinden sollen, nehme dem Gefangenen die Handschellen ab und sage: ›So, jetzt sind wir ungestört. Nun können

Sie in aller Ruhe auspacken.‹ Er ist sichtlich erleichtert. Ich erfahre, daß er Johann Wenzel heißt und 1902 in Danzig geboren ist. Ein Deutscher! Und er fügt hinzu: ›Ich mache Sie sofort darauf aufmerksam, daß ich kein Mann bin, der irgendwelche Kompromisse schließt. Sie können von mir keinerlei Hinweise oder Denunziationen erwarten.‹ Ich sage ihm: ›Langsam, langsam, das ist doch unvernünftig.‹ Aber ihm ist kein weiteres Wort zu entlocken. Ich lasse ihn also in das Gefängnis Saint-Gilles bringen. Ich will Ihnen gleich noch erzählen, was wir später über den Mieter des Erdgeschosses herausgefunden haben – über den freundlichen Mann, der uns Kaffee angeboten hat. In Wirklichkeit hatte er nur versucht, uns so lange wie möglich aufzuhalten. Er gehörte zur Gruppe, und Wenzel wohnte bei ihm. Als wir ihn später holen wollten, war er natürlich verschwunden. Er hieß Schumacher.

Nachdem Wenzel ins Gefängnis gebracht worden war, habe ich meinen Vorgesetzten Bericht erstattet. Sie gaben die Nachricht unverzüglich nach Berlin durch; zwanzig Minuten später rief Berlin aufgeregt zurück: ›Sie haben einen der wichtigsten Leute der früheren KPD verhaftet, einen bedeutenden Mann der Komintern.‹ Der Fang schien ihnen ungeheuer wichtig, sie wollten kaum glauben, daß es sich um ein und dieselbe Person handelte.

Um Wenzels Geschichte zu Ende zu bringen, muß ich hinzufügen, daß ihn die Berliner Gestapo einige Tage später anforderte. Er hatte panische Angst, denn natürlich gab es da alte Rechnungen zu begleichen. In Berlin wurde er von Giering und seinen Leuten sechs bis acht Wochen lang gefoltert; dann schickten sie ihn uns nach Brüssel zurück: ich muß sagen, ich habe Wenzel nicht wiedererkannt. Er war ein gebrochener Mann, er hatte alles preisgegeben: den von ihm verwendeten Code und seinen Decknamen: ›Professor‹* – so wurde er genannt, da er ein hervorragender Spezialist für Funkverkehr war und im Verlauf seiner illegalen Tätigkeit zahlreiche Funker ausgebildet hatte (Alamo, Kamy und Sophie Posnanska zum Beispiel). Giering ließ mir sagen, daß Wenzel bereit sei, für uns zu arbeiten.

Aber ich muß noch einmal auf die Nacht vom 30. Juni zurückkommen. Um sieben Uhr morgens kam ich völlig erschöpft nach Hause. Ich hatte die aufgefundenen Dokumente mitgenommen. Es waren Funksprüche, die gerade bei Wenzel eingegangen waren oder durchgegeben werden sollten. Die sehr langen Texte waren fast alle verschlüsselt, zwei oder drei aber im Klartext. Ich war trotz meiner Müdigkeit neugierig genug, um sie schnell zu überfliegen. In einem der Funksprüche war die Rede von einer Berliner Adresse, die überaus

---

*Trepper war davon überzeugt, daß Wenzel trotz grausamster Folterung der Gestapo nichts preisgegeben hatte.

Viktor Gurewitsch, alias Sierra, alias Kent · Johann Wenzel
Konstantin Jefremow, alias Jernstroem · Michail Makarow, alias Alamo (Fotos der Gestapo)

wichtig war und um keinen Preis von den Deutschen entdeckt werden durfte. Moskau sagte nicht ›die Deutschen‹, sondern ›die Fritz‹ oder ›die Boches‹ oder etwas Ähnliches. Die anderen Texte weckten mich vollends auf. Unvorstellbar!

Da standen präzise Auskünfte über die deutsche Produktion von Flugzeugen und Panzern, über unsere Verluste und unsere Reserven. Ein anderer Funkspruch machte mich völlig fertig: er enthielt alle möglichen Einzelheiten über unsere Kaukasus-Offensive. Unsere Truppen waren gerade eingesetzt worden, sie schlugen sich noch Hunderte von Kilometern vor dem ihnen bezeichneten Ziel, aber alle unsere Pläne für die Offensive waren darin im einzelnen aufgeführt, die Anzahl der eingesetzten Divisionen, ihre genaue Bezeichnung, ihre Ausrüstung, einfach alles! Eine Katastrophe!

Natürlich mußten wir Berlin informieren. Wir haben sofort angerufen, sie wollten uns nicht glauben. Am gleichen Tag bin ich mit dem Wagen nach Berlin gefahren, direkt zum Sitz der Abwehr in die Tirpitzstraße. Ich hatte die Aktentasche mit den Funksprüchen unterm Arm. Am Eingang verlangte der wachhabende Offizier, ich solle meine Tasche öffnen, zur Kontrolle. Ich weigerte mich. Er bestand darauf. Ich zog meinen Revolver: ›Wenn Sie versuchen, die Aktentasche anzufassen, schieße ich!‹ Das hat Aufsehen erregt, aber man hat mich in Ruhe gelassen. Ich mußte eine halbe Stunde warten, bis mich der Offizier, der in Berlin für die belgischen Angelegenheiten verantwortlich war, empfangen konnte. Auch bei ihm habe ich mich geweigert, meine Unterlagen zu zeigen, und verlangt, Oberst von Bentivegni zu sprechen, der direkt Admiral Canaris unterstand. Man hat mich in sein Büro geführt, und ich habe ihm meine Unterlagen übergeben. Nachdem er sie gelesen hatte, brachte mich von Bentivegni unverzüglich zu Generalfeldmarschall Keitel. Keitel war wie vom Donner gerührt, als er das Telegramm über die Kaukasus-Offensive las. Er konnte es nicht fassen.*

Bei der Berliner Adresse, die wir auf keinen Fall entdecken sollten, handelte es sich um den Wohnsitz einer hohen Persönlichkeit der Luftwaffe, die in den führenden Kreisen von Berlin sehr bekannt war: ein unglaublicher Skandal stand bevor ...«

Einen unglaublichen Skandal hatte es im Zusammenhang mit der »Operation Blau« schon einige Tage vorher gegeben. Am 19. Juni war Major Reichel, Ia der 23. Panzerdivision, mit einem Fieseler Storch gestartet, um die vordersten

---

* Moskau war über das »Unternehmen Blau« auch – und noch genauer – durch den sowjetischen Spionagering in der Schweiz informiert, der Zugang zu deutschen Quellen hatte.

Linien zu inspizieren. Sein Flugzeug wurde abgeschossen und ging auf Feindgebiet nieder. Reichel hatte eine Aktennotiz über den »Plan Blau« und sein Kartenbrett bei sich, auf dem die Angriffsziele der ersten Phase des Plans eingetragen waren. Der Divisionsstab setzte unverzüglich einen starken Stoßtrupp zu einer gewaltsamen Erkundung an, um den Storch und seine Insassen zu bergen. Man fand die Trümmer – leer! Reichel und sein Pilot waren verschwunden. Aber ein Spähtrupp entdeckte nicht weit von dem Flugzeug zwei Gräber, und man vermutete, daß es sich um die beiden Vermißten handelte, obwohl der Zustand der Leichen eine Identifizierung so gut wie unmöglich machte. Weder Reichels Aktentasche noch sein Kartenbrett wurden gefunden, sie mußten also den Russen in die Hände gefallen sein.

In seiner krankhaften Furcht vor der sowjetischen Spionage hatte Hitler für die Frühjahrsoffensive strengste Geheimhaltungsvorschriften erlassen. Nur mündlich durften die Befehle den einzelnen Kommandeuren übermittelt werden. Jede schriftliche Fixierung von Befehlen war ausdrücklich verboten worden. Reichels Vorgesetzte, die für die schriftliche Aufzeichnung der Befehle verantwortlich waren, wurden zu mehreren Jahren Festung verurteilt. Aber diese Disziplinarstrafen änderten nichts an dem Hauptproblem. Was tun? Keitel, der Chef des OKW, war dafür, den Angriff aufzuschieben. Generalfeldmarschall von Bock und Generalfeldmarschall Paulus sprachen sich gegen jede Verzögerung aus: wie es jetzt stand, blieb ihrer Ansicht nach nichts anderes übrig, als loszuschlagen. Hitler gab den Befehl zum Angriff.

In der Nacht vor dem Angriff weckten russische Lautsprecher die Soldaten der 23. Panzerdivision, die aus Frankreich gekommen war und den Eiffelturm im Wappen führte. Sie hörten eine düstere Warnung:

»Soldaten der 23. Panzerdivision, wir begrüßen euch in der Sowjetunion. Das flotte Pariser Leben hat nun ein Ende. Von anderen Kameraden werdet ihr gehört haben, was hier los ist, doch bald werdet ihr es selbst erfahren.«

Die Soldaten der 2. ungarischen Armee, die in ihren Schützenlöchern kauerten, wurden gleichfalls durch eine Stimme aus dem Schlaf gerissen:

»Ungarn, wir wissen, daß ihr im Morgengrauen den Oskol überschreiten sollt ... Ihr werdet vor euch niemanden finden. Wir setzen zum Gegenangriff an, wann wir wollen, und an einem Ort, den wir bestimmen. Dann werdet ihr eure Reise nach Rußland bedauern. Ihr werdet eure Vorgesetzten verfluchen, die den Befehlen des Generalfeldmarschalls Keitel gehorchen und euch hierher geschickt haben ...«

Auch die Soldaten der 24. Panzerdivision erfuhren am Vorabend des Angriffs, welches Schicksal sie erwartete:

»Soldaten der 24. Division, ihr werdet uns nicht südlich von Woronesch finden, wie eure Vorgesetzten behauptet haben. Hofft nicht darauf, uns umzingeln zu können: wir werden nicht mehr da sein. Seid sparsam mit eurem Brot, eurer Munition und eurem Kraftstoff. Denn wir werden euch bald umzingelt haben. Und die Glücklichsten unter euch werden diejenigen sein, die sich noch eine Revolverkugel aufgespart haben, um sich zu erschießen.«

Mögen diese Aufrufe auch nicht ohne Wirkung geblieben sein, das Oberkommando behielt die Nerven: »Das war Reichels Schuld.« Das spätere Unheil allerdings konnte man nicht allein einigen Aktennotizen zuschreiben, die den Russen durch Zufall in die Hände geraten waren ...

Sollen wir den deutschen Angriff von 1942 schildern, den blitzartigen Vorstoß auf die Ölfelder des Kaukasus und den letzten Sturm auf Stalingrad? Begnügen wir uns damit, festzustellen, daß der deutsche Generalstab zum erstenmal seit Kriegsbeginn alle seine Pläne vereitelt sah; daß die Panzerdivisionen der Wehrmacht, die den Feind in die Zange nehmen und zermalmen sollten, zum erstenmal ins Leere stießen. Daß die sowjetischen Generale durch hinhaltenden Widerstand den Feind zwangen, sich zu dem von ihnen gewählten Zeitpunkt und dort, wo sie es wollten, zur Schlacht zu stellen – auch das geschah zum erstenmal. Beschränken wir uns darauf, einen kurzen Abschnitt aus »Unternehmen Barbarossa«, dem ausgezeichneten Buch Paul Carells, zu zitieren, dem wir bereits die Erzählung von Reichels Unglück verdanken: »Die Massierung ließ keinen Zweifel mehr, daß Timoschenko Hitler im wörtlichsten Sinne in die Karte geguckt hatte und nun die richtigen Züge machte: Festhalten der deutschen Hauptkräfte des Nordflügels vor Woronesch, um Zeit zu gewinnen, sich mit der eigenen Masse seiner Heeresgruppe vom Oskol und vom Donez zu lösen, und über den Don zurückgehen. Wohin? Merkwürdigerweise nach Stalingrad.«

Wir wissen bereits seit dem historischen Funkspruch Kents vom 12. November 1941, daß die Rote Armee das Treffen in Stalingrad nicht verpassen wird.

Der Funkspruch, der die Berliner Adresse enthielt, hatte bei den Chefs der Abwehr und der Gestapo die gleiche Bestürzung hervorgerufen wie der Spruch über den »Plan Blau« im Führerhauptquartier. Aber enthielt der Spruch tatsächlich die genaue Adresse? Manche wollen wissen, daß in Wirklichkeit alles viel komplizierter war. In der Meldung hätten streng geheimgehaltene Einzelheiten über die deutsche Luftwaffe gestanden, von denen nur drei Offiziere des Luftfahrtministeriums Kenntnis haben konnten, und eine rasch durchgeführte Untersuchung hätte es ermöglicht, den Schuldigen zu entlarven. Piepe behauptet dagegen, die Adresse habe wirklich in dem Funkspruch gestanden. Aber diese Streitfrage ist ohne Bedeutung. Tatsache ist, daß die Gestapo durch den Funkspruch auf die richtige Adresse aufmerksam wurde. Auch der Spruch selbst ist ohne Bedeutung: einige Tage nach Piepes Berlinreise versetzt Vauck dem Berliner Netz einen noch viel entscheidenderen Schlag.

Seine Gehilfen hatten zuerst die Sprüche bearbeitet, die Alamo nach Moskau gefunkt hatte. Der Häufung bestürzender Neuigkeiten vielleicht müde – oder auch nur klüger als die anderen – war die Abwehr auf den Gedanken gekommen, Vauck solle einmal die Sprüche unter die Lupe nehmen, die von Kent aus Moskau empfangen wurden. Vielleicht waren dadurch Einblicke in die Struktur des Netzes zu gewinnen.

Am 14. Juli 1942 sprengt Vauck die Berliner Festung der sowjetischen Nachrichtendienste: er entschlüsselt den unheilvollen Spruch vom 10. Oktober 1941, in dem die Zentrale Kent befiehlt: »Begeben Sie sich sofort zu den drei angegebenen Adressen in Berlin ...«

Das Sonderkommando Rote Kapelle setzt sich in Bewegung.

Der Chef des Auslandsnachrichtendienstes der SS, Walter Schellenberg, schreibt in seinen Memoiren:

» ... Mitte des Jahres 1942 gelang es uns, in den größten sowjetischen Spionagering einzudringen, nachdem dieser im Sommer 1941 zum erstenmal schlagartig mit einem riesigen Funknetz in Erscheinung getreten war. Wir gaben diesem Ring damals den Namen ›Rote Kapelle‹ (im Gegensatz zur ›Schwarzen Kapelle‹ – dem Widerstandskreis um Admiral Canaris und General Oster ...).

Das Hauptverdienst an dem ersten großen Einbruch in diesen riesigen Spionagering kam unbestritten Müller zu. Ich selbst hatte auf Bitten Müllers den vorläufigen Sammelbericht redigiert. Als Grund hierfür gab Müller zu jener Zeit an, er habe den Eindruck, Himmler wolle im Augenblick sein Gesicht nicht sehen. Daß sich Müller aber in Wirklichkeit schon damals von der Bekämpfung des sowjetischen Geheimdienstes zu distanzieren wünschte, indem er mir die Unterschrift unter dem Bericht zuschob, wurde mir erst später klar. Ich werde diese Haltung Müllers noch in einem gesonderten Kapitel beleuchten.

Im Juli 1942 wurde ich wegen dieses Berichts nach Ostpreußen ins Hauptquartier bestellt. Zu meiner Überraschung fand ich dort auch Admiral Canaris vor, der – was ich nicht wußte – gleichzeitig über die ›Rote Kapelle‹ berichten sollte. Der Reichsführer SS war an jenem Tage besonders schlechter Laune. Nach meinem Vortrag begann er die ersten für Hitler bestimmten Abschnitte meiner schriftlichen Ausarbeitung durchzulesen und mich auf seine Weise regelrecht abzukanzeln. Wütend sagte er: ›Das ist typisch, Verdienste der anderen schmälern und sich selbst ins große Licht setzen – eine minderwertige Haltung, das können Sie auch Müller sagen.‹ Er regte sich auf, weil seiner Meinung nach die Verdienste der militärischen Abwehr an der Aufdeckung des Falles nicht genügend berücksichtigt worden waren. Zu allem Unglück ließ er nun noch Canaris hereinrufen und sich von diesem in allen Einzelheiten über die Mitarbeit der militärischen Funkabwehr Bericht erstatten. Er wurde nun, in Gegenwart von Canaris, noch ausfallender gegen mich, wobei er vergaß, daß eigentlich nicht ich, sondern Müller für die Berichterstattung zuständig war. Canaris glaubte sich nach Beendigung der Besprechung bei mir quasi für Himmlers Grobheiten entschuldigen zu müssen, er äußerte, wie leid es ihm tue, daß ich sozusagen den Blitzableiter für Himmlers Vorwürfe hätte abgeben müssen, er hoffe aber doch, daß er dies durch seine Abschlußworte Himmler gegenüber entsprechend betont und hervorgehoben habe.

Hitler, der am selben Abend von Himmler informiert wurde, geriet über die einseitige Fassung des Berichts so in Rage, daß er weder mich noch Canaris empfangen wollte.«[8]

Dieser Auszug enthält zwei wichtige Hinweise: die Gestapo frisiert ihre Berichte. Müller gibt deutlich zu verstehen, daß die Berliner Gruppe dank der Wenzel entrissenen Geständnisse entdeckt wurde. Er behauptet, Vauck sei nur deshalb imstande gewesen, den berüchtigten Spruch vom 10. Oktober 1941 zu entschlüsseln, weil Wenzel den Code preisgegeben hätte.* Eine plumpe Angeberei: Wenzel hatte selbstverständlich einen ganz anderen Code als der Funker in der Rue des Atrébates und konnte folglich nichts zur Entzifferung beitragen. Müller lügt hier nur aus einem Grund: er will sein persönliches Prestige vergrößern und sich mit fremden Federn schmücken. Aber bald werden wir sehen, wie die Gestapo bei anderen, weit dramatischeren Gelegenheiten aus viel wichtigeren und geheimnisvolleren Gründen ihre Berichte fälscht.

Interessant ist auch, daß Hitler dermaßen »in Rage geriet«, daß er weder Schellenberg noch Canaris empfangen wollte – erst kurz zuvor, am 7. Juni, hatte er seinen Gästen auf der Wolfsschanze erklärt, daß ihn »die Justiz ... mit ihrer Behandlung landesverräterischer Vergehen oft zur Raserei gebracht (habe) ... Er habe Gürtner (dem Justizminister) abschließend erklärt, daß es sein unerbittlicher Entschluß sei, jeden Landesverräter für den Fall einer zu milden Bestrafung durch die ordentlichen Gerichte durch ein SS-Kommando

---

* *Daß Schellenberg zufolge Himmler im Juli Bericht erstattet wurde, dürfte bestätigen, daß Wenzel am 30. Juni und nicht am 30. Juli verhaftet wurde (siehe S. 132).*

abholen und erschießen zu lassen ... Wer einen Krieg erfolgreich führen wolle und wer überhaupt ein Volk über schwere Zeiten hinwegbringen wolle, dürfe über eines keinen Zweifel aufkommen lassen: daß in diesen Zeiten jeder, der sich aktiv oder passiv aus der Volksgemeinschaft ausschließe, von der Volksgemeinschaft liquidiert werde.«[9]

_____

Überfall auf Amsterdam

15

Nach seinem großen Auftritt in Berlin kehrt Harry Piepe wieder nach Brüssel zurück. Die Untersuchung ist zwar nicht abgeschlossen, müßte aber in kürzester Zeit zum Ziel führen: nach dem Überfall auf die Rue des Atrébates war der Faden verlorengegangen und alles zum Stillstand gekommen. Jetzt aber kann Piepe mit Hilfe von Raichman die Verfolgung wiederaufnehmen. Raichmans Verhaftung hat in das Spionagenetz ein Loch gerissen, das noch nicht geschlossen worden ist. Aber diesmal wird Piepe nicht mit Gewalt vorgehen, sondern mit List und Geduld versuchen, die Agenten des Grand Chef aus ihrem Bau hervorzulocken.

Wie gewöhnlich fängt alles schlecht an. Bei Wenzel sind Briefe gefunden worden, aufgrund derer man seine Geliebte, Germaine Schneider, identifizieren kann. Sie wird von der Geheimen Feldpolizei verhaftet und behauptet, ihre Beziehungen seien rein privater Art. Man glaubt ihr und läßt sie frei. Sie verschwindet. Bald darauf stellt sich heraus, daß Germaine Schneider, alias »Papillon« (Schmetterling), alias »Odette«, ebenso wie Wenzel und Raichman zu den Agenten der Komintern gehört, die zur Roten Kapelle gestoßen sind. Sie ist neununddreißig Jahre alt und mit Franz Schneider, einem Schweizer, verheiratet, der nur losen Kontakt zur Gruppe hat. Germaine lebt seit 1920 in Brüssel. 1929 auf Grund ihrer politischen Tätigkeit ausgewiesen, ist sie nach kurzer Zeit heimlich zurückgekommen. Ihre Wohnung ist einer der Treffpunkte für führende Kommunisten: Maurice Thorez, Jacques Duclos, Jacques Doriot und andere haben auf ihren Reisen bei ihr Station gemacht. Seit dem Krieg betätigt sie sich als Kurier zwischen Belgien und Deutschland: ausgerechnet Germaine Schneider, über die fast alle in Berlin gesammelten Informationen nach Brüssel geschleust wurden, läßt die Abwehr entwischen.

Schumacher und Germaine Schneider sind geflohen, also werden sie Alarm schlagen und unverzüglich Sicherheitsmaßnahmen auslösen ...

Richtig, aber gerade das ist Piepes Chance. Der Grand Chef, informiert über das neue Unheil, das seiner Brüsseler Filiale widerfahren ist, befiehlt Jefremow, vorsichtshalber seine Identität zu wechseln. Der Russe wendet sich an Raichman, der sich mit Inspektor Mathieu in Verbindung setzt, der wiederum der Abwehr Bericht erstattet.

Harry Piepe:

»Es handelte sich um eine Kennkarte für einen jungen Studenten. Mathieu verlangte natürlich ein Foto und das brachte er mir. Der Antragsteller war jung, blond, mit einem offenen, feingeschnittenen Gesicht, wirklich sympathisch. Mathieu versprach, die Karte schnell zu beschaffen und sie dem Studenten persönlich auszuhändigen. Raichman organisierte ein Treffen für den 30. Juni 1942, gegen Mittag, auf der Brücke, die im Zentrum von Brüssel über den Botanischen Garten führt.

Natürlich war ich auch da, mit zwei Wagen voller Feldgendarmen. Wir folgten Mathieu in einigem Abstand und sahen wenige Minuten später einen schmalen, sehr großen jungen Mann herankommen, mindestens einsachtzig groß: das war unser Mann. Er traf Mathieu auf der Brücke, und der Inspektor reichte ihm seine Kennkarte. Da griffen wir zu. Er versuchte nicht zu fliehen; wir haben ihm allerdings auch keine Möglichkeit dazu gelassen. Aber sie hätten sein entrüstetes Geschrei hören müssen! Ja, das kann man wirklich sagen, protestiert hat er kräftig! Dieser Überfall sei unglaublich. Er sei Finne, Staatsbürger eines Landes, dessen Soldaten sich an unserer Seite schlügen. Und ich würde schon noch von ihm hören! Er verlange unverzüglich mit seinem Konsul zu sprechen ... Mir ist fast das Trommelfell geplatzt ... Schließlich habe ich ihm gesagt: ›Machen Sie doch nicht solchen Lärm! Wenn Sie tatsächlich Finne sind, lassen wir Sie selbstverständlich wieder laufen.‹

Ich habe ihm also erlaubt, mit seinem Konsulat zu telefonieren. Kaum hatte er abgehängt, da stürmten schon zwei finnische Konsulatsbeamte in mein Büro, außer sich vor Wut; sie brüllten drauflos, ohne mir Zeit zu lassen, auch nur ein Wort zu sagen: ›Das ist eine Schande, wir kennen diesen jungen Mann genau, er ist ein loyaler finnischer Staatsbürger, ein friedlicher Student, der hier auf der Brüsseler Universität studiert!‹ Ich konnte sie schließlich beruhigen und ihnen sagen, daß wir ernstliche Gründe hätten, in Eric Jernstroem einen sowjetischen Agenten zu vermuten, daß wir alles genau prüfen und sie selbstverständlich auf dem laufenden halten würden ... War das eine Aufregung!«

Es dürfte außer Zweifel stehen, daß Piepe, so sicher er seiner Sache war, das Gespenst eines diplomatischen Zwischenfalls am Horizont auftauchen sah. Sogar die Gestapo lobt in ihrem Bericht die Fachleute, die Jefremow für seine Mission ausgestattet hatten: »Seine Verkleidung ging bis in die letzte Einzelheit, bis zum letzten Knopf seiner Unterwäsche.«

Wenn uns auch die Einzelheiten von Jefremows Tarnung unbekannt sind, wissen wir doch genug über die Technik der sowjetischen Geheimdienste, um uns eine ungefähre Vorstellung machen zu können. Vermutlich wird Piepe in den Taschen seines »Studenten« verschiedene Dinge gefunden haben: ein Telegramm an seine falsche Adresse in Finnland, ein zerknülltes, benutztes Straßenbahnbillet, ein finnisches selbstverständlich, eine Leserkarte von einer Bibliothek in Helsinki, ein Rezept mit dem Stempel einer finnischen Apotheke, und so weiter ...

Solche Beweise hätten manche Überzeugung erschüttern können, aber Piepes Befürchtungen – falls er überhaupt Befürchtungen hatte – schwanden bald: bei Jefremow war der Tarnanstrich haltbarer als der Bau selbst.

Es gibt drei Versionen für Jefremows Zusammenbruch:

1. Nach den Aussagen eines ehemaligen Mitgliedes des Sonderkommandos Rote Kapelle soll es ein Kinderspiel gewesen sein, ihn umzudrehen: er war Ukrainer, neigte also zum Antisemitismus. Man bewies ihm, daß alle seine Chefs Juden waren und es ausgesprochen dumm von ihm sei, sich für so ein Gesindel zu opfern. Das leuchtete ihm ein.

2. Laut Piepe sollen Gierings Folterknechte, die eigens zu diesem Zweck nach Brüssel gekommen seien, ihre »Fähigkeiten« an dem Gefangenen erprobt haben. Mehrere Tage habe er widerstanden, dann sei er zusammengebrochen.

3. Nach den Aussagen eines anderen Abwehroffiziers sei Jefremow einem viel subtileren Manöver zum Opfer gefallen. Er hatte in Rußland seine Eltern und vor allem seine junge Frau, an der er sehr hing, zurückgelassen. Seine Frau war Diplomingenieur, Spezialistin für Lokomotivbau, und eine überzeugte Patriotin. Jefremow wurde angedroht, man werde die Zentrale wissen lassen, daß er Wenzel verraten habe – was natürlich nicht stimmte. So würde er zugleich die Liebe und die Achtung seiner Frau verlieren; obendrein könnte sie Vergeltungsmaßnahmen von seiten der sowjetischen Behörden ausgesetzt sein. Jefremow hätte sich für seine Liebe und gegen seine Pflicht entschieden.*

Sind bestimmte Menschen manchmal verwundbarer als andere, weil Risse und Brüche in ihrem Innern einem Zusammenbruch Vorschub leisten, oder gibt es eine grundsätzliche innere Zerbrechlichkeit, die einem Gegner zahlreiche Angriffspunkte bietet? Als man Großvogel drohte, vor seinen Augen Frau und Kind – eine nur wenige Wochen alte Tochter – zu erschießen, antwortete er gelassen, so wie er als Geschäftsmann sprach: »Bitte sehr, schießen Sie!« Sokol hat sich weder durch die Schläge der Giering-Leute noch durch die Eisbadfolter zermürben lassen. Großvogel und Sokol gehörten zur alten Garde. Aber auch Raichman gehörte zur alten Garde, bevor er verhaftet und gefoltert wurde und die Lakaienkluft der Gestapo anzog ...

---

* *Heute weiß man, daß die erste Version der Wahrheit entspricht. Jefremow wurde nicht gefoltert, sondern stellte sich sofort dem Sonderkommando zur Verfügung.*

Es gibt keine Regel. Wo die Welt der Gestapo beginnt, hört das Menschliche und somit auch die Logik auf. Ein von den Peitschen der Folterknechte zerfetzter Körper ist kaum noch ein Mensch, er ist etwas, woraus ein Held oder ein Verräter werden kann. Die Metamorphose am Ende ist nicht voraussehbar, oft überraschend, mitunter unbegreiflich. Wir dürfen den Stab nicht brechen, denn um urteilen zu können, müßten wir selbst in dem Raum gewesen sein, in dem Gierings Männer mit ihren Knüppeln warteten. Unsere Bewunderung und Anerkennung gilt allen, die geschwiegen haben. Über die anderen mögen, wenn sie wollen, die Kameraden urteilen, die durch ihre Schuld in die Hände des Feindes gefallen sind ...

Harry Piepe:
»Jefremow gestand uns also, daß er Kent als Leiter der Brüsseler Gruppe abgelöst hatte. Wir fragten ihn vor allem nach seinen Funkverbindungen. Er hatte drei Sender zur Verfügung, davon war einer bei Wenzel, der zweite bei Mathieu versteckt, der dritte stand als Reserve in Ostende. Jefremow verriet uns den Pianisten, einen Funker der belgischen Handelsmarine. Wir haben ihn festgenommen, den Sender aber nicht bei ihm gefunden; er behauptete, über seinen Verbleib nichts zu wissen. Das war der einzige der drei in Brüssel georteten Sender, der uns entging, die beiden anderen hatten wir in der Rue des Atrébates und auf Wenzels Dachboden beschlagnahmt. Der in der Garage von Mathieu abgestellte Sender war ja niemals benutzt worden. Nach den Aussagen Jefremows verfügte die Gruppe über keinen Ersatzfunker für das Gerät in Ostende. Mit den Geheimsendungen war es also vorbei, und wir konnten erleichtert aufatmen.

Jefremow verriet uns außerdem seinen Kontaktmann zur holländischen Gruppe. Ehrlich gesagt hatten wir keine Ahnung von der Existenz einer holländischen Gruppe. Der Kurier, der die Verbindung zwischen Brüssel und Amsterdam herstellte, war ein kleiner Jude – noch einer! – namens Maurice Pepper. Dank Jefremow konnte ich ihn festnehmen lassen. Er zitterte vor Angst und willigte sofort ein, für uns zu arbeiten. Ich sagte ihm, daß er mit mir zusammen nach Amsterdam reisen sollte und ich ihn freilassen würde, wenn er sich gut aufführte. Beim geringsten Fluchtversuch würde ich ihn allerdings sofort an den Galgen bringen. Er versprach, mir strikt zu gehorchen.

Ich fuhr also mit Pepper und drei Feldgendarmen los. Der Leiter der Gegenspionage in Holland war Oberst Giskes von der Abwehr. Ich berichtete ihm über Jefremows Enthüllungen und erkundigte mich, ob er im Bilde sei. Er gab zur Antwort: ›Ja, ich weiß, daß hier bei mir ein sowjetischer Sender arbeitet, aber ich muß Ihnen gestehen, daß ich noch keine Zeit hatte, mich darum zu kümmern. Ich stecke bis über die Ohren in meinem Unternehmen Nordpol.‹«

Bleiben wir einen Augenblick bei dieser Antwort und bei Oberst Giskes, der gerade dabei ist, sich seine Sammlung von »Flachmännern« anzulegen, die ich dann zwanzig Jahre später auf seinem Kaminsims betrachten konnte. Er betreibt ein »Funkspiel«, wie es die Abwehr nennt. Dieses raffinierte, geistig unendlich reizvolle Unternehmen ist in gewisser Weise die Krönung der Jagd auf Pianisten. Anstatt das gefangene Wild umzulegen, dreht man es um und benutzt es als Köder. Man versucht mit Hilfe der auf diese Weise hergestellten Kontakte dem Gegner auf die Schliche zu kommen, die geheime Struktur seines Apparates bloßzulegen und seine Agenten zu verhaften. Nach einigen Monaten kann Giskes eindrucksvolle Ergebnisse vorweisen: dreiundfünfzig Agenten wurden bei ihrer Ankunft aus England festgenommen, achtzehn Funker umgedreht, Tausende und aber Tausende von den Engländern abgeworfene Waffen beschlagnahmt. Also ein Triumph? Das schönste Funkspiel der Weltgeschichte? Das ist nicht so ganz sicher … Das Unangenehme auf diesem Gebiet ist, daß man seiner Sache nie gewiß sein kann. Ist es wirklich gelungen, den Gegner zu täuschen? Hat er wirklich alles für bare Münze genommen? Es stimmt, daß er Waffen, Geld und vor allem auch Agenten schickt, aber Geheimdienste scheuen nicht davor zurück, sich die Hände schmutzig zu machen: das gehört zu ihrem Handwerk. Sind es vielleicht freiwillig gebrachte Opfer? Wenn ja, was bezweckt ein derart perfides Manöver? Der Gegner soll getäuscht werden! Wenn London den umgedrehten Funkern Fragen nach der holländischen Küste und den deutschen Verteidigungsanlagen stellt, wird Giskes daraus wahrscheinlich schließen, daß die Alliierten eine Landung in Holland planen – und er wird sich täuschen. Außerdem muß ein Funkspiel mit »Material« versorgt werden, denn sobald die umgedrehten Funker keine Nachrichten mehr durchgeben, ist ihre Zentrale gewarnt und das Spiel zu Ende. Die Techniker übermitteln also sorgfältig geprüfte Informationen, in denen manches Wahre und viel Falsches steht. Wenn der Empfänger sich allerdings nicht täuschen läßt, kann er aus einem solchen Funkspiel Vorteile ziehen: falsche Angaben führen manchmal auf die richtige Spur, denn sie sind Hinweise auf das, was der Feind nicht preisgeben will.

Es gibt noch einen dritten Grund, weiter so zu tun, als ließe man sich täuschen: das Funkspiel kostet viel Zeit und unendlich viel Arbeit. Für einen Nachrichtendienst, der den Übertölpelten spielt, ist die Sache kinderleicht: es genügt, den umgedrehten Funkern weiterhin die üblichen Fragen zu stellen. Aber welch ein Kopfzerbrechen bereitet es dem Leiter des Funkspiels. Er braucht für seine Arbeit ständig neues, echt wirkendes Material. Sein Spiel gleicht einem Faß ohne Boden, er muß ununterbrochen die offiziellen Stellen umschmeicheln, muß Material erbetteln – und das Militär und die Verwaltung begreifen die Feinheiten des Funkspiels nicht immer; es ist auch nicht möglich, sie über alles aufzuklären, ohne das Geheimnis der Operation aufs Spiel zu setzen. Sie geben also nur widerwillig Informationen; sie wollen nichts preisgeben und behaupten, mit oberflächlichem, gesundem Menschenverstand, daß es unnötig ist, ein Netz umzudrehen, wenn man dann an dessen Stelle die Arbeit verrichtet ... Unaufhörliche und ermüdende Konflikte zwischen diesen zurückhaltenden, übervorsichtigen Dienststellen und dem Leiter des Spiels. Man kann sich gut die Alpträume des armen Oberst Giskes vorstellen, der achtzehn Sender zu versorgen, falsche Attentate und Sabotageakte in Szene zu setzen und obendrein jene »Empfangskomitees« zu organisieren hat, die jedesmal an Ort und Stelle sein müssen, wenn London ein Fallschirmunternehmen ankündigt. Dazu kommt noch die ständige Überwachung von mehreren Dutzend Agenten, die man in Freiheit läßt und zu willfährigen Marionetten machen muß, ohne daß sie auch nur einen Augenblick Verdacht schöpfen ... Und zu alldem soll man sich noch um einen russischen Sender kümmern? Giskes kann es nicht: er und alle seine Leute sind mit dem Unternehmen Nordpol vollauf beschäftigt.

Er hat dreiundfünfzig aus London herübergeschickte Agenten festgenommen. Aber wie viele deutsche Soldaten fielen an der Ostfront aufgrund der Informationen des sowjetischen Funkers? Giskes hat bei den englischen Fallschirmabwürfen 15 000 Kilogramm Sprengstoff, 3000 Maschinenpistolen, 5000 Pistolen, 300 Maschinengewehre, 2000 Handgranaten, 500 000 Schuß Munition, 75 Sendegeräte und sehr viel Geld erbeutet. Aber wie viele Panzer, Lastwagen und Flugzeuge wurden durch die Rote Armee vernichtet, weil die in Berlin gesammelten Informationen über Amsterdam nach Moskau gefunkt wurden? War das Unternehmen Nordpol, alles in allem, ein Triumph für die Abwehr oder eine gigantische Falle, in die die deutsche Spionageabwehr in Holland blindlings hineintappte?*

---

* Es gibt Hinweise, daß London sich durch Giskes' Manöver nicht lange täuschen ließ, aber weiter mitspielte. Das geschah sicherlich nicht, um einen für Moskau tätigen Funker zu schützen, von dessen Existenz man in England wahrscheinlich gar nichts wußte. Aber auch die britischen Nachrichtendienste versuchten, das totale Engagement ihres Gegners auszunutzen: sie bauten – ohne daß Giskes davon erfuhr – ein neues Netz auf, das bis zum Ende des Krieges unentdeckt blieb. Im übrigen ist ziemlich sicher, daß London im »Unternehmen Nordpol« eine Möglichkeit sah, in Berlin Unruhe zu stiften. Die den umgedrehten Funkern vorgelegten Fragen sollten den Eindruck erwecken, daß mit der zweiten Front in Holland zu rechnen sei.

Ein vierter Grund, ein Funkspiel durchzuführen, sei nur der Vollständigkeit halber angeführt, denn er ist in den Augen hartgesottener Nachrichtendienstler nicht ausschlaggebend: ein Funkspiel rettet Menschenleben. Es ist unmöglich, umgedrehte Funker hinzurichten und sie durch deutsche Spezialisten zu ersetzen, denn jeder Funker hat seine persönliche Art – seine »Handschrift«, wie es in der Fachsprache heißt –, und jede Empfangsstation kennt diese Eigenheiten.* Solange Giskes daran glaubt, London täuschen zu können, befinden sich seine Gefangenen in Sicherheit. Nach Abbruch des Funkspiels allerdings, wenn man sie nicht mehr braucht, werden sie sterben müssen.**

Das Unternehmen Nordpol gehört nicht zu unserem Thema, aber die gefangenen Pianisten der Roten Kapelle werden bald von den Deutschen an die Taste gesetzt werden – darum die Erklärung, wie ein Funkspiel funktioniert.

Piepe:

»Giskes ließ mich nach eigenem Gutdünken handeln. Ich installierte mich bei der Gestapo und schickte Pepper in die Stadt. Er sollte sich frei in Amsterdam bewegen. Allein, versteht sich. Er hätte natürlich die Gelegenheit zur Flucht benützen können, aber wie man so sagt: wer nicht wagt, der nicht gewinnt. Ich verließ mich dabei mehr auf seine Angst als auf seine Ergebenheit.

Er kannte zwar mehrere ›Briefkästen‹ in der Stadt, aber das war nicht sehr interessant. Mein Ziel war es, den Chef der Gruppe, mit dem er früher in Verbindung gestanden hatte, zu verhaften. Er suchte also die Wohnung auf, in der er sich gewöhnlich mit ihm getroffen hatte – ohne Erfolg: der Mann war nicht da, und die Concierge wußte nur, daß er schon seit mehreren Tagen abwesend war. Pepper versuchte es an einem anderen Treffpunkt. Wieder ergebnislos. Er erstattete mir Bericht, und ich dachte: Es ist zwecklos, jemand hat Pepper in meinem Auto gesehen und Alarm geschlagen. Aber ich fuhr selbst noch einmal zur zweiten Wohnung und fand dort ein Sendegerät. Immerhin etwas! Ich schickte Pepper zur ersten Adresse zurück, er sollte bei der Concierge eine Nachricht für seinen ehemaligen Chef hinterlassen: Treff am gleichen Tag, nachmittags fünf Uhr, im Café Soundso – ich habe den Namen inzwischen vergessen.

Es war ein großes, gut besuchtes Café. Schwer zu überwachen. Andererseits wollte ich nicht zu viele Leute einsetzen, um uns nicht vorzeitig zu ver-

---

* Und wieder finden die deutschen Spezialisten – wie wir sehen werden – eine Methode, um diese Schwierigkeit zu überwinden.

** Gerechterweise muß man erwähnen, daß Oberst Giskes beträchtliche Anstrengungen machte, die Leute vor dem Erschießungstod zu retten. Aber die Gestapo war mächtiger als er.

raten und den Mann zu vertreiben. Ich war also nur mit zwei Feldgendarmen in Zivil und dem Gestapochef von Amsterdam gekommen. Während die drei im Innern des Cafés Platz nahmen, blieb ich auf dem Bürgersteig stehen. Ich war ziemlich unruhig und umklammerte meinen Revolver.

Pepper traf kurz vor fünf Uhr ein und setzte sich an einen Tisch, an dem schon ein Pärchen Platz genommen hatte. Ich folgte ihm auf den Fersen und setzte mich an den Nachbartisch. Die Gäste mußten zusammenrücken, um mir Platz zu machen. Das Café war überfüllt, das konnte uns sehr hinderlich werden. Pepper bestellte einen Kaffee, ich ebenfalls. Wir warteten, aber niemand kam. Ich wollte schon die Hoffnung aufgeben, als Pepper plötzlich einen sehr großen, korpulenten Mann sah und aufstand: der aufgeblasene Riese nahm an seinem Tisch Platz, und die beiden begannen sich lebhaft zu unterhalten. Fünf Minuten vergingen – wo blieben meine Leute? Ich saß wie auf Kohlen. Endlich kamen die beiden Feldgendarmen und versuchten, dem Riesen Handschellen anzulegen. Er wehrte sich, rief um Hilfe, das ganze Café geriet in Aufruhr. Ich merkte, daß alles eine schlimme Wendung nahm, und versuchte mich davonzustehlen, um nicht erkannt zu werden. Drinnen gab es einen Tumult, die Gäste ergriffen Partei für den Gefangenen und bedrohten meine Feldgendarmen, die sich mit gezogenem Revolver einen Weg zur Tür bahnten. Eine Menge Leute hatte sich vor dem Eingang versammelt, und um ein Haar wäre ein regelrechter Aufstand losgebrochen. Ich kann Ihnen sagen, die Luft war mit Elektrizität geladen! Schließlich konnten wir uns durchschlagen und unseren Mann zur Gestapo bringen.

Er weigerte sich, auf meine Fragen zu antworten. Die Leute von der Gestapo fingen an, auf ihn einzuschlagen, und da ich sie – schließlich waren sie ja die Herren im Hause – nicht daran hindern konnte, zog ich mich lieber zurück. Ich habe später erfahren,* daß die Leute vom Kommando ihn völlig fertiggemacht haben. Er hieß Anton Winterink und war ein Ehemaliger von der Komintern, der sich der Roten Kapelle zur Verfügung gestellt hatte. Er verriet sein gesamtes Netz und willigte sogar ein, für uns zu arbeiten.«

Wir wissen heute, daß der Holländer Kruyt, ein ehemaliger protestantischer Pastor, von Jefremow verraten wurde. Nachdem Kruyt Kommunist geworden und nach Rußland geflüchtet war, hatte er sich als Freiwilliger für eine Sondermission gemeldet und in Moskau die gleiche Spionageausbildung

---

* *Piepes Glaubwürdigkeit ist immer dann zweifelhaft, wenn er nicht selbst unmittelbar beteiligt oder als Augenzeuge anwesend war. Allen mit »ich habe später erfahren« eingeleiteten Äußerungen ist also zu mißtrauen. Laut Trepper widerstand Winterink allen Folterungen. Er wurde am 6. Juli 1944 in Brüssel erschossen.*

erhalten wie Wilhelm Fellendorf und Erna Eifler, die im Mai über Ostpreußen abgesetzt worden waren. Kruyt sollte Jefremow unterstützen und war darum mit einem Unterseeboot nach England gebracht worden. Dort hatte er auch noch das harte Training der englischen Fallschirmspringer absolviert. Die englischen Ausbilder betrachteten diesen Ausländer, der ihr Vater, vielleicht sogar ihr Großvater hätte sein können, mit Staunen: er war damals dreiundsechzig Jahre alt. Zusammen mit einem anderen sowjetischen Agenten wurde er Ende Juli von einem englischen Bomber über Belgien abgesetzt. An seinem linken Bein trug er, gut verpackt und festgeschnallt, ein Sendegerät. Sein Begleiter, der von der Moskauer Schule bis zum Absprung alle Mühen und Leiden mit ihm geteilt hatte, war etwas früher in der Nähe von Den Haag abgesprungen. Kruyt landete ohne Schwierigkeiten, vergrub seinen Fallschirm und verschwand in der Finsternis. Drei Tage später wurde er bei der Gestapo denunziert. Er wurde gefoltert und schluckte, als seine Schergen eine Sekunde lang nicht aufpaßten, eine Giftpille, die den Gestapoleuten entgangen war, aber eine sofort vorgenommene Magenspülung verhinderte den vorzeitigen Tod. Das Verhör wurde fortgesetzt: wer war der Fallschirmjäger, der bei Den Haag abgesetzt worden war? Als er immer noch nicht antwortete, zuckte der Deutsche leicht mit der Schulter und sagte: »Auf alle Fälle haben wir ihn. Er hat sich beim Landen auf dem Dach eines Hauses das Genick gebrochen.« Da zeigten sich im Gesicht des Dreiundsechzigjährigen, den die Foltern und die Bitterkeit des Verrats erschöpft hatten, zum ersten Mal Spuren von Müdigkeit. Er murmelte: »Es war mein Sohn!« Man erlaubte ihm, an der Beerdigung teilzunehmen. Danach wurde Kruyt an die Wand gestellt und erschossen.

Gnadenstoß für Brüssel

16

Ein Offizier des Deuxième Bureau und aktives Résistance-Mitglied wurde von der Gestapo verhaftet und stundenlang verhört. Nicht eine Silbe war aus ihm herauszubringen. Des Fragens überdrüssig, gab der Gestapobeamte schließlich seinem Adjutanten ein Zeichen. Dann hörte man, wie im Nebenraum Wasser in eine Badewanne lief. Der Franzose sagte: »Na schön, Sie hätten gleich sagen sollen, daß Sie eine ernsthafte Unterhaltung wünschen.« Er redete. Das Ganze ähnelte einer Schachpartie: nachdem er einige Bauern geopfert hatte, um seine wichtigsten Figuren zu schützen, verstummte er wieder, und man verhörte ihn auch nicht weiter.

Dieser Offizier war ein Spionagefachmann, ein »Professioneller«. Jefremow und Kruyt sind nicht vom Fach. Fast keine der Hauptpersonen dieser Geschichte ist vom Fach. Es sind »Amateure«, leidenschaftliche Anhänger eines Ideals. Sie kennen keine Halbheiten: entweder die Gipfel des Heldentums oder die Abgründe des Verrats – einmal ins Gleiten gekommen, können sie sich nicht mehr fangen. Für Professionelle haben Begriffe wie Heldentum und Verrat kaum einen Sinn: sie spielen Schach, und ein Schachspieler fühlt sich nicht entehrt, wenn er einige Bauern opfert; ihm geht es darum, den König und die Königin zu retten. Der Nichtfachmann dagegen kämpft für seine Überzeugung, mag er nun ein unwichtiges Mitglied oder der Chef einer Organisation sein. Für ihn gibt es nur schwarz oder weiß. Solche Leute übersehen die praktischen Folgen ihrer Schwächen nicht. Ihre Treue ist aus einem Guß – oder sie ist nicht vorhanden. Für sie ist, sowie der erste Name preisgegeben wird, alles verloren, denn damit sie haben ihren Glauben verraten. Der Amateur stürzt viel tiefer als ein Professioneller. Angeekelt von sich selbst, wälzt er sich fast wollüstig in der eigenen Erniedrigung – in dieser Haltung liegt viel Selbstbestrafung, ja manchmal etwas Masochistisches. Der Amateur straft sich selbst. Da er kein Held sein konnte, wird er ein Feigling, ein verabscheuungswürdiger Verräter. So will es seine Logik. Er kommt gar nicht auf den Gedanken, daß er nur ein armer Teufel ist, der einem übermächtigen Druck ausgesetzt wurde. Acht Tage nach seiner Verhaftung ist Jefremow schon so weit, daß er den Leuten des Sonderkommandos erklärt: »Ich an Ihrer Stelle würde so oder so vorgehen: ich kenne die Leute genau, ich kann Ihnen versichern, daß sie darauf hereinfallen ...«

Erste Notwendigkeit: die Gruppe darf auf keinen Fall etwas von dem Verrat des Ukrainers erfahren. Man läßt ihn einen Brief an Raichman schreiben, in dem er erklärt, daß die Verhaftung von Wenzel zuviel Staub aufgewirbelt und er sich darum abgesetzt habe. Sobald alles ruhig sei, werde er wieder aus seinem Versteck auftauchen.

Zweite Notwendigkeit: Mit Jefremows Hilfe die Gruppe schnellstens vernichten, bevor der Grand Chef Zeit findet, seine angeschlagene Organisation neu aufzubauen. Dreißig Personen werden verhaftet, die meisten nur kleine Fische.

Germaine Schneider wäre für das Sonderkommando bedeutend interessanter; über sie könnte man zu Trepper vordringen. Der willfährige Jefremow verlangt von Raichman, er soll eine Verbindung zu ihr herstellen. Es gelingt. Jefremow trifft Germaine und sagt ihr: »Unsere Gruppe ist geplatzt, machen wir uns doch nichts vor. Du kannst sicher sein, daß sich der Grand Chef aus der Affäre ziehen wird und wir armen Schlucker die Suppe für ihn auslöffeln müssen. Es sei denn, wir arbeiten mit den Deutschen zusammen. Du kannst ihnen nützlich sein. Dein Mann auch.« Germaine bittet um Bedenkzeit und alarmiert den Grand Chef. Sie erhält den prompten Befehl, jeden Kontakt mit Jefremow abzubrechen und sich nach Lyon abzusetzen. Germaine kann Belgien nicht sofort verlassen, ihr fehlen die notwendigen Ausweispapiere, aber sie verbirgt sich in einem Jefremow unbekannten Schlupfwinkel. Das Sonderkommando setzt seine Offensive fort und versucht an ihren Mann, Franz Schneider, heranzukommen. Der Schweizer gehört nicht unmittelbar zum Netz, er steht nur lose mit ihm in Verbindung. Trepper hat deshalb nicht dafür gesorgt, daß er rechtzeitig verschwindet. Das war ein Fehler: Schneider weiß viel. Er weiß zum Beispiel durch Germaine, daß Jefremow jetzt für das Sonderkommando arbeitet. Seltsam: als ihn Raichman auffordert, den Verräter zu treffen, folgt Schneider dieser Aufforderung. Das erscheint unverständlich, und es ist uns nicht gelungen, eine plausible Erklärung für Schneiders Beweggründe zu finden. Manche behaupten, er habe Jefremow nur treffen wollen, um sich zu überzeugen, ob er auch wirklich zum Feind übergewechselt war. Das erinnert ein wenig an den großen, bewunderungswürdigen, unnachahmlichen Kowalski, den Kopf einer in Frankreich operierenden kommunistischen Widerstandsgruppe. Wenn Kowalski zu seinen Verabredungen ging, ließ er jede Vorsicht außer acht. Seine besorgten Leute zwangen ihn, wenigstens die elementarsten Sicherheitsmaßnahmen zu treffen. Man beschloß, ein am Fenstergitter aufgehängtes Handtuch als Zeichen für die Anwesenheit des Gegners in der für ein Zusammentreffen vorgesehenen Wohnung zu benutzen. Eines Tages sieht Kowalski dieses Handtuch, stürzt in das Haus, entgeht wie durch ein Wunder

der wartenden Gestapo, rennt vier Stufen auf einmal nehmend die Treppe wieder herunter und erklärt seinen entsetzten Freunden: »Ich hatte das Handtuch gesehen, aber ich wollte mich selbst davon überzeugen.« Wenn ein Kowalski so handeln konnte, warum nicht auch ein Franz Schneider?

Verhaftet, verhört, läßt Franz Schneider sich Namen und Adresse einer Deutschen entreißen, die als Station zwischen Berlin und Brüssel gedient hat. Aber er behauptet, nichts über den Verbleib seiner Frau zu wissen: »Fragen Sie Wenzel, der muß doch wissen, wo sie steckt.« Da Wenzel nichts weiß oder nichts sagen will, scheint die Spur von Germaine Schneider endgültig verloren zu sein.

Aber Raichman fordert von Inspektor Mathieu eine weitere Kennkarte für einen gefährdeten Agenten und übergibt ihm ein Paßbild von – Germaine Schneider. Mathieu verspricht die Karte und überläßt es Raichman, ein Treffen zu arrangieren. Der Trick mit dem Botanischen Garten, der schon Jefremow zum Verhängnis geworden ist, soll wiederholt werden.

Was geht eigentlich vor? Weiß Raichman immer noch nichts von Jefremows Verhaftung? Hat Franz Schneider, der vom Verrat des Ukrainers weiß, vergessen, Raichman zu informieren, als ihn dieser mit Jefremow zusammenbringen wollte? Und der Grand Chef? Erhält er von seinem Überwachungstrupp keine Meldungen mehr über die Vorgänge in Brüssel? Oder überläßt er die Überlebenden der belgischen Gruppe mitleidslos ihrem Schicksal?

Trepper weiß, daß Jefremow festgenommen wurde und drei Tage später wieder in seine Wohnung zurückgekehrt ist. Seiner Concierge hat er erklärt, er habe geringfügige Schwierigkeiten mit seinen Aufenthaltspapieren gehabt. Trepper weiß auch, daß Jefremow eine ungewöhnliche Aktivität entwickelt, um wieder Kontakte – alle nur möglichen Kontakte – aufzunehmen. Der Ukrainer ist also zum Feind übergelaufen. Der Grand Chef informiert Raichman wahrscheinlich nicht, weil ihm dieser äußerst verdächtig erscheint: trotz seiner Anweisungen hat dieser die Verbindungen zu Mathieu nicht abgebrochen, sein Verrat ist mehr als wahrscheinlich. Aber warum läßt er Franz Schneider in die Höhle des Löwen gehen und Germaine in das unheilvolle Zusammenspiel von Mathieu und Raichman geraten?

Weil wir einem Zusammenbruch beiwohnen. Im Gegensatz zu dem General einer geschlagenen Armee kennt der Grand Chef ungefähr die Stellungen seiner Bataillone und die Durchbruchstellen des Feindes. Aber genau wie der General ist er nicht imstande, rettende Befehle rechtzeitig durchzugeben: sein Verbindungsnetz ist zerstört. Das ist die Kehrseite einer so ausgeklügelten Technik. Dank der strengen gegenseitigen Abschottung kann man ohne Sorgen den ersten Angriffen des Gegners entgegensehen. Wenn aber der Gegner zu einem entscheidenden Schlag ausholt und es ihm gelingt, die Sicherheitsschaltung der Gruppe zu sprengen, verhindert das Schottensystem eine schnelle Umstellung: die Zahnräder greifen nicht mehr ineinander. Trepper hat wahrscheinlich den Kontakt zu Germaine Schneider, ihrem Mann und allen anderen verloren. Er sieht die Gefahren, denen sie ausgesetzt sind, ohne auch nur einen Finger rühren zu können. Sie aber, isoliert, blind und taub, ahnen die ringsum lauernden Gefahren, verlieren die Nerven und werden das Opfer ihrer Angst und ihrer Einsamkeit. Franz Schneider geht zu der Verabredung, obwohl er weiß, daß dort die Gestapo auf ihn wartet: lieber das Schlimmste, als weiter mit allen Zweifeln und Sorgen allein zu bleiben. Germaine, von ihrer Gruppe völlig abgeschnitten, gejagt von der Gestapo, die ihren Mann und ihren Liebhaber bereits in der Hand hat, überläßt ihr Schicksal einem so zweifelhaften Mann wie Mathieu ...

Das Werkzeug Raichman hat bis jetzt gute Dienste geleistet, aber nun ist es stumpf geworden. Piepe und Mathieu warten vergeblich auf Germaine Schneider: an ihrer Stelle kommt Raichman. Weil der Grand Chef Germaine warnen konnte? Weil ein Rest von Mißtrauen sie vielleicht zurückgehalten hat? Wir wissen nichts darüber. Das Sonderkommando auch nicht, aber es zieht daraus die Konsequenz: Mathieu scheint entlarvt zu sein. Wenn aber die Gruppe zu Mathieu kein Vertrauen mehr hat, ist Raichman überflüssig. Man verhaftet ihn.

»Ein mickriger, kleiner Verbrecher!« sagt Piepe. »Er hat sofort angeboten, für uns zu arbeiten. Seine Unterwürfigkeit war ekelhaft, er widerte uns alle an. Aber was sollten wir tun, wir durften nicht wählerisch sein: er konnte uns nützlich sein, wir mußten ihn verwenden ...«

In den Gestapoakten ist vermerkt: »Als Jude ohne jeden inneren Halt verriet uns Raichman sofort seine Geliebte Malvina Gruber, die sich uns ebenfalls zur Verfügung stellte.«

Ein Agent, der seit 1934 für die Sowjets arbeitet, kennt natürlich viele Leute. Raichman wird ohne jeden Zweifel als Gefangener genauso wertvoll sein wie zu der Zeit, als er nichtsahnend Mathieu in die Hand arbeitete. Vielleicht kann er den Deutschen sogar helfen, dem Grand Chef auf die Spur zu kommen, der im Laufe der Untersuchung zum Feind Nummer eins, zum Alptraum des Sonderkommandos geworden ist.

Malvina, die rundliche, hausmütterliche Tschechin, ist auch ein wertvoller Fang. Sie gesteht, daß sie als Kurier für die Verbindung zwischen der belgischen und der Schweizer Gruppe verantwortlich war und häufig die französisch-schweizerische Grenze überschritten hat. Außerdem gibt sie nach ihrer

Verhaftung eine wichtige Information über den Petit Chef preis. Kent nämlich hatte nicht nur Treppers Vorschlag, Margarete in die sichere Schweiz zu schik-ken, abgelehnt, sondern auch noch dafür gesorgt, daß sie nicht allein nach Paris reisen mußte: er hatte ihr Malvina mitgegeben. Und die unvorsichtige Marga-rete hatte ausgeplaudert, daß die Endstation ihrer Reise Marseille sein sollte. Diese Leichtfertigkeit wird ihnen teuer zu stehen kommen. Das Sonderkom-mando wird das Liebespaar dort zu finden wissen.

Aber bevor man sich um Paris und Marseille kümmern konnte, mußte in Brüssel endgültig aufgeräumt werden.

Harry Piepe:
»Nach dem Sieg über Frankreich 1940 machten die Reichsbehörden den neutralen Ländern sehr interessante Vorschläge für die Gründung von Han-delsniederlassungen in den besetzten Gebieten. Wir benötigten Waren aller Art, und wir wußten noch nicht, wie weit wir uns auf die Zusammenarbeit mit französischen, belgischen oder holländischen Wirtschaftskreisen verlassen konnten. Die Neutralen hingegen hatten keinen Grund zur Zurückhaltung. Ganz abgesehen davon, daß sie größere Sicherheiten boten als irgendein Ange-höriger eines besiegten Landes. Man erleichterte diesen neutralen Firmen die Arbeit in Brüssel und anderswo in unvorstellbarem Maße. Sie konnten kreuz und quer durch ganz Europa telefonieren oder telegrafieren. Ihre leitenden An-gestellten erhielten für alle Reisen die notwendigen Ausweispapiere. Es war tatsächlich so, als gäbe es für sie keinen Krieg.

Natürlich blieben wir auf der Hut und ließen sie diskret überwachen. So lernte ich im Verlauf einer Routineuntersuchung die Simexco kennen. Ihr Di-rektor war ein südamerikanischer Geschäftsmann. Diese Gesellschaft war eine der bedeutendsten in Brüssel; sie tätigte große Abschlüsse mit der Wehrmacht, ihre Leiter waren unaufhörlich auf Reisen. Mir waren die ungewöhnlich vielen Telegramme aufgefallen, die diese Firma mit Berlin, Prag, Paris und anderen Städten wechselte. Ich sprach darüber mit dem Chef der Abwehrstelle III N, die speziell die telegrafischen und telefonischen Verbindungen überwachte. Er beschwichtigte meine Bedenken. Die Simexco sei eine der zuverlässigsten Fir-men, und es bestehe keinerlei Anlaß, ihre Bewegungsfreiheit einzuschränken.

Mir genügte das nicht. Ich beschloß, den Leiter der Wehrmachtsinten-dantur in Brüssel aufzusuchen, der alle in Belgien für die Heeresverwaltung ab-geschlossenen Aufträge kontrollierte. Als ich mich bei ihm nach der Simexco erkundigte, polterte er los: ›Ausgezeichnete Leute, ungemein nützlich. Wenn nur alle so wären! Sie arbeiten großartig, und außerdem sind sie sehr zuvor-kommend. Die einzigen hiesigen Geschäftsleute, mit denen wir wirklich persönlichen Kontakt haben. Wir werden oft von ihnen eingeladen und fürstlich bewirtet ...‹

Mir schienen gerade diese persönlichen Kontakte verdächtig. Es gehört sich nicht für Leute von der Intendantur, sich von ihren Lieferanten freihalten zu lassen. Das tut man nicht. Die Simexco hatte offensichtlich keine Mühe gescheut, um eine solche Familiarität aufkommen zu lassen. Aber warum, wozu?

Ich bat den Leiter der Intendantur, mir etwas über die Leiter dieser Firma zu erzählen. Ich erfuhr, daß der Südamerikaner nach Frankreich gegangen und durch einen Belgier, Nazarin Drailly, ersetzt worden war. Der wichtigste Mann der Firma sollte aber ein ebenfalls in Paris ansässiger Geschäftsmann sein, der häufig nach Brüssel kam, vor allem, um die Gewinne der Simexco einzukassieren. Mein Intendant war ihm oft begegnet und sprach in den höchsten Tönen von ihm. Er sei ein ungewöhnlich dynamischer und erfolgreicher Mann und ein entschiedener Anhänger der deutschen Sache. Ich bat um eine Beschreibung. Sie haben wahrscheinlich schon gemerkt, um wen es sich handelt. Ich brauche Ihnen also nicht zu schildern, daß mir bei seiner Beschreibung der kalte Schweiß ausbrach. Schließlich zog ich eines der beiden Fotos hervor, die wir in der Rue des Atrébates gefunden hatten: ›Ist er das?‹ Er war es: Der Grand Chef ... Und bei dem Südamerikaner handelte es sich natürlich um Kent ...

Sie können sich meinen Schrecken und meine Verblüffung vorstellen. Ich brauchte zwar die sowjetischen Agenten nicht mehr in den Vorortcafés zu suchen, aber daß ich sie nun in den exklusivsten deutschen Kreisen in Brüssel treffen mußte ... noch dazu auf diesem hervorragenden Beobachtungsposten, den die Militärintendantur bot! Dank der Simexco und den Aufträgen, die sie mit der Wehrmacht abschloß, wußten die Leute in allen Einzelheiten Bescheid über die deutschen Truppenbestände in Belgien, über ihre Ausrüstung, über den Bau des Atlantikwalls (die Firma arbeitete aktiv daran mit!), und so weiter. Außerdem waren die Offiziere aus der Intendantur im Rahmen ihrer Arbeit oft auf Reisen, sie trafen mit vielen Leuten zusammen und mußten überhaupt über alles auf dem laufenden sein. Wenn dann die von Kent so großzügig offerierten Getränke die Zungen lösten ...«

»Man kann von Vincent sagen, was man will«, sagt Margarete Barcza, »aber er war ungemein trinkfest. Nicht wie diese armseligen deutschen Offiziere, die nach einigen Gläsern Cognac unter den Tisch rollten! Fast jeden Abend kamen sie zu uns: sie wußten, daß ihnen das Haus offenstand, daß bei uns gut gegessen wurde und es nicht an Getränken und auch nicht an hübschen Mädchen fehlte, die, na sagen wir, nett und gefällig waren – ich möchte keine Namen nennen. Es wurde ununterbrochen gefeiert.«

Anderen Auskünften zufolge soll die Simexco nicht Harry Piepes Spürsinn zum Opfer gefallen, sondern von Jefremow verraten worden sein. Als Trepper ihm die Führung in Brüssel übertrug, hatte er ihn auch über die Existenz der Simexco unterrichtet und ihm gleichzeitig geraten, jeden Kontakt mit dieser Firma zu vermeiden: da Kent lange an der Spitze des Unternehmens gestanden hatte, war der Boden zu heiß geworden. Andererseits war Piepe tatsächlich auf eine Spur gestoßen, die zur Simexco führte. Selbst wenn in der Wohnung von Kent nicht der geringste Hinweis auf dessen geschäftliche Tätigkeit gefunden wurde – ein Pluspunkt für Kent –, so hatten Piepes Nachforschungen vor dem Überfall auf die Rue des Atrébates doch ergeben, daß die »Südamerikaner«, die im Haus Nr. 101 wohnten, für die deutschen Versorgungsstellen arbeiteten ...*

Die Simexco ist entlarvt. Was geschieht jetzt?

Piepe: »Wir holten Auskünfte über die Aktionäre der Gesellschaft ein. Es handelte sich um belgische Geschäftsleute, die offensichtlich nicht ahnten, in welches Wespennest sie da geraten waren. Ich ging als angeblicher Offizier der Intendantur zur Simexco, um Briefpapier für unsere Besatzungstruppen einzukaufen. Ich wurde von Nazarin Drailly, dem kaufmännischen Direktor, empfangen. Sein Verhalten war nicht im geringsten verdächtig. Übrigens hatte er kein Briefpapier, und das Geschäft fiel ins Wasser. Um mehr zu erfahren, beschlossen wir, im Augenblick niemanden zu verhaften, die Firma aber zu überwachen und vor allem ihre Telefongespräche abzuhören. Aber dazu muß ich Ihnen meine größte – ungeheuerliche – Überraschung in dieser an Überraschungen so reichen Geschichte erzählen ...

Als ich in Brüssel ankam, hielt ich es für vernünftiger, mich nicht bei der Abwehr einzuquartieren, um nicht zu schnell erkannt zu werden. Ich mietete mir also unter dem Pseudonym Riepert, Import – Export, in einem Bürohaus in der Rue Royale Nr. 192 ein Büro, um dort ungestört meine Informanten empfangen zu können. Und wissen Sie, wo sich der Sitz der Simexco befand? In der Rue Royale Nr. 192! Im gleichen Haus, auf dem gleichen Flur – unsere Räume waren nur durch eine dünne Wand voneinander getrennt! Man konnte nebenan die Stimmen hören! Es steht für mich außer Frage, daß sie bei mir Mikrophone eingebaut hatten, um meine Gespräche abzuhören. Erinnern Sie sich jetzt daran, daß ich beim Auffinden der beiden Fotos in der Rue des Atrébates das merkwürdige Gefühl hatte, ›die hast du doch schon irgendwo gesehen‹? Natürlich: Dutzende Male waren wir uns im Treppenhaus begegnet. Wir

---

* *Heute weiß man, daß Jefremow auch die Existenz und tatsächliche Rolle der Simexco preisgegeben hat.*

hatten immer höflich den Hut gezogen! Nach der Geschichte in der Rue des Atrébates haben sie sich natürlich in der Rue Royale nicht mehr blicken lassen. Aber ist das nicht unglaublich? Wenn man so etwas in einem Roman liest, würde man dem Verfasser vorwerfen, er habe zu dick aufgetragen ...«

Ja, unglaublich, aber die Wirklichkeit ist noch unglaublicher, als Piepe meint: denn auch die Leute von der Simexco haben bis zuletzt nicht gewußt, wer sich hinter dem Firmenschild »Riepert, Import – Export« verbarg. Monatelang haben der sowjetische Nachrichtendienst und die deutsche Gegenspionage auf dem gleichen Flur Tür an Tür gewohnt, ohne es zu ahnen ...

»Zu verkaufen«

17

Emmanuel Mignon, am 22. November 1917 in Saint-Nazaire geboren, ist seit seinem achtzehnten Lebensjahr Buchdrucker bei Pariser Zeitungen. Ein Mann aus der journalistischen Gilde des Pariser Zeitungsviertels, die zwei Glaubensgrundsätze kennt: Spott und Zweifel. Er hat langes, schlohweißes Haar, eine bleiche, durchscheinende Haut und erstaunlich schwarze Augenbrauen – ein angenehmer Kontrast. Er ist lebhaft, spöttisch, schlagfertig, neugierig – ein Linker, und einer von denen, die jeder Besatzungsmacht das Leben schwermachen ...

»Wir haben schon 1941 in der Rue de la Huchette gewohnt. Als wir einzogen, haben meine Frau und ich uns gesagt: ›In diesem Dreckstall bleiben wir nicht lange, es lohnt nicht, irgend etwas auszubessern.‹ Resultat: seit fünfundzwanzig Jahren sind wir hier und haben uns inzwischen sogar daran gewöhnt.

Den Job bei der Simex habe ich durch unsere Concierge bekommen. Sie war Kommunistin und wußte genau, wie ich dachte. Sie wußte auch, daß ich Arbeit suchte, und hat sofort an mich gedacht, als einer von ihren Freunden, Katz, jemanden suchte. Halt, nein, jetzt fällt es mir wieder ein: zuerst hatte sie die Stellung einem anderen Mieter vorgeschlagen, aber der wollte keine Büroarbeit, so bin ich dann dazu gekommen. Ich kann also sagen, daß ich von der Gründung der Simex an mit dabei war. Ich habe mich um den Druck der Geschäftskarten gekümmert, die Formulare für die Eintragung ins Handelsregister besorgt, und so weiter. Anfangs – im September 1941 – hatten wir uns in den Champs-Élysées im Lido-Gebäude eingerichtet. Wir hatten dort zwei Büroräume mit einem kleinen Vorzimmer.

Zuerst hat mich Jaspar empfangen: ein sechzigjähriger Mann, ganz schön korpulent, typisch großbürgerlich, aber der ist nicht lange bei uns geblieben. Er wurde nach Marseille versetzt, um da die Leitung der neugegründeten Simex-Filiale zu übernehmen. Sierra ist auch nach Marseille gegangen und nicht wieder aufgetaucht. Vorher war er oft zu uns ins Büro gekommen. Ein typischer Brasilianer, superelegant, Sohn reicher Eltern, Sie wissen schon, was ich meine; immer war er mit bildhübschen Mädchen zusammen. Oft sah man auch einen jovialen Belgier, Gilbert. Ein netter Kerl, er hatte stets eine Zigarre zwischen den Zähnen. Natürlich habe ich nachher erfahren, daß er kein Belgier war, aber ich schwöre Ihnen, daß man sich täuschen konnte: er hatte den Akzent, die typischen Redensarten, na, eben alles, was dazugehört ... keine alltägliche Erscheinung, dieser Gilbert. Man spürte, daß er dauernd unter Druck war. Sogar wenn er über etwas Unwichtiges sprach, war er innerlich angespannt, als ob er auf der Lauer läge, und ständig versuchte er, alles mögliche aus uns herauszuholen. Großvogel gehörte auch zu dem Laden, aber er kam nur selten ins Büro: er war immer auf der Walze, angeblich um Ware aufzustöbern.

Nach der Versetzung von Jaspar wurde Alfred Corbin Direktor der Simex. Das war ein langaufgeschossener Mann mit Schnurrbart, der zuerst etwas schüchtern wirkte, aber er taute auf, sowie er Vertrauen gefaßt hatte. Ein glühender Patriot, dieser Corbin! Politisch, würde ich sagen, gehörte er zum linken Flügel der Radikalen.«

Robert Corbin empfängt mich in seinem Krankenzimmer. Seit seinem Aufenthalt in Mauthausen ist er durch ein schweres Rückenleiden ans Bett gefesselt. Er hat die gleiche hohe Stirn und den gleichen Schnurrbart wie sein Bruder Alfred. Er ist würdig und höflich wie ein pensionierter Major der britischen Kolonialtruppen – er hat ja auch lange bei Creed, in der Pariser Hochburg für englische Kleidung in der Rue Royale, gearbeitet ...

»Vor dem Kriege beschäftigten Alfred und ich uns mit unserem Mühlenbetrieb in Giverny, in der Nähe von Mantes. Wir stellten Futtermittel für Geflügel her. Nach 1940 verschlechterte sich die geschäftliche Situation sehr, und zudem verlor ich meine Stellung bei Creed, weil das Geschäft von den Deutschen verwaltet wurde. Alfred hatte sich im Laufe des Feldzuges von 1940 mit einem Regimentskameraden, einem gewissen Katz, angefreundet, der ihm nach dem Waffenstillstand vorschlug, in seine Import-Export-Firma einzutreten, die er gerade gegründet hatte. Alfred hat lange gezögert, aber schließlich nahm er den Vorschlag aus materiellen Gründen an: die angebotenen Bedingungen waren sehr interessant ...«

In Wahrheit hatte Alfred Corbin keineswegs finanzielle Beweggründe ...

Wladimir Keller hatte sich mit mir am 24. April 1965 abends um acht Uhr vor dem Gebäude Nr. 37 in der Rue de l'Université verabredet. In dem Haus ist eine Zweigstelle des Finanzministeriums untergebracht. Er war pünktlich, ein riesenhafter Schäferhund lief vor ihm her. (»Keller? Ja, der Mann mit dem Hund!« hatte mir der Portier des Ministeriums gesagt.) Wenn man ihn so mit dem Ungetüm sah, fragte man sich, ob der Mann den Hund spazierenführte oder umgekehrt.

Keller ist klein und zart, aber auf seinen schmalen Jünglingsschultern sitzt

ein riesiger Kopf. Ein Konstruktionsfehler. Hervorspringende Stirn- und Bak-
kenknochen, kräftige Jochbögen über den Augen, die verschieden hoch liegen:
eine Physiognomie, die ganz entschieden aus dem Rahmen fällt. Dazu ein warmes, freundliches Lächeln. Er ist in Rußland geboren, sein Vater war Schweizer, seine Mutter Engländerin, und Französisch spricht er mit deutschem
Akzent.

Keller, der Schäferhund und ich gehen in das menschenleere Gebäude. Die
Bürozeit ist vorüber, alles wirkt noch düsterer als sonst. Eine klösterliche Stille
empfängt uns, nur wenige Lampen beleuchten spärlich die Flure. Plötzlich tobt
der Schäferhund los. Keller stolpert, versucht an der Leine zu zerren, aber er
ist zu schwach, um den Elan des Ungetüms zu bändigen. Er wird mitgerissen.
Wir galoppieren eine Zeitlang durch verlassene Flure. Ich bin atem- und
sprachlos. Ein Lastenaufzug bringt uns in die sechste Etage, und dann geht die
wilde Jagd weiter. Die Korridore werden immer enger. Wir müssen durch
mehrere Türen, stolpern übereinander, und ich muß höllisch aufpassen, um
dem Hund nicht auf die Pfoten zu treten. Schließlich bleiben wir vor einer Tür
stehen. Madame Keller, die uns schon von weitem gehört hat, öffnet. Man bittet mich einzutreten, aber das Ungetüm, das mir gegenüber bis jetzt eine recht
angenehme Gleichgültigkeit an den Tag gelegt hat, fängt plötzlich zu bellen an
und stürzt mit schäumenden Lefzen auf mich zu. Ich ergreife unverzüglich die
Flucht, trotz aller beruhigenden Zusprüche der beiden Kellers. Mit vereinten
Kräften gelingt es ihnen schließlich, das Tier in einen Nebenraum zu bringen.
Ich kann das Zimmer betreten und falle auf einen Stuhl, viel zu verwirrt, um
noch über diese Wohnung zu staunen, die sich unter dem Dach der Finanzbe-
hörde befindet, bei der Madame Keller arbeitet.

»1941 war ich Mechaniker in einer Garage in Le Havre. Aber seit die Deutschen da waren, betätigte ich mich hauptsächlich als Dolmetscher. Mir gefiel
das nicht. Ich sagte mir: Du bist Schweizer, der Krieg geht dich vielleicht nichts
an, aber du lebst gern in Frankreich, und da die Deutschen nicht immer hierbleiben werden, ist es besser, sich nicht zu sehr mit ihnen zu verschwägern:
das kann dir nachher nur böse ausgelegt werden. Ein Freund machte mich auf
eine Pariser Firma aufmerksam, bei der ich eine Stellung finden könne. Er erwähnte noch, daß sie viel mit den Deutschen zusammenarbeitete, aber ihre Gewinne dazu dienten, das Schicksal der französischen Kriegsgefangenen zu erleichtern. Dagegen war nichts einzuwenden. Ich stellte mich also auf den
Champs-Élysées bei der Simex vor, und zwar bei Monsieur Großvogel. Er sah
wie ein Deutscher aus – vielleicht war er Elsässer – und besaß die Sicherheit
eines erfolgreichen Geschäftsmannes. Man hat mir übrigens gesagt, daß er so
was wie der größte Regenmantelfabrikant in Belgien war. Zu mir war er sehr

anständig und liebenswürdig. Mein Freund hatte mir deutsche Schriftstücke zum Übersetzen gegeben, damit ich meine Fähigkeiten unter Beweis stellen konnte. Ich zeigte Monsieur Großvogel meine Probearbeiten, er war damit zufrieden und stellte mich sofort ein. Das war am 2. September 1941. Als ich am nächsten Tag ins Büro kam, hatte Monsieur Corbin – ein liebenswürdiger, gütiger Mann – Monsieur Großvogel abgelöst.

Emmanuel Mignon war damals schon da. Er hatte kein bestimmtes Arbeitsgebiet, er tat, was gerade nötig war: er empfing Leute, bediente das Telefon und so weiter.

Ein- oder zweimal habe ich Monsieur Katz gesehen, aber viel öfter Monsieur Gilbert. Man hatte mir erzählt, daß er ein belgischer Geschäftsmann sei. Er sprach auch wie ein Belgier. Ich hatte ihn im Verdacht, daß er zwischen Frankreich und Belgien Devisen verschob, aber das ging mich ja nichts an. Er war sehr angenehm und hatte immer für jeden ein freundliches Wort. Sein Auftreten imponierte uns. Man fühlte, welche Kraft in diesem Mann steckte. Ein einziges Mal habe ich ihn in schlechter Verfassung gesehen, damals sagte er zu mir: ›Ach, Monsieur Keller, ich frage mich, ob ich wohl lange leben werde. In meiner Familie stirbt man verhältnismäßig jung …‹

Im Büro war viel Betrieb. Aber fest angestellt waren nur Monsieur Corbin, Mignon, Mademoiselle Cointe und ich. Mademoiselle Cointe, die Privatsekretärin von Monsieur Corbin, war noch jung, aber trotzdem schon ein bißchen altjüngferlich. Und wissen Sie, sofort bei meinem Eintritt in die Simex hatte ich den Eindruck, daß nicht Monsieur Corbin, sondern Suzanne Cointe die wichtigste Person in der Firma war …«

Catherine Cointe, die Schwester von Suzanne, hatte sich mit mir im Café George V auf den Champs-Élysées verabredet: Sie arbeitete in einem Modehaus in der Nähe und hatte in der Mittagspause Zeit. Sie war leicht zu erkennen: »Ich trage einen schwarzen Regenmantel, eine schwarze Baskenmütze und habe eine schwarze Aktentasche bei mir.« Auch unsere Unterhaltung hatte eine dunkle Note. Dabei war es Sommer, die Sonne wärmte die Terrasse des Cafés, und auf den Champs-Élysées drängten sich Touristen, die vor Freude strahlten. Ringsum scherzten hübsche Mädchen mit ihren Begleitern, ohne sich zunächst um das sonderbare Paar in ihrer Mitte zu kümmern: Catherine Cointe schluchzte herzzerbrechend, während ich Frage um Frage stellte und unablässig ihre Antworten notierte. Bald richteten sich jedoch überraschte Blicke auf unseren Tisch, nach und nach verstummten die Gespräche um uns; unsere traurige Stimmung schien um sich zu greifen. Als man mich immer neugieriger betrachtete, lächelte ich verständnisheischend nach allen Seiten, um

deutlich zu machen, daß ich weder ein Polizist noch ein Erpresser sei. Eine unangenehme Situation, aber zum Glück bemerkte Catherine Cointe nichts von
all dem: die Vergangenheit war stärker.

»Wir waren drei Kinder, zwei Mädchen und ein Junge. Unsere Mutter, polnischer Abstammung, war eine sehr vornehme Frau, sie erzog uns streng. Mein
Vater war General. Sie werden sich vorstellen können, in welcher patriotischen
Tradition wir aufgewachsen sind. Vor dem Kriege wohnten wir in Besançon,
wo er stationiert war. Mein Vater pflegte uns die Zitadelle zu zeigen und zu
sagen: ›Wenn die Boches angreifen, schließe ich mich hier mit meinen Soldaten
ein und verteidige die Festung.‹ Fragten wir dann: ›Und wenn ihr keine Munition mehr habt?‹, so antwortete er: ›Wir werden uns nicht ergeben, lieber
sprengen wir uns in die Luft!‹

Ich erzähle Ihnen dies alles nur, damit Sie verstehen, welches Drama es zu
Hause gab, als sich Suzanne dem Kommunismus zuwandte. Sie tat es unter dem
Einfluß von Jean-Paul Le Chanois, einem Freund, der jetzt Filmregisseur
ist. Sie hat sich nicht vollständig mit der Familie überworfen, die Bindungen
blieben weiterhin eng, aber für meine Eltern war es wirklich ein schwerer
Schlag.

Suzanne hatte lange und ernsthaft Musik studiert und war vor dem Kriege
Klavierlehrerin. Daneben arbeitete sie eifrig mit einem Chor, den sie gegründet
hatte, der Chorale Musicale de Paris – einer kommunistischen Gruppe. Nach
der Niederlage von 1940 konnte sie ihren Lebensunterhalt nicht mehr mit Kla-
vierstunden verdienen. Also lernte sie Stenographie und nahm eine Stellung bei
der Firma Simex an. Ich habe keine Ahnung, durch wen oder wie sie diesen
Posten bekommen hat.

Sie erzählte uns sehr wenig über ihre Arbeit. Aber manchmal entschlüpften
ihr Bemerkungen wie zum Beispiel: ›Für den Bau des Atlantikwalls werden wir
denen einen schönen Dreck verkaufen!‹ Aus solchen Redensarten konnte ich
mir zusammenreimen, daß sich hinter ihrer Arbeit eine geheime Tätigkeit verbarg. Außerdem schien sie sehr glücklich zu sein, und das war aufschlußreich.
Suzanne war oft exaltiert – fast möchte ich sagen fanatisch. Sie mußte sich
immer für etwas aufopfern. Le Chanois hatte sie zum Kommunismus bekehrt,
aber sie hätte genausogut in die Heilsarmee eintreten können. Der Kampf
gegen die Deutschen füllte sie deshalb so aus, weil sie ihr kommunistisches
Ideal mit der patriotischen Tradition ihres Elternhauses verbinden konnte.
Noch nie war sie so glücklich und aufgeschlossen gewesen wie zu der Zeit, als
sie bei der Simex arbeitete und ihr Leben aufs Spiel setzte. Sie war sich dessen
voll bewußt, aber ich habe sie nicht ein einziges Mal unruhig oder aufgeregt
gesehen.«

Jean-Paul Le Chanois empfängt mich in einem Büro der Filmproduktionsgesellschaft Comacico. Ein fünfzigjähriger Mann, kahlköpfig, quecksilbrig, überaus intelligent und ausgesprochen interessiert an allem, was vor sich geht in der Welt – das ist bei Filmleuten äußerst selten.

»Als ich Suzanne zum erstenmal traf, war sie neunzehn und ich fünfzehn. Sie war ein intelligentes und kultiviertes Mädchen mit einem ausgeprägten Charakter. Sie hatte bei Cortot studiert, glaubte aber, ihre musikalische Begabung reiche für eine Solistenlaufbahn nicht aus. Eine gewisse Traurigkeit darüber blieb in ihr zurück und bedrückte sie. Aber sie war realistisch genug, und da sie Geld verdienen mußte, entschloß sie sich, Klavierunterricht zu geben.

Ich war in sie verliebt – so verliebt, daß sie sich schließlich für mich, der ich noch ein junger Bengel war, interessierte. Ihr habe ich es zu verdanken, daß ich mich aus meinem bürgerlichen Milieu, ›dem satten Teil des Volkes‹, wie Victor Hugo sagt, lösen konnte. Sie stand zu dieser Zeit unter dem Einfluß von Nietzsche, der ihr durch einen ihrer Onkel nahegebracht worden war.

Erst nachdem ich mein Abitur bestanden und mein Philosophiestudium beendet hatte, brach ich alle Beziehungen zu meiner Familie ab und lebte mit ihr zusammen. Zwei Jahre, zwei glückliche Jahre lang, denn wir verstanden uns in jeder Hinsicht. Für mich war es eine wundervolle Zeit, die Erfüllung eines Kindertraumes. Dann trennten wir uns – eine normale Entwicklung: wir waren jung und lebenshungrig. Aber wir blieben sehr gute Freunde.

Durch die russische Revolution stark beeinflußt, beteiligte ich mich am französischen Arbeitertheater und an der ›Oktobergruppe‹, die von Prévert geleitet wurde. Ich führte Suzanne in diese Kreise ein. Zuerst hatte sie nur ein philosophisches, später aber auch ein praktisches Interesse am Kommunismus. Sie wandte sich radikal von ihrem Nietzsche-Kult ab und gründete ihren Volkschor, den sie auch bis zuletzt geleitet hat.

1939 wollte ich zum Militär, aber ich wurde zurückgestellt. Ich hatte Asthma. Ich mietete mir eine kleine Wohnung am Square Carpeaux, drei Mansardenzimmer, zu denen man über eine offene Dienstbotentreppe hinaufklettern mußte. Pittoresk und sehr angenehm. Und zu meiner großen Überraschung entdeckte ich, daß Suzanne im selben Haus wohnte. Wir waren sehr froh, daß wir uns wiedergefunden hatten, aber unsere Nachbarschaft war nicht ganz ungefährlich, denn wir gehörten beide der damals illegalen Kommunistischen Partei an. Wir beschlossen deshalb, uns nicht allzu häufig zu besuchen. Dann kam der Einzug der deutschen Truppen in Paris und die Flucht, die wir getrennt antraten. Und schließlich die Rückkehr in die Wohnung am Square Carpeaux. Natürlich hatte sich alles verändert. Durch die Zusammenarbeit in der Widerstandsbewegung gehörten die Kommunisten wieder zur Nation.

Niemand hat das besser geschildert als Aragon, der uns sozusagen die Triko-
lore wiedergegeben hat. Sofort nach meiner Rückkehr organisierte ich eine Widerstandsgruppe. Suzanne kündigte mir ihren Eintritt in eine Handelsfirma an,
ließ aber durchblicken, daß sich dahinter etwas anderes verbarg. Aus Gründen
der elementarsten Sicherheit haben wir uns nur noch selten gesehen, zumal die
Concierge des Hauses eine fanatische Anhängerin von Pétain war. Suzanne hat
mir sehr wenig über ihre Arbeit bei der Simex erzählt. Ich erinnere mich nur
an eine Einzelheit: sie hatten der Wehrmacht unter anderem Skier für die in
Rußland kämpfenden Truppen geliefert ...«

Emmanuel Mignon:
»Die Simex war ein lustiger Laden, es ging immer vergnügt zu. Wir machten
ausschließlich Schwarzmarktgeschäfte. Die merkwürdigsten Leute kamen zu
uns, boten uns die ausgefallensten Waren an, die wir dann den Boches offerierten. Die kauften alles. Was für einen Krempel man denen anhängen konnte,
läßt sich gar nicht beschreiben. Einmal bekamen wir sogenannte Orientteppiche, mehrere Ballen. Wir öffneten einen – nur um mal einen Blick darauf zu
werfen – und prallten zurück. Ein Mottenschwarm flog uns entgegen. Wir
haben den Ballen schnell wieder verschnürt und beschlossen, alles, so wie es
war, der Organisation Todt anzudrehen. Anstandslos haben sie das Zeug gekauft. Ja, die OT war unser Hauptkunde. Die Verantwortlichen wußten
genau, daß alle unsere Waren vom Schwarzmarkt kamen, aber das schien ihnen
völlig gleichgültig zu sein. Sie werden denken, daß diese Geschäfte anrüchig
waren: aber darum bin ich ja gerade bei der Simex geblieben. Meine Frau und
ich gehörten zur Widerstandsgruppe ›Famille Martin‹. Mein Chef verlangte
von mir Berichte über alle Lieferungen der Simex an die Boches und die Namen
der allzu eifrigen Lieferanten, um ihnen nach Kriegsende den Prozeß machen
zu können. Das Leben ist schon sonderbar: ich übergab meine Berichte einem
gewissen Charbonnier, einem Doppelagenten der Gestapo, der dann nach der
Befreiung erschossen wurde. Meine Berichte, die unsere Firma als einen ab-
scheulichen Laden von Kollaborateuren denunzierten, gelangten also geradewegs auf die Schreibtische der Gestapo. Jetzt, wo man weiß, was die Simex tatsächlich war, wirkt das ausgesprochen komisch, nicht?
Einmal haben wir ihnen eine stillgelegte Eisenbahnlinie angedreht, die uns
irgendein Kerl angeboten hatte. Sie nahmen uns die Gleise ab, und wir verkauf-
ten die Schwellen als Heizmaterial. Ich selbst habe einen Handkarren voll zur
Wohnung Suzanne Cointes gebracht, zum Square Carpeaux ...
Wir haben ihnen auch Hunderttausende von Benzinfässern verkauft. Am
Anfang war es einwandfreies Material. Aber dann konnten wir nur noch ka-

putte Fässer auftreiben, die erst repariert werden mußten. Ich sollte diese Arbeit überwachen. Ich spazierte zwischen Bergen von durchlöcherten Fässern herum und machte ein Kreidezeichen um jedes Loch, das verlötet werden sollte. Dann kamen die Arbeiter und löteten sehr gewissenhaft genau neben dem Loch. Ich konnte bei all meinem Optimismus nicht umhin, mir zu sagen: Das kann doch nicht gut ausgehen, das ist unmöglich ... Aber nichts passierte. Wir bekamen keine einzige Reklamation! Waggonweise gingen die durchlöcherten Fässer nach Deutschland. Es war eine reine Wonne! Die Organisation Todt hätte uns den Mond abgekauft, wenn wir ihnen dieses Geschäft vorgeschlagen hätten.

Corbin fühlte sich bei solchen Geschichten immer unbehaglich. Man spürte, daß er dem Ganzen nicht gewachsen war und daß ihm die undurchsichtigen Schwarzmarktgeschäfte Schrecken einjagten. Er versuchte zu bremsen, wo er nur konnte, mit dem Hinweis, es sei unvorsichtig, immer noch mehr zu riskieren. Aber Keller ließ sich von nichts anfechten, wahrscheinlich, weil er prozentual an den Abschlüssen beteiligt war. Übrigens ein netter Kerl, der Keller, er hatte nur eine unangenehme Angewohnheit: jedesmal, wenn er mit den Boches telefonierte, begann er seine Unterhaltung mit einem schmetternden ›Heil Hitler!‹. Das konnte die Cointe rasend machen.

Es passierten oft die verrücktesten Dinge. Eines Tages kam ein braver, weißhaariger Jude mit dem gelben Stern auf der Brust zu uns und bat um Arbeit. Der alte Corbin konnte niemandem etwas abschlagen: er stellte ihn ein. Am nächsten Morgen kam der Alte ins Büro, mit zwei dicken Wälzern unterm Arm und einer großen Schreibmaschine. Er war Spezialist für Import und Export und kannte sich in allen Zollfragen haargenau aus. Die Bücher enthielten die Zollbestimmungen. Der arme Alte bemühte sich verzweifelt, nützlich zu sein, aber wir brauchten keine Zollverordnungen, um an die Organisation Todt mottenzerfressene Orientteppiche zu verscherbeln. Er saß also hinter seiner Schreibmaschine, umgeben von seinen Zollbestimmungen, den lieben langen Tag lang, ohne auch nur einen Finger zu rühren. Sie können sich das ja vorstellen, wir wollten ihn gar nicht beiseite schieben, aber was hätten wir ihm sagen sollen? Eines Morgens ist er nicht mehr wiedergekommen, und wir haben nie erfahren, was aus ihm geworden ist ...

Sie glauben sicher, daß unser Laden dank all dieser Schiebereien im Geld erstickte: keineswegs! Wir rafften ein Vermögen zusammen, aber kein Sou blieb im Haus. Sowie der Geldschrank voll war, schneiten Katz oder Großvogel herein und schafften die Batzen schleunigst beiseite. Angeblich, um auf neuen Reisen frische Waren einzukaufen. Aber seltsamerweise schafften gerade diese beiden nie neue Waren heran ...

Es gab viele solche merkwürdigen Dinge bei der Simex. Die Korrespondenz mit der Filiale in Marseille zum Beispiel wurde nicht per Post geschickt: ein Angestellter von der Schlafwagengesellschaft Paris–Lyon–Marseille nahm sie mit. Er brachte uns die Briefe von Jaspar und Sierra in die Champs-Élysées, und ich gab die für Marseille bestimmte Post bei ihm ab. Er wohnte in der Rue de Meaux, in einem wirklichen Schweinestall, der arme Kerl ... Aber das alles überraschte mich eigentlich nicht. Ich sagte mir, daß es in diesen Briefen wahrscheinlich um faule Schwarzmarktgeschäfte ging und es schon richtiger war, die Briefzensur zu umgehen ...«

Abgesehen von Alfred Corbin, dem Direktor, und Suzanne Cointe – über die der Grand Chef sagt: »Das ist unser Mann in der Simex« – hat keiner der Angestellten eine Ahnung von der wirklichen Rolle der Firma. Sie geraten mit verbundenen Augen in das Spionagenetz; wenn der Grand Chef ihnen die Binde abnimmt, ist es zum Aussteigen zu spät. Bedenkliches Verfahren? Sträfliche Heuchelei? Trepper hat darauf geantwortet: »Ich hatte Männer gewählt, bei denen ich sicher war, daß sie uns im entscheidenden Moment nicht im Stich lassen würden.« Aber wie schwer muß es sein, zu erkennen, ob ein Mann – wenn der Augenblick gekommen ist – Folter und Tod auf sich nehmen wird für eine Sache, in die er blind hineingeraten ist ...

Im Herbst 1941 bezog die Simex im Lido-Gebäude ihre Büroräume. Einige Schritte davon entfernt, auf der gleichen Seite der Champs-Élysées, installiert Colonel Rémy zum gleichen Zeitpunkt die Zentrale seiner Widerstandsgruppe im Gebäude des Kinos Ermitage. Er findet dort ähnlich vorteilhafte Bedingungen vor wie die Simex im Lido-Gebäude: eine glänzende Geschäftsfassade, ein Labyrinth von Fluren, die ein Nachspüren erschweren, und vor allem mehrere Ausgänge. Aber Rémy, dem die Gestapo auf den Fersen ist, muß seine Zentrale häufig verlegen. Nach langem Suchen erfährt er durch einen seiner Mitarbeiter, daß ein gewisser Colonel Lévy, ein guter Patriot, bereit sei, ihm eine Wohnung zu vermieten.

»Durch Vermittlung des Concierge«, schreibt Rémy, »traf ich mich mit dem Besitzer, der im selben Haus wohnte. Selbstverständlich konnte ich ihm die tödlichen Gefahren nicht verschweigen, denen er sich durch die Vermietung an unsere Gruppe aussetzte.«

Er sagt also zu Colonel Lévy:

»Mein Freund Prévost hat Ihnen schon kurz auseinandergesetzt, was ich mit der Wohnung beabsichtige, die Sie mir in Ihrem Haus zur Verfügung stellen wollen. Die Zentrale meiner Gruppe soll darin eingerichtet werden. Die Deutschen kennen meine Gruppe, sie haben uns schon mehrmals schwer getroffen. Ich weiß, daß der SS-Gruppenführer Oberg, der jetzt nach Paris gekommen ist, den ausdrücklichen Befehl gegeben hat, uns zu vernichten. Unsere Zentrale hat sehr viel zu tun, und ich werde gezwungen sein, eine erhebliche Anzahl von Leuten zu beschäftigen und Besuche zu empfangen, denn mir stehen noch keine anderen Räume zur Verfügung.«[10]

Jeder hat seine eigene Methode oder, wenn man so will, seine eigene Moral. Aber bevor man urteilt, muß man zunächst einmal zu begreifen versuchen, worum es eigentlich geht. Rémy weiß, daß Colonel Lévy ein Patriot ist; als er ihm gegenübersteht, verstärkt sich sein guter Eindruck. Das ist alles; nicht viel, aber er hält es für ausreichend, um das Leben seiner Agenten, ja sogar die Existenz seiner ganzen Gruppe aufs Spiel zu setzen. Er vertraut dem Colonel: Fair play ist für Rémy oberster Grundsatz. Der Grand Chef ist kein Anhänger solcher sportlichen Moral. Er ist unter Umständen bereit, alle Corbins der Welt zu täuschen und sie blind zum Hinrichtungsplatz zu führen, aber er würde niemals die Sicherheit seines Apparates durch voreiliges Vertrauen aufs Spiel setzen.

Zwischen den Leuten in den beiden Gebäuden der Champs-Élysées gibt es also nichts Gemeinsames. Nur zwanzig Schritt sind sie voneinander entfernt, aber sie leben in zwei verschiedenen Welten. Wahrscheinlich werden die Leute von der Simex schließlich mit den Männern von Rémy zusammentreffen, aber im Augenblick überqueren sie lieber die Champs-Élysées, um in das gegenüberliegende Gebäude, zum Hauptsitz der Organisation Todt, zu gehen.

Eine große Ähnlichkeit besteht hingegen zwischen der Simex und dem Service Économique Français, der sich in der Avenue Henri-Martin Nr. 101 eingerichtet hat. Während die Simex sich hauptsächlich auf schweres Material spezialisiert, liefert der Service Economique den Deutschen Textilien, Nahrungsmittel und sanitäres Zubehör; alles selbstverständlich auf dem Schwarzmarkt zusammengerafft. So sieht die Taktik der Besatzungsmacht aus: sie beschafft sich zusätzlich zu den Lieferungen, die dem besiegten Land schon offiziell aufgezwungen worden sind, über den Schwarzmarkt noch erhebliche Mengen von Material. Die Schwarzhändler führen so die Arbeit der deutschen Delegationen bei der französischen Regierung in Vichy fort.

Es gibt noch eine andere Ähnlichkeit zwischen der Simex und dem Service Économique Français, dessen Leiter Masuy heißt. Er gilt als der Erfinder der Badewannenfolter. Neben seinen geschäftlichen Tätigkeiten arbeitet er für die Gestapo und für die Abwehr. In der Avenue Henri-Martin wird zwischen Kaffeesäcken und anderen Schwarzmarktwaren im Auftrag der Deutschen gefoltert, während man in den Champs-Élysées zwischen Ballen von Orientteppichen im Auftrag der Alliierten Nachrichten zusammenträgt.

Das Gebäude auf den Champs-Élysées,
in dem die Simex ihre Büroräume hatte

Und wenn die Pariser Leiter der Organisation Todt ohne Widerrede durchlöcherte Benzinfässer und schadhafte Waren annehmen, dann deshalb, weil ihre Augen durch beträchtliche Bestechungsgelder geblendet sind. Der Grand Chef hat sie alle, samt und sonders, gekauft.

Eine Liebesgeschichte

18

Überall sind sie, Monsieur, überall! Eine wahre Invasion! Die schönsten Landsitze, die elegantesten Villen: alles nur für sie! Ich sage Ihnen: sie sind die Könige dieser Gegend!« 1943? Der Aufschrei eines über die Anwesenheit der Deutschen verzweifelten Patrioten? Nein: 1966. Schmähreden Dr. Darquiers gegen die »jüdische Besetzung« von Saint-Tropez. Sein Bruder, Jean Darquier, genannt »de Pellepoix«, war während des Krieges Generalkommissar für jüdische Angelegenheiten in der Regierung Pétain. Sein Vorgänger auf diesem Posten, Xavier Vallat, ein überzeugter Antisemit, aber vom Typ jener Holländer, die nach den ersten Deportationen »Laßt Eure dreckigen Pfoten von unseren dreckigen Juden« auf die Häuserwände Amsterdams schrieben, war der Gestapo nicht willfährig genug gewesen; sie hatte deshalb seine Ablösung verlangt. Jean Darquier verrichtete seine Aufgaben so vorzüglich, daß man ihn nach der Befreiung zum Tode verurteilte. Er hatte aber rechtzeitig die Pyrenäen hinter sich gebracht, das Urteil wurde in Abwesenheit gefällt. Während er in Madrid einen Posten im Generalstab der spanischen Armee bekleidet, warnt sein Bruder, der sich auf den Höhen von Saint-Tropez verschanzt hat, weiterhin wie eine Gans des Kapitols schnatternd vor der jüdischen Gefahr.

Dr. Darquier ist siebzig, ein hagerer Greis, mit weißem, in die Stirn gekämmtem Haar, geschwätzig, nervös, ja eruptiv. Eine Lava von häßlichen Worten quillt aus seinem Mund und verleidet einem die herrliche Umgebung: die prächtige Villa, den feenhaften Garten und den Blick über die Bucht. Dabei bin ich nicht gekommen, um mich mit ihm über die »jüdische Gefahr« zu unterhalten.

Ich will über Anna Maximowitsch sprechen.

»Anna? Anna war ein Original: ein Meter achtzig groß, ungefähr hundert Kilo schwer. Ein Mordsweib! Blondes, zerzaustes Haar, ein rundes Gesicht, hellblaue Augen, und lustig, immer lustig ... Natürlich nicht sehr weiblich, aber eine Kraft, Monsieur – einfach unglaublich! Sie brauchte keine Hilfe, um aufgeregte Kranke zu bändigen, auch eine Zwangsjacke hat sie nie verwendet: sie setzte sich einfach auf den Kranken und wartete, bis der Anfall vorbei war. Vielleicht wog sie keine hundert Kilo, aber ganz bestimmt fünfundneunzig oder neunzig. Ein Mordsweib! Nachher muß ich Ihnen noch die Geschichte von der Vergewaltigung erzählen …

Sie war Neurologin und leitete eine Klinik in Choisy-le-Roi. Dort habe ich sie übrigens kennengelernt. Bei welcher Gelegenheit? Ich kann mich nicht mehr erinnern. Sie bat mich, zweimal wöchentlich ihre Klinik zu besichtigen, um festzustellen, ob alles in Ordnung sei. Sie wissen, daß diese Art von Kliniken sehr streng überwacht werden. Man befürchtet unrechtmäßige Einweisungen. Familien, die ein unangenehmes Familienmitglied loswerden wollen, könnten versuchen, es als geisteskrank auszugeben. Ich war damals – ich spreche von der Zeit vor dem Krieg – Chef der neurologischen Abteilung der Medizinischen Fakultät von Paris, ich konnte also gut für Anna bürgen. Sie hatte übrigens nur ungefährliche Geisteskranke bei sich, Hypernervöse, keine schlimmen Fälle …

Wußten Sie, daß sie mit ihrer Familie während der kommunistischen Revolution aus Rußland geflüchtet war? Ihr Vater, Baron Maximowitsch, war ein recht bekannter General der zaristischen Armee.* Anna hat mir oft ihre Flucht geschildert. Sie hatte hinter der Tür versteckt auf die Roten gewartet, mit einer Axt in der Hand, während ihr Vater zusammen mit einem Dienstboten durch den Garten flüchtete. Als ich Anna kennenlernte, war ihr Vater schon gestorben, aber sie hatte noch ihre Mutter bei sich, eine ungewöhnliche Frau, die unmittelbar der russischen Folklore entsprungen zu sein schien, eine richtige Babuschka. Sie war unbestritten das Haupt der Familie. Wassilij, dem Bruder von Anna, bin ich vielleicht ein- oder zweimal begegnet. Er war klein und dunkel und trug einen gestutzten Bart. Eine blasse Erscheinung. Er hatte so gar nichts Russisches an sich. Oder vielmehr doch: etwas unergründlich Slawisches … Sie verstehen, was ich meine?

Anna war dagegen das verkörperte Rußland. Eine Urwüchsigkeit! Was sie mir für Geschichten erzählt hat … abgebrühte Saufkumpane konnte sie zum Erröten bringen! Wenn sie ihre schlüpfrigen russischen Geschichten zum Besten gab – die unseren sind dagegen reinstes Zuckerwasser! –, dann wußte ich nicht mehr, wo ich hingucken sollte. Es ging mir wirklich zu weit. Aber beruflich war dieses tolle Weib sehr auf der Höhe. Rauh und heftig, aber sehr gut zu ihren Kranken.

Und dazu zaristisch! Unglaublich zaristisch! Der Zar war für sie wirklich das ›Väterchen‹ des Volkes. Sie wünschte für Rußland sehnlichst wieder das alte Regime herbei.«

---

* *Baron Maximowitsch war der erste russische General, der 1914 an der Spitze seiner Truppen nach Deutschland eindrang.*

Wassilij und Anna: zwei russische Emigranten adeliger Abstammung, die durch den Kommunismus ruiniert worden sind. Paris ist voll von Weißrussen. Aber die Maximowitschs haben nichts gemein mit dem aristokratischen Pack der Taxichauffeure und Balalaika-Klimperer, die in Heimweh schwelgen. Sie gehören zur zweiten Generation, die der Vergangenheit den Rücken kehrt und nach vorn schaut. Der alte General Pawel Maximowitsch war verarmt gestorben, seine Kinder kamen in die Obhut des Monseigneur Chaptal, der sich um Emigranten aller Rassen und aller Staatsangehörigkeiten kümmerte, die in Paris zusammenströmten. Er sorgte dafür, daß Wassilij auf die École Centrale kam und Bauingenieur wurde; Anna studierte Medizin und spezialisierte sich auf Neurologie. Außerdem gab es noch eine Schwester, aber wir wissen von ihr nur, daß sie in dieser Geschichte keine Rolle gespielt hat.

1936 umwerben zahlreiche politische Organisationen in Paris die Weißrussen, von denen die meisten sich hartnäckig an den orthodoxen Zarismus klammern, während andere mit dem Faschismus oder Sozialismus sympathisieren oder zu einer Verbindung faschistisch-kommunistischer Elemente neigen. Es sind seltsame Gruppen und Grüppchen, die keine Bedeutung haben. Von je drei Mitgliedern ist mindestens eines als Spitzel tätig, sei es für die französische Polizei, sei es für die Nazis, sei es für den sowjetischen Nachrichtendienst. Eine der russischen Emigrantenorganisationen ist die Union des Défensistes.

Der Historiker Dallin, der sich auf die Aussage Pjotr Wolodins, eines ehemaligen Mitglieds der Union, beruft, berichtet: »Im Jahre 1936 mietete die ›Union der Verteidiger‹ in der Rue Dupleix einen kleinen Saal für Versammlungen, Tanzabende und dergleichen, konnte aber kaum die geringen Kosten aus eigenen Mitteln bestreiten. Eines Abends fuhr eine hochgewachsene, ziemlich kräftige, aber gut angezogene Vierzigerin in einem eleganten Wagen vor und erklärte den Mitgliedern der Union, sie interessiere sich für ihren Verband und sei als Leiterin eines Sanatoriums für Nervenkranke in der Lage, die Union finanziell zu unterstützen, worauf die Union sofort ihren Saal anstreichen und mit Teppichen auslegen ließ und bald darauf auch eine Zeitung herausgab. Von Zeit zu Zeit erhielten einzelne Mitglieder der Union Geldüberweisungen von 10 bis 15 Dollar. Die Ausgaben des Verbandes stiegen. Von 1937 bis 1939 wurden sie aus den Erträgen des ›Sanatoriums‹ gedeckt. Im Jahre 1939 ging unter den Mitgliedern ein Gerücht um, daß ›Annas Geld faul sei‹ und Unannehmlichkeiten bevorstünden. Aber niemand wollte den ›Klatsch‹ glauben.«[11]

Die Defensisten sollten niemals erfahren, ob Annas Geld faul war, denn fast alle wurden am Tage der Kriegserklärung von der französischen Polizei verhaftet und als verdächtige Ausländer im Lager von Vernet interniert. Wassilij Maximowitsch wurde einige Monate später aufgegriffen, aber Anna, Vizepräsidentin der Defensisten, entging aufgrund ihres Berufs der Internierung: ihre Kranken brauchten sie.

Auch uns ist nicht bekannt, ob Annas Geld »faul« war, wir wissen aber etwas, das weder die Defensisten noch Dr. Darquier geahnt haben: Sie hat in ihrer Klinik in Choisy-le-Roi verwundete republikanische Spanienkämpfer gepflegt.

Das Lager von Vernet lag am Fuß der Pyrenäen, im Departement Ariège, 30 km von der spanischen Grenze entfernt. Fünfzig Hektar Gelände waren mit Stacheldraht umzäunt worden und dienten nach den Razzien vom September 1939 als Sammelplatz für russische Emigranten – Zaristen, Sozialisten und Faschisten –, französische Kommunisten, Strafgefangene und Hunderte von deutschen Emigranten, die wie durch ein Wunder den Klauen der Gestapo oder sogar Hitlers Konzentrationslagern entronnen waren. Daß die letzteren wahrscheinlich größere Gegner Hitlers waren als irgend jemand anders auf der Welt, störte die französischen Behörden in keiner Weise. Sie waren viel zu sehr damit beschäftigt, sich auf den allzu sicheren Sieg vorzubereiten, als daß sie sich mit Kleinigkeiten aufgehalten hätten. Sie fanden es einfacher, alle von der Polizei als »verdächtig« Abgestempelten bunt durcheinander in dieses Lager zu stecken.

Baron Wassilij Maximowitsch hatte bis zu seinem siebzehnten Lebensjahr im Glanz des zaristischen Sankt Petersburg gelebt, dann hatte Monseigneur Chaptal die Härten der Emigration gemildert. Während er sich an der École Centrale auf die Laufbahn eines Bergbauingenieurs vorbereitete, blieb er den Agitationen seiner emigrierten Landsleute fern und glaubte wahrscheinlich an die Möglichkeit einer gesicherten friedlichen Zukunft. Als er aus Rußland geflohen war, hatte er auch der Geschichte und ihren Wirren den Rücken gekehrt. Im Lager von Vernet aber begegnete er der Realität des politischen Lebens wieder. Hier lernte er Hunger, Kälte und Schmach kennen.[*] Er erlebte das Unglaubliche: die fanatischsten Feinde Hitlers waren hier eingeschlossen und zum Hungern verurteilt von einem Frankreich, das sich mit Hitler-Deutschland im Krieg befand. Er erlebte den unglaublichen Tag, an dem die Gestapo im Gefolge der siegreichen Wehrmacht nach Vernet kam, um die hier versammelten Menschen zu sortieren. Französische Wachmannschaften lieferten ihre Gefangenen diensteifrig der Gestapo aus, während Marschall Pétain dem Land stammelnd einen »ehrenvollen Frieden« verkündete.

---

[*] *Eine Beschreibung der unmenschlichen Zustände im Lager von Vernet hat Arthur Koestler, der auch dort in Haft war, in »Abschaum der Erde« (»Scum of the Earth«) gegeben.*

Zweifellos hatte Wassilij damals schon seine Lehre daraus gezogen: die Zeit verlangte, daß man sich um Politik kümmerte, denn die Politik ging an niemandem vorüber.

Nach der Gestapo kam eine deutsche Kommission nach Vernet, die den Auftrag hatte, unter den vertrauenswürdigen Gefangenen Arbeiter für das Dritte Reich zu rekrutieren. Die Kommission stand unter dem Befehl von Oberst Hans Kuprian. Dieser suchte einen Dolmetscher. Wassilij meldete sich und wurde angenommen, mehr noch: er schloß Freundschaft mit Kuprian. Der Oberst war ein altgedienter, streng monarchistischer Offizier. Er war der Ansicht, daß Deutschland sich in den Händen schlecht erzogener Thronräuber befand, und in seinen Augen war Baron Maximowitsch von ungehobelten Banditen aus Rußland verjagt worden, die einen Pakt mit der Hitler-Bande geschlossen hatten. Die beiden Männer waren dazu geschaffen, einander zu verstehen. Nach beendeter Mission sorgte Kuprian dafür, daß Wassilij aus dem Lager entlassen wurde, und versprach, ihm in Paris eine seinen Fähigkeiten entsprechende Stellung zu besorgen.

Maximowitsch kehrte im August 1940 zu seiner Schwester in das noch menschenleere Paris zurück.

Darquier:

»1939 wurde ich selbstverständlich mobilisiert und einer Sanitätsgruppe zugeteilt. Ich wurde gefangengenommen, jedoch sehr schnell wieder freigelassen und kam im November 1940 nach Paris zurück. Ich ging nach Choisy. Im Park der Klinik lagen deutsche Soldaten. Ich komme zu Anna ins Büro und sage laut: ›Na, sind die Boches hier?‹ Erschrocken sagt sie: ›Pst, seien Sie still!‹ Und tatsächlich war mir eine von den deutschen Krankenschwestern auf dem Fuß gefolgt, eine ›graue Maus‹, wissen Sie ... Die Deutschen hatten sie in jedem Krankenhaus untergebracht, um die Leute zu überwachen und zu bespitzeln, wenn es nötig sein sollte. Wassilij war an diesem Tag auch da. Und ich erinnere mich noch an eine kleine Einzelheit: auf dem Schreibtisch lag eine ›Iswestija‹.«

Im November 1940 bekommt man natürlich die »Iswestija« in Paris; der deutsch-sowjetische Freundschaftsvertrag besteht immer noch. Liest Anna Maximowitsch, die fanatische Zarenanhängerin, mit Vergnügen ein bolschewistisches Blatt? Darquier mißt dieser Tatsache keine große Bedeutung bei. Vielleicht hat er recht. Eine Zeitung ist kein Gebetbuch. Und Geheimnistuerei paßt nicht gut zu Anna ... Eine kreuzfidele Frau, freimütig, offen, immer zum Lachen und zum Erzählen zweideutiger Geschichten aufgelegt – ein Teufelskerl, diese Anna! Darquier hält an seiner naiven Vorstellung fest. Wir kennen nur einige Momentaufnahmen aus ihrem Leben – aber können wir sagen, welche die wirkliche Anna zeigt? Ist sie der Backfisch geblieben, der mit der Axt in der Hand die Flucht des von den Bolschewiken verfolgten Vaters deckte? Wem diente die glänzend durchgeführte Übernahme der Union des Défensistes? Ist die Pflege, die Anna den spanischen Republikanern angedeihen ließ, eine politische oder eine menschliche Geste? Liest sie die »Iswestija« nur, um Nachrichten aus Rußland zu erhalten? Viele Fragen – und eine so einfache Frau ...

Dagegen wird ihr Bruder Wassilij, »der unergründliche Slawe«, sich sehr schnell zu einem unzweideutigen Schritt entschließen: er wird sich dem Grand Chef zur Verfügung stellen.

Alles klar? Trepper ist anderer Ansicht. Wassilij war ihm durch Michel, den V-Mann zur KP, zugeführt worden. Wäre Maximowitsch ein langjähriger Mitarbeiter der Zentrale gewesen, hätte er sorgfältig Abstand zu kommunistischen Kreisen gehalten. Es muß sich also um einen Neuling handeln: Vorsicht! Wie ist es um seine Vergangenheit bestellt? Sohn eines adeligen Generals, im Gefolge der Weißen Armee aus Rußland geflohen, in Paris von einem Bischof aufgenommen und im antisowjetischem Emigrantenmilieu aufgewachsen ... Man muß zugeben, daß Maximowitsch inmitten von Treppers Leuten seltsam wirkt – Katz, Sokol, Großvogel und all die anderen stammen aus einer anderen Welt. Ist er ein Wolf, der versucht, sich in den Schafstall einzuschmuggeln? Trepper verlangt dringend Anweisungen von der Zentrale. Antwort: Maximowitsch einsetzen, falls er über interessante Verbindungen verfügt, aber größte Vorsicht walten lassen. Eine unklare, jedoch klassische Antwort. Wer anders als der Chef der Gruppe kann tatsächlich das Für und Wider abwägen? Die Rolle der Zentrale, besonders in Kriegszeiten, beschränkt sich darauf, in der riesigen Kartei der Komintern nachzusuchen, ob eine Akte über den Kandidaten vorhanden ist. Ist das nicht der Fall, oder gibt es nur unzureichende Auskünfte, dann bleibt die Entscheidung dem Chef der Gruppe überlassen. Diese Verantwortung erfordert, daß er ein wenig Psychologe, ein wenig Beichtvater, ein wenig Wahrsager sein und darüber hinaus sehr viel Glück haben muß. Er muß die Persönlichkeit eines Menschen, seine starken und schwachen Seiten erkennen können. Doch das Puzzle ist unvollständig, viele Teile fehlen, und die vorhandenen passen oft nicht zusammen: siehe Anna. Die Lücken müssen gefüllt, Widersprüche durch Instinkt und Erfahrung überbrückt werden, der Chef muß spüren, daß die Ausweispapiere Inspektor Mathieus ein zweifelhaftes Geschenk sind, muß ahnen, daß Sokol einen ungewöhnlichen Charakter hat, muß erraten, daß Alfred Corbin, wenn er die Wahrheit erfährt, unerschrocken bleibt – und dabei ständig vor Augen haben, daß jede Entscheidung das Schicksal der gesamten Gruppe aufs Spiel setzt.

General Orlow, der Theoretiker des sowjetischen Geheimdienstes, hat also gar nicht so unrecht, wenn er schreibt, daß der Chef einer Gruppe einem Schriftsteller ähnelt: er wählt seine Personen und läßt sie handeln. Um die Kritik nicht gegen sich aufzubringen, muß der Romanschriftsteller eine logische Verwicklung aufbauen und seine Helden gemäß der Psyche, die er ihnen zugedacht hat, handeln lassen. Wenn der Chef eines Nachrichtennetzes nicht die gleichen Regeln beachtet, wird er sich bald zusammen mit seinen Leuten auf dem Hinrichtungsplatz wiederfinden. Denn er »inspiziert und lenkt die Gefühle und die Handlungen von lebendigen Wesen«, im Gegensatz zum Schriftsteller, der glücklicherweise nur seine Phantasie spielen läßt.[12]

Der Grand Chef prüft das Puzzle, aus dem sich Maximowitsch zusammensetzt, und entscheidet sich für ihn. So beginnt, mit Mißtrauen und gegenseitigem Zögern – zwei Schritte vor und einer zurück –, eine Zusammenarbeit, die sich als fruchtbar erweisen und der Geschichte der Gruppe unter anderem eine der erheiterndsten Episoden hinzufügen wird. Denn Baron Wassilij Maximowitsch, neununddreißig Jahre alt, ist trotz seiner geschwollenen Beine und seiner rundlichen Gestalt dazu bestimmt, der Casanova der Roten Kapelle zu werden.

Margarete Hoffmann-Scholtz ist Deutsche, vierundvierzig Jahre alt und nicht allzu hübsch. Seit einem Vierteljahrhundert wartet sie auf ihren Märchenprinzen. Würde dem Grand Chef ein Autor wie Balzac entsprechen, käme für Margarete eher eine Courths-Mahler in Frage. Margarete Hoffmann-Scholtz stammt aus einer sehr guten Hannoveraner Familie. Einer ihrer Onkel, Oberstleutnant Hartog, ehemaliger Oberforstmeister, dient in Paris im Stab des Generals von Stülpnagel, des Militärbefehlshabers in Frankreich. Margaretes Vater hat den Onkel gebeten, sich um seine Tochter zu kümmern, als sie vom Wehrmachtshilfsdienst, zu dem sie sich gemeldet hatte, nach Paris geschickt wurde. Aber Margarete kommt mit der rauhen Soldateska nicht in Berührung: sie wird die Sekretärin Oberst Hans Kuprians, eines vornehmen Herrn. Man gehört den gleichen Kreisen an ... Doch diese glücklichen Umstände ändern nichts daran, daß Margarete bald fünfundvierzig Jahre alt wird und nicht gerade hübsch ist. Sie begleitet Oberst Kuprian bei seiner Mission ins Lager von Vernet. Sie nimmt dort weder Elend noch Leid oder Schmutz wahr, sie sieht nur Wassilij Maximowitsch und ist von ihm geblendet. Der arme Kerl mit den geschwollenen Beinen und seinem von Krankheit gezeichneten Gesicht ist wie ein Muschik gekleidet, aber unter den Fetzen spürt Margarete den Baron. Er läßt sich herbei, sie anzusehen; wahrscheinlich richtet er sogar einige Worte an sie. Das ist für das Fräulein aus Hannover schon genug. Der

Autor verzichtet darauf, den Sturm in Margaretes Herzen zu beschreiben. Als sie das Lager von Vernet verläßt, ist sie bis über beide Ohren verliebt.

Sie kommt mit Kuprian nach Paris zurück und übernimmt wieder ihren Posten im Stab. Wir möchten wetten, daß sie nicht mit ganzem Herzen bei der Arbeit ist und sich hundertmal am Tag die Frage stellt: Wird er kommen? Er kommt, wie versprochen, und zeigt zunächst wenig Begeisterung für die Angebote der deutschen Arbeitsvermittlung. Dann aber bietet ihm Kuprian einen sehr guten Posten als Ingenieur bei den Henschel-Werken in Kassel an. Entsetzen und Verzweiflung ... Und dann ein Wunder: Wassilij lehnt ab. Margarete, fassungslos vor Glück, zweifelt nicht einen Augenblick, daß er das nur getan hat, um in ihrer Nähe zu bleiben. Wie enttäuscht wäre die Arme, wenn sie erführe, daß ihr Liebhaber nur den Anweisungen des Grand Chef gefolgt ist. Dieser hat Maximowitsch erklärt, daß er in Paris nützlicher sei als in Kassel: »Bauen Sie ein eigenes Nachrichtennetz auf. Verkehren Sie in den weißrussischen Kreisen, beim französischen Adel, im katholischen Milieu, knüpfen Sie Verbindungen zu deutschen Offizieren, aber meiden Sie vor allen Dingen Leute von der französischen Linken wie die Pest.« Es ist wirklich die beste Tarnung für Maximowitsch, wenn er seinem Image als emigrierter russischer Aristokrat treu bleibt, so wie es Treppers Tarnung verlangt, daß der Grand Chef Schwarzmarkthändler spielt, ein großes Leben führt und die Leute der Organisation Todt in den Pariser Schwarzmarkt-Restaurants zu Festgelagen einlädt.

Margaretes Idyll steht in voller Blüte. Wassilij bekommt einen Dauerausweis für das Hôtel Majestic, den Sitz des deutschen Hauptquartiers. Jeden Abend holt er Margarete hier ab. Sie berichtet über ihren Tagesablauf. Da sie sich nicht immer an alles erinnern kann, findet sie es einfacher, ihrem Geliebten Kopien der Dokumente zu zeigen, die durch ihre Hände gehen. Sie bekommt auch Kopien von ihren Kolleginnen. Alle streng geheimen Berichte über die Lage in Frankreich gelangen auf diese Weise an Trepper. Als das Thema erschöpft ist, drängt der Grand Chef darauf, Maximowitsch solle die zärtliche Margarete auf ein neues Betätigungsfeld lenken. Sie läßt sich zum Quartieramt der Wehrmacht in Frankreich versetzen. Als Trepper auch hierüber genügend Informationen besitzt, stellt Maximowitsch geschickt die Weichen für den Zugang zu einem dritten Bereich: Margarete kommt in das Sekretariat des deutschen Botschafters Abetz. Ihr Eifer trägt ihr das Vertrauen aller Mitarbeiter ein und verschafft ihr Einsicht in die geheimsten Dokumente. Durch Margarete bekommt Moskau Berichte über die politischen Verhandlungen mit Vichy, über die Stimmung des französischen Volkes, über deutsche Projekte und die dabei auftauchenden Schwierigkeiten. Ist Margarete wirklich so dumm, legt sie sich keine Rechenschaft darüber ab, daß sie schlicht und einfach ihr Vaterland verrät? Nichts berechtigt uns, das zu behaupten. Wahrscheinlich hat die Liebe alle anderen Gefühle in ihr ausgelöscht.

In ihrer Umgebung werden einige Leute unruhig. Ihr Onkel zum Beispiel sieht ihre Liebschaft mit Maximowitsch nicht gern. Sie schlägt seine Bedenken in den Wind. Auch die Sicherheitsoffiziere haben Bedenken und erinnern Margarete daran, daß man sich mitten im Krieg befindet und sie strengstes Stillschweigen über ihre Aufgaben zu bewahren habe. Als ob das wichtig wäre! Auch Margaretes unscheinbare Kolleginnen schwärmen für Wassilij: er ist so vornehm, man spürt seine feine Art, er überreicht bald der einen, bald der anderen ein Blumensträußchen oder eine Bonbonniere – und außerdem ist er ein Baron. Kann man denn einem Baron mißtrauen?

Die Offiziere im Stab schöpfen nicht den geringsten Verdacht. Die meisten von ihnen entstammen angesehenen Kreisen, haben eine erstklassige Erziehung genossen und sind entschiedene Nazigegner. Sie konspirieren etwas verächtlich gegen ein Regime, das gegen englische Gentlemen Krieg führt und zu gleicher Zeit ein Freundschaftsabkommen mit den bolschewistischen Verbrechern schließt. Sie halten Wassilij für einen der Ihren, nehmen seine Einladungen an, empfangen ihn bei sich und sprechen unverblümt und offen vor ihm. Eines Tages sitzt General von Pfeffer – Monarchist und einer der deutschen Unterhändler beim Waffenstillstand mit Frankreich – in einem Kreis mit ausgewählten Gästen zusammen, Oberstleutnant Hartog, Dr. Seiffarth, Dr. Huetgens und anderen. Der Krieg gegen Rußland hat endlich begonnen, und die Herren beglückwünschen sich dazu, aber Pfeffer setzt weitschweifig auseinander, daß man mit den Sowjets nicht fertig werden kann, solange der Krieg gegen die Engländer und Amerikaner weitergeht. Folgerung: man muß mit den westlichen Gegnern verhandeln, um die gesamte Wehrmacht gegen Rußland einsetzen zu können.»Verhandeln?« bemerkt Maximowitsch. »Und der Führer?« Pfeffer erwidert: »Mit dem Führer oder ohne ihn.«

Mehr Vertrauen kann man nicht haben.

Anna benimmt sich wie ein Elefant im Porzellanladen. Sie ist kaum zu zügeln. Eines Tages schlägt sie dem Grand Chef vor, sie wolle ihm genügend Curare verschaffen, um tausend Menschen zu vergiften, und erklärt leuchtenden Auges, daß es eine einmalige Gelegenheit wäre, den gesamten Stab des Militärbefehlshabers in Paris auf einen Schlag zu beseitigen. Trepper, dem es heiß und kalt über den Rücken läuft, ermahnt sie streng, sich alle Vorstellungen dieser Art aus dem Kopf zu schlagen. Er muß all seine Überredungskünste aufwenden, um Wassilij von seinem Plan abzubringen, Brandbomben herzustellen: es wäre heller Wahnsinn, so wertvolle Agenten mit so unwichtigen Dingen zu be-schäftigen. Durch Wassilij hat er eine direkte Verbindung zum Stab. Über Anna weiß er, welche politischen Schritte der Vatikan unternehmen wird: sie ist mit Monseigneur Chaptal befreundet und auch mit dem Jesuitenpater Valensin, der bei allen geheimen Machenschaften die Hand im Spiel hat. Au-ßerdem trifft sie Dr. Darquier und erfährt durch ihn, was in Vichy vorgeht, wo sein Bruder den Hampelmann spielt.

»Für die Geschwister Maximowitsch«, erzählt Darquier, »brachte der Angriff auf Rußland die entscheidende Wendung. Sie blieben zwar Zaristen, aber sie wurden zu fanatischen Deutschenhassern: in dem Augenblick, wo das heilige Rußland angegriffen wurde, mußten alle seine Kinder das Land vertei-digen – so einfach war das. Ihre Mutter wiederholte es ihnen in allen Tonarten, und ich habe Ihnen schon erzählt, wie unbeschränkt ihre Autorität über ihre Kinder war, sie gehorchten ihr aufs Wort. Eine deutsche Telefonlinie lief durch den Park der Klinik: das Kabel wurde dauernd durchgeschnitten. Ich wußte, daß es Anna war, und riet ihr: ›Hören Sie mit diesen Kindereien auf! Das kann doch nur ein schlechtes Ende nehmen!‹

Ich muß Ihnen gestehen, daß ich an ihre große Spionagerolle nicht eine Se-kunde geglaubt habe. Ich mußte darüber lachen, das war alles. Sie hätten sie sehen sollen, wie sie mit geheimnisvoller Miene versuchte, die Mata Hari zu spielen, und dies und jenes andeutete ... sie war unbezahlbar. Ich dachte mir: Wenn sie wirklich zu einer Spionageorganisation gehört, wird sie sich doch nicht soviel Mühe geben, das eigens zu betonen. Das war doch logisch, oder nicht? Wissen Sie, wann ich erst begriffen habe, daß es kein Spiel war? 1955 oder 1956. Da kam eines Tages ein Mann von der DST zu mir. Ich sagte mir: Das gilt bestimmt wieder meinem Bruder: jedes Jahr kommen Leute, um sich zu erkundigen, ob ich Nachrichten von meinem Bruder hätte – auf die Dauer wird man dessen überdrüssig. Ich antworte ihnen immer: ›Er ist in Spanien, es geht ihm gut. Auf Wiedersehen!‹ Aber dieser Mann kam nicht wegen meines Bruders: er verlangte Auskünfte über eine gewisse Louise, die zum Personal von Annas Klinik gehört haben sollte. Ich konnte mich an keine Louise erin-nern. Wir sind aber ins Gespräch gekommen, und da hat mir der Mann die Ge-schichte von Anna erzählt, die ich seit 1942 völlig aus den Augen verloren hatte. Ich war sprachlos, absolut sprachlos! Er hat mir erzählt, was sie getan und welche Rolle sie tatsächlich gespielt hat. Er zeigte mir sogar einen Bericht der DST, in dem mein Name angeführt war. Unten auf der Seite befand sich eine wundervolle Anmerkung: ›Es scheint, daß Dr. Darquier nicht wissentlich der Roten Kapelle angehört hat.‹ Sie lachen? Sie haben recht; es ist unglaublich. Wie können die von der DST auch nur auf den Gedanken kommen, daß ich freiwillig mit solchen Leuten zusammengearbeitet hätte! In einer Organisation, die gewissermaßen jüdisch war! Denn es gab viele Juden darunter, das stimmt doch? Und ich zwischen diesen Leuten, können Sie sich das vorstellen? Ist nicht auch Maximowitsch ein jüdischer Name? Ich frage ja nur ... Der Zar hat sich seine Generale zwar nicht gerade unter den Juden ausgesucht ... na ja, das werden wir nie erfahren ...

Ja, ich hatte Anna seit 1942 aus den Augen verloren. Die Klinik ging nicht mehr so gut. Man spürte, daß alles nachließ, und schließlich hat Anna sie an die Mutter der kleinen Vergewaltigten verkauft. Oh, ich muß Ihnen noch von der Vergewaltigung erzählen. Das war typisch Anna! Stellen Sie sich vor, eines Tages dringt ein junger deutscher Soldat der im Park biwakierenden Kompanie, knapp achtzehn, in das Zimmer ein, in dem ein junges Mädchen – eine frühreife Irre – untergebracht war. Er will sie so mir nichts, dir nichts vergewaltigen. Das Mädchen schreit. Anna eilt herbei und sieht die Bescherung. Sie sagt kein Wort, ruft nicht um Hilfe, packt den Soldaten am Hals und am Hintern, reißt ihn los und schmeißt ihn die Treppe runter. Der Bursche ist davongesaust, ohne zu mucksen. Am Abend große Aufregung. Der Kompaniechef will sich entschuldigen, aber Anna erklärt, daß sie sich bei der Kommandantur beschweren wird. Der andere macht sie darauf aufmerksam, daß sie damit den Jungen zum Tode verurteilt. Sie läßt sich erweichen. Und am nächsten Tag haben wir folgendem Schauspiel beigewohnt: die Deutschen haben den Jungen zwischen zwei Bäumen an den Armen aufgehängt und ihn ausgepeitscht, bis er ohnmächtig wurde.

Also, an die Mutter dieses Mädchens hat Anna ihre Klinik verkauft, die dann in ein Altersheim umgebaut wurde. Ich habe Anna niemals wiedergesehen und auch nichts mehr von ihr gehört. Bis zu dem Besuch des Mannes von der DST mit dieser unglaublichen Anmerkung, die mich betraf ... Sie lachen ...?«

Ich lache noch heute, Dr. Darquier.

Annas Patienten haben unter dem Verkauf der Klinik nicht zu leiden. Sie werden im Schloß von Billeron untergebracht, im Departement Cher, in der Nähe von Groize. Bis 1940 war Billeron ein katholisches Stift, aber die Nonnen hatten es beim deutschen Einmarsch fluchtartig verlassen und waren nicht mehr zurückgekommen. Anna hatte das Schloß bereits 1941 gemietet, um Mutter und Schwester dort unterzubringen.

Es ist eigentlich kein Schloß, eher ein Landsitz; elegant in seiner Schlichtheit, ohne Türme und Söller, weitläufig, von hohem, dichtem Wald umgeben. Dem Hauptgebäude gegenüber liegen, in Hufeisenform, große Stallungen und

Wirtschaftsräume, etwas abseits steht mitten auf einer Lichtung eine winzige Kapelle. Eine lange Allee mit uralten Bäumen führt zum Parktor.

Der Parkwächter und seine Frau erinnern sich lebhaft an Anna Maximowitsch: »Sie war eine sehr, sehr vornehme Dame, wie man sie nur selten trifft. Sie hatte ihr gesamtes Vermögen während der Revolution in Rußland verloren, aber sie erzählte uns: Wenn man weiß, wie es dort früher zuging, dann erscheint einem alles, was später geschehen ist, nur normal. Es mußte so kommen.«

Das Wärterehepaar denkt auch noch manches Mal an Wassilij und seine Schwester: die gute, dicke Anna, die mit Riesenschritten durch den Park stapft, in einem langen, dunkelvioletten Spitzenkleid, das die Leute glauben machte, sie gehöre einem religiösen Orden an. Es muß ein köstlicher Anblick gewesen sein.

Sie erinnern sich auch noch an die Nervenkranken, die sich in der ländlichen Stille beruhigen sollten, und auch daran, daß viele Kolleginnen von Margarete Hoffmann-Scholtz und Frauen deutscher Offiziere kamen, um sich von den Anstrengungen des Pariser Lebens zu erholen.

Auch Käthe Voelkner kam nach Billeron. Aber als sie an einem Sommertag 1941 die lange prächtige Allee zum Schloß hinaufging, kam sie nicht zur Erholung, sie sollte hier auf Herz und Nieren geprüft werden.

Deutsche Staatsangehörige, am 12. April 1906 in Danzig geboren; der Vater Zeichenlehrer und Sozialist. Üppiges, aschblondes Haar und ein recht gewöhnliches Gesicht, aber ein muskulöser und ungewöhnlich geschmeidiger Körper: sie wird akrobatische Tänzerin. Armselige Tourneen durch Europa mit ihrem aus der Tschechoslowakei stammenden Liebhaber und Manager Johann Podsialdo, der ihr unterwegs zwei Kinder macht. Sie erhält ein Engagement in einem Kabarett in Paris und tritt dort zwei Jahre lang auf. Nach der Kriegserklärung 1939 versteckt sie sich mit Podsialdo und den Kindern in einem Haus im zwanzigsten Arrondissement, um nicht als feindliche Ausländerin interniert zu werden. Die lange Zeit der »drôle de guerre« benutzen Podsialdo und sie, um stenotypieren zu lernen. 1940 kommt Käthe aus ihrem Versteck hervor und offeriert den siegreichen Landsleuten ihre Dienste. Sie wird von der Dienststelle für den Arbeitseinsatz in Frankreich, dem Amt Sauckel, eingestellt, das in der Chambre des Députés seinen Sitz hat. Podsialdo bekommt dort einen untergeordneten Posten, Käthe aber wird Sekretärin Dr. Kleefelds, des Pariser Chefs der Dienststelle. Sie genießt sein volles Vertrauen: ist sie nicht Deutsche, und hat sie sich nicht ein Jahr lang verbergen müssen, um der französischen Polizei zu entgehen?

Maximowitsch erkundigt sich nach seiner Rückkehr aus dem Lager in Vernet bei dieser Dienststelle nach einer Arbeitsmöglichkeit. Er trifft Käthe, spricht mit ihr, ahnt ihre unausgesprochenen Gedanken und hält es für möglich, sie anzuwerben. Wenn er sich aber täuschen sollte?

Er läßt sie nach Billeron einladen. Vierzehn Tage lang gehen die dicke Anna und die kleine Käthe im Park spazieren und unterhalten sich. Als Käthe abreist, sagt Anna zu ihrem Bruder: »Meiner Ansicht nach ist sie in Ordnung.« Wassilij bleibt mißtrauisch. Er hat einen langen Weg zurückgelegt seit der Zeit, als er noch von Brandbomben träumte. Er trifft Käthe in Paris wieder und schickt sie noch einmal nach Billeron. Inzwischen ist es Herbst geworden. Anna bestätigt ihr günstiges Urteil, und Wassilij beschließt, mit dem Grand Chef über Käthe zu sprechen.

Diese Unterhaltung findet nach dem Überfall auf die Rue des Atrébates statt, Trepper ist darum doppelt vorsichtig. Er fürchtet einen Unterwanderungsversuch.

Der Grand Chef trifft bei Käthes Anwerbung besondere Vorsichtsmaßnahmen. Erst will er die Person auf die Probe stellen, ohne selbst gesehen zu werden. Er läßt sie von Anna in ein Restaurant einladen, an dessen Wänden große Spiegel hängen. Er setzt sich an einen Nebentisch und beobachtet mit Hilfe der Spiegel aufmerksam den Raum, um zu sehen, ob Käthe überwacht wird. Kein verdächtiges Zeichen. Der zweite Schritt kann getan werden: ein Treffen mit Käthe. Es findet auf dem Bahnsteig einer Metro-Station statt, die zahlreiche Ausgänge hat. Käthe bittet Wassilij um eine Beschreibung ihres Gesprächspartners und um das Erkennungswort. Zu ihrer Überraschung gibt Wassilij ihr weder das eine noch das andere: ihr Partner kenne sie bereits. Wenn sie ein Spitzel sein sollte, kann sie ihr Opfer den Leuten der Gestapo nicht verraten. Sie muß warten, bis Trepper sie anspricht; er hat Zeit, sich umzusehen. Katz ist ihr von der Wohnung bis auf den Bahnsteig gefolgt. Wenn er etwas Verdächtiges bemerkt, kann er seinen Chef diskret alarmieren. In der Metro-Station geben an den verschiedenen Eingängen Helfershelfer auf das Erscheinen von Männern in etwas zu langen Regenmanteln und Tirolerhüten acht. Das Treffen verläuft reibungslos; Käthe wiederholt ihren Wunsch: sie will mitarbeiten. Dritter Schritt: die Probe. Man verlangt von ihr, sie solle Stempel, Siegel und Schriftstücke verschaffen. Sie tut es. Nun betrachtet man sie als dazugehörig und gibt ihr wichtigere Aufträge: Käthe verschafft Dokumente, übergibt sie aber Trepper nicht persönlich. Eine von Katz abgesicherte Mittelsperson, Madame Giraud, trifft Käthe in der Metro und erhält von ihr, in Zeitungen versteckt, die von Dr. Kleefeld aufgesetzten Berichte. Madame Giraud hat den Auftrag, sich mindestens sechs Stunden herumzutreiben, bevor sie nach Hause zurückkehrt. Der getreue Katz folgt ihr wie ein Schatten. Danach muß sie drei Tage die Dokumente bei sich aufbewahren, und erst dann händigt ihr Mann – nicht sie – die Papiere dem Grand Chef aus ...

Zu viele Umstände? Wenn alle verantwortlichen Chefs so gehandelt hätten, wären die Massengräber der Naziopfer nicht so tief gewesen.

Durch Käthes Material wird Moskau bis in alle Einzelheiten über den Mangel an Arbeitskräften informiert, der sich allen Planungen Hitlers erschwerend entgegenstellt, und über die vorgesehenen Gegenmaßnahmen in Kenntnis gesetzt: das besetzte Europa soll zur Sklavenarbeit verurteilt werden. Kleefeld weiß alles: die für jedes Land festgelegten Kontingente, ihre Verwendung in Deutschland und – der wichtigste Punkt – die als vordringlich angeführten Industrien. Kleefeld beschreibt in seinen Berichten die Schwierigkeiten, auf die er bei der Zwangsrekrutierung stößt, und weist darauf hin, daß viele Betroffene sich Untergrundbewegungen anschließen. Das ist wichtig.

Aber Käthe schafft noch mehr. Sie führt der Gruppe einen Franzosen zu, der beim Quartierbeschaffungsamt der Wehrmacht in Paris arbeitet. Auf den ersten Blick scheint es sich um einen uninteressanten Mann zu handeln. In Wirklichkeit ist es wahrscheinlich die bedeutendste Anwerbung, die dem Grand Chef jemals gelang. Aber überlassen wir es Harry Piepe, uns das zu schildern: es gibt keinen besseren Zeugen als diesen naiven Menschenfresser mit seinen großen Ohren, seiner dicken Nase und seiner dröhnenden Stimme, wenn es um die schönsten Überraschungen geht, die die Rote Kapelle den Nazis lieferte ...

Eines Tages vertraute Wassilij Maximowitsch dem Grand Chef seine Sorgen an: man finge zu lästern an. Ohne Aussicht auf einen krönenden Abschluß begänne seine Beziehung zu Margarete anstößig zu werden. Böse Zungen könnten ihren platonischen Charakter bald anzweifeln. Seine, Wassilijs, Stellung würde dadurch erschüttert werden, und die Spitzen der Pariser Gesellschaft würden nicht zögern, ihn aus ihrem Kreis auszustoßen. Trepper drängte darauf, er solle Margarete heiraten. Aber Maximowitsch zupfte an seinem Bärtchen und wandte ein, er denke nicht daran, gleich zu kapitulieren; zu einer offiziellen Verlobung sei er bereit, dann bleibe ihm immer noch die Möglichkeit, den Rückzug anzutreten. »Und, Gott sei Dank«, fügte der Russe hinzu, »ist es in unseren Kreisen nicht üblich, zwischen Verlobung und Hochzeit die Ehe zu vollziehen.«

Moskau mußte informiert werden. Der Grand Chef bat um die Zustimmung des Direktors. Die Einwilligung kam. Einladungskarten mit dem

Wappen der Maximowitsch überschwemmten Groß-Paris. Der Empfang war märchenhaft. Man sah die schönsten Töchter der emigrierten russischen Aristokratie in den Armen der stolzesten Stabsoffiziere Walzer tanzen, Champagner floß in Strömen, und die Turteltauben nahmen die Glückwünsche sämtlicher Generale aus dem Hôtel Majestic entgegen.

Vielleicht zeugt es von einem beklagenswerten Geschmack für Bilderbuchromantik, aber ich hätte den Grand Chef gerne gesehen, wie er vor den geöffneten Fenstern der Salons steht, in denen getanzt wird, wie er seinen Blick über die eleganten Silhouetten schweifen läßt, die sich zu den Klängen des Orchesters im Takt wiegen, und die Kellner betrachtet, die Champagner ausschenken: Getränke und Musik, die er bezahlt hat. Diese schönen Frauen, diese prächtigen Offiziere sind hier vereint, weil er es so gewollt hat – auf seine Kosten; und dabei ist er für sie das Hassenswerteste auf der Welt: ein kommunistischer Jude. Er hat viel geleistet, und er wird noch viel leisten – was jedoch ausgefallene Ideen angeht, ist dieses Verlobungsfest eine Meisterleistung.

Doch der Grand Chef hatte zu viele Sorgen, den von ihm Düpierten länger beim Tanzen zuzusehen.

———————

»Ruhig Blut«

19

Wie steht es also?

Im Sommer 1942 fallen Brüssel und Amsterdam, aber die Pariser Zitadelle scheint unbezwingbar. Von Warnposten gesichert, durch drakonische Abschottungsmaßnahmen geschützt, ist sie auf den Ansturm vorbereitet.

Großvogel hat für Ausweichquartiere gesorgt. Etwa zehn Wohnungen und Zimmer stehen für die Leute der Organisation bereit: Rue Edmond-Roger Nr. 3, Quai Saint-Michel Nr. 13, Rue de Varennes Nr. 94, Rue Fortuny Nr. 6, Avenue de Wagram Nr. 78, und so weiter. Es gibt auch noch ein Haus in Le Vésinet und eine Villa in Verviers. Darüber hinaus verfügt man sogar über einen auswärtigen Stützpunkt: das Schloß in Billeron, wo kranke und erschöpfte Agenten neue Kräfte sammeln können. Dort erholen sich also zu gleicher Zeit verfolgte Kommunisten und deutsche Offiziersfrauen in der guten französischen Landluft. Billeron, nur einige Kilometer von der Demarkationslinie entfernt, ist für bedrohte Agenten auch ein Notausgang ins unbesetzte Frankreich: Ortsansässige bringen sie sicher hinüber. Im übrigen liefert der Bauernhof der Corbins reichlich Lebensmittel, und Thévenet, ein Zigarettenfabrikant und Mitinhaber der belgischen Simexco, versorgt seine Pariser Freunde weiterhin mit Tabak.

Geld ist kein Problem: das Geschäft blüht. Der Reingewinn der Simex und Simexco beläuft sich im Jahre 1941 auf 1 616 000 Franc; im Jahre 1942 sind es 1 641 000 Franc. Daß die laufenden Unkosten für die belgischen, holländischen und französischen Gruppen dabei schon abgesetzt sind, versteht sich von selbst. Über diese Unkosten führt Trepper peinlich genau Buch, denn er weiß wie jeder Chef eines sowjetischen Apparates, daß er Moskau eines Tages seine Bilanz vorlegen muß. Er selbst und seine Leute werden in Dollars bezahlt; der Dollar ist von jeher die Währung der Zentrale. 1939 erhielt der Grand Chef 350 Dollar monatlich. Nachdem seine Frau und seine Kinder über Marseille nach Moskau zurückgekehrt waren, wurde diese Summe auf 275 Dollar herabgesetzt. Kent, Alamo und Großvogel bekamen anfangs 175 Dollar, dann 225 Dollar. Seit dem 22. Juni 1941 erhalten alle Agenten, vom wichtigsten bis zum unbedeutendsten, ein einheitliches Gehalt von 100 Dollar: es ist Krieg, und sie werden als mobilisierte Soldaten eingestuft. Die Ausgaben für dienstliche Zwecke werden natürlich nicht begrenzt.

Auf den ersten Blick erscheinen die Unkosten niedrig. Vom 1. Juni bis zum 31. Dezember 1941 kostet Brüssel 5650 Dollar und Paris 9421 Dollar. Vom 1. Januar bis zum 30. April 1942 sind es für Paris 2414 Dollar und für die belgische Gruppe 2042 Dollar; die Gruppe von Kent in Marseille kostet 810 Dollar. Vom 1. Mai bis 30. September 1942 wird alles in Franc gerechnet: 593 000 für Paris, 380 000 für Belgien und 185 000 für Kent.

Es handelt sich hierbei nur um die festen Ausgaben: Gehälter, Wohnungsmieten und ähnliches. Um sich einen Überblick über die Gesamtlage der Finanzen zu verschaffen, müßte man die Summen hinzufügen, die für die Bestechung deutscher Offiziere, für Maximowitschs Verlobung, für den Unterhalt von Billeron und anderes erforderlich waren. Der Grand Chef kann beliebig viel ausgeben, denn das Geld, das er für Deutsche verwendet, ist über die Simex und die Simexco den deutschen Stellen aus der Tasche geholt worden. Das Dritte Reich kommt für die Kosten der Roten Kapelle auf, wie ein Organismus den Krebs ernährt, der ihn vernichtet. Und dieses System funktioniert so ausgezeichnet, daß die Zentrale einen Augenblick erwägt, den Grand Chef zum Bankier aller sowjetischen Gruppen im Westen zu ernennen ...

Trepper hat seine Abrechnungen in der Standuhr des Hauses in Verviers versteckt, und in der Wohnung von Katz sind 1000 Golddollar für den Fall einer finanziellen Katastrophe in Marmeladegläsern verborgen. Claude Spaak bewahrt immer noch die Goldrolle auf, die ihm die Sokols anvertraut haben. Selbst wenn Simex und Simexco auffliegen, wird es an Geld nicht fehlen.

Dank dieser soliden Finanzbasis bewältigt die Gruppe ein beispielloses Arbeitspensum. Wir kennen bereits die Rolle der Simex: Unterwanderung der Organisation Todt und Beschaffung von Unterlagen über die großen Bauvorhaben, die von der Wehrmacht im besetzten Europa ausgeführt werden. Wir kennen die Rolle von Wassilij Maximowitsch: er verschafft sich Zugang zum Pariser Hauptquartier, sammelt Informationen über Truppenbewegungen, über die Versetzung von Offizieren, die Moral der Wehrmacht, die Pläne der Hitler-Gegner in ihren Reihen und die Beziehungen zur Vichy-Regierung. Käthe Voelkner befaßt sich mit dem Problem der Arbeitskräfte, Anna Maximowitsch mit der Politik des Vatikans und innerfranzösischen Angelegenheiten. Isidor Springer hat in Lyon Kontakt mit dem ehemaligen belgischen Minister Balthazar und dem amerikanischen Konsul aufgenommen. Auch dort sind interessante Informationen zu erhalten.

Das ist noch nicht alles.

Die Gruppe hat zusätzlich zwei Agenten in der deutschen Telefonzentrale von Paris für sich gewonnen. Sie hören die Telefongespräche ab, die zwischen

Paris und Berlin geführt werden, und geben das Wesentlichste an den Grand Chef weiter.

Auch über den Apparat der Komintern kann Trepper verfügen. An seiner Spitze steht ein Jude, vierundvierzig Jahre alt, groß und schlank, mit dunklen Augen und intelligentem Blick: Henri Robinson. Später heißt es in einem Gestapo-Bericht über ihn: »Deutscher Jude, spricht fließend Deutsch, Englisch, Russisch, Französisch und Italienisch. Tritt unter den verschiedensten Namen auf, richtiger Name unbekannt. Zusammen mit seinem Freund Humbert-Droz Gründer der kommunistischen Jugendinternationale. 1922 Vertreter der französischen kommunistischen Jugendliga bei der Komintern. 1923 Führer der politisch-militärischen Arbeiterorganisation im Rheinland während der französischen Besetzung. 1924 technischer Leiter der politisch-militärischen Arbeiterorganisation für Mittel- und Westeuropa. 1929 Mitarbeiter General Murailles in der Leitung des sowjetischen ND-Apparates in Frankreich. 1930 Chef der IV. Sektion des Nachrichtendienstes der Roten Armee für Europa. 1940 Leiter der aktivistischen und militärischen Abteilung für Westeuropa.«

Ein Lebenslauf, der zweifellos Ungenauigkeiten aufweist (selbst wenn Robinson für die Zentrale einige Aufträge erledigte, hat er doch bis zuletzt der Komintern unterstanden), aber dennoch sehr aufschlußreich ist: ein Veteran des illegalen Kampfes. Kaum älter als der Grand Chef, war er bereits Mitarbeiter des Generals Muraille und Leiter des sowjetischen ND-Apparates in Frankreich, drei Jahre bevor Trepper bei Fantômas in die Lehre gegangen zu sein scheint. Und während Trepper in Rußland und Belgien lebte, hat Robinson immer fester Fuß gefaßt, seine Verbindungen zu den verschiedensten Kreisen unentwegt ausgebaut. Und trotzdem wird Robinson dem Grand Chef unterstellt und nicht umgekehrt. Trepper gehört dem zentralen Nachrichtendienst der Roten Armee an, der durch den Krieg an die vorderste Stelle rückt, Robinson ist Mitglied der Komintern, deren Ansehen sinkt. In Stalins Augen haben sich die Leute von der Komintern als Abweichler verdächtig gemacht; von den jungen Technokraten der Zentrale werden sie für untauglich und altmodisch gehalten. Zwar befiehlt man Trepper, die Leute von der Komintern einzugliedern, aber zugleich warnt der Direktor eindringlich: Robinson hat ideologische Auseinandersetzungen mit Moskau gehabt, er ist politisch unzuverlässig; er steht unter dem Verdacht, für das Deuxième Bureau als Spitzel gearbeitet zu haben. Die Anweisung lautet: nur mit größter Vorsicht einsetzen.

General Susloparow organisiert kurz vor Beginn des Unternehmens Barbarossa ein Treffen zwischen den beiden Männern. Robinson läßt seine zweifellos vorhandene Verbitterung nicht durchblicken und stellt Trepper unverzüglich seine belgischen und französischen Mitarbeiter sowie sein persönliches

Informantennetz zur Verfügung. Er hat Zugang zu führenden französischen Kreisen und verfügt über mehrere direkte Quellen im deutschen Oberkommando. Seine Agenten liefern Trepper präzise Berichte über alle möglichen Geschehnisse, wie zum Beispiel die Flucht General Girauds und deren Folgen, über die Landung bei Dieppe, die Wirkung der alliierten Bombardierungen in Frankreich, die Vorbereitungen für die angloamerikanische Landung in Nordafrika, und anderes mehr.*

Wassilij und Anna Maximowitsch, Käthe Voelkner, Isidor Springer und Robinson – alle Informanten arbeiten mit der Regelmäßigkeit von Maschinen. Der Vollständigkeit halber müßte man auch noch die persönlichen Kontakte erwähnen, die der eine oder andere Agent mit ahnungslosen Informanten angeknüpft hat. Zum Beispiel profitiert der Grand Chef von den vertraulichen Mitteilungen einer Mademoiselle Mayol de Lupé. Sie ist die Schwester des Seelsorgers der französischen Freiwilligen-Legion, die in deutscher Uniform in Rußland kämpft. Monseigneur Mayol de Lupé, ein Mönch aus der Inquisitionszeit, ist der geistliche Betreuer dieser Einheit, in der nebeneinander Söldner und verirrte Söhne kämpfen, die überzeugt sind, in Rußland die Ehre Frankreichs zu verteidigen, die sie etwas vorschnell in die Hakenkreuzfahne eingehüllt haben. Angeblich sollen die Unterhaltungen mit der Schwester von Monseigneur Mayol de Lupé nur vergnüglichen Inhalts gewesen sein, aber wir möchten wetten, daß sie manchmal Informationen enthielten, die der Geistliche ahnungslos mitgeteilt hatte.

Wir dürfen auch die unzähligen Beziehungen zu deutschen Offizieren nicht vergessen, die der Grand Chef zu knüpfen verstand, sei es über die Simex oder durch seine großzügigen Einladungen. Unfreiwillige Informanten …

… und freiwillige, wie Kainz, der Ingenieur der Organisation Todt, der Trepper im voraus über das Unternehmen Barbarossa unterrichtete. Damals war Kainz nur unvorsichtig gewesen – wenn er auch dem Hitler-Regime niemals Sympathien entgegenbrachte. Später war er auf eine Dienstreise nach Kiew in die Ukraine geschickt worden und hatte dort am 29. und 30. September 1941 gesehen, wie 33 771 Juden – Männer, Frauen und Kinder – in der Schlucht von Babij Jar, der »Schlucht der Guten Frauen«, umgebracht wurden.

---

* In seiner Autobiographie schreibt Trepper, daß Robinson über ausgezeichnete Verbindungen zum »Freien Frankreich« in London verfügte, obwohl diese Kontakte aufgrund der ideologischen Haltung der Zentrale heikel waren. Im Herbst 1942 setzte Robinson Trepper in Kenntnis, daß ein Abgesandter de Gaulles mit der geheimen Führung der Kommunistischen Partei Verbindung aufnehmen wollte. Der Mann hieß Jean Moulin. Trepper gelang es über seinen Kontaktmann zur Partei, ein Treffen zu arrangieren.

Er hatte den Zug gesehen und die vielen Menschen mit ihrem Bündel auf dem Rücken, wie sie sich am Straßenrand niederhockten und darauf warteten, daß man sie holen würde, während die Salven bereits durch die Stille hallten wie der Pendelschlag einer Uhr, die das Dahinschwinden der Zeit verkündet – 33 771 Menschen in achtundvierzig Stunden, ein Gipfel des Nazihorrors, ein absoluter Rekord, den selbst die Todesfabriken in Treblinka und Auschwitz zur Zeit ihrer größten Leistungsfähigkeit niemals erreichten. Ludwig Kainz hat mit angesehen, worauf sich Jewtuschenko zwanzig Jahre später in seinem Gedicht bezieht:

> Über Babij Jar, da redet der Wildwuchs, das Gras.
> Streng, so sieht dich der Baum an,
> > mit Richter-Augen.
>
> Das Schweigen rings schreit.
> Ich nehme die Mütze vom Kopf, ich fühle,
> ich werde
> > grau.
>
> Und bin – bin selbst
> > ein einziger Schrei ohne Stimme
> über tausend und aber
> > tausend Begrabene hin.
>
> Jeder hier erschossene Greis –:
> > ich.
>
> Jedes hier erschossene Kind –:
> > ich.
>
> Nichts, keine Faser in mir,
> > vergißt das je![13]

Seit Babij Jar gehörte Kainz zu den entschiedenen Gegnern des Regimes.

Moskau kann zufrieden sein. Der Grand Chef hat mit Geschick und Zähigkeit das höchste Ziel jedes Nachrichtendiensts erreicht: er hat den feindlichen Führungsapparat bis in die obersten Spitzen hinauf mit seinen Leuten unterwandert. Man denke an Schulze-Boysen und seine Gruppe – aber das waren Deutsche, also schon an Ort und Stelle. Wäre ihm nur die Unterwanderung untergeordneter Dienststellen gelungen, mit der sich die Mehrzahl der alliierten Netze begnügte, hätte der Kreml sich kaum für seine Arbeit interessiert: Paris war nicht der Nabel des Dritten Reiches, und das tägliche Einerlei der Stadt war für Rußland ohne Bedeutung. Aber wir wissen, daß die Spezialisten in

Moskau die von Maximowitsch gelieferten Berichte über hitlerfeindliche Tendenzen deutscher Offiziere vom Typ eines Pfeffer dazu benutzt haben, die Moral der an der Ostfront kämpfenden deutschen Truppen zu erschüttern. Der Kreml wußte wenig über die Psychologie des noch in den alten Traditionen verwurzelten deutschen Offiziers und über seine Haltung dem Regime gegenüber. Dank der Berichte von Maximowitsch konnte man die Aufrufe formulieren, die das Nationalkomitee Freies Deutschland unter Generalfeldmarschall Paulus verbreiten sollte. Genauso wichtig waren Wassilijs und Annas – aber auch Robinsons – Kontakte zu den russischen Emigranten in einer Zeit, als die deutsche Politik sich bemühte, den Nationalismus der Ukrainer, Tataren und anderer Völker anzufachen. Die emigrierten russischen Aristokraten erfahren durch ihre deutschen Freunde die wahren Hintergründe dieser Politik: man will nur teilen, um besser herrschen und später unterjochen zu können. Vom Grand Chef ins Bild gesetzt, kann Moskau all diese Überlegungen und Hinweise in der Propaganda gegen Überläufer verwenden. Es wäre ein leichtes, andere Beispiele anzuführen.

Der Generalstab der Roten Armee erhält selbstverständlich seinen Teil der Ausbeute an Informationen. Außer den Nachrichten über die Vorhaben der Wehrmacht und die langfristigen strategischen Planungen weiß man in Moskau über die Verlegung jeder Division von West nach Ost Bescheid, noch bevor die Soldaten ihre Sachen gepackt haben – ja, manchmal noch bevor der kommandierende General die Weisung in Händen hält. Das ist keine schlechte Leistung.

Aber es wäre noch besser, wenn ein detailliertes Merkblatt die Ankündigung jeder Truppenverlegung begleiten würde. Und hier triumphiert die Résistance. Ihr gelang es nur selten, in die oberen Sphären der Besatzungsbehörden einzudringen, aber um so gründlicher versuchte sie es bei den unteren Kreisen. Mit Hilfe von Tausenden einsatzbereiter freiwilliger Mitarbeiter gelang es ihr, Steinchen um Steinchen ein Mosaik zusammenzusetzen, das bis in alle Einzelheiten der Lage des Gegners entsprach. Sie erstellte eine jede Bewegung bis in allen Einzelheiten erfassende Karte der feindlichen Armee. Allein ihrer Tätigkeit war nach der Landung der Alliierten die Übergabe des am stärksten befestigten Stützpunktes an der normannischen Küste – Ostek, in der Nähe von Cherbourg – zu verdanken, der vier Tage lang allen Angriffen standgehalten hatte: die Offiziere von Ostek ergaben sich, nachdem ihnen ein amerikanischer Unterhändler eine Karte gezeigt hatte, auf der die deutschen Stellungen noch genauer eingetragen waren als auf ihren eigenen Plänen: jedes Geschütz war verzeichnet, Wirkungsbereich und Munitionsvorrat angegeben, die Besatzungsstärke jedes einzelnen Bunkers einschließlich der Namen der kommandierenden Offiziere festgehalten ... Die psychologische Waffe siegte, wo ein Orkan aus Eisen und Feuer versagt hatte.

Die auf spezielle Ziele angesetzten Arbeitsgruppen des Grand Chef können sich mit diesen Kleinigkeiten nicht abgeben: sie haben Kontakt mit Generalen, die rote Streifen an den Hosen tragen, und nicht mit Feldwebeln; sie wären dazu auch nicht zahlreich genug. Aber auch Trepper verfügt wie die Köpfe der Résistance, wie Rémy, Sainteny, Marie-Madelaine Fourcade, über eine Unzahl von Gelegenheitsquellen. Ob »Francs-Tireurs et Partisans«, kommunistische Parteigenossen oder Mitglieder jüdischer Kampfverbände oder ausländischer Widerstandsgruppen – der ganze Ameisenhaufen arbeitet für den Grand Chef. Sobald ein Lastkraftwagen der Wehrmacht oder ein feindlicher Wachtposten in einen Hinterhalt gerät, werden die Soldbücher der Soldaten und die Dokumente, die man bei den Offizieren findet, kontrolliert und ausgewertet und die Informationen, wenn sie wichtig sind, dem Grand Chef übermittelt. Sehr wertvolle Hinweise bringen auch die Quellen, deren Aufgabe darin besteht, sich deutschen Soldaten und Offizieren anzubiedern. Besonders wichtig ist die Arbeit junger Mädchen. Nicht einfach. In einem Bericht heißt es: »Sie hatten es mit Männern zu tun, die in ihnen nur begehrenswerte Objekte sahen, und mußten versuchen, Distanz zu wahren und Vertrauen zu gewinnen. Der Schritt vom Erotischen zum Politischen war nicht immer leicht.« Das wollen wir gerne glauben.

Die Zentrale bekommt nur eine sorgfältig gesichtete Auslese des verfügbaren Materials. Und natürlich den Steckbrief für jede Einheit, die nach Rußland verlegt wird. So konnte es geschehen, daß die Soldaten der 23. Panzerdivision aus den Lautsprechern der Roten Armee zu hören bekamen, daß es mit dem schönen Leben in Paris nun endgültig aus sei. Man muß sich einmal in die Lage eines Soldaten dieser Division versetzen ... Er hat Frankreich und das angenehme Leben dort verlassen, er hat Europa durchquert, um einem Feind entgegenzutreten, der ihm um so furchterregender erscheint, als er ihn nicht kennt. Und das Unbekannte beflügelt seine Phantasie. Und in der Nacht vor dem Angriff muß der Soldat erfahren – durch Lautsprecher und Flugblätter –, daß der Feind alles über ihn und seine Kameraden weiß ... Eine böse Überraschung! Eine erschreckende Entdeckung! Der diabolische Gegner hat ihn also von Anfang an beobachtet? Den Soldaten der 23. Division ergeht es wie den Verteidigern von Ostek im Juni 1944: ihr Selbstvertrauen ist gebrochen.

Selten gab es in der Geschichte der Nachrichtendienste einen Chef, der auf seinen Apparat und dessen Leistungen mit Recht so stolz sein konnte wie Trepper auf die französische Gruppe der Roten Kapelle in diesem Sommer 1942.

Und doch wissen wir, daß in diesem Sommer für Trepper die Zeit der Ängste und Sorgen anbrach.

Zunächst einmal: der Krieg steht schlecht. Trepper weiß, daß die Wehrmacht auf den Kaukasus zustürmt, daß Rommel in der Wüste von Nordafrika die Briten vor sich her jagt, daß die japanischen Streitkräfte die Gebiete rund um den Pazifik erobern.

Und dann immer wieder, schwieriger denn je: das Problem der Funkverbindungen ...

Hersch Sokol wird am 9. Juni gefaßt. Wenzel fällt am Ende des gleichen Monats Piepe in die Hände. Wer kann einspringen?

Vielleicht Kent. Er verfügt über ein Sendegerät, und die Polizei Pétains ist ihm noch nicht auf die Schliche gekommen. Aber was treibt er? Margarete Barcza erzählt: »Wir führten ein herrliches Leben. Endlich war mein Traum erfüllt: er ließ mich nicht mehr allein. Nachmittags gingen wir an den Strand, und bei schlechtem Wetter ins Kino. Mitunter sahen wir an einem Tag drei Filme. Oder wir tanzten zu Hause, oder fuhren in unser Landhaus. Ab und zu traf sich Vincent mit Monsieur Jaspar, um über die Arbeit zu diskutieren, aber da er deutlich merkte, wie sehr mich das ärgerte, wurden auch diese Treffen immer seltener. Glauben Sie mir, es war nicht schwer, ihn davon abzuhalten: Vincent hatte die Geschichten satt. Wir hatten uns gern, wir waren glücklich, was kümmerte uns alles andere? Mein Sohn René war bei uns, aber das war kein Problem, im Gegenteil, Vincent liebte ihn wie sein eigenes Kind. Es war wirklich ein wunderbares Leben, und wir wünschten uns nur eines: daß es so weiterging.

Vincent hatte sogar einen Plan: er wollte heimlich in die Schweiz gehen, um dort das Ende des Krieges abzuwarten. Er hatte Geld und einen Paß mit einem Schweizer Visum, aber ich besaß natürlich keine Papiere. Ich sollte mich also mit René in den französischen Alpen in der Nähe der Schweizer Grenze einrichten, er würde in die Schweiz gehen und von dort aus unseren Grenzübergang organisieren. Ich war dagegen. Mich auch nur einige Tage von ihm zu trennen, überstieg meine Kräfte. Wir blieben also in Marseille und sagten uns, daß der Krieg eines Tages aufhören und für uns vielleicht alles ein gutes Ende nehmen würde. Vincent überredete mich, René, der damals fast elf Jahre alt war, sicherheitshalber in einem Internat in Marseille unterzubringen. Wenn uns etwas zustieß, war er wenigstens gut aufgehoben.

Trepper hat uns mehrmals besucht, um Vincent anzuspornen. Dann zogen sie sich beide in ein Zimmer zurück, sprachen flüsternd miteinander und schwiegen, sobald ich den Raum betrat. Das machte mich rasend. Einmal habe ich Trepper sogar vor die Tür gesetzt. Er war wütend, weil es kurz vor dem Mittagessen war, und wenn es ums Essen ging, verstand er keinen Spaß. Ein Feinschmecker und ein Vielfraß …

Vincent übrigens auch … als ob er nie satt geworden wäre, bevor er nach Belgien und Frankreich kam. Im Restaurant bestellte er mitunter drei Fleischgänge – und das genügte ihm noch nicht: wenn wir nach Hause zurückkamen, mußte ich ihm noch etwas zu essen machen. Ein Vielfraß, sage ich Ihnen …«

Kent ist für den Apparat verloren. Er macht tausend Schwierigkeiten, um seinen Sender nicht benutzen zu müssen, meldet unaufhörlich Pannen, so daß der Grand Chef gezwungen ist, Techniker der ortsansässigen Widerstandsbewegung zu ihm zu schicken, die das Gerät in kürzester Zeit betriebsbereit machen. Aber Kent sträubt sich weiter. Man kann nicht mehr mit ihm rechnen. Die Zentrale ist verärgert und macht dem Grand Chef schwere Vorwürfe wegen der Passivität seines wichtigsten Mitarbeiters. Um Kent nicht völlig zu demoralisieren, hält Trepper es für richtiger, ihm diese Funksprüche nicht zu zeigen: man kann nur hoffen, daß der ehemalige Petit Chef weiterhin der Völlerei und seinem Defätismus frönt, ohne die Aufmerksamkeit der Spionageabwehr von Vichy auf sich zu lenken.

Robinson hat ebenfalls ein Sendegerät zur Verfügung. Doch auch der Veteran der Komintern ist den neuen Anforderungen nicht gewachsen. Er hat Angst vor den Peilwagen der Funkabwehr. Aber im Gegensatz zu Kent läßt er den Grand Chef keine Zeit mit vergeblichen Beschwörungen verlieren: er lehnt es kategorisch ab, sich als Funker zu betätigen – niemand und nichts kann ihn von diesem Entschluß abbringen.

Bleibt das Ehepaar Giraud.

Pierre und Lucienne, vierunddreißig und zweiunddreißig Jahre alt, sind durch ihren alten Freund Katz angeworben worden. Zuerst betätigten sie sich als Kuriere, dann fungieren sie als »Sicherung« zwischen dem Grand Chef und Michel, seinem Kontaktmann zur Kommunistischen Partei, und – wie wir bereits wissen – zwischen dem Grand Chef und Käthe Voelkner. Im Frühjahr 1942 – die Sokols und Wenzel sind noch auf freiem Fuß – bringt Großvogel das Ehepaar in Saint-Leu-la-Forêt, in der Nähe von Paris, unter und stellt ihnen ein von Pauriol gebautes Sendegerät zur Verfügung. Die Girauds sollen sich mit der Handhabung vertraut machen. Sie werden mit dem Gerät nicht fertig und bringen keine Funkverbindung zustande, als Trepper sich nach der Festnahme von Sokol und Wenzel an sie wendet. Die beiden Girauds nehmen ihre Tätigkeit als Kuriere wieder auf, und der Grand Chef muß, wie nach der Katastrophe in Brüssel, die Kommunistische Partei darum bitten, ihn bei sei-

Margarete Barcza und der Petit Chef auf der Canebière
in Marseille (Foto eines Straßenfotografen)

nem Funkverkehr zu unterstützen: eine unbefriedigende Lösung, da die Sender der Kommunistischen Partei überlastet sind. Die beiden Girauds versuchen ihr Versagen wiedergutzumachen und haben Glück: sie finden jemanden, der das Gerät bedienen kann: Valentino Escudero, einen spanischen Republikaner, der nach dem Rückzug aus Katalonien nach Frankreich geflüchtet ist. Bei Ausbruch des Krieges interniert, dann aber freigelassen, hat Escudero als Elektriker bei einem deutschen Transportunternehmen in Paris gearbeitet. Großvogel mietet für ihn und die Girauds eine Villa in Le Pecq bei Versailles. Am Ende des Sommers stimmt Trepper einem neuen Versuch zu. Aber noch ehe es dazu kommt, taucht die Gestapo in Le Pecq auf und entdeckt sofort das im Garten vergrabene Sendegerät. Die Girauds können fliehen. Man weiß, daß sie nach der Befreiung durch die Alliierten in Paris wiedergesehen wurden; 1946 aber verschwanden sie spurlos. Escudero wurde merkwürdigerweise von der Gestapo nicht behelligt; 1945 ging er nach Spanien zurück und ließ bald darauf auch seine Frau nachkommen. Um als ehemaliger Soldat der republikanischen Armee 1945 nach Spanien zurückkehren zu können, muß Valentino Escudero überzeugende Beweise für seine politische Meinungsänderung erbracht haben. Wir möchten nicht beschwören, daß die Gestapo das verborgene Gerät in Le Pecq aufgrund seiner Denunziation entdeckte, aber der Verdacht liegt immerhin nahe.

Auf jeden Fall steht fest, daß Trepper nach diesem Rückschlag wieder ohne Sendegerät ist. Aber daran ist er schon gewöhnt. Der eigentlichen Grund seiner Sorge ist weder dieser neue Zwischenfall, noch die Katastrophe von Brüssel und Amsterdam (die strenge Abschottung in Paris wird die Verluste in erträglichen Grenzen halten), noch der Zusammenbruch des Berliner Kreises – von dem er nicht ahnt, wie nah er bevorsteht.

Nein, seine Sorge gilt Moskau.

Der Kreml hatte, als Trepper das Unternehmen Barbarossa ankündigte, seine Alarmrufe nicht beachtet. Aber auch Sorge in Japan, Radó in der Schweiz und anderen war die gleiche Abfuhr zuteil geworden. Tag für Tag nicht ernst genommen zu werden, ist eine bittere Erfahrung, vor allem für den Leiter eines Nachrichtendienstes.

General Susloparow hatte Trepper die angeforderten Sendegeräte nicht beschafft, aber das konnte man dem braven Militärattaché kaum verübeln: seine Rolle beschränkte sich darauf, Anfragen an die Zentrale weiterzuleiten, und die Zentrale hatte nicht geantwortet, weil sie nicht an den Krieg glaubte.

Als der Krieg dann ausgebrochen war, wurde die Zentrale ebenso hektisch aktiv, wie sie vorher passiv gewesen war. Ungeachtet der Warnungen des

Grand Chef und trotz inständigster Bitten mußten die Pianisten fünf Stunden ununterbrochen an ihren Sendern sitzen, und das zu einer Zeit, da eine Sendedauer von zwanzig Minuten den Peiltrupps der Funkabwehr schon gute Erfolgschancen bot. Alamo, Wenzel und Sokol sind der Gestapo in die Hände gefallen, weil sie der Zentrale gehorcht haben. Aber so ist es in Kriegszeiten immer: die obersten Kriegsherren geben aus der Ferne ihres Hauptquartiers den Soldaten an der Front den Befehl, nicht von der Stelle zu weichen, während eine geringfügige Verlegung der Truppe genügen würde, dem feindlichen Feuer zu entgehen. Wenn diese Hektik wenigstens den bürokratischen Methoden der Friedenszeit ein Ende gemacht hätte – aber nein, der Direktor behandelt die Funker wie Stoßtrupps und verlangt obendrein, daß sie die Kopien aller übermittelten Funksprüche vierundzwanzig Stunden lang aufbewahren, um sie – falls der Empfang schlecht war oder die Entschlüsselung mißlungen ist – ein zweites Mal durchgeben zu können: so schätzt man die Gefahren der Funkarbeit! Unsinnige Anweisungen gibt es freilich überall ...

Der erste tiefe Riß entstand durch den Funkspruch, der die drei Adressen der Berliner Chefs enthielt. Der Grand Chef war zu Tode erschrocken: »Das ist doch nicht möglich! Sind die wahnsinnig geworden?« Drei wichtige Adressen in einem Funkspruch, der abgefangen und entschlüsselt werden kann – was auch prompt geschieht. Warum hatte man nicht einen Kurier mit den drei Adressen und einer Zyankalikapsel nach Brüssel geschickt? Warum hatte man, wenn die Zeit so drängte, die Adressen nicht wenigstens auf drei Funksprüche verteilt und verschieden verschlüsselt, um die Gefahr zu verringern, falls alle auf einmal abgefangen würden? Von diesem Tag an gab der Grand Chef, allen Protesten des Direktors zum Trotz, die wirklichen Namen seiner Quellen nicht mehr preis – ein Verstoß gegen die heiligsten Bräuche des sowjetischen Nachrichtendienstes. Er unterschlug nun sogar die Namen fast aller seiner Agenten. Ja, noch mehr: als seine Funkverbindungen wieder funktionieren, schickt er seine wichtigsten Meldungen weiterhin über den Sender der KP, vielleicht, weil sie von höchster Bedeutung sind, vielleicht auch, um die Existenz seines eigenen Apparates nicht zu gefährden, falls die Funksprüche abgefangen werden sollten. Diese Vorsichtsmaßnahme hatte noch einen weiteren Grund: die Berichte wurden nicht nur vom Direktor, sondern auch von anderen Empfängern gelesen. Von Trepper über Pauriol dem Parteichef Jacques Duclos anvertraut, wurden sie in Moskau von Dimitrow, dem obersten Chef der Komintern, in Empfang genommen und dem allmächtigen sowjetischen Zentralkomitee und dem Direktor vorgelegt.

Auch nach dem Telegramm an Kent glaubt der Grand Chef zunächst nur an eine Unvorsichtigkeit der Zentrale, mißtraut der Zentrale jedoch noch nicht.

Nach dem Überfall auf die Rue des Atrébates ergreift Trepper schleunigst die nötigen Sicherheitsmaßnahmen: Kent muß sich nach Marseille absetzen, die am stärksten bedrohten Agenten werden nach Lyon geschickt; die Brüsseler Gruppe wird für sechs Monate stillgelegt. Die Zentrale ist empört, ja fast bereit, an Verrat zu glauben. Trepper wird zurechtgewiesen: er solle sich durch solche Zwischenfälle nicht aus der Ruhe bringen lassen und Kent nach Brüssel zurückbeordern. Der Grand Chef entgegnet, er könne die Lage aus der Nähe besser beurteilen. Kent bleibt in Marseille, Isidor Springer in Lyon. Daraufhin verlangt Moskau, die belgische Gruppe mit Jefremow an der Spitze müsse sofort wieder eingesetzt werden. Trepper bleibt bei seinen Anordnungen – er weiß, was er von Jefremow zu halten hat: die ganze Tätigkeit des Ukrainers besteht darin, sich in Bars herumzutreiben und die Nummern der Einheiten von Soldaten zu notieren, die mit ihm zusammen saufen.

Jefremow wird von Piepe gefaßt. Trepper meldet es unverzüglich der Zentrale. Antwort des Direktors: »Das wissen wir. Er hat uns über Funk verständigt, daß er wegen einer Devisenaffäre Unannehmlichkeiten gehabt hat. Alles ist wieder in Ordnung, er ist frei.« Das weiß der Grand Chef auch, aber er ahnt den Preis, den Jefremow für seine »Befreiung« bezahlt haben muß: er hat das Netz verraten. Wie aber die Zentrale davon überzeugen? Großvogel und Pauriol fahren nach Brüssel, um Nachforschungen anzustellen. Ihr Urteil ist eindeutig und stützt sich auf sichere Beweise: Jefremow hat Verrat begangen. Meldung des Grand Chef an die Zentrale. Antwort des Direktors: »Die Angst verleitet Sie zu übereilten Schlüssen. Verlange, sofort den Kontakt zu Jefremow wiederaufzunehmen.« Trepper, Großvogel und Pauriol begnügen sich mit einem bitteren Lachen.

Wenzel wird gefaßt. Der Grand Chef warnt die Zentrale. Antwort: »Sie täuschen sich. Wenzel funkt weiter und übermittelt uns ausgezeichnetes Material.«

Der Holländer Winterink wird gefaßt. Die Zentrale an Trepper: »Ruhig Blut! Er liefert uns weiter genauso gute Informationen wie vor seiner angeblichen Verhaftung. Sie sind wohl verrückt geworden!«

Noch ist der Grand Chef nicht verrückt, aber er spürt, daß er auf dem besten Weg dazu ist. Nächtelang grübelt er darüber nach, welche Erklärung es für die unglaublichen Anweisungen aus Moskau geben kann, immer wieder verwirft er den Verdacht, es könnten sich Verräter eingeschlichen haben, um die Zentrale von innen zu zerstören. Wem sollte man dann noch glauben, wem vertrauen? Wenn die Zentrale unterwandert war, war dann nicht alles verloren? Vielleicht glaubt der Direktor gar, daß er in die von Piepe in der Rue des Atrébates gestellte Falle geraten sei. War sein Entkommen für Moskau zu schön, um wahr zu sein? Wenn der Direktor glaubt, daß Trepper in die Hände der Gestapo gefallen ist, wird verständlich, daß alle seine Warnungen von vornherein als Lüge gelten. Aber warum dies so offen zeigen? Warum nicht so tun, als spiele man das deutsche Spiel mit, und sei es nur, um die wirklichen Absichten zu ergründen? Und außerdem: wenn man glaubt, der Grand Chef sei so tief gesunken, daß er für die Gestapo funkt, muß man dann nicht annehmen, daß er Jefremow, Wenzel und Winterink verraten hat? Nein, diese Hypothese hält keiner Prüfung stand. Aber auch alle anderen Mutmaßungen des Grand Chef bringen keine logische Erklärung für das Verhalten der Zentrale.

Sicher ist, daß Moskau sich durch die ausgezeichneten Nachrichten der Abtrünnigen täuschen läßt. Trepper hat den Mechanismus des Funkspiels erfaßt, er ahnt die Hauptschwierigkeit: oberste deutsche Dienststellen müssen die Erlaubnis geben, dem Feind genügend echte Informationen in die Hände zu spielen, damit er die falschen glaubt. Die Leute, die Jefremow, Wenzel und Winterink steuern, haben offensichtlich diese Erlaubnis erhalten. Moskau ist mit ihrer Arbeit äußerst zufrieden. Dabei waren die Informationen, die von diesen drei Männern vor ihrer Verhaftung übermittelt wurden, Dolchstöße in den Rücken der Wehrmacht. Es muß also schon um etwas Außergewöhnliches gehen, wenn deutsche Dienststellen bereit sind, den Feind weiter in gleicher Weise zu informieren. Der Grand Chef ist ohne Zweifel stolz auf sein Werk, aber es erscheint ihm unwahrscheinlich, daß die Erfinder des Funkspiels einen so großen Einsatz riskieren, nur um seinen Apparat auszuschalten. Selbst wenn dies ihr alleiniges Ziel sein sollte (sie sind Leute des Nachrichtendienstes und kennen die Wichtigkeit ihres Fachs), hätten sie die uneingeweihten Militärs kaum davon überzeugen können, daß sich ein solcher Einsatz lohnt.

Das Funkspiel verbirgt also etwas anderes – aber was?

Das Geheimnis muß in Brüssel liegen, wo die Treibjagd des Sonderkommandos zu Ende geht. Der vom Grand Chef organisierte »Gegenspionagetrupp« ist in alle Winde zerstreut, aufgelöst. Es kann nun auch nicht mehr darum gehen, vor den Gefängnistoren herumzulungern und Wärter zu bestechen; jetzt müßte man Gierings Akten einsehen können. Trepper beschließt – so groß sind seine Befürchtungen –, Wassilij Maximowitsch einen gefährlichen Vorstoß unternehmen zu lassen: der Onkel seiner Verlobten, Oberstleutnant Hartog, ist Verbindungsoffizier zwischen den Pariser und den Brüsseler Stäben – vielleicht weiß er etwas über eine bevorstehende Verlegung des Sonderkommandos nach Paris und über dessen Pläne? ... Wassilij macht sich mutig auf den Weg, obwohl ihm bewußt ist, daß ihn der Onkel nicht leiden mag. Aber gerade diese Antipathie rettet ihn: nach einigen vorbereitenden Besuchen – und ehe er Hartog noch etwas angedeutet hat – läßt ihn die Sekretärin des Oberstleutnants, ein Fräulein Kreuziger, wissen, ihr Chef müsse auf das Vergnügen weiterer Unterhaltungen mit ihm verzichten …

Der Grand Chef kann nur abwarten.

———————

Das Ende der Berliner Gruppe

20

Kein Schriftsteller würde es wagen, einen so abenteuerlichen Zufall zu erfinden wie den, der den Sturz der Berliner Gruppe beschleunigte. Die Gruppe sollte so enden, wie sie gelebt hatte: Traum und Verwirrung.

Seit dem 14. Juli geht die Gestapo der von Vauck entdeckten Spur nach. Sie hat die Köpfe der Organisation identifiziert: Harro Schulze-Boysen, Luftwaffenoffizier; Arvid Harnack, Oberregierungsrat im Wirtschaftsministerium; Adam Kuckhoff, Schriftsteller, Autor des Theaterstücks »Till Eulenspiegel«[14] und Spielleiter der Produktion Prag-Film. Schulze-Boysen und Harnack sind bekannte Persönlichkeiten, die in der Berliner Gesellschaft und mit der höchsten Prominenz des Regimes verkehren. Das erklärt, wie strenggehütete Staatsgeheimnisse nach Moskau gelangen konnten. Oberregierungsrat Panzinger und Kriminalkommissar Kopkow von der Gestapo nehmen die Untersuchungen in die Hand. Sie sind Gierings Vorgesetzte und unterstehen direkt dem mächtigen Gestapo-Müller, beide sind altbewährte Experten im Kampf gegen den Kommunismus. Sie haben die illegale KPD zerschlagen, deren Mitglieder aufs Schafott oder ins Konzentrationslager geschickt, einige Überreste der Parteiorganisation aber bestehen lassen und mit Agents provocateurs durchsetzt, um über ein eventuelles Wiederaufleben sofort im Bild zu sein. Zu ihrer größten Überraschung stellt sich heraus, daß der Roten Kapelle – diesem Schreckgespenst – viel leichter beizukommen ist als einer kommunistischen Zelle in einem Berliner Vorort. Es gibt keinerlei Abschottung, Verabredungen werden telefonisch getroffen, die Nachrichten der Post anvertraut: der einfachste Aktivist war schwieriger zu fassen als diese Superspione! Die Schwarze Liste der Gestapo wird jeden Tag länger, und Panzinger und Kopkow brauchen eine übereilte Razzia gar nicht zu erwägen. Der gesamte Apparat wird ihnen in die Hände fallen wie eine überreife, faule Frucht.

Am 29. August, einem Samstag, herrscht im Gebäude der Funkabwehrzentrale in Berlin ein großes Durcheinander. Vauck und seine jungen Leute ziehen um: sie haben in der oberen Etage geräumigere Büros zugewiesen bekommen. Der Umzug wird wahrscheinlich in fröhlicher Ausgelassenheit vor sich gegangen sein, aber sowie alles richtig eingeräumt ist, setzt Vauck eine strenge Lehrermiene auf: am nächsten Tag, am Sonntag, wird gearbeitet, um die verlorene

Zeit einzubringen. Allgemeine Enttäuschung, außer vielleicht bei Horst Heilmann, dem strebsamsten der ganzen Gruppe, einer guten Kraft. Da er mit Freunden zum Segeln auf dem Wannsee verabredet ist, will er ihnen Bescheid sagen, um sie nicht unnötig warten zu lassen. Er benutzt Vaucks Dienstapparat, der bereits im neuen Büro angeschlossen ist. Ein Dienstmädchen antwortet: die Herrschaften sind abwesend. Horst hinterläßt die Nachricht, man möchte ihn so schnell wie möglich zurückrufen, und gibt Vaucks Telefonnummer an, da sein eigener Anschluß noch nicht in Betrieb ist.

Am 30. August 1942 stand Hitler am Höhepunkt seiner Macht: sein Imperium hatte an diesem Tag die größte Ausdehnung erreicht. Deutschland war der Weltherrschaft nie näher gewesen.

Ein heißer Tag. In jeder Hinsicht.

Für Rommels Afrikakorps liegen die Pyramiden schon in Reichweite der Geschütze. Der »Wüstenfuchs« hat seine Streitkräfte neu geordnet, um Kairo, Alexandria, das Nildelta und Suez – die »Krönung seines Feldzugs«, wie er in sein Tagebuch schreibt – in seine Hand zu bringen. Kaum hundert Kilometer trennen ihn noch von seinem Ziel. Die deutschen Panzergrenadiere suchen unter ihren Fahrzeugen Schutz vor der Glut des ägyptischen Sommers. Sie warten auf die Frische der Abenddämmerung. Eine rote Rakete wird das Zeichen zum Angriff geben. Tausende von Kilometern haben sie in der unmenschlichen Wüste zurückgelegt. Seit Monaten schlagen sie sich gegen einen immer zahlreicher werdenden, immer besser ausgerüsteten Gegner. Gefallene Kameraden säumen den zurückgelegten Weg. Aber am nächsten Tag werden sie in den Bars von Kairo sitzen, englisches Bier trinken und englische Zigaretten rauchen.

Rommel ist dem Terek näher als Rom, und nach Berlin wäre es noch einmal so weit. Wunder der Wehrmacht! Der kaukasische Fluß ist das letzte Hindernis, das die Panzer des Generalobersts von Kleist auf ihrem Weg zu den Ölfeldern von Baku überwinden müssen. Drei russische Divisionen haben sich auf dem Südufer mit Artillerie und schweren Waffen zur Verteidigung eingerichtet. Ein Regiment setzt zum Flußübergang an. Am 30. August 1942, um drei Uhr nachmittags, bei 50 Grad Hitze, springen die Männer des Hamburger Panzergrenadierregiments 394 in ihre Sturmboote und brausen auf das feindliche Ufer zu. Der Terek ist etwa 250 Meter breit, der Fluß hat eine starke Strömung und viele Strudel. Jede russische Granate schleudert eine Wassersäule empor, und die Sturmboote flitzen im Slalom dahin. Maschinengewehrgarben klatschen in den Fluß, mähen die Männer nieder, treffen die Boote, die aus den

Schaumwellen auftauchen. Aber die Hamburger kommen hinüber, krallen sich in den Sand, klimmen das Ufer empor, igeln sich ein und wehren den ersten sowjetischen Gegenangriff ab. Am Abend ist der Brückenkopf stark genug, um zum letzten Schlag auszuholen, der notwendig ist, um den Weg nach Baku freizumachen. Die Männer des 394. Regiments haben seit fünfzehn Monaten, seit der Überquerung der polnischen Grenze am Bug, einen langen Weg zurückgelegt. Sie haben sich durch den tiefen Winterschnee und den Schlamm des Frühlings gekämpft. Sie können ihre Toten, ihre Verwundeten und Kranken nicht mehr zählen. Aber morgen werden sie die Treibstofftanks ihrer Panzer mit Benzin aus kaukasischen Raffinerien füllen.

An diesem Sonntag, dem 30. August, befindet sich Hitler in seinem Hauptquartier bei Winniza in der Ukraine. In den wenigen Holzbaracken ist es noch heißer als draußen. Hitler verträgt Hitze nicht; er wird schnell wieder in seinen kühlen Schlupfwinkel nach Rastenburg zurückkehren. Aber wahrscheinlich lassen ihn der Übergang über den Terek und der unmittelbar bevorstehende Angriff des Afrikakorps die Unbilden des ukrainischen Sommers vergessen. Mit fiebrigen Augen und zusammengepreßten Lippen beugt er sich über seine Lagekarten, auf denen mit Strichen aus Blut und Feuer eines der erstaunlichsten militärischen Abenteuer aller Zeiten eingezeichnet ist. Er denkt schon an die Vereinigung der Angriffsspitzen von Kleists und Rommels, an ihren gemeinsamen Vorstoß zum Indischen Ozean, wo die japanische Armee auf sie wartet; und er hört im Geiste den wilden Gesang der SS-Panzergrenadiere:

Es zittern die morschen Knochen
Der Welt vor dem großen Sieg ...

Hitler glaubt seinen Traum verwirklichen zu können. Zehn Tage ist es her, daß von dem Überfall der Kanadier auf Dieppe nichts blieb als ein leichenübersäter Strand. Hitler ist überzeugt, einen wirklichen Invasionsversuch zurückgeschlagen zu haben. Im Westen glaubt er sich noch auf lange Zeit unverwundbar, im Osten und in Afrika holt er nun zum entscheidenden Schlag aus. Die Weltherrschaft liegt greifbar vor ihm.

In Berlin ist es nicht so heiß wie im Kaukasus, nicht so heiß wie in der Ukraine und in Ägypten. Es ist ein wundervoller Sommertag. Die Berliner verbringen ihn friedlich in den Wäldern am Stadtrand. Viele Frauen, Kinder und alte Leute natürlich, aber auch Offiziere aus den Berliner Stäben, Sonderbeauftragte, Genesende und Urlauber, die sich fragen, ob sie nicht träumen. Niemand ahnt, daß der Krieg an seinem Wendepunkt angelangt ist ... Auf dem Wannsee, dem Paradies der Segler, sind weniger Boote als vor dem Krieg, aber das erhöht nur die Freude am Segeln. Auf den feuchten Bootsplanken ausgestreckt, läßt man sich von den plätschernden Wellen wiegen, lauscht Gitarren- und Ziehharmonikaklängen, einem Lied, das von einem Boot zum anderen überspringt. Sonne, Wasser, Frieden – Glück.

Balzac würde nun fortfahren: »Aber einem aufmerksamen Beobachter wäre aufgefallen ...«

... daß immer wieder jemand von einem Boot in ein anderes sprang, und das nicht aus Spaß und Übermut, daß sich rings um die Kochgeräte lebhafte Besprechungen abspielten, und daß bei einem Boot, das von einem hochgewachsenen, blonden Mann mit herrischen Gesichtszügen gesteuert wurde, viele Boote anlegten, eines nach dem anderen, wie Segelschiffe, die sich ihrem Flaggschiff nähern, um Befehle entgegenzunehmen ...

Jeder, der etwas über Geheimdienste und deren Techniken weiß, wird erbleichen: diese nautischen Spiele sind für Schulze-Boysen, der am Ruder des Flaggschiffs steht, Gelegenheit für eine Generalversammlung. Dreißig Leute seines Kreises sind hier auf dem Wannsee zusammengekommen.

Das klingt unglaubwürdig, aber ein Bericht der Gestapo und ein Überlebender, Günther Weisenborn, bestätigen, daß es so war.

Am Abend des 30. August graben sich die Hamburger Panzergrenadiere am südlichen Ufer des Terek ein. Fünf Tage lang schlagen sie die russischen Gegenangriffe zurück. Dann werden sie sich über den Fluß zurückziehen, dem Osten den Rücken kehren und bis zum letzten Tag des Krieges unaufhörlich nach Westen marschieren.

Eine rote Rakete flammt am ägyptischen Himmel auf, und die Soldaten des Afrikakorps greifen wieder die englischen »Wüstenratten« an. Ihr Elan wird von Montgomery hart gestoppt, seine Revanche bei El Alamain ist seit langem vorbereitet. Rommels Verbände werden zur Umkehr gezwungen. Sie müssen den langen, schweren Rückweg antreten, der diesmal hinter dem Stacheldraht der Gefangenenlager endet.

Die Sonntagsausflügler vom Wannsee machen ihre Boote an den Landestegen fest und kehren nach Berlin zurück. Mit diesem schönen Sommertag gehen die Freuden dieser Welt für sie zu Ende. Auf ihre von der Sonne gebräunten Nacken wartet das Fallbeil oder der Strick.

Am nächsten Tag, dem 31. August gegen neun Uhr morgens, wird Vauck durch einen Telefonanruf aus seiner Arbeit gerissen. Wie W. F. Flicke von der

Funkabwehr berichtet, nahm Vauck den Hörer ab und hörte die Worte: »Hier Schulze-Boysen. Sie wollten mich sprechen?«

Verblüffung bei Vauck, dem die Abwehrchefs unter dem Siegel der Verschwiegenheit die wahren Namen der Leute anvertraut hatten, die dank seiner Arbeit entlarvt werden konnten.

»Ja … ich … Verzeihung … wer spricht bitte?«

»Hier Schulze-Boysen, ich fand gestern auf meinem Schreibtisch eine Notiz meines Mädchens, ich solle Sie dringend anrufen. Wünschen Sie etwas von mir?«

»Ach so … ja … natürlich.«

»Hallo! Ich höre … Sind Sie noch da?«

»Ja … jawohl … ich höre … Sie wollten mich sprechen … verzeihen Sie, ich wurde eben gestört. Sagen Sie bitte, Verehrtester, wie schreiben Sie sich eigentlich? Mit ›i‹ oder mit ›y‹?«

»Mit ›y‹ natürlich! Entschuldigen Sie, ich glaube, ich bin falsch verbunden. Sie haben mich nicht angerufen?«

»Ja … nein … ich glaube nicht.«

»Dann war es ein Irrtum, und man hat mir eine falsche Telefonnummer aufgeschrieben. Entschuldigen Sie.«

»Bitte sehr.«

Als Vauck seinen Vorgesetzten meldet, daß er sich soeben telefonisch mit Schulze-Boysen unterhalten habe, vermuten sie, die aufreibende Arbeit habe die Nerven des guten Mannes zerrüttet … Man schlägt ihm einen Erholungsurlaub vor, aber er bleibt dabei: er hat keine Halluzination gehabt. Dann gelingt es ihm endlich, seine skeptischen Chefs zu überzeugen, als er ihnen berichtet, daß er in seiner Verwirrung Schulze-Boysen nach der Schreibweise seines Namens gefragt habe.

Überzeugend und katastrophal zugleich. Schulze-Boysen muß also gespürt haben, daß er von der Gestapo überwacht wird. Wahrscheinlich hat er bei der Funkabwehr seine Fühler ausstrecken wollen: die Frage Vaucks muß ihm bestätigt haben, daß er entdeckt worden ist.

Kopkow und Panzinger, die sofort benachrichtigt werden, toben. Sie vermuten Sabotage. Das Netz, in dem sie den gesamten Apparat mit einem Zug fangen wollten, ist zerrissen. Sie müssen sofort handeln.

Harro Schulze-Boysen wird am Nachmittag festgenommen. Kopkow greift zu einer plumpen List, um ihn aus seinem Büro im Luftfahrtministerium herauszuholen, denn es gilt, jeden Skandal zu vermeiden. Er wird neben der Pförtnerloge verhaftet, seine Kameraden erfahren gerüchteweise von einer plötzlichen geheimen Auslandsmission. Seine Frau Libertas ist in Bremen: die Polizei nimmt sie bei ihrer Rückkehr in Empfang. Das Ehepaar Harnack wird am 3. September in einem Kurort verhaftet, in dem es die Ferien verbringt.

Eine Woche später hatten die Leute von Panzinger und Kopkow 117 Personen in die Keller der Prinz-Albrecht-Straße eingeliefert. Auch Horst Heilmann, Vaucks geschätzter Mitarbeiter und aktives Mitglied der Roten Kapelle, ist geschnappt worden. Schulze-Boysen, unbesonnen genug, mitten auf dem Wannsee seine Leute um sich zu versammeln, hat sogar einen Agenten in die Abwehr eingeschleust – und zwar in das Allerheiligste der Dienststelle, in die Dechiffrierabteilung ... Welch erstaunlicher Kopf, der alle zur Übertreibung herausfordert, ob sie ihn nun loben oder verdammen. Ein in jeder Hinsicht ungewöhnlicher Mensch.

An der Universität war Horst Heilmann ein fanatischer Nazi gewesen. Seine Professoren hielten ihn aufgrund seiner auffallenden Intelligenz für einen Mathematiker mit großer Zukunft. So ist es nur natürlich, daß man ihn der streng geheimen Dechiffrierabteilung der Abwehr zuteilte. Als er am Auslandswissenschaftlichen Institut Schulze-Boysen begegnet, ändert sich sein Leben von Grund auf. Er empfindet für Harro eine Bewunderung, die zu rückhaltloser Freundschaft wird. Er wird sein Vertrauter, der ihm bis in den Tod folgen wird. Er gewinnt einen anderen Mitarbeiter der Abteilung für seine Sache, Alfred Traxl, der ihm ein Jahr lang entscheidende Informationen liefert.

Warum wußte Heilmann nichts über die Arbeit von Vaucks Leuten und die Entzifferung des verhängnisvollen Funkspruchs? Manche glauben, daß er während des Umzugs am Samstag erfahren haben muß, daß Schulze-Boysen entlarvt war. Mit seinem Telefonanruf habe er Alarm schlagen und nicht nur einfach das vereinbarte Treffen auf dem Wannsee absagen wollen. Würde sich aber Heilmann damit begnügt haben, beim Dienstmädchen eine Nachricht zu hinterlassen? Hätte er nicht alles versucht, Schulze-Boysen noch am gleichen Abend oder am darauffolgenden Sonntag nach Büroschluß zu warnen? Nach dem Treffen auf dem Wannsee hatte Schulze-Boysen einen Berliner Freund, Hugo Buschmann, aufgesucht und war bis morgens um vier Uhr bei ihm geblieben. Buschmann erzählt, daß Schulze-Boysen »niedergeschlagen, hungrig und etwas nervös« war. Eine normale Reaktion für einen Mann, um den sich das Netz der Gestapo langsam zusammenzieht. Aber er bat Buschmann, ihn mit einem Diplomaten aus Zagreb bekannt zu machen: hätte er diesen Vorschlag gemacht, wenn ihm klar war, daß man ihn bald festnehmen würde? Heilmann kann ihn nicht alarmiert haben. Hatte er von seinem Besuch bei Buschmann nichts gehört und in seiner Wohnung auf ihn gewartet? War er gegangen, bevor Schulze-Boysen nach Hause kam? Warum hatte er ihn dann nicht in den frühen Morgenstunden im Luftfahrtministerium zu erreichen versucht? Daß Vaucks Arbeit Fortschritte machte, konnte Heilmann nicht entgangen sein. Welch entscheidender Schritt seinen Vorgesetzten mit dem Knakken des Moskauer Funkspruchs an Kent gelungen war, scheint er allerdings nicht gewußt zu haben ... Hatten die Köpfe der Abwehr das Geheimnis so gut gehütet?*

Hundertsiebzehn Personen verhaftet. Nach den ersten Verhören wissen Panzinger und Kopkow, daß der gesamte Apparat auf zwei Säulen ruht: auf Arvid Harnack und Harro Schulze-Boysen.

Biographische Notiz *Arvid Harnack*

Geboren 1901 als Sohn einer Familie, die seit Generationen Staatsbeamte oder Gelehrte hervorgebracht hat. Sein Vater, Professor Otto Harnack, ist eine Autorität auf dem Gebiet der Literaturgeschichte, ein Onkel ein international angesehener Fachmann für Kirchengeschichte. Mehrere nahe Verwandte bekleiden wichtige Posten im öffentlichen Dienst.

Nach der Niederlage von 1918 kämpft Harnack einige Zeit in den Reihen einer ultranationalistischen Bewegung, dann findet er – für immer – zum Kommunismus.

1927 erhält er ein Rockefeller-Stipendium und beginnt in den USA Nationalökonomie zu studieren und sich mit der Geschichte der linken politischen Parteien auseinanderzusetzen. Er schreibt dort das Buch »Die vormarxistische Arbeiterbewegung in den Vereinigten Staaten«. Als Student der Madison-University in Wisconsin verliebt er sich in eine junge Dozentin für Literaturgeschichte, die Amerikanerin Mildred Fish. Sie heiraten, und er kehrt mit seiner Frau nach Deutschland zurück.

1931 gründet er in Berlin die Arbeitsgemeinschaft zum Studium der sowjetrussischen Planwirtschaft, um die sich ein Kreis interessanter, progressiver Leute sammelt. Die Tätigkeit der Arbeitsgemeinschaft ist ausschließlich wissenschaftlicher Art. Im darauffolgenden Jahr, 1932, unternehmen vierund-

---

* *Heute steht fest, daß Heilmann doch von der Entschlüsselung des Funkspruchs mit den drei Adressen in Kenntnis gesetzt worden war: sein Freund und Kollege Alfred Traxl hatte ihn informiert. Da ihm die Gefährlichkeit der Situation klar war, versuchte er Harro zu warnen. Vergeblich. Er konnte nur Libertas erreichen, die keine Ahnung hatte, wo ihr Mann war, der, um die Wahrheit zu sagen, nur selten in der ehelichen Wohnung übernachtete: Schulze-Boysen war damals gleichzeitig mit drei Frauen liiert ...*

zwanzig Mitglieder des Kreises – darunter Harnack – eine von der Sowjetischen Botschaft in Berlin organisierte Studienreise. Im Verlauf dieser Reise wird Harnack von zwei Spitzenfunktionären der Komintern empfangen: von Otto Kuusinen und Ossip Piatniski. Seine Überzeugung und seine hervorragenden Fähigkeiten haben die Aufmerksamkeit wichtiger Kreise auf sich gezogen: Ist er bereit, für Moskau zu arbeiten? Er willigt ein.

1933, nach der Machtergreifung Hitlers, nimmt Harnack einen Posten im Wirtschaftsministerium an. Zunächst Regierungsrat, wird er später zum Oberregierungsrat befördert und der Abteilung für Wirtschaftsbeziehungen mit der Sowjetunion zugeteilt. Das rechtfertigt seine häufigen Besuche in der Sowjetischen Botschaft in Berlin. Seine Frau Mildred setzt ihre literarischen Arbeiten fort. Sie übersetzt die Romane »Drums along the Mohawk« von Walter D. Edmonds und »Lust for Life« von Irving Stone ins Deutsche und wird Lektorin für amerikanische Literatur an der Berliner Universität.

1937 reist das Ehepaar Harnack in die USA. Ihre Freunde bedrängen sie, nicht mehr in das nazistische Deutschland zurückzukehren, und versprechen ihnen jede Unterstützung, wenn sie sich in den Vereinigten Staaten niederlassen wollen. Harnack hält einen derartigen Entschluß für Fahnenflucht, darf aber seine wahren Gründe nicht preisgeben. Seine Freunde schließen aus seiner Rückkehr nach Deutschland, daß er Nationalsozialist geworden ist.

1939 gehört er der deutschen Delegation an, die in Moskau die Handelsabkommen diskutiert, die dem deutsch-sowjetischen Pakt vorausgehen. Nach seiner Rückkehr wird er der Abteilung für Wirtschaftsbeziehungen mit den USA zugeteilt.

Bei Ausbruch des Krieges ist Arvid Harnack einer der wichtigsten Beamten des Wirtschaftsministeriums. Er braucht nur eine Frage zu stellen und erhält unverzüglich detaillierte Auskünfte über Einzelheiten aus jedem Sektor des deutschen Wirtschaftslebens, einschließlich der Kriegsrüstung.

Biographische Notiz *Harro Schulze-Boysen*

Geboren 1909 in einer adeligen, traditionsgemäß monarchistischen Familie. Großneffe des Admirals von Tirpitz. Sein Vater diente im Ersten Weltkrieg als Seeoffizier, im Zweiten Weltkrieg ist er Chef des Stabes beim deutschen Marinebefehlshaber in Holland. Mit siebzehn Jahren tritt Harro in den Jungdeutschen Orden ein, eine konservative, nationalistische Vereinigung, die den Traditionen und Gefühlen seiner Familie entspricht. Im Laufe der Studienjahre entfernt er sich von dieser Richtung, lehnt Nationalsozialismus und Kommunismus gleichermaßen ab und sucht nach einem »dritten Weg«, der auf eine radikale Veränderung der Gesellschaftsstrukturen abzielt, die ihm völlig überholt erscheinen. Er wird Herausgeber der von Franz Jung begründeten Zeitschrift »Gegner«, deren Mitarbeiter aus den verschiedensten politischen Kreisen kommen und die vehement gegen die Nazis auftritt.

1933, im Jahr der Machtübernahme durch Hitler, wird er von der SS verhaftet, in ein „Privatgefängnis" gesperrt und schwer mißhandelt. Sein Freund Erlanger, der Jude ist, wird vor seinen Augen zu Tode geprügelt. Man läßt Harro gehen, nachdem seine Eltern ihre zahlreichen Beziehungen eingesetzt haben. Aus dieser Zeit stammt sein unbändiger Haß gegen die Nazis.

Anschließend tritt er in eine halb geheime Fliegerschule ein, in der das Reich, das noch an die strengen Klauseln des Versailler Vertrags gebunden ist, die Kader der zukünftigen Luftwaffe ausbildet. Er glaubt, daß ihn nur die Armee vor der SS schützen kann. Gleichzeitig verbessert er seine Fremdsprachenkenntnisse, er lernt Französisch, Englisch, die skandinavischen Sprachen, Holländisch und Russisch.

1936 heiratet er Libertas Haas-Haye, die aus einer berühmten deutschen Familie stammt. Ihr Großvater Fürst Philipp zu Eulenburg stand dem Kaiser nahe und war in einen homosexuellen Sittenskandal verwickelt, der den kaiserlichen Hof erschütterte. Marschall Göring, ein enger Freund der Familie von Libertas, ist Trauzeuge.

Kurz darauf bekommt Harro Schulze-Boysen dank seiner sprachlichen Begabung und vor allem durch die Unterstützung seines Trauzeugen einen Posten als Übersetzer im Reichsluftfahrtministerium, wo er später im Pressedienst eingesetzt wird. Seine Energie, seine Intelligenz und seine Ergebenheit gegenüber dem Hitlerreich machen seine Vorgesetzten bald auf ihn aufmerksam. Die Artikel, die er in der Heerespresse publiziert, bringen ihm Lobeshymnen ein. Er ist bei allen Sitzungen dabei, verschafft sich unauffällig überall Zugang und gewinnt das Vertrauen der Chefs des Reichsluftfahrtministeriums. Ab 1936 legt er den Grundstein für sein Agentennetz, aus dem die Berliner Gruppe der Roten Kapelle hervorgehen wird.

Beim Ausbruch des spanischen Bürgerkriegs sammelt er Informationen, die ein Freund heimlich in den Briefkasten der sowjetischen Handelsmission in Berlin steckt. Da Göring den Auftrag erhält, die Unterstützung für Franco zu organisieren und bereitzustellen, ist Schulze-Boysen in der Lage, Moskau über die gesamte militärische Hilfe zu informieren, die Francos Truppen von Deutschland erhalten. Er verrät auch die Namen der deutschen Agenten, die die Abwehr in die Internationalen Brigaden einschleust; die auf diese Weise enttarnten Agenten werden von den Republikanern hingerichtet.

1937 wundert sich Harros Freund, der bekannte Schriftsteller Ernst von Salomon, über dessen genaue Kenntnis der russischen Angelegenheiten. Unter schallendem Gelächter holt Schulze-Boysen ein Bündel Fotokopien aus seinem Privatsafe (das Gespräch findet in seiner Wohnung statt). Die Blätter sind mit zyrillischer Schrift bedeckt. »Siehst du«, sagt Schulze-Boysen, »wir werden von Tuchatschewski selbst informiert!« Als er später vom Prozeß gegen Marschall Tuchatschewski und von der Arbeit erfährt, die die Rote Kapelle für die Russen geleistet hat, ist Salomon davon überzeugt, daß die von Schulze-Boysen gelieferten Informationen zum Sturz des Marschalls beigetragen haben.

1939 wird Schulze-Boysen vom Geheimdienst der Roten Armee rekrutiert.

1940 kommt er zur Attaché-Abteilung des Reichsluftfahrtministeriums. Seine neue Dienststellung ermöglicht ihm Einblicke in alle Geheimberichte der Luftwaffenattachés, die den deutschen Auslandsmissionen zugeteilt waren. Als Seminarleiter am Auslandswissenschaftlichen Institut der Berliner Universität sammelt er eine Gruppe von Studenten um sich, aus denen er absolut ergebene Anhänger macht.

Seine Frau Libertas arbeitet im Propagandaministerium in der Kulturfilmzentrale.

Als die deutsche Wehrmacht in der Sowjetunion einfällt, ist Harro Schulze-Boysen in der Lage, Moskau militärische Informationen von höchster Wichtigkeit zu liefern, besonders aus dem Reichsluftfahrtministerium, in dem es nicht eine Abteilung gibt, deren geheime Akten er nicht kennt. Seine Frau und er gehören zu den bekanntesten Paaren der Berliner Gesellschaft, und ihre Beziehungen bringen sie mit den Spitzen des Dritten Reiches zusammen.

In memoriam

21

Wer sich ausschließlich für Spionagegeschichte interessiert, kann dieses Kapitel überschlagen: zu den Biographien und zur Art der nach Moskau gefunkten Nachrichten ist das Wesentliche gesagt.

Wer aber aus purer Neugier oder weil er Sympathie für die beiden Protagonisten empfindet, wissen möchte, wie der Neffe des Theologen Harnack und der Großneffe des Admirals von Tirpitz dazu kamen, für sowjetische Nachrichtendienste zu arbeiten, wer sich nach den Beweggründen fragt, die diese Männer dazu brachten, das Blut ihrer Landsleute zu vergießen, und wer erfahren möchte, wer die beiden Köpfe dieses unfaßbar schlecht organisierten, in seiner Wirksamkeit aber hervorragenden Spionagerings wirklich waren, der sollte sich nicht mit der bloßen Aufzählung von Daten und Ereignissen begnügen. In der Moskauer Zentrale wird ein Angestellter bald zwei Karteikarten beiseite legen: die Agenten »Arwid« und »Choro« sind liquidiert worden. Im folgenden geht es um die Menschen, die sich hinter den beiden Decknamen verbargen.

Die äußere Beschreibung ist einfach, die Fotos sprechen für sich. Harro ist ein prächtiges Exemplar der nordischen Rasse: groß, blond, blauäugig, scharf geschnittenes Gesicht. Mit Bitterkeit stellt Piepe fest: »... und dabei war er der Typ des deutschen Offiziers.« Libertas, seine Frau, war so schön und anziehend, daß nach ihrer Verhaftung schriftlich Befehl gegeben wurde, sie immer nur von zwei Kommissaren zugleich verhören zu lassen, so sehr war man besorgt, daß die Herzen der Polizisten sich bei einem Tête-à-tête entflammen könnten ... Die Harnacks wirken farbloser. Arvid hat das ruhige Gesicht und den nachdenklichen Ausdruck eines Mannes, der sich seinen Studien widmet. Man spürt seine Zurückhaltung, er geht sparsam mit Worten und Gesten um und ist nur schwer aus der Fassung zu bringen. Mildred und er waren sicherlich nicht oft bei den Segelpartien auf dem Wannsee dabei.

Um mehr über diese Menschen zu erfahren, die für immer verstummt sind, blieb keine andere Wahl, als sich aus flüchtigen Skizzen von Leuten ein Bild zu machen, die mit ihnen oder gegen sie gekämpft haben – wie es die Polizei tut, wenn sie einem unbekannten Verdächtigen auf der Spur ist.

Ein seltsames Unternehmen.

Mit groben Strichen zeichnen die ehemaligen Abwehr- und Gestapoleute bösartige Karikaturen. Hier als Beispiel eine verleumderische Schilderung der Rekrutierung Oberleutnant Herbert Gollnows aus dem Munde eines ehemaligen Verfolgers:

»Gollnow gehörte zur Abwehr der Luftwaffe. Er war mit der Verbindung zum Reichsluftfahrtministerium beauftragt und traf dort Schulze-Boysen. Gollnow war ein junger Mann sehr bescheidener Herkunft, der sich aus eigener Kraft nach oben gearbeitet hatte. Er war vaterlos aufgewachsen und verehrte seine Mutter, die ihrerseits den Sohn restlos bewunderte.

Gollnows ausgeprägtester Charakterzug war Ehrgeiz. Er wollte weiterkommen und glaubte, in Berlin seine Zeit zu vergeuden. Orden und Beförderungen gewinnt man an der Front und nicht in den Korridoren der Ministerien. Wer war geeigneter als Schulze-Boysen, um die ersehnte Versetzung zu erwirken? Gollnow wurde von dem Mann geblendet, der über so weitreichende Beziehungen verfügte und auch versprach, sich für ihn einzusetzen. Schulze-Boysen dachte nicht eine Sekunde daran, Gollnow versetzen zu lassen: er war ihm in Berlin viel zu wichtig. Aber er versprach ihm das Blaue vom Himmel, gaukelte ihm eine glänzende Zukunft vor und lud ihn zu seinen Vorlesungen am Auslandswissenschaftlichen Institut ein. Das war der erste Schritt. Der zweite bestand darin, Gollnow davon zu überzeugen, daß es wichtig sei, eine Fremdsprache zu lernen: Englisch zum Beispiel sei unumgänglich, wenn man Karriere machen wolle. Schulze-Boysen gab ihm den Rat, durch eine Annonce einen Lehrer zu suchen, und bot sich auch an, die einlaufenden Antworten mit ihm durchzusehen.

Zwei Antworten kamen. Die erste von einem alten Professor, der natürlich gewisse Honorarforderungen stellte. Schulze-Boysen schien sie weniger interessant als der zweite Brief. Er war von einer Frau, von Mildred Harnack. Gollnow suchte sie auf und wurde charmant aufgenommen. Sie erklärte ihm: ›Ich bin Amerikanerin, und ich würde mich freuen, mit Ihnen nachmittags bei einer Tasse Tee Englisch zu plaudern.‹ Der junge Offizier, sehr eingeschüchtert von der eleganten Wohnung und der vornehmen Dame, erkundigte sich verlegen nach dem Honorar. Mit einer Handbewegung schob sie diese Frage beiseite: ›Aber ich bitte Sie, ich werde doch kein Geld verlangen. Ich bin glücklich über jede Gelegenheit, meine Muttersprache zu sprechen.‹ Gollnow erzählte Schulze-Boysen von diesem Besuch, der klopfte ihm auf die Schulter und sagte: ›Mensch, Herbert, du bist ein Glückspilz! Phantastisch! Eine hübsche Frau und obendrein Gratisunterricht!‹

In Wirklichkeit fühlte sich Gollnow im Salon der Harnacks sehr unbehaglich. Steif saß er mit der Teetasse in der Hand Mildred gegenüber, die ihn aufforderte, auf ihre Lippen zu sehen und genau auf die Aussprache zu achten. Er war aus einfachen Verhältnissen direkt zur Wehrmacht gekommen und mit den feinen Umgangsformen nicht vertraut. Besonders peinlich wurde ihm die Situation, als Arvid Harnack, mit seiner immer ernsten Miene, in eine Englischstunde hineinplatzte. Gollnow hatte es schon sehr merkwürdig gefunden, daß Mildred ihn zu einem Tête-à-tête empfing, ohne daß ihr Mann sich darum zu kümmern schien. Auch hatte er den Eindruck, daß die Aufmerksamkeiten seiner Lehrerin die pädagogischen Aufgaben überschritten. Als Harnack den Salon betrat, befürchtete Gollnow eine unangenehme Szene, beruhigte sich aber dann damit, daß feine Leute manchmal merkwürdige Umgangsformen haben, denn Harnack war überaus liebenswürdig, erkundigte sich nach seinen Fortschritten in der englischen Sprache und nach seiner Tätigkeit bei der Wehrmacht. Gollnow, purpurrot, murmelte, daß er darüber nicht sprechen dürfe. Harnack setzte ein wohlwollendes Lächeln auf und gab zurück: ›Ich bin Oberregierungsrat im Wirtschaftsministerium, ich weiß mit Dienstgeheimnissen umzugehen.‹ Gollnow faßte Vertrauen und erzählte ihm, daß er für die Abwehr arbeite. Ein Wort gab das andere, man kam auf die militärische Situation zu sprechen, und Harnack bedauerte den Stillstand an der Ostfront. Das war im Winter 1941/42. ›Machen Sie sich keine Sorgen‹, versicherte Gollnow, ›es geht bald wieder los ...‹ – ›Da überraschen Sie mich sehr! Wenn eine Offensive bevorstünde, müßte ich eigentlich darüber Bescheid wissen.‹ – ›Herr Oberregierungsrat, auf diesem Gebiet bin ich vielleicht besser informiert als Sie.‹ Und Gollnow, stolz auf die Gelegenheit, seine Wichtigkeit zu demonstrieren, berichtete, daß er zur Zeit bei einem Regiment von kaukasischen Gefangenen, die auf deutscher Seite kämpfen wollten, infanteristische Gefechtsausbildung mache. Diese Kaukasier sollten bei der bevorstehenden Offensive als Fallschirmspringer hinter den sowjetischen Linien abgesetzt werden. Natürlich hat man später erfahren, daß die Russen alle Pläne dieser Offensive kannten. Generalstäbe sind dazu da, Dutzende von Plänen auszuarbeiten, auch wenn die meisten Pläne dann in einer Schublade verstauben, ohne jemals angewandt zu werden. Diese Geschichte von den Kaukasiern, die für einen Sabotageeinsatz geschult wurden, war für Moskau jedenfalls der Beweis, daß der Angriff auf die kaukasischen Ölfelder keine theoretische Angelegenheit mehr war, sondern sich bereits im Stadium der praktischen Vorbereitung befand.

Sobald die anderen durchschaut hatten, wie Gollnow zu handhaben war, ging alles sehr schnell. Das heißt, Mildred schlief mit ihm. Und auch Libertas, die Frau von Schulze-Boysen. Beide waren übrigens lesbisch, so daß Gollnow manch pikanter Szene beiwohnte. Sie hatten keine große Mühe, ihm völlig den Kopf zu verdrehen, ihn seine elementarsten Pflichten, ja sogar seinen Ehrgeiz vergessen zu lassen. Man stelle sich vor: zwei Frauen, kultiviert und aristokratisch, und mindestens eine, Libertas, sah entzückend aus. Sie ließen ihn Vergnügen kosten, von denen er nie geträumt hatte. Gollnow sagte ihnen alles, was er wußte. Und er wußte viel. Damals ließ die Abwehr Sabotagekommandos hinter den russischen Linien abspringen. Keiner von denen ist jemals zurückgekommen. Durch Gollnows Schuld. Und wir hatten bis zur Verhaftung der Schulze-Boysen-Clique die größte Hochachtung vor der sowjetischen Spionageabwehr, die uns unfehlbar zu sein schien … Gollnow hat den Russen sogar Informationen gegeben über unsere Versuche, Agenten nach England einzuschleusen, über unsere Sabotageversuche an Langstreckenflugzeugen, die zwischen den USA und Portugal verkehrten, und so weiter. Ich schwöre Ihnen, er hätte seine eigene Mutter verkauft, um an den ›Vierzehn-Punkte-Abenden‹ mitmachen zu können! Das waren *surprise parties*, die von Schulze-Boysens Clique inszeniert wurden. Feinste Berliner Gesellschaft: hohe Beamte, hohe Offiziere, Adelige in Mengen. Die Frauen durften sich nur mit dem bekleiden, was sie auf die vierzehn jährlich zugeteilten Textilpunkte einkaufen hätten können. Und vierzehn Punkte waren nicht viel, sie waren also mehr oder weniger nackt. Das endete selbstverständlich in Orgien.

Sie müssen übrigens wissen, daß die Frauen nicht die einzigen waren, die auf diese Weise neue Leute anwarben. Die beiden jungen Männer aus der Dechiffrierabteilung, Heilmann und Traxl, hatte Schulze-Boysen nicht mit seinen nebelhaften politischen Doktrinen gewonnen: er hat ganz einfach mit ihnen geschlafen! Heilmann war ihm regelrecht hörig. Er wäre ihm bis in die Hölle gefolgt – und ist es dann auch. Und er war nicht der einzige. Harro hatte ebenso großen Erfolg bei Männern wie Libertas bei Frauen.«

Margret Boveri: »Mildred war für mich mit ihren schönen, blonden, straff zurückgekämmten Haaren, ihren klaren, nichts zurückhaltenden Augen der Inbegriff der puritanisch-strengen Amerikanerin …«[15]

Axel von Harnack, der Vetter Arvids: »Mildred war eine Persönlichkeit, die sich schon aus äußeren Gründen jedem einprägte. Ein strahlendes, klares Auge blickte einen an, reiches, blondes, schlicht gescheiteltes Haar umrahmte ihre Züge. Ihr gewinnendes, freundliches Wesen mußte für sie einnehmen. Wer sie knapp charakterisieren wollte, hätte sie eine edle Erscheinung nennen müssen …«[16]

Otto Meyer*, ein ehemaliger hoher Beamter des Dritten Reiches: »Schulze-

---

* *Name vom Verfasser geändert.*

Boysen homosexuell? Undenkbar! Er hatte so viele Frauengeschichten, daß ich mir nicht vorstellen kann, wie er noch Zeit finden sollte, mit Männern zu schlafen. Libertas? Ja, sie führte ein sehr freies Leben. Sie war ein zwiespältiges Wesen, dekadent, fast möchte ich sagen morbide. Freunde von mir sind auf solchen Abenden, die in Orgien ausarteten, dabeigewesen. Aber die Schulze-Boysens haben sich geliebt, täuschen Sie sich da nicht. Es war eine Liebesheirat. Ihr später so ausschweifender Lebenswandel? ... Vielleicht muß man das ihrer illegalen Tätigkeit zuschreiben, mit allem, was das an ständiger Angst und Anspannung mit sich brachte. Oder aber sie haben die Laster kaltblütig ausgenutzt, um Leute, die für sie wichtig waren, zu korrumpieren. Mildred war weder schön noch sexy, aber sie war auf eine sehr fesselnde Art intelligent und hatte sehr viel Charme. Gewiß, sie hat Abenteuer gehabt wie alle anderen. Aber sie blieb dabei sehr gerade und anständig. Jedesmal war es eine neue große Liebe. Schulze-Boysen hat sie zu seinem Werkzeug gemacht, und beide zusammen waren der eigentliche Mittelpunkt des Kreises.«

Ernst von Salomon: »Harro homosexuell? Keine Ahnung. Möglich ist alles. Aber wenn Sie mich so fragen, kann ich nur sagen: Und wenn schon! Jedenfalls lebten Harro und Libs in einer sehr glücklichen Ehe.« – »Aber es stimmt doch, daß Libertas und er sich gegenseitig vollkommene sexuelle Freiheit zugestanden haben?« – »Sie hatten den Bohème-Stil der zwanziger Jahre beibehalten, wie viele junge Paare und auch ich. Damals war der Begriff der ›Kameradschaftsehe‹ sehr modern und sehr im Schwange. Was ist daran so außergewöhnlich? Man muß diese Epoche miterlebt haben, um sie zu verstehen.« – »Von Mildred Harnack wird erzählt, daß sie versucht habe, sich Hitler zu nähern mit der Absicht, ihn zu verführen. Er habe sie nicht eines Blickes gewürdigt, deshalb soll Mildred ihn so gehaßt haben.« – »Das ist absurd! Sicherlich hat sie wie alle Mitglieder der amerikanischen Kolonie in Berlin gesellschaftlichen Kontakt mit dem neuen Wundertier gesucht. Aber welche Absichten sie auch leiten mochten – sie war hochintelligent und muß beim ersten Kontakt mit diesem Mann sofort begriffen haben, daß es überhaupt keine Basis gab, auf der sie sich mit ihm hätte verständigen können.« – »Stimmt es, daß sie ein zügelloses Leben führte, sich an junge Offiziere heranmachte ...?« – »Um ihnen die gefährlichsten Staatsgeheimnisse zu entlocken? ... Ein grotesker Gedanke. Das glaube ich keinen Augenblick.«

Überlebende des Kreises behaupten, daß die Kontakte zwischen Agenten verschiedenen Geschlechtes nur aus Gründen der Vorsicht als amouröse Beziehungen getarnt wurden. Und sie entrüsten sich über die niederträchtigen Porträts der Gestapo. Sie weisen von vornherein alles zurück, was den Heiligenschein ihrer Märtyrer verdunkeln könnte.

Tatsache ist, daß Mildred mit Herbert Gollnow schlief. Aber sie war keineswegs lesbisch, und Gollnow war das einzige Abenteuer, von dem man mit Sicherheit weiß. Der Gestapo erklärte sie, daß sie aus Pflichtgefühl gehandelt habe. Was die sicher etwas ungezwungenen »Vierzehn-Punkte-Abende« betrifft, versichern die Überlebenden, daß es sich nur in den Phantasien der Gestapo-Leute um Orgien gehandelt habe.

Das Anrüchige hat eine gewisse Faszination. Ein entsetztes Staunen über die unglaubliche Heftigkeit und Gemeinheit der Anschuldigungen hat es notwendig erscheinen lassen, auf dieses Thema einzugehen.

Otto Meyer und Ernst von Salomon haben natürlich recht: die Frauen und Männer des Berliner Kreises glichen weder den verzerrten Karikaturen der einen noch den Heiligenbildern der anderen.

Um den Fall Harnack sind kaum leidenschaftliche Auseinandersetzungen entbrannt. Reinhold Schönbrunn, einem seiner politischen Freunde, zufolge war er »fanatisch, unbeugsam, fleißig, auffallend energisch und tüchtig; alles in allem nicht unbedingt eine liebenswerte Persönlichkeit oder ein angenehmer Umgang. Er war stets sehr ernst und hatte wenig Sinn für Humor ... In diesem Mann war etwas Puritanisches, etwas Enges und Doktrinäres. Aber er war ergeben bis zum äußersten. Auch bei (seiner Frau) Mildred fand sich etwas von Arvids Charakterzügen.«[17]

Axel von Harnack, sein Vetter, schildert ihn ähnlich: »Mein Vetter Arvid Harnack war ein hochbegabter, vielseitig vorgebildeter Beamter; ein scharfsinniger, grüblerischer Kopf, geübt im Debattieren und stets geneigt dazu. Eine gewisse Härte war kennzeichnend für ihn: er verfügte neben ihr aber auch über das Mittel der Ironie und verschmähte seine Anwendung schwächeren Gegnern gegenüber im Redekampf nicht. Er besaß starken Ehrgeiz und ein Selbstbewußtsein, das auf anerkannten Leistungen beruhte.«[18]

Sogar die ehemaligen Gestapoleute billigen Harnack Intelligenz und Zuverlässigkeit zu. Sie vermeiden es, ihn mit Phantasien im Stil der »Vierzehn-Punkte-Abende« in Verbindung zu bringen. Panzinger, der kein Dummkopf war, diskutierte stundenlang mit ihm über politische und wirtschaftliche Probleme. Sogar seine Richter würdigten sein Wissen und seine strenge Lebensauffassung ...

Harnack war eben vor allen Dingen ein hervorragender Fachmann. Er wußte viel, konnte aber oft ebenso gelehrt wie langweilig sein. Ein glänzender Zweiter, wie häufig die tüchtigen Fachleute. Der zweite neben einem Mann, der weniger intelligent war als er, weniger kultiviert, weniger ausgeglichen, der aber eine beinahe beängstigende Vitalität besaß, unermüdlich, bei Festen

Mildred und Arvid Harnack · Horst Heilmann
Libertas Schulze-Boysen · Harro Schulze-Boysen

und bei der Arbeit, zum Begeistern und Verführen geschaffen, zum Befehlen geboren: Harro Schulze-Boysen, die Seele des Berliner Kreises.

»Schulze-Boysen war eine ausgesprochene Abenteurernatur, klug und gewandt, aber unbeherrscht und ohne Hemmungen, rücksichtslos auch in der Ausnutzung seiner Freunde, im höchsten Grade ehrgeizig, ein glühender Fanatiker und ein geborener Revolutionär.«[19]

Ein scharfes, aber anfechtbares Urteil: es stammt von Alexander Kraell, Oberreichskriegsanwalt und Präsident des Gerichts, das Schulze-Boysen und dessen Freunde aburteilte. Sein Amt und sein Nationalgefühl zwingen ihn zur Strenge. Allen Dulles dagegen müßte eigentlich Schulze-Boysens Lob singen: Dulles war während des Krieges von Roosevelt in die Schweiz geschickt worden, um die deutschen Widerstandsbewegungen gegen Hitler zu unterstützen:

»Zunächst richtete er (Schulze-Boysen) sich sowohl gegen Kommunisten als auch Nazi – die ersteren hielt er für zu bourgeois und die letzteren für zu bürokratisch. Er braute einen politischen Mischmasch mit der Idee, daß es weder links noch rechts gäbe, daß politische Parteien nicht eine gerade Linie, sondern einen unvollständigen Kreis darstellen. Die Kommunisten und die Nazi waren natürlich an den Enden dieses ungeschlossenen Kreises. Schulze-Boysen beschloß, daß seine Partei diese Lücke zu füllen und den Kreis zu schließen habe. Er war jung, blond und nordisch – das typische Produkt der deutschen Jugendbewegung. Stets trug er einen schwarzen Sweater und ging mit Revolutionären, Surrealisten und den Bohemiens der ›Verlorenen Generation‹ um.«[20]

Diese Kälte einem Mann gegenüber, der soviel zur Niederlage des Nationalsozialismus und somit zum Sieg der Alliierten beigetragen hat, ist überraschend. Man darf allerdings nicht vergessen, daß Dulles, der spätere CIA-Chef, ein Antikommunist par excellence war. Hat er in Schulze-Boysen nur den verabscheuenswerten sowjetischen Spion gesehen?

Und was sagt der deutsche Widerstand – der offiziell anerkannte – zum Berliner Kreis der Roten Kapelle? Nichts. Er nimmt ihn nicht wahr. Mehr noch: Er lehnt ihn ab. Fabian von Schlabrendorff, einer der Tapfersten, erwähnt zwar Schulze-Boysen in seinem Buch »Offiziere gegen Hitler«, aber nur in der ersten Auflage – in den späteren Auflagen ist von ihm nicht mehr die Rede.

Außer in der DDR, wo die Arbeit Schulze-Boysens und seines Kreises entsprechend gewürdigt wurde, weiß die breite Öffentlichkeit nichts von der Berliner Gruppe. Wer kennt denn, sieht man von den Fachleuten ab, im Westen überhaupt seinen Namen? Richard Sorge, dessen Lebensweg ähnlich verlief, ist auf der ganzen Welt eine Legende. Jeder ist über sein berühmtes Telegramm begeistert, das zum sowjetischen Sieg vor Moskau beitrug, aber niemand, oder fast niemand, staunt über Schulze-Boysens Telegramm, das Stalingrad ermöglichte. Sorge wird als außergewöhnlicher Agent anerkannt und bewundert, Schulze-Boysen nicht.

Warum?

Zunächst einmal ist Schulze-Boysen nicht seriös. Er wirkt nicht seriös. Ein bürgerlicher Bohemien, mit einem schwarzen Rollkragenpullover, der seine blonden Haare gut zur Geltung bringt. Diskussionen in Künstlerkneipen bis zum Morgengrauen: surrealistische Poesie und – was viel unangenehmer ist – surrealistische Politik. Weder rechts noch links, sondern ein in sich geschlossener Kreis. Die Kommunisten? Reine Bürokraten. Die Nazis? Viel zu spießig. Ernst von Salomon: »Er wollte diese verkrustete, überholte Welt in die Luft sprengen. Das war sein Programm. Er war Anhänger einer nationalen Revolution, aber im Gegensatz zu den Nazis wollte er sie mit der Elite durchführen und nicht mit der Masse. Er verabscheute die Masse. Hitler war in seinen Augen nur ein vulgäres Individuum. Und sich mit ihm zusammenzutun, zeugte von schlechtem Geschmack.« Im Freundeskreis sprengte er also die Welt in die Luft, bevor er des Morgens in sein Atelier in der Altenburger Straße zurückkehrte. Die Familie dachte wahrscheinlich, er müsse sich erst die Hörner abstoßen. Über kurz oder lang würde er sich schon darauf besinnen, daß er von Großadmiral von Tirpitz abstammte, und dann in das elterliche Haus mit seinen Traditionen und Konventionen zurückkehren. Vielleicht hätte die Familie recht behalten, wenn nicht der Kleinbürger Hitler dazwischengekommen wäre ...

Nach dem Wahlsieg der Nazis bricht ein SS-Kommando in die Redaktion des »Gegners« ein, verwüstet sie und nimmt Harro und seinen jüdischen Freund Henry Erlanger fest. Sie werden in einem Berliner Vorort in einen Keller gesperrt. Man zwingt sie, über den Hof zu laufen. Eine SS-Abteilung stellt sich in einer Doppelreihe auf und beobachtet genüßlich die Gefangenen. Die Bestien halten bleibestückte Peitschen in den Händen.

Dreimal müssen sie durch. Harro, nackt, läuft als erster los. Die Peitschen knallen auf ihn nieder, reißen seine Haut auf. Schwankend läuft er weiter, bei der zweiten Runde spritzt Blut. Er beendet den dritten und letzten Durchgang taumelnd vor Schmerzen und unter den Beleidigungen und Beschimpfungen der SS.

Aber dann sehen sie ihr Opfer zum Ausgangspunkt zurückkehren und schreien: »Noch eine Ehrenrunde!« Und er wirft sich zwischen die Doppelreihe seiner Peiniger. Wieder schlagen die Peitschen auf seinen gemarterten

Körper ein. Fast ohnmächtig beendet er die Runde. Der SS-Chef schreit ihm zu: »Mensch, du gehörst doch zu uns!«

Henry Erlanger ist schwer verletzt worden und stirbt vor Harros Augen.

Seit damals ist der Haß da. Er wird die Ermordung seines Freundes niemals vergessen oder vergeben. Zu Ernst von Salomon, dem er mit blutunterlaufenem Gesicht und einem halb abgerissenen Ohr auf der Straße begegnet, sagt er: »Ich habe meine Rache auf Eis gelegt. Jetzt gehöre ich zu denen, die diese Leute am wirksamsten bekämpfen.« Sechs Jahre später wird er Hugo Buschmann über den Vorfall erzählen und mit den Worten schließen: »Seitdem habe ich nur ein einziges Ziel: Rache!«[21]

Als einer der ersten in Deutschland hat Harro Schulze-Boysen gelernt, wozu »diese Leute« fähig sind.

Haß kann blenden. Er kann auch klären und läutern. So war es bei Schulze-Boysen, dem es auf einen Schlag wie Schuppen von den Augen fällt. Von nun an wird sein Blick die Welt mit einer unbestechlichen, fast wissenschaftlichen Klarheit betrachten. Über die etwas törichten politischen Phantasien Schulze-Boysens aus der Zeit vor 1933 kann man nur lächeln, aber man muß zugeben, daß er die Lage richtig einschätzt, als er am 11. Oktober 1938 seinem Vater schreibt: »Ich sage jetzt für 1940/41 spätestens, vermutlich aber schon kommendes Frühjahr, den Weltkrieg mit anschließendem Klassenkrieg in Europa voraus. Und ich behaupte fest, daß Österreich und die Tschechoslowakei die beiden ersten Schlachten des neuen Krieges gewesen sind.«

Am selben Tage, an dem die dritte Schlacht – die Schlacht um Polen – und damit zugleich der Weltkrieg entbrennt, feiert Schulze-Boysen seinen Geburtstag. Hugo Buschmann: »Schriftsteller, Schauspieler, Maler, Ärzte, Anwälte, ein Filmproduzent und hübsche Frauen waren eingeladen – sie feierten nicht den Geburtstag, sondern den Ausbruch des Krieges. Welche Illusionen diese Leute hatten! Alle waren sich sicher, daß das Ende des Dritten Reiches kommen werde. Fast alle glaubten, es stehe nahe bevor – nur der junge Luftwaffenoffizier, dessen Gesicht vor Haß zitterte, wenn er von den Nazis sprach, war anderer Ansicht: er wolle keineswegs ihren Optimismus zerstören; sicher, der Kleinbürger Hitler werde stürzen, aber so einfach sei das nicht zu erreichen. Es war Harro Schulze-Boysen. Dann mischte er sich unter die Tanzenden. Er war ein guter Tänzer, und die Frauen bewunderten ihn. Schließlich aber hatte er genug von dem Trubel. Er zog mich in eine Ecke und knüpfte an eine meiner Bemerkungen an: › … Polen wird überrannt werden, aber das ist nur ein Zwischenspiel. Dann werden sich die Streitkräfte im Westen gegenseitig zerfleischen … Diese Leute hier –‹, er zeigte auf die vergnügte Gesellschaft,

›überschätzen die militärische Macht des Westens. England ist erst im Begriff aufzurüsten. Es gibt kaum eine Luftwaffe, weder in England noch in Frankreich. Aber sie haben bis zum nächsten Frühling eine Atempause, denn die großen Operationen in Polen werden bis zum Ende des Jahres dauern. Der wahnsinnige Hitler glaubt immer noch, daß er auch mit England im Handumdrehen fertig wird, sobald er Polen geschluckt hat. Er bildet sich ein, er könne genau nach dem Plan, den er in ›Mein Kampf‹ entwickelt hat, schließlich seine ganze Angriffskraft gegen den Osten einsetzen. Nein, die Engländer müssen durchhalten, sie können sich durch keinerlei Konzessionen aus der Affäre ziehen. Eines Tages wird es zu einem Gleichgewicht der Kräfte kommen. Aber die bürgerliche Ordnung wird dann in Europa erschüttert sein, weil sich die Kräfte der Bourgeoisie bis zur völligen Erschöpfung verbraucht haben.‹«[22]

Klar in der Analyse, aber vor allem unerbittlich im Handeln. Mit all seiner Energie, mit all seinem Haß ist er bedingungslos gegen »diese Leute«. Selbst wenn nach Ausbruch des Krieges kraft der Verhältnisse das gesamte deutsche Volk zu »diesen Leuten« zählt, und nicht nur die Nazis. Er kennt den Zwiespalt nicht, der so viele von Hitlers Gegnern quält. Sie stehen erschüttert vor dem wahnsinnigen Unterfangen, für das soviel Blut fließt, aber zugleich sind sie insgeheim stolz auf die mit solchen Opfern erkämpften Siege. Sie sehnen Hitlers Sturz herbei, aber nicht die Niederlage Deutschlands. Und diese Zerrissenheit ist nicht nur bei der rechten Opposition, bei den reaktionären Nationalisten des »Herrenklubs« zu finden. Hugo Buschmann, der links steht, schreibt: »Mehrmals fragte ich enge Freunde, wenn sie so daherredeten, obwohl sie vor 1933 politisch aktiv waren: Willst du, daß wir den Krieg verlieren, ja oder nein? Beinahe alle antworteten nach einigem Zögern: Nein!«[23]

Sogar die Mitglieder des deutschen Widerstandes – des offiziell anerkannten – wurden von Zweifeln, Skrupeln und Gewissensbissen geplagt. Goerdeler, Beck, von Hassell: mit diesen edlen Seelen kann man sich anfreunden. Da häufen sich die Lobeshymnen. Wie viele Bücher sind über ihren Kreis geschrieben worden? Vierzig? Fünfzig? Selten hat man Männern, die so wenig Einfluß auf die Geschicke ihres Landes nehmen konnten, so viele Zeilen gewidmet. Das objektive Ergebnis ihrer Tätigkeit läßt sich in einem Wort zusammenfassen: nichts. Nach Jahren der Be und Verschwörungen und des ergebnislosen Geredes entschließen sie sich endlich, Hitler zu töten. Das Vorhaben mißlingt. Resultat: eine vorübergehende Taubheit Adolf Hitlers, dem das Trommelfell geplatzt ist. Das ist alles. Stauffenberg war ein Held, Goerdeler unermüdlich aktiv, Beck ebenso ein Gentleman wie von Hassell – aber sie haben das Ende des Krieges nicht um einen Tag beschleunigt. Sie haben die Leiden, die der

Nationalsozialismus Millionen von Menschen – und ihren eigenen Landsleuten – aufzwang, nicht um eine Stunde verkürzt. Die Geschichte, die sich weniger um Absichten als um Tatsachen kümmert, wird ohne Zweifel feststellen, daß der deutsche Widerstand dem Bild seines Chefs Generaloberst Beck entsprach, der am Abend des 20. Juli zwei vergebliche Selbstmordversuche unternahm. Generaloberst Fromm, der ihn verhaften sollte, mußte einem Offizier befehlen: »Helfen Sie doch dem alten Herrn!« Es war ihm nicht gelungen, Hitler zu töten, und er hat es nicht fertiggebracht, sich selbst zu töten.

Während die Mitglieder des deutschen Widerstandes Gefangene ihrer ehrenwerten, aber sterilen Skrupel blieben, fuhr die SS fort, auf die ihr eigene Weise die Menschheit zu klassifizieren und die als »Untermenschen« eingestuften Gruppen mit Kugeln und Giftgas auszurotten. Dieser SS gegenüber brauchte man Männer wie Harro Schulze-Boysen und Arvid Harnack.

Ende Sommer 1942 ist es also der deutschen Gegenspionage gelungen, nach Brüssel und Amsterdam auch Berlin zu säubern. Aber diese Erfolge beruhigen die Nazichefs nicht, im Gegenteil, ihre Wut kennt keine Grenzen, nachdem sie die Bedeutung und Wirksamkeit des sowjetischen Spionageapparates überschauen können: eine Organisation, die aus Prag, aus Berlin, aus Madrid – von überall – Informationen erhält und über Sender in Brüssel und Amsterdam nach Moskau weiterleitet; alles unter der Leitung eines obersten Chefs, der sich in Paris verborgen hält. Und das zu einer Zeit, in der die Grenzen als unüberschreitbar gelten und ganz Europa unter einem noch nie gekannten Polizeijoch stöhnt. Gestapo und Abwehr erhalten den strikten Befehl, um jeden Preis und in kürzester Frist den Mann zu fassen, der diesen Apparat aufgebaut hat und leitet. Hitler verlangt von Himmler täglich Bericht über diese Angelegenheit. Das »Sonderkommando Rote Kapelle« bricht in Brüssel und Berlin seine Lager ab und begibt sich nach Paris, um den Grand Chef zu jagen.

Karl Giering, das As der Polizei, bringt zwanzig ausgesuchte Leute mit und kann in Paris über die unbegrenzte Mithilfe der lokalen Dienststellen von Abwehr und Gestapo und ihre französischen Hilfskräfte verfügen. Hier, ohne jeden Kommentar, einige Antworten, die der Autor auf Fragen nach seinen wichtigsten Mitarbeitern von Harry Piepe erhielt, der innerhalb des Sonderkommandos die Abwehr vertrat:

»Willy Berg?«

»Die rechte Hand von Giering, ungefähr fünfzig Jahre alt, sehr klein, beinahe ein Zwerg. Ein hartgesottener, skrupelloser Bursche. Ein richtiger Schlächter.«

»Richard Voss?«

»Äußerlich das Gegenteil von Berg: sehr groß, breitschultrig und blond. Ein Schlächter!«

»Otto Schwab?«

»Ja, ein kleiner Mann ... konziliant und geschmeidig. Er wandte lieber List an als Gewalt.«

»Ella Kempka?«

»Ach, die Sekretärin ... eine ganz hübsche Blonde ... Sie war bei allen Ver-

hören dabei, ohne mit der Wimper zu zucken. Sie kam von Berlin aus der Prinz-Albrecht-Straße, da hatte sie schon ganz andere Dinge erlebt ...«

»Erich Jung?«

»Groß, schlank, sportliche Haltung. Zu mir war er immer sehr freundschaftlich. Mit den Gefangenen war es etwas anderes ... ein Schlächter.«

»Rolf Richter?«

»Hart, entsetzlich hart! Sogar bei Frauen ohne jedes Mitleid ...«

Und so weiter.

———————————

Der Grand Chef

II

Die Belagerung der Simex

22

In Paris hat man dem Sonderkommando bei der Sûreté Française in der Rue des Saussaies im vierten Stock eine Flucht von Räumen zur Verfügung gestellt. Das Sonderkommando richtet sich dort ein und läßt gleich am ersten Tag Abraham Raichman, den Brüsseler Fälscher, frei, um den Weg zu Trepper zu finden. Die Gestapo setzt große Hoffnungen auf Raichman und hat vollstes Vertrauen in seine Loyalität; er erhält uneingeschränkte Bewegungsfreiheit und darf für sich und seine Freundin Malvina eine Wohnung mieten – unter einer Bedingung: er muß Piepe jeden Morgen Bericht erstatten. Zu diesem Zweck frühstücken die beiden Männer regelmäßig zusammen im Café Viel am Boulevard des Italiens.

Raichman begibt sich zu einigen ihm bekannten »Briefkästen« und hinterläßt überall die Nachricht, daß er den Grand Chef dringend sprechen müsse. Er legt sogar Ort, Tag und Stunde fest, und Giering trifft für den angegebenen Tag alle erdenklichen Vorbereitungen, damit ihm der fette Fisch ins Netz geht. Aber Trepper läßt sich nicht blicken.

Das Sonderkommando verfolgt noch eine andere Fährte. Die belgische und die französische Gruppe verfügten durch Simone Pheter, eine Angestellte des Pariser Büros der belgischen Handelskammer in der Rue Saint-Lazare, über eine offizielle, unverdächtige »Deckung« für ihren Briefwechsel – bis zu dem Augenblick, da bei den Ermittlungen gegen Isidor Springer seine Helfershelferin in der Brüsseler Börse und damit auch deren Pariser Korrespondentin entdeckt wurden. Das Sonderkommando hat sich bisher darauf beschränkt, die Korrespondenz zu überwachen, aber nun war der Augenblick zum Zugreifen gekommen. Ein in Brüssel aufgegebener Brief fordert Simone Pheter auf, eine Zusammenkunft zwischen ihrem Chef und einem aus Belgien kommenden Agenten zu organisieren. Der belgische Agent wird Raichman sein. Simone ahnt nicht, daß es sich um einen gefälschten Brief handelt. Sie gibt ihrer Korrespondentin Tag und Stunde des Treffs an, geht jedoch vor dem verabredeten Zeitpunkt in das angegebene Pariser Restaurant und stellt fest, daß es überwacht wird. Kurz bevor ihr Chef das Restaurant betritt, täuscht sie eine heftige Nervenkrise vor. Aufgeregt springen die Gäste auf, ihr Chef spürt die Gefahr und verschwindet. Leo Großvogel.

Sollte der Judaslohn, den Raichman regelmäßig erhält, umsonst ausgegeben sein? Nein. Er kennt nur die Pariser Gruppe kaum: daher sein Mißerfolg. In Lyon dagegen wird er sich glänzend bewähren; dort haben sich die Geflüchteten der Brüsseler Gruppe wieder zusammengefunden: Germaine Schneider, Isidor Springer und auch Schumacher, der Mann, der Piepe bei der Verhaftung von Wenzel so freundlich Kaffee angeboten hatte. Raichman kennt sie alle, und es wird ein leichtes für ihn sein, wieder Verbindung mit ihnen aufzunehmen. Daß Lyon im unbesetzten Frankreich liegt, ist kein Hindernis mehr, denn vier Wochen zuvor, im September 1942, wurde die unbesetzte Zone für die deutsche Spionageabwehr freigegeben – Admiral Canaris hatte in Paris persönlich die Verhandlungen mit dem Bevollmächtigten der Vichy-Regierung geführt. In gegenseitigem Einverständnis haben am 29. September 280 Mitglieder der Abwehr und der Gestapo, von der französischen Polizei mit falschen Papieren ausgestattet, die Demarkationslinie überschritten. Die meisten haben in Lyon bereits vorher gemietete Wohnungen bezogen. Ihre Hauptaufgabe soll das Aufdecken und Ausheben von ungefähr zwanzig Geheimsendern sein, die in der Umgebung von Lyon versteckt sind und nach England funken. Gleichzeitig sollen sie aber auch mit Raichmans Hilfe die letzten Mitglieder der Brüsseler Gruppe auflesen, während das nach Marseille beorderte Kommando sich um Kent und Margarete Barcza kümmern wird, die nach den Aussagen von Malvina dort untergetaucht sind.

Im Vergleich zum Grand Chef sind das alles nur kleine Fische! Seit fünfzehn Monaten ist man ihm auf der Spur, und was weiß man über ihn? Man besitzt das in der Rue des Atrébates gefundene Foto, man kennt seinen Decknamen Gilbert, den Mira Sokol preisgegeben hat, und man weiß von Jefremow, daß er sich in Paris aufhält. Mehr nicht. Drei Funkstellen sind ausgeschaltet, Dutzende von Agenten verhaftet, aber dank der hermetischen Abschottung führt keine Spur zu dem Meisterspion.

Es sei denn, daß die Simex ...

Giering kennt die Pariser Simex, seit er die Brüsseler Simexco überwachen läßt: beide Firmen stehen in reger Geschäftskorrespondenz. Er hat Verdacht geschöpft, aber nur ein Einblick ins Handelsregister könnte ihm Gewißheit verschaffen: dort ist die Firma am 16. Oktober 1941 unter der Nr. 285031 S eingetragen worden; einer der Teilhaber ist Leo Großvogel, von dem Giering durch Jefremow weiß, daß er einer der wichtigsten Leute des Grand Chef ist. Doch es kann keine Rede davon sein, das Handelsregister einzusehen, Giering will auch keine Auskünfte bei der französischen Wirtschaftspolizei einholen: der Feind ist überall, die Wände haben Ohren ... Er und Piepe beschließen deshalb, sich bei der Organisation Todt über die Simex zu erkundigen.

Piepe:

»Wir wollten um keinen Preis irgendeine Vorsichtsmaßnahme außer acht lassen, wollten jedes Manöver vermeiden, das uns verraten konnte. Diesmal ging es um den Grand Chef. Wir begaben uns also zum Sitz der Organisation Todt auf den Champs-Élysées und verlangten, von Hauptmann Nikolai empfangen zu werden. Um keinen Verdacht zu erwecken, waren wir in Zivil und gaben uns als Vertreter einer deutschen Firma aus, die in Paris Geschäfte abschließen wollten und einige Auskünfte benötigten. Natürlich waren wir mißtrauisch. Wer konnte uns garantieren, daß zum Beispiel der Pförtner nicht ein Agent des Grand Chef war? Und im Wartezimmer, in den Fluren, sogar in den Büros: überall Franzosen. Es war ganz einfach so: Giering und ich waren gegen alle und jeden mißtrauisch.

Schön, wir mußten warten. Es vergingen Stunden. Giering wurde ungeduldig. Und schließlich ließ Nikolai uns durch den Pförtner mitteilen, daß er zu beschäftigt sei, wir sollten ein anderes Mal wiederkommen. Wir waren vielleicht schlecht gelaunt ...

Am nächsten Morgen wieder hin zur Todt, aber diesmal waren wir besser vorbereitet: Giering hatte eine Legitimation von General von Stülpnagel in der Tasche, aus der hervorging, wer wir waren, und in der vor allem die OT aufgefordert wurde, uns in jeder Weise behilflich zu sein. Wir melden uns also wieder beim Pförtner, immer noch als Handelsvertreter, und wieder sollen wir warten. Aber Giering und ich haben genug: mit Nachdruck verlangen wir, daß Nikolai unverzüglich von unserem Besuch unterrichtet wird. Der Pförtner setzt sich in Bewegung, wir hinterher, und als er die Tür zu Nikolais Büro öffnet, stoßen wir ihn zur Seite, um einzutreten. Nikolai versucht zwar die Tür zuzuschlagen, aber ich schiebe rasch meinen Fuß dazwischen. Nikolai, hochrot vor Wut, brüllt uns an. Giering zeigt ihm seinen Ausweis. Da hätten Sie sein Gesicht sehen sollen! Bleich. Respektvoll. Erschrocken. Giering verlangt von ihm, über alles, was gesprochen wird, strengstes Stillschweigen zu bewahren. Na, das Gesicht von Nikolai ...

Dann ziehe ich mein Foto von Trepper heraus und frage: ›Kennen Sie den Mann?‹

›Natürlich! Ein prima Kerl.‹

Giering und ich sehen uns an.

›Was wollen Sie damit sagen?‹

›Wieso?‹ fragt Nikolai. ›Das ist ein Geschäftsmann, mit dem wir seit einem Jahr bedeutende Aufträge abschließen, besonders für den Bau des Atlantikwalls. Er ist uns gegenüber sehr positiv eingestellt, wir arbeiten hervorragend zusammen ... Er ist mir auch persönlich sehr sympathisch.‹

›Wir möchten ihn treffen. Ist das möglich?‹

›Ohne weiteres. Sein Ausweis für die unbesetzte Zone läuft in diesen Tagen ab, und er wird mich bestimmt anrufen, um ihn verlängern zu lassen.‹

Gut. Wir stellen ihm noch einige Fragen, er lobt die Simex in den höchsten Tönen: ›Eine seriöse Firma, die anständig mit den deutschen Besatzungsbehörden zusammenarbeitet …‹ – genau wie in Brüssel! Selbstverständlich soll er uns sofort benachrichtigen, sobald er eine Verabredung mit dem Grand Chef getroffen hat; wir erinnern ihn noch einmal an seinen Schwur, strengstes Stillschweigen zu wahren, und gehen fort.

Aber wissen Sie, was dieser Idiot macht? Noch dazu ohne uns zu benachrichtigen oder um Rat zu fragen! Statt zu warten, bis Trepper bei ihm erscheint, schreibt er ihm, der Ausweis laufe in Kürze ab, und er möge doch wegen der Verlängerung zur OT kommen. Na, das war zu dick aufgetragen … Aber man muß Nikolai zugute halten, daß er nicht ahnen konnte, um wen es sich handelte. Wahrscheinlich glaubte er, wir seien einer x-beliebigen Sache auf der Spur. Uns blieb nichts anderes übrig, als etwas Neues zu versuchen. Aber was? Wie einen Kontakt herstellen, ohne Argwohn zu erwecken? Wir haben uns lange den Kopf zerbrochen und uns schließlich entschlossen, das kleine, mit Nikolai begonnene Spiel fortzusetzen: nämlich uns bei der Simex als Geschäftsleute vorzustellen und ihnen ein Geschäft vorzuschlagen. Sorgfältig haben wir unseren Plan vorbereitet: angeblich waren wir extra aus Mainz gekommen, um in Paris Industriediamanten zu kaufen. Ich brauche Ihnen nicht zu sagen, daß eine solche Ware damals sehr selten und gesucht war. Diamanten für anderthalb Millionen Mark: das mußte jeden locken.

Wir erkundigten uns bei Nikolai, wie wir vorgehen könnten, um der Simex dieses Geschäft vorzuschlagen. ›Nichts einfacher als das. Hier bei der Todt arbeitet eine Madame Likhonine, die sich ausgezeichnet mit den Leuten von der Simex versteht. An die können Sie sich wenden.‹ Vorsichtshalber holten wir, ehe wir mit ihr sprachen, noch Auskünfte über sie ein: beste Familie. Witwe des letzten zaristischen Militärattachés in Paris. Weißrussin. Bei der OT wurde sie von allen nur gelobt. Übrigens arbeitete ihr Sohn auch dort. Ausgezeichnete Leute. Wir nahmen mit Madame Likhonine Verbindung auf und schlugen ihr das Diamantengeschäft vor. Sie war äußerst interessiert und versprach uns, sofort mit der Simex zu sprechen. Giering und ich spielten die übervorsichtigen, mißtrauischen Kaufleute und gaben zu verstehen, daß wir bei diesem großen Geschäft unsere ganzen Barmittel einsetzten, daß wir verständlicherweise jede nur denkbare Garantie brauchten, mit einem Wort: der Kaufvertrag müßte vom Direktor der Simex persönlich unterzeichnet werden. Sie fand das ganz in Ordnung und versprach uns, alles so schnell wie möglich abzuwickeln.«

Im Herbst 1942 hat die Simex ihren Sitz nicht mehr auf den Champs-Élysées. Das Lido-Gebäude, ein Unterschlupf für kleine Hochstapler und Schwindler, hatte Alfred Corbin nicht mehr behagt. Er fand es nicht »seriös« genug und hatte deshalb Emmanuel Mignon, dem »Mädchen für alles«, im Februar 1942 den Auftrag gegeben, sich nach neuen Büroräumen umzusehen. Das war kein Problem: zu jener Zeit hingen überall in Paris Schilder mit der Aufschrift »Zu vermieten«. Am 20. Februar war die Simex aus den beiden engen Büroräumen auf den Champs-Élysées in eine geräumige, in der dritten Etage gelegene Wohnung am Boulevard Haussmann Nr. 89 umgezogen. Die zweite Etage war von einer deutschen Dienststelle beschlagnahmt.

Alfred Corbin kannte seit einigen Monaten die Wahrheit über die Firma, deren offizieller Direktor er war, Mignon aber wurde erst anläßlich des Umzugs von Katz eingeweiht, der ihm vorschlug, sich der Gruppe anzuschließen. Mignon vertraute ihm an, daß er bereits der Gruppe »Famille Martin« angehöre, und dabei blieb es: eine der Grundregeln jeder illegalen Tätigkeit ist, daß niemand gleichzeitig zwei Gruppen angehören darf. Übrigens sollte Mignons Arbeit bei der Simex ein unvorhergesehenes Ende finden: im September verschwand er aus Gründen, die mit dieser Geschichte nichts zu tun haben.

Madame Mignon, eine temperamentvolle blauäugige Blondine mit einem hübschen, energischen Gesicht erzählt: »Ich hatte keine Nachricht von ihm und hatte vor allem überhaupt kein Geld. Nach einer Woche entschloß ich mich, Monsieur Corbin aufzusuchen und ihn zu bitten, ob ich nicht an Stelle meines Mannes bei ihm arbeiten könne. Er sagte, da müsse er erst den Aufsichtsrat fragen, lieh mir aber, um mir aus der Patsche zu helfen, auf der Stelle 1000 Franc, die er übrigens nie von mir zurückverlangt hat. Er war ein sehr netter und ausgesprochen gütiger Mann. Zwei Tage später erhielt ich einen Eilbotenbrief, in dem er mir meine Anstellung mitteilte.

So kam ich zur Simex und bin dort geblieben, denn unser Chef von der ›Famille Martin‹, Capitaine Darcy, bestand darauf, daß ich mit der Überwachungsarbeit fortfuhr. Natürlich wußte ich nichts von der Unterhaltung meines Mannes mit Katz, und Darcy offensichtlich auch nicht. Aber mir gefiel das alles gar nicht, ich träumte vom richtigen Drauflosschlagen. Ich wollte Handgranaten auf die Deutschen werfen, Attentate begehen – so etwas hätte ich liebend gern getan. Aber Darcy versicherte mir immer wieder, daß ich bei der Simex viel nützlicher sei als im Maquis. Dabei brachte ich alle meine Berichte Charbonnier, diesem Kerl von der Gestapo. Na ja …

Bei der Simex ging es sehr nett und familiär zu. Ich war die erste, morgens um neun. Eine halbe Stunde später kam Keller. Ich mochte ihn gern, er war sanft und aufmerksam und wußte eine ganze Menge. Mademoiselle Cointe er-

schien niemals vor zehn. Sie war eine hagere, eckige Frau, eine richtige alte
Jungfer und störrisch dazu. Aber was für sie einnahm, war ihre Stimme. Einfach wundervoll. Sie sang den ganzen Tag, am liebsten Arien aus ›Die verkaufte
Braut‹. Als letzter kam Monsieur Corbin ins Büro. Er brachte uns oft Lebensmittel mit, denn er hatte einen Bauernhof. Auch Zigaretten hat er uns gegeben.
Dank seiner Hilfe fehlte es uns an nichts. Madame Likhonine habe ich nur ein-
oder zweimal gesehen: als ich zur Simex kam, war sie dort nicht mehr sehr gut
angeschrieben. Woher ich das weiß? Weil Keller angeordnet hatte, ihr die
Briefe, die sie sich an unsere Adresse schicken ließ, nicht mehr direkt auszuhändigen. Ich mußte ihre Post entweder Mademoiselle Cointe oder Keller
selbst geben. Na ja, aber Madame Likhonine war eine imposante Erscheinung.
Sehr rassig, trotz ihres Alters noch sehr schön und ausgesprochen elegant.
Mein Mann hatte mir erzählt, sie sei die Geliebte von Kessmeyer, einem Ober-
bonzen der Organisation Todt.«*

Keller, während sein Hund hinter der Tür knurrt:
»Madame Likhonine war eine schöne Frau. Auf mich machte sie allerdings
den Eindruck einer Abenteurerin. Sie spielte bei uns eine große Rolle, denn sie
hatte uns die Todt als Kunden beschafft. Diese Beziehung betrachtete sie als
ihre Privatdomäne, kein anderer durfte sich um die Abschlüsse mit der Todt
kümmern. Unsere Arbeit ging ungefähr so vor sich – im Grunde war alles ganz
einfach: Zwischenhändler kamen zu uns und boten die verschiedensten Waren
an. Monsieur Corbin stellte die Warenlisten zusammen, mit Mengenangaben
und Preisen. Ich übersetzte sie ins Deutsche, Mademoiselle Cointe tippte sie
ab, und Madame Likhonine präsentierte dann unser Angebot bei der Todt,
während ich es bei anderen deutschen Einkaufsstellen versuchte.

Monsieur Gilbert hat die Arbeit oft recht schwer gemacht. Ich mußte den
Deutschen Waren anbieten, die wir gar nicht besaßen. Wenn die deutschen
Dienststellen dann Interesse dafür zeigten und auf Lieferung drängten, hatte
ich ungeheure Mühe, mich mit allen möglichen Entschuldigungen aus der Affäre zu ziehen. Damals verstand ich Monsieur Gilbert überhaupt nicht. Bei
einem so seriösen Mann waren solche Methoden überraschend. Später habe ich
natürlich alles begriffen: allein durch seine Angebote entlockte er den Deutschen wertvolle Informationen über ihre Planungen und ihren Bedarf ...

Mit Monsieur Corbin war es ähnlich. Er schickte mich mehrere Male mit

---

* *Monsieur und Madame Mignon wurde nach dem Krieg für ihre Tätigkeit im Rahmen der
Widerstandsorganisation »Famille Martin« das Croix de guerre verliehen. Die Überwachung
der Simex war natürlich nur ein kleiner Teil ihrer Aufgaben.*

Briefen zu Eisenbahnern auf der Gare de Lyon. Ich holte auch Post in einer kleinen Kneipe gegenüber vom Bahnhof ab; der Wirt versteckte die Briefe immer in einer Zeitung, bevor er sie mir aushändigte. Nun ja, ich dachte mir, daß es sich wahrscheinlich um heikle Schwarzmarktgeschäfte handelte ... ich hab mir nicht weiter den Kopf darüber zerbrochen ...

Ich konnte mich wirklich nicht beklagen: ich hatte zwar ein ziemlich niedriges festes Gehalt, aber dazu bekam ich fünf Prozent von allen Ein- und Verkäufen, die ich vermittelte. Das brachte mir Riesensummen. Wir lebten ausgezeichnet, von den Lebensmitteln und Zigaretten, die Monsieur Corbin großzügig verteilte, ganz abgesehen. Während all der Zeit verkehrte ich nur in den teuersten Schwarzmarkt-Restaurants. Uns hat es wirklich an nichts gefehlt ...

Einmal ging ich zu einem guten Schneider in der Avenue de l'Opéra. Der Anzug, den der Schneider trug, war aus einem sehr schönen Stoff, der mir besonders gut gefiel, und ich bat ihn, mir einen Anzug aus demselben Stoff anzufertigen. Bei der Lieferung stellte ich jedoch fest, daß der Schneider nichts anderes getan hatte, als seinen eigenen Anzug auf meine Maße umzuändern. Als ich Madame Likhonine diese Geschichte erzählte, sagte sie zu mir: ›Geben Sie mir seine Adresse. Ich habe Freunde bei der Gestapo, die werden sich um den Mann kümmern.‹ Mir lief es kalt den Rücken herunter, und ich habe ihr von da an nicht mehr über den Weg getraut.

Sie ist dann nach Spa auf Urlaub gefahren, nach Belgien. Ihre Rückkehr verzögerte sich, und da mehrere Rechnungen offenstanden, schickte mich Monsieur Corbin zur Todt, um zu urgieren. Dort war man erstaunt: ›Nanu, die Rechnungen sind doch schon längst Madame Likhonine bezahlt worden!‹ Monsieur Corbin war über diese Unterschlagungen wütend, aber sie hat sich, als sie zurückkam, nicht aus dem Gleichgewicht bringen lassen, im Gegenteil! Sie machte einen Riesenskandal und überschüttete mich mit Vorwürfen, weil ich es gewagt hatte, in ihr persönlichstes Revier einzudringen: ›Die Todt ist ausschließlich mein Gebiet!‹

Nach diesem Vorfall ist sie nur noch selten bei uns erschienen. Die Atmosphäre war nicht mehr die gleiche.«

Piepe:

»Madame Likhonine brachte uns schnell eine Antwort, aber eine negative. Der Direktor der Simex könne den Vertrag nicht unterzeichnen, er sei schwer herzkrank und augenblicklich zur Kur. Merkwürdig. Doch Nikolai bestätigte uns, daß Trepper herzkrank sei und sich oft in Spa im Sanatorium Château des Ardennes erhole. Wir schicken ein paar Leute hin: er ist nicht dort! Daraufhin erklären wir Madame Likhonine: ›So geht das nicht weiter! Wir können nicht länger warten! Wollen Sie das Geschäft machen oder nicht?‹ Am nächsten Tag erscheint sie strahlend bei uns: ›Alles ist arrangiert! Er kommt nach Brüssel und wird dort den Vertrag unterzeichnen!‹ Ja, wir selbst hatten Brüssel vorgeschlagen. Da die Diamanten aus Antwerpen kommen sollten, schien das einleuchtend. Und uns war es in der Tat viel lieber, die Sache in Brüssel abzuwickeln, denn dort fühlten wir uns zu Hause. Paris ist so groß ...

Giering und ich beschlossen, den Grand Chef sofort bei Verlassen des Zuges auf dem Südbahnhof von Brüssel festzunehmen. Wir ließen den ganzen Bahnhof abriegeln und postierten eine Gestapomannschaft auf dem Bahnsteig. Dennoch waren wir schrecklich nervös, als der Zug einfuhr. Wir rechneten mit einem Zwischenfall oder einer Schießerei, denn der Grand Chef würde sich nach unserer Schätzung nicht einfach gefangengeben. Selbst Giering fühlte sich nicht wohl in seiner Haut.

Der Zug lief ein, wir überwachten die Aussteigenden – und wen sahen wir? Madame Likhonine! Allein! So eine Enttäuschung ... Ich ging auf sie zu. Sie sagte: ›Es tut mir leid, er konnte nicht kommen. Aber ich habe Vollmacht, den Kaufvertrag zu unterzeichnen. Wenn Sie immer noch daran interessiert sind, hole ich morgen in Antwerpen die Diamanten.‹

Natürlich haben wir verzichtet. Ich ließ die Frau beschatten. Sie ging direkt zur Simexco. – Die Sache war geplatzt.«

Keller:

»Ich mußte Ihnen die Sache mit den Rechnungen erzählen, damit Sie verstehen, warum ich dann später so überrascht war. Das war nach der Angelegenheit mit den Industriediamanten für die Deutschen aus Mainz. Madame Likhonine kam zu uns und sagte mir: ›Gute Nachrichten: Bei der Todt gibt es einen Offizier, der für uns eine ganze Liste von eventuellen Kunden vorbereitet hat. Sie brauchen sich nur an meinen Sohn zu wenden: er wird Sie dem Offizier vorstellen.‹ Ich traute meinen Ohren nicht. Nachdem sie mir so heftig vorgeworfen hatte, ich mischte mich in ihre Angelegenheiten, wollte sie selbst mich jetzt dort einführen.

Ich ging also zur Todt, meldete mich bei ihrem Sohn, der mich zu einem Büro brachte, auf dessen Tür ›Verbindungsoffizier‹ stand. Der Offizier war ein gewisser Nikolai, der sich sehr liebenswürdig gab. Er bot mir Cognac an und erklärte mir, worum es ging: ›Es handelt sich um höchst wichtige Bestellungen für Befestigungsanlagen im Sperrgebiet – für den Atlantikwall. Das beste wäre, Sie würden an Ort und Stelle Fühlung aufnehmen. Den hierfür erforderlichen Ausweis werde ich für Sie anfordern, damit Sie ihn schnellstens bekommen. Haben Sie Ihre Papiere bei sich?‹

Ich gab sie ihm. Er prüfte sie, schaute mich dann komisch an und sagte: ›Na so was ... Schweizer Vater, englische Mutter, in Rußland geboren ...‹ Während er den Antrag für den Ausweis ausfüllte, erzählte er mir beiläufig, daß seine Familie bei einem Bombenangriff umgekommen sei und daß er große finanzielle Sorgen habe. Er druckste eine Weile herum, bevor er mich ziemlich verlegen fragte, ob mein Chef ihm wohl vorübergehend aushelfen könnte. Mir war ziemlich unbehaglich zumute, und ich antwortete: ›Dazu kann ich gar nichts sagen. Aber ich werde mit meinem Chef sprechen.‹ – ›Tun Sie das. Ich gebe Ihnen sofort Bescheid, sobald Ihr Ausweis vorliegt.‹

Einige Tage später erschienen mehrere deutsche Soldaten bei der Simex. Ich empfing sie. Sie setzten mir auseinander, daß wir ihnen früher einmal Maschinen geliefert hätten, für die sie dringend einige Ersatzteile benötigten. Das war eine verblüffende Forderung: unser Geschäft bestand darin, den Deutschen Waren zu verkaufen, die irgendwelche zweifelhaften Zwischenhändler Gott weiß wo aufgetrieben hatten. Es war nie die Rede davon gewesen, einen Kundendienst aufzuziehen. Ich habe mich, so gut es ging, aus der Affäre gezogen und versichert, daß wir alles versuchen würden, aber nichts versprechen könnten. Anschließend fragte mich einer der Soldaten: ›Entschuldigen Sie, ich habe entsetzliche Zahnschmerzen, darf ich meinen Zahnarzt anrufen?‹ Ich führte ihn zum Telefon, er wählte eine Nummer, und ich hörte, wie er tatsächlich über seine Zahnschmerzen sprach. Damals schöpfte ich keinen Verdacht, aber heute würde ich sagen, daß das eine abgekartete Sache war: man wollte wohl prüfen, ob unsere Telefonleitung auch richtig abgehört wurde.

Selbstverständlich habe ich Monsieur Corbin von dem Gespräch mit Nikolai erzählt, aber ich weiß nicht, wie er die Sache erledigt hat. Zu dieser Zeit war Monsieur Corbin schon nicht mehr der gleiche. Er war unruhig und nervös. Oft stand er vor der großen Landkarte in seinem Büro und sagte: ›Ach, Keller, was würde ich darum geben, wenn ich weit weg in einem kleinen verlassenen Ort säße ...‹ Damals sprach er auch mit mir über eine Gehaltserhöhung. ›Keller‹, sagte er, ›wir möchten, daß Sie gut und ausreichend verdienen.‹ Ich war sprachlos! Ausgerechnet ich – noch nie war es mir finanziell so gut gegangen. Vermutlich hatten sie beschlossen, mich einzuweihen.«

Nach Raichmans Versuchen, nach der Aufforderung, seinen Passierschein verlängern zu lassen, nach der abgebrochenen Verhandlung über die Industriediamanten ist die Sache mit Nikolais Geldnot die vierte Falle, die man dem Grand Chef stellt. Giering und Piepe hoffen, daß er die Gelegenheit, einen deutschen Offizier in die Hand zu bekommen, sofort ergreifen wird. Aber nicht Trepper, sondern Alfred Corbin verhandelt mit dem Hauptmann. Er gibt ihm 40 000 Franc, Nikolai unterschreibt. Jetzt hat Trepper ihn in der Hand und kann ihn erpressen. Wird er endlich Kontakt mit ihm aufnehmen? Das ist Gierings und Piepes letzte Hoffnung. Wenn es jetzt nicht klappt, wenn der Grand Chef jetzt nicht anbeißt, dann werden sie bei der Simexco und der Simex zupacken. Ihre Geduld ist zu Ende.

Aber etwas wissen sie nicht (Giering wird es bis zu seinem Tod nicht erfahren, und Piepe hat es in diesem Buch zum erstenmal gelesen): Maria Likhonine hat sie verraten! Gleich nach den ersten Annäherungsversuchen der Deutschen hat sie dem Grand Chef tränenüberströmt gestanden: »Die Deutschen wollen mich gegen Sie benutzen. Sie wollen, daß ich Sie verrate ...« Trepper hat ihr beruhigend auf die Schulter geklopft: »Nun, nun, beruhigen Sie sich, das ist doch alles halb so schlimm ...«

Es ist schlimm, und Trepper weiß es. Seine kommerzielle Tarnung wird immer durchsichtiger. Achtzehn Monate lang war es ihm dank der Simex und der Simexco möglich, in die einflußreichsten deutschen Kreise einzudringen, die notwendigen Ausweise zu erhalten und ungehindert die von der Gestapo bewachten Grenzen zu überschreiten. Die beiden Geschäftsunternehmen haben ihn wahrscheinlich zum reichsten Agenten in der Geschichte der Spionage gemacht. Aber jetzt ist es Zeit, die Läden dichtzumachen. Seine persönliche Sicherheit ist nicht gefährdet, auch nicht die seiner alten Garde. Trepper, Katz und Großvogel betreten die Büroräume der Simex nicht mehr, und Corbin und seine Angestellten kennen die Verstecke nicht. Trepper persönlich hat einen Taschenspielertrick vorbereitet, durch den er sich den Augen der Gestapo ebenso sicher entziehen kann, wie ein Zauberer vor unseren Blicken ein Kaninchen verschwinden läßt. Aber Suzanne Cointe, die fleißige Mitarbeiterin, die von Anfang an dabei war? Und Jules Jaspar und Alfred Corbin? Und Keller, der glaubt, für einen Wohltätigkeitsverband zu arbeiten, mit dessen Geldern französischen Kriegsgefangenen geholfen wird? Und Juliette Mignon, die im Auftrag der »Famille Martin« die Simex beobachtet?

Trepper bereitet schon seit langem den strategischen Rückzug seiner Marseiller Niederlassung vor. Jaspar und Kent sollen sich nach Nordafrika absetzen und in Algier ein neues Büro eröffnen. Die Pariser Mitarbeiter können dann später nachfolgen und sich so in Sicherheit bringen. Tatsächlich hatte Jaspar am 15. Juni ein Visum für Algier erhalten und mit Chataigneau, dem Generalgouverneur von Algerien, aussichtsreiche Verhandlungen geführt, aber die Verwirklichung des Plans zog sich in die Länge. Kent bremste, wo er nur konnte: er wollte Margarete nicht allein in Marseille zurücklassen.

Am 8. November landen amerikanische Truppen in Algerien. Damit ist dieser Notausgang für die Simex versperrt. Die deutsche Wehrmacht marschiert in das unbesetzte Frankreich ein.

Eine Woche später werden Kent und Margarete Barcza verhaftet.

Die Verhaftung erfolgte am 12. November in der Wohnung der beiden, in der Rue de l'Abbé-de-l'Épée. Zur gewohnten Stunde klingelte die Concierge, um sauberzumachen. Margarete erkannte sie durch das Guckloch, öffnete und wurde von fünf Leuten beiseite gestoßen, die in die Wohnung stürzten. Es waren französische Polizisten, die seit Tagesanbruch im Keller des Hauses gewartet hatten.

Kent blieb eiskalt, aber Margarete brach in Schluchzen aus. Die Polizisten schienen sich übrigens vor allem für sie zu interessieren: »Das ist sie, wir haben die Spionin!« Sie durchsuchten die Wohnung und entdeckten triumphierend in einer Schublade merkwürdige Strichzeichnungen. »Hier sind die Beweise: Befestigungspläne!« Weinend versuchte ihnen Margarete zu erklären, daß es sich um Strickvorlagen handelte, die sie aus einer Modezeitung ausgeschnitten hatte.

Die beiden Gefangenen wurden in das nächstliegende Polizeikommissariat gebracht und einer Leibesvisitation unterzogen. In Margaretes Mantel fand man eine Kastanie. (»Ich liebe Kastanien: sie sind so glatt und kühl. Diese hatte ich in Spa aufgelesen, im September 1940, als wir so glücklich waren. Ich hatte sie gedankenlos in die Tasche gesteckt. Sie können sich vorstellen, wie traurig ich war, sie bei dieser Gelegenheit wiederzufinden.«) Die Beamtin faßte die Kastanie mit einer Pinzette an und rief um Hilfe: »Vorsicht! Da ist bestimmt Sprengstoff drin!« Das ganze Kommissariat geriet in Aufregung. Sorgfältig verpackt, verschwand die kleine Kastanie mit unbekanntem Ziel – wahrscheinlich in einem Polizeilabor.

Kent und Margarete verbrachten die erste Nacht ihrer Haft auf dem eiskalten Zementboden des Kommissariats. Am nächsten Tag, dem 13. November, übergab man sie der Gestapo.

Die Verhaftung war zwar durch die französische Polizei erfolgt, aber die nötigen Hinweise hatte ihr die Gestapo geliefert. Wochenlang waren als Kranken- oder Lieferwagen getarnte Fahrzeuge durch die Straßen von Marseille gefahren, um den Petit Chef und seine Freundin aufzuspüren. An der Spitze der deutschen Mannschaft SS-Sturmbannführer Carl Bömelburg, wie Giering ein erfahrener Polizeibeamter und ein bekanntes Mitglied der Internationalen Kriminalpolizeilichen Kommission (der späteren Interpol). Außer dem in der Rue des Atrébates gefundenen Foto von Kent verfügte Bömelburg über keinen konkreten Anhaltspunkt. Aber er wußte aus verschiedenen Brüsseler Polizeiberichten, daß Margarete sich besonders auffällig kleidete (»Ich fand es damals herrlich, mit einem zylinderähnlichen Hut auszugehen …«) und daß sich Kent durch einen wahrhaft gigantischen Appetit auszeichnete. Die Kellner mußten sich an einen solchen Gast erinnern, seine Freßsucht mußte ihm eines Tages zum Verhängnis werden. Man fand in seiner Wohnung unter anderem 50 Paar Schuhe und 5000 Zigarren. Kent, nach den Gründen für ein solches Lager befragt, antwortete: »Wer weiß, ob man das morgen noch kaufen kann.« Der Petit Chef hatte offensichtlich nach einer spartanischen Jugend in seinem sozialistischen Vaterland den Versuchungen des kapitalistischen Überflusses nicht widerstehen können. Und es sah ganz danach aus, als ob er keine Gelegenheit mehr haben würde, an den Freuden dieser Welt teilzuhaben.

Am späten Nachmittag des 13. November wurden Kent und Margarete in zwei Wagen der Gestapo aus Marseille abtransportiert. Bömelburg fuhr mit Kent, einer seiner Unterführer mit Margarete, ein halbes Dutzend französischer Polizisten vervollständigte die Begleitung. Alle waren schwer bewaffnet, denn Bömelburg befürchtete, die Marseiller Gruppe könnte einen Hinterhalt organisieren, um die Gefangenen zu befreien: die deutsche Armee war zwar einige Tage zuvor ins unbesetzte Frankreich einmarschiert, hatte es aber noch nicht fest genug in der Hand. Während der ganzen Reise hielten die französischen Polizisten ihre Maschinenpistolen schußbereit. Trotz der Bemühungen Bömelburgs, eine Unterhaltung anzuknüpfen (er sprach ausgezeichnet Französisch), blieben die Polizisten stumm, als ginge diese Angelegenheit sie überhaupt nichts an.

Die Nacht verbrachte man in einem beschlagnahmten Hotel in Lyon. Kent und Margarete wurden zusammen in ein Zimmer eingeschlossen, aber man nahm ihnen, um jeden Fluchtversuch zu unterbinden, alle Kleider weg. Kent blieb sehr ruhig. Auf alle Fragen seiner Freundin antwortete er nur immer wieder: »Mach dir keine Sorgen, mach dir nur keine Sorgen!« Wie sie erzählt, glaubte sie damals immer noch, daß die Schwierigkeiten ausschließlich mit seiner uruguayischen Staatsangehörigkeit zusammenhingen. Die französischen Polizisten hatten sie als Spionin verdächtigt, und sie wußte schließlich genau, daß sie keine war – warum sollte Kent einer sein?

Am nächsten Tag trafen die Gefangenen in Paris ein und wurden in die Rue des Saussaies gebracht. Immer noch durften sie zusammen in einem Zimmer bleiben, aber sie wurden ständig von einem Polizisten bewacht.

Am darauffolgenden Morgen fuhren sie nach Brüssel weiter, die französischen Polizisten waren inzwischen durch deutsche abgelöst worden. Kent und Margarete Barcza kamen direkt in die Strafanstalt von Breendonck. Nachdem sich die schweren Eisengitter mit einem unheimlichen Knarren hinter ihnen geschlossen hatten, brach Margarete – die von Jugend an das Leben nur von der angenehmsten Seite kennengelernt hatte – zusammen. Als sie wieder zu sich kam, hörte sie, wie der Arzt sagte: »Wenn Sie diese Frau im Gefängnis lassen, wird sie nicht mehr lange leben.«

Man brachte sie und Kent wieder zusammen in einer Zelle unter. Tagsüber wurden sie von zwei Wärtern bewacht, die alle zwei Stunden abgelöst wurden, nachts blieb ein Beamter der Gestapo bei ihnen. Sie durften miteinander sprechen, unterhielten sich aber nur über belanglose Dinge. Kent war nach wie vor die Ruhe selbst. Er wurde mehrmals verhört, aber nicht mißhandelt.

Einige Tage später brachte man sie zum Brüsseler Sitz der Gestapo in die Avenue Louise. Dort zwang man sie, in einem großen schwarzen Mercedes Platz zu nehmen, dessen rechte Hintertür von außen durch ein starkes, an den Stoßstangen befestigtes Seil versperrt war. Unmöglich, die Tür von innen zu öffnen. Kent, Margarete und ein Gestapobeamter saßen hinten. Neben dem Chauffeur saß ein zweiter Mann, der seine Pistole auf die Gefangenen gerichtet hielt. Er verharrte bis Berlin in dieser unbequemen Haltung. Außerdem war das Auto vollgeladen mit Paketen, die für die Angehörigen der Brüsseler Gestapogruppe bestimmt waren. Mit Ausnahme des Chauffeurs und seines Nebenmannes hatte jeder der Insassen einen Stapel davon auf den Knien.

In Berlin fuhr der Wagen direkt zum Hauptsitz der Gestapo in die Prinz-Albrecht-Straße. Kent wurde in eine Zelle im Keller eingeschlossen, nur wenige Schritte entfernt von Harro Schulze-Boysen und Arvid Harnack, die er ein Jahr zuvor in Berlin getroffen hatte, um ihnen bei der Wiederaufnahme des Funkverkehrs behilflich zu sein. Margarete wurde in das Gefängnis am Alexanderplatz eingeliefert und in eine leere Zelle gebracht. Sie bekam wieder einen Nervenzusammenbruch, aber die Wärter kümmerten sich nicht darum. Margarete konnte es noch immer nicht fassen, warum alles um sie herum plötzlich so grauenhaft geworden war, warum ein Blitz aus heiterem Himmel ihr so glückliches Leben zerstört hatte.

»Wo ist Gilbert ?«

23

Am 18. November, kurz nach neun Uhr morgens, bekommt Keller einen Anruf von Nikolai: »Ihr Ausweis für das Sperrgebiet ist fertig. Wollen Sie ihn abholen?« Unverzüglich geht er zur Todt. Nikolai empfängt ihn mit offenen Armen und bedankt sich herzlichst für die ihm bei seinen finanziellen Schwierigkeiten erwiesene Hilfe. Keller erkundigt sich nach der Adresse der Kunden, die er im Sperrgebiet aufsuchen soll, aber Nikolai weicht aus: »Langsam, langsam, ich muß erst die betreffenden Leute verständigen ...« und fügt hinzu, daß er gegen Mittag mit einem neuen Kunden zur Simex kommen wird.

Er kommt tatsächlich, und zwar zusammen mit einem gewissen Jung, der angeblich Lötkolben sucht. Keller verspricht, wenn irgend möglich welche zu beschaffen. Das Benehmen der Besucher kommt ihm merkwürdig vor: sie bleiben nicht ruhig sitzen, sehen sich aufmerksam im Raum um, werfen sogar neugierige Blicke auf seinen Schreibtisch.

Zur selben Stunde empfängt Alfred Corbin im Nebenzimmer seinen Bruder Robert, der keine Ahnung von Alfreds geheimer Tätigkeit hat. Robert ist überrascht, ihn so »müde und niedergeschlagen, fast gehetzt« zu finden. Es ist das erste Mal, daß er seinen Bruder in einer solchen Verfassung erlebt. Er stellt jedoch keine Fragen, denn er weiß, wie zurückhaltend und scheu sein Bruder ist.

Alfred Corbin hat Angst. Am vorhergehenden Abend, am 17. November, hat er den Grand Chef getroffen, der ihn informierte, daß Kent wahrscheinlich verhaftet worden sei, und ihn drängte, schleunigst zu verschwinden. Corbin hatte geantwortet: »Warum soll ich fliehen? Man hat keine Beweise gegen mich. Der einzige, der mich kompromittieren könnte, wäre Kent. Und den halten Sie doch für absolut sicher?« Corbin hatte Kent auf jener Geschäftsreise zur Leipziger Messe begleitet, die als Tarnung für die ersten Kontakte mit der Berliner Gruppe gedient hatte. Von Treppers Schweigen überrascht, fragte Corbin noch einmal: »Sie halten ihn doch für sicher?« Der Grand Chef hatte mit den Achseln gezuckt: »Wer kann das sagen? Gestapo ist Gestapo. Sie müssen unbedingt fort!« Corbin hat abgelehnt. Ein anständiger Mensch, der an die Anständigkeit der anderen glaubt: Kent wird ihn nicht denunzieren – das wäre nicht fair, die Gestapo wird ihn nicht ohne Beweise verhaften – das wäre gesetzwidrig.

Dennoch hat er Angst. Mit müder Stimme fragt er seinen Bruder, ob er ihn nicht zum Essen begleiten könne. Diese Verpflichtung scheint ihn so zu bedrücken, daß er sie schließlich auf Keller abwälzt. Er ruft ihn herein: »Gehen Sie doch bitte mit den beiden Herren zum Essen!«

Keller führt Nikolai und Jung in ein renommiertes Schwarzmarkt-Restaurant in der Nähe der Gare Saint-Lazare. Schon bei der Vorspeise fangen die Deutschen an, über die Schweiz herzuziehen: »Dieses dreckige Uhrmacherland, dort gibt es ja nur Feiglinge.« Und so weiter. Keller, dem Schweizer Bürger, verschlägt es den Appetit. Was sollen diese Ausfälle gegen sein Vaterland? Nikolai hat bei der Prüfung von Kellers Ausweispapieren Verdacht geschöpft. Ein Schweizer Vater, eine englische Mutter und ein Geburtsort in Rußland, das sind ungewöhnliche Personalien. Und beim Sonderkommando hat man sich gefragt, ob solche Papiere nicht direkt aus der Werkstatt eines Fälschers stammen. Deshalb das psychologische Manöver, in Gegenwart Kellers über die Schweiz herzuziehen! Handelt es sich tatsächlich um einen Schweizer Eidgenossen, wird sein schwer getroffener Nationalstolz ihn zu einer Reaktion veranlassen. Mit hochrotem Kopf stochert Keller traurig in seinem Essen herum. Er schluckt ohne Widerspruch alle Beleidigungen: Mit Kunden darf man sich nicht überwerfen. Aber beim Nachtisch werden die Angriffe der beiden so ungehörig und grob, daß er Nikolai die Rechnung bezahlen läßt. Kühl trennen sich die drei. Nikolai schlägt Keller vor, am nächsten Tag mit Corbin zur Todt zu kommen. Sie verabreden sich für vier Uhr, und der Deutsche mahnt ihn zum Abschluß noch: »Seien Sie aber bitte pünktlich!«

Am späten Nachmittag des gleichen Tages erscheint bei der Simex ein etwa dreißigjähriger blonder Mann und erkundigt sich bei Madame Mignon, ob er Monsieur Gilbert oder den Direktor sprechen könne. Keiner von beiden ist da. Madame Mignon: »Der Besucher hat sich merkwürdig benommen. Er wartete nur kurze Zeit im Besuchszimmer. Er schien sehr aufgeregt, ja ängstlich. Seine Augen schweiften überall umher, und immer wieder ging er zum Fenster und blickte auf die Straße hinunter, als ob er dort jemanden suchte.« Madame Mignon ist beunruhigt, und sowie der Mann das Büro verlassen hat, spricht sie darüber mit Mademoiselle Cointe. Aber diese weist sie schroff ab und rät ihr, sie solle sich nicht um Angelegenheiten kümmern, die sie nichts angehen. Das ist an diesem Tag bereits der zweite Zusammenstoß zwischen den beiden Frauen. Suzanne Cointe hatte am Tag zuvor Madame Mignon beauftragt, einen zweiten Schlüssel für den Lieferanteneingang anfertigen zu lassen, und am Morgen danach gefragt. Der Schlüssel war noch nicht fertig. Mademoiselle Cointe hat ihr schwere Vorwürfe gemacht, und als Madame Mignon zur Entschuldigung vorbrachte, sie habe nicht gewußt, wie dringend es sei, hat

Suzanne Cointe ihr in der gewohnten hochmütigen Weise geantwortet: »Meine liebe Mignon, es gibt hier Dinge, die Sie nicht zu wissen brauchen!«

Um sechs Uhr verläßt Madame Mignon das Büro am Boulevard Haussmann, aber sie ist darüber beunruhigt, daß Monsieur Corbin nicht zurückgekommen ist und daß sie ihm nicht von dem seltsamen Besucher berichten konnte.

Suzanne Cointe hat für den Abend Mutter und Schwester am Square Carpeaux zum Abendessen eingeladen. Seit einigen Tagen sorgen sich die beiden Frauen: Suzanne ist ungewöhnlich nervös. Sie hat ihnen gesagt: »Wir haben große Schwierigkeiten, die Russin hat uns verpfiffen.« Die beiden Frauen vermuten, daß Madame Likhonine den Deutschen die unreellen Geschäftsmethoden der Simex hinterbracht hat. Oft genug hat ihnen Suzanne erzählt: »Wir verkaufen denen vielleicht einen Dreck ...«

Nach dem Abendessen geht Suzanne Cointe in den obersten Stock hinauf und klopft an Jean-Paul Le Chanois' Tür. Sie ist ernst und gefaßt.

»Ich wollte dir auf Wiedersehen sagen ...«

»Warum? Fährst du weg?«

»Nein, aber bei der Simex gehen sehr ernste Dinge vor. Das kann schlimm ausgehen. Ich wollte dich vorher noch einmal sehen ...«

Sie umarmen einander.

Am nächsten Tag, im Morgengrauen des 19. November, liegt dichter Nebel über dem russischen Frontabschnitt bei Stalingrad, wo die 6. Armee unter Paulus erbittert versucht, die letzten Verteidiger aus den Ruinen zu vertreiben, wo noch Widerstand geleistet wird. Aus dem wattigen, eisigen Nebel sind gedämpft, aber deutlich die tausendfachen Geräusche einer Armee zu vernehmen, die zum Angriff rüstet. Die gleichen Geräusche wie damals, als die deutsche Wehrmacht zum Sprung auf Moskau ansetzte und Alamo in Brüssel den verhängnisvollen Funkspruch an Kent auffing, wie damals, als die deutschen Armeen, aus winterlicher Starre erwachend, ihre Offensive wiederaufnahmen, während Hersch Sokol das letzte Mal am Funkgerät saß. Vor einigen Wochen, am 15. August, war der Lärm ohrenbetäubend gewesen, klar und hell in der klirrenden Hitze der Wüste, als Generalfeldmarschall Rommel dem Nil zustürmte und das Hamburger Regiment unter von Kleist über den Terek setzte, während Schulze-Boysen auf dem Wannsee seine Leute versammelte. Als die Leute von der Simex am 19. November nach einer angstvollen Nacht aufwachen, rasseln also wieder die Panzerketten, Gewehrschlösser rasten ein, die Soldaten flüstern, und da und dort flucht ein Unteroffizier, wenn die Klappe eines Panzerturms zu laut zuschlägt – die unzähligen Geräusche einer Armee, die aufwacht und sich reckt und zum Sprung ansetzt. Man könnte meinen, es gäbe einen Regisseur, der die Bewegungen des weltweiten Krieges und die Schritte der Roten Kapelle aufeinander abstimmt, so auffallend treffen die Ereignisse der hier erzählten Geschichte immer wieder mit den großen Schicksalsstunden des Kriegsgeschehens zusammen. Aber bisher entsprach jede Niederlage der Roten Kapelle stets einem Sieg der Achsenmächte, heute hingegen wird der Schlag, der gegen die Rote Kapelle geführt wird, mit der schlimmsten Katastrophe zusammentreffen, die Hitler bisher erleben mußte. An diesem 19. November 1942 stürmt die Rote Armee aus dem wattigen Nichts, durchbricht die deutsche Front im Norden von Stalingrad, drückt die Verteidigungsstellungen ein, dringt 50 Kilometer tief in das Hinterland vor und schließt Paulus in die Falle ein, in die man ihn gelockt hat und aus der auszubrechen Hitler ihm verbieten wird. Der Ausgang des Krieges ist entschieden.

Die Klänge der Roten Kapelle mögen immer schwächer, ihre Musiker immer weniger werden – doch von heute an vernimmt man, wenn gehängt, erschossen oder geköpft wird, im Hintergrund das dumpfe Grollen der Roten Armee, die auf Berlin zumarschiert – ein tröstliches Geräusch für alle, die sterben müssen, nachdem sie so viel dazu beigetragen haben, diesen Marsch zu ermöglichen.

Am 19. November, Punkt zehn Uhr, klingelt es an der Tür der Simex. Madame Mignon öffnet. Draußen steht der blonde Besucher vom Vortag. Mit zehn Männern in Zivil.

»Ist Monsieur Corbin da?«

»Heute kennen Sie seinen Namen? Sie haben aber eine Menge Leute mitgebracht!«

»Antworten Sie! Polizei!«

»Das riecht man schon von weitem!«

»Halten Sie den Mund und gehen Sie in Ihr Büro!«

Die französischen Hilfskräfte der Gestapo kontrollieren die zwölf Räume, aber nur Suzanne Cointe ist da. Alfred Corbin und Keller kommen an diesem Morgen nicht ins Büro: sie haben Verabredungen in der Stadt. Bleich und wortlos sieht Mademoiselle Cointe zu, wie ihre persönlichen Sachen durchwühlt werden. Madame Mignon, die nicht so viel Grund hat, vor den Deutschen zu zittern, widersetzt sich der Arbeit der Polizisten mit einem heftigen Wortschwall:

»Ihr gebt euch ja für eine dreckige Arbeit her. Die Deutschen, das kann man noch verstehen ... aber ihr – pfui Teufel! Wir sind doch schließlich alle Franzosen, oder etwa nicht?«

»Was wollen Sie? Ordnung muß sein ...«, und so weiter.

Ohne eine gründliche Haussuchung durchzuführen, nehmen die Polizisten die beiden Frauen mit. Auf der Treppe dreht sich Suzanne Cointe um und flüstert Madame Mignon zu: »Sie hatten recht mit dem kleinen Blonden!«

Sie werden getrennt. Madame Mignon bringt man auf die Polizeipräfektur. Dort bleibt sie vier Tage und macht den Polizisten durch unentwegtes Reklamieren, Protestieren und Schimpfen die Hölle heiß. Alle atmen auf, als sie freigelassen wird. Ohne ihre Mißachtung für die Polizei im allgemeinen zu verbergen, sagt Madame Mignon später über ihre Bewacher: »Im Grunde waren sie sehr nett. Man merkte ihnen an, daß ihnen diese Arbeit zuwider war.« Einer brachte ihr sogar das Morsealphabet bei und wurde deshalb von seinem Vorgesetzten zurechtgewiesen: Man mußte es ja auch nicht übertreiben.

Suzanne Cointe wird in die Rue des Saussaies gebracht.

Alfred Corbin und Wladimir Keller gehen die Champs-Élysées hinauf. Sie sind auf dem Wege zur Organisation Todt. Es ist Viertel vor vier. Keller fühlt sich unbehaglich und sagt schon zum drittenmal zu seinem Chef: »Dieser Nikolai gefällt mir ganz und gar nicht. Ein Wehrmachtsoffizier, der Geschäfte macht ... ich kann mir nicht helfen, da ist etwas nicht in Ordnung ...« Corbin, in Gedanken versunken, murmelt beschwichtigend.

An den Zeitungskiosken hängt der »Paris-Soir«: Deutsche Stoßtrupps dringen in den Ruinen von Stalingrad weiter vor. Biserta ist von deutschen Truppen besetzt worden. Franco mobilisiert. Pétain wird am Abend anläßlich der alliierten Landung in Nordafrika eine Rundfunkansprache halten. Aber für die Franzosen gibt es viel wichtigere Nachrichten. In ebenso großen Lettern verkündet die Zeitung folgende Mitteilung: »Anfang 1943 wird die Tabakkarte auf unbestimmte Zeit verlängert.« Und auf der ersten Seite steht zweispaltig: »Der Verlust von Nordafrika beraubt uns besonders der fetthaltigen Stoffe.« Am Rond Point der Champs-Élysées entdeckt Keller unter den Passanten einen Autohändler, den er noch aus Le Havre kennt. Er spricht ihn an und bietet ihm, praktisch wie immer, einen Posten von Ersatzteilen an. Der Autohändler überlegt nicht eine Sekunde. Das Geschäft ist perfekt. Keller geht mit Corbin weiter.

Fünf Minuten vor vier. Keller bleibt stehen und sieht seinen Begleiter an: »Monsieur Corbin, wollen wir wirklich hingehen?«

»Aber ja, natürlich!«

Sie betreten das Gebäude der Todt. Wie gewöhnlich wimmelt es in der Eingangshalle von Menschen, besonders von deutschen Soldaten. Keller bahnt sich einen Weg durch die Menge zum Fahrstuhl. Corbin folgt ihm. In dem Augenblick, als Keller die Fahrstuhltür öffnen will, spricht ihn jemand von hinten an: »Herr Keller?« Er dreht sich um, und schon schließen sich Handschellen um seine Gelenke. Fünfundzwanzig Jahre später ist Wladimir Keller noch immer über soviel Fingerfertigkeit verwundert. Man entreißt ihm seine Aktentasche, in der er seine gerade ausgezahlte Provision verwahrt: 138 000 Franc. »Das war damals viel Geld.«

Vor ihm steht mit gezogenem Revolver der angebliche Interessent für Lötkolben, Jung, Kriminalobersekretär beim Sonderkommando Rote Kapelle. Links von ihm versperren vier Soldaten, Maschinenpistolen im Anschlag, den Ausgang zur Rue Marbeuf. Jung drängt Corbin und Keller durch diesen Ausgang zu einem wartenden Wagen. Das Auto rast los. Keine zehn Sekunden sind vergangen, seit Keller die Hand nach der Fahrstuhltür ausgestreckt hat.

Alfred Corbin ist wachsbleich. Den Kopf zurückgelehnt, die Augen geschlossen, murmelt er: »Meine arme kleine Denise wird keinen Vater mehr haben ...« Der Deutsche, der neben dem Chauffeur sitzt, dreht sich um und sagt: »Nun aber mal etwas Haltung. Nehmen Sie sich ein Beispiel an Ihrem Kameraden: der nimmt sich wenigstens zusammen!«

Keller ist entsetzt. Was meint Corbin? Ist er plötzlich verrückt geworden? Keller ist fest davon überzeugt, daß die Gestapo die zwielichtigen Geschäfte zwischen der Simex und der Todt durchschaut hat und daß sie deshalb verhaftet worden sind. Corbins Worte stimmen ihn nachdenklich. Wäre es möglich, daß die Lage viel ernster ist? Nikolai muß eine besonders krumme Sache entdeckt haben ... aber warum dann gleich so düstere Andeutungen ... Corbin sieht zu schwarz.

Der Wagen fährt in den Hof der Rue des Saussaies. Jung nimmt Keller mit in sein Büro.

»Setzen Sie sich!«

Kaum hat er Platz genommen, bekommt er eine Ohrfeige: »Aufstehen, los! Jetzt ist es aus mit dem schönen Leben!«

Keller muß alle seine Taschen ausleeren; als erstes verlangt der Deutsche: »Geben Sie mir sofort Ihren Ausweis für das Sperrgebiet!« Er prüft ihn aufmerksam und sagt fast bedauernd: »Ach, Sie haben ihn noch gar nicht benutzt ...«

Der Ausweis war eine Falle. Man hatte gehofft, der höchst verdächtige Schweizer würde ihn unverzüglich dazu benutzen, sich in geheimer Mission ins Sperrgebiet zu begeben. Dabei hätte Jung wissen müssen, daß dieser Ausweis Keller erst am Tag zuvor ausgehändigt worden war.

»Wo ist Gilbert?«

Keller weiß es nicht. Ohrfeigen, Faustschläge.

»Wo ist Gilbert?«

Keller versichert, daß er keine Ahnung hat. Jung entnimmt einer Schublade einen Strick und schlingt ihn um die Beine des Gefangenen. Dann holt er einen Stock, den er zwischen Strick und Beine steckt. Die »Knebelmethode«. Der Stock wird so lange gedreht, bis der Strick in die Beine des Gefangenen schneidet. Aber bevor der Deutsche damit anfängt, dreht er das Radio voll auf. Englische Laute dröhnen durch den Raum: der Apparat ist auf BBC eingestellt ... Keller begreift, daß dadurch seine Schmerzensschreie übertönt werden sollen. Er ruft: »Das ist gar nicht nötig!«

Überrascht stellt Jung das Radio leiser: »Was wollen Sie damit sagen?«

Keller: »Ich erklärte ihm, daß ich eine merkwürdige physiologische Eigenart habe: ich spüre nur leichte Schmerzen; sobald sie einen gewissen Grad übersteigen, werde ich unempfindlich. Eine Ohrfeige, ja, die tut mir weh. Dagegen könnte man mich zu Tode peitschen, ohne daß ich auch nur einen Mucks von mir gebe. Ich habe verschiedentlich mit Ärzten darüber gesprochen, die mir sagten, daß diese Erscheinung zwar selten ist, aber wissenschaftlich erklärt werden kann. Ich habe das Jung erzählt: Am Schluß war er ganz durcheinander und wußte nicht, was er tun sollte ...«

Nach kurzer Überlegung entscheidet sich der Obersekretär aber doch für die Routine. Er schiebt den Stock in den eng zusammengezogenen Strick und sagt zu Keller: »Man wirft uns oft vor, die Gestapo sei unmenschlich. Das stimmt überhaupt nicht. Wir verwenden hier noch nicht einmal all die Folterwerkzeuge, die uns die Franzosen hinterlassen haben ...«

Er dreht und dreht ... Der Strick schneidet tief in Kellers Beine, aber dieser betrachtet mit abwesender Miene die Zimmerdecke, während Jung, hochrot im Gesicht, sich anstrengt, seinem Gefangenen einen Schrei zu entreißen. Schließlich gibt er auf, völlig außer Atem. Er knüpft den Strick auf, befiehlt Keller aufzustehen, hämmert mit den Fäusten auf ihn ein und brüllt: »Das ist die Quittung für gestern, weil wir das Essen bezahlen mußten!»*

Gegen acht Uhr abends werden Keller und Corbin in ein Auto verfrachtet. Sie sitzen nebeneinander im Fond, vor ihnen der Chauffeur und ein Offizier. Die Verdunklung hat die Straßen in finstere Tunnels verwandelt. Der Chauffeur verfährt sich. Ein Passant taucht in der Dunkelheit auf – ein würdiger alter Herr, der seinen Abendspaziergang macht. Der Offizier steigt aus und fragt

---

Als der Autor Keller danach fragte, welchen Eindruck Jung auf ihn gemacht habe, dachte Keller eine Weile nach und antwortete dann ernst: »Er hat auf mich weder einen korrekten noch einen sehr anständigen Eindruck gemacht.«

ihn nach dem Weg nach Fresnes. Der alte Herr wirft einen Blick in den Wagen, sieht die gefesselten Gefangenen und antwortet: »Was geht mich das an! Ich weiß den Weg nicht!«

»Sehen Sie nicht, daß Sie mit einem deutschen Offizier sprechen! Wenn Sie nicht antworten, nehme ich Sie auch gleich mit!«

»Halt den Mund! Ich pfeif auf deine Drohungen!«

»Der alte Herr war außer sich«, erzählte Keller, »er warf dem Deutschen die gröbsten Beleidigungen an den Kopf. Es wurde immer schlimmer, der Chauffeur stieg aus, um dem Offizier Beistand zu leisten, denn es sah ganz nach einer Schlägerei aus. Das war der richtige Augenblick! Man konnte keine drei Schritte weit sehen. Die Handschellen, das war nicht weiter schlimm. Mir kam sofort der Schrotthändler Racoua in Aubervilliers in den Sinn, den ich von der Simex her kannte und der nicht eine Sekunde zögern würde, unsere Handschellen durchzusägen. Ich stieß Monsieur Corbin an und machte ihm ein Zeichen, abzuhauen. Er schüttelte verneinend den Kopf, und dabei hatte ich hauptsächlich an ihn gedacht. Wegen der Worte über seine Tochter. Ich war der Meinung, daß es möglicherweise schlecht für ihn aussah und er eine Menge riskierte. Aber er rührte sich nicht, obwohl sie ihn noch nicht gefoltert hatten. Ja, sehen Sie, bei all seinen Qualitäten war Monsieur Corbin kein tatkräftiger Mann. Er war eben für so eine Arbeit nicht geschaffen ...«

Draußen geht der Streit zu Ende. Der wütende alte Herr verschwindet laut vor sich hin schimpfend im Dunkeln. Der Chauffeur findet den Weg nach Fresnes, wo Corbin und Keller in getrennten Zellen eingesperrt werden. Mit Handschellen schließt man ihre Hände auf dem Rücken zusammen. Das erschwert das Schlafen, aber Giering will kein Risiko eingehen: jeder Selbstmordversuch soll verhindert werden.

Er und Piepe haben sich die Aufgabe geteilt. Während die SS die Pariser Simex liquidiert, operiert der Abwehrmann in Brüssel. Es war selten so bequem: Piepe braucht nur aus seinem Büro auf den Flur zu treten und an die Nachbartür zu klopfen. Aber er trifft nur einen kleinen Angestellten der Simexco an. Die Aktenschränke enthalten nicht ein einziges kompromittierendes Dokument. An den Wänden sind keine versteckten Mikrophone zu finden. Piepe ist überzeugt, daß sie unmittelbar vor der Haussuchung entfernt wurden. Insgesamt betrachtet eine ergebnislose Aktion. Aber wenigstens hat man die Namen und Adressen der Teilhaber und der Angestellten der Simexco in Händen. Man kann sie sich greifen, wann immer man will.

Denise Corbin wartet zu Hause auf ihren Vater: allein, ihre Mutter ist zu Besuch auf dem Lande, sie soll erst am nächsten Tag zurückkommen.

Denise geht noch zur Schule, sie steht kurz vor dem Abitur. Sie weiß nichts über die Tätigkeit ihres Vaters. Für sie ist Katz nur ein Regimentskamerad, der oft zu ihnen kommt, und Trepper ein mürrischer Mann, der zwei- oder dreimal bei ihnen zu Hause geschäftlich mit dem Vater gesprochen hat. Noch fünfundzwanzig Jahre später sagt Denise, wenn sie vom Grand Chef spricht: »Ein Angestellter meines Vaters ...«

Es ist acht Uhr. Alfred Corbin ist noch immer nicht da. Denise ruft voller Unruhe ihren Onkel an, der sich erkundigt, ob sie weiß, was ihr Vater an diesem Tag vorhatte. Ja, am späten Nachmittag hatte er eine Verabredung bei der Todt. Na, dann wird er wohl aufgehalten, vielleicht zum Essen eingeladen worden sein. Denise wiederholt diese Worte, als ihre Mutter eine Stunde später anruft und über die Abwesenheit ihres Mannes verwundert ist. Es ist nicht nötig, die Mutter zu beunruhigen, sie regt sich sowieso zu leicht auf.

Bis Mitternacht wartet Denise, sie versucht zu arbeiten, schläft aber darüber ein. Sechs Stunden später klingelt das Telefon. Es ist ihr Onkel, der wissen will, ob ihr Vater inzwischen nach Hause gekommen ist. Sie läuft in sein Schlafzimmer: das Bett ist unbenutzt. Robert Corbin verabredet sich mit seiner Nichte für acht Uhr morgens vor der Simex.

Sie gehen zunächst zum zuständigen Polizeikommissariat und bitten, die Büroräume aufbrechen zu dürfen. Der Kommissar will die Erlaubnis weder geben noch verweigern. Robert Corbin holt also einen Schlosser und kehrt mit ihm zum Boulevard Haussmann zurück. Die Tür des Büros ist nicht versiegelt, und drinnen ist alles in Ordnung. Nach einer kurzen Inspektion gehen Onkel und Nichte wieder nach Hause.

Sie machen sich Gedanken, sind aber nicht übermäßig besorgt. Beide wissen, daß die Simex nicht immer ganz einwandfreie Geschäfte gemacht hat; vielleicht ist etwas schiefgegangen, das würde auch die Nervosität Alfred Corbins erklären. Denise erzählt ihrem Onkel noch, daß ihr Vater einem deutschen Offizier vor kurzem Geld geliehen hat. Er habe sich deswegen Sorgen gemacht. Jetzt aber könnte diese geliehene Summe eigentlich nur von Vorteil sein; man wird doch nicht einem Mann Schwierigkeiten machen, der einem mit 40 000 Franc ausgeholfen hat.

Robert Corbin glaubt an eine Schwarzmarktaffäre und ist zur Simex gegangen, um – falls möglich – belastende Dokumente in Sicherheit zu bringen. Aber der einzig interessante Gegenstand, den er mitgenommen hat, ist das Notizbuch seines Bruders, das auf dem Schreibtisch lag.

Madame Corbin kommt noch am selben Tag zurück. Wie ihr Schwager und ihre Tochter hat sie nicht die geringste Ahnung, daß ihr Mann einem Spionagering angehört. Aber sein plötzliches Verschwinden versetzt sie in panische Angst. Noch bevor sie ihre Koffer auspackt, verbrennt sie in einem Riesenfeuer alle Papiere, deren sie in der Eile habhaft werden kann, sogar ihre Verlobungsbriefe. Die Asche im Kamin ist noch warm, als es läutet. Vor der Tür stehen französische Hilfsbeamte der Gestapo, die gleichen, die am Tag vorher die Haussuchung bei der Simex durchgeführt haben. Sie versuchen die aufgeregten Frauen zu beruhigen: Alfred Corbin sei wegen einer unwichtigen Schwarzmarktaffäre in Gewahrsam genommen worden. Alles werde sich bald aufklären. Für Madame Corbin und ihre Tochter bestehe kein Grund zur Beunruhigung. Man verlangt weiter nichts, als daß sie in den nächsten Tagen das Haus nicht verlassen. Unter beschwichtigenden Versicherungen gehen die Polizisten wieder fort, zwei von ihnen bleiben aber als Wache vor der Wohnungstür zurück.

Das Sonderkommando hofft, daß der Grand Chef bei den Corbins in die Falle tappen wird.

Alfred Corbin und Keller werden verhört. Eine Frage wird hundertmal wiederholt: »Wo ist Gilbert?« – »Wo ist Gilbert?« Und immer wieder versichern Corbin und Keller, daß sie es nicht wissen. Giering glaubt ihnen nicht. Er fordert aus Berlin einen Spezialisten für Folterungen an. Inzwischen beschränken sich seine Leute auf die üblichen Brutalitäten: »Einige Schläge«, schreibt Alfred Corbin in seine Aufzeichnungen, »aber eigentlich nicht schlimm.« Bei Kellers physiologischer Eigenheit sind alle Versuche umsonst.

Nach drei Tagen vergeblichen Wartens lösen deutsche Gestapobeamte, darunter Erich Jung, die französischen Polizisten vor der Wohnung der Corbins ab. Der den beiden Frauen auferlegte Zwang ist erträglich; Robert Corbin und seine Frau können zu ihnen kommen, sooft sie wollen, Besorgungen für sie machen und mit ihnen zusammen essen. Aber geschickt üben die Deutschen auf Madame Corbin psychologischen Druck aus. Sie sprechen nicht mehr von Schwarzmarktgeschäften, sondern von Spionage: Natürlich, auch sie hielten Alfred Corbin für unschuldig. Das Schlimme sei nur, daß er womöglich für den wirklich Schuldigen, für Gilbert, die Rechnung bezahlen müsse. In Kriegszeiten könne die Justiz nicht so ins Detail gehen. Madame Corbin tue ihnen aufrichtig leid. Eigentlich müßte sie selbst das größte Interesse daran haben, daß dieser Gilbert gefaßt wird. Sie erfüllten ja nur ihre Pflicht, ein Mißerfolg würde ihnen nichts anhaben. Aber Alfred Corbin riskiere für diesen Gilbert Kopf und Kragen ...

Am Ende ihrer Kräfte und von den mitfühlenden, eindringlichen Reden gequält, irrt Madame Corbin in ihrer Wohnung umher, in der sie alles an ihren
bedrohten Mann erinnert. Sie ist von seiner Unschuld überzeugt. Sie schreit
es Jung und den anderen immer wieder entgegen: »Wenn ich nur das Geringste
wüßte, würde ich es sagen! Aber ich weiß nichts! Nichts!«

Am 24. November, um elf Uhr morgens, fällt ihr plötzlich ein unbedeuten-
des Ereignis ein. Als Gilbert eines Tages über Zahnschmerzen klagte, hatte ihm
Alfred Corbin die Adresse eines Zahnarztes gegeben: Dr. Maleplate, Rue de
Rivoli Nr. 13. Warum sollte sie ihren Bewachern diese Kleinigkeit vorenthalten? Gilbert ist für sie nur eine flüchtige Geschäftsbekanntschaft ihres Mannes.
Sie ist fest davon überzeugt, daß er ihren Mann ausgenutzt hat, ohne daß dieser
etwas ahnte. Denn wenn er freiwillig für diesen Gilbert gearbeitet hätte, dann
wäre sie, seine Frau, doch wohl im Bilde gewesen … Warum sollte sie zögern,
wenn sie zwischen dem Leben dieses Gilbert und dem ihres Mannes zu wählen
hatte?*

Sicher hätte auch ein tatsächlicher Agent hier schließlich nachgegeben. Die
Zahnschmerzen des Grand Chef sind sicherlich längst vorbei.** Die Adresse
eines Zahnarztes? Das ist der Bauer, den ein Schachspieler opfert, um eine
wichtige Figur zu schützen. Die Chancen stehen eins zu tausend, daß der Verlust gerade dieses Bauern der Gestapo ein Schachmatt ermöglichen wird.

Dr. Maleplate erzählt:
»Am 24. November habe ich wie immer morgens im Hôpital Laënnec gearbeitet, wo ich damals Assistenzarzt war. Gegen Mittag rief man mich ans Telefon; es war mein Zahntechniker. ›Sie müssen sofort nach Hause kommen‹,
sagte er, und auf meine Frage nach dem Grund antwortete er nur: ›Ich kann
Ihnen nichts weiter sagen, aber Sie müssen umgehend herkommen!‹ Natürlich
habe ich sofort mit meinem Chef gesprochen und mich auf den Weg gemacht.
Während der Fahrt in der Metro gingen mir die schwärzesten Gedanken durch
den Kopf. Ich dachte an meinen Vater. Wir benutzten die gleichen Praxis-
räume – er war ebenfalls Zahnarzt und schon alt. Ich befürchtete einen
Herzanfall oder sonst etwas Ernstes, gerade weil mir der Zahntechniker nichts
hatte sagen wollen.

Am Metro-Ausgang wartete er schon auf mich und sagte: ›Die Gestapo ist

---

* *Wir wissen heute, daß Giering Madame Corbin drohte, ihren Mann vor ihren Augen zu
töten, wenn sie weiterhin jede Unterstützung verweigerte.*

** *Trepper hatte Madame Corbin einige Wochen zuvor gesagt, daß seine Zahnbehandlung
beendet sei.*

bei Ihnen oben und will Sie sprechen!‹ Ich atmete erleichtert auf: wenn es nichts Schlimmeres war! Die beiden Männer – der eine sehr groß, der andere ziemlich klein (Giering und Piepe) – waren in Zivil. Ich mußte meinen Terminkalender hervorholen und alle für diese Woche getroffenen Verabredungen vorlesen. Das tat ich. Aufmerksam hörten sie sich die Namen an. Dann sagten sie: ›Wiederholen Sie bitte!‹ Ich bin die Liste noch einmal durchgegangen, aber auch das genügte noch nicht: ›Bitte, ein drittes Mal!‹ Und da erst fiel mir ein, daß mir ein Irrtum unterlaufen war. ›Oh, heute nachmittag um zwei Uhr sollte die Frau eines Kollegen kommen. Sie hat abgesagt, und ich habe statt dessen einen anderen Patienten bestellt. Aber ich habe vergessen, ihren Namen auszustreichen und dafür Monsieur Gilbert einzutragen.‹«

Wo immer der Grand Chef sich an einem 24. November auch aufhielt: er dachte an seine Heimat und daran, daß sein Vater an einem 24. November gestorben war. Die Zeit hatte nicht vermocht, die Wehmut dieses Tages auszulöschen.

In diesem Jahr wird er besonders niedergeschlagen gewesen sein, aber er hatte wenigstens die Gewißheit, alles, was in seiner Macht stand, getan zu haben, um den Schlag gegen die Simex abzuwenden. Wenn Alfred Corbin und Suzanne Cointe nicht versucht hatten, der Festnahme zu entgehen, beruhte das bei Corbin vielleicht auf gewissen Illusionen, war aber bei beiden vor allem aus der Sorge zu erklären, daß eine Flucht ihre Familien den Repressalien des Feindes aussetzen würde. Der Grand Chef ahnte natürlich nichts vom Zwischenfall an der Porte d'Orléans und von der Fluchtmöglichkeit, die Keller sofort erfaßt hatte. Aber hätte er davon gewußt, so würde er für Alfred Corbins Passivität volles Verständnis gehabt haben: Warum soll man dem Gefängnis von Fresnes entfliehen, wenn dafür Frau und Kind hineingeworfen werden? Der Schrotthändler Racoua hätte zwar die deutschen Handschellen durchsägen können, niemand auf der Welt aber konnte die Familienbande lösen, die Corbin fesselten.

Bei Madame Mignon und Keller war es etwas anderes. Sie waren in nichts eingeweiht. Warum hätte man sie warnen und ihnen damit ihre Unbefangenheit nehmen sollen? Daß sie nichts wußten, würde sich bei der Gestapo zwangsläufig herausstellen.

Selbst die Erfolge der sowjetischen Armeen an den Ufern des Don und die unglaubliche Wendung des Kriegsgeschehens können die Beklommenheit des Grand Chef nicht aufheben.

Die Zentrale ist im wahrsten Sinne des Wortes verrückt geworden. Vier Monate nach der Verhaftung von Wenzel, Jefremow und Winterink glaubt man noch immer an die von ihnen durchgegebenen Funksprüche. Treppers Warnungen bleiben wirkungslos. Kaum daß der Direktor der Zentrale sein Mißtrauen ihm gegenüber verhehlt. Man hört in Moskau eher auf den SS-Mann Giering als auf den Chef der sowjetischen Spionage in Westeuropa.

Auf ein Funkspiel hereinzufallen, ist schon schlimm genug, aber Trepper wird seit Monaten den Verdacht nicht los, daß sich hinter diesem Spiel ein ganz anderes Ziel verbirgt, daß das Sonderkommando weit ehrgeizigere Pläne verfolgt.

Anna Maximowitsch ist entdeckt worden. Das ist ernst, tragisch – doch logisch. Aber das Sonderkommando hatte sich mit ihr *in Verbindung gesetzt,* und das ist im höchsten Maße beunruhigend, weil dafür gibt es keine Erklärung – jedenfalls nicht auf den ersten Blick. Trepper weiß nicht, wie Anna entdeckt wurde. Wir wissen es: drei Spuren hatten zu den beiden Maximowitsch geführt. Zunächst war man in den Archiven der französischen Polizei auf ihre Personalakte gestoßen. Die Abwehr hatte sie eingesehen, als Margarete Hoffmann-Scholtz – den Vorschriften der Wehrmacht gemäß – um Erlaubnis angesucht hatte, sich mit Wassilij, einem Ausländer, zu verheiraten. Die französischen Sicherheitsbehörden hatten Annas linksgerichtete Sympathien vermerkt und auch die Tatsache, daß sie spanische Republikaner gepflegt hatte. Einen zweiten Anhaltspunkt lieferten Vauck und seine Leute, als es ihnen gelang, die Funksprüche zu entschlüsseln, in denen das Wesentliche aus mehreren Berichten des Botschafters Abetz zusammengefaßt war: das führte auf die Spur von Margarete, also zwangsläufig zu Wassilij. Und schließlich enthielt ein anderer Funkspruch, den man ebenfalls aufgefangen hatte, einen Bericht über die geringen Wirkungen eines alliierten Bombenangriffs auf Hamm: »Unsere Vertrauensperson hat die Schäden gesehen. Sie sind unbedeutend.« Die Nachforschungen der Abwehr ergaben, daß Margarete, nachdem sie ihr Gesuch eingereicht hatte, nach Deutschland gereist war und sich in Hamm aufgehalten hatte. Bei einem Verhör gestand das in Panik geratene Mädchen, ihrem Baron davon erzählt zu haben.

Der gewohnten Taktik der Gestapo entsprechend hätte das Sonderkommando die beiden Russen auf der Stelle verhaften müssen. Statt dessen bleibt Wassilij ungeschoren, und Anna wird ein ungewöhnlicher Handel vorgeschlagen: unter der Bedingung, Giering eine Unterhaltung mit dem Grand Chef zu vermitteln, sei man bereit, sie für ihre illegale Tätigkeit nicht zur Verantwortung zu ziehen.

Eine Unterhaltung!

Anna informiert Trepper, und er rät ihr dringend, sofort unterzutauchen. Über Billeron flüchtet sie ins unbesetzte Frankreich und wird dort zur gleichen

Zeit wie Kent verhaftet – aber das weiß der Grand Chef noch nicht. Wassilij ist unruhig, da er nichts von seiner Schwester hört, er ist krank – seine Beine sind geschwollener denn je –, und er sagt zu Trepper: »Wenn sie mich holen, bringe ich mich um. Lieber sofort das Jenseits.« Antwort des Grand Chef: »Nein, wenn Sie schon aus dieser Welt verschwinden wollen, dann nehmen Sie von diesen Kanaillen wenigstens so viele wie möglich mit auf die Reise.«

Eine Unterhaltung ... Dieser Versuch wäre von beleidigender Naivität gewesen, hätten nicht noch andere Dinge zu Treppers Sorge und Verwirrung beigetragen. Mit Hilfe Nikolais hat ihm das Sonderkommando zwei Fallen gestellt: einmal das Angebot, seinen Ausweis verlängern zu lassen, zum anderen die Korruption des Offiziers mit Hilfe der von Corbin geliehenen 40 000 Franc. Beide Versuche sind gescheitert. Ein dritter Versuch – und ein dritter Mißerfolg: der angebliche Ankauf von Industriediamanten. Damit müßte es doch genug sein. Aber nein! Obwohl Giering nach der Verhaftung von Corbin und seinen Leuten nicht mehr hoffen kann, von Trepper für einen Industriellen aus Mainz gehalten zu werden, hat er ihm dennoch durch Madame Likhonine noch einmal den Vorschlag machen lassen, die Verhandlungen über die Industriediamanten wiederaufzunehmen – und zwar in Berlin ...

All das läßt darauf schließen, daß es dem Sonderkommando weniger darauf ankommt, den Grand Chef zu verhaften, als mit ihm in Kontakt zu treten. Aber zu welchem Zweck? Mit welcher Absicht?

Am 22. November trifft Trepper Michel, den Hauptverbindungsmann zur Kommunistischen Partei. Er bittet ihn, Moskau über Gierings verblüffenden Vorschlag zu informieren, und fügt hinzu, daß er bereit sei, nach Berlin zu fahren, wenn man an oberster Stelle Wert darauf lege, Klarheit zu erhalten.

Am 23. November entschließt er sich, stillzuhalten und auf dem Lande die Antwort der Zentrale abzuwarten. Der Apparat ist stillgelegt: die Arbeit unterbrochen, die Verbindungen sind gelöst, Kontakte untersagt – jeder soll sich in seinem Winkel verbergen. Am Abend trifft er zum letztenmal seine alte Garde: Katz und Großvogel. Mit ihnen zusammen setzt er für den Direktor der Zentrale einen letzten Funkspruch auf und läßt seine Verzweiflung darüber durchklingen, daß man ihm nicht mehr glauben will: »Die Situation verschlechtert sich von Stunde zu Stunde. Kent ist wahrscheinlich verhaftet. Die Simex liquidiert. Aber viel schlimmer als das alles sind Ihre Behauptungen bezüglich Jefremow, Wenzel, Winterink. Es ist eindeutig, daß die Gestapo bei Ihnen mehr Einfluß hat als ich.« Die drei schreiben auch einen langen Brief an Jacques Duclos und beschwören ihn, er möge Moskau von der Richtigkeit ihrer Informationen über das geschehene Unheil und das Umdrehen der Funker überzeugen. Was kann man mehr tun?

Katz soll am nächsten Morgen nach Marseille fahren, wo ihm ein sicheres Versteck zur Verfügung steht. Großvogel kennt einen Unterschlupf in Vichy: auch er wird sehen, daß er ihn so schnell wie möglich erreicht. Trepper gibt beiden einen letzten Rat mit auf den Weg: »Solltet ihr verhaftet werden, so bemüht euch um jeden Preis, herauszubekommen, welches Spiel das Sonderkommando treibt.«

Er selbst hat seine Dispositionen bereits getroffen. Georgie soll in der Villa in Le Vésinet bleiben. Schon vor zwei Monaten hat er sie dazu überredet, Patrick in Sicherheit zu bringen. Das Kind wurde zunächst in einer Pension in Saint-Germain-en-Laye untergebracht, dort aber so schlecht versorgt, daß sie es bald wieder fortnehmen mußten. Eine Bekannte von Georgie, eine gewisse Denise, hat ihnen die Adresse des Ehepaars Queyrie gegeben, das in Suresnes, einem Vorort von Paris, wohnt. Bei den Queyries wird der kleine Patrick wie ein eigenes Kind gehegt, er scheint dort vor dem Zugriff des Sonderkommandos sicher zu sein.

Trepper wird in einigen Tagen »sterben«. Ein Arzt aus Royat, den er während eines Kuraufenthalts kennengelernt hat, wird einen amtlichen Totenschein ausstellen; und ein Grabstein, vor dem die überraschten Männer Gierings feierlich ihre Mützen abnehmen werden, wird seinen Namen tragen.

Aber bevor er sich in die einsamen Berge der Auvergne zurückzieht, will er seine Zahnbehandlung abschließen. Dr. Maleplate hat in den vergangenen Wochen so viel zu tun gehabt, daß er den letzten Termin ständig verschieben mußte – auf den 24. November.

Dr. Maleplate:

»Als ich den Namen Gilbert nannte, schienen sie dem überhaupt keine besondere Beachtung zu schenken, aber einer von ihnen fragte: ›Kennen Sie Ihre Patienten näher?‹ – ›Ja, manche schon.‹ – ›Dann gehen Sie bitte noch einmal Ihren Kalender durch und sagen Sie uns bei jedem Namen, um wen es sich handelt, Beruf und so weiter. Haben Sie keine Patientenkartei?‹ – ›Nein!‹ – ›Schade! Fangen Sie bitte an.‹ Ich habe also noch einmal die Liste heruntergebetet und über jeden Patienten knappe Angaben gemacht. Von Gilbert wußte ich nur, daß er mir durch die Corbins empfohlen worden war, ich hielt ihn für einen Geschäftsmann, er sprach mit belgischem Akzent und kam immer mit einer dicken Aktenmappe unterm Arm zu mir. Sympathisch, ja, aber ohne jede Neigung, irgend etwas über sich zu erzählen.

Die beiden Männer von der Gestapo bedankten sich bei mir und gingen weg, aber nach wenigen Minuten erschienen sie wieder, diesmal zu dritt. Später habe ich erfahren, daß sie in dem Café unten im Haus schnell Kriegsrat gehalten hatten. Ohne Umschweife erklärten sie: ›Wir wollen Gilbert verhaften!‹ – ›Machen Sie, was Sie wollen, mich geht das Ganze nichts an.‹ – ›O doch‹, sagte der Große, ›Sie werden uns behilflich sein müssen, ob Sie wollen oder nicht.‹

Sie setzten mir ihren Plan auseinander. Ich sollte meinen Zahntechniker fortschicken und selbst die Tür öffnen, Gilbert auf dem Behandlungsstuhl Platz nehmen lassen und mit der Arbeit beginnen. In dem Augenblick, wo sie sich auf ihn stürzen würden, sollte ich mich zu meiner persönlichen Sicherheit in eine Ecke des Zimmers flüchten, denn sie waren überzeugt, daß das Ganze nicht ohne Schießerei ablaufen würde. Sie waren alle sehr aufgeregt. Als zum Beispiel während ihres Palavers plötzlich das Telefon klingelte und ich abhob und mich meldete, zog der Große sofort seinen Revolver und fragte: ›Wer ist das?‹ Ich sagte: ›Moment mal, ein Kollege von mir!‹ Ich antwortete einsilbig und legte schnell wieder auf. Der Kollege hatte mich nur noch einmal daran erinnern wollen, daß wir am Abend zusammen eine Operation durchführen sollten.

Als der Zahntechniker nach der Mittagspause zurückkam, schickte ich ihn zu meinem Vater hinauf. Dann läutete es zum zweitenmal. Es war eine Patientin meines Vaters, eine ältere Dame. Ich führte sie ins Wartezimmer. Nein, es war umgekehrt: erst kam die alte Dame, dann der Techniker. Na schön, jedenfalls war es kurz vor zwei Uhr, und Gilbert mußte jeden Augenblick erscheinen. Er war an diesem Nachmittag mein erster Patient.«

Ein langer Korridor gegenüber der Eingangstür. Rechter Hand nur ein einziger Raum: das zahntechnische Labor. Auf der linken Seite hintereinander das Wartezimmer, ein Behandlungsraum, der früher vom Vater des Arztes benutzt wurde, ein – jedenfalls heute – dem Andenken Napoleons gewidmetes Büro und schließlich die Ordination Dr. Maleplates. Giering versteckt einen Mann im Labor: er soll dem Grand Chef den Fluchtweg abschneiden. Er selbst und Piepe postieren sich am Ende des Korridors hinter der Tür zur Ordination. Dr. Maleplate soll den Besucher durch das Napoleon-Zimmer in die Ordination führen. Der Korridor macht dort eine Ecke: unmöglich, die lauernden Jäger zu entdecken.

Draußen selbstverständlich das Sonderkommando mit seinen französischen Hilfskräften. Der ganze Häuserblock ist umstellt.

Trepper erinnert sich später des Unbehagens, das ihn befiel, als er eintrat. Irgend etwas stimmte nicht. Das sonst überfüllte Wartezimmer war leer bis auf eine ältere Dame. Der Doktor führte ihn zwar wie immer durch sein Büro in die Ordination, aber die Flurtür des Behandlungszimmers, die sonst immer offen stand, war geschlossen.

Dr. Maleplate: »Ich ließ ihn auf dem Behandlungsstuhl Platz nehmen. Er war ruhig und gelassen. Ich sagte mir: der arme Teufel, warum soll ich ihn noch quälen, warum ihm noch Schmerzen zufügen? Wir unterhielten uns, während ich die Instrumente vorbereitete. Er sagte lächelnd: ›Haben Sie die letzten Nachrichten gehört? Nicht schlecht, finden Sie nicht auch?‹ Ich war schweißgebadet: auf dem Korridor hörte ich das Klirren der Handschellen ... Mir kam es wie eine Ewigkeit vor. Ich steckte ihm schließlich einen Wattebausch in den Mund und setzte gerade meine Bohrmaschine in Gang, als sie endlich hereingestürmt kamen und sich mit gezogenen Revolvern auf ihn warfen. Er hat nur die Arme gehoben und gesagt: ›Ich bin nicht bewaffnet!‹ Er war kreidebleich, aber vollkommen ruhig. Die Deutschen dagegen, das kann ich Ihnen sagen, die haben geschwitzt vor Angst!«

Piepe bestätigt: »Der Zahnarzt zitterte. Giering und ich waren mit den Nerven am Ende. Ja, das stimmt, Trepper war der Ruhigste von allen. Nicht mal mit der Wimper hat er gezuckt! Als Giering ihm die Handschellen anlegte, sagte er: ›Bravo, Sie haben gute Arbeit geleistet!‹ Und ich habe bescheiden geantwortet: ›Wir haben auch zwei Jahre dazu gebraucht!‹«

Als der Gefangene abgeführt wurde, sagte Dr. Maleplate zu ihm: »Ich möchte, daß Sie wissen, daß ich nichts damit zu tun habe.« Trepper: »Das glaube ich Ihnen, ich mache Ihnen auch nicht den geringsten Vorwurf.« Es folgte noch eine höfliche Unterhaltung über die Bezahlung der Rechnung, aber der Zahnarzt lehnte jedes Honorar ab. Der Grand Chef schüttelte ihm die Hand und ging, in Handschellen, zwischen dem großen Giering und dem kleinen Piepe, zwischen Gestapo und Abwehr.

Georgie und Trepper waren für den späten Nachmittag verabredet; sie wollten zusammen zu Abend essen. Aber sie wartet vergeblich. Schon des öfteren hatte er ihr gesagt: »Ich kann von einer Minute zur anderen verhaftet werden. Du mußt darauf vorbereitet sein, du darfst dann nichts unternehmen und vor allem nicht versuchen, dich irgendwo zu erkundigen.«

Trotzdem versucht sie es. Sie telefoniert mit Katz und trifft ihn im Café »Le chien qui fume« am Montparnasse. Kurze, beklemmende Unterhaltung. Katz meint: »Ich bin fast sicher, daß er verhaftet ist. Andere hat es schon erwischt, mir sind sie auch auf den Fersen, und meine Frau liegt in der Klinik – kurz vor der Entbindung ...« Unglücklicher Katz, der dieses Kind niemals sehen wird und der selbst – so schien es Georgie – wie ein Kind wirkte, dem man den Vater entrissen hat. Er soll am gleichen Abend nach Marseille fahren –

Georgie de Winter

auf Befehl des Grand Chef. Er fährt nicht. Wie ein Vogel, der sich, vom Blick einer Schlange gelähmt, nicht mehr zu rühren vermag, wartet er auf den tödlichen Biß.

Georgie dagegen möchte überall zugleich sein. Sie gibt ihrem Mädchen, Marcelle Loukia, den Auftrag, sich im Gefängnis in der Rue de Cherche-Midi zu erkundigen, ob Trepper dort eingeliefert worden ist. Warum gerade in diesem Gefängnis? Weil sie einige Tage vorher in der Zeitung gelesen hat, daß dort ein bekannter Schauspieler eingesperrt worden ist … Ein unvorsichtiger, überaus törichter Schritt, wenn man bedenkt, daß Marcelle Loukia eine etwa vierzigjährige Schwarze aus Martinique ist, die überall unbekümmert verkündet, daß in ihren Augen die Deutschen Angehörige einer minderwertigen Rasse seien. Nach dem ergebnislosen Versuch im Cherche-Midi schickt Georgie sie zu allen anderen Pariser Gefängnissen – umsonst. Sie selbst läuft in ihrem Lieblingsmantel durch Paris. »Ein dicker Schottenstoff in wundervollen Farben, ein Luxusmantel, wie es damals kaum einen gab.« Sie geht in diesem Aufzug auch durch die Rue des Saussaies. Das Sonderkommando weiß bisher über die Freundin des Grand Chef nur, daß sie einen auffälligen Mantel trägt. Giering läßt »die Frau im bunten Schottenmantel« suchen. Vielleicht wendet sie sich an Alfred Corbin, dann könnte man sie dort fassen. Aber der Zufall – der Zufall? –, das Glück, das Trepper bei seinen sorgfältigst durchdachten Plänen grausam im Stich gelassen hat, sich aber immer wieder schützend vor seine Liebe stellt, will es, daß Georgie zuerst zu Robert Corbin geht und dort von dessen Frau erfährt, daß eine Verhaftungswelle im Gang ist. Schließlich sucht sie Katz auf. Die Concierge erkennt sie und stürzt aus ihrer Loge: »Die Gestapo ist oben! Gehen Sie auf keinen Fall rauf!« Daraufhin fährt sie nach Suresnes zu Patrick und teilt den Queyries mit, daß Trepper verhaftet ist, fügt aber hinzu: »Sie werden sehen, er kommt wieder frei. Nicht umsonst wird er von seinen Freunden ›Kugelblitz‹ genannt.«

Das Sonderkommando schlägt zu

24

Piepe erzählt:

»Im Auto hat er mich gefragt, ob ich zur Abwehr oder zur Gestapo gehöre. Als ich ihm sagte, daß ich Wehrmachtsoffizier sei, schien er erleichtert und meinte: ›Für mich ist alles zu Ende. Ich werde Ihnen einiges sagen, aber nicht alles, das müssen Sie verstehen.‹ Natürlich waren Giering und ich über diese unverhoffte Erklärung verblüfft. Wenn sich der Grand Chef bereit erklärte, mit uns zusammenzuarbeiten, war es mit der sowjetischen Spionage im Westen vorbei. Von der ersten Unterredung an habe ich deshalb versucht, einen menschlichen Kontakt herzustellen. Wir haben über sein Leben und seine Familie gesprochen, haben dabei Kaffee getrunken und Zigaretten geraucht. Er plauderte völlig zwanglos. Ich muß gestehen, daß ich ihm gern und voller Sympathie zugehört habe. Er machte auf mich einen guten Eindruck: ruhig, zurückhaltend, nüchtern. Ich hatte das Gefühl, einem alten Kameraden gegenüberzusitzen, mit dem ich Erinnerungen austauschte.«

Auf den Lebenslauf folgt ein belehrender Vortrag. Vor dem erstaunten Sonderkommando hält Trepper eine regelrechte Vorlesung über die Technik der Spionage. Die Grundprinzipien: strenge Abschottung, systematische Verwendung von Decknamen, Dezentralisation (zu viele Verbindungen über einen einzelnen laufen zu lassen, ist gefährlich), strengste Tarnung zwischen den besonders gefährdeten Pianisten und den übrigen Mitarbeitern. Die klassischen Vorsichtsmaßnahmen: niemals Waffen bei sich tragen, die einem bei einer einfachen Straßenkontrolle gefährlich werden können; kein eigenes Auto besitzen; in Vororten wohnen, wo eine Beschattung leichter zu erkennen ist als in den belebten Straßen der Innenstadt; niemals ungewöhnlich viel Post empfangen und sich lieber Postkarten als Briefe schicken lassen – denn ein Mann, der Ansichtskarten erhält, ist unverdächtig; niemals offen schriftliche Unterlagen weitergeben (als Versteck Füllfederhalter, Streichholzschachteln, Zeitungen verwenden); vorzugsweise Sonn- und Feiertage ausnutzen, um Kontakte zwischen Agenten zu organisieren, die Polizei ist an diesen Tagen weniger zahlreich und nicht so wachsam; für Treffs unauffällige, gutbesuchte Orte wählen: Buchhandlungen, Apotheken, auch Sportplätze, Schwimmbäder und Ausflugsziele, aber nur – so präzisiert Trepper für seine Zuhörer, und die Gestapo registriert alles Wort für Wort in ihrem Bericht – wenn sich die Jahreszeit dazu eignet ... Und schließlich technische Feinheiten, über die Piepe fassungslos staunt und die Giering und Berg, die bei der Jagd auf Kommunisten zu Meistern ihres Faches geworden sind, vor Augen führen, daß sie kaum die Anfangsgründe der Spionageabwehr beherrschen. Ein Beispiel: die Benutzung von Telefonzellen, um ein Treffen zu vereinbaren. Der Treffpunkt steht im voraus fest, nur Tag und Stunde sind noch zu fixieren. Der Agent unterstreicht auf einer bestimmten Seite des Telefonbuchs ein Wort in der vierten Zeile: das Treffen soll also um vier Uhr stattfinden. Er umrahmt ein weiteres Wort in der sechsten Zeile: am sechsten Wochentag, also am darauffolgenden Samstag. Auf diese Weise ist jeder vorherige Kontakt zwischen zwei Agenten überflüssig. Wenn der Agent, der das Treffen wünscht, seinem Partner mißtraut, kann er beobachten, ob der andere allein zur Telefonzelle kommt, ob er sich begleiten läßt oder gar beschattet wird.

Nach diesem Vortrag des Grand Chef verfaßt die Abwehr einen Bericht für Berlin, der die Langwierigkeit ihrer Untersuchungen rechtfertigen soll: »Alle von uns vorher im Westen gesammelten Erfahrungen erwiesen sich als wertlos. Es stellte sich heraus, daß die Russen meisterhaft gearbeitet hatten. Darum war es für die Abwehr notwendig, die Grundsätze kennenzulernen, die der Schulung und Einschleusung sowjetischer Agenten zugrunde lagen; Grundsätze, die den Offizieren der Abwehr unbekannt waren ...«

Tatsächlich hatte die Abwehr im Westen ihre Erfahrungen bei der Bekämpfung der hastig von idealistischen Dilettanten improvisierten Résistancegruppen gesammelt, denen die elementarsten Grundregeln der Spionage unbekannt waren. Rémy, der beste Mann des Widerstands, mußte nach dem Verrat eines einzigen seiner Agenten folgende Bilanz ziehen: »Sechzig Verhaftungen, zweiundfünfzig Deportationen, vierzehn Tote in Konzentrationslagern, ein Toter im Gefängnis, zwei Hinrichtungen, zwei Vermißte. Und ich bin nicht sicher, ob diese Liste vollständig ist.«[24] Dabei war der Verräter noch nicht einmal ein wichtiger Agent! Weder Jefremow noch Raichman sind imstande gewesen, soviel Unheil anzurichten; kein Mitglied der Roten Kapelle – Trepper ausgenommen – hätte das tun können, denn Dezentralisation und strenge Abschottung verhinderten das Übergreifen der tödlichen Gefahr auf den gesamten Organismus. Es geht hier nicht darum, Rémys Verdienste zu schmälern. Sein Verdienst – und seine Größe – bestand darin, eine solche Arbeit begonnen zu haben, obwohl er als Dilettant kaum etwas von wirkungsvollen Absicherungsmethoden wußte. Er sagt es übrigens selbst: »Wo waren denn unsere Lehrmeister? Wir alle, wie wir da sind, haben selten Experten getroffen, die bereit waren, uns zu beraten und zu unterstützen. Wir mußten uns durchschlagen, so gut es eben ging.«[25]

Ein erstaunlicher Kapitän! Mit Gelegenheitsmatrosen, ohne Kompaß, ohne jede Karte, nur das Auge fest auf einen Stern gerichtet. Einige Monate später erfährt Rémy, daß einer seiner Leute, den die Gestapo verhaftet hatte, wieder Kontakt aufnehmen will: »Ich wurde informiert, daß Gaspard freigelassen sei und mich sehen wolle. Freigelassen ... Ich war seiner Loyalität sicher, aber ich befürchtete eine *typisch deutsche* Falle. Gaspard wurde überwacht, das stand fest. Andererseits konnte keine Rede davon sein, ihn seinem Schicksal zu überlassen. Es wurde ein Treffen unter dem Eiffelturm vereinbart. Die umliegende Esplanade ist ein idealer Ort, um ungestört sprechen zu können. Keine Möglichkeit, einem Menschen dort nachzuspionieren, ohne aufzufallen. Und außerdem war es ganz in meiner Nähe ...«[26]

Zwei Fehler und ein gefährliches Wagnis. Erster Fehler: ein Treffen in der Nähe seiner Wohnung. Die Gestapo kennt diese Angewohnheit überlasteter Chefs: ist es gelungen, einen Agenten umzudrehen, fahren sie mit ihm stundenlang durch die Straßen der Stadtteile, in denen er sich gewöhnlich mit jemandem traf: früher oder später muß er seine Gesprächspartner entdecken. Zweiter Fehler: ein Treffen auf der Esplanade, obwohl Rémy damit rechnen mußte, daß Gaspard beschattet wurde. Wie wollte er unter diesen Umständen von der menschenleeren Esplanade verschwinden? Das Wagnis liegt in den wenigen Worten: »Ich war seiner Loyalität sicher.« Diese Worte wiederholt Rémy immer wieder, wie eine Litanei. Im Zusammenhang mit Agenten, die verhaftet wurden und die er bei sich zu Hause empfangen hatte (ein weiterer Fehler), schreibt er: »Ein Wohnungswechsel würde Zweifel an der loyalen Haltung und am Mut meiner Kameraden bedeuten. Ich werde bleiben, wo ich bin.«[27] Und bei einer ähnlichen Gelegenheit: »Seit mehr als acht Tagen bin ich nicht ein einziges Mal nach Hause gekommen, ohne mir zu sagen, daß ich noch in der gleichen Nacht verhaftet werden könnte ... Ich habe sogar daran gedacht, die Wohnung zu wechseln, aber doch nicht den Mut dazu aufgebracht. Es hätte so aussehen können, als mißtraute ich den Freunden, die im Gefängnis saßen.«[28]

Diese Haltung hätte die kühlen Denker der Moskauer Zentrale sicher empört. Für Rémy ist das Vertrauen, das er seinen Leuten entgegenbringt, kein passiver Wert, sondern ein Glaubensbekenntnis, das der Gruppe zugute kommt, auf unerforschlichen Wegen zu den Gefangenen dringt und ihnen unter der Folter zusätzliche Kraft verleiht. Man sieht hier deutlich, was Rémy fehlt und was ihm die Experten des Nachrichtendienstes voraushaben. Und dennoch hat er mit seiner zusammengewürfelten Mannschaft das Schiff trotz aller Stürme und Grundseen sicher in den Hafen bringen können. Er und die Seinen müssen noch etwas anderes besessen haben, etwas, das über die rein technischen Fragen hinausging. Ihre Augen waren auf einen Stern gerichtet. Ihre Unerfahrenheit hat sie häufiger als andere vor die Wahl gestellt, Helden zu werden oder Verrat zu begehen. Viele entschieden sich für den ersten Weg.

Trepper steht am entscheidenden Kreuzweg.

Er mag das Sonderkommando mit seiner virtuosen Technik blenden: Gierings SS hat ihn nichtsdestotrotz in ihrer Gewalt. Kompromisse schließen? Auf Vorschläge eingehen? Ein raffiniertes Schachspiel beginnen? Aber er ist der Grand Chef, und die Gegenseite wird sich nicht mit einigen Bauern begnügen, wenn er ihnen die Springer und Türme seiner Organisation, ja das ganze Brett mit sämtlichen Figuren ausliefern kann.

Verräter oder Held?

Am Tag darauf, am 25. November, werden Madame Corbin, ihre Tochter Denise und Robert Corbin verhaftet. Am Tag zuvor hatte Giering den beiden Frauen mitgeteilt, daß er sie mit Alfred Corbin konfrontieren wolle. Das Auto der Gestapo ist pünktlich um drei Uhr zur Stelle. Madame Corbin fragt, ob sie Decken mitnehmen soll. Man beschwichtigt sie: »Wozu? Wir bringen Sie gleich wieder zurück!« Trotz dieser beruhigenden Versicherung drängt die Frau Robert Corbins ihren Mann, die beiden Frauen in die Rue des Saussaies zu begleiten, denn sie hatte bemerkt, wie sehr das bevorstehende Zusammentreffen ihre Schwägerin ängstigte.

Der Wagen der Gestapo fährt geradewegs zum Gefängnis nach Fresnes. Dort wird Robert Corbin mit Handschellen gefesselt und in eine leere Zelle geworfen. Das Fenster ist mit einem schwarzen Vorhang verhängt, nur eine elektrische Birne gibt Licht. Am Abend bei der Essenausgabe flüstern ihm Häftlinge zu, daß an seiner Zellentür das rote Schild, das Kennzeichen für schwerste Fälle, hängt. Er sagt: »Ich hatte nichts begriffen. Mir war zumute, als ob der Himmel über mir eingestürzt sei.«

Aber Trepper hatte nicht den Anstoß zu dieser Katastrophe gegeben.

Am gleichen Tag wurden in Belgien die Aktionäre der Simexco verhaftet. Robert Christen, der Inhaber des »Florida«, bebt heute noch vor Entrüstung: »Ich gebe Ihnen mein Ehrenwort, daß ich nie daran gedacht hatte, mich mit den Leuten vom Widerstand einzulassen. Es ist eine Schande, daß die Gestapo meine Unschuld nicht sofort erkannt hat.« Im Gefängnis von Saint-Gilles traf er Henri de Ryck, einen Verleger, Jean Passelecq und Charles Drailly, zwei Geschäftsleute, den Anwalt Beublet, den juristischen Berater der Firma, und Louis Thévenet, den Besitzer einer Zigarettenfabrik. Henri Seghers, der als vierter Mann an Margarete Barczas Bridgepartien teilgenommen und sich hatte überreden lassen, der sechste Aktionär der Simexco zu werden, wurde nach Breendonck gebracht. Nazarin Drailly, der Direktor der Gesellschaft, entging der Razzia. Er versteckte sich bei einer Freundin, Mademoiselle Ponsaint, die alles für seine Flucht vorbereitete. Aber auch Madame Drailly war verhaftet worden, und ihr Mann wollte nicht flüchten, bevor Mademoiselle Ponsaint ihr ein Päckchen überbracht hatte. Sie tat es und wurde verhaftet; nun fand die Gestapo auch Nazarin Drailly.

Er hatte sich der Gruppe durch Vermittlung seines langjährigen Freundes Großvogel angeschlossen; seine Frau hatte sogar eine Filiale der Firma »Roi du Caoutchouc« geleitet. Wie Alfred Corbin war auch Drailly gewarnt worden; Trepper hatte für ihn eine Fluchtmöglichkeit in die Schweiz organisiert. Aber wie Corbin, dem er in manchem ähnlich gewesen zu sein scheint, wußte auch Drailly, daß er nicht flüchten konnte, ohne seine Angehörigen zu gefährden. Er hatte den Grand Chef darauf aufmerksam gemacht, daß er nicht glaube, Folterungen ertragen zu können. Sein Opfer hat weder die Verhaftung seiner Frau noch die seines Bruders verhindert.

Auch Madame Großvogel wurde am 25. November aus der Klinik geholt, wo sie gerade ihr erstes Kind, das sie sich seit Jahren sehnlichst wünschte, zur Welt gebracht hatte. Ihr Mann, der wußte, welche Gefahren der Gruppe drohten, hatte sie angefleht, so schnell wie möglich die Klinik zu verlassen, um sich in Sicherheit zu bringen. Sie aber hatte sich geweigert, weil sie das Neugeborene nicht zu früh der ärztlichen Pflege entziehen wollte. Die Gestapo erlaubte ihr, das Kind in der Gefängniszelle von Saint-Gilles bei sich zu behalten.

Bill Hoorickx wurde einige Tage später bei einem Freund festgenommen, nachdem er die Nacht in einem Kabarett verbracht hatte, wo Django Reinhardt spielte. Die Gestapo kannte zwar die Adresse Rauchs, zwang aber Hoorickx, mit ihm zu telefonieren, um sich zu vergewissern. Als Rauch sich meldete, schrie Hoorickx: »Hau ab, ich bin verhaftet.« Die SS schlug ihn zusammen. Dennoch wurde Rauch am nächsten Tag gefaßt. Er selber hatte nur noch eine unbedeutende Rolle im Apparat gespielt, aber sein Sohn war zu einer wichtigen Quelle geworden. Diesen jungen Tschechen hatte man als angehenden Ingenieur zwangsweise zur Wehrmacht eingezogen; er arbeitete in einem Planungsbüro für den Bau des Atlantikwalls. Jedesmal wenn er auf Urlaub nach Brüssel kam, brachte er seinem Vater wichtige Dokumente mit.

So wurde die belgische Gruppe endgültig vernichtet. Aber Trepper hatte zu dieser Liquidierung nichts beigetragen.

Die Gestapo kam auch in die Zweigniederlassung der Simex nach Marseille. Sie verhaftete Jules Jaspar, dessen Frau und eine junge Sekretärin, Marguerite

Marivet. Jules Jaspar, der belgische Patrizier, ehemalige Konsul und frühere Direktor der »Foreign Excellent Trench-Coat«, erfuhr erst durch die Gestapo von seiner Zugehörigkeit zu einem sowjetischen Spionagenetz. Krebsrot vor Entrüstung schrie er: »Diese Schufte, und ich glaubte, wir hätten für den Intelligence Service gearbeitet!«

Trepper mag ihm vielleicht manches verhehlt und wissentlich Moskau mit London verwechselt haben, aber ihn traf keine Schuld, wenn der gute Monsieur Jaspar die von ihm vermutete Tätigkeit für Seine Britische Majestät nicht fortsetzen konnte: die Gestapo hatte die Adresse der Marseiller Niederlassung im Stammsitz der Firma in Paris gefunden.

Kurz darauf wurde auch die Gruppe in Lyon zerschlagen. Wir wissen, daß sie unter der Führung des wagemutigen Isidor Springer interessante Verbindungen zu hohen Persönlichkeiten wie dem ehemaligen belgischen Minister Balthazar und dem Konsul der Vereinigten Staaten geknüpft hatte. Mit einem Sender eigener Konstruktion wollte die Lyoner Gruppe gerade anfangen, ihre Meldungen direkt zu funken, als die Gestapo zuschlug. Sie verhaftete Otto Schumacher, in dessen Haus in Brüssel Wenzel überrascht worden war. Germaine Schneider gelang es zu entkommen, sie wurde aber bald darauf vom Sonderkommando in Paris festgenommen. Isidor Springer verteidigte sich mit der Waffe in der Hand; erst nach einer regelrechten Belagerung konnte man ihn überwältigen. Verhaftet, gefoltert und mit den anderen zusammen nach Paris überführt, sprang er im Gefängnis von Fresnes aus dem dritten Stock in den Innenhof, um für immer stumm zu bleiben. An Mut hatte es ihm nie gefehlt.

So endete die kaum aufgebaute Gruppe in Lyon. Raichman, nicht Trepper, hatte sie ins Verderben gestürzt.

Den deutschen Unterlagen zufolge ist jedoch der Grand Chef schuld an den Verhaftungen von Katz, Großvogel, Wassilij Maximowitsch und Robinson. Zuerst soll er Katz, seinen alten Gefährten aus Palästina und ergebensten Helfer, verraten haben: Giering befahl Trepper, Katz anzurufen, um sich mit ihm an der Metro-Station Madelaine zu verabreden – so die deutsche Version. Der kleine Katz wurde verhaftet, in die Rue des Saussaies gebracht und Trepper gegenübergestellt. Trepper sagte: »Katz, wir müssen mit diesen Herren zusammenarbeiten. Unser Spiel ist aus!« Dann soll der Grand Chef Wassilij und schließlich Leo Großvogel, den »Stabschef« des Apparates, verraten haben: Unermüdlich hatte Großvogel eine ganze Reihe von sicheren Verstecken vorbereitet, in denen die der Verhaftungswelle Entgangenen ruhig und sicher das

Weitere abwarten konnten – eine Möglichkeit hatte er allerdings übersehen: den Treubruch seines Chefs.

Ein Verräter also ...

»Ich habe an den ersten Verhören der Geschwister Maximowitsch nicht teilgenommen«, erinnert sich Piepe, »aber ich weiß, daß die Leute von Giering grausam vorgegangen sind, besonders Rolf Richter, der sich Anna vorgenommen hatte. Sie haben alle Mittel angewandt, um sie weichzukriegen. Sie verstehen, einem Trepper, einem Offizier der Roten Armee, konnte man nicht vorwerfen, gegen uns gearbeitet zu haben: er hatte nur seine Pflicht getan. Aber Maximowitsch, der Sohn eines zaristischen Generals! Ich habe ihn gefragt: ›Wie konnten Sie als Weißrusse den Kommunisten helfen?‹ Er hat mir geantwortet: ›Ich war auf seiten der Deutschen bis zu dem Tag, an dem ich erfahren habe, daß sie der Ukraine die Unabhängigkeit geben wollten. Ich bin in erster Linie Russe. Ein Russe kann nicht zulassen, daß sein Vaterland zerstückelt wird.‹ Ich muß sagen, das hatte Hand und Fuß.

Ich möchte nicht behaupten, daß die Geschwister Maximowitsch zusammengebrochen sind, das wäre übertrieben. Aber am Schluß haben sie doch ausgesagt. War das ein Skandal! Praktisch war der gesamte Stab des Militärbefehlshabers kompromittiert. Und die Botschaft. Und das Amt Sauckel. Kein Wunder, bei den Verbindungen, die sie hatten ...

Giering überließ es mir, die Untersuchung durchzuführen, denn alles, was Wehrmacht und Militärverwaltung betraf, gehörte in den Bereich der Abwehr; die SS hatte ihre Nase da nicht hineinzustecken. Ich habe also Gierings Leute abgelöst. Maximowitsch hat uns aus dem eigentlichen Netz Käthe Voelkner verraten. Wir wußten, daß Raichman aus Paris Blankoformulare von den deutschen Behörden erhielt. Maximowitsch gestand, daß sie ihm durch eine Angehörige vom Amt Sauckel beschafft wurden, und es dauerte nicht lange, bis ich herausfand, daß es sich um die Voelkner handeln mußte. Sie war nicht in Paris, sondern mit ihrem Chef auf Urlaub in Königsberg.* Sofort nach ihrer Rückkehr suchte ich sie in ihrem Büro auf; sie kniete vor einem Panzerschrank. ›Sind Sie Fräulein Voelkner?‹ – ›Ja, und ich weiß auch, weshalb Sie kommen. Sie wollen mich verhaften!‹ – ›Richtig. Geben Sie mir den Schlüssel zum Panzer-

---

* Hier irrt Piepe. Käthe Voelkner war damals bei ihrer Familie in Deutschland zu Besuch. Sie verbarg ihrem Onkel gegenüber nicht, daß ihr Schicksal besiegelt zu sein schien: sie wußte, daß sie bereits überwacht wurde. Piepe behauptet zwar, daß Maximowitsch sie verraten hätte, gibt aber zu, bei den Verhören des Russen nicht dabeigewesen zu sein. In Wirklichkeit war Käthe Voelkner wie Maximowitsch durch den Inhalt dechiffrierter Botschaften verraten worden: gewisse Informationen konnten nur von ihr stammen.

schrank und kommen Sie mit!‹ Sie war eine kleine, blonde Person, lebhaft und drahtig. Am nächsten Tag – das muß ich noch hinzufügen – kam ihr Chef zurück und machte mir eine ungeheure Szene: ›Sind Sie wahnsinnig geworden? Das Mädchen ist in Ordnung. Die Zuverlässigkeit in Person!‹ – und so weiter. Ich sagte ihm: ›Immer mit der Ruhe! Seien Sie froh, daß ich Sie nicht gleich auch verhafte! Ihre Voelkner ist eine Spionin!‹ Er war sprachlos. Er nannte mir die Adresse des Mädchens. Sie lebte mit einem Tschechen namens Podsialdo zusammen. Wir fuhren schleunigst hin, aber der Mann war nicht da. Die Voelkner verweigerte jede Aussage über ihn. Wir fuhren also wieder zur Wohnung und fragten die Nachbarn. Eine Frau sagte schließlich: ›Der Tscheche? Der arbeitet doch auch für die Deutschen!‹ So haben wir ihn in einem anderen Büro des Amts Sauckel gefunden.

Die Voelkner war aus dem gleichen Holz geschnitzt wie Sophie Posnanska, die Codespezialistin in Brüssel. Es war nichts aus ihr herauszubekommen – nicht ein Wort. Aber der Tscheche, dieser Podsialdo, hat uns alles erzählt: daß seine Freundin oft auf der bei ihnen verborgenen Schreibmaschine geheime Berichte abgetippt habe, und wo wir die Kopien finden könnten. Zusammen mit der Voelkner sind wir in die Wohnung gegangen, und als wir die Schreibmaschine entdeckten, fing sie an, um sich zu schlagen. Wir mußten ihr die Hände mit Handschellen auf den Rücken fesseln. Sie schrie: ›Das macht mir gar nichts.‹ Und ehe wir uns versahen, wand sie sich, verrenkte sich und hatte ihre Hände wieder vorn. Natürlich, als Akrobatin ... Wir mußten alle lachen und nahmen ihr die Handschellen wieder ab.

Podsialdo hat uns auch gestanden, daß er mit einem Angestellten vom Quartieramt der Wehrmacht in Paris in Verbindung stand. Einem Franzosen. Er wurde erschossen, aber der Schaden, den er angerichtet hatte ... Er kümmerte sich um die ›Jeip-Fahrer‹ – die ›Jeder-einmal-in-Paris‹-Besucher. Das war so ein Propaganda-Unternehmen, um die Moral der Truppe zu heben. Die Einladungen wurden individuell verteilt, man konnte ja schließlich nicht ganze Einheiten von der Front abziehen. Die Pariser Dienststelle erfuhr also, daß der Soldat X, der dieser oder jener Einheit angehörte, vom Frontabschnitt Y nach Paris kommen würde, um dort seinen Urlaub zu verbringen. Begreifen Sie, was das bedeutet? Daß durch diesen mickrigen kleinen Franzosen, der gar nichts darstellte, Trepper die taktische Einsatzgliederung der Wehrmacht zum großen Teil rekonstruieren konnte. Das ist Spionage! Eigentlich durfte der Franzose die Listen nicht einsehen, aber er hatte sich das Vertrauen der zwei Unteroffiziere erschlichen, die dafür verantwortlich waren. Diese beiden Kerle wurden zu je acht Jahren Zuchthaus verurteilt.

Sie waren nicht die einzigen. Margarete Hoffmann-Scholtz, die Braut von

Maximowitsch, bekam sechs Jahre. Und viele hohe Offiziere, die durch die Geschwister Maximowitsch kompromittiert wurden, sind schwer bestraft worden. War das ein Theater! Ich suchte General Schaumberg auf, der mit Sicherheitsfragen beim Pariser Militärbefehlshaber betraut war. Nachdem er mich angehört hatte, wurde er fuchsteufelswild: ›Ich werde mit der Axt dreinschlagen!‹ Aber das Malheur war bereits geschehen ... Es kam sogar zu einer Art heiligen Allianz, man hatte gemerkt, daß es nun galt, zusammenzuhalten. Hätte Berlin die ganze Wahrheit erfahren, hätten sie dort nur noch rot gesehen ... Wir haben uns darauf geeinigt, etwas verwässerte Berichte aufzusetzen, so daß nie wirklich herausgekommen ist, in welchem Ausmaß sich der Stab des Militärbefehlshabers in Paris kompromittiert hatte ...«

In der Wohnung Käthe Voelkners hatte Piepe einen Wellensittich gefunden. Er vertraute ihn einer Nachbarin an und meinte lachend: »Den können Sie behalten, die Frau kommt nicht wieder ...« Der vierzehnjährige Sohn Käthe Voelkners wurde nach Berlin in ein SS-Kinderheim geschickt. Warum sollte aus ihm, nach gründlicher Umerziehung, nicht ein treuer Diener der Mörder seiner Mutter werden?*

Kent bricht zusammen.

»Sie haben mich vier Tage in meiner Zelle am Alexanderplatz gelassen«, erzählt Margarete, »bevor sie mich zum Sitz der Gestapo brachten. Er war da. Der Arme, es war ein schwerer Schlag für ihn: zum erstenmal sah er mich in schlechter Verfassung, ungeschminkt, ungekämmt ... Der anwesende Gestapomann, der sein Entsetzen beobachtet hatte, sagte zu ihm: ›Wir machen Ihnen einen Vorschlag: Sie können tagsüber mit ihr zusammenbleiben, aber dafür müssen Sie nachts bei uns auspacken.‹ Vincent war einverstanden. So konnte ich ihn jeden Tag sehen, aber die anderen blieben mißtrauisch: stellen Sie sich vor, nach jedem Abschied mußte ich den Mund aufmachen; sie kontrollierten, ob Vincent mir beim Abschiedskuß nicht eine Nachricht zugesteckt hatte! Allmählich wurde man im Gefängnis freundlicher. Willy Berg kam oft zu mir, ein widerliches Gesicht, eine richtige Gestapofratze. Aber bei näherem Kennenlernen entpuppte er sich als unglücklicher Mensch ... Er hatte zwei Kinder bei einer Diphtherie-Epidemie verloren.«

* *Die Rechnung ging nicht auf: Hans Voelkner wurde Kommunist.*

Kent verbringt also seine Nächte mit Verrat. Er bestätigt der Gestapo seine Kontakte mit Schulze-Boysen und Harnack: Zu diesem Zweck hatte man ihn nach Berlin geholt. Er berichtet über die Reise Alfred Corbins nach Leipzig. Er gibt viele Einzelheiten über die Brüsseler Gruppe preis. Diese Geständnisse sind im Grunde nur Bestätigungen bereits bekannter Tatsachen, aber sie werden mit Interesse aufgenommen, weil sich daran Kents Bereitschaft zur Mitarbeit abmessen läßt. Am Ende des Jahres 1942, das dem Sonderkommando den totalen Sieg über die Rote Kapelle gebracht hat, denken die Chefs der SS bereits an die Zukunft. Sie wollen auf den Trümmern des von ihnen zerstörten Apparates ein Wunderwerk an offensiver Gegenspionage aufbauen. Am Abend des 24. November hatte Giering Hitler, den er persönlich kannte, die Gefangennahme des Grand Chef gemeldet. Er war von ihm dazu beglückwünscht worden. Auch Himmler hatte am Telefon gejubelt, als Giering ihm mit seiner heiseren Stimme die wunderbare Neuigkeit überbrachte. Und er hatte die Unterhaltung mit einer pathetischen Beschwörung mittelalterlichen Stils beendet: »Werfen Sie ihn in das tiefste Verlies von Paris und legen Sie ihn in Ketten – damit er uns auf keinen Fall entkommen kann!« Das war natürlich nur eine Redensart. Der Reichsführer und seine Adjutanten hatten sich für ihren Gefangenen bereits eine Rolle ausgedacht, die seiner Persönlichkeit würdig war. Sie hatten den Chef der sowjetischen Spionage in Westeuropa nicht gefangengenommen, um ihn einfach im Kerker verschimmeln zu lassen.

In den ersten Dezembertagen erfährt Kent, daß man ihn nach Paris überführen will. Dort sollen der Grand Chef und der Petit Chef in neuer Zusammenarbeit zu Handlangern des ungewöhnlichsten Funkspiels werden, das es je gegeben hat.

Kent willigt ein. Trepper hat seine Zustimmung schon gegeben.

Die Folter

25

Die Berliner halten sich besser.

Hundertsiebzehn Häftlinge in Berliner Gefängnissen, die wichtigsten bei der Gestapo in der Prinz-Albrecht-Straße. Junge und Alte, Arbeiter und Damen der Gesellschaft, Offiziere und Studenten, Kommunisten und Reaktionäre. Eine buntgemischte Gesellschaft, jede soziale Schicht, jede Clique scheint vertreten zu sein – wie bei den großen Razzien in Friedenszeiten, wenn die Polizei im Morgengrauen ohne viel Federlesens zusammen mit den Berufstätigen, die auf dem Weg zur Arbeit sind, die letzten Nachtschwärmer in Smoking und Abendkleid aufgreift. Ganz im Gegensatz zur systematischen Demontage der Parallelgruppen in Brüssel und Paris. Dort hatte die Gestapo zwar einzelne Wände einreißen können, aber die Grundmauern waren stehengeblieben. In Berlin hatte man die beiden Grundpfeiler und damit das ganze Gebäude zum Einsturz gebracht. Die Gestapo brauchte nur noch die Trümmer zu sortieren.

Hundertsiebzehn Personen, aber nicht hundertsiebzehn Agenten. Wie viele wissen überhaupt von der Existenz von Sendegeräten, kennen die Verbindungen zu Trepper und Kent, die Funksprüche, die deutsche Soldaten in das Feuer russischer Geschütze geraten ließen? Bei Erna Eifler und Wilhelm Fellendorf, die über Ostpreußen abgesprungen sind und zusammen mit fünfzehn kommunistischen Hafenarbeitern in Hamburg verhaftet wurden, handelt es sich zweifellos um Agenten. Dasselbe gilt auch für Albert Hößler und Robert Bart, die einige Tage vor Schulze-Boysens Verhaftung samt Sendegerät mit Fallschirm abgesetzt und festgenommen wurden, kaum daß sie eine Verbindung mit Moskau hergestellt hatten.

Aber kann man von Oberst Gehrts behaupten, daß er wissentlich Spionage getrieben hat? Politisch gehört er zur Rechten. Den Ersten Weltkrieg hatte er als Fliegerleutnant mitgemacht, dann war er Journalist und Redakteur bei der konservativen »Täglichen Rundschau« gewesen. 1935 meldet er sich wieder zur Luftwaffe, wird turnusmäßig befördert und leitet seit 1942 im Reichsluftfahrtministerium die Abteilung, die unter anderem für geheime Einsätze in Rußland verantwortlich ist. Sein Posten verschafft ihm Zugang zu den verschiedensten und geheimsten Informationen. Er ist bestens über geplante Fallschirmoperationen an der Ostfront unterrichtet. Offiziell beschränkt er sich darauf, den Transport der Fallschirmjäger zu organisieren. Durch seine inoffizielle Tätigkeit verhilft er ihnen aber zum sicheren Tod, sobald sie aus den Flugzeugen springen. Gehrts ist Antikommunist, aber er hält – vom ersten Tag an – den Angriff auf Rußland für mörderischen Wahnsinn. Viele seiner Kollegen denken so, begehen aber trotzdem nicht Verrat. Schulze-Boysen jedoch ist ein Meister in der Kunst, Menschen an sich zu binden. Gehrts ist abergläubisch, begeisterter Okkultist, überzeugter Tarot-Anhänger und glaubt an die Verheißungen des Kaffeesatzes. Man bringt ihn mit der Wahrsagerin Anna Krauss zusammen. Dem Kreis gehört also auch eine Frau an, die viele hohe Offiziere, Beamte und Geschäftsleute zu ihren Kunden zählt. Sie läßt sich von ihnen über die Gegenwart berichten, um die Zukunft entschleiern zu können, und verquickt Andeutungen über bevorstehende amouröse Begegnungen mit Fragen nach der täglichen Beschäftigung des Kunden (für jeden einzelnen hat man ihr einen besonderen Fragebogen vorbereitet). War Gehrts, der völlig unter ihrem Einfluß stand, ein Spion oder ein Betrogener?

Die meisten der Gefangenen gehören der Widerstandsbewegung an.

In einer denkwürdigen Nacht des Jahres 1942 hatten sechzig von ihnen in den Straßen Berlins antinazistische Plakate angebracht und waren dabei von Offizieren in Uniform beschützt worden. Harro Schulze-Boysen war der Initiator dieser Aktion gewesen, die sich gegen Goebbels' Ausstellung »Das Sowjetparadies« richtete, in der dem deutschen Volk erschütternde Dokumente über das Unglück des russischen Volkes gezeigt werden sollten. Am nächsten Morgen hatten die erstaunten Berliner lesen können: »Das Naziparadies: Krieg – Hunger – Terror – Elend – Gestapo. Wie lange noch?«

Es gab auch junge Leute, die nach Einbruch der Dunkelheit mit schweren Koffern durch die Straßen von Berlin zogen. Von Zeit zu Zeit setzten sie ihr Gepäck ab, um Atem zu schöpfen. Hoben sie es wieder auf, waren auf dem Asphalt antinazistische Parolen zu lesen – der Kofferboden war ein riesiger Stempel.

Es gab auch eine Propagandazeitung, »Die innere Front«, die zweimal im Monat erschien und sich besonders an die Massen der ausländischen Zwangsarbeiter in Deutschand wandte. Sie wurde in Deutsch, Russisch, Italienisch, Polnisch, Tschechisch und Französisch herausgegeben.

Es gab Flugblätter, die in Telefonzellen, in Untergrund- und Straßenbahnen liegen gelassen oder nachts in Briefkästen gesteckt wurden. Es gab sorgfältig redigierte Broschüren, die sich an Leute richteten, die in Naziorganisationen arbeiteten, ohne deren Ideologie zu teilen, und denen man kritische

Einsichten zutraute: »Das Werden der Nazibewegung«, »Wie es zum Krieg kommen mußte«, »Aufruf zum Widerstand«, »Warum der Krieg verloren ist«. Der beste dieser Texte, »Das Leben Napoleons«, beschreibt die Lage der Wehrmacht in Rußland und prophezeit ihr mit Hilfe von Zitaten aus Geschichtswerken über die Niederlage der Grande Armée ein düsteres Schicksal.

Es gab auch Fluchtwege in die Schweiz und nach Schweden für Juden, aus Konzentrationslagern Entkommene und vom Regime Verfolgte.

Und es gab Pläne für eine großangelegte Sabotageaktion, deren Vorbereitungen fast beendet waren, als die Gestapo zuschlug.

Alle Hochachtung vor diesen tapferen Leuten, aber welch ein Wahnsinn! Harro Schulze-Boysen, eine der drei oder vier wichtigsten Quellen der sowjetischen Spionage, zieht seine Uniform an und beschützt, mit der Pistole in der Hand, seine Jungs, während sie Plakate anbringen, die von der Polizei wenige Stunden später abgerissen werden. Und er redigiert die Fahnenabzüge der »Inneren Front«. Er, der für den sowjetischen Generalstab so viel wert ist wie mehrere Divisionen zusammen, setzt sich dem Zufall einer Polizeistreife aus, den Geständnissen eines Flugblattverteilers, dem Verrat eines ausländischen Arbeiters – denn schließlich haben sich viele Fremdarbeiter freiwillig zur Arbeit im Dritten Reich gemeldet. Er wird gewarnt. Harnack, vorsichtig und verschlossen, beschwört ihn, mit diesem Irrsinn Schluß zu machen. Schulze-Boysen will nicht hören. Hugo Buschmann ist gewiß kein Spionagefachmann, aber er besitzt gesunden Menschenverstand: »Ich erklärte Harro, daß er die Propaganda von der so wichtigen Arbeit der geheimen Funksendungen trennen müsse. Die Erfahrung hatte gezeigt, daß Leute, die sich mit Propaganda beschäftigten, immer schnell gefaßt worden waren. Es wäre doch entsetzlich, durch Leichtsinn so viel wichtigere Aufgaben zu gefährden. Harro versprach alles, aber Harro konnte niemals Wort halten. Bis zum Schluß betrieb er beides gleichzeitig.«[29] War es sein verzehrender Zwang zur Aktion, der ihn in alle diese Unternehmungen stürzte und ihn daran hinderte, auch nur eine einzige Aufgabe abzulehnen, mochte sie noch so unbedeutend sein? Vielleicht konnte er seine furchtbare Aufgabe nur erfüllen, wenn er um sich die Selbstlosigkeit, die Begeisterung, den Idealismus derer spürte, die um geringer Erfolge willen ihr Leben aufs Spiel setzten. Oder brauchte er diese kleinen Bestätigungen – ein Flugblatt, eine Broschüre –, um sich immer wieder zu beweisen, daß auch er mithalf, das Gesicht seines Landes neu zu formen?

Zusammen mit den wirklichen Agenten und Widerstandskämpfern wurden auch die Leute gefaßt, die Ille, der Gefährtin Ernst von Salomons, angst gemacht hatten: »Da stehen die Leute, lässig an den Kamin gelehnt, balancieren eine Teetasse und erzählen, so ganz beiläufig, Sachen ... Sachen! Jeder einzelne Satz kann sie den Kopf kosten!« Manche dieser Leute wurden verhaftet, viele (vier- oder fünfhundert) werden verhört. Nun sitzen sie auf einem harten Schemel und halten keine Teetasse mehr in der Hand. Sie können nicht viel berichten, denn sie wissen eigentlich nichts, außer daß Schulze-Boysen bei jeder Gelegenheit seinem Haß gegen die Nazis Luft machte – aber das wissen tausend oder zweitausend Berliner ... »Manchmal versuchte ich, Harro zur Vernunft zu bringen«, schreibt Hugo Buschmann, »er war äußerst unvorsichtig. Zu diesem Zeitpunkt gehörte es zum guten Ton in der Berliner Gesellschaft, politische Geschichten zu erzählen. Harro ließ keine Gelegenheit aus. Bei Hausfesten in Berlin erschien er in seiner Luftwaffenuniform mit Orden und erzählte dann sensationelle und irrsinnige Geschichten aus dem Ministerium, über militärische Operationen, über Hinrichtungen von Gefangenen, und so weiter. Diese eleganten Damen und Herren unterhielten sich bis zum Morgengrauen, ohne zu merken, wie gefährlich es für sie war, mit ihm Beziehungen zu unterhalten.«[30]

Aber was hatte die Gestapo getan? Die Aufnahme eines Schulze-Boysen, eines notorischen Oppositionellen, in das Reichsluftfahrtministerium ist noch zu verstehen: Schulze-Boysen war von Göring persönlich vorgeschlagen worden. Außerdem wäre es falsch, anzunehmen, daß die Nazis bei der Machtübernahme nur Angst und Schrecken um sich verbreiteten: sie waren so davon überzeugt, richtig zu handeln, so begeistert und siegessicher, daß sie glaubten, auch erbitterte Gegner früher oder später für sich gewinnen zu können. Und die Erfahrung gab ihnen recht: auf einige tausend Unbelehrbare, die in Konzentrationslager gebracht wurden, kamen Hunderttausende, die ihre früheren politischen Überzeugungen verleugneten und sich das Hakenkreuz ansteckten. Außerdem sollte man sich vor Augen halten, was mir auch Dr. Meyer, ein ehemaliger hoher Beamter des Dritten Reiches, in einem Gespräch bestätigte: »Von dem Augenblick an, als Schulze-Boysen die Uniform eines deutschen Fliegeroffiziers trug, war er über jeden Verdacht erhaben. Man verdächtigte keinen deutschen Offizier. Man konnte nicht zugleich eine deutsche Uniform tragen und ein Verräter sein.«

Es ist sogar möglich, daß die abfälligen Reden des Kreises um Schulze-Boysen von der Gestapo nicht sonderlich beachtet wurden. In allen Salons der Welt werden Ränke geschmiedet – es gehört nun einmal zum guten Ton, über die Machthaber zu spotten, mit denen man am Vorabend zusammen diniert hat. So etwas zieht keine Folgen nach sich, weder in Berlin noch anderswo. Um noch einmal Dr. Meyer zu zitieren: »Heute übertreibt man den totalitären

Charakter des Regimes und die Macht der Gestapo. Eine verständliche Übertreibung, denn heute hat jeder – besonders in Deutschland – ein Interesse daran, behaupten zu können, er habe unter den Nazis zu leiden gehabt. Jeder tut heute so, als habe er zwölf Jahre lang jede Sekunde davor gebangt, die Gestapo könne ihn abholen. Das stimmt nicht. Gerade in Berlin ging es sehr liberal zu. Spottreden auf die Regierung, unverblümte Unterhaltungen, Feste im Stile der sogenannten ›Vierzehn-Punkte-Abende‹ – in den führenden Kreisen waren solche Dinge nichts Ungewöhnliches.« Wie auch immer, der Hohn eines Schulze-Boysen, »der vor Haß zitterte, wenn er von den Nazis sprach«, überstieg sicherlich weit das übliche, in den Berliner Salons gewohnte Maß: »Haben Sie gewußt, mein Lieber, daß Ley (der Leiter der Deutschen Arbeitsfront) ein ›v‹ verloren hat, zwischen dem ›e‹ und dem ›y‹?«

Aber die sechzig Plakatkleber, die durch die Straßen von Berlin streiften, die in sechs Sprachen erscheinende »Innere Front«, die zu Tausenden in der Stadt verteilten Flugblätter und Broschüren: das macht zusammen wie viele eingeweihte Frauen und Männer? Die Geständnisse eines einzelnen hätten genügt, das gesamte, so schlecht abgeschottete Netz auffliegen zu lassen und es sofort bis in den innersten Kern bloßzulegen. Mühelos hätte man auf diese Weise bis zu den führenden Köpfen vordringen können, die mit Moskau in Verbindung standen.

Die Blindheit der Gestapo ist unfaßbar. Dafür gibt es keine Erklärung. Man ist versucht, an übernatürliche Einflüsse zu glauben. Rémy, dessen Apparat im Vergleich zu dem Schulze-Boysens ein technisches Wunder war, ist sich bewußt, daß er normalerweise hätte gefaßt werden müssen: »Warum bin ich verschont geblieben, während andere zu Fall kamen? Wahrscheinlich, weil das Gelingen der mir anvertrauten Mission, die meine bescheidenen Kräfte bei weitem überstieg, vorherbestimmt war. Ich sehe keinen anderen Grund. Allein auf mich gestellt, ohne Waffen, unerfahren, hatte ich unentwegt Angst. Wenn ich durchgehalten habe, wenn ich Hilfe bekam, dann nur, weil ich zu Ihr gebetet, alle meine Hoffnung in Ihre Hände gelegt und meine Gruppe unter Ihren Schutz gestellt habe.«[31] Schulze-Boysen und Harnack hatten vermutlich der Heiligen Jungfrau in ihrem Abschottungssystem keinen Platz eingeräumt, aber daß sie sich so lange der Gefahr entziehen konnten, daß Rémy – und viele andere – überlebten, zeigt, daß Spionage keine exakte Wissenschaft ist und jeder Agent letzten Endes den Launen des Schicksals ausgeliefert ist.

Wozu dann aber Schulung und Ausbildung?

Zum Beispiel, um zu verhindern, daß durch den Fehler eines unfähigen Moskauer Funktionärs der Berliner Apparat vernichtet wird. Wenn ein Agent wie ein Seiltänzer den Launen des Schicksals ausgeliefert ist, wird es doppelt wichtig, sorgfältig die Halterungen zu überwachen, die das Seil sichern. Und diese Dinge kann man lernen. Umso skandalöser und empörender ist es, daß der Chef der sowjetischen Zentrale in einem Funkspruch schlicht und einfach drei entscheidende Adressen angibt und daß auf diese Weise Schulze-Boysen und seine Leute, nachdem ein unerklärlicher Glücksumstand sie so lange vor den Machthabern in Berlin geschützt hat, der Unfähigkeit der Moskauer Zentrale zum Opfer fallen. Aus der Znamenskistraße – von der Zentrale – mußte der Fingerzeig kommen, damit die Prinz-Albrecht-Straße eingreifen konnte.

»Stalin, Stalin ist der einzig Schuldige«, schreibt Marschall Eremenko über die ersten militärischen Niederlagen der Sowjetunion. Der Direktor der Zentrale könnte das gleiche über die Berliner Katastrophe sagen. Die politische Blindheit des Diktators hat die sowjetischen Dienststellen daran gehindert, in Deutschland einen gut funktionierenden Apparat aufzubauen. Und nach dem Beginn des Unternehmens Barbarossa funktionierte auch die Zentrale – wie alles andere – nur noch nach dem Motto »Rette sich wer kann«. Der Funkspruch an Kent trägt das Datum vom 10. Oktober. Einige Tage später, am 19. Oktober, waren sämtliche Funkverbindungen zwischen der Moskauer Zentrale und den sowjetischen Sendern im Ausland unterbrochen. Etliche Funker, die in jener Nacht Anweisungen aus Moskau auffingen, hatten während der Sendung den Kontakt verloren. Erst sechs Wochen später nahm Moskau ohne jede Erklärung den Betrieb genau an jenem Punkt wieder auf, an dem er unterbrochen worden war. Die Erklärung? Als die deutschen Panzer auf Moskau rollten, erging der Befehl, die Zentrale nach Kuybitschew zu verlegen. Aber nur den höheren Offizieren war dieser Befehl zwölf Stunden vorher bekanntgegeben worden, dem übrigen Personal nicht. Wenn die oberste Leitung derart kopflos handelt, ist es dann verwunderlich, daß untergeordnete Stellen nicht mehr wissen, was sie tun?

Kent hatte bereits Kontakt mit der Berliner Gruppe gehabt, als er im April 1941 zur Leipziger Messe fuhr. Vor dem Unternehmen Barbarossa … Der Direktor der Zentrale hatte genügend Zeit gehabt, dieses Treffen unter Beachtung aller notwendigen Sicherheitsvorschriften, wie Erkennungszeichen und Losungswort, vorzubereiten. Warum wurde damals versäumt, ein Verbindungssystem zwischen den Fachleuten aus Brüssel und den Amateuren in Berlin auszuarbeiten? *Hier liegt der Fehler.* Zweifellos wäre das nicht ungefährlich gewesen: hätte man eine Verbindung zwischen den Netzen hergestellt, dann hätte die Aufdeckung des einen das andere in Gefahr bringen können. Aber es gibt ja technische Kniffe, Sicherungen einzubauen, lebende oder tote Briefkästen und so weiter – ein ausgeklügeltes System von gegeneinander abgeschotteten Schaltungen hätte genügend Sicherheit gewährleisten können.

Nachher blieb natürlich keine Zeit mehr dafür. Alle ND-Fachleute, die wir darüber befragt haben, rechtfertigen ohne das geringste Zögern den Funkspruch des Direktors: zum Teufel mit allen Sicherheitsvorkehrungen, wenn deutsche Panzer in Sichtweite des Kreml stehen! Was bedeutet der Untergang der Berliner Gruppe, wenn es darum geht, Moskau zu retten? Umfang und Größe des sowjetischen Nachrichtensystems erlauben durchaus kaltblütiges Blutvergießen. Für Schulze-Boysen und seine Leute wird schnell Ersatz da sein.

Man hat sie also geopfert. Wie eine Nachhut, die ein General aufgibt, um seine Armee zu retten. Die Opfer selbst hätten es gebilligt, und doch sind wir noch heute über ihr Schicksal empört, während ein geopferter Soldat uns nur traurig stimmt. Das liegt wohl daran, daß ein Soldat nur sein Leben aufs Spiel setzt, und wir alle wissen, daß einer, sobald er die Uniform anzieht, Kanonenfutter wird. Der Agent riskiert mehr als sein Leben: die Folter, und mehr als das: er ist in Gefahr, seine Kameraden, die Frau, die er liebt, ja seine Kinder zu verraten und dabei das zu verlieren, was wir, der Einfachheit halber, seine Seele nennen wollen.

Sie halten sich gut.

Kopkow und Panzinger sparen sich die »strengen« und die »verschärften« Verhöre für die wichtigen Mitglieder des Kreises auf. Die »Salonrevolutionäre«, die Statisten, schwätzen, ihrer Gewohnheit entsprechend, ungezwungen drauflos. Ja, mitunter haben sie englische Sender gehört; ja, es ist vorgekommen, daß sie sich über Dr. Ley lustig gemacht haben; und über den kleinen Goebbels mit seinen vielen Geliebten und … ja, auch über den Führer. Nein, einem Netz haben sie niemals angehört. Sie hätten nie für möglich gehalten, daß so etwas in Berlin existierte. Sie schwören, daß sie keine Agenten gewesen sind. Und das stimmt, sie waren nur Quellen. Die Geheimnisse, die sie ausplauderten, um in der Gesellschaft zu glänzen? Wie konnten sie ahnen, daß sie nach Moskau weitergegeben wurden! Für ihre Schwatzhaftigkeit wird man sie bestrafen, so wie man die Vorgesetzten und Kollegen von Schulze-Boysen und Harnack bestrafen wird, die sich schuldig machten, indem sie den beiden Einblick in Vorgänge erlaubten, die nicht zu deren Ressorts gehörten. Hätte man einem Schützling Görings mißtrauen sollen? Oder einem Harnack, dieser Verkörperung des mustergültigen, gewissenhaften Beamten?

Mit den Widerstandskämpfern geht man anders um: ununterbrochene Verhöre, von Zeit zu Zeit aufmunternde Schläge, grelles Scheinwerferlicht in blind werdende Augen, nach der eiskalten Zelle ein überheiztes Büro, festgezerrte Handschellen, die in die Gelenke schneiden. Einige brechen zusammen, die meisten halten sich gut und kämpfen verbissen um ihr Leben. So Günther Weisenborn, der Schriftsteller, der auf Wunsch von Schulze-Boysen beim Rundfunk arbeitete, um an geheimen Konferenzen teilnehmen zu können. Ihm war es zu verdanken, daß die Reden von Stalin, Churchill und Roosevelt, von denen der Rundfunk nur zensierte Auszüge brachte, durch Flugblätter in Deutschland verbreitet wurden. Weisenborn streitet alles ab. Dann hört er, daß ihn eine Frau bei Panzinger verraten hat. Er bleibt zuversichtlich: nach deutschem Gesetz müssen für eine Verurteilung zwei belastende Aussagen vorliegen. Aber der Bildhauer Kurt Schumacher belastet ihn ebenfalls. Weisenborn erfährt es im Laufe eines Verhörs. Als man ihn in seine Zelle zurückbringt, reißt er sein Bettuch in Streifen: er ist zum Selbstmord entschlossen. Kurt Schumacher sitzt in der Nachbarzelle – nur durch einen Meter Mauer von ihm getrennt. Mit einem Bleistift klopft Weisenborn an die Wand: ein Schlag für A, zwei Schläge für B und so weiter. Der Bildhauer begreift nicht und klopft ohne System zurück. Weisenborn klopft hartnäckig weiter, die ganze Nacht hindurch, immer einen Blick auf den Spion in der Zellentür gerichtet, in ständiger Angst, ein Wärter könnte hereinkommen. Bei Tagesanbruch wirft er sich erschöpft und verzweifelt auf seine Pritsche. Schumacher hat immer noch nicht begriffen. Am nächsten Abend beginnt Weisenborn wieder. Plötzlich werden die Klopfzeichen von der anderen Seite systematisch, nehmen einen Rhythmus an. Weisenborn entziffert: »Verstanden«.

Aufatmend klopft er zurück: »Müssen Ihre Aussage widerrufen. Zweite Aussage gegen mich. Bedeutet Todesstrafe.«

»Wußte ich nicht. Werde widerrufen.«

Weisenborn kann nicht beurteilen, ob das ausreichen wird, ob das Gesetz noch respektiert wird, aber er weiß, daß man bis zuletzt kämpfen muß.[32]

Die Leute des inneren Spionagerings werden gefoltert. Unbarmherzig.

Hans Heinrich Kummerow, von Schmerzen überwältigt, verschluckt seine zerbrochenen Brillengläser: er stirbt nicht. Er schneidet sich die Pulsadern auf: man findet ihn rechtzeitig. Mit Hilfe eines Stück Drahts bohrt er sich das Fleisch zwischen den Fußzehen auf, versucht sich zu infizieren: man rettet ihn vor dem Wundstarrkrampf. Er war einer der besten Ingenieure bei Loewe-Opta, jener Firma, die die falsch eingestellten Peilgeräte geliefert hatte. Kummerow waren auch wichtige Informationen über ein neues Leitsystem für Nachtjäger und eine ikonoskopische Bombe zu verdanken.

Walter Husemann, von Beruf Werkzeugmacher, von dem man zwei Namen wissen will, benutzt zwei Minuten Bedenkzeit zum Versuch, sich aus dem Fenster zu stürzen und Panzinger mitzuziehen. Im letzten Augenblick reißt man beide zurück.

John Sieg und Herbert Grasse gelingt es, sich umzubringen.

Dem kleinen Sohn Frida Wesoleks drückt man vor den Augen der Mutter einen Pistolenlauf in den Nacken.

Schulze-Boysen, Harnack und Kuckhoff werden am ganzen Körper mit ultravioletten Strahlen verbrannt und dann mit Schlagstöcken verprügelt.

Libertas Schulze-Boysen wird versichert, sie könne durch ein Geständnis ihr Leben retten. Sie erzählt alles, und sie weiß fast alles. Das wenige, das sie Kopkow zu sagen vergißt, vertraut sie der angeblichen Mitgefangenen Gertrud Breiter an, die für die Gestapo Spitzeldienste leistet. Libertas geht sogar so weit, ihr Briefe zu übergeben, durch die viele andere kompromittiert werden. Gertrud Breiter hatte behauptet, sie wüßte einen sicheren Weg, Briefe aus dem Gefängnis zu schmuggeln – aber die Briefe landen in den Polizeiakten. Libertas war abenteuerlustig, ja sogar etwas leichtsinnig und so ungemein charmant und verführerisch, daß sie nicht von einem Beamten allein verhört werden durfte. Harald Poelchau, der Gefängnispfarrer, schreibt über sie: »Sie war kein Mensch starken Willens und großer Konsequenz. Unkritisch und stark beeindruckbar.«[33] Sie hatte immer das sichere Gefühl gehabt, sie werde dieses Abenteuer heil durchstehen; als die Prüfung kam, griff sie nach jedem Strohhalm.

Im Grunde brauchten Panzinger und Kopkow keine Geständnisse, die Trümmer der Gruppe bargen keine Geheimnisse mehr. Trotz mancher guter Einfälle blieb der Berliner Kreis doch die Organisation, bei der einer der Köpfe seinen eigenen Vornamen als Decknamen genommen und mit diesem Namen – »Arvid« – alle Funksprüche unterzeichnet hatte.

Alexander Kraell, Oberreichskriegsanwalt: »Die Aufrollung einer Spionageaffäre in bisher nicht gekanntem Ausmaß und die führende Beteiligung von Angehörigen verschiedener Ministerien schlug gleich einer Bombe ein. Hitler verlangte beschleunigte und schärfste Bestrafung.«[34]

Hitler befiehlt strengstes Stillschweigen. Die Affäre wird als »Geheime Kommandosache« behandelt. Todesstrafe droht jedem, der auch nur eine Silbe darüber verlauten läßt. Nach den Äußerungen, die ein Gestapokommissar einem Häftling gegenüber machte, konnte man sich die Veröffentlichung einer solchen Sache überhaupt nicht mehr leisten. »Die Angeklagten ließen sich weder als Juden noch als moralisch oder beruflich minderwertige Subjekte hinstellen – es handelte sich sogar um eine Elite ...«[35]

Kein Wort, weder im Rundfunk noch in der Presse. Schulze-Boysens Kollegen glauben, er sei mit einem Geheimauftrag ins Ausland gereist. Das Wirtschaftsministerium zahlt das Gehalt Harnacks regelmäßig weiter, und selbst der Minister, Walter Funk, erfährt erst am Vorabend der Hinrichtung vom Verrat seines Mitarbeiters. Aber Funk muß besonders schlecht informiert gewesen sein, denn die Nachricht von den Verhaftungen war doch durchgesickert. Ulrich von Hassell, einer der führenden Köpfe des Widerstandes, notiert in seinem Tagebuch: »Eine große kommunistische Verschwörung ist im Luftfahrtministerium und anderen Behörden aufgedeckt worden. Scheinbar Fanatiker (aus Haß gegen das System); sie scheinen es so darzustellen, als hätten sie eine Auffangorganisation für den Fall des Sieges des Bolschewismus schaffen wollen.«[36] In den Salons, in den Vorzimmern der Ministerien, auf den Korridoren der Generalsquartiere spricht man über das aufgebrochene Geschwür, dessen eitriger Gestank plötzlich die Luft im Dritten Reich verpestet. Jeder behauptet, alles zu wissen; und was man nicht weiß, wird erfunden. Die Verdächtigungen gehen ins Uferlose. Berlin ist starr vor Schrecken und Entsetzen, denn an den Ufern der Wolga, in Stalingrad ... Liegt es nicht nahe, die Wirkung des Berliner Giftes und die tödliche Lähmung, die die Wehrmacht befallen hat, miteinander in Verbindung zu bringen? Admiral Canaris äußert resigniert: »Dieser Apparat hat Deutschland 200 000 Soldaten gekostet.« Und die strategischen Folgen ...

Beschleunigte und schärfste Bestrafung: so will es Hitler, und die Bevölkerung würde das zweifellos auch wollen, wenn sie Bescheid wüßte.

Aber die Nazibonzen haben es nicht so eilig, ja sie sind weniger rigoros. Sie umschleichen die gefangene Herde, sie beäugen mit scharfem Blick die schwarzen Schafe, die das Zeichen des Konkurrenten tragen, und bemühen sich gleichzeitig, den eigenen Stall zu säubern. Göring ist am schwersten kompromittiert: mehrere Offiziere der Luftwaffe sind in die Sache verwickelt; sein Schützling Schulze-Boysen war der Chef der Organisation. Der Reichsmarschall spürt die Gefahr und reagiert heftig. In seinen Erinnerungen wählt Ribbentrop diese Affäre, um sein Verhältnis zu Göring zu charakterisieren: »Wenn ich mit dem Führer und Göring zusammen war, beherrschte Göring durch seinen Einfluß so stark das Feld, daß ich – zu meinem Verdruß wegen der hieraus für mich ressortmäßig entstehenden Schwierigkeiten – überhaupt nicht zu existieren schien. Göring wußte seinen Einfluß auf Hitler auch geschickt zu gebrauchen. Ich entsinne mich einer bezeichnenden Begebenheit in Schloß Kleßheim: als Göring ihm die üble Spionageaffäre ›Rote Kapelle‹, in die mehrere Angehörige der Luftwaffe verwickelt waren, ›schonend‹ beibringen wollte, tat er das, indem er einfach die Schuld auf einen völlig unbeteiligten Mann des Auswärtigen Amtes schob. Der Führer stimmte in seiner üblichen

Ablehnung des Auswärtigen Amtes Göring sofort zu, und ich mußte lange und energisch Protest erheben, bis die Angelegenheit klargestellt war.«[37]

Eine beschleunigte Bestrafung. Hitler zweifelt, ob sie durch das übliche Verfahren, ein aus höheren Offizieren zusammengesetztes Kriegsgericht, zu erreichen ist. Ein Sondergericht dagegen würde mit den Angeklagten kurzen Prozeß machen. Jeden Tag, jede Stunde, die es den Gefangenen noch zu leben vergönnt ist, empfindet Hitler als persönliche Beleidigung. Er wünscht ihren Tod.

Die höchsten Militärrichter lehnen sich auf. Es ist ihre Aufgabe, die räudigen Schafe zu bestrafen, die die Wehrmachtsuniform tragen. Sie bedrängen Göring, der hin- und hergerissen ist zwischen seiner Angst, Hitler zu mißfallen, und dem Wunsch, seine Generäle zufriedenzustellen. Schließlich findet er die entsprechende Lösung: die Angeklagten werden vor ein Reichskriegsgericht gestellt, aber Oberstkriegsgerichtsrat Manfred Roeder wird die Anklage vertreten. Hitler akzeptiert: er kennt Roeder.

Inzwischen verfolgt die Gestapo die Spur Ilse Stöbes.

Ilse Stöbe, die »Alte«, ist Sekretärin in der Informationsabteilung des Auswärtigen Amtes und zugleich, im Auftrag Moskaus, der Schutzengel des Legationsrates Rudolf von Scheliha. Eine überzeugte junge Kommunistin. Eigentlich hätte eine Mata Hari besser zu dem unsympathischen Scheliha gepaßt – aber welche Wohltat, einmal jemanden vor sich zu haben, der ganz einfach wegen schöner Frauen, Spiel- und Wettschulden zum Spion wurde.

Schelihas Gehalt und die Mitgift seiner Frau hätten zur Not für den Unterhalt seines Rennstalls ausgereicht, aber Bakkarat und Roulette ruinierten ihn. Schon 1937 hat er, so heißt es, mit dem Gedanken an Selbstmord gespielt – für den Sprößling einer alten schlesischen Adelsfamilie der einzige standesgemäße Ausweg aus einer verzweifelten Situation. Aber da griffen, wie durch ein Wunder, der Intelligence Service und die Moskauer Zentrale ein, bezahlten seine Spielschulden und retteten ihn so vor dem Tod. Über seine Tätigkeit für den Intelligence Service ist kaum etwas bekannt. Der Direktor der Zentrale in Moskau gab ihm in einem Anflug von Humor den Decknamen »Arier«. Bei der Kassenverwaltung der Zentrale muß dieser Name wegen der für russische Verhältnisse ungewöhnlich hohen Summen, die ihm überwiesen wurden, berühmt gewesen sein; im allgemeinen sind die Moskauer Dienststellen kleinlich und ziehen überzeugungstreue Leute geldgierigen Agenten vor. Aber Scheliha war damals Gesandtschaftsrat in Warschau, wo ein entscheidendes diplomatisches Spiel im Gang war. Deutschland bemühte sich darum, Polen für eine antisowjetische Koalition zu gewinnen. Darüber sollte er Moskau berichten. Seine

Informationen wurden mit 6500 Dollar honoriert, die von der Chase National Bank in New York über den Crédit Lyonnais auf sein Konto beim Zürcher Bankhaus Julius Bär überwiesen wurden.

1939 wurde Scheliha nach Berlin zurückgerufen, aber noch immer setzte er die Moskauer Kassenbeamten in Erstaunen. Sie mußten ihm im Februar 1941 30 000 Mark zukommen lassen. Die Sowjetische Botschaft übergab diesen Betrag Ilse Stöbe, die Schelihas Berichte ablieferte. Vier Monate später begann der Ostfeldzug, und die russischen Diplomaten mußten Berlin verlassen. Der Direktor der Moskauer Zentrale sah sich gezwungen, neuerlich Verbindung zu Scheliha herzustellen. Er wandte sich an Kent. Am 28. August 1941, sechs Wochen vor dem berüchtigten Funkspruch mit den drei Adressen, erhielt Kent die Order, mit der »Alten«, wohnhaft in Berlin, Wielandstraße 37, Kontakt aufzunehmen und ihr eine von der Gruppe Schulze-Boysen unabhängige Funkverbindung zu verschaffen. Als der Direktor diesen Funkspruch aufsetzte, standen die deutschen Panzer noch nicht vor den Toren Moskaus: sie waren 500 Kilometer entfernt und schwenkten gerade nach Süden in die ukrainische Ebene ab. Dennoch enthielt der Funkspruch die vollständige Adresse Ilse Stöbes. Vielleicht war der Direktor also doch nicht der verzweifelte Mann, der sich in äußerster Not entschloß, eine Handvoll Agenten zu opfern, um das Vaterland zu retten, sondern ein Bürokrat, der die naive Vorstellung hatte, daß seine Funksprüche nicht entschlüsselt werden könnten. Die Berliner wären dann lediglich der plumpen Überheblichkeit eines Funktionärs zum Opfer gefallen, und das wäre noch bitterer.

Kent gelang es mit Hilfe des ehemaligen Marinefunkers Kurt Schulze, der früher schon den Amateurfunker der Gruppe um Schulze-Boysen und Harnack unterstützt hatte, auch das Problem Stöbe–Scheliha zu lösen. Kent vertraute ihm einen Spezialcode an, brachte ihn mit Ilse Stöbe in Verbindung und beauftragte ihn, alle Berichte von Scheliha direkt nach Moskau zu übermitteln.

Der Funkspruch mit der vollständigen Adresse Ilse Stöbes war wie die übrigen entschlüsselt worden. Am 12. September 1942 wird sie zu ihren Gefährten ins Gefängnis gebracht. Trotz des sie belastenden Funkspruchs streitet sie alles ab. Die Verhöre gehen weiter. Aber Himmler und Göring wollen nicht nur Zeit gewinnen, um ihr doch noch ein Geständnis zu entreißen: sie erhoffen sich aufgrund eines weiteren inzwischen aufgefangenen Funkspruchs etwas weit Wichtigeres. Anfang September hat eine deutsche Abhörstelle einen Funkspruch des Direktors der Zentrale an eine tschechische Widerstandsgruppe aufgefangen und entschlüsselt: »›Alte‹ in Berlin–Charlottenburg, Wielandstraße 37, verständigen, daß Köster demnächst eintrifft.« Der Direktor scheint wirklich davon überzeugt gewesen zu sein, den Stein der Weisen, einen nicht dechiffrierbaren Code, entdeckt zu haben.

Eine Sekretärin der Gestapo wird in Ilse Stöbes Wohnung einquartiert. Zwei Polizisten halten sich im gegenüberliegenden Haus versteckt. Der Hinterhalt, in den Köster geraten soll, ist vorbereitet.

Aber ein plötzlicher Donnerschlag läßt die Gestapo erstarren: die angeblich in Stockholm lagernden Dokumente.

———

Schulze-Boysens letzter Kampf

26

Am 30. September betrat der Korvettenkapitän Erich Schulze das Gestapogebäude in der Prinz-Albrecht-Straße. Er war aus Holland gekommen, um seinen Sohn zu sehen. Die Familien der übrigen Gefangenen hatten auch um Erlaubnis gebeten, aber ihre Anträge wurden bis zuletzt abgelehnt. Alle Angeklagten befanden sich in strenger Einzelhaft, ausgenommen Harro Schulze-Boysen, den sein Vater besuchen durfte. Unter den Ehemaligen von Abwehr und Gestapo hält sich heute noch die Legende, Erich Schulze, ein glühender Patriot, habe beim Anblick seines Sohnes die Pistole gezogen, um ihn zu erschießen – mit Gewalt habe man ihn daran hindern müssen.

Erich Schulze berichtet:

»Kriminalkommissar Kopkow, ein Mitarbeiter Panzingers, bringt mich in das oberste Stockwerk und führt mich durch lange Gänge in ein Zimmer, das unbewohnt scheint. In der einen Ecke steht ein leerer Schreibtisch, an der Längsseite ein Sofa, zwei einfache Sessel und ein kleiner Tisch.

Dort werde ich etwa zwei Minuten allein gelassen.

Dann öffnet sich eine Nebentür, und Harro tritt herein, begleitet von Kopkow und einem anderen Beamten.

Er kommt mit langsamem, etwas schwerem Schritt, als sei er des Gehens ungewohnt, aber steif aufgerichtet, beide Hände hinter dem Rücken, so daß ich zuerst meine, er sei gefesselt; er war es jedoch nicht. Sein Gesicht ist aschfahl und völlig abgemagert, tiefe Schatten liegen um seine Augen. Sonst sieht er fast gepflegt aus, so als habe er sich für die Begegnung zurechtgemacht. Er trägt einen grauen Zivilanzug und ein blaues Oberhemd.

Ich nehme ihn bei der Hand, führe ihn zu einem Sessel am kleinen Tisch, setze mich auf den anderen, den ich dicht an den seinigen heranrücke, und fasse noch einmal seine beiden Hände, die während der Unterhaltung lange in den meinigen ruhen. Die Berührung der Hände ist wie ein stilles, innerliches Zwiegespräch, das neben dem anderen hergeht.

Die beiden Beamten setzen sich hinter den Schreibtisch und beobachten; der eine scheint zu protokollieren.

Ich sage zu Harro, ich sei gekommen als sein Vater, um ihm zu helfen, für ihn einzutreten, zu hören, wie das am besten geschehen könne und weshalb er in Haft sei. Zugleich wolle ich ihm die Grüße der gleichfalls in Berlin an-

wesenden Mutter und seines Bruders, denen man nicht erlaubt habe mitzukommen, überbringen.

Er antwortet ruhig und bestimmt, es sei unmöglich und aussichtslos, ihm
irgendwie helfen zu wollen. Seit Jahren habe er bewußt ›Hochverrat‹ getrieben,
das heißt, gegen den heutigen Staat gekämpft, wo er nur konnte; er habe im
vollen Bewußtsein der Gefahr gehandelt und sei nunmehr auch entschlossen,
die Folgen auf sich zu nehmen.

Einer der beiden Beamten, die bis dahin schweigend dabeigesessen haben,
stellt nun eine Zwischenfrage wegen einer Sache, die Panzinger mir bereits angedeutet hatte und die der Gestapo offensichtlich größte Sorge bereitet. Es
lägen gewisse Anzeichen dafür vor, daß Harro hochwichtige geheime Dokumente – anscheinend befürchtet man hauptsächlich die Enthüllung von Nazi-
Verbrechen – vor seiner Verhaftung durch Mittelsmänner ins Ausland habe befördern lassen, wahrscheinlich, um für seine Freunde und sich im Falle der
Aufdeckung der Verschwörung eine Art Rückendeckung zu schaffen. Er habe
bisher jede Auskunft darüber verweigert: ob er vielleicht jetzt eine Aussage
hierzu machen wolle.«[38]

Das ist der springende Punkt. Seit Schulze-Boysen durchblicken ließ, daß
er bei Freunden in Stockholm einige höchst kompromittierende, streng geheime Akten hinterlegt habe, herrscht Panik unter den Naziführern. Über
ihren Häuptern hängt zwar kein Damoklesschwert, aber ein Kübel voll
Schmutz, Blut und Kot: Verbrechen, Folterungen, Massenmorde, Todeslager. Schulze-Boysen hat es in der Hand, ob diese Jauche sich über sie
ergießt und ihre Gesichter mit Dreck bespritzt, die gewiß niemand für
engelhaft hält, von denen die Welt im Jahre 1942 aber noch nicht weiß, wie
grauenhaft sie in Wirklichkeit sind. Sie selbst aber wissen es. Und sie haben
Angst. »Ich brauche nur auf einen Knopf zu drücken«, hat Harro Schulze-
Boysen gedroht. Die Dokumente sollen in London oder Moskau sein.
Niemand weiß etwas. Man weiß nicht einmal, um welche Dokumente es sich
handelt.

Wie gewöhnlich ist das erste Druckmittel die Folter. Göring befiehlt der
Gestapo, »alle Mittel« anzuwenden, um Schulze-Boysen zu einer Aussage zu
zwingen. Himmler unterschreibt die offizielle Genehmigung für ein »verschärftes Verhör«. Das bedeutet in der Sprache der Nazijustiz, daß der Gefangene ausgepeitscht wird. Die Folter, der Schulze-Boysen unterworfen wurde,
ist ordnungsgemäß in den Akten verzeichnet. Ein unnötiges Theater: was sind
einige Peitschenhiebe im Vergleich zu jenen 1933 erlittenen »Ehrenrunden«
zwischen dem Doppelspalier der SS?

Da man seinen Widerstand auf diese Weise nicht brechen kann, versucht man Schulze-Boysen zu rühren: mit dem Besuch seines Vaters.

Erich Schulze fährt fort:
»Mit großer Bestimmtheit lehnt er es jedoch ab, sich hierüber irgendwie zu äußern.

Der Schluß meiner Unterredung mit ihm war rein persönlicher Natur. Angesichts der Beamten haben wir uns beide bemüht, die Gefühle, die uns bewegten, zu verbergen.

Aber allmählich droht der Schmerz mich zu übermannen. Mit den Worten: ›Du hast einen schweren Weg vor dir, ich will ihn dir nicht schwerer machen und nun gehen‹, stehe ich auf.

Harro erhebt sich mit mir, richtet sich hoch auf, steht so dicht vor mir, sieht mich fest und stolz an, aber zum erstenmal werden unsere Augen feucht. Ich kann ihm nur noch sagen: ›Ich habe dich immer liebgehabt!‹

Er antwortet leise: ›Das weiß ich!‹ Dann gebe ich ihm beide Hände. An der Tür drehe ich mich noch einmal nach ihm um und nicke ihm schweigend zu.

Er steht steif aufgerichtet zwischen den beiden Beamten.

Wir hatten wohl beide das Gefühl, uns zum letztenmal gesehen zu haben.«

Es klingelt an Ilse Stöbes Wohnungstür. Die Gestaposekretärin öffnet. Auf der Schwelle steht ein junger Mann. Er sagt leise:

»Ich suche eine alte Bekannte ...«

»Wen?«

»Eine *alte* Bekannte.«

»Kommen Sie herein, das bin ich.«

Aber der junge Mann gibt ihr nur einen Umschlag und verschwindet. Die beiden Polizisten im Haus gegenüber haben keine Zeit, einzugreifen. Niemals werden wir erfahren, wer der Bote war, woher er kam und wer ihm den Auftrag gegeben hat.

In dem Umschlag steckt ein Zettel mit dem Satz: »Ankunft Köster voraussichtlich 20. Oktober. Verbindung Köster – Scheliha herstellen.«

Die Gestapo erkundigt sich sofort beim Auswärtigen Amt und bekommt die Auskunft, Rudolf von Scheliha halte sich in der Schweiz, in der Nähe von Konstanz, auf. Er ist geflohen, das steht fest, vermutlich wurde er durch Ilse Stöbes Verhaftung gewarnt. Man läßt ihn von deutschen Agenten in der Schweiz überwachen. Panzinger selbst fährt nach Konstanz. Aber wie kann man Scheliha zwingen, zurückzukommen?

Am 21. Oktober und an den folgenden Tagen kommt niemand zur Wohnung Ilse Stöbes. In der Nacht vom 22. auf den 23. meldet die Luftwaffe, ein russisches Bombenflugzeug habe Ostpreußen überflogen, ohne Bomben abzuwerfen. Köster ist angekommen.

Kurz darauf trifft in der Prinz-Albrecht-Straße die verblüffende Nachricht eines Schweizer Agenten ein, Scheliha packe seinen Koffer und sei im Begriff, nach Deutschland zurückzureisen. Sollte man ihn zu Unrecht verdächtigen? Wollten die sowjetischen Dienststellen nach der Verhaftung Ilse Stöbes die Gestapo mit dem Brief und dem geheimnisvollen Boten auf eine falsche Fährte locken? Oder war die Nachricht des Schweizer Agenten ganz einfach falsch? Oberregierungsrat Panzinger legt sich beim Grenzposten von Konstanz auf die Lauer und wartet ohne große Hoffnung auf den Diplomaten.

Am 26. Oktober, gegen fünf Uhr nachmittags, sehen die beiden gegenüber von Ilse Stöbes Wohnung versteckten Polizisten einen Mann in das Haus gehen. Er ist mittelgroß, trägt einen Regenmantel und in der Hand einen Koffer. Die Polizisten verlassen ihr Versteck und gehen hinunter auf die Straße. Ihre Kollegin ist zwar bewaffnet (unter ihrem Kostüm trägt sie einen Revolver), aber wenn Köster Ilse Stöbe persönlich kennt, ist seine Reaktion nicht vorauszusehen. Nach fünf Minuten kommt der Mann wieder heraus. Ohne den Koffer. In aller Ruhe geht er davon. Einer der beiden Beamten folgt ihm, während der andere in die Wohnung hinaufgeht. Die Sekretärin strahlt. Im Koffer ist ein Sender. Es war Köster, er hat nach Scheliha gefragt, und sie hat für den gleichen Abend im Café Adler am Wittenbergplatz ein Treffen vorgeschlagen. Der Mann hatte noch gebrummt, falls Scheliha nicht bei der Stange bleibe, würde man ihn auffliegen lassen. Und er hatte ihr eine von dem Diplomaten unterzeichnete Quittung über 6500 Dollar aus dem Jahr 1938 gezeigt.

Köster geht wie verabredet ins Café Adler. In Wahrheit handelt es sich um Heinz Koenen, den Sohn des ehemaligen kommunistischen Reichstagsabgeordneten. Sein Vater ist Mitarbeiter des berühmten Soldatensenders Calais in London, der die Wehrmacht demoralisieren soll; tagtäglich fordern deutsche Antifaschisten ihre Landsleute zur Rebellion auf und verbreiten Informationen, die der Goebbelsschen Zensur zum Opfer gefallen sind. Der Sohn hatte sich nach Moskau abgesetzt, wo er von der Zentrale dem »Unternehmen Fallschirm« zugeteilt wurde, das den Spionageapparat in Deutschland wieder aktivieren sollte. Genau wie Erna Eifler, Wilhelm Fellendorf, Albert Hößler und Robert Bart – die alle vier den Berlinern zu Hilfe kommen sollten und der Gestapo in die Hände fielen – wird Heinz Koenen von einem russischen Flugzeug abgesetzt; er landet in der Nähe von Osterode in Ostpreußen. Seine Hauptaufgabe ist es, Verbindung mit Scheliha aufzunehmen und ihn etwas anzuspornen. Seit einiger Zeit sind die Berichte des Legationsrats dürftiger und rarer geworden, obwohl ihm sein Posten im Auswärtigen Amt Einblick in die Geheimakten verschafft. Er hat zweifellos Angst, denn im Berlin des Jahres 1942 herrscht eine andere Atmosphäre als im Warschau der Vorkriegszeit. Scheliha würde sich wahrscheinlich am liebsten von diesem unheimlichen »Spiel« zurückziehen, bei dem man nicht nur sein Vermögen, sondern auch das Leben riskiert, aber man verläßt ein »Spiel« mit dem Direktor nicht wie einen Bakkarattisch. Heinz Koenen kommt aus Moskau, um ihn daran zu erinnern. Er hat 8000 Mark und die alte Empfangsbestätigung von 1938 in der Tasche – Zuckerbrot und Peitsche. Sollte das Geld nicht genügen, Schelihas Begeisterung für seine Tätigkeit wieder anzufachen, würde die Drohung, die Empfangsbestätigung könnte in die Hände der Gestapo gelangen, ihn schon auf den rechten Weg zurückbringen.

Koenen wird im Café Adler festgenommen. Wir wissen nicht, ob er gefoltert wurde oder ob er ohne physischen Zwang aussagte, einfach erdrückt von der Tatsache, daß die Gestapo durch die vier ersten Fallschirmspringer alles über ihn wußte: »Wir sagten ihm zum Beispiel ins Gesicht, wo er in Moskau gelebt hatte, mit welcher Straßenbahnlinie er zu seiner ND-Schule gefahren war, welche Türen es in dieser Schule gab, die Namen von Kursusteilnehmern und Ausbildungspersonal auf dieser Schule, die Namen seiner Freunde usw. Er fühlte sich verraten und bloßgestellt.«[39]

Koenen sagt aus, Ilse Stöbe sagt aus, weil sie überzeugt ist, daß Schweigen nichts mehr nützt, und Rudolf von Scheliha sagt aus, sobald er in Konstanz verhaftet wird. Göring ist es gelungen, Ribbentrop zu kompromittieren. Und Himmler hat erreicht, was er wollte: aus allen wichtigen Reichsbehörden – seine SS und Bormanns Kanzlei ausgenommen – wird zumindest ein Mitarbeiter auf der Anklagebank sitzen.

Allerdings kann der Prozeß nicht eröffnet werden, ehe die Sache mit den Stockholmer Dokumenten nicht geklärt ist.

Niemand weiß, was in Schulze-Boysen vorging, während er im Gefängnis saß, und es ist schwer, die Beweggründe eines Mannes zu verstehen, der nur noch eine Karte in der Hand hat, von der sein Leben abhängt. Er hat sich bis zuletzt bewundernswert gehalten, noch aus der Zelle heraus hat er es fertiggebracht, die Nazis einzuschüchtern und Verwirrung unter ihnen zu stiften. Und bis zum Schluß blieb er in vielem rätselhaft. Jeder andere hätte sich an diesen letzten Rettungsanker geklammert, hätte Panzinger und Kopkow gedroht, die Stockholmer Dokumente würden bei der ersten Hinrichtung eines Mitglieds seiner Gruppe sofort veröffentlicht, und die Reaktion auf diese Herausforderung abgewartet. Schulze-Boysen wartete nicht. Er spielte mit offenen Karten, auch der Gestapo gegenüber. Er erklärte Panzinger, er sei bereit, das Versteck der Dokumente preiszugeben, sofern man ihm garantiere, daß keine Hinrichtung vor dem 31. Dezember 1943 – also ein volles Jahr später – stattfinde. Er war demnach überzeugt, daß Hitler bis dahin den Krieg verlieren würde. Die Gestapo setzte Himmler, Göring und wahrscheinlich sogar Hitler selbst von dieser Forderung in Kenntnis. Sie wurde angenommen. Schulze-Boysen verlangte, daß sein Vater bei der Aussage anwesend sein und die Gestapo in seiner Gegenwart ihr Versprechen wiederholen müsse.

Erich Schulze erzählt:

»Harro betritt mit zuversichtlichem Lächeln das Zimmer. Er läßt sich von Panzinger feierlich versichern, daß die Vereinbarung in Kraft tritt, sobald er eine wahrheitsgemäße Erklärung über den Verbleib der geheimen Dokumente abgegeben hat, gleichgültig, an welchem Ort sich diese befinden.

Nach einer kleinen Kunstpause erklärt Harro: ›Die fraglichen Dokumente liegen nach wie vor in den Schränken des Reichsluftfahrtministeriums. Ich habe den Argwohn der Gestapo bewußt geschürt, um ein Druckmittel in die Hand zu bekommen.‹

Die Verblüffung der Beamten über diese Erklärung ist unbeschreiblich. Nach einer Weile bestätigt Panzinger jedoch, daß die Bedingungen des Abkommens erfüllt seien und die Zusage daher in Kraft trete.«

Unter Gleichgesinnten hat Harro Schulze-Boysen als Wahlspruch oft den Satz von Stefan George zitiert, nach dem ein offener Blick und ein fester Händedruck mehr sagen als Worte.

Bereits am ersten Verhandlungstag ist eine Gruppe von Handwerkern damit beschäftigt, im Hinrichtungsraum des Gefängnisses von Plötzensee an der Decke eine Eisenschiene mit Gleithaken zu befestigen. Das Gefängnispersonal begreift diese hastig angeordnete Maßnahme nicht, denn das deutsche Gesetz bestimmt ausdrücklich: ein zum Tode Verurteilter muß erschossen oder enthauptet werden. In Deutschland wird nicht gehängt.

Das Gericht setzt sich aus höheren Offizieren zusammen. Anklagevertreter ist Manfred Roeder, Oberstkriegsgerichtsrat der Luftwaffe, dessen fanatischer Eifer ihm den Namen »Hitlers Spürhund« eingetragen hat. Die Pflichtverteidiger haben kaum Zeit gehabt, die Akten einzusehen; einige von ihnen sollen allerdings auch gar nicht den Wunsch dazu geäußert haben.

Auf der Anklagebank dreizehn Mitglieder der Roten Kapelle, darunter selbstverständlich die Ehepaare Schulze-Boysen und Harnack. Außerdem: Horst Heilmann aus Vaucks Dechiffrierabteilung; Herbert Gollnow, der ehrgeizige junge Mann, der die kaukasischen Überläufer ausgebildet hat; Kurt

Schulze, der Funker Schelihas, und sein Schüler Hans Coppi, der Amateurpianist Schulze-Boysens; Johann Graudenz, ein ehemaliger Korrespondent der »United Press« in Moskau und der »New York Times« in Berlin: als Verbindungsmann eines Zulieferungswerkes für die Flugzeugindustrie hat er Schulze-Boysen Produktionszahlen und Einzelheiten über Flugzeugtypen, deren Leistungen und Ausrüstung verschafft; der Bildhauer Schumacher und seine Frau Elisabeth (Kent hat gestanden, beide auf seiner Berlin-Reise getroffen zu haben); und neben dem Kommunisten Schumacher der reaktionäre Oberst Erwin Gehrts, der Klient der Wahrsagerin Anna Krauss.

Und schließlich sitzt da auch noch eine strahlend lächelnde, schöne junge Frau voll überschäumender Lebensfreude: Erika Gräfin von Brockdorff. Wie Elisabeth Schumacher war sie seit Kriegsanfang im Arbeitsministerium beschäftigt. Ihr Mann ist Offizier. Coppi hatte seinen Sender bei ihr untergebracht, und außerdem hat sie Fallschirmspringer bei sich aufgenommen. Verärgert darüber, daß sie an diesem Prozeß teilnimmt, als handle es sich um ein Fest, wird Roeder ihr drohend zurufen: »Ihnen wird das Lachen schon noch vergehen!« Und sie wird antworten: »Nicht, solange ich Sie sehe.«

Die dreizehn Angeklagten wissen, daß sie mit der Todesstrafe zu rechnen haben. Harro Schulze-Boysen hofft wahrscheinlich, daß die Hinrichtungen, sollten sie beschlossen werden, erst in einem Jahr vollstreckt werden. Und Libertas ist überzeugt, daß sie mit einer geringen Strafe davonkommt – vielleicht sogar freigelassen wird. Das Belastungsmaterial des Staatsanwalts besteht fast ausschließlich aus ihren Aussagen, und die Herren von der Gestapo haben Libertas erklärt, was es bedeutet, als »Kronzeuge« aufzutreten, in England: Geständnis und Aussagen gegen Komplizen sichern Straffreiheit. Als »Zeugin der Gestapo« würde Libertas den gleichen Vorteil haben! Zwar sieht die deutsche Rechtsprechung dergleichen nicht vor, aber seit geraumer Zeit nimmt sich die Justiz den Gesetzen gegenüber manche Freiheit heraus. Libertas ist überzeugt, mit heiler Haut davonzukommen. Von den anderen wissen wir nicht, welche Gefühle sie bewegen, als sie auf der Anklagebank Platz nehmen. Sicher haben sie Angst, aber die Hoffnung ist hartnäckig, und so werden sie wohl auch gehofft haben. Außer Arvid Harnack, dessen Gesicht nur tiefe Melancholie ausdrückt. Und außer Erika von Brockdorff: wer so lacht, steht jenseits von Angst und Hoffen.

Der Prozeß findet unter Ausschluß der Öffentlichkeit statt, aber es sind doch einige Beobachter im Saal: Angehörige der Gestapo und der verschiedenen in den Skandal verwickelten Ministerien. Sie alle sind überzeugt, daß auf jeden der Angeklagten nach einem rein formellen Verfahren das Todesurteil

Hinrichtungsstätte Berlin-Plötzensee

wartet. Aber sie täuschen sich. Das Gericht wird von der Urteilsberatung mit elf Todesurteilen zurückkommen.

Roeder wird seinem Ruf gerecht. Er braucht nur nachzuweisen, daß die Angeklagten Spionage betrieben haben, um sie vom Leben in den Tod zu befördern, und der Nachweis befindet sich in seinen Akten. Aber die dreizehn Todesurteile interessieren ihn nicht mehr – sie sind ihm sicher. Ihm geht es darum, die Angeklagten zu verunglimpfen. Er wirft Schulze-Boysen vor, Gelder der Organisation veruntreut zu haben; er läßt sich lange über die »Vierzehn-Punkte-Abende« aus, und statt den Richtern das Schema der Organisation zu erklären, wendet er viel Zeit dafür auf, ihnen ein genaues Bild von den amourösen Verwicklungen innerhalb der Gruppe zu geben und die Angeklagten mit möglichst viel Schmutz zu bewerfen. Aber weshalb eigentlich? Das Publikum weiß von diesem Prozeß nichts, und Roeder und die Richter glauben fest, es werde nie jemand etwas davon erfahren. Die hohen Gestapobeamten und die anwesenden Nazis kann man mit sexuellen Extravaganzen nicht aufregen; außerdem kennen sie die Angeklagten. Die Nachwelt? Ja, für sie muß der Staatsanwalt seine pornographische Phantasie bemüht haben. Aber Kriegsgerichte können der Nachwelt nichts befehlen. Ihre Urteile finden später nur selten Zustimmung.

Arvid Harnack gab mit müder, matter Stimme eine grundsätzliche Erklärung ab. Er schloß mit den Worten: »Ich habe in der Überzeugung gehandelt, daß die Ideale der Sowjetunion einen Weg zur Rettung der Welt weisen. Mein Ziel war die Zerstörung des Hitlerschen Reiches mit allen Mitteln.« Schulze-Boysen schlug sich wie ein Löwe, er leugnete jede Einzelheit, die nicht bewiesen werden konnte. Er wurde vom Angeklagten zum Ankläger und prangerte seine Gegner in leidenschaftlichen Angriffen an, sein Elan war ungebrochen, man mußte ihn gewaltsam zum Schweigen bringen. Die anderen waren ihm ebenbürtig. Jemand, der bei der Verhandlung anwesend war, sagte uns: »Sie haben sich alle großartig gehalten. Außer Libertas.«

Elf Todesurteile. Nur Mildred Harnack und Erika von Brockdorff wurden verschont: sechs und zehn Jahre Zuchthaus.

Der Anwalt Dr. Behse berichtet: »Als das Urteil verkündet wurde, schrie Libertas auf und brach ohnmächtig zusammen. Ich hatte sie mehrfach inständig gebeten, sich den Ernst der Lage klarzumachen und sich aufs Schlimmste vorzubereiten; aber sie war voller Vertrauen und bis zu diesem Augenblick im Gerichtssaal optimistisch geblieben. Sie erklärte nun, die Gestapo habe ihr doch versprochen, sie werde mit einer leichten Strafe davonkommen oder zur Belohnung für ihr Geständnis sogar freigelassen werden …«

Im Prinzip mußten die Urteile vom Präsidenten des Reichskriegsgerichtes bestätigt werden: er konnte sie bestätigen oder aufheben. In diesem besonderen Fall aber hatte Hitler sich die Bestätigung selber vorbehalten, sozusagen als Preis dafür, daß er auf ein Sondergerichtsverfahren verzichtet hatte. Das Schicksal der dreizehn lag in seiner Hand.

Göring wurde sofort nach der Urteilsverkündung informiert. Laut Generaloberstabsrichter Lehmann reagierte er heftig. »... bei dem Wort ›Freiheitsstrafen‹ explodierte (er) ... Niemals, so sagte er, werde der Führer damit einverstanden sein.«[40] Einige Stunden später wurde Hitler von seinem Adjutanten von Puttkamer unterrichtet. Er bestätigte die Todesurteile, weigerte sich aber, die Zuchthausstrafen für Mildred Harnack und Erika von Brockdorff gegenzuzeichnen. Ein neuer Prozeß mußte angeordnet werden.

Elf Todesurteile wurden drei Tage später, am 22. Dezember 1942, vollstreckt. Die Hinrichtung von Herbert Gollnow und Oberst Gehrts wurde verschoben, weil man sie für den neuen Prozeß gegen Mildred Harnack brauchte; an ihre Stelle traten Rudolf von Scheliha und Ilse Stöbe, die ebenfalls zum Tode verurteilt worden waren.

Der 22. Dezember war ein finsterer, kalter Tag. Ein eisiger Ostwind wehte · durch Berlin, und die Nacht brach noch früher herein als gewöhnlich. Und doch wird auch an jenem Tag, trotz deprimierender Nachrichten aus dem Osten, trotz Leid und Elend ein wenig Weihnachtsstimmung in den Berliner Straßen zu spüren gewesen sein.

Die Frauen wurden – dem Gesetz entsprechend – enthauptet. Um Libertas die letzten Stunden noch schwerer zu machen, hatte man ihr gesagt, daß ihre Vertraute und angebliche Mitgefangene, Gertrud Breiter, der Gestapo angehörte. Einige Stunden vor dem Ende schrieb sie an ihre Mutter:

Ich hatte noch den bitteren Kelch zu trinken, daß ein Mensch, dem ich mein volles Vertrauen geschenkt habe, Gertrud Breiter, mich (und Dich) verraten hat. Aber:

Nun iß die Früchte deiner Taten,
denn wer verrät, wird selbst verraten.

Auch ich habe aus Egoismus Freunde verraten, ich wollte frei werden und zu Dir kommen – aber glaub mir, ich hätte an dieser Schuld unsagbar schwer zu tragen gehabt.

Nach einem bei der Gestapo verbreiteten Gerüchte soll Libertas einen jungen Wachtposten der SS in der Prinz-Albrecht-Straße verführt haben. Man habe über diese flüchtige Liebschaft hinweggesehen und geduldet, daß der junge SS-Mann sie auf dem Weg zur Hinrichtung begleitete.

Am 23. Dezember irrte ihre Mutter, die schöne Gräfin Eulenburg, bei schneidendem Frost von einem Gefängnis zum anderen, um ihrer Tochter ein Weihnachtspäckchen zu bringen. Überall wies man sie ab, verschwieg jedoch, daß Libertas einige Stunden zuvor hingerichtet worden war. Schließlich wandte sie sich in ihrer Angst an Göring, der sie, die bekannte Pianistin, oft gebeten hatte, vor seinen Gästen zu spielen. Göring tat ahnungslos, obwohl er vermutlich wußte, daß Libertas' Leiche bereits auf dem Seziertisch eines Gerichtsmediziners lag. Unmittelbar nach der Hinrichtung war Roeder das Gerücht zugetragen worden, Libertas sei schwanger gewesen, und da nach dem Gesetz in solchem Fall die Todesstrafe bis nach der Entbindung ausgesetzt werden muß, hatte der unerschütterliche Oberstkriegsgerichtsrat eine Autopsie angeordnet. Der Befund war negativ.

Die acht Männer waren am Nachmittag von der Prinz-Albrecht-Straße nach Plötzensee gebracht worden. Harro versteckte vor Verlassen der Zelle in einem Mauerspalt hinter dem Spind ein Gedicht. Er benachrichtigte einen Mitgefangenen, der es kurz vor seiner Hinrichtung einem dritten weitersagte. Dieser überlebte und fand nach dem Krieg im Keller der Prinz-Albrecht-Straße das wie durch ein Wunder erhalten gebliebene Gedicht, das mit der folgenden Strophe schließt:

> Die letzten Argumente
> sind Strang und Fallbeil nicht,
> und unsere heut'gen Richter sind
> noch nicht das Weltgericht.

Die Männer wurden in acht Zellen der Dritten Abteilung untergebracht. Die Türen blieben offen, damit die Gefangenen besser überwacht werden konnten. Jeder durfte noch einen Abschiedsbrief schreiben.

Arvid Harnack schrieb an seine Familie:

22. Dezember 1942

Meine Lieben –

In den nächsten Stunden scheide ich aus dem Leben. Ich möchte Euch noch einmal für alle Liebe danken, die Ihr mir erwiesen habt, gerade auch in der letzten Zeit. Der Gedanke an sie hat mir alles Schwere leicht gemacht. So bin ich ruhig und glücklich. Auch denke ich an die gewaltige Natur, mit der ich mich so verbunden fühle. Heute morgen habe ich laut vor mir hergesagt: »Die Sonne tönt nach alter Weise ...« Vor allem aber denke ich daran, daß die Menschheit sich im Aufstiege befindet. Das sind die drei Wurzeln meiner Kraft.

Eine besondere Freude war mir zu erfahren, daß es in der nächsten Familie voraussichtlich bald eine Verlobung gibt. Ich möchte gerne, daß mein Siegelring, der von meinem Vater stammt, an F. fällt. Seinen Siegelring kann dann L. erhalten. Der Siegelring wird Euch mit meinen Sachen zugehen.

Heute abend werde ich noch eine kleine Vorweihnachtsfeier veranstalten, indem ich mir die Weihnachtsgeschichte vorlese. Und dann kommt der Moment des Scheidens.

Gerne hätte ich Euch alle noch einmal gesehen, aber das geht nun leider nicht. Meine Gedanken sind aber bei Euch allen, und ich vergesse dabei keinen; das muß jeder fühlen, besonders Mutter.

Seid alle noch einmal umarmt und geküßt von

Euerm Arvid

Weihnachten müßt Ihr richtig feiern. Das ist mein letzter Wille. Singt dann auch: »Ich bete an die Macht der Liebe.«

Harro Schulze-Boysen schrieb:

Plötzensee, 22. Dezember 1942

Geliebte Eltern!

Es ist nun soweit! In wenigen Stunden werde ich aus diesem Ich aussteigen. Ich bin vollkommen ruhig, und ich bitte Euch, es auch gefaßt aufzunehmen. Es geht heute auf der ganzen Welt um so wichtige Dinge, da ist ein Leben, das erlischt, nicht sehr viel. Was gewesen ist, was ich getan – davon will ich nicht mehr schreiben. Alles, was ich tat, tat ich aus meinem Kopf, meinem Herzen und meiner Überzeugung heraus, und in diesem Rahmen müßt Ihr als meine Eltern das Beste annehmen: Darum bitte ich Euch!

Dieser Tod paßt zu mir. Irgendwie habe ich immer um ihn gewußt. Es ist »mein eigener Tod« – wie es einmal bei Rilke heißt!

Das Herz wird mir nur schwer, wenn ich an Euch Lieben denke. (Libertas ist mir nah und teilt mein Schicksal zur gleichen Stunde!) Euch trifft Verlust und Schande zugleich, und das habt Ihr nicht verdient ... Ich hoffe nicht nur – ich glaube, daß die Zeit Euer Leid lindern wird. Ich bin nur ein Vorläufiger gewesen in meinem teilweise noch unklaren Drängen und Wollen. Glaubt mit mir an die gerechte Zeit, die alles reifen läßt!

Ich denke an Vaters letzten Blick, bis zuletzt. Ich denke an die Weihnachtsträne meiner lieben kleinen Mutter. Es bedurfte dieser letzten Monate, um Euch so nah zu kommen. Ich habe, ich verlorener Sohn, ganz heimgefunden, nach so viel Sturm und Drang, nach so viel Euch fremd anmutenden Wegen.

Ich denke an den guten Hartmut und freue mich, daß es ihm besser geht! Meine Gedanken wandern nach Freiburg zurück, wo ich auch Helga und ihre Beiden zum ersten und letzten Mal sah. Ja, ich denke noch an so manche(n) – zurück an ein reiches, schönes Leben, von dem so vieles ich Euch verdanke, so vieles, das nie gelohnt wurde.

Wenn Ihr hier wäret, unsichtbar seid Ihr's: Ihr würdet mich lachen sehen angesichts des Tods. Ich habe ihn längst überwunden. In Europa ist es nun einmal so üblich, daß geistig gesät wird mit Blut. Mag sein, daß wir nur ein paar Narren waren; aber so kurz vor Toresschluß hat man wohl das Recht auf ein bißchen ganz persönliche historische Illusion.

Ja, und nun gebe ich Euch allen die Hand und setze nachher 1 (eine einzige) Träne hierher als Siegel und Pfand meiner Liebe.

Euer Harro

Der Gefängnispfarrer Harald Poelchau hatte nur zufällig von der Ankunft der zum Tode Verurteilten in Plötzensee erfahren. Er ging sofort zu ihnen und sprach mit jedem. Der Bildhauer Schumacher machte einen tiefen Eindruck auf ihn. Er habe, wenige Stunden vor seinem Tod, vor Freude gestrahlt. Harro Schulze-Boysen wirkte auf ihn, als hadere er mit dem Schicksal. Nicht aus Angst: er war vollkommen ruhig. Aber er litt darunter, daß ihm jede Handlungsmöglichkeit genommen war. Wie ein besiegter Soldat, der mit widerstreitenden Gefühlen seine Waffen vor dem Gegner streckt, konnte sich Harro Schulze-Boysen nur schwer damit abfinden, daß der Kampf zu Ende war und er seinen Mut und seine Kraft dem Tod überantworten mußte. In dem Gedicht, das er in seiner Zelle versteckt hatte, steht:

> Das Sterben an der Kehle,
> hast du das Leben lieb ...
> Und doch ist deine Seele satt
> von dem, was vorwärts trieb.

Früh mußte man das Licht anmachen, denn draußen war es schon fast Nacht. Auf dem Gang gingen die Wachen auf und ab, in feindseliges Schweigen gehüllt. In allen Gefängnissen der Welt zeigen sich die Wärter brüderlich, wenn die letzten Stunden eines zum Tode Verurteilten gekommen sind, mag er ein noch so grauenhaftes Verbrechen begangen haben. Wir wissen nicht, ob die Wachen in Plötzensee überhaupt kein Herz hatten oder ob sie nur den Todeskandidaten der Roten Kapelle gegenüber so unerbittlich waren.

Ein Beamter vom Auswärtigen Amt kam früher als die übrigen, er ging zu Scheliha. Ribbentrop hatte für den Legationsrat einen Aufschub beantragt, unter dem Vorwand, dieser habe die Liste der von ihm seit 1937 den Russen übergebenen Informationen noch nicht fertiggestellt. Das Auswärtige Amt

hatte vorsichtshalber einen Vertreter, Karl Hofmann*, nach Plötzensee geschickt, damit im Falle einer positiven Entscheidung sofort jemand zur Stelle
sei.

Hofmann kannte Scheliha. Er mochte ihn gern und hoffte, der Antrag
würde genehmigt. Scheliha war zwar ein Verräter, aber Hofmann war der Meinung, daß er sich hätte retten können, wenn sein Prozeß nicht mit dem der
Leute von der Roten Kapelle zusammengelegt worden wäre.

Pastor Poelchau fand Arvid Harnack ruhig und gelassen. »Er hielt sich bereit, für das zu sterben, wofür er eingetreten war. Aber er wußte genau und
sagte es mir, daß mit diesem Opfer weder der Geist des Regimes gebrochen
noch Deutschland gerettet sein würde. Er machte sich bis in die letzte Stunde
tiefe Sorgen um das deutsche Volk. Er fand die Seele des Volkes durch Hitler
und seine Gesellen ›ausgelaugt‹.« Dann bat Harnack den Pastor, die orphi-
schen Urworte von Goethe zu rezitieren. Und danach ließ er sich die Weihnachtsgeschichte aus dem Lukas-Evangelium vorlesen.

Hans Coppi, der ehemalige Funker Schulze-Boysens, wird an seinen Sohn
gedacht haben, der am 27. November im Frauengefängnis zur Welt gekommen
war. Coppi hatte seiner Frau Hilde einen Brief geschrieben, als er von der Geburt des Kindes erfuhr: sie solle sich nicht um die Zukunft sorgen, sondern sich
über das große Geschenk freuen, das ihnen zuteil geworden war. Dieses Glück
hatte für ihn sechsundzwanzig Tage gedauert.

Der Aufschub für Scheliha wurde nicht gewährt. Hofmann, erschüttert von
der Grausamkeit dieser unmenschlich langen Wartezeit, sah schließlich die
Wärter kommen, um die letzten Vorbereitungen zu treffen. Man ließ den Häftlingen die Haare scheren und gab ihnen andere Kleidung. Dann erschienen die
offiziellen Vertreter. Der Gefängnisgeistliche beschwerte sich bei Roeder, daß
man ihn von der Hinrichtung nicht benachrichtigt habe. Er bekam zur Antwort: »Eine Beteiligung der Geistlichen war nicht vorgesehen!«[41]

Die Wärter holten die Häftlinge aus ihren Zellen und ließen sie im Gang antreten. Dann wurden sie einzeln aufgerufen. Nach diesem letzten Appell befahl
man den acht Männern zur Tür zu gehen. Alle gingen festen Schrittes, mit hoch
erhobenem Kopf – bis auf Scheliha, der sich am Boden wälzte und schrie, er
wolle nicht sterben. Für ihn war es schwerer als für die anderen, sein Schicksal
zu akzeptieren, denn er sollte für ein paar tausend Dollar sterben.

Die Tür am Ende des Ganges führte auf einen Innenhof. Einige Schritte weiter lag, durch einen großen Vorhang verborgen, der Hinrichtungsraum. Der

---

* *Name vom Verfasser geändert.*

Zug hielt an; hinter dem Vorhang traten die Henker hervor: drei Männer in zeremonieller Kleidung – Gehrock, weiße Handschuhe und Zylinder. Die Verurteilten wurden ihnen übergeben und, gefolgt von den offiziellen Vertretern, hinter den Vorhang geführt. Nur dem Geistlichen war nicht gestattet, sie weiter zu begleiten.

Nahe dem Eingang mußten sie wieder stehenbleiben. Der Gerichtspräsident verlas, nur wenige Schritte neben der Guillotine stehend, noch einmal die acht Todesurteile. Dann setzten sich die Häftlinge wieder in Bewegung. Man führte sie an der Guillotine vorbei. Durch eine offene Tür konnten sie ihre im Nebenraum aufgestellten Särge sehen. Im Hintergrund waren aus schwarzem Karton vier Boxen errichtet worden; von der Eisenschiene hing ein Strang in jede Box. Die Verurteilten mußten auf einen Hocker steigen. Einer der Henker legte ihnen die Schlinge um den Hals, während ein anderer den Hocker fortstieß. Diese Todesart hatte Hitler aus zwei Gründen angeordnet; sie war entehrend, und die Opfer mußten länger leiden. Bei der Guillotine war alles nach elf Sekunden vorbei. Den Henkern von Plötzensee dagegen war vom Gefängnisarzt eingeschärft worden, die Verurteilten mindestens zwanzig Minuten hängen zu lassen, sonst könnte er den Tod nicht mit Sicherheit bescheinigen.

Als Roeder aus dem Hinrichtungsraum kam, sagte er: »Dieser Schulze-Boysen ist wie ein Mann gestorben.«

»Und dann«, schreibt Harald Poelchau, »wurde es still. Die Wachmannschaft zerstreute sich. Die Vertreter des Staates verließen den Richtplatz. Der diensttuende Beamte, den klirrenden Schlüsselbund in der Hand, schritt schweigend den langen Korridor entlang, schloß die Türen der nun leeren Todeszellen ab und löschte die Lichter aus, eines nach dem anderen. Es war ganz dunkel.«

Das »Große Spiel«

27

Für Harry Piepe gibt es keinen Zweifel:
»Ich war nicht bei all seinen Verhören dabei, bei weitem nicht, denn nach seiner Verhaftung bin ich nach Brüssel zurückgefahren, dort hatte ich viel zu tun. Aber von einem bin ich fest überzeugt: der Grand Chef hat nicht aus Angst vor der Folter ausgesagt oder weil er seine Haut retten wollte. Der Mann kannte keine Angst. Im Gegensatz zu einem Raichman oder einem Wenzel. Ich bin sicher, daß er auch unter der Folter nicht ausgesagt hätte, wenn er zum Schweigen entschlossen gewesen wäre. Sehen Sie, ich habe seine Haltung erst sehr viel später verstanden, nach dem Krieg, als man etwas mehr über die sowjetischen Spionagemethoden erfuhr. Er war sehr, sehr klug! Er hat uns gehörig reingelegt! Die Russen bauen immer drei Spionageapparate auf: ein aktives Netz, ein Reservenetz und ein schlafendes Netz. Kommen die Aktiven in Schwierigkeiten, verliert man keine Zeit mit Rettungsmanövern, nein: drei Kreuze, Schluß, aus. Das Reservenetz tritt in Aktion, mit seinem Chef, seinen Mitarbeitern, seinen Funkern. Und das schlafende Netz wird zur Reserve, bereit, im Fall eines neuen Rückschlags einzuspringen. Verstehen Sie jetzt seine Taktik? Trepper warf uns einige Brocken hin, und während wir unsere Zeit mit dem Aufspüren und Verfolgen des aufgeflogenen Apparates vertaten, trat ganz einfach das andere, das Ersatznetz an seine Stelle. Trepper hat ausgesagt, das stimmt, aber auf Befehl: Es war seine Pflicht. So unglaublich es klingt, er hätte Moskau verraten, wenn er geschwiegen hätte!«

Drei Spionageapparate, die wie Zinnsoldaten manövrieren? Ein Funkspruch des Direktors, der wie ein Stellungsbefehl die Reservisten in die vorbereiteten Positionen ruft, während die »Schläfer« geweckt werden und sich mit einigen Freiübungen für den Notfall fit machen? Piepe muß die Rote Kapelle, die sich beim ersten Kanonenschuß sammelte, mit den bis ins letzte durchorganisierten Spionageapparaten verwechseln, die erst später, nach dem Krieg, von der Zentrale aufgebaut wurden. Hätte Moskau bereits damals in Frankreich über ein solches System verfügt, wären Treppers Funksorgen nicht so groß gewesen; dann hätte man wahrscheinlich einige Reservefunker aktiviert und die Sicherungsmauer zwischen der kommunistischen Parteizentrale und dem ND-Netz nicht angebohrt. Drei Apparate? Aber die wären doch längst in den Kampf geschickt worden! In Waterloo hat sich sogar die Kaiserliche Garde ins Schlachtgetümmel gestürzt. Und wie viele Waterloos gab es auf russischer Seite von 1941 bis zur Verhaftung des Grand Chef ...

Drei Apparate? Na schön. Man kann Stammpersonal finden, V-Personen und Mittelsmänner anwerben, Funker ausbilden. Aber die Quellen sind nicht beliebig zu vermehren. Man kann eine Quelle nicht aus dem Boden stampfen, man entdeckt sie – meist zufällig – und erschließt sie. Piepes Theorie läßt sich vielleicht auf Großvogel oder Katz anwenden: Trepper kann seine alten Kameraden verraten, für sie steht Ersatz bereit. Wer aber ersetzt Maximowitsch? Wer übernimmt die Nachfolge Käthe Voelkners? Es ist kaum anzunehmen, daß der Direktor bei aller Sorgfalt – im Jahre 1942! – auch »Reservequellen« und »schlafende Quellen« vorgesehen hatte ...

Die schwachen Punkte von Piepes Erklärung sind im Grunde unwichtig. Wichtig ist, daß es diese Erklärung gibt, daß er es offensichtlich für notwendig hält, eine logische Rechtfertigung zu finden. Piepe hat den Grand Chef verhaftet und mehrere Stunden mit ihm verbracht. Er ist überzeugt, daß weder die Angst vor physischen Leiden noch die Angst vor dem Tod Trepper zum Sprechen gebracht haben. Und doch hat er nicht geschwiegen: die Gestapoberichte beweisen es. Es muß also einen Grund geben. Welchen?

Die französischen Fachleute meinen übereinstimmend, Trepper sei nach seiner Verhaftung nur darauf bedacht gewesen, die Kommunistische Partei Frankreichs und ihre Satellitenorganisationen zu schützen. Die Gestapo wollte um jeden Preis das Zentralkomitee verhaften. Bis zum Abzug der deutschen Truppen aus Frankreich hat sie sich darum bemüht, und ihre Archive beweisen, wie nahe sie dem Ziel gekommen ist. Wichtige Funktionäre, deren Identität, ja Aufenthaltsort der Gestapo bekannt waren, wurden nicht verhaftet, weil man hoffte, eines Tages über sie bis ins Heiligste der Heiligtümer vorzudringen. Aber das Zentralkomitee war äußerst vorsichtig. Über seinen Versuch, Kontakt aufzunehmen, berichtet Rémy verärgert: »Dieses Geisterkomitee umgibt sich mit derartigen Schutzmaßnahmen, daß es vierzehn Tage dauert, bis ich eine Antwort auf die einfachste meiner Fragen erhalte« – zugleich fügt er jedoch anerkennend hinzu: »Von diesen Kommunisten können wir in puncto Sicherheit manches lernen.«[42] Die Verhaftung des Zentralkomitees hätte dem kommunistischen Widerstand einen tödlichen Stoß versetzt. Über Trepper hatte die Gestapo eine Möglichkeit, näher an das Zentralkomitee heranzukommen.

Treppers Dilemma war grausam, aber eindeutig: Wenn er schwieg, würde er gefoltert werden, und leichtsinnig, wer glaubt, jede Folter ertragen zu können. Dagegen konnte er, gab er die Überlebenden seiner Gruppe preis, die Gestapo von seinem guten Willen überzeugen und, indem er vieles sagte, den Eindruck erwecken, daß er alles gesagt habe, und so verhindern, daß man ihn nach dem Rest fragte. Bei diesem furchtbaren Abwägen fielen Katz und Großvogel zwangsläufig kaum ins Gewicht. Sogar Maximowitsch, ja Käthe Voelkner wogen nicht schwer: was nützen Quellen, wenn keine Organisation mehr besteht, die sie auswertet?

So folgern die Fachleute, und ihre Erklärungen klingen einleuchtend. Aber was einleuchtet, muß nicht immer richtig sein. Beruhte Treppers Verhalten wirklich auf solchen Überlegungen?

Ich bin nach Stuttgart gefahren, um Herrn Reiser zu fragen.

Physisch ein Elefant. Das weiße Haar ganz kurz geschnitten. Blaue Augen. Der Blick strahlt keinerlei Wärme aus. Reiser setzt sich auf einen Stuhl, als sei es für die Ewigkeit, legt die Hände übereinander und spricht, französisch, fünf Stunden lang ohne eine Handbewegung, ohne eine Miene zu verziehen. Man hört fast, wie er nachdenkt. Jedes Wort wiegt schwer wie Blei. Seine kleine, zierliche Frau hört voller Bewunderung zu. Sie versteht kein Wort, aber was tut's: ihr Mann ist ihr Abgott. Er hat ihr nie von seiner Arbeit erzählt. Sie weiß nur, daß er die längste Zeit des Krieges in Paris verbracht hat. Was er dort tun mußte, interessiert sie ebensowenig wie der Sinn der Sätze, denen sie lauscht, als seien es himmlische Melodien. Was er getan hat, war selbstverständlich gut getan. Ihr Tätigkeitsfeld ist der Käfig des Elefanten. Sie putzt ihn seit dreißig oder vierzig Jahren. In ihrer Wohnung sucht man vergeblich nach einem Staubkorn. Alles ist erbarmungslos sauber und blank.

Reiser war SS-Hauptsturmführer und wie Giering und Berg bei der Polizei, ehe er von Himmlers SS übernommen wurde. Schon vor der Machtübernahme war er Spezialist für Gegenspionage und wurde gleich nach der Besetzung Frankreichs nach Paris entsandt. Giering war der Chef der Dienststelle, der für die Arbeit im ganzen westlichen Gebiet verantwortlich war und ständig zwischen Berlin, Brüssel und Paris hin und her reiste. Reiser, der Elefant, rührte sich nicht vom Fleck und führte als Gierings Stellvertreter in Frankreich das Regiment.

Er sagt:

»Die Rote Kapelle hatte ich schon bekämpft, bevor ich zum Sonderkommando versetzt wurde. Die Sokols habe ich verhaftet. Wir wußten nicht, daß sie für die Russen arbeiteten, wir glaubten, wir hätten es mit einer der vielen von London gesteuerten Widerstandsgruppen zu tun. Berlin hat sie sofort angefordert. Wenn sie gefoltert worden sind, dann in Berlin, nicht in Paris.«

Er sagt:

»Krieg ist eine schreckliche Sache! Und eine Riesendummheit! Ich habe Frankreich immer gern gehabt. Heute noch gehe ich jede Woche ins Institut Français in Stuttgart, um mich weiterzubilden. Meine Lieblingsautoren sind René Bazin und Henry Bordeaux, aber ich lese auch die Bücher von dieser Frau ... dieser Existentialistin – wie heißt sie doch noch ... Simone de Beauvoir!«

Er sagt:

»Ich habe meinen Leuten in Paris gleich gesagt, es kommt nicht in Frage, daß bei uns Gefangene mißhandelt werden. Bei mir ist nie gefoltert worden. Übrigens wurden wir bei Kriegsende von den Franzosen gefangengenommen und lange festgehalten. Der Prozeß ist aber eingestellt worden. Wenn wir gefoltert hätten, wären wir nicht so davongekommen. Für die Widerspenstigen, für alle, die nicht aussagen wollten, gab es eine Extradienststelle, die ›Abteilung für verschärfte Vernehmungen‹. Die waren ganz unabhängig, und bei denen sind üble Dinge vorgekommen.«

Er sagt:

»Katz, den habe ich verhaftet. Persönlich. Wir haben ihn durch Raichman, den Schuster aus Brüssel, erwischt. Raichman kannte mehrere Adressen von Leuten, die mit Katz in Verbindung standen. Ich habe sie alle überwachen lassen, aber ohne Erfolg. Bis zur Verhaftung des Grand Chef. Da hat Katz offenbar die Nerven verloren. Er hat angefangen, dauernd seinen Unterschlupf zu wechseln. Eines Nachts ist er dann auch zu einer Freundin, einer Kommunistin, gekommen, auf die uns Raichman aufmerksam gemacht hatte. Meine Leute haben mich alarmiert, und ich bin hingegangen und habe ihn verhaftet.«*

Läßt ihn sein Gedächtnis im Stich? »Monsieur Reiser, das müssen Sie verwechseln. Katz ist Ihnen von Trepper selbst geliefert worden ...«

»Das stimmt nicht. Der Grand Chef hat keinen seiner Mitarbeiter verraten, und zwar aus dem einfachen Grund, weil wir ihn gar nicht danach gefragt haben. Wenn er es getan hätte, müßte ich es wissen. Ich bin die ganze Zeit dabeigewesen.«

»Der Gestapo-Bericht ist aber eindeutig: Trepper hat Katz angerufen und sich mit ihm vor einer Plakatsäule bei der Metro-Station Madeleine verabredet. Als Katz dann in die Rue des Saussaies gebracht wurde, hat Trepper zu ihm gesagt: ›Wir müssen jetzt mit diesen Herren zusammenarbeiten. Das Spiel ist aus.‹«

---

* *Die Freundin war Modeste Ehrlich, die Frau eines jüdischen Lehrers, der in den Internationalen Brigaden gekämpft hatte. Sie wurde deportiert und kehrte nicht zurück.*

Reiser ist ein wenig in sich zusammengesunken, seine blauen Augen sind kleiner geworden, seine Hände so verkrampft, daß die Knöchel weiß werden.

»Hören Sie gut zu: wenn Sie diese ganze Geschichte begreifen wollen, dürfen Sie nicht ein Wort von dem glauben, was in den Gestapo-Berichten über den Grand Chef steht. Haben Sie verstanden? Nicht ein Wort!«

Zunächst schien also alles ganz anders auszusehen, aber bei näherer Betrachtung stellte sich heraus, daß sich nichts verändert hatte.

Ein Funkspiel ist, wie gesagt, ein ebenso schwieriges wie aufregendes Unternehmen und soll den Gegner täuschen. Bevor man aber die Partie gewinnen kann, muß man die Genehmigung für das Spiel haben. Die höheren Dienststellen sind mißtrauisch. Sie wissen, daß ein solches Spiel viel einbringen kann, aber wenn es mißlingt, hat man dem Gegner umsonst echte Informationen zugespielt. Die Angst vor der Verantwortung bringt es mit sich, daß man Sicherheiten verlangt, an erster Stelle natürlich die: auf die umgedrehten Agenten muß man sich bedingungslos verlassen können.

Die Gestapo beschließt, Trepper für ein Funkspiel von nie dagewesenen Ausmaßen zu benutzen. Das ist verständlich: Giskes gelang es in Holland, mit einer Handvoll kleiner Pianisten in London Verwirrung zu stiften – welche Möglichkeiten ergeben sich dann erst, wenn man einen sowjetischen ND-Chef gegen Moskau einsetzt! Aber zunächst müssen die Vorgesetzten überzeugt werden.

Seit Treppers Verhaftung sind sie sehr nervös geworden. In Paris hagelt es Fernschreiben, die, wie Piepe und Reiser übereinstimmend aussagen, alle die eine Frage enthalten: »Was sagt der Grand Chef?« Nun, der Grand Chef erzählt aus seinem Leben und schildert minuziös, was man mit Hilfe eines Telefonbuches alles machen kann. Würde man dieses schöne Ergebnis nach Berlin berichten, käme das neue Funkspiel niemals zustande. Himmler würde toben, und das mit Recht. Um das OKW, das Auswärtige Amt und die übrigen Ministerien dahin zu bringen, die notwendige »Nahrung« für ein Funkspiel bereitzustellen, muß die Zuverlässigkeit des Gefangenen garantiert sein.

Soll man also Trepper in die Knie zwingen? Ihn der »Dienststelle für verschärfte Vernehmungen« übergeben, ihm die Namen seiner Gehilfen entreißen? Das wäre eine Möglichkeit. Sein Apparat interessiert das Sonderkommando zwar kaum noch. Ein bewundernswert durchorganisierter und gegeneinander abgesicherter Bau, zweifellos, aber wenn das Fundament einmal zerstört ist, stürzen die Wände und alles übrige von selbst ein. Die Entkommenen werden einer nach dem anderen gefaßt werden, und wenn einige entwischen – was macht das schon, sie können doch nichts mehr ausrichten. In

Berlin allerdings wäre man vermutlich beruhigt, wenn Trepper zum Verrat gezwungen werden könnte.

Trepper in die Knie zwingen? Nicht unmöglich, aber ungewiß – und gefährlich. Einem Gefolterten Namen zu entreißen, ist eine Sache; etwas ganz anderes ist es, ihn für eine monatelange freiwillige Mitarbeit an einem Funkspiel zu gewinnen. Trepper ist ein unbequemer Mann. Im Augenblick sagt er nicht aus, aber er redet und nimmt Kaffee und Zigaretten an. Brüskiert man ihn, wird er sich womöglich wie eine Auster verschließen. Und gerade auf seine Mitarbeit kommt es an. Nur er kann den Meldungen im Funkspiel den Ton, den Stil geben, der Moskau Vertrauen einflößt.

Daher die glänzende Idee, ihm eine »Legende« anzudichten und Himmler das retuschierte, aber beruhigende Bild eines echten Verräters vorzugaukeln. Schellenberg hat beschrieben, wie die Gestapo ihre Berichte fälschte, um sich die Verdienste anderer zuzuschreiben. Hier läßt sich Prahlerei rechtfertigen: man lügt um der guten Sache willen. Giering erklärt dem Grand Chef: »Den Militärs darf man nicht alles sagen, die verstehen nichts von Politik, und Politikern darf man auch nicht alles sagen, denn die verstehen nichts vom Nachrichtendienst.« Trepper: »Wer darf dann aber alles wissen?« – »Nur der Leiter des Spiels. Er teilt jedem seine Ration zu, so wie er es für richtig hält.«

Himmler kommt reichlich auf seine Kosten. Gierings Berichte lassen keinen Zweifel am Verrat des Gefangenen. Als Piepe sie liest, glaubt er wie alle anderen, Trepper habe Katz, Großvogel, Robinson und Maximowitsch verraten. In einem Bericht wird sogar das Verhaftungsdatum des Grand Chef vom 24. November auf den 16. des Monats vorverlegt, damit man auch das Ausheben der Simex und Simexco, die Verhaftungen in Belgien und die Gefangennahme der Lyoner Gruppe auf sein Konto schreiben kann …

Gierings Verhalten ist verständlich. Aber Trepper? Sieht er denn nicht, worum es geht, erkennt er nicht, wozu die Gestapo ihn mißbrauchen will?

Es steht ungeheuer viel auf dem Spiel. Aber bevor wir sehen, worum es wirklich geht, müssen wir einige Vorurteile aus dem Weg räumen.

Die Stimmung in Deutschland ist in den Jahren 1943 und 1944 besser als im Winter 1941/42. Deutschland litt damals, nach ununterbrochenem Siegestaumel, monatelang unter den Rückwirkungen der plötzlichen Ernüchterung vor Moskau: der Krieg hatte aufgehört, ein harmloser Spaziergang zu sein; er würde lang und hart werden, ja, man begann auch an seinem Ausgang zu zweifeln. Ein schreckliches Erwachen für ein Volk, das sich daran gewöhnt hatte, von einer Sondermeldung zur nächsten zu leben, die siegreichen Vormärsche seiner Soldaten zu bejubeln und die Ausdehnung des Dritten Reiches zu verfolgen. Man braucht nur Goebbels' Tagebuch zu lesen, um zu sehen, wie schwer dieser Schock gewesen ist. In allen sozialen Schichten wurden Zweifel laut. Dann riß Hitler die Zügel der Wehrmacht an sich und zwang ihr eine eiserne Disziplin auf; bald danach begann der »Luftterror« der Alliierten, der in den Deutschen – ebenso unerwartet wie unbestreitbar – neuen Widerstandswillen weckte; und schließlich mobilisierte die Angst vor der Roten Armee alle Kräfte für einen verzweifelten Endkampf. Die letzten Kriegsmonate ausgenommen, herrschte in Deutschland nie wieder eine so niedergedrückte Stimmung wie in jenem ersten russischen Kriegswinter.

Bei der zivilen und militärischen Führung halten allerdings viele eine Niederlage nach wie vor für unvermeidlich. Deutschand hat noch nie einen Zweifrontenkrieg gewonnen. Mit dem Westen oder mit dem Osten müßte verhandelt werden. Aber so etwas laut zu sagen, bedeutet Selbstmord, so etwas klingt nach Defätismus, nach Hochverrat. Also marschiert man weiter mit offenen oder geschlossenen Augen dem Abgrund entgegen – wie jedermann, im gleichen Schritt und Tritt.

Himmler aber ist nicht jedermann. Er braucht den allgemeinen Terror nicht zu fürchten: er ist Ursprung und Instrument des Terrors. Er hat keine Angst vor der Gestapo: er ist die Gestapo. Nüchtern betrachtet, hat niemand anderer mehr Mittel in der Hand, die Lage zu beeinflussen.

Himmler: ein Verrückter mit gesundem Menschenverstand; solche Leute gibt es häufig – den Kopf in den Wolken, aber beide Beine auf dem Erdboden. Er ist fest davon überzeugt, die Wiedergeburt von König Heinrich dem Vogler zu sein, dem seine besondere Verehrung gilt. Darüber hat er aber nicht vergessen, seine SS-Truppen als einzige im ersten russischen Winter rechtzeitig mit pelzgefütterten Uniformen auszurüsten. In jenem Winter wird Himmler klar, wie sich die deutsche Kampfmoral in einer ausweglos scheinenden Lage verschlechtert. Die Moral könnte man durch Propagandamittel heben, aber das würde die Situation nicht ändern. Auch im Frühjahr, als die Wehrmacht mit neuen Kräften und neuem Schwung zum Kaukasus stürmt und ganz Deutschland wieder jubelt, weil alle glauben, dies sei der Todesstoß für Sowjetrußland, bewahrt Himmler seinen nüchternen Verstand: Ciano, der italienische Außenminister, notiert am 19. Mai 1942 in seinem Tagebuch, daß der Reichsführer SS die Offensive für brillant, aber nicht entscheidend hält und einen zweiten moralisch und versorgungstechnisch schweren Winter voraussieht. Die Ereignisse geben Himmler recht. Im Dezember 1942 führt Rechtsanwalt Langbehn, ein Freund Himmlers, mit Genehmigung des Sicherheitsdienstes mit offiziellen englischen und amerikanischen Stellen Gespräche in Zürich und Stockholm. Er soll bei den Partnern die Möglichkeiten sondieren, ob ein Separatfrieden mit dem Westen gegen einen Regierungswechsel in Deutschland einzuhandeln sei. Der Historiker Wheeler-Bennett schreibt hierzu: »Bestimmtes war bei den Unterredungen nicht herausgekommen, doch die Zürcher Mission hatte Langbehn in der doppelten Überzeugung bestärkt, daß Himmler unter gewissen Umständen den Verschwörern die Bälle zuspielen würde und daß nur so Hitler und das Naziregime zu beseitigen seien.«[43]

Der von Hitler entlassene, aber immer noch gut informierte Diplomat Ulrich von Hassell – einer der führenden Köpfe des Widerstands – erwähnt diese Verhandlungen in seinem Tagebuch, in dem übrigens schon Notizen früheren Datums über das Spiel zu finden sind, auf das Himmler sich eingelassen hat. So schrieb von Hassell am 22. März 1942: »Ganz interessanter Abend neulich bei Kurzfuß (Langbehn), der immer noch in Verbindung mit Cielo (Himmler) vermutet, daß man dort allerhand plant. Jedenfalls ist man in der Ecke handlungsfähiger als im Kreise Geibel (Beck) …« Sieben Monate zuvor, im September 1941, hat ein gewisser Danfeld vom Sicherheitsdienst von Hassell aufgesucht: »Dieser noch junge SS-Mann zeigte sich außenpolitisch bemerkenswert unterrichtet, nüchtern im Urteil und erstaunlich frei in der Äußerung. Er blieb anderthalb Stunden und betrat Bahnen, auf die ich ihm vorsichtigerweise nicht folgte. Aus allem ging hervor, daß man sich in Himmlers Rayon schwere Sorgen macht und über Auswege grübelt.«[44]

Wundern wir uns nicht darüber, daß ein Mitglied der SS so spricht (auch von Hassell ist nicht darüber verwundert): es wurde schon erwähnt, daß die SS-Leute als einzige laut sagen durften, was andere kaum zu denken wagten. Auch die paradoxe Annäherung zwischen einem Angehörigen der SS und einem Widerstandskämpfer ist nicht erstaunlich. Himmler rechnet ja geradezu mit dem Widerstand, um Kontakte mit dem Westen aufnehmen und verhandeln zu können.

Die Historiker, die sich mit dem Dritten Reich beschäftigt haben, sind bis in alle Einzelheiten Himmlers Bemühungen nachgegangen, jeden heimlichen Verbindungsweg seinen politischen Zwecken nutzbar zu machen. Von 1942 bis zum 20. Juli 1944 wurden die mit dem Westen zusammenarbeitenden Widerstandsgruppen von ihm mit geradezu unvorstellbarer Milde behandelt. Wenn eine Gruppe aufgeflogen war, wurden ihre Mitglieder nur im äußersten Fall verhaftet; und hingerichtet wurden sie meistens erst nach dem 20. Juli 1944, als man sie wirklich nicht mehr vor dem Henker bewahren konnte. So kommt der englische Historiker Gerald Reitlinger zu dem Schluß: »Man kann mit einiger Sicherheit sagen, daß keine Bewegung, die Aussicht gehabt hätte, mit den westlichen Alliierten zu verhandeln, von Himmler gänzlich vernichtet worden wäre, wenn er es hätte vermeiden können. Himmler zögerte, bei den Verschwörern, die er durch seine Agenten entdeckte, Exempel zu statuieren, weil er fürchtete, dadurch den ganzen Widerstandskreis lahmzulegen.«[45]

Die Widerstandsbewegung durchschaut Himmlers Spiel so genau, daß sie direkt bei ihm anklopft. Wir haben gesehen, daß von Hassell und seine Freunde Himmlers Sorgen um den Ausgang des Krieges kannten und zur gleichen Zeit jede Hoffnung aufgeben mußten, die ängstlichen Generale der Wehrmacht von der Notwendigkeit eines Militärputsches gegen Hitler zu überzeugen. Aus dieser doppelten Einsicht entsprang der erschreckende und vernünftige Plan, Himmler in den Widerstand einzubeziehen. Das war riskant, aber von Hassell und seine Freunde sind zu Recht der Meinung, daß sich der Einsatz lohnt. Wenn Himmler und seine SS mitmachen, dann können die Militärs nicht mehr beiseite stehen.

Die vorbereitenden Schritte unternimmt Langbehn, der schon in Schweden und in der Schweiz das Terrain sondiert hat. Er arrangiert ein Treffen zwischen Himmler und Popitz, dem preußischen Finanzminister, einem Mitglied des Widerstandes. Das Gespräch findet am 26. August 1943 im Innenministerium statt. Popitz schlägt vor, man solle versuchen, auch ohne Hitlers Zustimmung mit dem Westen zu verhandeln. Himmler (»der treue Heinrich«, wie ihn Hitler gern nennt) sagt kaum etwas, aber doch genug, um bei Popitz den Eindruck zu erwecken, »daß er nicht grundsätzlich ablehnt«. Das ist ungeheuer viel! Langbehn fährt sofort in die Schweiz, um seinen westlichen Gesprächspartnern die gute Nachricht zu übermitteln. Unglücklicherweise wird ein an eine westliche Hauptstadt gerichteter Funkspruch aus der Schweiz aufgefangen, der Einzelheiten über Langbehns Mission enthält. Hitler erfährt davon, bevor der Reichsführer SS intervenieren kann. Himmler muß, um sich zu decken, Langbehn verhaften lassen, Popitz aber wird nicht behelligt.* So scheiterte dieses Unternehmen an einem Zufall.

Aber für Himmlers Politik war dieses Unternehmen bezeichnend. Beide Beine auf dem Erdboden und den Kopf in den Wolken. Der gesunde Menschenverstand sagt ihm, daß mit dem Zweifrontenkrieg Schluß gemacht werden muß. Verhandlungen mit dem Osten sind für ihn undenkbar: er ist überzeugter Anhänger eines »Kreuzzugs gegen den Bolschewismus«. Himmler muß sich also um Verhandlungen mit dem Westen bemühen. Welche Torheit freilich, sich einzubilden, ein Churchill oder ein Roosevelt würden mit ihm

---

* *Beide Männer wurden erst nach dem 20. Juli 1944 hingerichtet.*

verhandeln und ihm, der mit dem Blut unzähliger Unschuldiger besudelt ist, die Hand reichen. Aber die Illusionen des Reichsführers SS – die er übrigens bis zuletzt gehegt hat – sind eine andere Sache: seine Sache.

Uns interessiert seine Politik.

Gibt es eine Verbindung zwischen dem weltweiten politischen Spiel eines Himmler und seinem Gefangenen Trepper? Ja, eine ganz direkte und unglaublich einfache.

Um mit einem der Alliierten einen Separatfrieden schließen zu können, muß zunächst die Allianz gesprengt, eine Bresche in die gegnerische Front geschlagen werden. Ein solches Unterfangen ist immer möglich, manchmal sogar leicht. In der Geschichte wimmelt es von Bündnissen, die auseinandergefallen sind, bevor das Ziel erreicht war. Verbündet sein heißt, zusammen in dieselbe Richtung zu blicken, ohne den Partner aus den Augen zu lassen; heißt, in gleichem Schritt voranzugehen und zugleich darauf zu achten, daß einem der andere kein Bein stellt; heißt, gemeinsame Erklärungen zu veröffentlichen, die nichts von den Hintergedanken und den Zweifeln jedes einzelnen durchblicken lassen.

Stalin, Churchill und Roosevelt bieten dafür ein perfektes Beispiel. Die Spannungen innerhalb der Allianz sind uns bekannt, wir brauchen uns damit nicht näher zu beschäftigen. Fassen wir kurz zusammen: In der ersten Hälfte des Krieges, als Rußland schwere Schläge einstecken muß, zittern Roosevelt und Churchill bei dem Gedanken, ihr östlicher Verbündeter könne seinen Leiden durch einen Separatfrieden ein Ende machen; in der zweiten Hälfte der Auseinandersetzung, als Rußland bei der Gegenoffensive täglich 10 000 Soldaten verliert, ist Stalin darüber empört, daß die Westmächte die Eröffnung einer zweiten Front so lange hinauszögern; er verdächtigt sie schließlich, mit Deutschland verhandeln zu wollen, um den Roten Ansturm auf Mitteleuropa einzudämmen.

Das deutsche Spiel wird also darin bestehen, die Gegensätze zu verschärfen, alles nur mögliche zu tun, um die west-östlichen Beziehungen zu vergiften und so das Bündnis von innen her zu sprengen.

Aber wie?

Schellenberg, der Chef der Auslandsabteilung des SD, erklärt die Vorgangsweise in seinen Erinnerungen: indem man bei jedem Verbündeten den Eindruck zu erwecken versucht, Deutschland verhandle mit dem anderen. »Gerade zu jener Zeit – es war August 1942«, schreibt er, »zeigten die eingehenden Geheimberichte eindeutig, daß zwischen Stalin und den westlichen Alliierten gewisse Spannungen eingetreten waren ... Diese Situation ... schien mir geeignet, Verhandlungsfühler nach beiden Seiten auszustrecken ...«[46]

Aber, fügt er hinzu, die Hauptschwierigkeit bestehe darin, mit der Sowjetunion in Verbindung zu treten.*

Mit den Westmächten eine Verbindung aufzunehmen, ist nicht schwierig. In Stockholm, Madrid, Genf, Lissabon und Ankara wimmelt es nur so von amtlichen und halbamtlichen Personen, die als Gesprächspartner in Frage kommen. Der vorsichtige Himmler versucht, sich mit ihnen über den deutschen Widerstand in Verbindung zu setzen, um seine Bemühungen vor seinen nationalsozialistischen Kollegen geheimzuhalten. Wäre er wirklich ernsthaft zu Verhandlungen entschlossen und bereit, die Verantwortung dafür zu übernehmen, könnte er in den neutralen Hauptstädten jederzeit Kontakte aufnehmen.

Eine Verbindung zu den Russen herzustellen, ist, wie gesagt, schwieriger. Und doch verlangt das Spiel des Reichsführers, daß ein Kontakt zustande kommt. Wir wissen nicht, wer den Vorschlag gemacht hat, dafür die Sender der Roten Kapelle zu benutzen.

Es war eine geniale Idee, und der Plan wurde perfekt in die Tat umgesetzt. So werden auch die ausgezeichneten Informationen, die von den umgedrehten Pianisten durchgegeben wurden, verständlich: Moskau durfte um keinen Preis etwas von den Verhaftungen erfahren, es mußte unbedingt weiter auf die Zuverlässigkeit seiner Leute bauen. So konnte die Rote Kapelle ohne beunruhigende Zwischenfälle weiterarbeiten, diesmal allerdings für Berlin und auf Kosten Moskaus. Jefremow, Wenzel und Winterink sind die ersten Solisten im neuen Konzert. Das große Ziel bleibt jedoch, an die Spitze dieser zweiten Besetzung des Orchesters wieder den alten Dirigenten zu stellen – den Grand Chef. Die übrigen sind einfache Musiker, er allein hat genügend Format, um Moskaus internationale Politik zu vergiften.

---

* *Bis heute hat sich für den Zweiten Weltkrieg nur ein Kontakt zwischen Vertretern der Sowjetunion und Deutschlands feststellen lassen. Im Dezember 1942 und im Juni 1943 setzt sich der sowjetische Agent Edgar Clauss mit dem deutschen Diplomaten Peter Kleist in Verbindung und schlägt ihm ein Treffen mit dem Leiter der Europa-Abteilung des sowjetischen Kommissariats für Äußere Angelegenheiten Alexandrow vor. Er teilt ihm mit, daß der Kreml unter bestimmten Bedingungen zu einem Separatfrieden mit Deutschland bereit sei. Durch eine Ungeschicklichkeit von Clauss – er nimmt auch mit dem deutschen Militärattaché in Stockholm Kontakt auf, dessen Vorgesetzter, Admiral Canaris, ein unerbittlicher Antikommunist ist – erfährt jedoch Hitler davon. Er rast vor Wut über »diese dreiste jüdische Provokation«. Das Auswärtige Amt wird damit beauftragt, die rassische Abstammung Alexandrows festzustellen. »Da aber das sowjetische ›Rasse- und Siedlungshauptamt‹ nicht zur Vorlage des ›Ahnenpasses‹ von Genosse Alexandrow bewogen werden konnte«, blieben die »mit protokollarischer Gründlichkeit« betriebenen Nachforschungen ergebnislos. (Peter Kleist, Zwischen Hitler und Stalin, Bonn 1950, S. 252, 258) – So scheitert der einzige Versuch, eine Verbindung zwischen Moskau und Berlin herzustellen, an einer für die Nazis charakteristischen Lächerlichkeit.*

Wie kann man ihn verwenden, jetzt, wo man ihn in der Hand hat? Auch hier wird genial und *con brio* gespielt. Vorsichtig, ohne zu forcieren, wird Stein um Stein die Mauer des Mißtrauens aufgerichtet, hinter der man Stalin zu isolieren hofft.

Hier als Beispiel drei solcher Steine.

Der SS-Führung geht ein zehn Seiten langer, maschinengeschriebener Bericht des Propagandaministeriums zu, der die Ergebnisse einer großangelegten Meinungsumfrage über die Einstellung der deutschen Bevölkerung zum Krieg enthält. Unter anderem lassen sich zwei Schlußfolgerungen daraus ableiten: zum einen, das deutsche Volk glaubt immer noch an den Endsieg; zum anderen, der Durchschnittsdeutsche ist der Meinung, daß, sollte der Krieg verloren sein, auf alle Fälle mit den Westmächten verhandelt werden müsse, um die Russen jenseits der deutschen Grenzen aufzuhalten. Dieser Bericht ist natürlich streng vertraulich, aber nach langen Verhandlungen mit den Verantwortlichen gelingt es schießlich, ihn als eine Meldung des Grand Chef nach Moskau zu senden: er soll für Stalin den Beweis bringen, daß die Deutschen bereit sind, mit dem Westen zu verhandeln, um die gesamte deutsche Wehrmacht gegen die Rote Armee einsetzen zu können.

Die in der Umgebung von Paris abgeschossenen englischen und amerikanischen Piloten werden, wenn sie verwundet sind, in ein Lazarett in Clichy gebracht. Das Sonderkommando schickt Moskau über die umgedrehten Sender Berichte von einem Mitglied eines Spionagenetzes, das solche Piloten angeblich befragen konnte: sie sind kriegsmüde. Vor allem zweifeln sie an der Berechtigung des Krieges. Die meisten scheinen eher antisowjetisch als antinationalsozialistisch eingestellt zu sein. Sie fragen sich, ob man nicht, wenn man Deutschland besiegt, »das falsche Schwein« schlachtet. Auf diese Weise erfährt Stalin, welche Gefühle die westlichen Soldaten ihrem russischen Verbündeten gegenüber hegen. Er argwöhnt ohnehin, daß zwischen den Naziführern, Churchill und Roosevelt geheime Verhandlungen im Gange sind: die Meinungsumfrage und die von den ausländischen Piloten in Clichy erhaltenen Auskünfte sollen ihm beweisen, daß das einfache Volk ein solches Vorgehen unterstützen würde.*

Moskau verlangt von einem der umgedrehten Pianisten Angaben über die Befestigungsanlagen von Calais. Das Kommando gibt die gewünschte Auskunft, aber die Zentrale ist nicht zufrieden und verlangt Details. Das Sonder-

---

* Der Autor hat keinen Beweis für die Authentizität der Auskünfte. Wahrscheinlich wurden die »Aussagen« dem Zweck entsprechend frei erfunden.

kommando berichtet über seine Schwierigkeiten: in Calais wimmelt es von deutscher Polizei, die alle mit Maschinenpistolen des Typs Sten ausgerüstet sind. Moskau beißt sofort an: was? Englische Maschinenpistolen? Nachforschen, herausfinden, wie die deutsche Wehrmacht zu diesen Waffen gekommen ist! Antwort des Sonderkommandos: die Waffen wurden von den Deutschen in einem neutralen Land gekauft; obwohl die Engländer wußten, wer der wirkliche Käufer war, haben sie an den Verkauf nur eine Bedingung geknüpft: die Waffen dürfen nicht an der Ostfront verwendet werden. Ein tückischer Zug! Stalin wird aus diesem »Vorfall« zwei falsche Schlüsse ziehen. Erstens: die Engländer beliefern die Wehrmacht mit Waffen – das ist offensichtlicher Bündnisverrat. Sie haben die Verwendung dieser Waffen im Osten nur deshalb verboten, weil bei einer etwaigen Erbeutung einer solchen Maschinenpistole der Verrat offenkundig würde. Die Wehrmacht mit Waffen zu beliefern, bedeutet zugleich, Waffen für die Ostfront freizustellen. Und zweitens: wenn die Engländer die Feuerkraft des Atlantikwalls so bereitwillig verstärken, dann haben sie offensichtlich den Plan einer Landung aufgegeben. Die Errichtung einer zweiten Front steht also keineswegs unmittelbar bevor! Die Westmächte verharren ruhig in ihren Stellungen, bis der »letzte russische Soldat den letzten deutschen Soldaten getötet hat«, wie es so schön heißt, falls sie nicht sogar auf den Gedanken kommen, mit den Deutschen gemeinsame Sache zu machen, damit der letzte deutsche Soldat den letzten russischen Soldaten tötet …

Am 17. Januar 1944 veröffentlicht die »Prawda« unter der Überschrift »Gerüchte in Kairo« folgende Meldung: »Kairo, 12. Januar. (Von unserem eigenen Korrespondenten.) Zwei führende britische Persönlichkeiten sind kürzlich mit Ribbentrop in einer Küstenstadt der Iberischen Halbinsel zusammengetroffen, wie nach zuverlässigen Informationen aus griechischen und jugoslawischen Quellen zu erfahren ist. Zweck des Zusammentreffens war die Klärung von Bedingungen für den Abschluß eines Separatfriedens mit Deutschland. Das Treffen ist, wie angenommen wird, nicht ergebnislos verlaufen.«[47]

»Auf den Minister wirkt diese Meldung wie eine starke Droge«, schreibt Goebbels' ehemaliger Adjutant Wilfrid von Oven. »Als er mich zur Besprechung des Nachrichtenmaterials hereinruft, unter dem sich auch die bewußte ›Prawda‹-Meldung befindet, ist er ganz aufgeregt. Er hat sie zuoberst auf den Stoß von Telegrammen gelegt. Sie ist – Zeichen höchster Bedeutsamkeit – mit einem dicken Strich seines Grünstifts durchstrichen. Außerdem hat er sie noch am Rande mit mehreren starken Ausrufungszeichen versehen. Er sieht mich bedeutungsvoll an, schlägt mit dem Handrücken gegen das Blatt, das er in die Hand genommen hat, und sagt: ›Das ist die wichtigste Meldung, die es im Augenblick geben kann. Natürlich ist sie – ich muß schon sagen: leider Gottes – von A bis Z erlogen. Es entsteht die Frage: was bezweckt Stalin – denn niemand anders als dieser schlaue Fuchs steckt dahinter – mit dieser Ente?‹«[48]

In London und Washington stellt man sich diese Frage auch. Natürlich ist die Meldung der »Prawda« völlig aus der Luft gegriffen. Wenn es Stalin aber gefällt, daran zu glauben – und alle wissen, daß die »Prawda« nichts ohne Zustimmung der Regierung veröffentlicht –, dann kann das Bündnis gefährdet sein. Das Foreign Office beeilt sich, ein Dementi zu veröffentlichen; eine Untersuchung wird eingeleitet; man erfährt, daß die »Prawda« keinen Korrespondenten in Ägypten hat und daß ein Bericht in jedem Fall erst der Zensur hätte vorgelegt werden müssen, bevor er von Kairo durchgegeben werden konnte. Die sowjetische Agentur TASS veröffentlicht zwar das englische Dementi, macht aber zugleich dunkle Andeutungen über die undurchsichtigen Machenschaften Franz von Papens, des deutschen Botschafters in Ankara. Die Verwirrung ist allgemein. In Berlin sagt Goebbels zu Wilfrid von Oven: »Wir müssen jetzt die Entwicklung aufmerksam verfolgen. Jedenfalls ist sie eine neue Bestätigung dessen, was ich seit langem vorhergesagt habe: die Alliierten bedrohen sich gegenseitig mit der Möglichkeit, sich mit uns zu verständigen. Selbstverständlich darf nichts von dieser sensationellen Meldung an unsere Öffentlichkeit gelangen. Auch dem Ausland gegenüber müssen wir vollkommenes Stillschweigen bewahren und dürfen mit keiner Silbe verraten, wie sehr wir an der in Gang befindlichen Entwicklung interessiert sind. Also: gesperrt für In- und Ausland. Sie bürgen mir dafür, daß hier wirklich keine Panne passiert!« Es sickert aber doch durch. Am 7. Februar notiert Ulrich von Hassell in seinem Tagebuch: »Für die Lage bezeichnend die von der ›Prawda‹ gegen die Anglo-Amerikaner geworfene Stinkbombe mit der Nachricht, Ribbentrop habe in Spanien mit Hoare verhandelt. Erfolg in Deutschland: verschärftes Mißtrauen der Regierenden, die vermuten, daß zwar nicht Ribbentrop, wohl aber andere Kreise mit den Engländern Fühlung hätten. Schwerin* erzählt, daß man nach einer jungen Gruppe im Auswärtigen Amt schnüffle.«[49]

In London und Washington fragt man sich, wie dieser Artikel zu erklären ist. In den Hauptstädten der neutralen Länder rätselt man ebenfalls darüber. In Berlin herrscht bei Goebbels im Propagandaministerium, beim Finanzminister und bei fast allen nationalsozialistischen Führern die gleiche Unge-

---

* *Schwerin von Krosigk, Reichsfinanzminister.*

wißheit. Selbst Historiker werden über dieses Problem stolpern und so tun, als habe es sich um eine Falschmeldung, um eine Zeitungsente gehandelt.

Von den Initiatoren des Funkspiels verfaßt und über Gestapo-Müller nach Paris weitergegeben, ist diese Meldung vom Sonderkommando über Kents Sender ausgestrahlt worden. Durch eine lange zurückliegende Meldung desselben Senders war Moskau darüber informiert worden, daß der Petit Chef mit einem wichtigen Beamten des Auswärtigen Amtes Verbindung habe. Als der Direktor wissen wollte, um wen es sich handelte, hatte das Sonderkommando unverzüglich den Namen eines deutschen Diplomaten genannt, der vor 1939 in Lissabon tätig gewesen und dessen ablehnende Haltung gegenüber den Nazis allgemein bekannt war. Auf diese Weise wurden die plötzlich so zahlreichen diplomatischen Nachrichten von Kent glaubwürdig, und auch die Meldung über die Verhandlungen zwischen Ribbentrop und den Engländern sollte angeblich aus dieser Quelle stammen. Laut Kent hatte sein deutscher Informant den Bericht eines in London stationierten neutralen Diplomaten einsehen können, ehe er von den Deutschen abgefangen worden war. Der neutrale Diplomat hielt sich damals tatsächlich in London auf (der Kreml konnte das leicht kontrollieren), er hatte tatsächlich einen Bericht an seine Regierung gesandt, und den Deutschen war es tatsächlich gelungen, diesen Bericht abzufangen. Die Leiter des Funkspiels brauchten nur einige Sätze auszuwechseln, um ihm einen völlig anderen Sinn zu geben: er enthielt nun die Ankündigung eines Treffens von deutschen und englischen Persönlichkeiten auf neutralem Boden, und die Zusammenkunft war durch die Beunruhigung führender englischer Kreise angesichts der riesigen Gebietsgewinne der Roten Armee motiviert.

Nachdem Stalins Zweifel an der Loyalität seiner Verbündeten sorgfältig genährt worden waren, mußte man ihn nun davon überzeugen, daß diese Alliierten sich anschickten, mit Deutschland zu verhandeln, mußte ihn anstacheln, seinen Verbündeten auf dem Weg der Treulosigkeit zuvorzukommen. Auf diese Weise würde er den Anstoß für den Zersetzungsprozeß der Allianz geben, von dem er zu Unrecht annahm, daß er bereits eingeleitet sei.

Das ist das erschreckende »Große Spiel«, bei dem Trepper mitzuspielen gezwungen ist, wenn er am Leben bleiben will.

Sonne und Nebel

28

Ein angenehmes Leben.

Nach seiner Verhaftung in der Ordination Dr. Maleplates war Trepper von Giering und Piepe in die Rue des Saussaies zu SS-Sturmbannführer Bömelburg gebracht worden, der zwei Wochen vorher Kent in Marseille verhaftet hatte. Als Bömelburg, einer der Chefs der Gestapo in Frankreich, Trepper erblickte, rief er: »Nun haben wir den russischen Bären doch erwischt!« Die sensationelle Nachricht wurde sofort telefonisch nach Berlin durchgegeben, dann verfrachtete man den Gefangenen in ein Auto und brachte ihn, begleitet von mehreren mit Polizisten vollgestopften Fahrzeugen, in das Gefängnis von Fresnes. Dort blieb er nur eine Nacht, und er wird wohl einige Mühe gehabt haben, Schlaf zu finden, denn Giering hatte angeordnet, allen Mitgliedern der Roten Kapelle die Hände auf den Rücken zu fesseln.

Am nächsten Morgen holte man Trepper in die Rue des Saussaies zurück, wo im Erdgeschoß eine provisorische Zelle eingerichtet worden war. Zweieinhalb Monate lang blieb er dort. Niemand hat sich je an ihm vergriffen. Er wurde gut ernährt, mit Zigaretten versorgt, und weil er herzleidend war, besuchte und behandelte ihn alle drei Tage ein deutscher Militärarzt. Reiser berichtet sogar, daß er ein- bis zweimal in der Woche ein Bad nehmen durfte. Als Trepper sich über Langeweile beklagte, bekam er ein Wörterbuch, Papier und Bleistift, damit er seine Deutschkenntnisse vervollständigen konnte.

Die Verhöre wurden ausgesprochen freundlich geführt. Sie fanden erst nach dem Mittagessen statt, da die Kommando-Mitglieder vormittags häufig verkatert waren. Sie waren eine vergnügte Clique, die fest zusammenhielt – hart in der Arbeit, unermüdlich in der Freizeit. Mit Ausnahme des gestrengen Reiser ging die Belegschaft sofort nach Dienstschluß geschlossen aus. Anfangs war eine russische Bar ihr Stammlokal. Dann aber stießen sie auf die Schlagersängerin Suzy Solidor. Sie betörte alle und zog die neuen Kunden in ihr Nachtlokal in der Rue Saint-Anne Nr. 12. Dort trafen Giering und seine Männer jeden Abend ihre Freundinnen aus den Kreisen der Wehrmachtshelferinnen, konsumierten große Mengen von Alkohol und lauschten der rauhen Stimme der blonden Suzy Solidor, wenn sie »Lily Marleen« oder andere schwermütige Schlager sang. Aber neben diesen Liedern gab es auch vergnügtes Gelächter. So zum Beispiel an dem Abend, als Suzy erzählte, daß bei ihrer Ankunft in Berlin der Bahnhof über und über mit den Initialen der SS geschmückt gewesen sei – bescheiden seufzend setzte sie dann hinzu, daß es doch wirklich nicht nötig gewesen wäre, ihretwegen alle diese Fahnen mit ihren Anfangsbuchstaben aufzuhängen. Piepe muß heute noch darüber lachen.

Nach dem Mittagessen machten es sich Giering und Trepper vor einer Flasche Cognac und einer großen Kanne Kaffee bequem. Sie unterhielten sich ganze Nachmittage lang wie zwei alte Kameraden, die Erinnerungen austauschen, und nur selten ließ eine Bemerkung erkennen, daß sie nicht beide auf derselben Seite der Barrikade standen. Eines Tages zum Beispiel erwähnte Giering, daß die Rote Armee den Dnjepr überschritten habe, und meinte: »In Berlin fangen sie an zu zählen, wie viele Flüsse noch zwischen der Front und der deutschen Grenze liegen.« Trepper erzählte daraufhin die Anekdote vom deutschen Kaiser, der 1918 zu seinem Adjutanten gesagt haben soll, er wolle die Front besichtigen, worauf der Adjutant antwortete: »Warten Sie nur, Majestät, die Front wird bald zu Ihnen kommen.« Als Trepper merkte, daß er zu weit gegangen war, fügte er schnell hinzu: »Ach, Flüsse fließen mal in diese, mal in jene Richtung.« Diese nichtssagende Bemerkung und ein Glas Cognac genügten, um Giering zu besänftigen.

Der Chef des Sonderkommandos magerte zusehends ab, seine Stimme war nur noch ein hohles Krächzen: der Krebs schritt noch schneller voran als die Rote Armee. Trepper tröstete ihn und riet zu größerem Alkoholkonsum, dem, wie er sagte, einzig wirksamen Mittel gegen den bösartigen Tumor. Überhaupt wurde der Grand Chef eine Art medizinischer Ratgeber für seine Umgebung. Sein wichtigster »Patient« war Gierings Mitarbeiter Willy Berg, dem seine Freunde aufgrund seiner Karriere den Spitznamen »Hügel« gegeben hatten und dem sein übermäßiger Alkoholgenuß schwer zu schaffen machte. Der Grand Chef tröstete ihn: »Ich kenne eine Apotheke in Paris, die ein Wundermittel herstellt. Wir müssen einmal zusammen dort hingehen.«

Tatsächlich bekam er bald Ausgeherlaubnis. Die ersten Male begleiteten ihn zwei Gestapoautos, wenn er spazierenfuhr. Dann war es nur ein Auto, und es dauerte gar nicht lange, da fuhr Trepper fast allein durch Paris, außer dem Fahrer saßen nur zwei Bewacher im Wagen. Aber auch auf diese Vorsichtsmaßnahme verzichtete man bald: der Gefangene durfte schließlich mit nur einem Wächter ausfahren, meistens mit Willy Berg. Berg drängte darauf, die Wunderapotheke aufzusuchen, aber Trepper hatte tausend Ausreden, so daß der arme Berg schließlich glauben mußte, Trepper habe sich die Geschichte mit dem Mittel nur ausgedacht.

Auch die umgedrehten Pianisten des belgischen und des holländischen Netzes wurden so zuvorkommend behandelt. Jefremow und Wenzel wohnten in einer beschlagnahmten Wohnung in der Rue de l'Aurore Nr. 68 in Brüssel; Winterink war in Amsterdam. Anfangs hatte man sie beim Kommando vorsichtshalber nur mit dem Aufsetzen der Meldungen betraut: man fürchtete, sie könnten sich, aus Gewissensnot, ihrer früheren Zugehörigkeit erinnern. Die deutschen Fachkräfte hatten sich also zunächst selbst an die Taste gesetzt und versucht, die Verbindung mit Moskau herzustellen. Es war ihnen nicht gelungen. Die mißtrauische Zentrale war stumm geblieben. Das ist begreiflich, denn jeder Pianist hat eine eigene Technik, seine »Handschrift« (er funkt schneller oder langsamer, betont diesen oder jenen Buchstaben, und so weiter). In der Zentrale kennt man diese Eigenheiten und identifiziert den Funker allein nach seinem Anschlag. Ersetzt man den Pianisten, kann der Empfänger schon mit bloßem Ohr den Betrug erkennen.

Nach wochenlangem Zögern entschließt sich das Kommando, die drei Häftlinge mit der Durchgabe der Nachrichten zu betrauen. Vorsichtshalber läßt man sie zunächst einige Texte »ins Leere« senden, das heißt, ohne Moskau anzurufen. Spezialisten prüfen, ob die Texte nicht irgendeine Anomalie enthalten, wodurch die Russen möglicherweise alarmiert werden könnten. Als sich herausstellt, daß alles in Ordnung ist, dürfen die drei Pianisten wieder Verbindung mit der Zentrale aufnehmen. Von dort kommt die erstaunte Frage: »Was war los?« Das Sonderkommando läßt antworten: »Durch Verhaftungen hat es einige Verwirrung gegeben. Alles ist wieder in Ordnung!« Die Qualität der übermittelten Nachrichten tut ein übriges, die Zweifel Moskaus zu zerstreuen.

Das Eis ist gebrochen. Ein ehemaliger Angehöriger der Funkabwehr erzählt: »Die Begeisterung der Gefangenen für ihre Arbeit wuchs sich zur Besessenheit aus. Ihre Lebensbedingungen waren erträglich, sie genossen eine gewisse Freiheit, und ihr persönliches Verhältnis zu den deutschen Wachoffizieren besserte sich mit der Zeit.«

Aus dem anfänglichen gegenseitigen Mißtrauen entwickelt sich allmählich eine richtige Kameradschaft. Das ist fast unvermeidlich: man ist unter seinesgleichen, unter Spezialisten, begeistert sich für das gleiche Metier, fachsimpelt, wie es Fachleute in aller Welt tun. Und außerdem lebt man von morgens bis abends zusammen, ißt und trinkt am gleichen Tisch, raucht die gleichen Zigaretten, lacht über die gleichen Scherze. Die Außenwelt verliert an Bedeutung, sogar das Grollen des Krieges verstummt: es gibt nur noch eine verschworene Gemeinschaft, eine gemeinsame Aufgabe. Nach einigen Wochen wäre es für einen Außenstehenden schwer gewesen, Gefangene und Wächter auf einen Blick zu unterscheiden.

Alle Leiter eines Funkspiels kennen dieses Phänomen. Sie versuchen vergeblich, eine übermäßige Verbrüderung zu verhindern. Aber Menschen sind nun einmal so ...

An einem Januarmorgen des Jahres 1943 betreten Wenzel und sein Bewacher den Senderaum. Der Ofen ist ausgegangen, es ist kalt. Als der Deutsche vor dem Ofen niederkniet, um das Feuer anzufachen, wirft Wenzel sich auf ihn. Er schlägt ihn nieder, stürzt zur Tür, dreht von außen den Schlüssel um, rennt die Treppe hinunter, hinaus auf die Straße. Frei. Trotz intensivster Suche hat das Sonderkommando Wenzel nie wieder gefunden.*

Sein Wächter übernimmt den Platz an der Taste. Er hat Zeit gehabt, die Technik seines Gefangenen zu studieren; die Zentrale bemerkt den Wechsel nicht. Aber der Schreck ist allen in die Glieder gefahren: die beiden anderen Pianisten müssen ihren goldenen Käfig mit dem Konzentrationslager Breendonck, in der Nähe von Brüssel, vertauschen. Von dort aus wird nun das Funkspiel fortgesetzt. Winterink und Jefremow müssen Wenzels Freiheit mit verschärfter Haft bezahlen.

Das gemütliche Leben des Grand Chef in Paris wurde hin und wieder durch das erschreckende Auftauchen anderer Gefangener des Sonderkommandos gestört. Der SS-Mann Jung hatte Hillel Katz mit einem Faustschlag die Brille auf der Nase zerschlagen: das Gesicht war von Schnittwunden zerfetzt; auch die Fingernägel hatte man ihm ausgerissen. Er zeigte Trepper die blutigen Hände und flüsterte: »Ich habe nichts verraten!« Wie Großvogel gefoltert wurde, wissen wir nicht, aber es steht fest, daß er auch dann noch schwieg, als man ihm drohte, seine Frau und sein Kind zu erschießen. Seine Liebe zu ihnen war schuld an seiner Verhaftung. Das Sonderkommando, in dessen Gewalt Madame Großvogel geraten war, hatte gedroht, das Kind vor ihren Augen umzubringen, wenn sie nicht mithelfen würde, ihren Mann in eine Falle zu locken. Die Unglückliche willigte ein. Trotz vieler Bedenken folgte Großvogel ihrem Ruf und wurde gefaßt. Eine Woche nach der Verhaftung des Grand Chef.

---

* In seiner Autobiographie berichtet Trepper, daß es Wenzel schon bei seiner ersten Sendung unter deutscher Kontrolle gelang, das vereinbarte Signal durchzugeben, das anzeigen sollte, daß er unter Zwang funkte. Das ist möglich. Aber wenn es so war, ist schwer zu begreifen, wie die Zentrale Wenzels Funksprüchen Glauben schenken konnte. Heute wissen wir, daß Wenzel tatsächlich die Zentrale sofort gewarnt hat. Daher ist die Möglichkeit in Betracht zu ziehen, daß sein Signal nicht bemerkt wurde. Einige britische Pianisten, die von der Gestapo gefaßt und gezwungen wurden, unter ihrer Kontrolle zu senden, und schlau genug waren, ihre Zentrale zu warnen, mußten die bittere Enttäuschung erleben, daß ihr Hinweis ganz einfach ignoriert wurde. – Johann Wenzel beschloß seine Tage in der DDR.

Robinson wurde wenige Wochen später von Reiser und Piepe verhaftet. Laut Reiser waren sie ihm auf die Spur gekommen, als sie einigen Verbindungswegen der Komintern nachgegangen waren.* Man inszenierte ein Treffen am Palais de Chaillot. Robinson ging hin. Im Fond eines Autos der Gestapo wohnte Trepper der Verhaftung bei. Als Reiser ihm gesagt hatte, er müsse mitkommen, um eventuell bei der Identifikation von Robinson behilflich zu sein, hatte der Grand Chef nur geantwortet: »Den können Sie sich gern holen. Er hat allen nur Ärger gemacht, der ist für niemanden ein Verlust!« Robinson, angeblich Journalist, hauste in einem winzigen Hotelzimmer, in dem eine unbeschreibliche Unordnung herrschte. Überall lagen Bücher und Akten herum. In diesem Durcheinander fand das Kommando fünf Pässe: drei waren auf den Namen Henri Robinson ausgestellt, und die darin befindlichen Stempel bewiesen, daß ihr Eigentümer vor kurzem in der Schweiz gewesen war. Dabei stand Henri Robinson seit 1930 auf den Fahndungslisten der deutschen Polizei. Wie konnte ein so wichtiger Agent so leichtsinnig sein? Die Zahl der Pässe ließ sich leicht erklären: auf diese Weise wurden die häufigen Grenzübergänge verschleiert. Daß aber drei Pässe auf den Namen Robinson ausgestellt waren, blieb dem Kommando unerklärlich. Trepper dagegen sah nur seine Auffassung bestätigt, daß man es bei der Komintern im allgemeinen – bei Robinson jedoch im besonderen – mit Amateuren zu tun hatte.**

Reiser und Piepe brachten ihren Gefangenen in die Dienststelle des Kommandos. Piepe begann in Gegenwart von Giering das Verhör auf seine gewohnte Art, also höflich. Bis Robinson schließlich fragte: »Warum sind Sie denn so freundlich zu mir?« Diese Frage kam derart unerwartet, daß Piepe nur antworten konnte: »Weil Sie mir sympathisch sind.« Willy Berg hatte inzwischen Robinsons Aktentasche durchsucht und das Zimmer betreten. Wenig erbaut von dem Ton des Verhörs, ging er auf den Verhafteten zu und ohrfeigte ihn nach Kräften. Robinson fuhr auf: »Was wollen Sie von mir? Ich bin ein einfacher Journalist!« Piepe wandte sich erregt an Giering: »Wenn hier geprügelt wird, gehe ich sofort!« Giering schickte Berg aus dem Zimmer; aber von die-

---

* Heute weiß man, daß Franz Schneider unter der Folter den Namen von Robinsons Funker, Medardo Griotto, preisgab. Das führte auf Robinsons Spur.

** Die westlichen Geheimdienste wundern sich heute noch. Und das um so mehr, als die Berliner Polizei 1948 in den Kleidern eines mysteriösen Toten einen ebenfalls auf den Namen Robinson ausgestellten Paß entdeckte. Bei den Nachforschungen stieß man in Basel auf einen Beamten namens Max Habijanic, der 1948 verhaftet wurde und gestand, daß er zwanzig Jahre lang die Komintern mit Pässen versorgt hatte (siehe David J. Dallin, Die Sowjetspionage, Köln 1956, S. 242). So ist noch weniger verständlich, daß Robinson, wenn ihm schon ein so zuverlässiger »Schuster« zur Verfügung stand, das enorme Risiko einging, auf seinen Namen ausgestellte Papiere zu benutzen.

sem Tag an war Piepe beim Sonderkommando nicht mehr gern gesehen. Er wußte, daß man ihn schon lange für viel zu bürokratisch hielt. Als ihm zum erstenmal ein Häftling vorgeführt worden war, dessen Gesicht deutliche Spuren von Schlägen aufwies, war er zu Giering gegangen: »Sie als Berufspolizist wissen doch, daß solche Mittel nicht erlaubt sind.« Giering hatte geantwortet: »Was? Der Mann hat sich doch bloß an einer Tür gestoßen.« Die Gefangenen des Sonderkommandos schienen alle dazu zu neigen, sich an Türen zu stoßen. So war Piepe, alles in allem, froh, als man ihn sozusagen unter Quarantäne stellte. Von allem Wichtigen ferngehalten, ließ er sich nach Brüssel abschieben und rührte sich nicht mehr vom Fleck. Er konnte nicht wissen, wie sehr sich Giering über diese Wendung freute: die Kollegen von der Abwehr sollten von dem eingeleiteten »Großen Spiel« nichts erfahren. Piepes zu große Empfindlichkeit war ein willkommener Vorwand gewesen, ihn auszuschalten.

Am 16. Februar 1943 wurde in Berlin Mildred Harnack enthauptet.

Nach der Annullierung des ersten Urteils durch Hitler hatten Mildreds Verteidiger der Familie ihre Bestürzung über die unerwartete Wiederaufnahme des Verfahrens ausgedrückt. Axel von Harnack, ein Vetter Arvids, entschloß sich zu einer Fürsprache bei dem Anklagevertreter Manfred Roeder und schrieb darüber: »Nie wieder habe ich von einem Manne so ausgesprochen den Eindruck der Brutalität empfangen. Er war ein Mensch, der eine Atmosphäre von Furcht um sich verbreitete. Roeder antwortete auf das Gesuch: ›Ich warne die Familie Harnack dringend, irgend etwas zugunsten dieser Frau zu unternehmen! Sie haben sich so einzurichten, als ob diese Frau nicht das geringste mit Ihnen zu tun hat! Sie gehört nicht mehr zu Ihrer Familie!‹«[50] Er schloß mit unverschleierten Drohungen für den Fall, daß man noch einmal für sie intervenieren würde.

Mildred Harnack und Erika von Brockdorff kamen vor ein anderes Gericht. Die Anklage erbrachte nichts Neues, es gab keine neuen Zeugenaussagen, keine Beweise, die nicht schon bekannt gewesen wären. Aber die Richter verhängten dieses Mal, dem Willen Hitlers gehorchend, zwei Todesurteile.

Mildred kehrte in ihre Zelle zurück und wartete darauf, abgeholt zu werden. Sie war sehr geschwächt; in fünf Monaten war ihr herrliches, blondes Haar weiß geworden. Über ihre letzten Stunden berichtet der Gefängnisgeistliche Poelchau: »Sie war tapfer und bei klarem Bewußtsein, doch hatte sie schon fühlbar mit der äußeren Welt abgeschlossen. Einen festen Wall hatte Mildred um sich gezogen, um nicht schmerzempfindlich zu werden. Aus diesem Grund schaltete sie alle gefühlsbetonten Dinge, wie eigenes Erleben, Verwandtschaft, bewußt aus. Nur das Bild der Mutter änderte für kurze Augenblicke die Haltung. Es war eine innige, stumme Zwiesprache, und erlösende Tränen traten in die Augen. Sie küßte das Bild wieder und wieder. Doch dann war sie ruhig.«[51]

Am 15. Februar übersetzte sie »Wandrers Nachtlied« von Goethe ins Englische. Als man sie am anderen Morgen zur Hinrichtung holte, sagte sie – die Amerikanerin, die ein junger, leidenschaftlicher und dickköpfiger deutscher Student fünfzehn Jahre vorher aus einer Universitätsstadt im fernen Mittelwesten geholt hatte – nur: » ... und ich habe Deutschland so geliebt!«

Sie ging, begleitet von zwei Wachtposten, aufrecht zum Schafott.

Sechs Tage vorher war Oberst Erwin Gehrts geköpft worden.

Und acht Tage zuvor Wilhelm Thews. Als ehemaliger Offizier der Internationalen Brigaden war er aus einem französischen Lager geflohen und nach Deutschand zurückgekehrt, um den Kampf wiederaufzunehmen.

Am 23. Februar, dem »Tag der Roten Armee«, steckte das Sonderkommando seinen russischen Bären endlich in einen würdigen Käfig. Der Grand Chef wurde in Neuilly einquartiert, in einer eleganten, von einem gepflegten Rasen umgebenen Villa, die mit ihrer weißen Säulenfassade wie ein griechischer Tempel wirkte. Das Haus war den »vornehmsten Gästen« der Gestapo vorbehalten: mehrere französische Diplomaten und Persönlichkeiten des politischen Lebens, der ehemalige spanische Minister Largo Caballero, Colonel de La Rocque und andere waren hier untergebracht. Nur von einem Dutzend slowakischer Freiwilliger bewacht, ging es recht liberal zu: jeder Häftling hatte ein eigenes, bequem eingerichtetes Zimmer und Bücher im Überfluß. Die Zimmertüren waren zwar verschlossen, aber den Häftlingen wurde jeder sich in vernünftigem Rahmen haltende Wunsch erfüllt. Das außerhalb zubereitete Essen wurde auf den Zimmern serviert, und zwei Hausmädchen sorgten für Ordnung und Sauberkeit. Jeder Inhaftierte hatte das Recht auf einen täglichen Spaziergang, der ihn entweder um den Rasen im Vordergarten oder hinter dem Haus um die Gemüsebeete führte, die von Monsieur Prodhomme, dem Concierge, und seinen beiden Töchtern liebevoll gepflegt wurden. Um neugierige Blicke abzuwehren, hatte man das hohe Eisengitter, das das Grundstück umgab, mit schwarzem Blech beschlagen. Die Häftlinge konnten die Geräusche der Stadt, die Unterhaltungen der Passanten, ja sogar das Gemurmel der Liebespaare hören, die sich arglos an das Gitter lehnten, denn draußen patrouillierten keine Wachen auf und ab. Die Gestapo verließ sich mehr auf Geheimhaltung denn auf Machtentfaltung. Und die Erfahrung hat ihr recht gegeben.

Der Grand Chef (anthropometrisches Foto der Gestapo)

Auch hier war Bömelburg der Hausherr. Er empfing Trepper und stellte ihm als erstes seinen Hund vor, der auf den Namen Stalin hörte. Trepper antwortete etwas geringschätzig: »Ja, ich weiß, viele Kommunisten nennen ihre Hunde Hitler, ich finde so was ziemlich albern.« Bömelburg schwieg beleidigt. Er begann schon am frühen Morgen zu trinken und versäumte nie seine täglichen Schießübungen, wobei er mit seiner Pistole auf Fotos von Kommunistenführern oder auf Steckbriefe gesuchter Juden schoß.

Bömelburg und sein Ungestüm; die ehrerbietigen slowakischen Wachtposten; die vornehmen Häftlinge, die so nachdenklich und gelassen auf und ab wandelten, als gingen sie noch über die teppichbelegten Böden der Regierungspaläste wie einst; der Concierge Prodhomme und seine beiden Töchter mit ihrer Gartenliebe; das Kindergeschrei auf der Straße jenseits der schwarzen Blechwand: In Europa hat die Gestapo gewiß manches erstaunliche Gefängnis eingerichtet, aber wohl kaum eines, das der Villa in Neuilly an seltsamer und stiller Abgeschiedenheit gleichkam.

Sogar André François-Poncet, der ehemalige französische Botschafter in Deutschland, war tief beeindruckt, als man ihn zusammen mit Albert Lebrun, dem Staatspräsidenten, im August 1943 dorthin brachte. Sie blieben übrigens nur acht Tage dort, dann wurden sie nach Deutschland deportiert. François-Poncet schreibt in seinen »Carnets d'un captif«[52]:

»Das Haus, in dem wir uns befinden, ist erstaunlich und geheimnisvoll; es ist eine sehr bequem gebaute Villa, die noch Reste früherer Eleganz bewahrt hat; aber wozu dient es jetzt? Es gibt zehn numerierte Zimmer. Sind das alles Gefängniszellen? Und wer bewohnt sie? Über den Zaun hinweg sehen wir einen Kirchturm. Pferdewagen rollen vorüber, miserable Kutscher mit noch miserableren Pferden; auch Fahrräder; niemand wirft einen Blick auf unser geheimnisvolles Haus …

Aber wer wohnt in den zehn Zimmern des Hauses?

Was ist das für ein Haus, das unter dem gleichen Dach Gestapobeamte, die sich auszuruhen scheinen, zusammen mit deutschen und französischen Häftlingen beherbergt? Wir finden des Rätsels Lösung nicht.

Wir sehen nacheinander um den Rasen wandern: einen kahlköpfigen, etwa fünfzigjährigen Mann im sportlichen Anzug; einen hageren jüngeren Mann, der ernst und konzentriert vor sich hin schaut, und schließlich einen dritten, der sich sehr gerade hält und vertraut mit den Wachen plaudert.«

Die gerade Haltung, das joviale Benehmen – alle Überlebenden der Gruppe bestätigen einmütig: das ist Trepper! Eine Täuschung ist unmöglich.

André François-Poncet fährt fort:

»Von meinem Mansardenfenster aus sehe ich eine auffallend blonde Frau mittleren Alters im wollenen Schlafanzug; sie sitzt im Garten vor den Gemüse-beeten, die auf der anderen Seite des Hauses dem Rasen entsprechen; sie liest; manchmal hebt sie den Kopf und antwortet einer anderen Frau, die aus einem der Zimmer zu ihr spricht; ich höre ein Durcheinander von deutschen und fran-zösischen Sätzen.«

Margarete Barcza natürlich. Aber die Tagebuchnotizen stammen aus dem August 1943, während wir erst im Februar sind: Kent und seine Geliebte sind noch nicht Bömelburgs Gäste. Er sitzt in der Rue des Saussaies, sie in strenger Einzelhaft in Fresnes. Am 4. Januar war Margarete in Berlin von der Gestapo gesagt worden: »Sie sind frei, Sie dürfen nach Paris zurück. Kent bringen wir auch nach Paris, aber ihn brauchen wir noch, er bleibt in Haft.« Sie reisen mit dem Zug, in Handschellen. Ein mitleidiger Bewacher legt seinen Hut über die Handschellen Margaretes, um sie vor den Blicken der Mitreisenden zu verbergen.

In Paris wartete statt der versprochenen Freiheit eine Zelle in Fresnes auf Margarete. Nervenzusammenbruch. Fünf oder sechs Tage später wird Kent, von zwei Männern bewacht, zu ihr geführt. Margarete: »Ich war häßlich, un-geschminkt, ein richtiges Nervenbündel: da ist er zusammengeklappt.« Über-rascht sehen die Begleiter, wie er in Tränen ausbricht, sich vor ihnen auf die Knie wirft und fleht: »Ich will alles tun, was ihr von mir verlangt, aber laßt sie in Ruhe! Laßt sie frei!« Man behält Margarete in Fresnes, gestattet dem Paar jedoch einmal wöchentlich ein Zusammensein. Jedesmal zieht eine Wärterin hinterher die Gefangene aus und untersucht sie aufs sorgfältigste. Margarete setzt mit Hilfe immer neuer Nervenkrisen bei ihren Bewachern zusätzliche Besuche durch: »Schon gut, hören Sie auf, wir bringen Sie zu ihm ...«

Die Leute von der Simex sind auch in Fresnes. Doch nur Alfred Corbin und Suzanne Cointe wissen, warum sie verhaftet wurden.

Während man auf den Berliner Folterungsspezialisten wartet, wendet das Sonderkommando bei Alfred Corbin die übliche Methode an: man droht ihm mit dem Tod. Am 30. November führt man seine Frau und seine Tochter in eine Zelle in Fresnes und befiehlt ihnen, sich mit dem Gesicht zur Wand auf-zustellen. Schritte nahen, zwei oder drei Personen treten ein. Eine Stimme mit deutschem Akzent verlangt von jemandem ein umfassendes Geständnis, andernfalls würde die Drohung ausgeführt. Die beiden Frauen hören Alfred Corbin sagen, er habe nichts zu gestehen. Der Deutsche fordert Madame Corbin auf, ihren Mann um ein Geständnis zu bitten. Sie sagt einige Worte, aber Corbin bleibt stumm. Dann bringt man die drei Häftlinge wieder in ihre Zellen zurück. Auf der Treppe stolpert Denise und fällt hin, sofort springen die Wachtposten hinzu, sie vermuten einen Verzweiflungsakt. Aber Denise denkt nicht an Selbstmord: sie bereitet sich eifrig auf ihr Abitur vor. Mehrmals war sie zu Verhören in die Rue des Saussaies gebracht worden und hatte dort einen der Dolmetscher, den jungen, wohlerzogenen SS-Oberscharführer Siegfried Schneider, kennengelernt, der ihr half, wo er konnte; er holte für sie sogar ihre Schulbücher aus der Wohnung. Wir werden auf ihn noch zurückkommen.

Am 3. Dezember traf der Spezialist aus Berlin ein. Alfred Corbin wurde ihm um 6 Uhr 30 übergeben; drei Stunden später entließ ihn der Spezialist in fast bewußtlosem Zustand. Die Sitzung hatte mit Schlägen auf Schenkel, Nieren und Fußsohlen begonnen; danach ging man zu Daumenschrauben über. Drei Verhören dieser Art wurde Corbin im Laufe des Dezember unterworfen, dann reiste der Spezialist mit seinem Köfferchen wieder nach Berlin. Alfred Corbin hatte kein Wort gesagt.

Suzanne Cointe war wie alle in strenger Einzelhaft; ihre Familie wußte nicht, was aus ihr geworden war. Zu ihrer Schwester hatte sie gesagt: »Wenn ich verhaftet werde, frage Jean-Paul (Le Chanois), was zu tun ist.« Als dieser am Abend des 19. November von Suzannes Schwester erfuhr, was geschehen war, hatte er nur still vor sich hingeflucht, seine Schubladen ausgeräumt und ihr nahegelegt, sofort alle Adressen, die sich unter Suzannes Papieren fanden, zu vernichten. (Welchen anderen Rat hätte er ihr auch geben können?) Einige Tage später erhielten Mutter und Schwester auf geheimnisvolle Weise Nachricht von der Gefangenen: »Wir sterben vor Hunger. Schickt uns Essen.« In Fresnes mußten die Gefangenen tatsächlich Hunger leiden. Da die beiden Frauen nicht wußten, wo Suzanne inhaftiert war, brachten sie ihre Päckchen zu verschiedenen Hilfsorganisationen, zum Roten Kreuz, zu den Quäkern, aber die deutsche Verwaltung wies alles zurück. Schließlich erhielt Madame Cointe eines Abends einen Anruf von einer ihrer Freundinnen, Madame Malavoix, deren Tochter Odette (in der Résistance unter dem Namen Dolores bekannt) ebenfalls in Fresnes im Gefängnis saß, jedoch Verbindung mit ihrer Familie haben durfte. Odette hatte ihrer Mutter ein Hemd geschickt, auf das ein rotes Kreuz und das Wort »Yaya« gestickt war: »Yaya« war der Kosename von Suzanne, deshalb hatte Madame Malavoix angerufen. Madame Cointe wußte nun, wo ihre Tochter eingesperrt war, aber jeder Versuch, ihr Päckchen zukommen zu lassen, schlug fehl.

Die übrigen Gefangenen von der Simex waren alle aus der völligen Ahnungslosigkeit ihres alltäglichen Lebens plötzlich mitten in eine unfaßbare Wirklichkeit geschleudert worden.

Am überraschendsten wird diese Wirklichkeit vermutlich für Robert

Breyer, den Zahnarzt, gewesen sein. Als Freund der Corbins und Patenonkel von Denise war er Aktionär der Simex geworden, genau wie der Belgier Seghers in die Simexco eingetreten war: aus reiner Gefälligkeit. Und nun stand sein Leben auf dem Spiel. Man konnte den Verstand verlieren ...

Robert Corbin ist wie vor den Kopf geschlagen. Drei Tage nach seiner Verhaftung kommen plötzlich vier bewaffnete deutsche Soldaten und ein Unteroffizier in seine Zelle und befehlen ihm, sich auszuziehen. Nur das Hemd darf er anbehalten, seine Hände werden auf den Rücken gefesselt. Vor das Fenster ist ein schwarzes Tuch genagelt, die Beleuchtung bleibt Tag und Nacht eingeschaltet. Suppenträger und Friseur flüstern ihm zu, daß an seiner Tür das schicksalhafte rote Schild hängt. Am Tag vor Weihnachten holt man ihn aus seiner Zelle, nimmt ihm die Handschellen ab und setzt ihn in ein Auto, das zur Rue des Saussaies fährt. Er erwägt kurz, ob er fliehen soll, läßt den Gedanken aber wieder fallen. Was kann man ihm schon vorwerfen? In der Rue des Saussaies stellt man fest, daß ein Irrtum vorliegt: nicht Robert, sondern Alfred sollte verhört werden. Er wird nach Fresnes zurückgebracht.

Im März gibt es ein sehr sanft geführtes Verhör von Jung mit sonderbaren Fragen. Zum Beispiel: »Sind Sie mit Botschafter Corbin verwandt?« (Charles Corbin ist in London bei den Français Libres. Da Scheliha und Jaspar zur Gruppe gehören, war dem Sonderkommando der Verdacht gekommen, die Rote Kapelle hätte sich vielleicht in die europäische diplomatische Welt eingeschlichen ...) Zum Schluß macht Jung einige beruhigende Bemerkungen. Corbin werde ebenso wie seine Nichte Denise bald wieder freigelassen werden. Sofort nach seiner Rückkehr nach Fresnes nimmt man ihm die Handschellen ab. Er schöpft wieder Hoffnung.

Keller war zweimal von Jung verhört worden. Es hatte Ohrfeigen und Fußtritte gegeben, und auch auf die Knebelmethode hatte Jung nicht verzichtet – aber alles war ohne allzu schwere Folgen für das Opfer geblieben. Wie Robert Corbin war auch er irrtümlich in die Rue des Saussaies gebracht worden: man hatte ihn mit einem anderen Häftling verwechselt. Während er auf das Gefängnisauto wartete, das die Häftlinge abends nach Fresnes zurückbrachte, spürte er plötzlich das dringende Bedürfnis, die Toilette aufzusuchen. Der mit seiner Bewachung betraute Soldat führte ihn dorthin, weigerte sich aber, die Handschellen auch nur für einen Moment zu lösen, wollte ihm jedoch hilfreiche Dienste leisten. Dieser Zwischenfall beeindruckte Keller sehr. Kein Zweifel: die Gestapo stufte ihn hoch ein. Es wäre ihm lieber gewesen, man hätte ihn zu den unbedeutenden Handlangern gezählt.

Als er das nächste Mal geholt wurde, war er überzeugt, nun sei alles zu Ende. Mit verbundenen Augen verfrachtete man ihn in ein Auto. Er spürte, daß ein Mann neben ihm saß. Unterwegs stellte ein Deutscher eine Frage – Großvogel antwortete.

Bei diesem dritten Verhör fiel es Keller plötzlich wie Schuppen von den Augen: hinter der Simex hatte sich ein Spionagering verborgen. Seine Überraschung war ebenso groß wie vorher seine Blindheit. Er warf sich in seinen Stuhl zurück und rief immer wieder: »Ja, mein Gott! Ach, du meine Güte!« Fünfundzwanzig Jahre später ist er so ehrlich, seine prompte Reaktion nicht zu beschönigen: »Wenn ich das gewußt hätte, wäre ich doch nicht nach Paris gegangen!« Als Schweizer Bürger hatte er nicht in den Krieg zu ziehen brauchen – und nun hatte der Krieg heimtückisch seine Fänge nach ihm ausgestreckt.

Von allen Häftlingen hatte er sich am besten an das Gefangenendasein gewöhnt. Anfangs waren ihm die Handschellen beim Schlafen hinderlich gewesen, doch als geschickter Mechaniker hatte er herausgefunden, wie er sie jeden Abend öffnen und beim Morgengrauen wieder anlegen konnte. Auch tagsüber nahm ihm der mit seiner Bewachung beauftragte Posten, ein großer, blonder Junge von zweiundzwanzig Jahren, der im Zivilleben Jagdhüter war, oft die Handschellen ab, und am Weihnachtsabend teilte er sogar sein Geschenkpäckchen mit Keller. Er ist später, wie Keller erfuhr, von seinen Landsleuten erschossen worden, weil er einem Gefangenen einen Brief zugesteckt hatte.*

Keller war bei den Wachmannschaften in Fresnes ausgesprochen beliebt. Die Tatsache, daß er ihre Sprache fließend beherrschte, kann nicht allein der Grund dafür gewesen sein: seine ungewöhnliche Gutmütigkeit muß dazu beigetragen haben. Es verging keine Woche, in der nicht Wachtposten, die an die Ostfront versetzt worden waren, mit Tränen in den Augen zu ihm in die Zelle kamen, voller Angst vor dem, was ihnen bevorstand. Keller tröstete sie, so gut er konnte.

Seine Beliebtheit verschaffte ihm den umworbenen Posten eines »Suppenträgers«. Er konnte sich frei auf den Gefängnisfluren bewegen und einige Worte mit seinen Freunden von der Simex wechseln. Sie alle hatten seinen Zuspruch nötig. Das Gefängnis von Fresnes war nicht die Villa in Neuilly. Hier kam man vor Hunger um.

———————————

* *In allen französischen Gefängnissen, die unter deutsche Kontrolle kamen, wurde bis zum Ende der Besatzungszeit das Personal von der Wehrmacht gestellt. Der Gestapo gelang es trotz aller Anstrengungen nicht, die Gefängnisverwaltung in ihre Hand zu bringen.*

Transport nach Berlin

29

Am Morgen des 8. März 1943 holte Jung Alfred Corbin und Keller in Fresnes ab. Die beiden Häftlinge sahen sich seit ihrer Verhaftung am 19. November zum erstenmal wieder. Keller fand Corbin »abgemagert und sehr bleich, fast ohne Stimme« – ein gebrochener Mann. Dieser Eindruck war um so stärker, als Corbin keinerlei Anzeichen von Mißhandlungen anzusehen waren.

Als sie mit dem Auto über die Place de la Concorde fuhren, murmelte Corbin: »Diesen Platz werde ich nie wiedersehen ...« Gegenüber dem Élysée-Palast hielten sie an. Jung führte seine Gefangenen in das Gebäude, in dem heute die Parfumfabrik Coty ihren Sitz hat. Hier tagte das Kriegsgericht für beschleunigte Verfahren des Luftgaukommandos III. In der Eingangshalle wimmelte es von deutschen Offizieren. Vor dem Aufzug hielt Jung einen von ihnen zurück, zeigte auf seine zwei Gefangenen und sagte: »Vortritt! Todeskandidaten!« Der Offizier wich sofort zur Seite.

Das Trio fuhr in den sechsten Stock. Dort wurden sie in einen kleinen Saal geführt, in dem einige Bänke und ein Tisch standen, hinter dem Tisch eine von Hakenkreuzfahnen umrahmte ebenholzfarbene Hitler-Büste; vier Palmen in großen Blumenkübeln schmückten den Raum.

Ein deutscher Offizier tritt auf Keller zu: »Ich bin Ihr Anwalt. Erzählen Sie mir Ihre Geschichte.« Keller erklärt, wie er in die Simex gekommen ist, und betont, daß er von den Geheimtätigkeiten der Firma absolut nichts gewußt habe. Der andere: »Ich will versuchen, Sie herauszuholen. Aber ich gebe Ihnen den Rat, kein Wort gegen das Urteil vorzubringen, wie immer es auch ausfallen mag. Spricht Ihr Freund Corbin Deutsch?« Nein, kein Wort. Keller muß übersetzen. Die Unterhaltung ist kurz: »Monsieur Corbin, sind Sie sich über den Ernst Ihrer Lage im klaren?« – »Ja.« – »Sie werden verstehen, daß ich als deutscher Offizier Sie kaum verteidigen kann. Sie müssen sich auf das Schlimmste gefaßt machen.« – »Das weiß ich.« Corbin wundert sich nicht über die seltsame Art seines Verteidigers, er scheint sich mit seinem Schicksal abgefunden zu haben.

Der Raum füllt sich nach und nach mit Offizieren, die auf den Bänken Platz nehmen. Dann erscheint der Gerichtshof, allen voran der Vorsitzende, Manfred Roeder. Wir kennen ihn schon: im Berliner Prozeß war er der Vertreter der Anklage. »Hitlers Spürhund« ist weiterhin auf Jagd, er hinterläßt eine blutige Spur. Nachdem er die Todesstrafe für schätzungsweise sechzig Mitglieder der Berliner Gruppe durchgesetzt hatte, war er mit seinem juristischen Stab nach Brüssel gereist, wo er dem Henker weitere Verurteilte überantwortete. Nun ist er in Paris, um die französische Gruppe auszumerzen.

Jung steht auf, grüßt den Gerichtshof mit erhobenem Arm und verliest die Anklageschrift. Über Keller heißt es darin: »Er war nicht aktiv an der Sache beteiligt. Aber er hat mit der Gruppe sympathisiert. Und nach der Verhaftung erwies er sich als renitent.«

Und nun geht der Prozeß verblüffend schnell weiter. Roeder ruft Keller auf und – verliest das Urteil: »Fünf Jahre Zuchthaus.« Der Verteidiger rührt sich nicht. Trotz seiner Warnung ruft Keller mit Tränen in den Augen: »Fünf Jahre dafür, daß ich nichts getan habe, das ist hart!« Der Verteidiger erhebt sich und murmelt – etwas mutiger geworden – zum Gerichtshof hinüber: »Das, was diesem Mann passiert ist, kann jedem von uns passieren. Ich bitte Sie, das zu bedenken.« Roeder zögert, zieht sich dann aber mit seinen Beisitzern, einigen höheren Luftwaffenoffizieren, zur Beratung zurück. Als sie den Saal wieder betreten, lautet der neue Urteilsspruch: »Drei Jahre Zuchthaus.«

Nun ist Alfred Corbin an der Reihe. Roeder: »Sind Sie sich der schwerwiegenden Folgen Ihres Handelns bewußt?« Corbin: »Ja.« Sofort ergeht das Urteil: »Tod durch Enthauptung.« Der Verteidiger hat kein Wort gesagt. Roeder bemerkt sarkastisch: »Sie sehen, Angeklagter, sogar bei Wirtschaftsspionage verliert man seinen Kopf!« Da sieht ihn Alfred Corbin an und sagt mit schwacher, beinahe flüsternder Stimme: »Das ist ohne Bedeutung: Sie werden Ihren Krieg verlieren.« Rot vor Wut verläßt Roeder den Saal und knallt die Tür hinter sich zu.

Rückkehr nach Fresnes. Während der Fahrt sagt Corbin kein Wort. Abends flüstert Keller beim Austeilen der Suppe Robert Corbin zu: »Ihr Bruder ist verurteilt worden. Er hat das Höchstmaß bekommen.«

Fast alle Mitglieder der Roten Kapelle bekamen das »Höchstmaß« und warteten in Fresnes auf ihre Hinrichtung. Im Gefängnis hielt sich hartnäckig das Gerücht, daß nach deutschem Brauch ein Urteil genau hundert Tage nach dem Schuldspruch vollstreckt würde.

Am 15. April müssen alle Häftlinge der Gruppe im Hof antreten. Wir wissen nicht mit Sicherheit, wie viele es waren. Fest steht, daß Großvogel, die Geschwister Maximowitsch, Katz und Robinson – und natürlich auch Trepper und Kent – nicht dabei waren, wohl aber die Brüder Corbin, die Frau Alfred Corbins, Germaine Schneider (Wenzels ehemalige Geliebte) und ihr Mann, Ludwig Kainz, der Ingenieur von der Organisation Todt, und das Ehepaar

Griotto, beide Mitglieder von Robinsons Kominterngruppe. (Medardo Griotto war von Beruf Graveur und wie Raichman auf das Fälschen von Papieren spezialisiert; Robinson hatte ihn zu seinem Funker gemacht.)

Käthe Voelkner war nicht dabei. Sie hatte die Verkündung der Todesstrafe lächelnd angehört, Roeder mit der Faust gegrüßt und gesagt: »Ich bin froh, daß ich etwas für den Kommunismus tun konnte.« Sie wurde später nach Berlin gebracht.

Denise Corbin ist noch in ihrer Zelle. Am Abend zuvor hatte sie ein Kommen und Gehen in der Nachbarzelle gehört, Suzanne Cointe wurde für einige Stunden dort untergebracht. Die beiden konnten sich verständigen, und Suzanne teilte dem jungen Mädchen mit, daß alle abtransportiert würden. Die Wachen holten Suzanne, nicht aber Denise. Voller Unruhe fragt sie sich, was das bedeuten könnte. Sie schreibt in die Rue des Saussaies: »Alle sind fort, nur ich bin noch hier. Warum?« Erst Wochen danach, im Juni – gerade zur rechten Zeit, um noch das Abitur zu machen –, wird sie freigelassen.

Die meisten der zum Abtransport Bestimmten sind wie Alfred Corbin zum Tode verurteilt; andere sind mit Zuchthausstrafen davongekommen, so Keller (drei Jahre) und Madame Corbin (achtzehn Monate); einige, wie zum Beispiel Robert Corbin, sind noch nicht einmal vor Gericht gestellt worden. Aber was bedeuten Urteile: den ungläubig Staunenden verkündet ein deutscher Offizier im Gefängnishof, daß sie alle zu Zwangsarbeit begnadigt worden sind und nach Deutschland transportiert werden, wo es an Arbeitskräften für die Industrie fehlt. Sie erhalten ihre Personalpapiere zurück, die man ihnen bei der Verhaftung abgenommen hat ...

Unter strenger Bewachung werden die Häftlinge zur Gare du Nord gebracht und in einen Eisenbahnwagen verfrachtet. Sechs bis acht Häftlinge pro Abteil. Türen und Fenster sind verriegelt, bewaffnete SS-Wachen kontrollieren die Gänge. Die Häftlinge sind nach dem Grad ihrer Verurteilung gruppiert worden. So kann Robert Corbin seinen Bruder zwar sehen, aber nicht mit ihm sprechen: Alfred sitzt bei den zum Tode Verurteilten; dagegen gelingt es Robert, einige Worte mit seiner Schwägerin zu wechseln. In seinem Abteil sind Monsieur Jaspar, der immer gutgelaunte und unermüdlich gewagte Anekdoten erzählende Siebzigjährige, und Ludwig Kainz untergebracht, dem es gelungen ist, der Gestapo seine Spionagetätigkeit zu verbergen. Er ist nur wegen Schwarzhandel und Bestechung verurteilt worden.

Um die Mittagsstunde Halt in Lille. In den verschlossenen Abteilen ist es unerträglich heiß, und die Gefangenen haben Durst. Die Wachen, für die Keller aufgrund seiner leichten Strafe eine Art »Vertrauensmann« ist, drücken ihm eine Kanne in die Hand und schicken ihn in Begleitung eines Soldaten zum Soldatenheim auf dem Bahnhof. Während die Kanne mit Kaffee gefüllt wird, bittet Keller seinen Bewacher, sich die Hände waschen zu dürfen. Er bekommt die Erlaubnis. Am Ende des Waschraums ist eine Tür, die ins Freie führt. Er zögert, läßt den Gedanken dann aber fallen. Schließlich hat er nur drei Jahre abzusitzen. Es wäre zu dumm, auf der Flucht aufgegriffen und dann zum Tode verurteilt zu werden. Er kehrt zum Zug zurück.

Zweiter Halt in Brüssel. Voller Entsetzen sehen die Reisenden eine Gruppe von unglücklichen Gefangenen herankommen: erschreckend magere, elende Gestalten, einige mit tiefen, schwärenden Wunden an den Beinen – die Mitglieder der belgischen und der holländischen Gruppe aus dem Fort von Breendonck.

In Frankreich hat es etwas Ähnliches wie Breendonck zweifellos nicht gegeben: dieses Lager läßt sich in seiner Grauenhaftigkeit nur mit Mauthausen, Dachau oder Buchenwald vergleichen, manches war fast noch schlimmer. Getötet wurde hier mit der gleichen Selbstverständlichkeit, aber in Breendonck kannten die Wachmannschaften jeden einzelnen und hatten ihn von morgens bis abends unablässig im Auge, während man in Mauthausen oder Buchenwald zumindest in der schützenden Anonymität der zusammengepferchten Menge untertauchen konnte.

Breendonck – das waren in der Nähe von Brüssel gelegene Kasematten, eng ineinander verschachtelt und von Wassergräben umgeben. Eine Zugbrücke führte in das Reich der Herren über Leben und Tod: in das Reich deutscher und belgischer SS-Leute. Die knappe Lebensmittelversorgung garantierte einen schnellen Kräfteverfall. Jeden Morgen zogen die gesunden Häftlinge in Arbeitstrupps singend zu schweren Arbeiten aus. Die Aufseher hieben wild drauflos. Jeden Augenblick konnte man totgeschlagen werden.

Nach Folterungen in Berlin und fünf Monaten Haft in Fresnes hatte man Hersch und Mira Sokol, die durch Entbehrungen und Schmerzen geschwächt waren, in diese Hölle geschickt. Wie es dort zuging, wissen wir durch Madame Betty Depelsenaire, eine Anwältin beim Berufungsgericht in Brüssel, die von September bis Dezember 1942 in Breendonck gelitten hat.

Ungeheizte Zellen; die Hände auf dem Rücken gefesselt, die Handschellen so fest geschlossen, daß sie ins Fleisch einschneiden und den Häftling bis zur Ohnmacht peinigen; der tägliche Rundgang mit verbundenen Augen (die SS-Wachen machen sich einen Spaß daraus, die Gefangenen zum Stolpern zu bringen – um sie dann nach Herzenslust zu schlagen); und ständig der quälende Hunger ...

Miras einzige Ablenkung besteht darin, vom Fenster aus den Häftlingen zuzusehen, wie sie sich vor und nach der Arbeit versammeln. Eines Abends erkennt sie in den Reihen eine bekannte Gestalt: Jacques Sokol, ihren Schwager. Als Mitglied einer anderen, nicht zur Roten Kapelle gehörenden Widerstandsgruppe war er verhaftet und nach Breendonck gebracht worden. Jeden Morgen und jeden Abend sieht sie ihn, die Schaufel geschultert, zusammen mit seinen Leidensgenossen singend durch das Lager marschieren.

Dazu die Folterungen. Sie finden in einem Raum statt, zu dem man durch einen langen, engen, dunklen Gang geführt wird. »Der Raum hat keine Fenster, und er wird nie gelüftet. Ein Geruch von Fäulnis und verbranntem Fleisch läßt einen schwindlig werden. Ein Tisch, ein Hocker, ein dickes, über eine an der Decke befestigte Rolle laufendes Seil, ein mit allen Polizeistationen in Brüssel verbundenes Telefon ...«[53]

Dorthin wird Mira gebracht. Sie muß niederknien, den Oberkörper über den Hocker beugen. Es regnet Peitschenhiebe; Mira schweigt. Man befiehlt ihr aufzustehen und befestigt das Seilende an ihren Handschellen. Dann wird sie in die Höhe gezogen, bis nur noch ihre Zehen den Boden berühren. Tief schneiden die Kanten der Handschellen in ihr Fleisch, während die Belastung der Zehen unerträgliche Krämpfe auslöst. Sie sagt nichts. Man schlägt sie mit der Peitsche, mit einem Gummiknüppel, schließlich mit einem Stock. Sie schreit, sagt aber nichts. Da ihre verkrampften Füße den Boden nicht mehr berühren, fängt ihr Körper an, hin und her zu schwingen, und die Schläge treffen sie nicht mehr mit voller Wucht; sofort springt ein Deutscher auf und hält Mira fest. Aber sie kann nicht mehr sprechen, sie ist ohnmächtig geworden. Man bindet sie los. Als sie nach einiger Zeit wieder zu Bewußtsein kommt, wird sie sofort wieder gefesselt und in die Höhe gezogen. Alles beginnt von vorn. Erneut wird sie ohnmächtig. Diesmal verläßt der Lagerkommandant mit seinem wilden, auf Häftlinge dressierten Hund den Raum.

Nach dieser »Sitzung« wird Mira in den »Bunker der Gefolterten« gebracht. Hersch ist schon dort. Sie können sich nicht sehen, sich aber wenigstens verständigen. Der riesige Saal ist in Zellen unterteilt, deren Wände nicht ganz bis zur Decke reichen. Obwohl die Eheleute durch die ganze Länge des Saals voneinander getrennt sind, können sie sich doch manches zurufen. Hört ein Wachtposten die Rufe, hagelt es Schläge. In jeder Zelle gibt es eine Pritsche, aber tagsüber ist es den Häftlingen verboten, sich hinzusetzen. Das ununterbrochene Stehen läßt die letzten Kräfte schwinden. Nach einer ärztlichen Untersuchung hört Mira entsetzt, wie Hersch ihr zuruft: »Achtunddreißig Kilo ...« In der Zelle gegenüber ist ein »russischer Diplomat« untergebracht: Danilow. Es handelt sich in Wirklichkeit um Kamy, den Brüsseler Funker, der seine Rolle exzellent weiterspielt. »Dan ist (in Breendonck) bei allen beliebt. Er spricht so sanft und gewählt wie ein Diplomat und verliert nie die Ruhe, sagt nie etwas Unüberlegtes, wägt jedes Für und Wider ab, bevor er seine Meinung äußert. Er macht einen intelligenten, ausgeglichenen Eindruck. Bei vielen Diskussionen erwies er sich als kluger Analytiker der politischen Situation.«[54]

In einer anderen Zelle Hermann Isbutzki, alias »Bob«, das Faktotum der belgischen Gruppe, der einen unscheinbaren, uninteressierten und feigen Eindruck macht. Der Grand Chef wußte jedoch, daß er einer von denen war, »die den Pflug ziehen«. Nachdem Jefremow ihn verraten hatte, war Bob sofort gefoltert worden: die Leute vom Sonderkommando hatten erfahren, daß er mit Großvogel Kontakt hatte. Man quälte ihn umsonst. Er war in der ersten Zelle neben dem Eingang untergebracht. »Der Leutnant haßte ihn besonders, und wenn die Wache die geringste Disziplinlosigkeit meldete, wurde er geschlagen. Bob paßte auf, er schrie ›zweiundzwanzig‹ oder ›dreiundzwanzig‹, je nachdem, ob die Wache sich einige Schritte entfernte oder näher kam. So konnten wir mitunter lange Unterhaltungen führen, die für die Aufrechterhaltung unserer Moral unentbehrlich waren. Einmal sagte Bob lachend: ›Ich möchte nur wissen, ob wir hier senkrecht oder waagrecht herauskommen …‹ Aber kaum war ihm das entschlüpft, wurde ihm klar, daß er damit möglicherweise einige entmutigte, und er versuchte, sie davon zu überzeugen, daß es nur ein Scherz war; im übrigen müsse sich jeder von ihnen als Soldat betrachten, der freiwillig sein Leben opfere – ›Es ist Krieg‹ und es ist weit besser, hier zu sterben als unter einem Bombenhagel.‹«[55]

Hin und wieder kommen Leute von der Gestapo in den »Bunker der Gefolterten«, um sich einige Opfer auszusuchen, denn Breendonck dient als Geiselreserve; jedes Attentat in Belgien hat hier sein Nachspiel. Häufiger kommt der Folterknecht vom Dienst, ein riesiger, wie ein Boxer aussehender, immer freundlich lächelnder Unteroffizier. Hersch Sokol ist oft unter denen, die zur Folterung geholt werden. Als er wieder einmal zurückkommt, sagt er seinem Nachbarn, man habe ihn verbrannt. (»Ein Geruch von verbranntem Fleisch war deutlich zu spüren …«)

Eines Morgens befallen ihn unerträgliche Schmerzen im Unterleib. Stundenlang wälzt er sich auf seiner Pritsche hin und her, unfähig, sein Stöhnen zu unterdrücken, das deutlich an Miras Ohr dringt. So nah und doch so fern … Der herbeigerufene Wachtposten weigert sich, ihn ins Lazarett zu bringen. Statt dessen schafft man ihn in einen Bunker am Ende des Lagers, wo seine Schreie niemanden stören können. Mira wird sofort zum Kommandanten geholt. Er sagt: »Sie wissen, daß Ihr Mann schwerkrank ist. Wir werden ihn durchbringen, wenn Sie bereit sind, auszusagen.« Sie schweigt. Am nächsten

Morgen ist die Krise vorbei; Hersch wird in seine Zelle zurückgetragen. Aber seine Kräfte nehmen schnell ab, er kann keine Nahrung bei sich behalten, Miras Stimme nicht mehr hören. Aufgrund seiner medizinischen Kenntnisse weiß er, daß er bald sterben muß. Auch der Lagerarzt weiß es. Verwundert über die nicht enden wollende Agonie, sagt er bei jedem seiner Besuche: »Nicht zu glauben, er lebt noch immer ... das ist ein ganz Zäher. Erstaunlich, wie lange der menschliche Organismus durchhalten kann. Das muß ich mir für meine Statistik merken. Wir werden ihm Hefe geben, damit können wir sein Leben noch etwas verlängern ...«[56] Aber bis zuletzt denkt der Lagerarzt nicht daran, den Sterbenden ins Lazarett zu überweisen.

Doch Hersch Sokols Leidensweg ist noch nicht zu Ende. Noch einmal schleppt man ihn in die Folterkammer, hängt ihn an der Decke auf, und der Lagerkommandant hetzt seinen Hund auf den Unglücklichen.

Er stirbt.

Einige Tage später wird Mira in das Gefängnis Saint-Gilles verlegt.*

Die Häftlinge aus Saint-Gilles sind auch auf dem Weg nach Berlin. Die ganze Simexco ist auf dem Bahnhof versammelt: Charles Drailly, der Bruder von Nazarin, Mademoiselle Ponsaint, der Schweizer Robert Christen, der Verleger Henri de Ryck und Jean Passelecq** ebenso wie der Zigarettenfabrikant Louis Thévenet. Außerdem sind dabei: Rauch, der Mann vom Intelligence Service, der Maler Bill Hoorickx, Madame Großvogel und Augustin Sesée, der Funker

---

*Hersch Sokol fand seine letzte Ruhestätte mit Kamy und Winterink im ehemaligen Tir National in Brüssel, wo während der Ersten Weltkriegs die bekannte Patriotin Edith Cavell erschossen wurde. Insgesamt dreihundert von den Nazis ermordete Widerstandskämpfer sind dort in schlichten Soldatengräbern beigesetzt.

**Passelecq ließ in Saint-Gilles einen Cousin zurück, der etwa zur gleichen Zeit verhaftet worden war wie er. Der Cousin gehörte weder der Simexco noch der Roten Kapelle an. Er war nach England gegangen und hatte für den britischen Geheimdienst gearbeitet. Nach einem gründlichen Training war er mit dem Fallschirm über Belgien abgesprungen und hatte sich dann telefonisch mit Jean Passelecq in Verbindung gesetzt. Dieser wußte, daß sich das Netz der Gestapo bereits um ihn zusammenzog, und deutete seinem Cousin an, daß es ihm unmöglich sei, ihn zu sehen. Die beiden Männer trafen sich dann in Saint-Gilles wieder, wo sie – von einer Zelle zur anderen – ein paar Worte wechseln konnten. Später wurde der Cousin nach Deutschland deportiert und enthauptet. Nach dem Krieg erhielt Jean Passelecq das Tagebuch, das sein Cousin in England geführt hatte. Er hatte darin einige Details über seinen Auftrag festgehalten. Jean Passelecq entdeckte zu seinem höchsten Erstaunen, daß sein Cousin mit der Simexco in Verbindung treten sollte. Die britischen Chefs seines Cousins scheinen ziemlich gut über das Netz informiert gewesen zu sein: in den Aufzeichnungen kommen mehrere Decknamen vor, zum Beispiel der von Nazarin Drailly (»Commerçant«), von Jeanne Ponsaint und von Jean Passelecq selbst. Meiner Meinung nach ist es möglich, daß London von Rauch informiert wurde, aber Passelecq hält das für unwahrscheinlich. Läßt sich daraus schließen, daß der britische Geheimdienst einen zweiten Agenten in die Gruppe eingeschleust hatte?

aus Ostende, den Jefremow an Piepe verraten hat. Wir vermuten, daß Mira Sokol ebenfalls unter ihnen war. Sicher ist nur, daß sie in Deutschland an den Folgen der Folter von Breendonck gestorben ist.

Auch über die Zusammensetzung der Gruppe aus Breendonck gibt es Unklarheiten. Sicher ist nur, daß folgende Häftlinge dazu gehörten: Henri Seghers von der Simexco, Maître Beublet, der Rechtsanwalt der Firma, Nazarin Drailly, der Direktor, Bob Isbutzki und Alamo. Nazarin Drailly, Beublet und Alamo waren in einem furchtbaren Zustand, sie konnten sich kaum auf den Beinen halten: man hatte sie wie Sokol einem »Verhör mit Hund« unterworfen. Alamo hatte in die Krankenabteilung des Lagers eingeliefert werden müssen. Nazarin Drailly war so mißhandelt worden, daß seine Frau ihn nicht erkannte, als sie ihn auf dem Bahnsteig wiedertraf. Die Bißwunden waren dermaßen tief, daß ihm ein Bein hatte amputiert werden müssen.

Auch in Brüssel werden die Häftlinge ihrem Strafmaß entsprechend in verschiedene Abteile gewiesen. Dann setzt sich der Zug in Bewegung. Die Rote Kapelle rollt gegen Berlin.

In das Abteil von Robert Corbin hat man einige Belgier gesteckt, die, da sie unbedeutende Statisten sind, Pakete vom Roten Kreuz bei sich haben. Großzügig teilen sie ihre Schätze mit den ausgehungerten Häftlingen aus Fresnes. Robert Corbin ißt so viel Schokolade, daß sich seine Leber stark entzündet.

Plötzlich hält der Zug: Fliegeralarm. Die SS-Wachen verriegeln den Waggon und verschwinden. Bill Hoorickx schlüpft in das Abteil, in dem Alamo und Beublet untergebracht sind – beide sind in einer bejammernswerten Verfassung. Als Hoorickx Alamo umarmt, sagt der Russe: »Verzeih mir, daß ich dich in diese Sache hineingezogen habe.« Maître Beublet stammelt mit Tränen in den Augen (»er war ein gebrochener, vernichteter Mann«): »Es ist alles meine Schuld: sie haben mich gezwungen, Namen zu nennen, aber es gibt Qualen, die nicht zu ertragen sind.«

Der Alarm ist vorüber, der Zug setzt sich wieder in Bewegung.

Am 17. April, achtundvierzig Stunden nach der Abfahrt aus Paris, läuft der Zug in Berlin ein. Die erschöpften Reisenden glauben sich auf einem anderen Planeten: ringsum wimmelt es von fröhlichen Ausflüglern, die in die umliegenden Wälder fahren ...

Die Gestapo sortiert ihre Herde.

Suzanne Cointe und Madame Corbin werden nach Moabit gebracht, Keller, Alfred Corbin, Robert Breyer, Medardo Griotto und Ludwig Kainz in das Gefängnis in der Lehrter Straße. Wahrscheinlich wurden auch Makarow und Isbutzki dorthin gebracht, aber die Überlebenden konnten es nicht mit Sicherheit sagen.*

Für Keller ist die Ankunft in der Lehrter Straße unvergeßlich. Hinter den vergitterten Fenstern schien ein Fest stattzufinden: die Häftlinge, deutsche, meist ganz junge Soldaten, sangen und lärmten vergnügt. Es waren Deserteure, die hier auf ihre Hinrichtung warteten. Als Keller zu ihnen sagte: »Ich verstehe euch nicht, ihr seid doch zum Tode verurteilt«, antworteten sie: »Wir leben hier wie im Paradies! Wir bekommen fast dieselben Rationen wie an der Front, und zum Sterben braucht man sich nur an eine Wand zu lehnen. In Rußland dagegen ... was muß man da alles durchmachen, bevor es einen schießlich erwischt ...«

Die Belgier werden zunächst in das Gestapogebäude am Alexanderplatz eingeliefert und später in das Konzentrationslager Mauthausen überführt. Man müßte die Ankunft im Lager beschreiben können, wie Robert Christen es tat. Ich werde seinen Bericht nie vergessen. Keine großen Worte, keine nachträglichen Beschönigungen, sondern nur das Entsetzen vor dem Unmenschlichen. Noch fünfundzwanzig Jahre später hält er sich voller Zurückhaltung an die schlichte Wahrheit: »Am schlimmsten war das Gefühl, soviel ertragen zu müssen, ohne eigentlich etwas getan zu haben. Die anderen Deportierten hatten gekämpft, sie wußten, wofür sie leiden mußten.«

Er erzählt, wie sie in der Ferne die Umrisse des Lagers von Mauthausen auftauchen sahen: eine von Mauern umgebene Festung aus Granit. Dann zogen sie an einem riesigen, gespenstisch wirkenden Steinbruch vorbei, wo es tief unten von Tausenden menschlicher Ameisen in gestreiften Kitteln wimmelte. Die Ankommenden fragten sich: »Was sind das für Leute, die da unten arbeiten? Wo sind wir?« Am Abend sahen sie zum erstenmal, wie vor ihren Augen

---

* *Denn jeder Gefangene lebt in seiner Zelle wie in einem begrenzten, ihm zugleich aber bis ins kleinste Detail vertrauten Universum: er weiß, wer in den Nachbarzellen untergebracht ist, wann die Wärter ihre Runde machen, wer das Essen austeilt, usw. Jeder Zwischenfall, jedes Abweichen von der täglichen Routine wird registriert und analysiert. Wird der Gefangene aus diesem Universum herausgerissen, stürmt eine solche Fülle neuer Eindrücke auf ihn ein, daß er sie kaum bewältigen kann – jede Veränderung ist eine Quelle neuer Angst. So steht er auf dem Berliner Bahnsteig in seine eigenen Grübeleien versunken, fast unempfindlich für das Schicksal derer neben ihm. Verlieren wir hier, sei es auch nur vorübergehend, Menschen aus den Augen, die in unserem Bericht eine wesentliche Rolle gespielt haben, ist die Verwirrung, was die »Statisten« der einzelnen Gruppen betrifft, natürlich noch größer. Wir haben sie nicht einmal immer erwähnt, haben beispielsweise, als wir den Zusammenbruch der Amsterdamer Gruppe schilderten, nur über die Verhaftung von Winterink berichtet und uns nicht mit der Liquidation seiner Gruppe beschäftigt. Alle Mitarbeiter in Brüssel, Amsterdam, Paris, Lyon und Marseille zu verfolgen, hätte unseren ohnehin schon verwickelten Bericht noch komplexer werden lassen. Doch diese Menschen haben, wie Bob Isbutzki, »den Pflug gezogen«. Und wenn ihre Arbeit ebenso wichtig war wie die ihrer Chefs, so sind sie nun im Begriff, durch die Größe ihres Opfers über sie hinauszuwachsen.*

ein Mensch ermordet wurde: die Kapos hatten sich auf einen der Häftlinge gestürzt und ihn geprügelt; bewußtlos lag er am Boden, lebte aber noch; daraufhin riefen die Kapos den Henker des Lagers, damit er dem Opfer mit einem Stuhlbein den Gnadenschlag versetzte. Der Name des Henkers lief von Baracke zu Baracke ... Die entsetzten Belgier fanden in dieser Nacht keinen Schlaf; sie konnten einfach nicht fassen, wieso sie durch ihre so unbedeutenden Kontakte zur Simexco plötzlich in diese Welt des Grauens geraten waren.

Achtundsechzig waren mit dem Zug nach Berlin transportiert worden. Neun von ihnen sollten überleben.

Am 13. Mai starben dreizehn Mitglieder der Berliner Gruppe auf dem Schafott:

Fritz Thiel
Walter Husemann
Karl Behrens
Wilhelm Guddorf
John Rittmeister
Erhard Tohmfor
Heinz Strelow
Walter Küchenmeister
Fritz Rehmer
Philipp Schaeffer
Hans-Helmuth Himpel
Richard Weißensteiner
Erika von Brockdorff

Erika von Brockdorff ging lachend zum Schafott, wie zu einem Fest. Die ihrer Hinrichtung beiwohnten, waren sprachlos, einige sogar empört. Daß man fröhlichen Herzens sterben kann, scheinen die Nazis nie begriffen zu haben.

Der letzte Brief eines zum Tode Verurteilten klingt oft so abgeklärt, als sei der Verurteilte schon allen irdischen Dingen entrückt, als denke er, nachdem er die Waffen niedergelegt hat, nur noch an einige geliebte Wesen. Sogar Schulze-Boysen hat seinen letzten Brief mit einer Träne gesiegelt. Im folgenden der Brief, den Walter Husemann, Werkzeugmacher und aktiver Kommunist,* an seinen Vater schrieb, bevor er enthauptet wurde:[57]

Es war Walter Husemann, der beim Verhör in der Prinz-Albrecht-Straße den Versuch unternahm, aus dem Fenster zu springen und Kommissar Panzinger mit sich zu reißen.

Mein lieber Vater!

Sei stark! Ich sterbe, als was ich gelebt habe: als Klassenkämpfer!
Es ist leicht, sich Kommunist zu nennen, solange man nicht dafür zu bluten hat.
Ob man wirklich einer war, beweist man erst, wenn die Stunde der Bewährung
gekommen ist. Ich bin es, Vater. Ich leide nicht, Vater, glaube mir das! Ich gönne
keinem, mich schwach zu sehen. Anständig aus dem Leben zu gehen, das ist die
letzte Aufgabe, die ich mir gestellt habe. Erweise Dich Deines Sohnes würdig!
Überwinde den Schmerz! Du hast noch Deine Aufgabe zu erfüllen. Du hast sie
doppelt und dreifach zu erfüllen, denn Deine Söhne sind nicht mehr.
Armer Vater, aber auch glücklicher Vater, der seiner Idee das Beste opfern
mußte, das er zu geben hatte. Der Krieg wird nicht mehr lange dauern – und
dann ist Eure Stunde gekommen!
Denkt an alle, die den Weg schon gegangen sind und ihn noch gehen werden,
den ich heute gehen muß – und lernt eines von den Nazis: jede Schwäche wird
mit Hekatomben von Blut bezahlt werden. Deshalb seid unerbittlich! Bleibe
hart!
Ich habe nichts zu bereuen im Leben, höchstens, nicht genug getan zu haben!
Mein Tod wird aber wohl auch die versöhnen, die mit mir nicht immer einverstanden waren! Ach, Vater, Vater, Du Lieber, Guter! Wenn ich nicht fürchten
müßte, daß Du unter meinem Tod zusammenbrichst!
Hart bleiben, hart, hart.
Beweise jetzt, daß Du aus innerstem Herzen Dein Leben lang Klassenkämpfer
warst!
Helfe ihm, Frieda, richte ihn auf! Er darf nicht zugrunde gehen! Sein Leben gehört nicht ihm, sondern der Bewegung! Jetzt tausendmal mehr als bisher. Jetzt
muß er beweisen, daß seine Überzeugung nicht in einem romantischen Ideal,
sondern in unerbittlicher Notwendigkeit wurzelt!
Sorge für Martha! Sie ist Eure Tochter. Sie wird es Euch leichter ertragen lassen,
daß ich nicht mehr bin. Grüßt alle Bekannten und Freunde. Ich will sie nicht
mit Namen nennen. Aber ich drücke noch jedem einzeln in Gedanken die Hand
und danke für alles Liebe und alles Gute.
Ich sterbe leicht, weil ich weiß, warum ich sterben muß. Die mich töten, werden
in nicht so langer Zeit einen schwereren Tod haben. Das ist meine Überzeugung.
Hart bleiben, Vater! Hart! Nicht nachgeben! Denke in jeder schwachen Stunde
an diese letzte Forderung Deines Sohnes

Walter

»Die mich töten, werden in nicht so langer Zeit einen schwereren Tod
haben. Das ist meine Überzeugung ...« Vierzehn Tage nachdem ich von der
Terrasse Dr. Darquiers aus den Golf von Saint-Tropez bewundert hatte,
blickte ich auf eine fast ebenso schöne Landschaft: die Rhein-Main-Ebene, der
Horizont in der Ferne in rosa Dunstschleier gehüllt. Ich war in Glashütten im
Taunus. Und wieder der Haß. Der Mann, der mit harter Stimme so harte Worte
sprach, war »Hitlers Spürhund«: Dr. Manfred Roeder.

Wenn man ihm Glauben schenken darf, wußte er sehr bald nach Kriegsende, daß er dem Tod entgehen würde. (Darf man ihm glauben? Die Droge des Antisemitismus unterscheidet sich nicht von anderen Drogen: die Süchtigen wollen, daß ihr Laster von allen geteilt wird, und zögern nicht, die Realität ihren Wünschen entsprechend zurechtzubiegen.) Roeder berichtet, daß er Ende des Krieges von den Amerikanern verhaftet und einem gewissen Colonel Hays überstellt wurde: Roeders Vergangenheit war den Amerikanern bekannt, aber man nahm sie ihm nicht weiter übel. Er erzählt, wie Hays' Mitarbeiter ihm einmal einen Siegelring zeigten und sagten: »Das ist der Ring von West Point. Wenn Sie einen Offizier sehen, der diesen Ring trägt, dann wissen Sie, daß er mit den drei Millionen amerikanischer Juden nichts gemein hat.« Als Roeder zum Verhör nach Nürnberg geholt wurde, entschuldigte sich Hays bei ihm: »Es tut mir leid, daß ich nur einen Sergeant zu Ihrer Begleitung mitschicke, aber angesichts der Juden, die Sie dort antreffen werden, denke ich nicht daran, einen Offizier abzustellen.«* Außerdem riet der Colonel seinem Gefangenen: »Sagen Sie denen auf keinen Fall etwas! Wir haben diese Juden in Nürnberg im Verdacht, mit den Kommunisten zusammenzuarbeiten.«

Fest steht, daß die Ermittlungen gegen Roeder eingestellt wurden. Nach seiner Entlassung trat er der Neonazi-Organisation Remers bei. Immer wieder beschimpfte er bei öffentlichen Veranstaltungen die »Hunde der Roten Kapelle«, vor allem einen der Überlebenden der Berliner Gruppe nahm Roeder aufs Korn: Adolf Grimme**, der inzwischen Generaldirektor des Nordwestdeutschen Rundfunks geworden war. Roeders Angriffe standen unter dem Motto: »Ein Verräter mißbraucht unseren Rundfunk.« Grimme antwortete über den Hamburger Sender: »Wie ist es möglich, daß dieser Mann heute in Deutschland öffentlich Reden halten darf?« Als die Proteste der Überlebenden der Berliner Gruppe gegen Roeders Äußerungen zunahmen, zog er sich vorsichtshalber zurück und verschwand. Ein Mann, der ihn gut gekannt und eben-

---

*Viele der amerikanischen Untersuchungsrichter in Nürnberg waren deutsche Juden, die nach der Machtübernahme der Nazis in die Vereinigten Staaten emigriert waren. Eingebürgert und entweder bereits in den Streitkräften oder gerade erst eingezogen, wurden sie aufgrund ihrer Kenntnis der deutschen Verhältnisse Denazifizierungsaufgaben zugeteilt.

** Adolf Grimme, ehemaliger preußischer Kultusminister, war einer der zwanzig Berliner Häftlinge (von insgesamt fünfundsiebzig Angeklagten), die ihren Kopf retten konnten. Das Kriegsgericht befand ihn zwar für schuldig, subversive Unterhaltungen mit Arvid Harnack und Adam Kuckhoff geführt und bei sich zu Hause zweitausend Mark versteckt zu haben, die ihm Adam Kuckhoff zur Aufbewahrung übergeben hatte. Aber das Urteil stellte andererseits fest, die Anklage habe nicht den Beweis erbringen können, daß Grimme die Spionagetätigkeit Harnacks und Kuckhoffs bekannt gewesen sei und daß er gewußt habe, woher das Geld stammte und wofür es bestimmt war. Grimme wurde nur dafür verurteilt, daß er die

falls dem Dritten Reich gedient hat, sagte uns: »Im Grunde hat er nur seine Pflicht getan. Hätte man gegen ihn weiter ermittelt, hätte man ebenso gegen alle anderen deutschen Staatsanwälte vorgehen müssen. Aber Roeder war so hart und unerbittlich, daß ich sehr gut verstehen kann, wenn die Überlebenden versuchen, ihn zur Rechenschaft zu ziehen.«

Roeder war also verschwunden. Zwei Jahre lang hat man mir immer wieder versichert, er sei in Südamerika bei seiner ältesten Tochter. Aber schließlich fand ich ihn in Glashütten im Taunus. Ein hübscher Ort, in dem viele Frankfurter ein Wochenendhaus besitzen. Dort ist Roeder stellvertretender Bürgermeister. Seine Anwaltspraxis floriert, es geht ihm gut. Zusammen mit seiner Frau, die ehemals sehr schön gewesen sein muß, und seiner jüngsten Tochter lebt er glücklich und zufrieden. Die Älteste ist nicht in Südamerika, sondern in den USA mit einem Amerikaner verheiratet. In die Unterhaltung flicht Roeder gern Sätze ein wie: »Als ich 1965 beim früheren Gouverneur von Michigan eingeladen war ...« oder: »Als mich das letzte Mal ein hoher CIA-Beamter besuchte ...« Seine herrliche Villa ist im kalifornischen Stil gebaut, vielleicht eine Huldigung an seine Freunde drüben. In der Garage stehen ein großer Opel und ein kleiner Fiat.

Herr Roeder ist ein stattlicher, hochgewachsener Mann, er hält sich etwas gebeugt, sein Haar ist weiß, das Gesicht stark gerötet, die dicke Nase fast violett. Der Mund wird durch vorstehende Zähne verformt. Durch die lupendicken Brillengläser sind nur die riesigen kastanienbraunen Pupillen zu erkennen, der Blick ist erbarmungslos.

Um mich von diesem Gesicht zu erholen, ließ ich meine Augen von Zeit zu Zeit über die Ebene schweifen, die sich hinter der großen Fensterwand erstreckte. Ich dachte gar nicht einmal an den toten Walter Husemann, sondern an die Mignons, die in einem miserablen Wohnblock am Seine-Ufer dahinvegetieren, während einem Roeder und einem Darquier die Schönheiten der

---

subversive Tätigkeit seiner Gesprächspartner nicht angezeigt hatte. Das Gericht erklärte sogar, den religiösen Überzeugungen des Angeklagten, in denen die Ursache für seine Auflehnung gegen das Regime zu sehen sei, müsse Rechnung getragen werden. Grimme bekam eine Gefängnisstrafe von drei Jahren.

Günther Weisenborn, über dessen Bemühungen, sich seinem Zellennachbarn verständlich zu machen, wir berichtet haben, war stärker belastet als Grimme, wurde aber ebenfalls nur zu drei Jahren Gefängnis verurteilt. Es sieht so aus, als seien die Berliner »Komparsen« vom Gericht immer dann »fair« behandelt worden, wenn sie nicht das Pech hatten, einer »schlechten« Gruppe zugeordnet zu werden. Die Gestapo ließ, wie die Hinterbliebenen meinen, ihre Gefangenen in kleinen Gruppen aburteilen und versuchte, jeder Gruppe einige besonders kompromittierte Angeklagte zuzuteilen, damit nach Möglichkeit alle in ein schlechtes Licht gerieten.

Erde zu Füßen liegen. Und mir kam das Wort von den Kriegen in den Sinn, die alles zerstören und doch nichts ändern ...

Kriminalrat Kopkow hatte bei den Engländern weniger Glück. Roeder zufolge wurde er zwar nicht mit dem Tod bestraft, sondern sozusagen nur vorläufig beerdigt. Sofort nach seiner Gefangennahme brachte man ihn nach Edinburgh, wo man ihn vier Jahre lang verhörte. Er mußte alles, was er wußte, zu Protokoll geben, und er wußte viel. Als er alles gesagt hatte, gingen die Leiter des englischen Nachrichtendienstes daran, ihren kostbaren Zeugen dem Zugriff anderer Interessierter – zum Beispiel dem der Sowjets – zu entziehen: Sie stellten einen gefälschten Totenschein auf den Namen Horst Kopkow aus und schickten diesen seiner Frau nach Deutschland. Danach erlaubten sie ihrem Gefangenen, unter der Bedingung nach Deutschland zurückzukehren, daß er sich fortan Cordes nannte und weder mit seiner Frau noch mit anderen Familienangehörigen Verbindung aufnahm. Kopkow, dem man in einer Textilfirma eine Stellung verschafft hatte, hielt sich strikt an diese Vorsichtsmaßnahme: er wußte genau, daß man in Moskau nicht so sanft mit ihm umgehen würde wie in Edinburgh. Fünf Jahre lang lebte er ein abgeschiedenes Leben. 1954, als sich der Kalte Krieg etwas entspannte, hielten die Engländer den Zeitpunkt für gekommen, ihren Toten wieder zum Leben zu erwecken. Er durfte sich jetzt Kopkow-Cordes nennen und zu seiner überraschten Witwe zurückkehren.

Heute lebt er mit seiner Frau zusammen in Gelsenkirchen.* Zwei Tage habe ich vor ihrer Tür gewartet, aber der Exkriminalrat wollte mich nicht empfangen: er hatte es vorgezogen, zu verreisen. Seine Frau ist ein eigenartiges Wesen mit vorsichtigen Bewegungen und tonloser Stimme. Sie lebt in ständiger Angst vor einer unsichtbaren, unmittelbar bevorstehenden Katastrophe. Ihrer Meinung nach droht ihrem Mann weniger Gefahr aus Rußland als aus Deutschland. Sie fürchtet, daß ein pflichteifriger Staatsanwalt ein Ermittlungsverfahren gegen ihren Mann beantragen könnte.

Der Leitende Regierungsdirektor und SS-Standartenführer Panzinger konnte die ständige Bedrohung nicht ertragen. Nachdem er 1955 aus sowjetischer Kriegsgefangenschaft entlassen worden war, leiteten 1959 die westdeutschen Behörden eine Untersuchung gegen ihn ein. Er nahm sich am 9. August 1959 das Leben, bevor er befragt werden konnte.

---

* Im Licht der heute bekannten Tatsachen erscheint Roeders Bericht zum Teil ungenau. Kopkow wurde bereits im Herbst 1947 entlassen und unter anderem Namen nach Deutschland zurückgeschickt.

Das Schafott

30

Zwei Häftlinge teilten die Zelle mit Alfred Corbin: ein belgischer Lehrer und ein junger Holländer – beide gehörten nicht zur Roten Kapelle. Da nur zwei Pritschen vorhanden waren, schlief Corbin auf dem Fußboden. Die Kälte war unerträglich, aber über Hunger brauchten die Häftlinge nicht zu klagen; vor allem den aus Fresnes überführten Gefangenen erschien das Essen reichlich. Jeder bekam dreiviertel einer Soldatenration, also mehr als die deutsche Zivilbevölkerung und doppelt soviel wie in Fresnes. Außerdem war Ludwig Kainz in die Gefängnisküche abkommandiert worden, und bis zuletzt sorgte »die Spitzmaus«, wie ihn seine Freunde wegen seiner spitzen Nase nannten, in bewundernswerter Weise für sie: er war der geheime Lieferant märchenhafter Festessen. Durch ihn erhielten die Häftlinge auch deutsche Zeitungen.

Die Gefangenen in der Lehrter Straße konnten Schreibpapier und Bleistift anfordern, und seit seiner Einlieferung führte Alfred Corbin Tagebuch. Aber was heißt da Tagebuch? Dreimal am Tag schrieb er darin seiner Frau, Marie Corbin, die in Moabit eingesperrt war – er sprach zu ihr, als säße sie ihm gegenüber: seine in einer winzigen, mit der Zeit immer kleiner werdenden Schrift gemachten Notizen gleichen einer ununterbrochenen Unterhaltung, so als wären er und seine Frau nicht durch dicke Mauern und bewaffnete Soldaten voneinander getrennt und als gäbe es keinen Henker, der ihrem Dialog jederzeit ein Ende setzen könnte.

Am 12. Mai schreibt er: »Sollen wir uns darüber freuen, daß wir nach Berlin gebracht wurden? Jedenfalls sind wir nicht schlechter dran als vorher; ich glaube nicht, daß man uns nur hierhergebracht hat, um uns genau hundert Tage nach der Urteilsverkündung zu erschießen, wie es hier üblich ist – oder besser ›war‹, denn der junge Holländer und viele andere, die seit mehr als sechs Monaten verurteilt sind, haben nichts mehr davon gehört. Ob man den Prozeß noch einmal aufrollen wird, wie alle hier vermuten? Das wäre möglich. Wir müssen abwarten; die Stimmung ist gut, und ich will mit Dir zusammen zurückkehren, Du hast mich ja darum gebeten. Ich bin aus Belgien und aus dem Krieg in Frankreich zurückgekommen – warum also nicht auch von dieser Reise nach Deutschland?

Wahrscheinlich werde ich die Simex meinem Bruder übergeben, falls er noch immer daran denkt, seine Stellung bei Creed aufzugeben. Dann brauche ich mich nur noch ab und zu darum zu kümmern. Ich habe im Ausland gute Verbindungen anknüpfen können, und ich glaube, daß nach dem Krieg im Import-Export-Bereich viel zu machen sein wird. Auf jeden Fall werde ich den Namen der Firma ändern.«

19. Mai: »Ich stelle Hypothesen über das Kriegsende auf, das die einen in drei Monaten, die anderen nicht vor Jahresende erwarten ... Es ist zum Verrücktwerden! Die Frage ist um so beklemmender, als mein Schicksal so eng damit verknüpft ist ... Ich mache mir nicht die geringsten Illusionen über das Urteil, das hier gefällt werden wird; die Frage ist nur, ob uns noch genug Zeit bleibt, der Hinrichtung zu entgehen.«

20. Mai: »Eben habe ich Keller auf seinem Rundgang im Hof zuwinken können. Breyer, der ebenfalls zur Gruppe gehört, blickt nie zu meinem Fenster hoch. Er sieht aus, als sei er tief in Gedanken versunken ... Bestimmt grübelt auch er über das Ende des Krieges nach.«

4. Juni: »Ein entsetzlicher Morgen! Unser holländischer Zellengenosse ist heute früh zusammen mit seiner Gruppe von vierzig Verurteilten hingerichtet worden. Um 3 Uhr 30 haben sie uns geweckt, und infolge eines Mißverständnisses glaubte ich, man wollte mich zu meinem letzten Gang abholen. Wir mußten uns anziehen, und als wir fertig waren, haben sie diesen dreiundzwanzigjährigen Jungen mitgenommen, der seit dem 2. Oktober 1942 auf sein Schicksal wartete! Wie unsagbar grausam! Schon seit einigen Tagen spürte ich eine Unruhe, merkte ich, daß sich etwas zusammenbraute. Was mir noch bevorsteht, weiß ich natürlich nicht, aber ich bin zuversichtlich! Das mag verrückt klingen. Aber selbst wenn mir ein gleiches Erwachen bevorstehen sollte, kannst Du sicher sein, mein Liebes, daß ich sehr, sehr gefaßt sein werde. Ich bin sogar selbst ein wenig über meine Ruhe erstaunt.«

6. Juni: »Der Mann, der halb verrückt geworden ist, war am Freitagmorgen zwei Stunden lang in unserer Zelle und hat uns zu beweisen versucht, daß der Krieg logischerweise nicht vor 1945 zu Ende gehen kann! Ein tröstlicher Kamerad, das muß ich schon sagen!«

Am 12. Juni erhielt Alfred Corbin zum erstenmal ein Buch aus der Gefängnisbücherei. Ein französisches Buch mit dem Titel »Le Monde où l'on s'ennuie«, »Die Welt der Langeweile«, aber Corbin langweilte sich nicht. Unter dem Pseudonym Bellême hatte er vor und während des Krieges für eine landwirtschaftliche Fachzeitschrift geschrieben. Und für diese treuen Leser hatte er gleich nach seiner Ankunft in Berlin ein Buch zu schreiben angefangen, das er Gérard Biront aus Louvain (Belgien) und Jean Vrolyk aus Zwyndrecht

(Holland), seinen Zellengenossen, widmete und dem er folgendes Vorwort voranstellte:

Lehrter Straße 3
Berlin, April 1943

Zunächst möchte ich mich bei meinen Leserfreunden von »Rustica« dafür entschuldigen, daß ich sie so plötzlich im Stich gelassen habe; sie mögen mir glauben, daß es nicht durch meine Schuld geschah und daß ich oft an sie denke.

Fünf Monate strenge Einzelhaft in Frankreich, gefolgt von einem Todesurteil, haben der deutschen Polizei offensichtlich nicht genügt, denn inzwischen hat man mich in dieses Berliner Gefängnis gebracht.

Aber was kann man, in Erwartung seines Schicksals, Besseres tun, als an seine Freunde zu denken und für sie zu arbeiten?

Ich habe mir also ein Thema vorgenommen, das mich schon immer interessiert hat: Aufbau und Organisation von Zuchtbetrieben.

Meine beiden Zellengenossen sind ein Belgier und ein Holländer. Sie kommen aus zwei kleinen Ländern, die allerdings vom Gesichtspunkt der Geflügelzucht aus alles andere als klein sind. Was für eine wunderbare Gelegenheit, unsere Ideen auszutauschen ...

Möge dieses so ausführlich wie möglich angelegte Buch allen Freunden und künftigen Freunden der Geflügelzucht als Leitfaden dienen. Wann wird es erscheinen? Wird es je verlegt werden können? Auf diese Fragen weiß ich keine Antwort, aber hier in der Einsamkeit ist mir der Satz von Wilhelm von Oranien in den Sinn gekommen: »Es ist nicht nötig zu hoffen, um zu beginnen, es ist nicht nötig voranzukommen, um durchzuhalten.« Und so habe ich begonnen ... mit den begrenzten Mitteln, die mir zur Verfügung stehen, das heißt: einfach mit meinen Kenntnissen und meinem Gedächtnis.

Der Leser möge darum nachsichtig sein, wenn er in diesem Buch nicht immer die genauen Angaben findet, die er sucht. Ich habe keine Bibliothek zur Hand, also keine Möglichkeit, nachzuschlagen: die Zahlen von heute werden jedoch kaum noch morgen gültig sein, darum müssen wir uns zunächst auf die allgemeinen Richtlinien und die grundsätzlichen Fragen beschränken.

Frankreichs Geflügelzucht, die im Augenblick darniederliegt, wird bald wieder neu anfangen können. Möge dieses kleine Buch bei diesem Neubeginn von Nutzen sein – das ist mein größter Wunsch.

A. Corbin Bellême

Ist dieser Versuch eines Todeskandidaten, hundert Schritt von der Guillotine entfernt in seiner Zelle ein Buch zu schreiben, in seiner naiven Art nicht auch ein Zeichen menschlicher Größe ...?

Am 21. Juli verließ Margarete Barcza das Gefängnis in Fresnes und fuhr in Begleitung einer Gestapobeamtin nach Marseille. Mit dieser Reise, auf die sich Margarete einige Tage in ihrer Zelle hatte vorbereiten müssen, sollte der Eindruck erweckt werden, daß sie und Kent sich nach wie vor auf freiem Fuß befänden. Falls es in Marseille noch eine Gruppe gab, sollten deren Mitglieder über das Schicksal ihres Chefs und das seiner Freundin beruhigt werden. Vor allem aber wollte man mit dieser Reise Moskau in Sicherheit wiegen und verhindern, daß man dort an der Echtheit von Kents Meldungen zweifelte.

Die Reise verlief ohne Zwischenfälle, und Margarete wurde bei ihrer Rückkehr nach Paris belohnt: zusammen mit Kent brachte man sie in die Villa nach Neuilly. Die Wärter von Fresnes überreichten ihr einen Blumenstrauß und feierten sie zum Abschied »wie einen Star«.

In Neuilly bekam sie Zimmer Nummer 7, Kent Nummer 8. Anfangs durften sie nur die Sonntage zusammen verbringen, aber Margarete war mit dieser Regelung nicht einverstanden. Am 12. August trat sie in den Hungerstreik. Nach dem Grund gefragt, schrie sie ihre Bewacher an: »Was? Sie wagen es noch, mich danach zu fragen? Kein Mann, keine Zigaretten, und dabei wissen Sie aus all Ihrem Papierkram genau, daß heute mein Geburtstag ist!« Kent und ein Päckchen Zigaretten wurden schleunigst herbeigeschafft. Übrigens brachte ein unerwartetes, wenn auch nicht überraschendes Ereignis Bömelburg bald zu der Überzeugung, daß es besser sei, dem Paar ein gemeinsames Zimmer zu geben: Margarete erwartete ein Kind, und ohne Kents ständigen Zuspruch drohte die Zeit der Schwangerschaft für alle unerträglich zu werden.

So bekam das Leben für Margarete wieder etwas von seinem früheren Charme. Wie in Brüssel und Marseille verliefen die Tage glücklich und gleichförmig zwischen Sonnenbädern im Garten, Kartenpartien mit den Wärtern und verliebten Stunden mit Kent, der weiterhin absolutes Stillschweigen über seine Tätigkeit bewahrte. Er hatte seiner Freundin keine Erklärung darüber gegeben, warum sich ihr Leben derart verändert hatte, und Margarete glaubte nach wie vor, die Schwierigkeiten hätten allein mit Kents uruguayischer Staatsangehörigkeit zu tun. Hellhörig wurde sie erst durch einen belanglosen Zwischenfall – als eines Tages jemand rief: »Bring sofort die russische Schreibmaschine für Kent*!«, horchte sie auf: Konnte er Russisch? War er vielleicht gar ein Russe? Sie fragte Willy Berg, der ihr bestätigte, daß Kent russischer Staatsangehöriger sei. Aber er fügte sofort hinzu: »Lassen Sie sich auf keinen

---

* Tatsächlich sagte der Wachtposten »für Fritz«, denn das Kommando hatte Kent mit dem Decknamen »Fritz Frisch« ausstaffiert.

Fall anmerken, daß Sie das wissen: das würde ihn schwer treffen. Gleich nach seiner Verhaftung hat er uns angefleht, Ihnen seine Staatsangehörigkeit zu verschweigen, weil er weiß, wie sehr Sie die Russen verabscheuen, und er hat eine wahnsinnige Angst davor, Sie aus diesem Grund zu verlieren.« Margarete versprach zu schweigen, und sie hielt Wort. Sie mochte Rußland wirklich nicht. Im Grunde jedoch beschäftigte sich Margarete damit ebensowenig wie sie sich den Kopf über das zerbrach, was um sie vorging – für sie gab es nur Kent und das Zusammensein mit ihm, sonst nichts. Von ihm getrennt zu sein, das war die Hölle, und so blieb Neuilly trotz mancher Unannehmlichkeiten für sie ein Paradies.

Und aus einem Paradies flieht man nicht, schon gar nicht, wenn dort ein innig geliebtes Pfand zurückbleibt. Einige Wochen nach ihrer Übersiedlung nach Neuilly fuhr Margarete in Begleitung von Jung wieder nach Marseille, um ihren Sohn René zu holen. Der SS-Mann ließ seine Gefangene im unverschlossenen Hotelzimmer allein, während er einen Streifzug durch die Bars unternahm. Das war nicht einmal leichtsinnig: zu fliehen kam Margarete gar nicht in den Sinn. René, der damals elf Jahre alt war, wurde im Collège Sainte-Barbe untergebracht, und jeden schulfreien Donnerstag durfte Margarete die Villa verlassen, um den Nachmittag mit ihrem Sohn zu verbringen.

An den anderen Tagen bot sich nahezu unverändert das gleiche Schauspiel, das André François-Poncet beobachtet hat: Sie saß im Liegestuhl, während Trepper oder Katz, der inzwischen ebenfalls in Neuilly untergebracht worden war, oder Schumacher, den man in Lyon festgenommen hatte, im Garten ihre Runden drehten. Fünf der zehn Zimmer in diesem Luxusgefängnis waren für die Rote Kapelle reserviert.

Am 1. Juli notiert Alfred Corbin in sein Tagebuch: »Heute beginnt ein neuer Monat und ein neues Halbjahr: werden sie uns die Befreiung bringen?«

Am 20. Juli: »Vorhin wurde ich gefragt, ob ich Belgier oder Franzose sei. Das kann bedeuten, daß ich in eine andere Zelle komme oder etwas viel Ernsteres. Ich mag es gar nicht, daß man sich für meine bescheidene Wenigkeit interessiert!«

Am 21. Juli: »Ich habe vergessen, Dir zu sagen, daß sie heute morgen gefragt haben, ob ich Zivilist oder Soldat bin. Ich fürchte, das bedeutet Zellenwechsel!«

Damals herrschte in der Lehrter Straße großer Optimismus. Die Häftlinge klammerten sich wie alle Gefangenen auf der Welt an Hoffnungen, die sie für Wirklichkeit hielten, und maßen dem kleinsten Gerücht größte Bedeutung bei.

Ihre Informationsquellen waren ausschließlich deutsche Zeitungen, aber selbst aus den von Goebbels zurechtfrisierten Meldungen lasen sie noch die Gewißheit vom Zusammenbruch des Dritten Reiches heraus. Corbin ließ sich von diesem Freudentaumel nicht mitreißen. Da er wußte, wie grausam es war, wohltuende Illusionen zu zerstören, verschwieg er seine Bedenken und vertraute sie nur seinem Tagebuch an. Zwar glaubte er nicht, wie jener Mithäftling, der bei der Hinrichtung von vierzig Gefangenen den Verstand verloren hatte, daß der Krieg noch bis 1945 dauern würde (diese Meinung schien ihm ebenso unsinnig wie der Optimismus der anderen), aber er war überzeugt, daß nur eine Landung der Alliierten auf französischem Boden der Wehrmacht den Todesstoß versetzen könnte. Die am 10. Juli in Sizilien erfolgte Landung änderte nichts an seiner Überzeugung, während sie für seine Kameraden die unmittelbar bevorstehende Befreiung ankündigte. Ebensowenig ließ er sich durch Mussolinis Sturz beeinflussen, der bei den anderen einen wahren Begeisterungstaumel auslöste. Er analysierte die Reden des italienischen Königs und Badoglios und notierte: »Noch ist es nicht zu Ende.«

Aber plötzlich, am 27. Juli, erfaßt auch ihn eine Welle der Hoffnung: »Ich bin überzeugt, daß Ende dieses Jahres alles vorüber ist.«

Am nächsten Morgen notiert er gleich nach dem Aufwachen: »Guten Morgen, mein Liebes, ich habe ganz gut geschlafen, trotz des Bahnhofslärms und des Flugzeuges, das stundenlang über uns gekreist ist. Ich dachte, nur ich sei nervös und manchmal kleinmütig, aber Biront steckt in einer Phase tiefster Niedergeschlagenheit. Eine fürchterliche Nervenbelastung: wir wissen, daß der Zusammenbruch Italiens dem von Deutschland vorausgehen muß, aber wann wird es soweit sein? Ach, Liebes, Liebes, wie ich an Dich – an uns denke!«

Dann wurde er geholt. Man forderte ihn auf, seine Sachen in der Zelle zurückzulassen. Er wußte, was das bedeutete.

Mit ihm starben Nazarin Drailly, der Direktor der Simexco, Medardo Griotto, Käthe Voelkner und ihr Gefährte Johann Podsialdo, Suzanne Cointe und Flore Springer, die Frau Isidor Springers, die vor ihrem Gang zum Schafott Rita Arnould umarmte und ihr den Verrat an ihrem Mann verzieh. Rita Arnould wurde einen Monat später hingerichtet, Jeanne Großvogel ein Jahr danach, zur gleichen Zeit wie Bob Isbutzki.

Sie wurden im Gefängnis von Plötzensee in demselben Schuppen.enthauptet, in dem Schulze-Boysen und Harnack erhängt worden waren. Laut Aussage des Anstaltsgeistlichen Kreuzberg starben sie alle tapfer.

Alfred Corbin · Marie Corbin (links), ihr Mann und der Zahnarzt R. Breyer (dahinter)
Hillel Katz · Isidor Springer

Acht Tage später, am 5. August, wurden fünfzehn Mitglieder des Berliner Kreises hingerichtet:

Rosemarie Terwiel
Hilde Coppi
Emil Hübner
Frida Wesolek
Stanislaus Wesolek
Adam Kuckhoff
Oda Schottmüller
Ursula Goetze
Liane Berkowitz
Eva-Maria Buch
Anna Krauss
Cato Bontjes van Beek
Rose Schlösinger
Klara Schabbel
Ingeborg Kummerow

Zwölf Frauen ... Die Tänzerin Oda Schottmüller, die ein Funkgerät bei sich versteckt hatte; Rose Schlösinger; Anna Krauss, die Wahrsagerin; Cato Bontjes van Beek, eine Keramikerin; Eva-Maria Buch, die für die Zeitschrift »Die Innere Front« einen von einem französischen Arbeiter geschriebenen Artikel übersetzt und sich als Verfasserin ausgegeben hatte, um den unbekannten Kameraden zu schützen; Klara Schabbel, die als Kurier die Verbindung zwischen Brüssel und Berlin besorgt hatte; Ingeborg Kummerow, die Frau Hans-Heinrich Kummerows, des Loewe-Opta-Ingenieurs; Rosemarie Terwiel, Schulze-Boysens Sekretärin; Ursula Goetze, eine Studentin; Frida Wesolek, die Fallschirmspringer bei sich beherbergt hatte und zusammen mit ihrem Vater und ihrem Ehemann enthauptet wurde; die zwanzigjährige Liane Berkowitz, der man ihr im Gefängnis geborenes Kind weggenommen hatte, um es in ein SS-Kinderheim zu bringen ... wo es noch vor ihr starb; und Hilde Coppi, die Frau des Amateurfunkers von Schulze-Boysen, die ebenfalls im Gefängnis niedergekommen war und kurz vor ihrer Hinrichtung schrieb: »Ich bin ganz gefaßt. Ich freue mich sogar, freue mich über jeden Tag, den ich noch zusammen mit meinem Jungen verbringen darf. Und er freut sich so gern und lacht so viel – weshalb sollte ich da wohl weinen?«[58]

Der bemerkenswerteste unter den am 5. August hingerichteten drei Männern war der Schriftsteller Adam Kuckhoff. Neben Schulze-Boysen und Harnack war er der wichtigste Kopf des Berliner Kreises gewesen. Er war für die finanzielle Verwaltung der Organisation verantwortlich und hatte außerdem Artikel und Flugblätter gegen das Regime verfaßt. Darum war sein Name auch in dem fatalen Funkspruch erwähnt worden, den die Zentrale an Kent geschickt hatte. Der Direktor hatte noch spezifiziert: »Erinnern Sie hier an Eulenspiegel.« »Till Eulenspiegel« war der Titel des Theaterstücks von Kuckhoff, das als Schlüssel zur Chiffrierung der Berliner Funksprüche gedient hatte. Er war von kleiner, gedrungener Statur und hatte ein rundes, energisches Gesicht. Während der letzten Wochen seines Lebens schrieb er – mit gefesselten Händen – an einem »Schema einer dialektischen Ästhetik«. Sein persönliches Schicksal ließ ihn gleichgültig, aber er litt unter dem Gedanken, seinen fünfjährigen Sohn Ule hilflos zurücklassen zu müssen. Kurz ehe man ihn aus der Zelle holte, schrieb er noch schnell die folgenden fünf Zeilen auf ein Blatt Papier:

Für Ule!

Mein lieber Sohn, du großes, spätes Glück,
so lasse ich dich vaterlos zurück?
Ein ganzes Volk – nein, das ist viel zu klein,
das Menschenvolk wird dir dein Vater sein![59]

Einige Wochen später starben Wilhelm Schürmann-Horster, Wolfgang Thiess und Eugen Neutert. Mit ihnen hatte das Martyrium des Berliner Kreises ein Ende. Zwei Verurteilten war es gelungen, Selbstmord zu verüben; acht waren gehenkt worden; einundvierzigmal war das Fallbeil der Guillotine herabgesaust.

In Paris gewann der Krebs seinen Kampf gegen Giering. Der Leiter des Sonderkommandos mußte im August 1943 seinen Posten verlassen. Er wurde nach Landsberg in ein Krankenhaus gebracht, wo er Ende des Jahres starb. Daß er mitten im Spiel aufgeben mußte, wird ihm schwergefallen sein, denn er war mit ganzem Herzen dabei. Immerhin hatte er die tröstliche Gewißheit, daß er in seinem Wettlauf mit der Krankheit, den er vor zwei Jahren begonnen hatte, Sieger geblieben war: die Rote Kapelle war vernichtet, der Grand Chef und der Petit Chef waren als willfährige Werkzeuge in seiner Gewalt. Er hatte sich hart und grausam, aber auch klug und listig gezeigt, hatte unbarmherzig foltern lassen, aber zugleich auch die Folter seiner Krankheit ertragen. Die Überlebenden der Roten Kapelle hassen ihn, versagen ihm aber nicht ihre Achtung.

Sein Nachfolger an der Spitze des Sonderkommandos soll Reiser werden. Im Gegensatz zu Giering ist er aber dem Aufstieg von der Polizeiarbeit zur hohen Politik nicht gewachsen. »Er kann hart zuschlagen«, heißt es von ihm. Er ist ein Bürokrat, der jede Initiative scheut und nach Möglichkeit jeder Verantwortung aus dem Weg geht. In das »Große Spiel« ist er nicht eingeweiht. Das war Gierings und Willy Bergs Revier. Reiser weiß nur, daß ein Funkspiel im Gange ist, ahnt aber nichts von der Tragweite des Unternehmens. Hinzu kommt seine Zaghaftigkeit. Sechs Monate nach der Gefangennahme des Grand Chef ist er noch immer mißtrauisch wie ein Fuchs und fest davon überzeugt, daß Trepper das gesamte Kommando an der Nase herumführt. Natürlich war Giering auf der Hut gewesen, aber das hatte ihn nicht daran gehindert, seine Pläne voranzutreiben. Reiser dagegen fällt seinen Vorgesetzten nur auf die Nerven: bei jedem Besuch in Berlin trägt er seine Bedenken vor, ohne den geringsten Beweis dafür zu liefern, er beruft sich nur ständig auf seinen in langer Praxis entwickelten Spürsinn. Schließlich haben seine Chefs genug: »Hören Sie auf mit Ihren ewigen Verdächtigungen. Der Mann arbeitet in jeder Weise loyal mit uns zusammen!« Reiser wird nach Karlsruhe abgeschoben, unter dem Vorwand, er sei schon zu lange in Paris und dem Gegner wahrscheinlich bekannt …

Gierings Nachfolger wird der Kriminalrat und Angehörige der SS Heinz Pannwitz.

Pannwitz ist einer jener Männer, die der amerikanische Historiker Shirer als »die intellektuellen Verbrecher des Dritten Reiches« bezeichnet. Zur Zeit der Machtergreifung ist er zweiundzwanzig Jahre alt und kümmert sich nicht um Politik: er studiert Theologie und will Pastor werden. Nach fünf Jahren Studium wendet er sich von der Kirche ab und entschließt sich, in den Sicherheitsdienst einzutreten. Berufungen sind nicht vorhersehbar. Zur gleichen Zeit beginnt unter Himmler ein dreiundzwanzigjähriger, brillanter Absolvent der Bonner Universität und begeisterter Renaissance-Kenner eine vielversprechende Karriere: Walter Schellenberg, der eines Tages der oberste Chef der deutschen Spionageabwehr sein wird. Und ein fleißiger junger Mann von siebenundzwanzig Jahren namens Adolf Eichmann. Und ein Dreißigjähriger, der Kieler Alfred Naujocks. Ihr gemeinsamer Chef ist Reinhard Heydrich, neununddreißig Jahre alt, ein ehemaliger Marineoffizier, ein ausgezeichneter Geiger und Fechter von internationalem Rang. Allen gemeinsam ist ihre Jugend und ihr großer Ehrgeiz. Das nationalsozialistische Abenteuer schien ihren Fähigkeiten unbegrenzte Möglichkeiten zu bieten. Es erlaubte ihnen alles, und zwar sofort. Deutschland wurde ihr erstes Opfer, aber schließlich fiel ihnen aus den schwachen Händen der alten Herren, die es bisher regiert hatten, ganz Europa zu. Sie waren Spielernaturen, glaubten an die Aktion um der Aktion willen, schreckten vor nichts zurück. Schellenberg wird verraten, Naujocks desertieren, und Heydrich wäre, hätte er länger gelebt, möglicherweise eine sehr viel ernstere Bedrohung für Hitler geworden als die Herren des Widerstandes. Die ehrgeizigen jungen Männer hatten ein leichtes Spiel, denn die Machtposition Deutschlands war nicht ihr Werk, sondern das der Wehrmacht. Ohne deren Soldaten hätten sie nichts vollbringen können. Mit ihnen aber hatten sie freie Hand, einen ganzen Kontinent in Blut und Elend zu stürzen. Sie spielten ein faszinierendes Spiel und amüsierten sich königlich. Alle Züge Europas standen Eichmann zur Verfügung, dazu vier oder fünf Millionen Menschen, die quer durch den Kontinent verfrachtet werden sollten: ein herrliches Spielzeug, dessen er sich bediente, ohne Haß auf seine Opfer zu empfinden, wie die erstaunten Richter später feststellten. Für Eichmann war das Jonglieren mit Fahrplänen und Stellwerken ein Vergnügen ganz nach seinem Geschmack, denn er war der phantasieloseste unter diesen Ehrgeizlingen. Die anderen dagegen gingen mit einem geradezu unvorstellbaren Einfallsreichtum ans Werk. Naujocks und Schellenberg gelang es 1939 mit viel Geschick, an der holländischen Grenze zwei Offiziere des Intelligence Service abzufangen – der »Zwischenfall von Venlo« Eugenè Sues. Einige Monate später versucht Schellenberg in Lissabon den Herzog und die Herzogin von Windsor zu entführen; er läßt Steine an ihr Fenster werfen und schickt der Herzogin einen Blumenstrauß mit einem Brief: »Hüten Sie sich vor den Machenschaften des Secret Service. Ein portugiesischer Freund, der es gut mit Ihnen meint.« Alexandre Dumas hätte nichts Abenteuerlicheres einfallen können. Naujocks verfällt auf die Idee, England mit Falschgeld zu überschwemmen, um die englische Wirtschaft zu ruinieren – die »Operation Bernard« könnte aus der Feder Ian Flemings stammen. Heydrich richtet in Berlin ein Luxusbordell für die in Berlin akkreditierten Diplomaten ein, den »Salon Kitty«; alle Unterhaltungen werden von einem im Keller eingerichteten Abhörraum aus aufgenommen. Und Heinz Pannwitz unterbreitet einen wahnwitzigen Plan zur Beseitigung Winston Churchills, der Seele der britischen Widerstandskraft: zwei Verrückte, die von der Wahnvorstellung besessen sind, Churchill müsse sterben, sollen über England abgesetzt werden. Der Plan wird tatsächlich akzeptiert. Und da in keiner deutschen Irrenanstalt Verrückte mit der gewünschten fixen Idee aufzutreiben sind, bemühen sich Psychiater wochenlang – aber vergeblich –, zwei armen Schluckern den Haß auf Churchill einzuimpfen ...

Das mag man amüsant finden.

Die weniger amüsanten Dinge überwiegen allerdings.

Am 29. September 1941 kommt Heydrich nach Prag. Er ist zum Stellvertretenden Reichsprotektor von Böhmen und Mähren ernannt worden, ja, er ist sogar von Hitler mit allen erforderlichen Vollmachten ausgestattet worden, da man in Berlin darauf aus ist, die ehemalige Tschechoslowakei wieder fest in den Griff zu bekommen, was dem Reichsprotektor von Böhmen und Mähren, Konstantin von Neurath, nicht gelingen will. Heinz Pannwitz begleitet Heydrich, dem er seine blitzartige Karriere bei der Gestapo verdankt. Er hat es inzwischen zum Kriminalkommissar gebracht und richtet sich nun mit Frau und Kindern in Prag ein, bestrebt, seinem Vorgesetzten bei der großen politischen Aufgabe zur Hand zu gehen.

Eine Politik, die der Stellvertretende Reichsprotektor lakonisch mit wenigen Worten umreißt: Zuckerbrot und Peitsche. Zuerst die Peitsche: zahlreiche Hinrichtungen und Deportationen als Strafe für die kleinsten Vergehen. Zwei Wochen nach seinem Eintreffen in Prag meldet Heydrich seinem Reichsführer SS, daß »alle Bataillone der Waffen-SS umschichtig nach Böhmen und Mähren abkommandiert werden, um Erschießungen durchzuführen und das Hängen von Verurteilten zu überwachen. Bisher wurden in Prag: erschossen neunundneunzig, gehängt einundzwanzig; in Brünn: erschossen vierundfünfzig, gehängt siebzehn; insgesamt wurden hunderteinundneunzig Menschen hingerichtet, darunter sechzehn Juden.« Doch das ist nur der Anfang. Zuschlagen kann jeder brutale SS-Mann, der Umgang mit Zuckerbrot jedoch verlangt Intelligenz und Fingerspitzengefühl. Daran mangelt es Heydrich nicht. Er arbeitet ein unglaublich geschicktes Programm aus: für jede Überstunde bekommen die tschechischen Arbeiter als Prämie kein wertloses Geld, sondern Fett oder Fleischmarken. Das ist niedrig, aber richtig gezielt: die tschechische Industrieproduktion steigt sofort sprunghaft an.*

Heydrich baut sein System aus, verfeinert es unermüdlich (Ferien in Luxushotels für die besten Arbeiter und so weiter) und setzt seinen zweiten Plan ins Werk, einen Propagandafeldzug unter dem Motto der »deutsch-tschechischen Versöhnung«.

Der dritte Schritt verheißt den Tschechen eine relative Autonomie – vorausgesetzt, daß sie sich dem antibolschewistischen Kreuzzug anschließen. Jetzt wird es der tschechischen Exil-Regierung in London zu gefährlich: Heydrich, der »Engel des Bösen«, muß weg. Zwei Agenten, die mit dem Fallschirm abgesetzt werden, sollen Heydrich beseitigen. Am 27. Mai wird er in seinem

---

* *Was allerdings auch in jedem anderen besetzten Land der Fall gewesen wäre.*

offenen Mercedes durch Pistolenschüsse und eine Kugelbombe schwer verwundet. Die beiden Agenten entkommen. Heydrich stirbt am 4. Juni.

Die Karriere des Kriminalkommissars Heinz Pannwitz ist auf ihrem Höhepunkt angelangt.

Einige Tage zuvor hatte er seinen Chef bedrängt, sich nicht ohne Begleitung auf die Straße zu begeben. Heydrich hatte wie immer abgelehnt. Er war nicht feige. Nun muß Pannwitz, der in der Gestapoleitstelle Prag für die Sicherheit des Stellvertretenden Reichsprotektors verantwortlich ist, damit rechnen, zur Verantwortung gezogen zu werden. Noch am selben Abend trifft Gestapo-Müller in Prag ein. Die führenden Nazis verlangen ein Sühneopfer. Fünfhundert Juden sind in Berlin bereits verhaftet worden, zweihundertzweiundfünfzig werden umgebracht. Dreihundert Juden aus dem Ghetto von Theresienstadt werden hingerichtet. Baldur von Schirach, Gauleiter von Wien, fordert die sofortige Zerstörung einer kulturell bedeutenden englischen Stadt. Aber natürlich muß in der Tschechoslowakei selbst ein Blutstrom der Rache fließen.

In Prag und in anderen Großstädten werden über 3000 Menschen verhaftet, 1311 Tschechen, darunter 201 Frauen, sofort hingerichtet, auf dem Land 5000 Dörfer durchkämmt und 657 Menschen erschossen. Als Heydrich am 4. Juni stirbt, findet ein weiteres Blutbad statt. Die Erschießungskommandos arbeiten unmittelbar in den Gefängnishöfen. Im Pankratz-Gefängnis in Prag werden 1700, im Gefängnis von Brünn 1300 Tschechen umgebracht. Und am 10. Juni wird das Dorf Lidice bei Kladno dem Erdboden gleichgemacht. Die Männer werden erschossen, die Frauen nach Ravensbrück deportiert, die Säuglinge an Ort und Stelle umgebracht. Heinz Pannwitz hat diese »Vergeltungsmaßnahmen« nicht angeordnet, war aber auf Grund seiner Stellung mitverantwortlich für die Durchführung.

Auch die Ermittlungen gegen die Mörder Heydrichs wurden von ihm geleitet. Sie begannen in den Folterkammern der Gestapo und endeten am 18. Juni in der Krypta der Karl-Borromäus-Kirche, wohin sich die beiden Attentäter und ihre Kameraden geflüchtet hatten und wo sie einer SS-Eliteabteilung mehrere Stunden lang heldenmütig Widerstand leisteten – bis sie starben.

Für Heydrich wurde ein Staatsbegräbnis angeordnet. Hitler selbst hielt die Grabrede, nannte ihn »den Mann mit dem eisernen Herzen« und verlieh ihm posthum den höchsten deutschen Orden, der bis dahin nur einmal verliehen worden war. Die Berliner Philharmoniker spielten den Trauermarsch aus der »Götterdämmerung«.

Dann wurde Heydrich in seine Grube gelegt, und die bluttrunkenen Nazichefs gingen gestärkt von den Klängen schöner Musik und dem Anblick flatternder Fahnen wieder an die Arbeit.

Sie hatten einem erhebenden Schauspiel beigewohnt.

Für die meisten kam Heydrichs Tod nicht ungelegen: das wußte Pannwitz genau. Vielen hatte sein Chef Schrecken eingeflößt: Schellenberg nannte das den »Heydrich-Komplex«. Pannwitz war sich darüber klar, daß Heydrichs steiler Aufstieg, sein unverhohlenes Streben nach der höchsten Macht viel Neid erregt hatte. Und er ahnte, daß Heydrichs Tod alle hochfahrenden Pläne seiner ehemaligen Schützlinge zunichte machte.

Deshalb wahrscheinlich sein merkwürdiger Bericht über die strafrechtlichen Ermittlungen. Der erste Teil ist eine klassische Zusammenstellung der Tatsachen, im zweiten Teil aber macht er – immer unter dem Vorwand, die möglichen Beweggründe der Mörder aufzudecken – zahlreiche kritische Bemerkungen über Heydrichs Politik in der Tschechoslowakei: eine Anklageschrift von unglaublicher Heftigkeit.

Pannwitz setzt alles auf eine Karte: Nehmen Heydrichs Gegner den Überläufer Pannwitz mit offenen Armen auf, so ist seine Karriere auch für die Zukunft gesichert. Stoßen sie ihn zurück, ist alles, auch das Schlimmste, möglich, denn die Getreuen des »Mannes mit dem eisernen Herzen« kennen keine Gnade.

Die Rechnung ging nicht auf. Sein Bericht hatte in Berlin Ärgernis erregt. Er wurde vorgeladen, kühl empfangen, ohne Interesse angehört und mit dem Befehl verabschiedet, nach Prag zurückzufahren. Hätte er Heydrich früher verraten, wäre der Empfang wohl anders verlaufen – so hatte er nur einen Toten verraten.

Pannwitz verlor die Nerven, glaubte sich, zu Recht oder Unrecht, sogar in Lebensgefahr. Er wandte sich hilfesuchend ans OKW, zu dem er Beziehungen hatte. Dort meinte man, die Einberufung zur Wehrmacht sei das sicherste Mittel, ihm zu helfen. Unauffällig ließ man ihm einen Gestellungsbefehl zukommen und teilte ihn der berüchtigten Division z. b. V. Brandenburg zu, die am Ufer des Ladogasees an der russisch-finnischen Grenze lag und unmittelbar der Abwehr unterstellt war. Dort würde die SS ihn bestimmt nicht herausholen.

Er war vier Monate an der Front: vom September 1942 bis zum Ende des Jahres. Im Januar 1943 kehrte er, nachdem er sich mit seinen früheren Herren wieder ausgesöhnt hatte, zum Sicherheitsdienst zurück und arbeitete unter dem Befehl von Gestapo-Müller in Berlin. Sechs Monate später übertrug man ihm Gierings ehemaligen Posten. Eine schmeichelhafte Ernennung. Er verdankte sie nicht allein der Tatsache, daß er von seinem Berliner Schreibtisch aus die Arbeit des Sonderkommandos aufgrund von Gierings Berichten genau verfolgt hatte. In seiner Prager Amtszeit hatte er revolutionäre Vorschläge zur Bekämpfung des Widerstandes ausgearbeitet. Die traditionelle Methode schrieb vor, eine aufgedeckte Gruppe vollständig zu zerstören. Dennoch bildeten sich, sowie eine Gruppe aufgerieben war, neue Zellen, nie gelang es, den Widerstand vollständig auszumerzen. Pannwitz hatte dagegen vorgeschlagen, die Gruppen in Ruhe zu lassen und nur die Chefs zu fangen, sie umzudrehen und zu politischen »Beratern« der deutschen Dienststellen zu machen, um mit ihrer Hilfe den intakt gebliebenen Apparat dazu zu benutzen, den Geist des Widerstands selbst zu zersetzen. Das war raffiniert und kühn gedacht – zu kühn für die damalige Zeit. Aber beruhte das »Große Spiel« nicht auf den von Pannwitz definierten Prinzipien? Der durchtriebene Kriminalrat war offensichtlich der gegebene Nachfolger für Giering. Um so mehr, als das »Große Spiel« an einem entscheidenden Wendepunkt angelangt war. Sechs Monate lang hatte man sich vor allem darum bemüht, Moskau Vertrauen einzuflößen, den russischen Fisch zu ködern – nun war der Moment gekommen, ihn an die Angel zu bringen.

Wenige Wochen vor Reisers Abreise kam Heinz Pannwitz nach Paris und sagte zu ihm: »Bisher habt ihr gebastelt. Von nun an wird große Politik gemacht.« Reiser entgegnete, er sei ein Kriminalbeamter und wolle auch nichts anderes sein – er verlasse deshalb gern seinen Posten.

Pannwitz war damals zweiunddreißig Jahre alt; ein ehemaliger Mitarbeiter beschreibt ihn als »pausbäckig, frisch und rosig wie ein Schweinchen«.

Am Morgen des 13. September 1943 wacht Willy Berg mit entsetzlichen Magenschmerzen auf. Am Vorabend hatte er noch mehr getrunken als sonst, um seinen Kummer zu ertränken: es war der Todestag eines seiner Kinder. Gegen 11 Uhr 30 kommt er total erschöpft nach Neuilly. Trepper bedauert ihn und schlägt vor, ihn endlich in die Apotheke zu bringen, die das Wundermittel herstellt. Berg bedankt sich überschwenglich für die Fürsorge. Sie setzen sich in ein Dienstauto, und Trepper gibt dem Fahrer Anweisung, zur Gare Saint-Lazare zu fahren. Links vom Bahnhof, in der Rue de Rome Nr. 15, liegt die Apotheke Bailly – keine gewöhnliche Apotheke. Im riesigen Erdgeschoß stehen zehn Ladentische. In den oberen Stockwerken sind Laboratorien und Büros untergebracht. Zwei Eingänge: einer in der Rue de Rome, ein anderer in der Rue du Rocher.

Das Auto hält vor dem Haupteingang. Trepper steigt aus und hält Berg die Tür auf. Dieser richtet sich auf und sagt mit gerunzelter Stirn: »Es gibt hier ja mehrere Ausgänge ...« – »Gewiß, aber Sie begleiten mich doch.« Berg zögert, läßt sich dann aber wieder auf den Sitz zurückfallen und sagt: »Was denken Sie denn! Ich habe Vertrauen zu Ihnen. Gehen Sie schon ...«

Der Grand Chef betritt die Apotheke durch den Haupteingang – verläßt sie durch den Nebeneingang und verschwindet in der Menge.

Es ist zwölf Uhr mittags. Zwanzig Stunden zuvor war die spektakulärste Flucht des Jahrhunderts gelungen: Benito Mussolini, der abgesetzte Diktator, war von SS-Sturmbannführer Skorzeny aus seinem Gefängnis auf dem Gran Sasso entführt worden.

Am 15. Oktober 1965 schien in Warschau die Sonne. Ich ging zu Fuß die Nowy Swiat, die große Hauptverkehrsstraße, zur Nowogrodska hinunter. Dieses Sträßchen erinnert erstaunlich an Greenwich Village – es fehlen nur die von Stockwerk zu Stockwerk laufenden Feuerleitern, um das Bild zu vervollständigen. Neben der Haustür von Nr. 5 mehrere Schilder, polnisch und jiddisch oder hebräisch. Hier ist der Sitz des Kulturverbandes der polnischen Juden. Im Warteraum einige Besucher. Ich erkundige mich bei einem Angestellten, ob es möglich ist, Herrn Leiba Domb zu sprechen. Er fordert mich auf, ihm zu folgen, und weist auf eine Tür. Mein Herz muß ebenso heftig geschlagen haben wie das des Grand Chef, als er vor zweiundzwanzig Jahren die Tür der Bailly-Apotheke aufstieß.

Laut Manfred Roeder hatten »die Amerikaner eine sehr hohe Meinung von Trepper. Sie wollten ihn unbedingt fassen. Aber 1948 hat mir ein CIA-Beamter gesagt, er sei von den Russen erschossen worden ...« Es war mir bekannt, daß diese Meldung nie bestätigt worden war. Im Grunde wußte niemand, was aus dem Grand Chef geworden war, und alle zusammen – die amerikanischen, englischen, französischen und belgischen Nachrichtendienste – hätten es nur zu gern gewußt. Von Zeit zu Zeit hatte es geheißen, er sei da und da gesehen worden, aber alle Nachforschungen verliefen ergebnislos. Er blieb unauffindbar. Da mir auch das bekannt war, als ich mit meiner Arbeit anfing, hatte ich keinen Augenblick lang gehofft, eines Tages dem Mann gegenüberzustehen, dem ich soviel Zeit widmen sollte. Wenn es so mächtigen Organisationen nicht gelungen war, Leopold Trepper aufzufinden, dann war es sinnlos zu glauben, daß mir das gelingen könnte. Und doch ist es mit einigem Glück verhältnismäßig einfach gewesen, Leiba Domb aufzuspüren, von dem weder der CIA noch die Abwehr, weder der Intelligence Service noch die DST oder die Gestapo wußten, daß er Leopold Trepper war.

Am 28. April 1965 hatte mir Claude Spaak gesagt: »Nach dem Krieg habe ich nichts mehr von ihm gehört. Aber vor vier oder fünf Jahren erzählte mir mein Freund Dr. Chertok bei einem Abendessen, er habe gehört, daß Trepper in Warschau lebe...«

Dr. Chertok, der in dieser Geschichte, wie wir später erfahren werden, eine eher zufällige Rolle spielte, ist ein international bekannter Psychiater. Fünf

Tage nachdem mir Claude Spaak von ihm erzählt hatte, las ich in der Zeitung, daß er auf einem Kongreß, der gerade in Paris tagte, einen Vortrag über medizinische Hypnose gehalten hatte. Ich stellte mir einen bärtigen alten Herrn mit dunkler Brille vor, aber ich lernte einen von Energie sprühenden Riesen kennen, der wie ein Rugbyspieler aussah, mit lustigen Augen und einem lauten Lachen – eine Erscheinung, die beim Gesprächspartner sofort einen Vitalitätsmangel-Komplex auslöst.

Er sagte mir: »Ich denke noch oft an diese Geschichte, in die ich ganz durch Zufall hineingeraten bin – und bei der ich die größte Angst meines Lebens ausgestanden habe. Ich habe mich oft gefragt, was aus der Hauptperson geworden ist. Vor einigen Jahren war ich auf einem wissenschaftlichen Kongreß in Warschau, und bei dieser Gelegenheit habe ich einige alte Freunde aus der Widerstandsbewegung wiedergesehen, und wir haben natürlich Erinnerungen ausgetauscht. Einer von ihnen erwähnte auch den Grand Chef. Zu meiner größten Überraschung erfuhr ich, daß er mit dem ›Mann aus Bourg-la-Reine‹ identisch war. Man erzählte mir, er lebe jetzt in Warschau als freier Mann, aber sei sehr krank. Sein wirklicher Name ist Leiba Domb, und er ist heute Präsident der Jüdischen Kultusgemeinde in Polen.«

Monatelang habe ich alle Ängste der Unentschlossenheit durchlebt. Schriftlich um eine Unterhaltung bitten – das konnte eine unwiderruflich Absage bedeuten. Anklopfen, ohne vorher angemeldet zu sein, konnte jede Chance für eine Unterredung zunichte machen. Ich entschloß mich jedoch, das Abenteuer ohne vorherige Ankündigung zu wagen.

Selbst wenn er mich auf die Straße setzte, hätte ich doch wenigstens den Grand Chef gesehen. Das war die Reise wert.

Er ist natürlich älter geworden, aber ich erkannte ihn sofort an seinem Blick, den so viele seiner ehemaligen Freunde immer wieder erwähnt haben. Die hellgrauen Augen fixieren einen mit unglaublicher Intensität. Man sieht nur diesen Blick in dem unbeweglichen, von tiefen Falten durchzogenen Gesicht. Das wellige, ehemals blonde Haar ist fast weiß geworden. Als ich eintrat, saß er hinter einem mit Papier und Zeitschriften überladenen Schreibtisch. Er stand auf und streckte mir die Hand entgegen. Braune Jacke aus tweedähnlichem Stoff, dunkelgraue Hose, hellgraues Polohemd. Etwas schwerfälliger Gang. Seine bekannte straffe Haltung. Die auffallend leise, weiche, musikalische Stimme steht in erstaunlichem Gegensatz zu dem harten Blick und dem Gesicht, in das so viele dramatische Erlebnisse ihre Spuren gegraben haben.

Ich stotterte, ich sei aus Paris gekommen, um mit ihm über die Vergangenheit zu sprechen. Er nickte, sein Gesicht blieb unbeweglich. In der Hand hielt er eine winzige Pfeife, im Pfeifenkopf steckte eine Zigarette. Die Hand zitterte, ich schob das auf sein krankes Herz. Aber an den folgenden Tagen zitterte sie nicht mehr.

Ich sagte: »Seit zwei Jahren lebe ich praktisch mit Ihnen zusammen, mit dem Trepper von vor zwanzig Jahren.«

»Sieh mal an ...«

»Ich will ein Buch über Ihre Gruppe schreiben ...«

»Wenn Sie nichts anderes zu tun haben – warum nicht?«

»Haben Sie gelesen, was bisher über Sie geschrieben worden ist?«

»Nur wenig, das interessiert mich nicht.«

»Würden Sie mit mir sprechen?»

»Sprechen? Oh, sprechen können wir jederzeit ...«

»Und was werden Sie mir erzählen?»

Wenn er lacht, wird er um zwanzig, dreißig Jahre jünger, und sein Gesicht verliert mit einem Schlag seine Unbeweglichkeit. Er wirkt wie ein Student, der einen gelungenen Scherz erzählt. Er lacht auf und sagt:

»Natürlich das, was Sie schon wissen!«

Das Duell Trepper – Giering

31

Als Trepper zwischen Giering und Piepe die Praxis Dr. Maleplates verließ, übertraf seine gespannte Erwartung noch seine Angst. Seit Monaten hatte er sich den Kopf zerbrochen, um eine Erklärung für das unbegreifliche Vorgehen des Sonderkommandos und Moskaus unwahrscheinliche Leichtgläubigkeit gegenüber dem Funkspiel zu finden: jetzt endlich würde er alles erfahren.

Am Tag nach seiner Verhaftung wurde der Grand Chef von Fresnes in die Rue des Saussaies gebracht und am Abend einer Gruppe hoher Gestapochefs vorgeführt, Gestapo-Müller persönlich führte den Vorsitz – er war sofort, nachdem er die Nachricht von der Verhaftung des Grand Chef erhalten hatte, in ein Flugzeug gestiegen.

Giering ergriff das Wort: »Sie haben verspielt. Sie haben nicht nur Ihr Spiel gegen uns verloren, Sie sind auch für Moskau ein erledigter Mann. Schon seit langem glaubt man Ihnen dort nicht mehr. Seit den Verhaftungen in der Rue des Atrébates wirft man Ihnen vor, daß Sie beim geringsten Anlaß die Nerven verlieren. Als Sie nach der Festnahme Jefremows versuchten, Moskau zu warnen, glaubte man Ihnen nicht. Wir, die Gestapo, besitzen das Vertrauen Moskaus – nicht Sie. Aber damit sage ich Ihnen nichts Neues. Wenn ein Mann Ihres Formats zusehen muß, wie seine Leute, einer nach dem anderen, gefaßt werden, egal, was er unternimmt, dann begreift er, ob er will oder nicht, daß der Gegner mit seinen eigenen Vorgesetzten in Verbindung steht. Und so liegen die Dinge auch wirklich. Hier sind einige Funksprüche, die wir mit Moskau gewechselt haben: Sie sehen daraus, daß wir Herr der Lage sind.«

Aufmerksam las der Grand Chef die zwischen den umgedrehten Pianisten und Moskau gewechselten Funksprüche; dann gab er sie zurück.

Giering fuhr fort: »Was werden wir jetzt mit Ihnen anfangen? Die Namen weiterer Mitarbeiter aus Ihnen herausholen? Nein, daran sind wir nicht interessiert. Ihr Netz war eine schöne Leistung, das gebe ich gerne zu, aber es existiert nicht mehr. Hier der Beweis ...«

Giering las dem Gefangenen die Namen der bereits verhafteten Mitglieder der Roten Kapelle vor. Er las auch vor, wer bereits unter Beobachtung stand und »geortet« war und somit jederzeit verhaftet werden konnte, und er verlas die Namen derer, die im Verdacht standen, für die Rote Kapelle zu arbeiten.

»Sie sehen, wir brauchen Sie nicht, um mit Ihrem Apparat aufzuräumen. Aber dieser Punkt, ich sagte es schon, interessiert uns auch gar nicht. Wir verfolgen einen weit größeren Plan, bei dem es weder um Sie noch um uns geht, sondern darum, zwischen Deutschland und Rußland einen Separatfrieden herbeizuführen, damit diesem sinnlosen Krieg ein Ende gesetzt wird. Dieser Krieg dient doch nur den kapitalistischen Plutokratien, die darauf warten, daß wir uns gegenseitig zerfleischen, damit sie die Beute an sich reißen können. Es wäre Wahnsinn, wenn wir das zuließen. Wir wollen versuchen, das zu verhindern.

Sie können sich natürlich weigern, uns zu helfen. Das würde uns, offen gesagt, nicht sehr stören. Sie wissen, daß wir über genügend umgedrehte Sender verfügen, und die Funksprüche haben Ihnen bewiesen, wie gut die Sache läuft. Der Kontakt mit Moskau ist hergestellt, und auch ohne Ihre Mithilfe können wir mit dem Dialog beginnen. Aber natürlich wäre es einfacher, wenn Sie mit uns zusammenarbeiten würden.

Sollten Sie sich weigern, dann müssen Sie sozusagen zweimal sterben. Hier werden wir Sie als Spion erschießen. Und Moskau werden wir zu überzeugen wissen, daß Sie Verrat begangen haben und zu uns übergewechselt sind. So etwas liegt in unserer Macht, das wissen Sie: drüben schlucken sie alles, was wir ihnen melden.

Die Entscheidung liegt bei Ihnen.«

Trepper hatte die Funksprüche aufmerksam gelesen und sich die Namen der Mitarbeiter, die Giering ihm so selbstgefällig vorgelesen hatte, genau eingeprägt. Er überlegte: der einzige Trumpf, den sie dir gegenüber haben, ist die Tatsache, daß du mit gefesselten Händen vor ihnen sitzt. Aber du bist stärker als sie. Du mußt sie überspielen.

Er antwortete: »Hier erschossen zu werden, damit habe ich gerechnet. Und ob man mich in Moskau für einen Verräter hält, ist mir gleichgültig. Bleibt die Sache mit dem Friedensschluß, und die ist nicht uninteressant, das gebe ich zu … Aber Ihr Plan kann nicht gelingen, das sage ich Ihnen jetzt schon. Sie haben durchblicken lassen, daß der von mir aufgebaute Apparat einigen Wert besaß. Ein sowjetisches Spionagenetz ist jedoch nichts im Vergleich zu dem Kontrollapparat, der von der Zentrale eingesetzt wird, um dieses Netz zu schützen und zu überwachen. Dieser Apparat, den wir ›Gegenspionage‹ nennen, ist allgegenwärtig und allmächtig. Es wird nicht lange dauern, bis man erfährt, daß ich verhaftet bin. Dann wird man Moskau unverzüglich benachrichtigen, und sobald man dort weiß, daß ich gefaßt wurde, ist es mit Ihren Plänen aus.«

Als Giering darauf hinwies, daß die Verhaftungen in Brüssel und das Umdrehen einiger Häftlinge der sogenannten »Gegenspionage« offensichtlich entgangen seien, führte Trepper als Gegenbeweis viele Einzelheiten über die Arbeit des Sonderkommandos in Belgien an und behauptete, diese Auskünfte seien ihm von Stellen der genannten Abteilung zugeleitet worden. In Wirklichkeit stammten sie von seinem eigenen Überwachungstrupp, den er nach dem Überfall in der Rue des Atrébates zusammengestellt hatte. Er schloß mit der Warnung: »Bisher ist es Ihnen geglückt, der Zentrale das Umdrehen einiger Pianisten und einiger unwichtiger Leute wie Jefremow zu verheimlichen. Das ist nicht zu leugnen. Aber ich kann Ihnen versichern, daß die Dinge, soweit sie mich betreffen, anders verlaufen werden. Ich bin kein Jefremow. Mich kann man nicht so einfach verschwinden lassen.«

Die Diskussion dauerte bis in die frühen Morgenstunden. Trepper hatte eine Zusammenarbeit nicht direkt abgelehnt, sondern sich darauf beschränkt, die praktischen Schwierigkeiten hervorzuheben. Giering hatte nicht auf einer sofortigen Entscheidung bestanden: das hätte seine zu Recht oder Unrecht aufgestellte Behauptung, daß er auf die Mitarbeit des Grand Chef mühelos verzichten könne, Lügen gestraft. Die erste Runde hatte der gegenseitigen Beobachtung gegolten. Am Schluß wußte Trepper, welch gefährlichen Gegner er in Giering vor sich hatte.

Der Gefangene wurde im Erdgeschoß in einem kleinen Raum eingeschlossen. Er sollte ständig verfügbar sein, gleichzeitig aber in strenger Einzelhaft gehalten werden. Giering mißtraute vor allem der französischen Polizei, von der immer noch einzelne Abteilungen in der Rue des Saussaies arbeiteten.

Der Plan der Gestapo – das »Große Spiel« – war eine bestürzende Nachricht für Trepper, und doch war er weniger überrascht, als er selbst erwartet hatte. Aus Berichten von Maximowitsch wußte er, daß eine Gruppe von Offizieren, die sich um General Pfeffer geschart hatte, mit dem Westen verhandeln wollte, um im Osten mehr Bewegungsfreiheit zu erlangen. Aber er wußte auch, daß es sich dabei um höchst vage Pläne handelte und daß den Offizieren jede Möglichkeit zu aktivem Eingreifen fehlte. Daß die SS ebensolche Pläne verfolgte, war unendlich viel schwerwiegender. Gierings Bemerkung über einen Sonderfrieden mit Rußland war in Treppers Augen nur eine Finte, um ihm den Verrat zu erleichtern. Das »Große Spiel« konnte nur dem gleichen Ziel gelten, das auch der Kreis um Pfeffer anstrebte: entweder einen Friedensschluß zwischen Deutschland und den angloamerikanischen Ländern vorzubereiten oder Spannungen zwischen den Alliierten hervorzurufen. In beiden Fällen aber wurde der Ausgang des Krieges von neuem in Frage gestellt.

Der Grand Chef war immer bemüht gewesen, das Leben seiner Leute nicht leichtfertig aufs Spiel zu setzen. Auch die heftigsten Vorwürfe der Zentrale hatten ihn davon nicht abbringen können. Jetzt aber, in seiner kleinen Zelle in der Rue des Saussaies, wurde ihm klar, daß es sich diesmal um einen Einsatz handelte, der über alles Bisherige weit hinausging. Der Plan der SS mußte, koste es, was es wolle, zum Scheitern gebracht werden, auch wenn sie alle ihr Leben dabei lassen mußten. Zwei Möglichkeiten gab es: er konnte Moskau alarmieren oder sich des Sonderkommandos bedienen und von innen her störend in den Mechanismus eingreifen. Beide Möglichkeiten aber verlangten, daß der Gefangene seine Position umgehend stärken mußte. Er brauchte Bewegungsfreiheit.

Trepper hatte Gierings Plan erraten. Der Chef des Sonderkommandos wußte durch Kent, den er vierzehn Tage zuvor verhaftet hatte, daß die wichtigsten Meldungen des Grand Chef über die Sender der Kommunistischen Partei gefunkt wurden. Logischerweise mußte Giering also alles daransetzen, an die Funkverbindungen der Partei heranzukommen. Gelang ihm das, würden seine Meldungen nach Moskau den Stempel absoluter Glaubhaftigkeit tragen, und er würde überdies erfahren können, ob die »Gegenspionage« Treppers Verhaftung gemeldet hatte.

Der Weg zur Partei führte über zwei Männer: über Trepper oder über den Direktor.

Ende November, einige Tage nach Treppers Verhaftung, zeigt Giering ihm triumphierend einen von der Zentrale an Kent gerichteten Funkspruch, in dem der Direktor ein Treffen zwischen Trepper und Michel, dem Hauptverbindungsmann zur Partei, anordnet. Tag, Ort und Stunde sind genau angegeben.

Giering hat keineswegs die Absicht, Michel verhaften zu lassen. Er will sich nur an seine Fersen heften, um so den Weg zur Partei ausfindig zu machen.

Doch Michel kommt nicht. Er hatte mit Trepper vereinbart, bei einem vom Direktor angeordneten Treffen immer zwei Tage und zwei Stunden vor dem angegebenen Zeitpunkt zu erscheinen.

Die zweite Runde endet zugunsten des Grand Chef. Aber der Ausgang des Kampfes bleibt ungewiß. Trepper wird noch immer in seiner Zelle gefangengehalten, und er kann nur etwas unternehmen, wenn es ihm gelingt, nach draußen zu kommen.

Aber nach draußen zu kommen hieß nicht, für ein Verhör oder eine Gegenüberstellung aus der Zelle geholt zu werden. Am dramatischsten verlief das Zusammentreffen mit Wassilij Maximowitsch. Der dicke, spitzbärtige Baron hatte sich nicht umgebracht, als man ihn verhaftete. Er tat, was der Grand Chef von ihm verlangt hatte, und setzte alles daran, »möglichst viele von diesen Schweinehunden« in die andere Welt mitzunehmen. Der Kreis um Pfeffer wurde unter die Lupe genommen – das Schicksal aller hing von wenigen Worten ab: »mit dem Führer oder ohne ihn verhandeln«. Giering wollte von Trepper wissen, ob aus dem Bericht von Maximowitsch eindeutig hervorgegangen sei, daß diese Worte von Pfeffer selbst stammten. Trepper bestätigte das nachdrücklich und »sah ein glückstrahlendes Lächeln über das von Schlägen verquollene Gesicht von Maximowitsch huschen«. Um das Maß voll zu machen, fügte er noch hinzu, daß *alle* Offiziere aus dem Kreis um Pfeffer »mit dem Führer oder ohne ihn« mit dem Westen verhandeln wollten. Das stimmte, soweit es den Westen betraf, aber im Hinblick auf Hitler war es eine reine Hypothese. Doch der Grand Chef glaubte, sich diese Ungenauigkeit gestatten zu dürfen. Es ging ihm jetzt darum, von den Anhängern eines Separatfriedens so viele wie möglich zu erledigen, ob sie nun zur SS gehörten oder nicht.

Trepper wurde auch über das Curare verhört: Anna Maximowitsch war eisern bei ihrer Behauptung geblieben, sie habe ihm so viel Gift ausgehändigt, daß er tausend Personen hätte umbringen können. Damit hatte sie eine erfreuliche Panik ausgelöst.

Mehrmals wurde er dem Offizier vorgeführt, der die Ermittlungen gegen seine deutschen Quellen leitete. Bis in seine Zelle war das Echo der Skandale gedrungen, die ganz Paris erschütterten und die immer weitere Kreise zogen, je deutlicher zutage trat, in welchem Umfang die Rote Kapelle den Stab des deutschen Militärbefehlshabers unterwandert hatte. Das war ein Kompliment für die von ihm geleistete Arbeit. Die Verhöre boten ihm Gelegenheit, sein Werk zu vervollständigen und noch aus dem Gefängnis heraus über Leben und Tod manch eines Offiziers zu entscheiden. Und jetzt zwangen ihn keine hochpolitischen Erwägungen zur Rücksichtnahme: er verteilte Todesurteile, Zuchthausstrafen oder Degradierungen nach Gutdünken, schonte die »Guten«, belastete die »Bösen«. Selbstverständlich galt seine erste Sorge Ludwig Kainz. Er versicherte, dieser Offizier habe mit der Simex ausschließlich Schwarzmarktgeschäfte getätigt, und erklärte dem Untersuchungsrichter: »Wenn Sie ihn bestrafen, müssen Sie die gesamte Organisation Todt bestrafen, angefangen vom stellvertretenden Leiter bis hinunter zum letzten Laufburschen.« Er rettete auch den gutmütigen österreichischen Oberst, der bei der Militärverwaltung seinen Dienst versah und dem Trepper Informationen über Truppenverschiebungen nach Osten entlockt hatte. Dagegen belastete er alle SS-Leute, mit denen er je Kontakt aufgenommen hatte, ebenso einige besonders fanatische Offiziere: sie alle, behauptete er, seien von ihm bestochen worden. In Wirklichkeit hatten sie nur unvorsichtig dahergeschwätzt.

Er verteilte Todesurteile, aber auch er wurde, wenn auch nur indirekt, vom Tod getroffen. Das Sonderkommando hatte bei Madame Großvogel einen Paß mit seinem Foto auf den Namen Trepper gefunden. Giering zeigte ihm das Dokument. »Bravo! Das ist mein richtiger Paß, ich heiße tatsächlich Trepper.« Dieses allzu bereitwillige Geständnis weckte Gierings Mißtrauen. Er konnte nicht ahnen, daß Trepper um jeden Preis die Aufdeckung seines Pseudonyms »Domb« vermeiden wollte, unter dem er in kommunistischen Kreisen bekannt war. Das Sonderkommando schickte einen Mann nach Nowy Targ, der an Ort und Stelle die Richtigkeit der Angaben überprüfen sollte. Willy Berg verhörte gerade Trepper, als ein Fernschreiben eintraf: »Neumarkt ist *judenrein*. Alle Standesamtsregister vernichtet. Der Friedhof zerstört und umgepflügt, infolge dessen unmöglich, auf Grabsteinen nach dem Namen Trepper zu suchen.«

So erfuhr der Grand Chef, daß alle seine Angehörigen umgekommen waren. Wenige Sekunden – die kurze Spanne, in der ihm das Fernschreiben vorgelesen wurde – hatten genügt, um Trepper seiner ganzen Familie zu berauben: Mutter, Brüder und Schwestern, Onkel, Tanten und Vettern – seine gesamte Verwandtschaft, achtundvierzig Personen. (Die alten Leute und die Kinder hatte man an Ort und Stelle umgebracht, die übrigen wurden deportiert und vergast.)

Trepper zuckte mit den Achseln und sagte lächelnd zu Berg: »Sie sollten es in der Polizeipräfektur von Paris versuchen. Es würde mich wundern, wenn Sie dort unter dem Namen Trepper nichts finden.«

Mit Gierings Erlaubnis hatte der Grand Chef ein Wörterbuch, Papier und Bleistift erhalten. Tagsüber machte er sich Notizen, unter den gleichgültigen Blicken der Wächter, die ihn Tag und Nacht nicht allein ließen und denen verboten war, mit dem Gefangenen zu sprechen. Nachts neigten die Wachen dazu, dieses Verbot zu übertreten. Bis ein Uhr morgens fiel kein Wort, aber sobald alles im Gebäude schlief, wurde bis zwei oder drei Uhr diskutiert. Hatte der Wachtposten sich endlich schlafen gelegt, wartete der Grand Chef noch eine halbe Stunde, bevor er sein Bett hob und aus einem der hohlen Metallbeine eine Papierrolle hervorzog: seinen Bericht für Moskau.

Er begann mit einer Fülle von Einzelheiten. Seit Monaten hatte Trepper Warnung über Warnung an die Zentrale gerichtet, ohne jede Wirkung. Diesmal mußte man ihm glauben. Es war die letzte Chance. Er berichtete peinlich genau über Ort, Tag und Stunde seiner Verhaftung, über die Zeit in Fresnes und seinen Rücktransport in die Rue des Saussaies. Er nannte alle Personen, die ihm gegenübergestellt worden waren, und vermerkte, wo und wann er sie gesehen hatte. Das waren Einzelheiten, die überprüft werden konnten, auch wenn die vielgerühmte »Gegenspionage« reine Erfindung war, um Giering zu beeindrucken. Einigermaßen sicher, daß die Zentrale ihm nun seine Verhaftung glauben würde, stellte er eine Liste mit den Namen aller Agenten auf, die bereits verhaftet waren, und nannte vor allem diejenigen Personen, die Giering beobachten ließ oder als stark verdächtig bezeichnete. Der wichtigste war Fernand Pauriol, der Funker der Partei. Trepper empfahl sehr dringlich, ihn so schnell wie möglich untertauchen zu lassen.

Dann erklärte er den Sinn des »Großen Spiels«. Er beschrieb, welches Ziel es verfolgte und mit welchen Mitteln man arbeitete. Als Beweis für das, was durch Umdrehen von Pianisten zu erreichen war, zitierte er die Funksprüche, die der Chef des Sonderkommandos so selbstgefällig vorgelesen hatte, und fügte Gierings Kommentare hinzu. Er schloß mit verschiedenen Plänen für einen Fluchtversuch, für den seiner Meinung nach ein Café mit doppeltem Ausgang am unteren Ende des Boulevard Saint-Michel die besten Erfolgschancen bot.

Die Niederschrift dieses Berichts dauerte mehrere Nächte, denn er konnte nur zwischen drei und sechs Uhr morgens daran arbeiten und durfte dabei seinen schlafenden Bewacher nicht aus den Augen lassen. Handelte es sich um Berg, konnte er ungestört schreiben: der Alkohol wirkte auf ihn wie ein Schlafmittel. Wesentlich komplizierter war es mit einem zum Militär eingezogenen Geistlichen, der die Nachtwachen mit Vorliebe dazu benutzte, für das Seelenheil seines Gefangenen zu beten.

Bei der Abfassung des Berichts verflocht Trepper Hebräisch, Jiddisch und Polnisch so eng wie nur möglich miteinander. Sollten seine Aufzeichnungen entdeckt werden, brauchte man drei Übersetzer, um den Kassiber zu entziffern: das konnte einige Stunden Aufschub bringen; eine winzige, aber für den Grand Chef bezeichnende Vorsichtsmaßnahme: noch angesichts eines Erschießungskommandos würde er überlegen, was zu tun wäre, falls alle zwölf Kugeln ihn verfehlen sollten.

Als er den Bericht abgeschlossen hatte, hielt Trepper den Zeitpunkt für gekommen, seine Chance gegen Giering wahrzunehmen. Von allen Wagnissen, auf die er sich je in seinem Leben eingelassen hatte, stand jetzt das gefährlichste bevor.

Die Gestapo hatte inzwischen durch Raichman, den Fälscher von Brüssel, herausgefunden, wer das erste Glied in der Kette war, die zur Partei führte: Juliette Moussier, ein langjähriges Mitglied der KPF. Sie arbeitete in der Konditorei Jacquin in der Rue Pernelle, unweit der Place du Châtelet.

Aber statt Trepper zu ihr zu schicken, wie dieser gehofft hatte, war Gierings Wahl auf Raichman gefallen, der vor mehr als einem halben Jahr mit Juliette in Verbindung gestanden hatte. Der Grand Chef protestierte: »Sie verschwenden Ihre Zeit. Juliette wird so tun, als kenne sie Raichman nicht«, und er behielt recht. Denn er hatte einige Monate vorher mit ihr abgemacht, daß sie nur Katz und ihn empfangen sollte, jeder andere, der mit ihr Verbindung aufnehmen wollte, müsse als Erkennungszeichen einen kleinen roten Knopf vorzeigen. Raichman wußte nichts von dieser Absprache.

Dritte Runde für den Grand Chef.

Giering und Willy Berg fahren nach Berlin. Nach ihrer Rückkehr drängt Berg darauf, Trepper solle endlich mit ihnen zusammenarbeiten. Nichts lieber als das, gibt der Grand Chef zur Antwort, aber solange man ihn in seiner Zelle festhalte, sehe er keine Gelegenheit dazu. Er selbst habe zu Juliette gehen wollen, aber was könne er machen, wenn Giering es vorzog, Raichman zu schicken. Nach wie vor sei er bereit, dem Kommando zu helfen, aber man gebe ihm ja keine Möglichkeit, die »Gegenspionage« irrezuführen. Das könne nur geschehen, wenn er überall dort auftauche, wo man ihn früher gesehen habe, wenn man ihm erlaube, mit einigen seiner Leute Verbindung aufzunehmen. Berg erwidert, daß er selber gern in alles einwilligen würde, aber er glaube nicht, daß Giering ebenfalls dazu bereit sei, und zwar weniger aus Mißtrauen dem Grand Chef gegenüber als vielmehr aus Furcht vor einem Attentat auf seinen wertvollen Gefangenen. Giering ist der festen Überzeugung, daß alle Pariser Kampftrupps der KP Befehl haben, Trepper entweder zu befreien oder umzulegen.

Daraufhin schlägt der Grand Chef vor, man solle Hillel Katz zu Juliette schicken.

Die Nachricht von der Verhaftung seines treuen Mitarbeiters hatte er mit Kummer und Erleichterung zugleich aufgenommen. Daß er bekümmert war, versteht sich von selbst. Daß er aber auch erleichtert war, hing mit den ungewöhnlichen Qualitäten dieses Mannes zusammen: gemeinsam würde die zu spielende Partie etwas leichter werden.

Trotz Folter verweigert Katz jede Aussage und Mitarbeit, seit seiner Verhaftung hat er immer nur wiederholt: »Trepper ist mein Chef, und das bleibt er für mich bis zum letzten Atemzug. Ich werde tun, was er von mir verlangt, und nichts anderes.« Zu Juliette würde Katz nur dann gehen, wenn der Grand Chef selber ihn dazu aufforderte, das ist Berg klar, er läßt deshalb die beiden mit Gierings Genehmigung zusammenbringen. Sie hatten einander seit dem 23. November nicht mehr gesehen. Katz ist von Schlägen entstellt.

Auf die Zusammenkunft haben sich nicht nur die beiden SS-Leute, sondern auch Trepper sorgfältig vorbereitet. Die größte Schwierigkeit liegt darin, daß Katz im Gegensatz zu Trepper kein Deutsch spricht, Giering und Berg dagegen kein Französisch verstehen. Den Dolmetscher, Oberscharführer Schneider, kann das Sonderkommando nicht hinzuziehen: wenn sogar ein Reiser aus der

Sache herausgehalten wird, ist es undenkbar, einen einfachen Adjutanten einzuweihen. Andererseits verbietet es die elementarste Vorsicht, die Gefangenen miteinander sprechen zu lassen, ohne daß jemand ihr Gespräch verstehen kann.

Der Grand Chef selber hat Berg einen Ausweg vorgeschlagen: »Sie können doch etwas Jiddisch verstehen. Wenn ich mich also mit Katz auf jiddisch unterhalte, so können Sie überwachen, was ich sage.« Jiddisch ist zwar für jeden Deutschen einigermaßen verständlich, aber mit hebräischen Wörtern durchsetzt, die man nur versteht, wenn man auch Hebräisch versteht.

Der Grand Chef hält Katz einen langen Vortrag, in dem er ihn auffordert, sich dem Willen des Sonderkommandos zu unterwerfen. Er befiehlt ihm, zu Juliette zu gehen, erteilt ihm höchst umständliche Ratschläge, wie er sich zu erkennen geben soll, usw. – ganz überflüssige Ratschläge, denn Juliette empfängt Katz in jedem Fall. In diese lange Ansprache mischt der Grand Chef hebräische Brocken, die aneinandergereiht folgenden Sinn ergeben: »Sie soll antworten, daß sie versuchen wird, einen Kontakt herzustellen, aber nichts versprechen kann.«

Reiser erinnert sich noch lebhaft an das Treffen mit Juliette, das an einem regnerischen Dezembernachmittag stattfand. Polizisten in Zivil patrouillierten durch die Straßen der Umgebung und das Sonderkommando stand in einer Nebenstraße in der Nähe der Konditorei bereit. Man ließ Katz allein in das Geschäft gehen: Trepper hatte sehr eindringlich darauf hingewiesen, daß Juliette höchstwahrscheinlich von der »Gegenspionage« überwacht und jede auffällige Beschattung den Plan zum Scheitern verurteilen würde.

Katz kam mit der von Trepper diktierten Antwort zurück.

Acht Tage später schickt Giering ihn erneut zu Juliette. Entsprechend Treppers Anweisungen bringt Katz folgende Antwort zurück: »Der Kontakt konnte hergestellt werden, aber der Chef muß persönlich kommen.« Diese neue Forderung bereitet Giering einiges Kopfzerbrechen: will die Gegenseite Zeit gewinnen oder ihm eine Falle stellen? Trepper beruhigt ihn: »Nein, nein! Es liegt nur daran, daß durch mein plötzliches Verschwinden die anderen unruhig geworden sind. Nicht umsonst habe ich Ihnen immer wieder gesagt: solange mich draußen niemand sieht, wird man annehmen, ich sei verhaftet, und damit fällt Ihre ganze Geschichte ins Wasser. Vermutlich hat irgend jemand schon Verdacht geschöpft ...«

Giering konnte nicht mehr zurück. Im Grunde hatte er mit der Verhaftung des Grand Chef alles auf eine Karte gesetzt. Nur über Trepper und über die Funkverbindungen der Partei konnten die Meldungen des Funkspiels absolut glaubwürdig werden. Wurde dagegen die Verhaftung des Grand Chef bekannt, mußte Moskau erkennen, daß Treppers Warnungen berechtigt gewesen waren. Bestimmt würde die Zentrale daraufhin das gesamte Netz überprüfen und dabei die umgedrehten Pianisten entdecken. Das wäre der Zusammenbruch des Funkspiels – das Ende des »Großen Spiels«.

Der Chef des Sonderkommandos beschließt, Trepper einzusetzen. Dieses Mal wird der Bezirk sorgfältig abgeriegelt, Polizisten in Zivil werden auf den Kreuzungen postiert, um die Zugangsstraßen zum Châtelet zu überwachen. Die Gestapo und ihre französischen Hilfskräfte halten sich in unmittelbarer Nähe bereit.

Giering hat seinen Gefangenen beauftragt, Juliette eine angeblich vom Grand Chef selber stammende Mitteilung zu übergeben, die sie an den Verantwortlichen der KPF weiterleiten soll mit dem Auftrag, sie nach Moskau durchzugeben. In dieser Mitteilung heißt es, der Apparat habe große Schwierigkeiten gehabt, sei aber nicht zerstört worden. Es wird vorgeschlagen, die Verbindung mit Moskau für einen Monat zu unterbrechen, bis sich der Sturm gelegt habe. Das Zeichen für die Wiederaufnahme der Verbindung soll von der Zentrale in Form des traditionellen Glückwunschtelegramms an den Grand Chef zum »Tag der Roten Armee« gegeben werden.*

Die Frist von einem Monat war eine Idee Treppers. Er hatte Giering gesagt, daß die an seine vorsichtige Art gewöhnte Zentrale einen derartigen Vorschlag erwarte. In Wirklichkeit wollte er der Zentrale Zeit lassen, seinen Bericht zu prüfen, und inzwischen jede weitere Initiative des Sonderkommandos verhindern.

Das Chiffrieren des Textes hatte das Sonderkommando vor ein schwieriges Problem gestellt. Giering wußte von Kent, daß man für Funksprüche, die über die Parteileitungen liefen, einen streng geheimen Code verwendete. Das bedeutete, daß der Bericht nach diesem Code verschlüsselt sein mußte. Als Trepper aufgefordert wurde, den Code preiszugeben, hatte er aufgelacht. »Sie glauben doch nicht im Ernst, daß ich meine Zeit mit Verschlüsselungsaufgaben vergeudet habe!« Kent hatte ausgesagt, Großvogel müsse den Code kennen, aber wir wissen, daß alle Versuche, Großvogels Widerstand zu brechen, vergeblich blieben. Schließlich wurde der Text mit Hilfe eines der Brüsseler Codes verschlüsselt.

Willy Berg begleitete Trepper in die Konditorei in der Rue Pernelle, tat aber so, als interessiere er sich nur für die ausgestellten Süßwaren. Trepper ging auf

---

* *Der 23. Februar ist auch der Geburtstag Treppers.*

Juliette zu und übergab ihr ein Bündel Papiere, darunter außer Gierings Mitteilung auch seinen dreisprachigen Bericht und einen Brief, der mit folgenden Worten begann: »Lieber Genosse Duclos, bitte versuche alles Menschenmögliche, diesen Bericht an Dimitrow und das Zentralkomitee weiterzuleiten. In Moskau stimmt etwas nicht. Es ist sogar möglich, daß sich ein Verräter in unsere Reihen eingeschlichen hat.«

Wortlos nahm Juliette die Papiere an sich, während Trepper murmelte: »Verschwinden Sie sofort, wenn Sie alles weitergereicht haben. Kommen Sie auf keinen Fall wieder hierher.« Dann ging er, gefolgt von Berg, wieder hinaus.

Von seiner Seite aus war der Plan gelungen. Unter den Augen des Sonderkommandos war es ihm geglückt, Verbindung mit Moskau aufzunehmen. Ihm war es zu verdanken, wenn die Zentrale jetzt genügend Trümpfe in die Hand bekam, um dem Spiel der SS Kontra zu geben. Aber obwohl er Giering überlistet und lächerlich gemacht hatte, wollte ihn ein unerklärliches Angstgefühl nicht verlassen. Jetzt hing alles einzig und allein von einem Mann ab: vom Leiter der Zentrale. Sollte dieser dem dreisprachigen Bericht keinen Glauben schenken, würde die SS den Sieg davontragen.

Ein Monat Wartezeit, das war zu lang für den ungeduldigen Giering. Schon nach drei Tagen schickte er jemanden zu Juliette, der im Namen des Grand Chef fragen sollte, ob es ihr gelungen sei, der Parteileitung die Papiere zu übergeben. Juliette war nicht da. Sie habe ein paar Tage Urlaub genommen, sagte die Chefin. Eine Woche später war sie noch immer in Urlaub. Und nach weiteren acht Tagen erfuhr Gierings Beauftragter, daß Juliette ganz plötzlich zu einer kranken Tante gerufen worden sei und voraussichtlich nicht so bald zurückkäme.

Als Giering daraufhin von Trepper eine Erklärung verlangte, verzog dieser nur das Gesicht und brummte: »Wie oft soll ich Ihnen noch sagen, daß Sie nur Mißtrauen erwecken, wenn Sie mich hier eingeschlossen halten.«

Man ließ ihn heraus. Im Auto, begleitet von zwei weiteren Fahrzeugen, fuhr er mit den Leuten vom Sonderkommando zu verschiedenen Läden, in denen, wie er behauptete, Mittelsmänner von ihm beschäftigt waren. Seine Bewacher ließen ihn allein in die Geschäfte gehen, überwachten aber sorgfältig die Umgebung. Verhaftungen wurden selbstverständlich nicht vorgenommen, das hätte nur Unruhe verbreitet, wo es doch galt, beruhigend zu wirken. Andernfalls wären der Gestapo der Schneider des Grand Chef, ein Trafikant, sein Schuhmacher und eine Reihe von Verkäufern ins Netz gegangen … alles brave Leute, die keine Ahnung von der Tätigkeit ihres Kunden hatten.

Am 23. Februar, dem »Tag der Roten Armee«, kam das vom Direktor an den Grand Chef gerichtete Glückwunschtelegramm, das vereinbarte Signal für die Wiederaufnahme der Funkverbindung mit Moskau, das Startzeichen für das »Große Spiel«. Notgedrungen mußte man vorläufig auf die Hilfe des Parteisenders verzichten, da Juliette spurlos verschwunden war, aber das Telegramm der Zentrale war für Giering der Beweis, daß Moskau nichts von Treppers Verhaftung wußte: seine Autorität konnte das Funkspiel also decken.*

Vermutlich wird beim Sonderkommando ob dieses Erfolgs eitel Freude geherrscht haben, und im Nachtclub Suzy Solidors werden sicherlich Unmengen von Cognac geflossen sein. Auch Trepper profitierte von der allgemeinen Hochstimmung: noch am selben Abend brachte man ihn nach Neuilly, während Kent in der Rue des Saussaies bleiben mußte. Sie waren in zwei nebeneinander liegenden Zellen eingeschlossen gewesen und hatten einige Worte miteinander wechseln können. Kent: »Ich bin überzeugt, daß du nicht wirklich für sie arbeitest. Du versuchst nur, sie zu überspielen ...« Trepper: »Aber nein. Ich mache ehrlich mit. Was bleibt denn anderes übrig? Du siehst doch, daß alles verloren ist.«

Die Überführung in das Luxusgefängnis von Neuilly war Belohnung und Vorsichtsmaßnahme in einem. Von Tag zu Tag war Gierings Mißtrauen gegen die in der Rue des Saussaies tätigen französischen Polizeibeamten gewachsen. Grollend hatte er zu seinen Leuten gesagt: »Jedesmal wenn wir mit diesen Kerlen zusammenarbeiten, geht etwas schief.« Er hielt es für besser, den Gefangenen fortzuschaffen, zumal dieser den Verdacht durch einige Bemerkungen, wie gut die Beziehungen zwischen der Résistance und der französischen Polizei seien, noch verstärkt hatte. Sehr aufmerksam hörte Giering darum zu, als Trepper ihn darauf hinwies, daß er weder Papiere noch Geld habe. Die Mitarbeiter des Sonderkommandos benutzten gefälschte Papiere, um sich unauffällig bewegen zu können – sie fühlten sich in Frankreich keineswegs in ihrem Element und waren allem und jedem gegenüber mißtrauisch. Ihre Kennkarten wiesen sie als holländische, flämische oder schwedische Geschäftsleute aus, die sich in Frankreich niedergelassen hatten. Was aber würde geschehen, wenn Treppers Auto einmal bei einer Straßenkontrolle angehalten wurde? Wie würden sich die französischen Polizisten einem Individuum gegenüber verhalten, das weder Papiere noch Geld besaß? Kein Zweifel, sie würden den Mann ver-

---

* In seiner Autobiographie berichtet Trepper, daß seine Frau Luba, die mit den Kindern nach Sibirien übersiedeln hatte müssen, an diesem Tag eine Nachricht der Zentrale erhielt: »Ihr Mann ist ein Held. Er arbeitet für den Sieg unseres Vaterlandes.« Oberst Epstein, Major Polakowa und Major Leontjew hatten die Nachricht unterzeichnet.

haften. Und wenn sich der Irrtum auch sicherlich bald aufklären würde, so konnte er doch unabsehbare Folgen nach sich ziehen: die Résistance konnte auf diese Weise erfahren, daß getarnte Deutsche mit einem geheimnisvollen Gefangenen durch Paris fuhren, und Treppers Personenbeschreibung verbreiten, und dann mußte man sich auf alles gefaßt machen.

Diese Überlegungen leuchteten Giering ein, und er ließ dem Grand Chef Papiere und Geld aushändigen.

Die nächsten sechs Monate bestanden zur Hauptsache aus Spaziergängen rund um die Rasenflächen. Das Sonderkommando holte den Grand Chef nur zu Besprechungen allgemeiner Art. Die praktische Arbeit beim Funkspiel war Kents Sache. Er setzte die Meldungen auf – seine eigenen auf französisch, die von Trepper auf russisch – und chiffrierte sie.

Katz hatte nichts zu tun und wanderte ruhelos herum. Auf Drängen des Grand Chef war er nach Neuilly gebracht worden, und auch Großvogel hatte man am Leben gelassen, weil er sich für das Funkspiel, wie Trepper immer wieder versicherte, bestimmt noch als unentbehrlich erweisen würde. Otto Schumacher, bei dem Wenzel bis zu seiner Verhaftung in Brüssel gewohnt hatte, war in Lyon verhaftet worden: er wurde von seinen Freunden gemieden, sie hielten ihn für einen Spitzel. Immer wieder fragte er Katz: »Ist es wahr, daß der Grand Chef für sie arbeitet? Er treibt doch sicher ein doppeltes Spiel. Glaubst du nicht auch? Mir will es einfach nicht in den Kopf, daß er Verrat begangen hat.« Mit hochgezogenen Augenbrauen pflegte Katz zu antworten: »Du träumst wohl? Natürlich ist er umgefallen. Glaubst du denn, daß es eine andere Möglichkeit gab?« Seltsam war eines: Kent, der nach seiner Verhaftung völlig umgefallen war, schien sich langsam wieder zu fangen. Nachdem auch er in Neuilly einquartiert worden war, sagte er immer wieder zu Trepper, er glaube nicht an seinen Verrat, und aus mancher Bemerkung ging hervor, wie sehr er seinen Verrat bereute. Nicht unmöglich, daß der Petit Chef in absehbarer Zeit wieder einsatzfähig sein würde.

Mit Berg war es geradezu idyllisch. Er hatte Trepper seine Grundeinstellung offen dargelegt: »Ich bin unterm Kaiser Polizist gewesen, dann in der Weimarer Republik und jetzt unter Hitler, und ich werde auch dann Polizist bleiben, wenn Thälmann an die Macht kommt.« Die beiden Männer verstanden sich. Eines Tages kam Berg, der bereits zwei seiner Kinder durch Krankheit verloren hatte, völlig verstört aus Deutschland zurück: sein letztes Kind war bei einem englischen Bombenangriff getötet worden, und seine Frau, die darüber den Verstand verloren hatte, war in eine Anstalt eingewiesen worden. Von da an war Berg ein gebrochener Mann. Er sehnte das baldige Ende des

Krieges herbei, und der Grand Chef hatte oft den Eindruck, daß zumindest dieser Mann wirklich einen Separatfrieden, gleich welcher Art, herbeisehnte. Berg wurde für den Gefangenen zu einer außergewöhnlichen Informationsquelle, denn er erzählte Trepper Tag für Tag – bis in alle Einzelheiten –, was das Kommando plante. Auf diese Weise erfuhr der Grand Chef Gierings Pläne, noch ehe sie ausgeführt waren. Berg war weder umgedreht worden, noch handelte es sich um ein stillschweigendes Einverständnis. Trepper vermutete bei ihm vielmehr folgende Überlegungen: Wenn der Grand Chef ernsthaft für einen Separatfrieden und für uns arbeitet, dann kann ich ohne Vorbehalte mit ihm sprechen. Und wenn er ein doppeltes Spiel treibt – wer weiß, wie der Krieg ausgeht ...

Mit Giering war das etwas anderes. Trepper wußte, daß er sich ihm gegenüber niemals und unter keinen Umständen eine Blöße geben durfte. Er atmete auf, als Giering abgelöst wurde, und nahm die Ankunft seines Nachfolgers Pannwitz befriedigt zur Kenntnis. Er war überzeugt, ein Wechsel könne nur vorteilhaft für ihn sein. Und das erwies sich in verschiedener Hinsicht, vor allem aber aus einem Grund als richtig: Giering glaubte mit dem tief eingewurzelten Mißtrauen des Polizeibeamten, daß Juden genausowenig taugten wie alle anderen Menschen, Pannwitz dagegen war fest davon überzeugt, daß sie sehr viel weniger wert seien. Dreiundzwanzig Jahre später schildert er uns seinen Gefangenen mit folgenden Worten: »Ein großartiger Schauspieler! Wenn er sich unbeobachtet fühlte, wurde sein Blick hart und mißtrauisch, seine Haltung ruhig und überlegen. Sobald man sich ihm zuwandte, spielte er Theater. Bedrängte man ihn mit Fragen, preßte er die Hand aufs Herz, um einen daran zu erinnern, daß er herzkrank sei. Aber vor allem war er ein echter Jude. Es war ein großer Fehler von den Russen, so viele Juden in diesem Netz einzusetzen – die Rote Kapelle bestand zu neunzig Prozent aus Juden, stellen Sie sich das mal vor! Ein Jude ist doch viel zu schlau, um für eine verlorene Sache zu sterben.«[*]

Der Kriminalrat glaubte um so weniger an die heroischen Tugenden des Juden Trepper, als er in Berlin die Berichte gelesen hatte, in denen dessen Verrat ausführlich dargelegt worden war. Es ist bezeichnend für das geringe Vertrauen innerhalb der Gestapo, daß niemand den Neuankömmling über die Legende aufklärte, die eigens für den internen Gebrauch in allen Einzelheiten erfunden worden war. Nur so ist zu erklären, daß Pannwitz von Anfang an

---

[*] *Manfred Roeder, der Trepper nach seiner Verhaftung sah, beschreibt ihn als »einen intelligenten und beweglichen Geschäftsmann, sehr liebenswürdig und sehr wohlerzogen«. Piepe faßt seinen Eindruck natürlich wie gewohnt mit »ein typischer Offizier« zusammen.*

Trepper vollstes Vertrauen entgegenbringt. Trepper erfährt, daß man ihm bald in Paris eine Wohnung überlassen wird; auch soll er sich, nur diskret bewacht, nach eigenem Gutdünken bewegen können.

Aber zunächst muß er beim Start der »großen Politik« helfen, die Pannwitz in die Wege leiten soll. Im Gegensatz zu dem älteren, vorsichtigen Giering ist der junge Pannwitz ungeduldig. Er ist entschlossen, sich nicht mit Kleinigkeiten aufzuhalten. Solange es darum ging, das »Große Spiel« vorzubereiten und Moskaus Vertrauen zu gewinnen, waren die umgedrehten Sender ein ausgezeichnetes Hilfsmittel. Nun ist das Ziel erreicht. Für eine Politik auf höchster Ebene bieten Funkverbindungen nur sehr begrenzte Möglichkeiten. Man müßte diskutieren, argumentieren – kurz, diplomatische Arbeit leisten können, und das ist mit einigen chiffrierten Funksprüchen kaum möglich. Warum nicht direkt mit Moskau sprechen? Warum nicht einen vom Grand Chef als zuverlässig verbürgten Abgesandten dorthin schicken? Der ungestüme Pannwitz hatte diesen Plan, bevor er nach Paris ging, seinen Vorgesetzten unterbreitet, aber für so kühne Ideen hatte Himmler nichts übrig. Mit seiner dünnen, salbungsvollen Stimme hatte er gesagt: »Nein. Die bolschewistische Ideologie ist viel zu faszinierend, als daß man jemanden dort hinschicken darf. Die Ansteckungsgefahr ist zu groß.« Schlußfolgerung von Pannwitz: der Reichsführer SS ist ein kleinkarierter Spießer, den die Angst vor Initiativen lähmt.

Pannwitz gibt seinen Plan nicht auf, ändert ihn aber ab: statt einen Mann nach Moskau zu schicken, wird man jemanden aus Moskau kommen lassen. Als er Trepper fragt, ob er glaube, daß von offizieller sowjetischer Seite eine ranghohe Persönlichkeit ermächtigt werden könnte, an Ort und Stelle über außergewöhnlich wichtige Fragen zu entscheiden, erhält er eine positive Antwort. Kent dagegen versichert das Gegenteil. Stutzig geworden, fordert Pannwitz von Trepper eine Erklärung. Achselzuckend sagt der Grand Chef: »Wie soll Kent wissen, was in höheren Sphären vor sich geht.« Das klingt einleuchtend, und Pannwitz schickt der Zentrale im Namen des Grand Chef eine lange Botschaft, in der Trepper dem Direktor darlegt, daß er zu einer wichtigen deutschen Oppositionsgruppe, die mit der Sowjetunion sympathisiere, Verbindung habe. Würde der Direktor, der selbst für politische Verhandlungen nicht zuständig war, einen Sonderbeauftragten schicken, der erste einleitende Gespräche führen könnte? Abschließend werden verschiedene Treffen in Katz' alter Wohnung vorgeschlagen.

Zum ersten Termin wird Trepper in die Wohnung von Katz gebracht, in der, zu seiner Überraschung, jetzt Raichman wohnt. Wie Kent und Schumacher sagt auch Raichman zu seinem früheren Chef: »Das ist doch unmöglich. In Wirklichkeit arbeitest du nicht für sie.« Und wie bei Kent und Schumacher spielt Trepper den gebrochenen Mann.

Kein Sonderbeauftragter aus Moskau erscheint. Vielleicht ist die Sache nur aufgeschoben, Pannwitz gibt die Hoffnung nicht auf. Aber bevor die Frist für den letzten vorgeschlagenen Treff abgelaufen ist, platzt im Sonderkommando eine noch von Giering gelegte Zeitbombe.

Er wird von seinem letzten Triumph wahrscheinlich nichts mehr erfahren haben, denn zu dieser Zeit lag er bereits in Landsberg im Sterben.

Die Geschichte mit Juliette hatte ihm keine Ruhe gelassen. Warum war sie plötzlich spurlos verschwunden? Natürlich war es denkbar, daß die »Gegenspionage«, über das Schicksal des Grand Chef im ungewissen, ihr nahegelegt hatte, sich zu verstecken. Nach dem ersten öffentlichen Auftreten des Gefangenen, spätestens nach dem Glückwunschtelegramm vom 23. Februar, hätte sie dann aber wieder auftauchen müssen. War das Telegramm ernst gemeint, drohte Juliette keine Gefahr. Daß sie nicht an ihren Arbeitsplatz zurückgekehrt war, deutete darauf hin, daß Moskau den wahren Sachverhalt durchschaut und das Telegramm nur geschickt hatte, um das Sonderkommando irrezuführen.

Es gab nur eine Möglichkeit, sich Gewißheit zu verschaffen: ein weiteres Glied in der zur Parteileitung führenden Kette mußte verhaftet werden.

Durch Raichman hatte Giering von Fernand Pauriol gehört. Von Kent wußte er, welche Aufgaben diesem Mann innerhalb des technischen Parteiapparates zugewiesen waren, und ihm war auch bekannt, daß Pauriol als Sonderkurier der Roten Kapelle zwischen Juliette und dem Zentralkomitee fungierte. Durch seine Verhaftung würde sich nicht nur das Dunkel um Juliette, sondern auch die Frage klären lassen, ob die obersten Instanzen der Partei – also Moskau – dem Funkspiel aufgesessen waren oder nicht. Giering war viel zu mißtrauisch, als daß er darauf verzichtet hätte, einen derartigen Sondierungsversuch zu unternehmen.

Die Gestapo erhielt den Befehl, in ganz Frankreich nach Pauriol zu suchen. Vergeblich. Der Mann blieb unauffindbar. Monate vergingen, aber Giering vergaß ihn nicht. Er mußte ihn haben. Und um ihn zu fassen, entwickelte er einen diabolischen Plan: die Zentrale selbst sollte ihm den Mann, den die Gestapo nicht fangen konnte, in die Hände spielen.

Der Sender, über den die angeblich vom Grand Chef stammenden Meldungen durchgegeben wurden, war ausgefallen. Zwar verfügte das Sonderkommando über eigene Techniker, die eine solche Panne beheben konnten, doch Giering schickte über Kents Sender einen Funkspruch an die Zentrale, meldete die Störung und bat dringend um Zuweisung eines Funkspezialisten. Eine raffiniert gestellte Falle! Man versetze sich in die Lage des Direktors in Moskau. Folgt er noch immer gutgläubig dem Funkspiel, so wird er Trepper ohne Zögern einen Spezialisten schicken. Aber selbst wenn er Treppers Bericht bekommen hat und ihm Glauben schenkt, *selbst wenn der Direktor weiß, daß Giering ihm eine Falle stellt*, muß er so tun, als ob er völlig ahnungslos wäre, und einen Techniker zur Verfügung stellen. Der Mann muß geopfert werden ... Auf einen Menschen mehr oder weniger kommt es Moskau nicht an. Giering übrigens auch nicht, und es ist keineswegs sicher, ob er den Mann verhaften wird. Er arbeitet an einem gigantischen Plan. Warum soll er sich mit kleinen Handlangern aufhalten? Seine Meldung soll vor allem echt wirken: ein Spionagenetz ohne Störungen gibt es nicht, jedenfalls nicht mehr ...

Der Direktor verweist Trepper an einen kommunistischen Spezialisten mit dem Decknamen »Jojo«. Seine Eltern haben eine Bar in Saint-Denis. Er selbst hat eine Werkstatt, in der er Sender baut und repariert.

Nichts läßt darauf schließen, daß eine Spur zu Pauriol führt und der Weg ist vielleicht noch lang (Giering wird Paris verlassen, bevor das Ziel erreicht ist). Aber das Sonderkommando schickt seine Spürhunde los, und das Glück ist auf ihrer Seite. Es ist die immer gleiche Geschichte von Folterungen und Namen, die herausgeschrien werden, wenn der Körper die Schmerzen nicht länger ertragen kann und die Sinne schwinden. Jojo verrät Auguste, Auguste verrät Marc, Marc verrät Michel*. Über Michel führt die Spur zu einem gewissen Francis oder François, der sich in der Nähe von Bordeaux versteckt hält und einen erfahrenen Funker der KP kennt. Er erklärt sich bereit, ein Treffen zu vereinbaren. Fernand Pauriol alias Duval wird am 13. August 1943 in Pierrefitte, im Norden von Paris, verhaftet. Da kein Wort aus ihm herauszubringen ist, dauert es drei Wochen, bis die Gestapo ihn identifizieren kann.

An einem der ersten Septembertage stürzt Berg strahlend in Treppers Zimmer: »Jetzt ist es soweit! Wir haben Duval!«

Der Grand Chef ist wie vom Blitz getroffen. Zum erstenmal glaubt er, der Kampf sei verloren. Bald würde sich die Tür zu seinem Zimmer öffnen und ihm befohlen werden, mitzukommen – zur Hinrichtung. Es blieb ihm nur noch übrig, anständig zu sterben. Methodisch wie immer legte er sich den Satz zurecht, den er seinen Henkern ins Gesicht schleudern würde.

Aber Fernand Pauriol blieb stumm. Er wurde unmenschlich gefoltert, aber

---

* Es handelt sich in diesem Fall nicht um Treppers Kontakt zur Führung der KP.

er blieb stumm. Man drohte ihm, seine Frau vor seinen Augen zu erschießen, aber er blieb stumm.

Er litt ein Jahr, aber er blieb stumm.

Kaum hat der Grand Chef sich von seinem Schrecken erholt, trifft ihn eine neue Hiobsbotschaft. Am 12. September erfährt er von Berg, daß er in den Süden gebracht werden soll, wo die Funkabwehr einen kommunistischen Sender ausgehoben und Durchschriften aller empfangenen und abgesandten Funksprüche beschlagnahmt hat. Vauck ist bereits unterwegs, um die Archive auszuwerten, aber das Sonderkommando ist schon jetzt davon überzeugt, daß der ausgehobene Sender die Juliette anvertraute Meldung nach Moskau gefunkt hat. Bald wird man also wissen, in welcher Form die Zentrale den Empfang bestätigt und ob sie Fragen gestellt hat. Trepper muß mitkommen, möglicherweise wird er gebraucht.

Das ist eine Katastrophe. Der Grand Chef überlegt: wenn dieser Sender tatsächlich die Meldung der Gestapo nach Moskau gefunkt hat, liegt es nahe, daß von dort aus auch sein Bericht durchgegeben wurde und daß Vauck ihn bald entziffern wird. Diese Überlegungen sind an und für sich richtig, gehen aber – was Trepper nicht wissen kann – von einer falschen Voraussetzung aus: der aufgedeckte Sender hat Gierings Meldung nicht nach Moskau durchgegeben. Jacques Duclos hat ein so wichtiges Dokument wie den dreisprachigen Bericht des Grand Chef nicht dem Äther anvertraut, sondern ihn durch einen Kurier nach London bringen und von dort aus nach Moskau weiterleiten lassen.

Doch das kann Trepper nicht ahnen. Für ihn steht fest, daß er in kürzester Zeit durchschaut sein wird. Allerdings hat er noch etwas Spielraum: die Reise ist erst für den übernächsten Tag geplant.

Sechs Monate lang hat er Zeit gehabt, sich mit den Örtlichkeiten und den Sicherheitsmaßnahmen der Villa vertraut zu machen. Ein Fluchtversuch würde wahrscheinlich unter den Kugeln der slowakischen Wachtposten enden. Aber was bleibt ihm anderes übrig, als dieses Risiko auf sich zu nehmen? Noch am selben Abend vertraut er Katz seinen Plan an. Sein Freund weigert sich jedoch, mitzumachen: seine Frau und seine Kinder werden vom Sonderkommando in Billeron als Geiseln festgehalten. Man hat ihn gewarnt: wenn er nicht pariert, werden sie erschossen. Bei der Geschichte mit Juliette hat er ihr Leben riskiert, weil unendlich viel mehr auf dem Spiel stand, heute würde er sie zum Tode verurteilen, nur um sein eigenes Leben zu retten, und dazu glaubt er sich nicht berechtigt. Er wird in Neuilly bleiben, wünscht seinem alten Weggefährten jedoch viel Glück ... Nun, Herr Kriminalrat

SS-Hauptsturmführer Pannwitz, der Sie im Unterschied zu Hillel Katz ja ganz schön am Leben sind, wollen Sie immer noch behaupten, daß dieser Mann aufgrund seiner jüdischen Abstammung zu keinem Opfer fähig war?

Trepper ändert seinen Plan. An einen Gewaltakt hatte er nur gedacht, weil er seinen Freund nicht zurücklassen wollte. Handelt er allein, braucht er sich dem Kugelhagel der Wachtposten nicht auszusetzen. Er hat Papiere und Geld und kann sich Bergs Säuferleiden zunutze machen. Am nächsten Tag schlägt er ihm vor, die Bailly-Apotheke aufzusuchen.

Damit, daß der Deutsche im Auto bleiben würde, hatte der Grand Chef nicht gerechnet. Er wollte ihn in der Apotheke niederschlagen und dann flüchten. Sollte Berg Anstalten machen, zu schießen, würden die anwesenden Kunden ihm das Zielen erschweren, vielleicht würde sogar der eine oder andere Berg in den Arm fallen.

Und dann war alles ganz einfach: er brauchte nur durch eine Tür hinein- und durch eine andere wieder hinauszugehen.

Fast zwei Jahre zuvor, am 13. Dezember 1941, war es dem Grand Chef gelungen, der Falle zu entgehen, die Piepe ihm in der Rue des Atrébates gestellt hatte. Seit seiner Jugend hielt er die 13 für seine Glückszahl.

Gejagt

32

Willy Berg, mehr tot als lebendig, verständigt telefonisch seine Dienststelle. Sein Anruf löst Panik aus. Pannwitz setzt sofort den gesamten Polizeiapparat in Bewegung. Die Gegend um die Gare Saint-Lazare wird abgeriegelt, herumstehende Passanten werden aufgegriffen, die Räume der Bailly-Apotheke von oben bis unten durchsucht. Von Trepper keine Spur. Am späten Nachmittag zieht Pannwitz das Polizeiaufgebot zurück.

Der Grand Chef war zunächst mit der Metro bis Pont de Neuilly gefahren und hatte dann einen Bus nach Saint-Germain-en-Laye genommen.

Er widerstand der Versuchung, in Le Vésinet auszusteigen, schließlich wußte er nicht, ob Georgie de Winter noch dort wohnte. Vielleicht hatte sie kein Geld für die Miete mehr gehabt und war ausgezogen, vielleicht war auch der Mietvertrag bereits abgelaufen ... Trepper stieg erst in Saint-Germain-en-Laye aus und klingelte an der Tür einer Familienpension, die von zwei Schwestern geleitet wurde. Georgie hatte dort einmal den kleinen Patrick eine Zeitlang untergebracht. Trepper wurde sofort aufgenommen. Er rief in Le Vésinet an, aber niemand antwortete.

Katz! Er muß vom Fluchtplan seines Chefs gewußt haben; wahrscheinlich weiß er auch, wo er sich versteckt hält. Katz wird in die Rue des Saussaies gebracht und gefoltert. Er sagt nichts. Halbtot bringt man ihn nach Neuilly zurück. Entsetzt beugt sich Prodhomme, der Concierge, über den entsetzlich Zugerichteten. Katz flüstert ihm zu: »Eines Tages wird der Geflohene hierher zurückkommen. Richten Sie ihm aus, daß ich, auch wenn man mich zu Tode gequält hat, freudigen Herzens gestorben bin. Und sagen Sie ihm, er möchte sich um meine Kinder kümmern.«

Der Tag geht zu Ende. Im Stuhl zusammengesunken, starrt Pannwitz auf das Telefon. Schließlich greift er zum Hörer und verlangt das Büro von Gestapo-Müller in Berlin. Als er ihn am Apparat hat, sagt er nur: »Halten Sie sich fest, Trepper ist geflohen.« Am anderen Ende der Leitung Schweigen. Pannwitz: »Hallo ... Sind Sie ohnmächtig geworden?« Eine Flut wüster Beschimpfungen prasselt auf ihn nieder. Schließlich stöhnt Müller heiser: »Wie soll ich denn das Himmler beibringen – ausgerechnet Himmler? Wenn es nach ihm gegangen wäre, hätten wir Trepper in ein finsteres Loch werfen und in Ketten legen müssen ...« Pannwitz: »Ich wüßte eine Lösung ...« – »So? Welche?« – »Gar nichts sagen!« Müller muß, nachdem er sich von seiner Verblüffung erholt hat, zugeben, daß das die einzige Möglichkeit ist, um Himmlers Zorn zu entgehen. Die beiden Kumpane schließen einen Schweigepakt.

Und dieser Pakt wird eingehalten. Bis zu seinem Tode hat der Reichsführer SS nichts von der Flucht des Grand Chef erfahren.

Pannwitz legt den Hörer auf. Das Schlimmste ist vorläufig vermieden. Er bleibt an der Spitze des Sonderkommandos. Aber er ist sich darüber im klaren, daß es nur ein Aufschub ist. Gelingt es ihm nicht, den Flüchtigen innerhalb kürzester Frist zu fassen, dann ist das »Große Spiel« zu Ende, ehe es überhaupt richtig begonnen hat.

In der Nacht plagen den Herrn Kriminalrat böse Träume ...

Auch Georgie träumt in dieser Nacht: auf dem Bahnsteig von Rueil, dort, wo sie das letzte Mal vergeblich gewartet hat, trifft sie ihren Freund wieder.

Das Klingeln des Telefons reißt sie aus dem Schlaf – sie nimmt den Hörer ab und erkennt die Stimme einer der beiden Pensionsinhaberinnen.

»Kommen Sie bitte sofort!«

»Ich? Warum? Was ist los?«

»Ich kann Ihnen nichts sagen, aber Sie müssen sofort kommen.«

Hastig kleidet sie sich an, fährt nach Saint-Germain, klingelt am Eingang zur Pension – Trepper macht ihr auf. Sie fallen sich in die Arme. Sie hat immer gewußt, daß sie ihn wiedersehen würde – »Menschen wie du und ich kommen überall durch.«

Lange spricht er mit ihr. Nein, er arbeitet nicht für den Intelligence Service, er leitet ein großes sowjetisches Spionagenetz und hat den Rang eines Generals der Roten Armee. Sie ist überrascht, sie hat wirklich geglaubt, er arbeite für die Engländer, aber zu welcher Seite er gehört, ist für sie unwichtig. Wichtig ist nur sein letzter Satz: »Du mußt mir helfen.«

Sie beschließen, sich vorläufig in Le Vésinet zu verbergen. Bevor er die Pension verläßt, schreibt Trepper einen Brief an Pannwitz, in dem er ihm mitteilt, daß er nicht an Flucht gedacht habe, aber ein unvorhergesehenes Ereignis eingetreten sei: als er in der Bailly-Apotheke das Medikament für Berg kaufen wollte, habe ihn ein Mann der »Gegenspionage« angehalten, ihm das richtige Erkennungswort gesagt und ihm zugeraunt, er sei in großer Gefahr und müsse sofort verschwinden. Um keinen Verdacht zu erwecken und das »Große Spiel« nicht zu gefährden, sei ihm nichts anderes übriggeblieben, als dem Mann sofort zu folgen, der niemals verstanden hätte, daß ein Agent eine dringende Warnung überhört. Zuerst seien sie ein Stück im Auto gefahren, später in einen Zug gestiegen. Vermutlich wolle man ihn in die Schweiz bringen. Diese Zeilen schreibe er unterwegs und werde versuchen, sie in Besançon einzuwerfen. Zum Schluß legt er ein gutes Wort für Willy Berg ein: man solle ihn nicht bestrafen, er habe nicht den geringsten Fehler begangen.

Eine der beiden Schwestern ist bereit, nach Besançon zu fahren und den Brief dort aufzugeben.

Wie Pannwitz bemüht sich auch der Grand Chef, wenn auch aus entgegengesetzten Gründen, das »Große Spiel« zu retten. Er ist überzeugt, daß Moskau den größten Nutzen daraus ziehen kann. Sein Bericht vom Januar hat – wie er sagt – dem Direktor »aufs Pferd geholfen«. Es wäre schade, das Pferd vorzeitig zu Fall zu bringen.

In den folgenden Tagen läuft Georgie de Winter kreuz und quer durch Paris, um einen Kontakt mit der Partei herzustellen. Am 17. gelingt es ihr. Der Grand Chef verläßt seinen Schlupfwinkel und trifft einen Verbindungsmann der Partei, von dem er erfährt, daß sein Bericht nicht über den im Süden aufgeflogenen Sender weitergeleitet wurde, sondern auf anderem Weg sicher nach Moskau gelangt ist. Das Sonderkommando wird also in den beschlagnahmten Funksprüchen keinen Beweis dafür finden, daß es hintergangen wurde. Das »Große Spiel« kann weitergehen. Trepper bittet die Partei, der Zentrale seine Flucht zu melden, seine Gründe dafür darzulegen und hinzuzufügen, daß die Ereignisse wahrscheinlich nichts an den Plänen des Sonderkommandos ändern werden. Der Verbindungsmann händigt ihm die verlangte Zyankali-Kapsel aus: ein zweites Mal will er nicht lebend gefaßt werden und womöglich unter der Folter alle gefährden.

Im Morgengrauen der dritten in Le Vésinet verbrachten Nacht werden Georgie und Trepper durch ein Klopfen an der Haustür aus dem Schlaf gerissen. Er springt aus dem Bett und stürzt ans Fenster. Unten sieht er mehrere Gestalten. Das Klopfen wird heftiger. Dann ist einen Augenblick lang alles still. Plötzlich das Geräusch eines Schlüssels, den man ins Schloß steckt. Die Tür geht auf. Trepper nimmt seine Zyankali-Kapsel und huscht ins Nebenzimmer, das auf der Gartenseite liegt. Georgie ist ihm gefolgt, aber er schickt sie zurück und öffnet das Fenster. Wenn die anderen hereinkommen, wird er das Gift schlucken und sich hinunterstürzen. Stimmengewirr. Georgie antwortet. Er horcht und ... hört, wie der Besitzer des Hauses sich bei Georgie entschuldigt. Da sie gekündigt hatte, wollte er einem eventuellen Mieter das Haus zeigen. Am Abend zuvor hatte er niemanden angetroffen und war deshalb auf den Gedanken gekommen, es ganz früh am Morgen zu versuchen.

Trepper läßt die Kapsel in seine Tasche gleiten. Beinahe hätte er sich ohne Grund das Leben genommen.

Es wird Zeit, zu verschwinden.

Die Familie Queyrie wohnt in Suresnes, in der Allée de la Pépinière, einer kleinen Straße, die sich einen Abhang hinaufschlängelt, nur hundert Meter von einem Graben entfernt, an dem deutsche Erschießungskommandos ihr Werk verrichtet haben. Ein typisches, kanariengelb verputztes Vorstadthäuschen mit einem acht mal vier Meter großen Vorgarten. Im Innern ist in den letzten fünfundzwanzig Jahren wohl kaum etwas verändert worden: im Erdgeschoß eine Wohnküche und eine gute Stube, die so wenig wie möglich betreten wird, im ersten Stock die Schlafzimmer. Alles ist blitzsauber.

Ein Häuschen wie hunderttausend andere; eine Familie wie Millionen andere französische Familien. Monsieur Queyrie ist Gärtner bei der Stadt Paris, Madame Queyrie arbeitet heute in einem Büro. Ihre Tochter Annie war damals zehn Jahre alt.

Patrick ist seit zwölf Monaten bei den Queyries – seit Oktober 1942. Als er aus Saint-Germain zu ihnen gebracht wurde, war er in einem unbeschreiblichen Zustand gewesen: abgemagert, verlaust, verdreckt und voller Krätze – grauenhaft! Vor allem für jemanden, der es mit der Sauberkeit so genau nimmt wie Madame Queyrie. Im Handumdrehen hatte sie den Jungen ebenso blitzblank geputzt wie ihre Küche und dann ein Drei-Punkte-Programm aufgestellt: er sollte »gesund werden, wieder auf die Beine kommen und ordentlich zunehmen«. Dank ihrer Pflege und ihrer Sorgfalt – sie liebte ihn wie ihren eigenen Sohn – erholte sich Patrick schnell. Er war ein lebhaftes, vergnügtes und aufgewecktes Kind mit blondem Haar, leuchtenden Augen und einem kleinen, trotzigen Kinn. Gerade hatte er seinen vierten Geburtstag gefeiert. Madame Queyrie nannte er »Mama Annie«. Warum er Trepper »Papa Nano« nannte, wissen wir nicht – aber von allen Decknamen des Grand Chef ist dieser zweifellos der charmanteste.

Georgie hatte den Queyries von Trepper erzählt, aber sie kannten ihn nicht persönlich, sie wußten nur, daß er gegen die Deutschen gekämpft hatte und von ihnen verhaftet worden war. Ihrer Meinung nach war er verloren, aber sie wagten es nicht, die Hoffnungen, an die sich Georgie klammerte, zu zerstören.

»Und dann am 18. September«, erzählt Madame Queyrie, »ist Georgie plötzlich ganz aufgelöst bei uns aufgetaucht: ›Mama Annie, Papa Nano ist geflohen! Sie müssen ihn verstecken!‹ Ich war natürlich sehr aufgeregt, mir hat sich alles im Kopf gedreht, und Georgie hat dauernd auf mich eingeredet: ›Er ist hier in Suresnes, aber wir wissen nicht, wohin! Mama Annie, Sie sind die einzige, die ihn retten kann!‹«

Madame Queyrie überlegt – helfen ist kein Problem für sie … aber wie? Im Häuschen ist kein Platz. Doch ihre alte Mutter hat in Suresnes, ganz in der Nähe, eine winzige Wohnung, und zur Zeit ist sie nicht da. Dort kann Trepper bleiben: er soll gleich kommen, sie wird ihn hinbringen.

»Papa Nano war ein kluger Kopf! Er hatte schon alles vorbereitet. Georgie sagte mir, was ich tun sollte: bis zur Place de la Paix gehen, den Platz überqueren und direkt auf das Versteck zusteuern, ohne mich um irgend etwas zu kümmern. Sie hatte mich genau beschrieben, und Papa Nano würde mir folgen, wir brauchten kein Wort zu wechseln. Ich ging also zur Place de la Paix und sah dort einen Mann mit einem Koffer in der Hand warten. Er ist mir nachgegangen, und ich habe ihn in die Wohnung meiner Mutter gebracht.«

Dort erreicht ihn die Antwort aus Moskau. Die Mitteilung seiner Flucht ist eingetroffen. Der schroffe, trockene Ton des Funkspruchs schnürt ihm das Herz zusammen: »Wir sind froh für Sie. Jetzt müssen Sie alle Verbindungen abbrechen und untertauchen.« Es stimmt natürlich, daß der Fortgang des »Großen Spiels« sein Verschwinden erfordert. Aber warum der eiskalte Ton? Sollte ihm der Direktor immer noch mißtrauen?

Trepper erinnert sich an die Worte Gierings: »Selbst wenn es Ihnen gelingt, uns zu entwischen und Moskau zu benachrichtigen, wird man Sie dort als Verräter ansehen. Es wird heißen, daß Sie anfangs nicht wissen konnten, ob es Ihnen möglich sein würde, Moskau zu warnen, und man wird Ihnen vorwerfen, Sie hätten mit uns gemeinsame Sache gemacht, um Ihr Leben zu retten.«

Treppers Flucht hat den lässigen Tagesablauf in Neuilly von Grund auf verändert. Die gestern noch freundlichen Gesichter der Leute vom Sonderkommando sind finster geworden. Die Räume hallen wider von Flüchen und Todesdrohungen. Pannwitz läßt in Belgien Georgies Familie und Freunde verhaften: aus den Befragungen geht hervor, daß sie ihren Sohn in einer Pension in Saint-Germain untergebracht hat. Das Sonderkommando braucht eine Woche, um herauszufinden, um welche Pension es sich handelt. Man schickt Kent zu den beiden Schwestern, aber sie tun, als verstünden sie seine Fragen nicht. Auch Katz, der unter Bewachung nach Saint-Germain gebracht wird, bekommt keine Antwort.

Daraufhin läßt Pannwitz die beiden Frauen verhaften. Trepper erfährt es sofort. Über die Schwestern kann das Sonderkommando den Weg nach Suresnes finden, denn sie wissen, daß Patrick bei ihnen abgeholt und zur Familie Queyrie gebracht wurde. Wieder ist es soweit: er muß fliehen.

Claude Spaak:

»Ende September 1943 kam eine sehr schöne Frau im Auftrag Treppers in meine Pariser Wohnung. Sie sagte: ›Er möchte, daß Ihre Frau umgehend zu ihm kommt. Er ist im Augenblick in einer Wohnung in der Nähe vom Rond-Point de la Défense, aus der er sich nicht herauswagen kann, da er von der Gestapo gesucht wird.‹ Das war gefährlich, und darum bin ich lieber selbst dorthin gegangen. Ich fand ihn in einem großen Wohnblock in Suresnes. Er machte mir die Tür auf, und wir fielen uns in die Arme. Dann fragte er: ›Können Sie mir helfen? Die Gestapo ist mir auf den Fersen!‹«

Zwei Probleme muß der Grand Chef lösen: er muß Pannwitz beruhigen, und er muß versuchen, mit der Partei Verbindung aufzunehmen. Letzteres wird mit Spaaks Hilfe vielleicht möglich sein, aber beim ersten Problem kann ihm niemand helfen. Die Verhaftungen in Saint-Germain zwingen ihn nicht nur zur Flucht aus Suresnes, sie bringen auch das »Große Spiel« in Gefahr: wenn Pannwitz erfährt, daß der in Besançon aufgegebene Brief von einer der Schwestern dorthin gebracht worden ist, wird ihm klarwerden, daß Trepper zumindest in diesem Fall gelogen hat, und das könnte den Kriminalrat ein für allemal mißtrauisch machen.

Trepper schreibt ihm deshalb ein zweites Mal. Daß dieser Brief den Poststempel Paris trägt, erklärt er damit, daß die »Gegenspionage« im letzten Augenblick umdisponiert und ihn statt in die Schweiz nach Paris zurückgebracht hätte. Er kritisiert die vom Sonderkommando nach seiner Flucht vorgenommenen Verhaftungen. Tatsächlich hat Pannwitz alle Inhaber und Angestellten jener Läden festnehmen lassen, die Trepper während seiner Haftzeit unter dem Vorwand aufgesucht hatte, er wolle sich dort dem einen oder anderen Agenten zeigen. Mehr als hundert Personen sitzen hinter Schloß und Riegel. Diese unvorsichtige Verhaftungswelle müsse Aufsehen erregen, schreibt der Grand Chef, und den Argwohn der »Gegenspionage« wecken. Das Vernünftigste sei, die Gefangenen wieder freizulassen, und zwar je schneller, desto besser.

Dieser Brief kann natürlich nicht die Hauptschwierigkeit lösen, die ein etwaiges Geständnis der beiden Schwestern hervorrufen könnte. Trepper kann nur versuchen, die Fäden noch mehr zu verwirren. Er weiß, wie sehr der Kriminalrat sich an jeden Hoffnungsschimmer klammert, das Funkspiel könne nach wie vor gelingen. Der Grand Chef versucht also mit diesem zweiten Brief Pannwitz' Bedenken, er sei einer Mystifikation zum Opfer gefallen, zu zerstreuen.

Allerdings kann es Trepper sich jetzt nicht mehr leisten, zu verschwinden und keinerlei Kontakte aufzunehmen. Moskau hat ihm zwar im Interesse des

»Großen Spiels« den Befehl dazu gegeben, aber die Verhaftungen in Saint-Germain können die Lage von Grund auf ändern: es ist keineswegs sicher, ob das »Große Spiel« weitergehen kann. Trepper muß sich bereithalten, um die Zentrale über die kommende Entwicklung informieren zu können.

Seine Verbindungen sind abgerissen, aber Suzanne Spaak wird ihm helfen, die Fäden wieder anzuknüpfen.

»Seit den ersten Deportationen hat sie sich um die Rettung jüdischer Kinder bemüht«, erzählt Claude Spaak. »Wie Sie vielleicht wissen, gingen die Deutschen etappenweise vor. Sie verhafteten zunächst die Männer, dann die Frauen und schließlich die Kinder, die in ein von französischem Personal bewachtes Auffanglager gebracht wurden, aus dem die Gestapo dann die Deportationszüge auffüllte.

Zwischen der Verhaftung der Eltern und dem Abholen der Kinder verging oft eine geraume Zeit, in der die Kinder sich selbst überlassen waren. In diesem Stadium konnten meine Frau und ihre Freunde helfend eingreifen. Aber wo sollten sie die Kinder lassen, wie sie ernähren? Irgend jemand kam auf die Idee, die Kinder heimlich in die Auffanglager zu schmuggeln: auf diese Weise würden die Deutschen für sie sorgen müssen. Es gab also in jedem Lager zwei Arten von Kindern: offiziell registrierte und eingeschmuggelte.

Eines Tages hieß es, die Deutschen würden schon am nächsten Tag die Lager räumen und bei dieser Gelegenheit auch alle Kinder deportieren. Sie können sich vorstellen, welche Panik die Nachricht hervorrief: was sollte aus den Eingeschmuggelten werden? Wie konnte man sie retten? Der Geistliche vom Oratoire Protestant du Louvre erklärte sich zwar bereit, die Kinder aufzunehmen, aber das war nur eine vorübergehende Lösung, denn der Pfarrer hatte weder genug Platz, längere Zeit hindurch etwa hundert Kinder zu beherbergen, noch war es ihm möglich, sie zu ernähren. Da hat Suzanne sich eingeschaltet. Mit unbändiger Energie hat sie Leute zusammengetrommelt, die ein oder mehrere Kinder aufnehmen wollten, und sie hat alle untergebracht. Wir selbst hatten fünf oder sechs in unserem Haus in Choisel versteckt.

Das alles tat Suzanne mit bewundernswerter Hingabe, unter völliger Mißachtung jeglicher Gefahr. Wiederholt wurde sie gewarnt, aber sie schlug alle Mahnungen in den Wind. Einmal kam zum Beispiel ein katholischer Pfarrer, um ihr zu sagen, sie müsse vorsichtiger sein, man habe sie bei der Polizei angezeigt. Aber auch das hielt sie nicht zurück.«

Im Oktober 1943 ist Suzanne Spaak eine der wichtigsten Kontaktpersonen der Résistance. Sie steht mit den verschiedensten Organisationen in Verbindung: mit englischen und gaullistischen Gruppen, mit Verbänden gegen

Fernand Pauriol
Suzanne Spaak

rassische Verfolgung, kommunistischen Organisationen und anderen Gruppen. Ihre Tätigkeit für die jüdischen Kinder hat sie unter anderem mit Dr. Chertok, einem hervorragenden jungen Arzt, der sich dem nationalen Verband gegen rassische Verfolgung zur Verfügung gestellt hat, und Rechtsanwalt Lederman, einem der Köpfe der jüdischen Résistance in Frankreich (Kampftrupps, Propaganda usw.), zusammengebracht. Lederman hat Verbindung zu Kowalski, auf dessen Unbekümmertheit bereits hingewiesen wurde.* Und Kowalski ist einer der wichtigsten Führer der kommunistischen Résistance. Als stellvertreter Vorsitzender der MOI ist er auf nationaler Ebene für die ausländischen Kampfgruppen verantwortlich. Er untersteht direkt dem Führungsstab der FTP (»Francs-Tireurs et Partisans«), der eng mit dem Zentralkomitee der Kommunistischen Partei zusammenarbeitet.

Auf diesem umständlichen Weg wird Trepper versuchen, die Verbindung mit Moskau wiederherzustellen. Bis Suzanne Spaaks Bemühungen Erfolg haben, muß das gehetzte Paar irgendwo Unterschlupf finden. Obwohl die Queyries sich der Gefahr, der sie sich ausgesetzt haben, voll bewußt sind, lassen sie Trepper nur ungern gehen. Durch seine einfache, liebenswürdige Art hat er sie schnell für sich eingenommen. Vor allem aber hat ihn Madame Queyrie ins Herz geschlossen, weil er Patrick so mag; sie hat den Jungen mehrmals zu ihm gebracht. Auch die langen Unterhaltungen mit Trepper werden ihr fehlen. (»Sagen Sie mal, Papa Nano, Sie kennen sich doch in der Politik aus, wird der Krieg noch lange dauern?« – »Tja, Mama Annie, meiner Ansicht nach geht's jetzt dem Ende zu.«) Noch Jahre später, auch noch, nachdem sie zur Zeit des Kalten Krieges seinetwegen lange vom französischen Sicherheitsdienst verhört wurde, beharrt Madame Queyrie unerschütterlich auf ihrer Meinung, die sie übrigens mit allen teilt, die in diese Geschichte hineingezogen wurden – auch mit dem Verfasser dieses Buchs: »Unsereins hat eigentlich nichts für Spione und solche Leute übrig, aber wir haben doch genau gefühlt, daß er für Frankreich gekämpft hat.«

Wohin sollte das Paar flüchten? Georgie schlägt vor, die Hilfe ihrer Freundin Denise in Anspruch zu nehmen, die sie bei einem Tanzkurs kennengelernt hat. Denise ist eine höchst muntere Person von zweiundzwanzig Jahren, die genau weiß, was sie will. Sie ist mit allen Wassern gewaschen, hat ein Mundwerk wie ein Pariser Gassenjunge und lebt, wie es ihr gefällt. Ihr Mann ist als Kriegsgefangener in Deutschland, und sie hat ihm, wie sie selbst sagt, »solche Hörner aufgesetzt, daß er unterm Arc de Triomphe nicht mehr durchkommt«.

Siehe S. 152 f.

Georgie schätzt sie nicht übermäßig, aber ihr gefällt die schnodderige Art, und die beiden haben sich oft stundenlang zusammen Platten angehört.

Denise ist bereit, den beiden Flüchtlingen ihr Zimmerchen in der Rue du Chabanais zu überlassen. Am 24. September können sie einziehen. Die ungeheuere Anspannung der letzten Wochen macht sich bemerkbar: sie haben Angst. Trepper rührt sich den ganzen Tag nicht aus dem Zimmer.

Weder die eine noch die andere der beiden Schwestern aus Saint-Germain verrät etwas. Pannwitz scheint gar nicht auf den Gedanken zu kommen, daß sie ihn auf die Spur des Flüchtigen bringen könnten. In seinen Augen sind die beiden wahrscheinlich nur Randfiguren. Das Sonderkommando verschwendet Tage und Nächte damit, die über hundert Personen, die seit dem 13. September verhaftet wurden, zu verhören. Statt der Agenten des Grand Chef haben die SS-Leute nur schlichte Angestellte und Kaufleute vor sich, die einstimmig ihre Unschuld beteuern. Es ist zum Verrücktwerden. Willy Berg, der sich um jeden Preis rehabilitieren will, ist nach jedem Verhör einer Nervenkrise nahe.

Jeden Tag verläßt Georgie die Mansarde in der Rue du Chabanais, um sich bei den Spaaks nach Neuigkeiten zu erkundigen. Suzanne Spaak organisiert für sie ein erstes Treffen im Jardin du Luxembourg. Das Kennwort ist »Leben«. Doch Georgie wartet vergeblich auf den Kurier. Zweiter Treff vor der Kirche in Auteuil. Diesmal soll Georgie eine Zeitung unterm Arm tragen und ein Kruzifix in der Hand halten. Der Kurier wird sie fragen: »Ist der Herr Pfarrer da?«, und sie soll antworten: »Nein, aber Sie können ihn in der Kirche nebenan finden.« Georgie wartet vor dem Portal – sie muß eine bezaubernde Kirchgängerin abgegeben haben –, aber niemand kommt.

Der erwartete Gesprächspartner hätte gut in den Rahmen gepaßt, falls man nach seinem heutigen Aussehen urteilen darf: runde, rosige Backen, ein lockiger Haarkranz und eine sanfte Stimme, ganz wie ein Mönch. Es ist Rechtsanwalt Lederman, der bekannte kommunistische Anwalt, den alle Pariser Kollegen seines Könnens und seiner Zuvorkommenheit wegen schätzen, auch wenn sie seine politische Überzeugung nicht teilen. Damals wußte er so gut wie gar nichts über Trepper und dessen Spionagenetz. »Mir war bekannt, daß es eine sehr geheime Organisation gab, die militärische Spionage betrieb und von einem wichtigen Mann geleitet wurde. Ich habe auch vermutet, daß der eine oder andere meiner Bekannten dazugehörte oder zumindest mit ihr in Verbindung stand. Aber darüber haben wir nie ein Wort verloren. So etwas war tabu.«

Warum ist das Treffen nicht zustande gekommen? Niemand weiß es. Ein Mißverständnis den Zeitpunkt betreffend vielleicht …

Nach dreitägiger Klausur will Trepper das Versteck wechseln. Georgie ist ständig zwischen der Spaakschen Wohnung und den verschiedenen Treffpunkten unterwegs, vielleicht ist sie aufgefallen. Wenn man kein sicheres Versteck hat, ist es besser, ständig den Aufenthaltsort zu wechseln.

Sie verbringen die Nacht vom 28. zum 29. September auf Empfehlung von Suzanne Spaak im Oratoire du Louvre, wo ihnen der Pfarrer zwei Zimmer überläßt. Bis vier Uhr morgens können sie sich ausruhen, dann müssen sie weiter. Trepper wirkt kaltblütig wie immer, aber Georgie spürt seine tiefe Unruhe. Am nächsten Abend sind sie bei den Spaaks.

Claude Spaak: »Wir haben uns bis tief in die Nacht unterhalten, und je länger ich Trepper zuhörte, desto mehr schien es mir, als lauschte ich einem Roman. Er hat mir seine Geschichte in allen Einzelheiten erzählt: die Verhaftung beim Zahnarzt – apropos, wie klein die Welt doch ist: als ich kürzlich meinen Arzt aufsuchte, erzählte er mir von einem seiner Patienten, einem Zahnarzt, bei dem man während der deutschen Besatzung, sozusagen unter dem Bohrer weg, den Leiter der russischen Spionage verhaftet habe – und wie er dann einer hohen Gestapokommission vorgeführt wurde. Er hat mir auch gesagt, warum er so tat, als arbeitete er mit den Deutschen zusammen. Die Entscheidung war ihm keineswegs leicht gefallen, zumal sie ungeheure Gefahren in sich barg, aber er war überzeugt, nur so könne er seine Leute retten, sowohl die Verhafteten als auch alle anderen.

Er hatte mit der Gestapo folgendes Abkommen getroffen: er würde für sie arbeiten, wenn sie die Gefangenen verschonten und die noch auf freiem Fuß befindlichen Agenten in Ruhe ließen. Das verstand sich übrigens von selbst, denn von deutscher Seite aus sollte seine Verhaftung Moskau gegenüber um jeden Preis geheimgehalten werden. Das Ziel war, falsche Meldungen nach drüben zu schicken.

Er hatte sich also in Paris frei bewegen dürfen. In der ersten Zeit war er streng überwacht worden, aber die Bewacher wollten kein Aufsehen erregen und folgten in einiger Entfernung. Er hat sich über sie lustig gemacht, behauptete, einer seiner Agenten arbeite im »Printemps«, dem großen Warenhaus: da sie mit ihm zusammen nicht hineingehen konnten, mußten sie alle Eingänge überwachen ...

Natürlich hat er sofort Kontakt mit einem seiner richtigen Agenten aufgenommen, einer Frau, die in der Bailly-Apotheke arbeitete. Durch sie hat er Moskau über das Spiel der Gestapo informieren können.

Ich erinnere mich noch genau an eine Einzelheit, die er erzählte. Moskau hatte Angaben über die Stärke der deutschen Truppen in der Nähe von Toulon und im Gebiet um Marseille verlangt und die genaue Bezeichung der dort stationierten Einheiten. Die Chefs der Gestapo wollten natürlich Moskau nicht so wichtige Informationen in die Hände spielen. (Offensichtlich ging es Moskau darum, zu erfahren, auf welchen Widerstand eine alliierte Landung im Süden stoßen würde.) Trepper hat ihnen daraufhin einen Vortrag über hohe Politik gehalten und ihnen auseinandergesetzt, daß sie im eigenen Interesse gut daran täten, den Russen die Wahrheit zu sagen; es wäre besser, deutlich durchblicken zu lassen, daß sich Südfrankreich keineswegs fest in den Händen der Wehrmacht befinde – auf diese Weise würde der Argwohn der Russen, die Westalliierten zögerten die Eröffnung einer zweiten Front absichtlich hinaus, neue Nahrung bekommen. Die Gestapochefs konnten sich dieser Argumentation nicht entziehen und waren damit einverstanden, die Fragen der Zentrale zu beantworten ... Sehr beeindruckt hat mich die Genauigkeit seiner Informationen. Stellen Sie sich vor, schon damals hat er mir von der Existenz der V 1 erzählt. Er wußte, wie sie funktionierte, und kannte den Standort der Abschußrampen. Im Oktober 1943!«*

Trepper spricht, weil er mehr oder weniger dazu gezwungen ist. Sein abenteuerliches Entkommen könnte Verdacht erwecken. (Mehr als einmal ist es vorgekommen, daß die Gestapo eine »Flucht« organisiert hat, um einen umgedrehten Agenten in die Résistance einzuschleusen.) Spaak würde ihm den Weg zu den hohen Stellen nur dann ebnen, wenn er ihn von seiner Zuverlässigkeit überzeugen konnte. Aber der Schriftsteller war gar nicht argwöhnisch: »Glauben Sie mir, ich habe diese Erklärungen nicht verlangt, und er brauchte mir das alles nicht zu erzählen. Von Anfang an hatte ich den Eindruck, daß dieser Mann mir gegenüber mit offenen Karten spielte. An seiner Ehrlichkeit habe ich nie den geringsten Zweifel gehabt.«

Mit offenen Karten? Der Grand Chef legt keineswegs alle Karten auf den Tisch. Nicht aus Mißtrauen – er hatte vollstes Vertrauen zu Spaak –, sondern weil sein Gesprächspartner verhaftet werden kann. Warum ihn angesichts der Folter mit Geheimnissen belasten? Er verschweigt ihm den wahren Grund für seine »Zusammenarbeit« mit dem Sonderkommando, er klärt ihn nicht über das wirkliche Ziel des Funkspiels auf, obwohl er aus den mit Moskau gewechselten Funksprüchen ein Beispiel zitiert, das für das Funktionieren des Funkspiels typisch ist; und er verhehlt ihm auch die Existenz von Juliette und behauptet, sein Agent sei eine Angestellte in der Bailly-Apotheke gewesen. Für den Fall, daß Spaak verhaftet und zum Sprechen gebracht wird, soll diese Lüge

---

* Die erste V 1 wurde erst fast ein Jahr später, im Juli 1944, auf London abgeschossen.

Pannwitz beruhigen. Von Berg weiß der Kriminalrat, daß Trepper zwischen dem 24. November 1942, dem Tag seiner Verhaftung, und dem 13. September 1943, dem Tag seiner Flucht, die Bailly-Apotheke nicht aufgesucht hat. Er muß daraus schließen, daß der Flüchtling sich Spaak gegenüber nur aufspielen wollte.

Wohin jetzt? Die Wohnung in der Rue de Beaujolais ist alles andere als ein sicherer Unterschlupf; jeden Augenblick kann die Gestapo auf diese Drehscheibe stoßen, zu der fünf oder sechs verschiedene Wege führen. Suzanne Spaak erfährt von Freunden die Adresse einer Familienpension in Bourg-la-Reine, in der mehrere jüdische Kinder untergebracht sind. Georgie erkundigt sich vorsichtig beim Inhaber: er ist bereit, sie beide aufzunehmen. Aber die Pension, bis unters Dach mit Gästen besetzt, die sich vor der Polizei verstecken müssen, macht auf Trepper keinen sicheren Eindruck. In der gleichen Straße gibt es noch eine Pension, die von zwei netten Damen geführt wird: »La Maison Blanche«. Hier scheint es ihm sicherer, und er mietet sich ein. Georgie jedoch will er ein für allemal vor der Gestapo in Sicherheit bringen. Als sie dagegen protestiert, sagt er nur: »Hör zu, ich muß hierbleiben und den Kontakt wiederherstellen. Wenn das geschehen ist, wird man mich wahrscheinlich ins Ausland schicken, und wir werden uns lange Zeit nicht sehen können.« Glaubt er überhaupt an ein Wiedersehen? Er hat aus seiner absoluten Zusammengehörigkeit mit seiner Frau Luba nie einen Hehl gemacht. Die Verbindung mit Georgie, im Krieg entstanden, wird den Krieg nicht überdauern.

Das Ehepaar Spaak hat zwei englische Freundinnen, Ruth Peters und Antonia Lyon-Smith, zwei Kusinen, die sich seit der Besetzung in Paris versteckt halten. Die jüngere, Antonia, kennt einen Dr. de Joncker in Saint-Pierre-de-Chartreuse, in der Nähe der Schweizer Grenze. Sie weiß, daß er Flüchtlingen behilflich ist, in die Schweiz zu entkommen. Antonia will ihn bitten, auch Georgie zu helfen.

Aber Trepper ist voller Sorge. Er weiß, daß sich mit jeder Minute, die sie bei ihm bleibt, die Gefahr für sie vergrößert. Er schickt Georgie, solange die Antwort des Arztes noch aussteht, in ein kleines Dorf bei Chartres zu Bauern, die ihr von einer Bekannten empfohlen worden sind. Sie bekommt 100 000 Franc für ihren Lebensunterhalt und ein Empfehlungsschreiben von Antonia Lyon-Smith für Dr. de Joncker mit auf den Weg.

Wer aber sollte künftig die für Trepper notwendigen Kontakte herstellen? Georgie hatte Madame May vorgeschlagen, die Witwe eines vor dem Krieg recht bekannten Sängers und Schlagerkomponisten, die von den Tantiemen ihres verstorbenen Mannes lebte. Die beiden Frauen hatten sich bei ihrer

Schneiderin kennengelernt. Die stets gute Laune und die unermüdliche Unternehmungslust der alten Dame hatten Georgie gefallen, und sie hatten sich rasch angefreundet. Madame May ist sofort bereit, einem Mann, der von der Gestapo verfolgt wird, zu helfen. Sie gibt sich als Krankenpflegerin aus und zieht in die Pension nach Bourg-la-Reine. Daß der »Kranke« sein Zimmer nicht verläßt und das ständige Kommen und Gehen seiner »Pflegerin« finden dadurch eine gleichermaßen einleuchtende Erklärung.

Jetzt muß nur noch der Kontakt zur Partei hergestellt werden. Die Spaaks wenden sich an Dr. Chertok, in der Hoffnung, er könne mit den kommunistischen Widerstandskämpfern Verbindung aufnehmen. Als sie ihm Treppers Odyssee erzählen, sagt er nur lachend: »Wie könnt ihr nur auf einen solchen Schwindel hereinfallen! Das Ganze ist doch ein einziges Lügengespinst.« Dennoch willigt er auf Drängen der beiden Spaaks ein, mit Freunden darüber zu sprechen. Und einige Tage später ist seine Spottlust verschwunden: »Ihr hattet recht: die Sache ist sehr ernst!« Für den 22. Oktober wird ein Treffen mit einem Vertrauensmann der Partei in einer Straße von Bourg-la-Reine vereinbart. Die genaue Uhrzeit wird Dr. Chertok den Spaaks noch telefonisch mitteilen.

Pannwitz erfährt, daß Georgie de Winter Tanzunterricht genommen hat, entdeckt die Tanzschule an der Place Clichy und verhaftet Denise. Sie kennt das Haus in Le Vésinet, die Familie Queyrie (sie selbst hat sie vor einem Jahr Georgie empfohlen) und Madame May, mit der Georgie sie bekannt gemacht hat.

In Le Vésinet findet das Sonderkommando nur mehr Spuren des Aufenthalts der beiden Gesuchten.

Das Häuschen der Queyries in Suresnes ist Ziel eines aufsehenerregenden Überfalls. Mit zwei Wagen fährt die Gestapo vor; das Sonderkommando ist vollzählig zur Stelle, und mit gezogenen Pistolen dringen die Männer in das Haus ein. Pannwitz ist davon überzeugt, Trepper gefaßt zu haben – doch er findet nur Großmutter Queyrie. Monsieur Queyrie ist zur Arbeit und Madame Queyrie ist – dem Rat des Grand Chef folgend – mit Patrick nach Corrèze zu einer Schwägerin gefahren, bei der sie seit einigen Monaten ihre Tochter Annie untergebracht hat.

Corrèze ist ein kleines Städtchen im Zentrum des gleichnamigen Départements. Auf den umliegenden Höhen hielten sich damals die Leute des »Maquis teigneux« versteckt, die sich später, im Juni 1944, so erfolgreich der auf die Normandie vorrückenden Division »Das Reich« entgegenstellten. Dem Sonderkommando ist klar: dort unten kann man nicht so einfach über einen Gartenzaun springen und einer alten Frau Handschellen anlegen. Weit besser,

Madame Queyrie unter einem Vorwand zurückzulocken. Noch am selben Abend bekommt sie einen Anruf aus Paris. Eine unbekannte Stimme teilt ihr mit, daß ihr Mann sich ein Bein gebrochen habe und sie bitte, zu ihm zu kommen. Aber Madame Queyrie ist mißtrauisch und bleibt, wo sie ist.

Das Sonderkommando muß also nach Corrèze. Pannwitz hält die Reise deshalb für so wichtig, weil er glaubt, Patrick sei Treppers Sohn. Hat man einmal das Kind, kann man den Vater mühelos erpressen. Wieder setzen sich zwei Autos mit schwerbewaffneten SS-Männern in Bewegung. Hört man Pannwitz das Unternehmen schildern, muß man annehmen, es sei das reinste Himmelfahrtskommando gewesen. In lebensgefährlichem Tempo rasen die SS-Kamikazes nach Süden, halten in dem kleinen Städtchen an, ergreifen Patrick und Madame Queyrie (»Das hätten Sie sehen müssen«, erzählt diese, »die waren vollkommen verrückt!«) und machen sofort kehrt – sie wollen keine Sekunde länger als nötig in dieser ungemütlichen Gegend bleiben. Um ein Uhr nachts fahren sie durch das Tor in der Rue des Saussaies. Voller Angst hört Madame Queyrie, wie die schweren Eisentüren hinter ihr zuschlagen. Patrick schläft auf ihrem Schoß. Sie nimmt ihn auf den Arm und geht hinter den Wachtposten her in ein kleines, verrauchtes Zimmer. Auf einer Tischkante sitzt eine Frau mit übergeschlagenen Beinen und hochgezogenem Rock und plaudert vertraulich mit den Deutschen: Denise.

Die Neuankömmlinge werden in einem Raum untergebracht, in dem ein Sofa steht. Wie Schiffbrüchige, die sich an ein Floß klammern, verbringen sie hier drei Tage und drei Nächte. Sie staunen über die geschäftig hin und her laufenden Schergen der Gestapo und hören entsetzliche Schreie, die sie sich nicht erklären können. Der einzige Lichtblick in dieser Düsternis ist der Dolmetscher, Oberscharführer Siegfried Schneider. Er ist zu Madame Queyrie und Patrick genauso nett und hilfsbereit, wie er es zu Denise Corbin gewesen ist. »Ein großer, gut aussehender Mann«, erzählt Madame Queyrie, »immer in Zivil. Ich glaube, er stammte aus guter Familie und hatte sich zur SS gemeldet, um sich zu drücken. Für einen richtigen Polizisten war er viel zu nett.« Durch Schneider erfährt sie auch, daß ihre Mutter und ihr Mann in Fresnes sind und daß es ihnen ganz gut geht.

Nach drei Tagen beschließt das Sonderkommando, dieser Improvisation ein Ende zu setzen. Man berät über das weitere Schicksal der beiden Häftlinge, und nach einer heftigen Diskussion verkündet Pannwitz Madame Queyrie, sie und Patrick würden in einem der SS-Heime in Saint-Germain untergebracht. »Sollten Sie zu fliehen versuchen, werden Ihre Mutter und Ihr Mann die Folgen zu tragen haben.« Schneider flüstert ihr heimlich zu: »Man wollte Patrick nach Deutschland schicken, irgendwo in den Schwarzwald, aber weil er so sehr an

Ihnen hängt, läßt man ihn hier.« Seit der Verhaftung klammert sich das Kind mit beiden Händen an Madame Queyries Rock und schreit aus Leibeskräften, sobald man versucht, es loszureißen.

Sie kommen in das Töchterheim der Légion d'Honneur in Saint-Germain. Das Institut, das sofort nach dem Einmarsch von den Deutschen beschlagnahmt worden ist, wird von »grauen Mäusen« geleitet. Zwei von ihnen, Grete und Margarete, schließen Patrick sofort in ihr Herz. In der Krankenabteilung räumen sie ihm und Madame Queyrie das schönste Zimmer ein. Als die erste Mahlzeit auf den Tisch kommt, traut Madame Queyrie kaum ihren Augen: neben dem Teller liegt eine Scheibe weißes Brot. Sie nimmt es zwischen Daumen und Zeigefinger, hebt es hoch, als sei es eine geweihte Hostie, und beißt andachtsvoll hinein.

Papa Nanos Adoptivkind hat weiterhin Glück.

Bei Madame May erwartet das Sonderkommando eine neue Enttäuschung: die Wohnung ist leer. Pannwitz quartiert einige Männer der berüchtigten Lafont-Bande dort ein. (Henri Chamberlain alias Lafont war eine in der Pariser Unterwelt bekannte Persönlichkeit. Im Auftrag der Gestapo hatte er eine Reihe von Kriminellen aus verschiedenen Gefängnissen rekrutiert. Die Bande residierte in einem Gebäude in der Rue Lauriston, dessen Wände nicht dick genug waren, um die Schreie der dort Gefolterten zu ersticken. Nebenbei bereicherten sich die Lumpen durch Mord und Diebstahl, Erpressung und Schwarzhandel.)

Pannwitz hat der Personalakte von Madame May entnommen, daß der Geburtstag ihres Mannes bevorsteht. Das bringt ihn auf einen raffinierten Einfall. An diesem Tag begibt sich eine Abordnung des Sonderkommandos auf den Friedhof. Der Chef trägt einen wunderschönen Kranz mit einer Schleife, auf der steht: »Von den Freunden des Gesanges«. Vorsichtig um sich spähend warten die fröstelnden Männer stundenlang, aber nur der Wind pfeift um die Grabsteine, Madame May kommt nicht, um am Grab des Verstorbenen zu beten. Die Nacht senkt sich, der Friedhofswärter kündet das Schließen der Tore an. Die Wartenden legen ihren Kranz am Grab Monsieur Mays nieder und kehren mit finsteren Mienen in die Rue des Saussaies zurück.

Seit vier Wochen ist die Menschenjagd im Gange. Der Grand Chef ist immer noch frei.

Rette sich, wer kann

33

Georgie de Winter langweilt sich.

Am 14. Oktober hält sie es in ihrem Dorf nicht mehr aus. Sie fährt zu Trep-per nach Bourg-la-Reine, er macht ihr Vorwürfe wegen ihrer Unvorsichtig-keit, kann aber nur schlecht seine Freude über das Wiedersehen verbergen. Das Zusammensein dauert nur eine Nacht: am Morgen des 15. Oktober muß Georgie auf Verlangen Treppers wieder abreisen. Beim Abschied sagt Madame May zu ihr: »Sie sollten mir Ihre Adresse geben, damit ich Sie wenigstens be-nachrichtigen kann, wenn irgend etwas passiert.«

Georgie gibt sie ihr.

Auch Madame May verläßt kurz darauf das Haus; sie will nach Paris. Die Zentrale hatte mit dem Grand Chef vor seiner Verhaftung sogenannte Routine-treffs vereinbart: am 1. und 15. eines jeden Monats sollte vor einer bestimmten Kirche in der Nähe der Buttes-Chaumont ein Kontaktmann warten. Als Georgie am 1. Oktober dort war, hatte sie niemanden getroffen. Trepper hofft, daß Madame May mehr Glück haben wird. Die Spaaks haben ihn natürlich über das für den 22. Oktober in Bourg-la-Reine arrangierte Treffen informiert, aber er will keine Möglichkeit auslassen, den Kontakt wiederherzustellen, zumal ein Abgesandter der Zentrale die Verbindung zum Direktor viel schnel-ler herstellen kann als die Kommunistische Partei.

Madame May hat Trepper gesagt, daß sie bei dieser Gelegenheit auch auf einen Sprung in ihre Wohnung gehen und einige Sachen abholen wolle. Er hat ihr eindringlich davon abgeraten, sie aber von ihrem Plan nicht abbringen können. In Wahrheit hoffte sie, einen Brief ihres Sohns vorzufinden, der in Deutschland gefangengenommen worden war und von dem sie seit mehreren Wochen nichts gehört hatte.

Pannwitz: »Sofort nach dem Anruf von Lafonts Leuten bin ich ins Auto gesprungen und zu Madame May gefahren. Sie war fuchsteufelswild, denn die Bande hatte wie üblich alles kurz und klein geschlagen. Sie empfing mich mit wüsten Schimpfworten und versetzte mir einen kräftigen Tritt gegen das rechte Schienbein. Es tat sehr weh, und ich habe mich instinktiv gebückt, um mir das Bein zu reiben. Als sie dann auch noch mit dem Schirm auf mich einschlug, bin ich in die Knie gegangen. Schließlich wurde sie von Lafonts Leuten überwältigt, und denen habe ich es auch überlassen, sie zu verhören. Ich war so wütend, daß ich mich möglicherweise nicht beherrscht hätte.«

Als man ihr droht, ihren Sohn umzubringen, gibt sie Treppers und Georgies Adresse preis.

Der Grand Chef hatte zu ihr gesagt: »Ich bitte Sie nur um eines: Halten Sie, wenn Sie erwischt werden, zwei Stunden lang durch, ich weiß dann, daß Ihnen etwas zugestoßen ist, und kann mich danach richten.«

Der Treff in der Nähe der Buttes-Chaumont war für zwölf Uhr vorgesehen. Um zwei Uhr fängt Trepper an, unruhig zu werden. Um drei sagt er zu Madame Parrend, der Leiterin der Pension: »Ich habe den Eindruck, hier sind einige Gäste, deren Papiere nicht ganz in Ordnung sind. Sollte das stimmen, müssen sie sofort verschwinden.« Und im Fortgehen fügt er noch hinzu: »Falls jemand nach mir fragt oder mich anruft, so sagen Sie bitte nur, ich sei spazierengegangen und wäre gegen sieben wieder da.« Trepper weiß zwar nicht, daß Georgie so unvorsichtig war, Madame May anzuvertrauen, wo sie zu erreichen ist, aber er weiß, daß die alte Dame die Adresse der Spaaks kennt, denn er hat sie mehrmals zu ihnen geschickt. Er muß die Spaaks umgehend warnen. Wenn es ihm glückt, das Sonderkommando in Bourg-la-Reine festzuhalten, wird es ihm ein leichtes sein, in die Rue de Beaujolais zu gelangen, zumal es schon früh dunkel wird.

Der Plan gelingt. Während Bourg-la-Reine von einem Polizeiaufgebot umzingelt wird, läutet Trepper bei Claude Spaak und bringt ihm die schlimme Nachricht: »Sie müssen auf der Stelle fliehen.« Aber wie? Suzanne kommt erst abends aus Orléans zurück. Und was soll aus den Kindern – einem Mädchen von dreizehn und einem Jungen von zwölf Jahren – werden? Trepper beschwört ihn, sich der Gefahr bewußt zu werden: jeden Augenblick kann die Gestapo vor der Wohnungstür stehen. »Sie müssen fort!« Auch die Freundin, die ihnen die erste Adresse in Bourg-la-Reine gegeben hat, muß gewarnt werden. Wenn die Inhaberinnen der »Maison Blanche« zum Sprechen gebracht werden, kann die Gestapo rasch die Spur zurückverfolgen.

Endlich hat er Claude Spaak überzeugt. Trepper bricht auf. Als er an der Tür steht, fragt ihn der Freund: »Und Sie, wohin gehen Sie?«

»Keine Ahnung.«

Suzanne Spaak kommt gegen neun nach Hause. Nachdem ihr Mann ihr in aller Eile das Wichtigste berichtet hat, macht sie sich als erstes auf den Weg, die gefährdeten Bekannten zu warnen. Dann flüchten beide mit den Kindern zu ihrer Freundin Ruth Peters, die sich in einer Wohnung in der Avenue Matignon versteckt hält.

Der Grand Chef verbringt die Nacht unter freiem Himmel, auf einer Bank, zitternd vor Kälte und jeder Polizeistreife ausgeliefert.

Am nächsten Tag sucht Claude Spaak das belgische Konsulat auf. Er bekommt eine Reiseerlaubnis für seine Frau und seine beiden Kinder. Am übernächsten Tag, am 17. Oktober, begleitet er seine Familie zur Gare du Nord. Suzanne reist nur widerwillig ab: sie hält, wie es ihre Art ist, die Aufregung für übertrieben. Aber ihr Mann hat ihr klargemacht, daß sie beide nicht das Recht hätten, das Leben ihrer Kinder aufs Spiel zu setzen.

Auf dem Bahnsteig sagt Claude Spaak: »Wir wissen nicht, was uns noch zustoßen wird. Wir wollen wenigstens folgendes verabreden: wenn ich einen Brief von dir bekomme, der mit ›mon cher Claude‹ statt ›mon chéri‹ anfängt und mit ›Suzanne‹ statt ›Suzette‹ unterschrieben ist, dann soll das heißen, daß ich den Inhalt nicht glauben soll.« Eine entsprechende Vereinbarung treffen sie auch für seine Briefe. Dann setzt sich der Zug in Bewegung.

Suzanne beugt sich aus dem Fenster und ruft ihm noch zu: »Ich bin ganz sicher, daß du übertreibst. In acht Tagen bin ich wieder da!«

Er sollte sie nie wiedersehen.

Zur selben Zeit ist der Grand Chef auf dem Weg zur Kirche von Auteuil, vor der Georgie schon einmal vergeblich gewartet hat. Er ist nicht mit Rechtsanwalt Lederman verabredet. Diesmal soll er einen Vertrauensmann des Druckers Grou-Radenez treffen, der einer von London geleiteten Widerstandsgruppe angehört. Diesen Kontakt hatte die unermüdliche Suzanne Spaak vorsorglich hergestellt, für den Fall, daß Dr. Chertoks Bemühungen scheitern könnten. Trepper will den Vertrauensmann von Grou-Radenez fragen, ob er einen Kontakt mit der Sowjetischen Botschaft in London herstellen kann. In seiner jetzigen Lage muß er jede Gelegenheit nützen.

Vor der Kirche: ein schwarzer Citroën – der von der Gestapo bevorzugte Autotyp.

Mehr wissen wir nicht, außer, daß Grou-Radenez am 11. November verhaftet wurde und sterben mußte, weil er versucht hatte, dem Grand Chef zu helfen. Trepper macht auf der Stelle kehrt und ruft von der nächsten Telefonzelle aus in der »Maison Blanche« an. Eine unbekannte Stimme antwortet und versucht, das Gespräch in die Länge zu ziehen. Er legt den Hörer auf. Die Gestapo ist in Bourg-la-Reine.

Froh, seine Familie in Sicherheit zu wissen, verläßt Claude Spaak den Bahnhof und überlegt ruhig und gelassen, was nun zu tun ist. Er muß in seine Wohnung, wo möglicherweise die Gestapo auf ihn wartet, aber Chertok will um zwölf anrufen und die genaue Uhrzeit für den Treff in Bourg-la-Reine mitteilen. Natürlich ist dieser Treff jetzt nicht mehr möglich, der Boden ist zu heiß geworden; es müssen also neue Dispositionen getroffen werden.

Die Wohnung ist leer. Spaak macht es sich in einem Sessel bequem und wartet. Punkt zwölf schreckt ihn das Telefon hoch. Er nimmt den Hörer ab und sagt schnell: »Es brennt! Ruhe bewahren!« Am anderen Ende Schweigen, dann ein Knacken – es ist eingehängt worden. Erstaunt legt er den Hörer auf. Warum hat Chertok nichts gesagt? War er überhaupt am Apparat? Spaak verläßt sofort die Wohnung und kehrt wieder in sein Versteck in der Avenue Matignon zurück. Vier Tage später soll er Trepper vor der Église de la Trinité treffen, um ihm die von Chertok genannte Uhrzeit mitzuteilen. Aber ist der Grand Chef überhaupt noch auf freiem Fuß? Wenn ja, wird er es auch noch am 21. abends sein? Wer wird zur Trinité kommen, Trepper oder die Gestapo?

Vier Tage angstvollen Grübelns für Spaak. Das Schweigen des Anrufers scheint ihm ein schlimmes Vorzeichen.

Die eilig herausgeschleuderten Worte haben Chertok verblüfft; damit hatte er nicht gerechnet und deshalb automatisch aufgelegt. »Ruhe bewahren!« … Aber er hat keine Möglichkeit, den Verbindungsmann der Partei – es ist Kowalski selbst – rechtzeitig zu warnen. Der Chef der MOI wird dem Feind geradewegs in die Arme laufen. Seine Verhaftung wäre eine Katastrophe für die Résistance.

Was tun?

Wie jeden Tag kommt Georgie auch am 17. Oktober gegen Abend von ihrem gewohnten Spaziergang zurück. Allein mit sich und ihren Sorgen, versucht sie die Zeit mit langen Wanderungen totzuschlagen. In der Küche ist bereits der Tisch gedeckt, sie setzt sich mit den beiden Bauersleuten zum Essen. Hinter dem Küchenfenster lauert Pannwitz. Seine schwerbewaffneten Leute warten im Hof. Deutsche Feldgendarmerie hat obendrein das ganze Gehöft umzingelt. Vorsichtshalber hat der Kriminalrat fünfzig Mann mitgebracht.

Unruhig beobachtet er die drei am Tisch Sitzenden. Er kann sich noch nicht entschließen, das Zeichen zum Angriff zu geben. Warum nicht? Er wartet noch auf einen weiteren Gast: auf den Grand Chef. Als Georgie anfängt zu essen, wird ihm klar, daß er vergeblich gehofft hat.

»Im Nu war die Küche voller Polizisten«, erzählt Georgie de Winter. »Neun Mann, allen voran Pannwitz und Berg. ›Ihre Papiere! Wie heißen Sie?‹ Die beiden alten Leute zitterten wie Espenlaub. Ich zeigte meine falschen Papiere. Grinsend haben sie einen Blick darauf geworfen. ›Maud? Ihr Vorname ist Maud? Woher kommen Sie?‹ Fragen über Fragen. Ich habe versucht, stand-zuhalten. Um Zeit zu gewinnen, ließ ich mir jede Frage wiederholen – bis Pannwitz die Geduld verlor und mich wütend anschrie: ›Hören Sie endlich damit auf. Wir wissen genau, wer Sie sind. Los, packen Sie Ihre Sachen!‹

Ich war bei den Bauern in Pension, wohnte aber bei einer Nachbarin, die mich mit den übelsten Schimpfworten überschüttete, als sie mich zwischen zwei Polizisten herankommen sah. Natürlich hatte sie Angst. Sie hörte nicht auf zu zetern. ›Ach, wenn ich gewußt hätte, daß ich mein Zimmer an so eine vermietet habe‹, und so weiter.

Dann wurde ich zu einem Auto geführt. Einer rechts, einer links. Sie hielten mich am Arm gepackt. Ich zitterte vor Aufregung. Obwohl ich mich bemühte, es nicht zu zeigen, müssen sie es doch bemerkt haben, aber sie fragten nur, ob mir kalt sei. Wahrscheinlich wollten sie mir über diese schlimmen Minuten hin-weghelfen, verstehen Sie ... Im Auto saß ich neben Pannwitz. Er fing sofort eine Unterhaltung an: ›Otto (Trepper) hat sich aus dem Staub gemacht und uns sitzenlassen ...‹ Eddy (Trepper) hatte mir eingetrichtert, wie ich mich zu ver-halten hätte, falls ich verhaftet würde. Ich antwortete also: ›Aber nein! Keines-wegs! Er ist nur dabei, die Sache in Ordnung zu bringen.‹ Und dann habe ich die Andeutung über Bismarck angebracht. Eddy hatte mir das eingeschärft: ›Du sagst ihnen: er ist unterwegs, um die Friedensverhandlungen vorzuberei-ten, denn über die deutsch-russischen Beziehungen denkt er ganz im Bis-marckschen Sinne.‹ Wissen Sie, Bismarck war immer ein Befürworter der Ver-ständigung mit Rußland. Da ging ein Leuchten über Pannwitz' Gesicht! Er wurde heiter, fast ausgelassen, und die ganze Fahrt über haben wir geplaudert.

Ich hatte eine fürchterliche Angst, daß sie den für Dr. de Joncker bestimm-ten Brief bei mir finden würden.«

In Chartres wurde bei einer von der Gestapo beschlagnahmten Villa haltge-macht. Georgie bat, auf die Toilette gehen zu dürfen. Pannwitz: »Wenn sie nicht so vergnügt gewesen wäre, hätte ich sie wahrscheinlich allein gehen lassen, aber ihre Munterkeit kam mir verdächtig vor. Ich befahl deshalb einer weiblichen Hilfspolizistin, sie gründlich zu durchsuchen.«

In Georgies Kleidern fand die Deutsche das Geld, das Trepper ihr gegeben hatte, und den Brief von Antonia Lyon-Smith, in dem – wie unglaublich un-vorsichtig! – Name und Adresse des Arztes genannt waren.

»Später«, fährt Georgie fort, »haben wir in einem Restaurant in Chartres gegessen. Der Wirt hatte uns einen Extraraum zur Verfügung gestellt, und man hätte meinen können, es handle sich um ein Festbankett, so fröhlich ging es zu. Ich saß auf dem Ehrenplatz rechts neben Pannwitz. Lachend gestand er mir, daß er und seine Leute sich seit drei Wochen, also seit sie hinter uns her waren, kaum Zeit zum Essen und Schlafen gegönnt hatten. Auch die anderen waren alle sehr nett zu mir, fast väterlich. Sie nannten mich ›Mädchen‹.« Es gab nur einen einzigen Mißton: als Georgie noch einmal hinausgehen wollte, ließ Pannwitz sie trotz ihres Hinweises, daß man sie ja bereits gründlichst durchsucht habe, von einem seiner Leute begleiten: »Wir sind im ersten Stock. Wer garantiert dafür, daß Sie sich nicht aus dem Fenster stürzen …«

Nach dem Festessen ging die Fahrt weiter nach Paris. Die erste Nacht ihrer Gefangenschaft verbrachte Georgie auf einem Sofa in der Rue des Saussaies – vielleicht demselben, auf dem ihr Sohn und Madame Queyrie geschlafen hatten …

Der Kriminalrat frohlockt. Endlich glaubt er wieder Herr der Situation zu sein. Trepper ist zwar noch immer auf freiem Fuß, aber ist das von Bedeutung angesichts seiner Bemühungen, Gespräche zwischen Moskau und Berlin einzuleiten? Georgie besitzt zweifellos keinen politischen Verstand. Sie wäre nicht fähig, dem Grand Chef irgendwelche Äußerungen anzudichten. Der Bemerkung über Bismarck kommt deshalb ganz besondere Bedeutung zu.

Bei sorgfältiger Überlegung erscheint es Pannwitz durchaus nicht unwahrscheinlich, daß sein ehemaliger Gefangener die wiedergewonnene Freiheit dazu benutzt, das in der Haft begonnene Werk zu vollenden. Pannwitz ist der Meinung, daß der Grand Chef in jedem Fall bei der Stange bleiben muß: es gibt zu viele Beweise für seinen mehrfachen Verrat (Maximowitsch, Katz, Robinson – alle wurden durch ihn gefaßt). Wenn er verhindern will, daß Moskau von seinem Verhalten erfährt, wenn er verhindern will, daß ihn die Leute, bei denen er Zuflucht gesucht hat, umbringen, dann muß er sich weiterhin dem Willen des Sonderkommandos beugen. Sehr wahrscheinlich sieht »Otto« im glücklichen Ausgang des »Großen Spiels« sogar die einzige Möglichkeit, jemals rehabilitiert zu werden, und baut darauf, daß man in Moskau einem Mann, der den Frieden mit Deutschland herbeigeführt hat, seine Vergangenheit nicht nachtragen wird.

Aber warum läßt dieser Dummkopf nichts von sich hören? Warum informiert er Pannwitz nicht über seine Schritte? Warum läßt er sich unablässig verfolgen – das kostet doch alle Beteiligten nur Zeit und Nerven?

Georgies Verhaftung wird endlich alles wieder ins rechte Gleis bringen.

Am übernächsten Tag, am 21. Oktober, sollen Spaak und Trepper sich vor der Trinité treffen.

Seit sieben Tagen irrt der Grand Chef nun umher. Er ißt wenig und schlecht, schläft da und dort: er führt das Leben eines gejagten Tieres. Die

Leute der Organisation Todt würden den früheren Geschäftspartner, der mit ihnen Millionenaufträge abschloß und sie in Nachtlokalen mit Champagner traktierte, nicht wiedererkennen ...

Das Treffen ist für neun Uhr abends vereinbart. Aber seit dem 15. Oktober ist Trepper ohne jede Nachricht von Spaak. Wer wird kommen, er oder die Gestapo?

Der »Paris-Soir« kommt am Nachmittag heraus: die Abendzeitung erscheint seit drei Jahren täglich, außer sonntags:

Auf der ersten Seite drei große Überschriften:

PARISER! AUF BESCHLUSS DES MINISTERPRÄSIDENTEN
LAVAL SIND EURE FLEISCHRATIONEN BIS
ZUM ENDE DES MONATS GESICHERT

DIE BOLSCHEWIKEN SETZEN NEUE RESERVEN EIN

M. DE BRINON DURCH EIN WUNDER EINEM
TERRORANSCHLAG ENTGANGEN

Ebenfalls auf der Titelseite: ein Artikel, in dem lang und breit Vorzüge und Vitaminreichtum von Hagebuttenmarmelade und ein Ersatzmehl aus Kastanien gepriesen werden.

Auch die Anzeigen auf der zweiten Seite tragen den Stempel der Zeit. In der Spalte »Verschiedenes« kann man lesen: »Ein- oder zweispänniger offener Break, Marke Griffant, wie neu, samt leichtem Pferdegeschirr zu verkaufen – einmalige Gelegenheit.«

»Muß vier Arbeitsochsen aus Lieux (Haute-Vienne) abholen. Suche Lastwagen mit Fahrerlaubnis für Rückkehr nach Rambouillet – Tavel, 146, Champs-Élysées, Paris, ÉLY 31-34.«

Aber in derselben Nummer stehen auch mindestens zwei Anzeigen, die die meisten verständnislos überflogen haben werden. Zwei gleichlautende Anzeigen auf derselben Seite, die eine unter dem Kreuzworträtsel, die andere unter einem Tauschangebot für Briefmarken*: »EDGAR! Warum rufst Du nicht an? – GEORGIE.«

Das war ein Einfall von Pannwitz. Dieser Hilferuf sollte den Grand Chef aus dem Dunkel locken.

---

* Dessen Text dem Autor erst Jahre nach der ersten Auflage dieses Buches aufgefallen ist ...

Mariage blanc

Deux convois
de volontaires de la L.V.F.
ont quitté Paris

Mardi au Grand Palais

LE GALA DU MUSIC-HALL

ECHANGE
DE TIMBRES-POSTE

EDGAR ! Pourquoi ne téléphones-tu pas ? — GEORGIE.

LE XIII° GALA OFFERT
AUX FAMILLES
DES TRAVAILLEURS FRANÇAIS
EN ALLEMAGNE

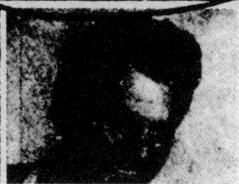

Die Fanganzeige der Gestapo im »Paris-Soir«

»Als ich am 21. abends mein Versteck verließ, quälten mich schlimme Vorahnungen«, erzählt Claude Spaak. »Ich hatte beschlossen, etwas früher am Treffpunkt zu sein. Um Viertel vor neun kam ich bei der Kirche an. Ringsum war alles stockfinster, bis auf einige blaue Lichter und einen gelben, runden Mond: die Kirchturmuhr, die seltsamerweise trotz der Verdunklung beleuchtet war.

Ich ging einmal rund um den Platz. Hinter der Kirche, in der Rue de la Trinité lag ein von den Deutschen beschlagnahmtes Gebäude. Dort schien alles in heller Aufregung zu sein, und meine Angst steigerte sich ins Unerträgliche. Immer wieder fragte ich mich: Ist er verhaftet? Hat er etwas ausgesagt? Ich hatte das Gefühl, mich geradewegs in die Höhle des Löwen zu begeben. Andererseits mußte ich ihm unbedingt sagen, daß aus dem Treff in Bourg-la-Reine nichts wurde, das war lebenswichtig. Ich muß gestehen, daß ich vor Angst und Aufregung keinen trockenen Faden mehr am Leib hatte.

Genau beim neunten Glockenschlag stellte ich mich in den kleinen, erleuchteten Kreis, den die Kirchturmuhr auf das Pflaster warf, und sah Trepper aus dem Dunkel auf mich zukommen. Wir fielen uns in die Arme. Aber erst als ich merkte, wie sehr er zitterte, wurde mir bewußt, daß es mir ebenso ging.

Wir hielten uns einen Augenblick lang wie zwei Ertrinkende umschlungen, dann gingen wir die Rue de Clichy hinauf.«

An der Place de Clichy trennen sie sich. Trepper weiß nun, daß Spaak seine Familie nach Belgien geschickt hat und der Treff in Bourg-la-Reine nicht stattfinden kann. Er selbst hat Spaak von seinen tagelangen Irrwegen durch Paris erzählt, zum Schluß aber hinzugefügt: »Inzwischen habe ich eine Bleibe gefunden.«

Eine fromme Lüge: der Grand Chef ist vermutlich der Ansicht, die Familie Spaak habe genug für ihn getan. Er will dem Freund nicht weiterhin zur Last fallen. Aber er hat keinen Unterschlupf. Er starrt Claude Spaak nach, der hastig seinem Versteck zustrebt, während er wieder vor der Frage steht, wo er die Nacht verbringen soll. Er hält ein Fahrradtaxi an und bittet den Fahrer, ihn vor der Gare Montparnasse abzusetzen. Er hat dort nichts zu tun, er möchte nur ein paar Minuten ausruhen. Genau wie Spaak hatte er eine unsägliche Angst überwinden müssen, ehe er sich auf den Weg zur Trinité machte. Nun bringt ihn die nervliche Erschöpfung, verschlimmert durch seinen schlechten Allgemeinzustand, an den Rand eines Nervenzusammenbruchs. In der holpernden Kabine wird ihm schwindlig, Angstvorstellungen jagen ihn. Und immer wieder die bohrende Frage: Wo werde ich diese Nacht unterkommen?

Vor dem Bahnhof zwängt er sich aus der Kabine, zahlt und gesteht dem Taxiradler, einem älteren, abgearbeiteten Mann, dem das elende Aussehen seines Fahrgastes aufgefallen war, auf seine Fragen, daß er nicht weiß, wo er die Nacht verbringen soll. Der andere zögert, brummt aber schließlich: »Ich würde Ihnen ja vorschlagen, zu mir zu kommen, aber eine Fahrt muß ich noch machen, bevor ich für heute aufhören kann.«

»Wenn Sie einverstanden sind, bezahle ich Ihnen diese letzte Fahrt gern, dann könnten Sie mich gleich mitnehmen.«

Um vier Uhr morgens bricht er, etwas ausgeruht, wieder auf. Ein neuer Tag steht ihm bevor. Wieder wird er zwanzig Stunden lang ziellos umherwandern müssen, wird abends wieder vor dem gleichen Problem stehen: wo finde ich einen Unterschlupf für die Nacht?

Am Morgen des 22. Oktober befällt Dr. Chertok und Charles Lederman die gleiche Angst, die am Abend vorher Trepper und Spaak gepackt hatte. Auch sie haben das Gefühl, in einen Hinterhalt zu geraten. Es war ihnen nicht möglich, Kowalski zu warnen, darum wollen sie versuchen, ihn in Bourg-la-Reine abzufangen.

Ein waghalsiges Unternehmen. Chertok ist seit Tagen ohne Nachricht von Spaak, und damit auch von Trepper. Wenn man sie festgenommen und ihnen unter der Folter Ort und Zeit des Treffens entrissen hat, müssen die beiden blindlings in ihr Verderben rennen, denn die Gestapo wird dann zweifellos die ganze Umgebung überwachen, und die Papiere, die sie bei sich tragen, halten einer gründlichen Kontrolle nicht stand.

Am Vormittag ruft Trepper in Spaaks Wohnung an. Aus reiner Neugier. Eine weibliche Stimme antwortet: »Hier ist die Sekretärin Monsieur Spaaks. Wer ist dort, bitte?« Trepper weiß genau, daß der Schriftsteller keine Sekretärin hat. »Bitte, richten Sie Monsieur Spaak aus, daß sein Freund um zwei Uhr vorbeikommt.« Nur so zum Spaß.

Sofort verständigt, schickt Pannwitz seine Leute in die Rue de Beaujolais.

Mittags trifft sich Chertok mit Charlotte, einer Kameradin aus der Résistance, in einem Restaurant in der Rue Laromiguière. Diese Mahlzeit wird er nie vergessen. Ehe sie aufbrechen, gibt er Charlotte einen Schlüsselbund und eine vollgestopfte Aktentasche: »Hier, bewahr das für mich auf. Entweder bin ich in drei Stunden zurück, oder ich komme nicht wieder. In diesem Fall mußt du sofort untertauchen …«

Er geht zu Lederman. Zusammen fahren sie nach Bourg-la-Reine. Den Straßenplan haben sie sorgfältig studiert und festgestellt, daß Kowalski auf verschiedenen Wegen zum Treffpunkt gelangen kann. Nur im allernächsten Umkreis des vereinbarten Treffpunkts besteht eine Möglichkeit, ihn abzufangen; dadurch vergrößert sich die Gefahr erheblich.

In Bourg-la-Reine verlassen sie den Zug. Der Bahnhof ist menschenleer. An der großen Verbindungsstraße, die von Orléans nach Paris führt, trennen sie sich. Lederman geht nach Süden, Chertok wendet sich nach Norden, Richtung Paris. Keine Polizeisperre weit und breit. Aber jedes vorbeifahrende Auto läßt sie zusammenfahren: wird es scharf bremsen, werden deutsche Polizisten herausspringen? Plötzlich erkennt Chertok einige Meter vor sich Kowalski. Er beschleunigt seinen Schritt, überholt ihn und flüstert ihm zu: »Hau ab! Hau ab!«

Einer hinter dem anderen gehen die beiden Männer, die Nerven zum Zerreißen gespannt, zur nächsten Bahnstation, Cachan.

Die Spätausgabe des »Paris-Soir« wiederholt an drei Stellen die Anzeige: »EDGAR! Warum rufst Du nicht an? – GEORGIE.«

Am 22. Oktober hat Claude Spaak Geburtstag. Glücklich darüber, daß seine Familie in Sicherheit und mit dem Treffen vor der Trinité alles gutgelaufen ist, will er auf einen Sprung in seine Wohnung gehen und eine Flasche Wein holen. Ruth Peters beschwört ihn, von einer solchen Dummheit Abstand zu nehmen, aber er hat es sich in den Kopf gesetzt, seinen Geburtstag zu feiern. Mit Mühe und Not bringt sie ihn dazu, wenigstens vorher in der Wohnung anzurufen. Spaak hatte mit seiner Putzfrau, Madame Mélandes, verabredet, daß sie am Telefon »Lieber Monsieur Spaak« sagen würde, wenn alles in Ordnung sei, ein schlichtes »Monsieur« dagegen Gefahr bedeuten sollte.

Mehrmals sagt sie »Monsieur« und schreit dann beinahe: »Ist das alles, was ich ausrichten soll?« – Unmittelbar darauf wird die Verbindung unterbrochen.

Zum Geburtstagsessen gibt es klares Wasser.

Madame Mélandes war von vierzehn mit Maschinenpistolen bewaffneten Deutschen umringt. Nach dem Anruf hagelte es Vorwürfe und Drohungen. Was sollte der letzte Satz bedeuten, der Spaak nur stutzig machen mußte? Gelassen antwortete sie: »Was glauben Sie denn? Er meint doch, ich hätte mit der Concierge gesprochen!« Die Polizisten mußten zugeben, daß sie sich unnötig aufgeregt hatten.

Die Nacht bricht an. In seiner Niedergeschlagenheit läßt sich Trepper zu einer ausgesprochenen Unvorsichtigkeit hinreißen. Aus der Zeit bei der Simex – sie scheint hundert Jahre zurückzuliegen – kennt er die Adresse einer Krankenpflegerin namens Lucie, einer hilfsbereiten sympathischen Person. Der Arzt hatte ihm mehrere Spritzen verordnet, und Alfred Corbin hatte ihn an sie verwiesen. Warum nicht bei ihr um Asyl bitten?

Drei Gründe sprechen dagegen:

Erstens der Präzedenzfall Maleplate. Möglicherweise haben die Corbins den Namen der Pflegerin zusammen mit dem des Zahnarztes angegeben, und bestimmt läßt die Gestapo seit Treppers Flucht alle Verdächtigen überwachen. Zweitens ein Zufall ganz besonderer Art: die Pflegerin wohnt im selben Haus wie der Kollaborateur Marcel Déat, der Chef des »Rassemblement National Populaire«, einer pronazistischen Partei. In der Eingangshalle des Gebäudes hält sich ständig eine bewaffnete Schutzgarde auf. Und drittens liegt das Haus in der Rue de Surène, die in die Rue des Saussaies mündet.

Aber der Grand Chef ist an einem Punkt angelangt, wo ihm alles gleichgültig ist: Hauptsache, er findet irgendwo einen Unterschlupf, und sei es auch nur wenige hundert Meter vom Sonderkommando entfernt. Er betritt das Gebäude, geht, ohne aufzufallen, an der Schutzgarde vorbei und klingelt an Lucies Tür.

Sie öffnet und läßt ihn eintreten. Er sagt sofort: »Hören Sie, ich bin Jude, das wußten Sie bisher nicht. Die Deutschen haben mich verhaftet und in ein Konzentrationslager gesteckt, aber ich bin ausgebrochen. Können Sie mich einige Tage lang verstecken?« Überrascht und betroffen sieht er, daß Lucie in Tränen ausbricht. Schließlich bringt sie schluchzend heraus: »Wie können Sie nur eine solche Frage stellen? Natürlich werde ich Sie verstecken!« Trepper atmet auf. Und einmal in diesem Schlupfwinkel untergekommen, verwandeln sich zwei der Nachteile in Vorteile: das Sonderkommando wird ihn nicht in so unmittelbarer Nähe vermuten, schon gar nicht in dem von Déats Garde bewachten Haus.

Etwas später klingelt es an der Tür. Lucie macht auf und kommt sofort zurück: »Keine Sorge, ein Résistancechef, der über Nacht hierbleiben will.« Trepper fährt auf: »Nein, das wäre unvorsichtig. Einer von uns muß fort.« Lucie macht die beiden Männer miteinander bekannt. Nach kurzem Überlegen verschwindet der Mann von der Résistance: er verfügt noch über einen anderen Unterschlupf ...

Von den Fenstern der Wohnung aus sieht Trepper die schwarzen Wagen des Sonderkommandos vorbeifahren, er hat sich ihre Nummern in den Monaten seiner Gefangenschaft sorgfältig eingeprägt.

Am Tag nach ihrer Verhaftung wird Georgie de Winter nach Neuilly gebracht. Das Auto fährt stundenlang kreuz und quer durch Paris und die Vororte, bevor es sich der Villa nähert. Wahrscheinlich soll die Gefangene nicht erkennen, wohin sie gebracht wird. Ein eindrucksvoller Riese – »ein Offizier à la Erich von Stroheim« – nimmt sie in Empfang. Es ist Bömelburg, der eine schwarze

Augenbinde trägt, da er sich mit einem Blatt Papier die Hornhaut verletzt hat. Er gibt sich galant und sagt zu Georgie: »Darf ich Sie bitten, mein Gast zu sein?« Aber unversehens kommt seine wahre Natur zum Vorschein, als er drohend hinzufügt: »Wenn Sie versuchen, sich mit den anderen Häftlingen, die hier im Hause sind, in Verbindung zu setzen, kommen Sie sofort nach Fresnes.«

Katz befindet sich nicht mehr unter den Gästen. Das Sonderkommando hat seit der Flucht des Grand Chef jedes Interesse an ihm verloren. Ob er nach Fresnes oder nach Deutschland gebracht, vielleicht sogar hingerichtet wurde – wir wissen es nicht.*

Georgie bekommt das Zimmer, in dem ihr Freund bis vor sechs Wochen gewohnt hat. Jeden Tag bringt ein Auto sie in die Rue des Saussaies zum Verhör.

»Ich habe ihnen mein ganzes Leben erzählen müssen, aber vor allem wollten sie wissen, wo Eddy wäre und bei wem er sich versteckt halten könnte. Pannwitz legte mir ein großes Album mit Fotos von allen Mitgliedern der Gruppe vor. Da Eddy mir gesagt hatte, wer schon verhaftet war, habe ich die Gefangenen identifiziert und behauptet, alle anderen nicht zu kennen. Ein Foto interessierte sie besonders, sie haben mich gefragt: ›Kennen Sie den?‹ – ›Aber ja, natürlich.‹ Da sind sie vor Freude fast an die Decke gesprungen: ›Wer ist das?‹ – ›François Périer, den kennt doch jeder!‹ Es war ein Foto des Schauspielers zusammen mit Claude Spaak.

Weil sie mir pausenlos Fragen nach Eddys Freunden stellten, habe ich schließlich einfach einen erfunden: Paul. Und jeden Tag habe ich weitere Einzelheiten über ihn erzählt, aber es war nicht ganz leicht, ich mußte höllisch aufpassen, um mich in keine Widersprüche zu verwickeln. Sie haben ihn in ganz Frankreich suchen lassen. Berg war am aufgeregtesten. Dauernd brüllte er: ›Und wo ist er?‹

Und dann war immer von dem Separatfrieden die Rede. Einmal bin ich stundenlang von einem hohen Gestapo-Offizier verhört worden, der angeblich eigens deswegen aus Berlin gekommen war. Sie haben diese Sache offenbar ungeheuer wichtig genommen.

Oh, beinahe hätte ich etwas vergessen … Eddy hatte mir eingeschärft, ich sollte ihnen folgende Geschichte erzählen: als er nach seiner Flucht in Le Vésinet auftauchte, hätten ihn mehrere Leute begleitet. Sie seien gleich wieder mit ihm fortgegangen, hätten ihn aber zwei Tage später zurückgebracht. Ich habe

---

Bis heute ist nicht bekannt, wo und wann Hillel Katz umgekommen ist.

das Pannwitz Wort für Wort wiederholt, hatte aber nicht die geringste Ahnung, was das Ganze bedeuten sollte.«*

Die Verhöre werden ausgesprochen freundlich geführt. Georgie wird weiterhin »Mädchen« genannt, sie bekommt Tee angeboten, und wenn sie nach Neuilly zurückfährt, steckt man ihr Süßigkeiten zu. Offensichtlich halten Pannwitz und seine Mitarbeiter die Freundin des Grand Chef für eine hübsche, aber naive Person. Sie meint dazu: »Ich habe immer den Eindruck gehabt, sie gut täuschen zu können. Sie glaubten alles, was ich ihnen sagte. Sie hätten zum Beispiel Stein und Bein geschworen, daß ›Paul‹ wirklich existierte. Mit dem Separatfrieden war es das gleiche. Ich hatte Pannwitz gesagt, daß Eddy zurückkommen würde, sobald er alles eingefädelt hätte. Das machte ihn überglücklich. Er wartete auf ihn wie auf den Messias. Nur wurde ihm die Zeit zu lang ...«

Viel zu lang. Darum die im »Paris-Soir« veröffentlichten Anzeigen. Aber wird der Grand Chef sie überhaupt bemerken? Pannwitz hat seine Zweifel, es wäre nicht das erste Mal, daß er vergeblich in die Wildnis hinausruft. Nach dem Überfall auf Corrèze hatte er in der Pariser Presse verkünden lassen: »GEORGIE! Warum kommst du nicht? Patrick ist bei seinen Onkeln.« Auf diese Aufforderung hatte niemand geantwortet.

Aber wenn der Grand Chef schon nicht telefoniert, so schreibt er doch wenigstens. Pannwitz erhält einen dritten Brief.** Darin wiederholt Trepper die Vorwürfe aus dem zweiten Schreiben, dieses Mal jedoch in schärferem Ton: »Sie haben nicht *einen* Verhafteten freigelassen, im Gegenteil, Sie nehmen weiter Leute fest. Damit beweisen Sie Ihre Unzuverlässigkeit. Ein korrektes Zusammenarbeiten ist mit Ihnen nicht möglich. Haben Sie denn immer noch nicht begriffen, daß die Gegenspionage auf keinen Fall alarmiert werden darf? Im übrigen sind alle Personen, die Sie verhaftet haben, an dieser Affäre völlig unbeteiligt. Das wissen Sie so gut wie ich. Wenn Sie die Verhafteten nicht auf freien Fuß setzen, werde ich Ihr ›Großes Spiel‹ unmöglich machen.«

Die Gefangenen freilassen? Pannwitz täte nichts lieber als das, wenn ihm der Grand Chef doch nur endlich, anstatt zu drohen, einen Bericht über seine Bemühungen mit Moskau abliefern wollte. Aber solange er den Beweis für Treppers Vertrauenswürdigkeit nicht in Händen hat, wird er seine Geiseln, vor allem Georgie, nicht hergeben. Schließlich besteht ja auch noch die – allerdings

---

* Offenbar ging es darum, eventuelle Geständnisse der Schwestern von Saint-Germain zu verschleiern und notdürftig zu erklären, warum der erste Brief des Flüchtlings in Besançon aufgegeben worden war.

** Dieser Brief wurde bei Lucie geschrieben.

von Tag zu Tag schwächer werdende – Hoffnung, den Flüchtling wieder einzufangen. Fürs erste geht die Jagd weiter.

Der bekannte Drehbuchautor Charles Spaak, der Bruder Claudes, wird in Paris verhaftet. Seine Frau, anfangs auch in Gewahrsam genommen, läßt man wieder frei, sie erwartet ein Kind*. In Belgien verhaftet die Gestapo alle übrigen Familienmitglieder, und natürlich wendet sie das übliche Druckmittel an: entweder Suzannes Adresse, oder alle werden erschossen. Jemand bricht zusammen und gibt die gesuchte Adresse preis. Suzanne Spaak wird am 8. November gefaßt.

Pannwitz hat keine Ahnung, daß er damit den Schlüssel zu einem halben Dutzend Untergrundbewegungen jeglicher Richtung in der Hand hat. Er glaubt, eine vornehme, aber nicht sehr realistisch denkende Dame vor sich zu haben, die auf den Grand Chef hereingefallen ist wie die beiden Schwestern in Saint-Germain, wie die Damen in Bourg-la-Reine, die alte Madame May und die gute Madame Queyrie … Als Pannwitz Jahre später vom Verfasser dieses Buches erfährt, welche Rolle Suzanne Spaak tatsächlich in der Résistance gespielt hat, sagt er ärgerlich: »Die Frau hat mich wirklich hinters Licht geführt mit ihrer wohlerzogenen Bescheidenheit! Dauernd hat sie von ihren verschiedenen Hilfswerken geredet.« Ob der Kriminalrat, hätte er damals die Wichtigkeit dieser Gefangenen gekannt, wohl versucht haben würde, ihr mit Hilfe der Folter Geständnisse zu entreißen? Das ist gar nicht so sicher. Der Umstand, daß der dritte Bruder, Paul-Henri Spaak, Außenminister der belgischen Exilregierung in London war, und die beunruhigende Wendung, die der Krieg genommen hatte, ließen Vorsicht geboten erscheinen. Pannwitz hatte ein feines Gefühl dafür. Nicht umsonst waren bei den Verhören von Suzanne Spaak zwei Kriegsberichterstatter der Wehrmacht anwesend – sie konnten jederzeit bezeugen, wie korrekt alles zugegangen war. Gewiß, eine flagrante Verletzung der für die Ermittlungen geltenden Geheimhaltungspflicht, aber der Chef des Sonderkommandos hielt es für richtig, sich für die Zukunft abzusichern. Pannwitz hatte sich geändert.

Endlich wird seine Geduld belohnt: Trepper ruft an. Georgie erfährt die Neuigkeit im Laufe eines Verhörs. Der Kriminalrat wirkt enttäuscht und verbittert. Sie fragt: »Was hat er denn gesagt?« – »Ach«, murmelte Pannwitz mit müder Stimme, »er hat sehr ausweichend geantwortet …«

Ausweichend war das richtige Wort.

---

* Bei diesem Kind handelt es sich um die spätere Schauspielerin Catherine Spaak.

Am 17. November ergeht an alle französischen Polizeidienststellen folgendes Fernschreiben: »Fahndung nach Jean Gilbert. Hat Polizeiapparat für Zwecke der Résistance unterwandert. Mit Unterlagen geflüchtet. Alle Mittel einsetzen für Festnahme. Bericht an Lafont weiterleiten.« Die Personenbeschreibung und ein Foto von Trepper folgen. Eine Kopfprämie wird ausgesetzt und im Laufe des Monats dreimal erhöht.

Der Wortlaut des Fernschreibens war sorgfältig überlegt; mit keinem Wort wurde die Gestapo erwähnt. Im Gegenteil, alles deutet darauf hin, daß es sich um eine interne Angelegenheit der französischen Polizei handelt: in ihre Reihen hat sich ein Provokateur eingeschlichen – und Unterlagen gestohlen. Auch die Erwähnung Lafonts war auf das Interesse der Polizeibeamten berechnet. Das Sonderkommando dachte, daß man Lafont mit Inspektor Bony, einem der Köpfe der Sûreté vor dem Krieg, in Zusammenhang bringen würde, und setzte auf die Sympathien seiner alten Mitarbeiter.*

Gleichzeitig bekommen alle Haupt- und Nebenstellen der Gestapo, alle Abteilungen und Unterabteilungen der Abwehr und alle Büros der Besatzungsmacht, ob sie den Militärbehörden oder der Zivilverwaltung oder den Wirtschaftsdienststellen angehören – also alles was in Frankreich und Belgien für deutsche Ämter arbeitet –, einen Steckbrief mit dem Foto des Grand Chef und dem Hinweis: »Entflohen. Sehr gefährlicher Spion.«

Zwei Monate nach seiner Flucht wird die deutsche und die französische Polizei also von Pannwitz auf den Flüchtling gehetzt ... Von Pannwitz, der zunächst ein subtiles Spiel zwischen Gewaltanwendung und Überredungskunst versucht hatte: für Katz Folter, für Georgie Tee; auf der einen Seite heimtückische Fallen, auf der anderen wohlwollend klingende Anzeigen im »Paris-Soir«. Nachdem er ein feines Netz gesponnen hatte, weit genug gespannt, den Flüchtling hineinzulocken, aber doch so elastisch, daß er nicht fürchten mußte, darin hängen zu bleiben – nach acht Wochen geduldigster Arbeit ändert Pannwitz seine Taktik ...

Warum? Pannwitz glaubt nicht mehr daran, die Absichten des Grand Chef ergründen zu können. Hat er das Sonderkommando verraten, oder verrät er weiterhin Moskau? Niemand weiß es. Solange Trepper nur unbestimmte Briefe schreibt und »ausweichende« Telefonanrufe macht, wird diese Unsicherheit bestehen bleiben. Er kann das »Große Spiel« nach seinem Gutdünken entweder beleben oder blockieren. Die Initiative liegt in seiner Hand: und das kann Pannwitz sich nicht länger bieten lassen. Seine Pläne dürfen nicht von den

---

* Tatsächlich jedoch hatte Bony seine prodeutsche Haltung die Verachtung der gesamten Polizei eingebracht – ein alles anderer denn kluger Schachzug also.

Launen eines entwichenen Häftlings abhängen, auch wenn dieser der Grand Chef ist. Der Kriminalrat ist zweiunddreißig Jahre alt: in diesem Alter schlägt man lieber einen gordischen Knoten entzwei, statt sich lange den Kopf darüber zu zerbrechen, wie er zu entwirren wäre.

Alle deutschen und französischen Polizeidienststellen auf Trepper zu hetzen, kann ernstliche Folgen haben. Durch Tausende von Anschlägen auf allen Dienststellen und die zahllosen Steckbriefe wird der Gegner natürlich alarmiert, auch wenn die vielgerühmte »Gegenspionage« nur ein Märchen sein sollte: der kommunistische Parteiapparat wird bereits bei weit weniger augenfälligen Aktionen aufmerksam. Pannwitz weiß das, entfesselt aber dennoch diese Suchaktion. Er fordert die Schwierigkeiten bewußt heraus. Liegt ihm denn so viel daran, daß der Grand Chef aufgegriffen wird? Natürlich, aber das allein kann den Kriminalrat nicht zu seinem Entschluß bewogen haben, denn letzten Endes ist das nebensächlich. Sein Plan zielt weniger auf eine Gefangennahme als auf eine Neutralisierung des Grand Chef ab.

Kents Sender ist im Süden geblieben, er steht in der Villa Coco Chanels, deren wohlgefüllter Weinkeller den deutschen Funkern viele schöne Stunden bereitet. Er sollte für das Funkspiel eingesetzt werden, und es konnte jederzeit passieren, daß Moskau bei einer technischen Überprüfung den Standort kontrollierte. Pannwitz ist natürlich überzeugt, daß der Direktor nichts von Kents Anwesenheit in Paris ahnt. Die Zentrale muß annehmen, der Petit Chef befände sich noch immer im Süden bei seinem Sender. Diesen Irrtum wird Heinz Pannwitz ausnutzen.

Er schickt der Zentrale ein von Kent gezeichnetes Telegramm, in dem dieser um die Erlaubnis bittet, nach Paris fahren zu dürfen: er habe den Eindruck, das Netz funktioniere nicht richtig, und er wolle nach dem Rechten sehen. Die Erlaubnis wird erteilt. Daraufhin schickt Pannwitz einen Spruch, in dem Kent seine Verwunderung ausdrückt: »Was ist mit Trepper los? Ich sehe überall seinen Steckbrief. Ist er aus einem deutschen Gefängnis entwichen?« Antwort der Zentrale: »Meiden Sie Trepper. Die Partei soll ihm jegliche Unterstützung verweigern. Die Partei soll ihm kein Stück Brot geben. Er ist ein Verräter.«

Pannwitz hat sein Ziel erreicht: er hat die Initiative wieder an sich gerissen. Trepper kann nicht mehr damit drohen, das Funkspiel aufzudecken: was er auch sagen und tun wird, Moskau glaubt ihm nicht mehr. Der Kriminalrat hat mit seinem riskanten Streich Trepper ganz einfach ausgeschaltet. Der Grand Chef ist unschädlich gemacht.

Ein interessanter Schachzug, aber mit unabsehbaren Folgen. Denn aus Kents Funkspruch geht hervor, daß Trepper monatelang in den Händen der Gestapo gewesen sein muß und daß alle Telegramme und Meldungen des

Grand Chef zu einem von deutscher Seite inszenierten Täuschungsmanöver gehört haben: alle Grundlagen des Funkspiels sind zerstört. Das unentbehrliche Vertrauen der Zentrale, das Giering mit so viel Geduld gewonnen hatte, wird von seinem Nachfolger mit einem Schlag vernichtet. Worauf will Pannwitz sich von nun an stützen? Glaubt er wirklich, daß Moskau den aus Frankreich kommenden Meldungen nach diesem Schock noch weiter ungetrübtes Vertrauen entgegenbringen wird? Sieht er nicht, daß sein riskanter Coup reiner Wahnsinn ist, daß er in seiner Besessenheit, Trepper um jeden Preis auszuschalten, auch das »Große Spiel« zerschlägt?

Hinter Pannwitz' Schritt verbirgt sich ein verblüffendes Geheimnis. Aber da der Autor drei Jahre gebraucht hat, um eine befriedigende Antwort zu finden, wird er dem Leser vielleicht zumuten dürfen, noch einige Seiten lang auf des Rätsels Lösung zu warten.

Die Zentrale

III

Das Sonderkommando übersiedelt

34

Das Jahr 1943 geht zu Ende.

In Saint-Germain haben die »grauen Mäuse« wegen des bevorstehenden Weihnachtsfestes schon Aufregung genug, aber die unerwartete Nachricht vom Besuch des Reichsmarschalls Hermann Göring bringt sie vollends aus dem Häuschen. Jeden Quadratzentimeter des riesigen Gebäudes scheuern sie blitzblank. »Das muß man ihnen lassen«, meint Madame Queyrie, »putzen konnten sie.« Göring besichtigt das Haus, wobei er auch Patrick freundlich zulächelt, und wendet sich dann anderen Dingen zu. Er wäre wahrscheinlich höchst überrascht gewesen, hätte man ihm gesagt, daß der kleine, intelligent dreinblickende Junge der Adoptivsohn des Grand Chef der Roten Kapelle war.

Madame Queyrie ist guter Dinge. Es geht ihr nicht schlecht, in der Vorweihnachtszeit gibt es reichlich zu essen, und um ihre Mutter und ihren Mann braucht sie sich auch keine zu großen Sorgen zu machen, Schneider bringt ihr regelmäßig beruhigende Nachrichten. Der 24. Dezember wird festlich begangen, es gibt sogar Champagner. Madame Queyrie sitzt rechts neben dem Leiter des Heims. Wie alle hat auch er Patrick sehr gern, immer wieder setzt er ihm seine Offiziersmütze auf, hebt ihn hoch und brüllt: »Du: Soldat!« Am 8. Januar kommt dann zur allgemeinen Verwunderung plötzlich die Anweisung, die beiden Gäste freizulassen. Mit Tränen in den Augen bringen Margarete und Grete ihre Schützlinge zum Bahnhof, der Kummer über die Trennung ist groß.

In Suresnes wartet auf Madame Queyrie eine böse Überraschung: das Häuschen ist in einem unbeschreiblichen Zustand. Pannwitz hatte einige Kumpane von Lafont dort einquartiert, und sie haben wie üblich gehaust: alles ist verkommen und verdreckt, die Schubladen voller Kot. Obendrein haben sie, als sie abzogen, auch noch alle Wasserhähne aufgedreht: ein Bach fließt aus dem Haus bis auf die Straße.

Madame Queyrie macht sich an die Arbeit.

Alle vom Sonderkommando inhaftierten Verdächtigen werden freigelassen. Sie sind nur im Wege. Jetzt, da Pannwitz das Heft wieder fest in der Hand hat, kann er dem Grand Chef diesen Gefallen gerne tun. Auch wenn die Zentrale nicht mehr auf Trepper hört, ist es doch besser, daß er über das »Große Spiel«

nichts verlauten läßt. Nach Patricks Freilassung hat der Kriminalrat in der Pariser Presse folgende Anzeige aufgegeben: »Dem Kind geht es gut. Es ist wieder zu Hause.«

Ein vierter Brief des Flüchtigen bestätigt Pannwitz die Richtigkeit seiner Überlegungen. Die Zeilen klingen mutlos: »Ich bin müde, ich habe genug und gebe auf. Solange Sie nicht wieder anfangen, Leute zu verhaften, können Sie das ›Große Spiel‹ unbesorgt weiterspielen. Ich verspreche Ihnen, mich nicht mehr einzumischen.«

Der Grand Chef wohnt jetzt in der Avenue du Maine bei einem Junggesellen, der glaubt, einen Flüchtling aus dem Norden zu beherbergen, dessen ganze Familie bei einem Bombenangriff ums Leben gekommen ist.

Der Brief entspricht der Wahrheit: Trepper ist am Ende. Es ist ihm nach langen Bemühungen gelungen, Kowalski zu treffen und Moskau von der Fortführung des »Großen Spiels« zu informieren. Aber es wird ohne ihn weitergehen. Wen wundert, daß er die nächsten Monate schwerer ertragen wird als die Jahre fieberhafter Tätigkeit, die seiner Verhaftung vorausgingen, und die angstvollen Monate, die dann folgten? Nun, da die Spannung plötzlich nachläßt, ist er deprimiert und ratlos. Eine elementare Sicherheitsregel verbietet es der Partei, ihn anderweitig einzusetzen: alle in Frankreich operierenden Polizeiorganisationen machen Jagd auf ihn, er ist ein Aussätziger. Man unterstützt ihn mit etwas Geld, doch das ist alles. Die Banknoten sind neu – zu neu – und der Grand Chef verbringt viele Stunden damit, sie einzeln zwischen den Fingern zu zerknüllen.

Nur selten bringt eine Welle etwas Bewegung in dieses Meer der Langeweile. In der Rue de Vaugirard begegnet er eines Tages Willy Berg. Doch der Deutsche erkennt ihn nicht, Trepper ist abgemagert und hat sich zudem einen prächtigen Schnurrbart wachsen lassen, wie ein polnischer Adeliger.

Als er ein anderes Mal wagt, einen seiner Kleiderkoffer bei einer Bekannten in Pigalle abzuholen, empfängt ihn die Frau ganz entsetzt: Kürzlich ist Kent dagewesen. Er hat nach ihm gefragt und ihr einen Brief Pétains gezeigt, in dem es hieß, Trepper sei ein »schlechter Franzose« und alle »guten Franzosen« müßten es sich zur Pflicht machen, ihn sofort der Polizei zu melden.* Kent hat ihr dringend geraten, Trepper, falls er auftauchen sollte, möglichst lange aufzuhalten und eine bestimmte Telefonnummer anzurufen. Warum nicht? Es ist Sonntag. Das Sonderkommando wird wie üblich ausgeflogen sein, und in der Rue des Saussaies wird vermutlich nur ein Mann Dienst tun.

---

* Dieser Brief war höchstwahrscheinlich eine Fälschung des Sonderkommandos.

»Tun Sie, was er verlangt! Rufen Sie sofort an. Sie werden sehen, daß die Leute sich Zeit lassen ...«

Drei Stunden später bremsen unten vor dem Haus zwei Wagen.

Ende Januar halten vor Madame Queyries Häuschen ebenfalls zwei Wagen. Das Sonderkommando, mit Pannwitz an der Spitze, dringt in das Haus ein und durchsucht alle Zimmer – ohne jeden Erfolg. Beim Weggehen sagt einer der Männer: »Ich soll Ihnen vom Chef ein Kompliment ausrichten. Ihr Haus ist eines der saubersten in ganz Frankreich.«

Schneider liegen solche Bemerkungen weniger; dafür kommt er regelmäßig nach Suresnes, um über das Befinden der in Fresnes Inhaftierten zu berichten – und stets hat er ein Geschenk für Patrick: frische Eier, Obst oder sonst eine Kleinigkeit. Er nimmt auch für die Häftlinge Pakete mit und steckt ihnen Briefe zu.

Im Gegensatz zu diesen Heimlichkeiten sind die Besuche bei Georgie offiziell erlaubt. Von der Rue des Saussaies werden Madame Queyrie und Patrick von Schneider mit einem Dienstwagen nach Neuilly gefahren. Da er bei den Unterhaltungen zugegen ist, spricht Georgie, die ihn kaum kennt, mit ihrer Besucherin in einem nur ihnen verständlichen Kauderwelsch – eine in Madame Queyries Augen höchst überflüssige Vorsichtsmaßnahme, denn die Atmosphäre in Neuilly scheint ihr alles andere als dramatisch zu sein. »Ich schwöre es Ihnen, sie schien sich dort pudelwohl zu fühlen. Und sie wurde gut behandelt. Stellen Sie sich vor, sie hatte ein Einzelzimmer und wurde vom Hauspersonal bedient.«

Das Zimmer ist zwar von außen verriegelt, das Hauspersonal eine slowakische Wachmannschaft, und doch wäre diese Gefangenschaft durchaus angenehm, wenn sich die Gefangene nicht so unendlich langweilen würde. Schön, man hat ihr aus der Villa in Le Vésinet Ballettröckchen und Tanzschuhe herbeigeschafft, so kann sie stundenlang üben – zur Freude der Slowaken, die sich vor dem Schlüsselloch drängen. Aber man kann nicht von morgens bis abends tanzen. Einmal überrascht Pannwitz sie, hoch oben unter der Zimmerdecke thronend; sie hatte den Tisch mitten ins Zimmer gerückt, darauf zwei Stühle und einen Hocker übereinandergestellt, saß obendrauf und streckte ihm die Zunge heraus. Aber man kann auch nicht den lieben langen Tag Grimassen schneiden.

Mit einemmal wird alles anders.

»Stundenlang stand ich am Fenster und sah den Gefangenen zu, wie sie zwischen den Gemüsebeeten des Concierge auf und ab gingen. Wir winkten uns zu und lächelten. Eines Tages warf einer der Häftlinge einen zusammengeknüllten, mit einem Bonbon beschwerten Zettel in mein Zimmer. Es war ein Brief, der anfing: ›An eine junge Gefangene‹. Genau wie das Gedicht von Chénier, wissen Sie. Es war ein ganz besonders reizender, netter Brief. Ich weiß nicht recht, wie ich den Stil beschreiben soll ... er war sehr poetisch und zugleich sehr militärisch. Übrigens war er mit ›General Dumazel‹ unterzeichnet. Zum Schluß stand: ›Darf ich auf eine Antwort hoffen? Dann stecken Sie sie bitte in das leere Aspirinröhrchen, das im Gebüsch liegt.‹ Natürlich habe ich geantwortet, und wir haben eine regelrechte Korrespondenz geführt.

Dann kam ein anderer Offizier dazu, General Delmotte. Wir haben uns auch geschrieben. Er war schon sehr viel kühner. Während Dumazel immer sehr poetisch, sehr diskret blieb, hat Delmotte geradeheraus gesagt, er sei verliebt in mich.

Am kühnsten aber war Dungler. Er schreckte vor nichts zurück. Er hatte herausgefunden, daß die Luke über den Toiletten neben dem Fenster meines Waschraums lag. Eines Tages klopfte jemand an dieses Fenster – es war Dungler. Er überreichte mir einen langen Brief, in dem er sich vorstellte und unter anderem schrieb, daß er einer der Führer des elsässischen Widerstandes sei.

Von da an wollte er dauernd auf die Toilette gehen. Sie können sich vorstellen, welch ein Theater das immer war: erst mußte man läuten, damit einem die Tür aufgeschlossen wurde, dann begleitete einen der Wachtposten bis vor die Toilette und wartete. Wir tauschten unsere Briefe durch das kleine Fenster aus. Aber Dungler genügte das nicht: er hatte einen der Wachtposten bestochen, einen netten, kleinen schwarzhaarigen Deutschen, Hans hieß er. Dungler schickte ihn in ein elsässischen Restaurant im Faubourg Montmartre, mit dessen Besitzer er befreundet war, und Hans brachte ihm Essen und Wein. Durch die Fensterluke bekam ich reichlich davon ab. Die Flaschen mußte ich am nächsten Tag zurückgeben, sie also am selben Abend austrinken. Sie können sich vorstellen, wie lustig mir nach einer ganzen Flasche Burgunder zumute war. Er schaffte es auch, von Hans einen Nachschlüssel zu seinem Zimmer zu bekommen, und machte nachts, als außer den Wachen unten im Erdgeschoß alles schlief, mit weichem Brot einen Abdruck von meinem Türschloß. Dann brauchte Hans nur noch einen zweiten Nachschlüssel zurechtfeilen zu lassen, und wir konnten uns sehen. Waren das Aufregungen! Der Läufer auf dem Gang war so dick, daß er jedes Geräusch schluckte, wir mußten also dauernd damit rechnen, daß jemand unvermutet hereinplatzte. Das ist auch einmal geschehen. Dungler blieb gerade noch Zeit, im Waschraum zu verschwinden. Einmal habe ich auch daran gedacht, mit Hilfe des Schlüssels zu fliehen. Mit klopfendem Herzen bin ich nachts bis zur Treppe geschlichen, aber weiter habe ich mich nicht gewagt und bin schnell wieder in mein Zimmer gehuscht.

Unten saßen die Wachen. Und außerdem hatte man mich gewarnt: sollte ich auszureißen versuchen, würde Patrick dafür büßen müssen.

Meine drei Verehrer nahmen fast meine ganze Zeit in Anspruch: ich habe Stunden damit verbracht, ihnen Briefe zu schreiben, und bei ihnen war es nicht anders. Wenn wir kein Schreibpapier mehr hatten, rissen wir die Vorsatzblätter aus den Büchern, die wir ausleihen konnten: es gab zum Beispiel eine vollständige Pléiade-Ausgabe. Damals habe ich übrigens den ganzen Balzac gelesen.«

Ein Luxusgefängnis, aus dem man jeden Augenblick abgeholt und aufs Schafott geführt werden kann; zarte Annäherungen im Schatten der Guillotine, weil auch das Herz das Seine verlangt; leichtfertige Briefe, da das Leben schon bei Tagesanbruch zu Ende sein kann; Strohfeuer, wo der Liebe keine Zeit zu wachsen bleibt ... wie in jenem berühmten Sanatorium zur Zeit der großen Revolution, in dem die Glücklichsten der Angeklagten Zuflucht fanden und sich einem seltsamen Reigen hingaben, solange ihr Geld reichte ...

Ich bin einmal nach Neuilly hinausgefahren, um das ehemalige Gefängnis zu besichtigen. Es war ein wirklich hübsches Haus. Heute sind rundherum neue Wohnblocks aus der Erde geschossen, aber dazwischen stand die Villa, ein wenig altmodisch, etwas schäbig und völlig verlassen: man hatte den Eindruck, als habe seit dem Abzug der Slowaken niemand mehr einen Fuß hineingesetzt. Von den Bäumen hingen Lianen herab, der Weg bis zum Haus war von Unkraut überwuchert; wohin man blickte, wuchs wilder Farn. Die Türen waren verriegelt, die Glocke funktionierte nicht, und keiner der Nachbarn konnte mir irgend etwas sagen. So habe ich – da ich nicht in das Haus gelangen konnte, aus dem so viele Menschen sich herausgesehnt hatten – eine Zeitlang vor dem verrosteten Gartenzaun gestanden und in Gedanken gesehen, wie der Grand Chef um den Rasen wandert und Bömelburg schwankend vor der Tür steht, wie Dungler den Burgunder durch die Luke schiebt und Georgies Hand ihm einen auf Dünndruckpapier geschriebenen Brief reicht, und wie Pannwitz mit kleinen, hastigen Schritten hin und her eilt und Margarete unter den fürsorglichen Blicken Kents ihr Sonnenbad nimmt. Ja, an jenem Tag habe ich sie alle gesehen, als ob ich dabeigewesen wäre.

Ein Jahr später fuhr ich wieder nach Neuilly, um ein paar Aufnahmen zu machen. Aber da war nichts mehr – außer einer riesigen Baugrube und einem Schild, dem ich entnehmen konnte, daß hier ein Neubau mit Luxuswohnungen entstand. Ich war betroffen, mir war, als hätte man mir gewaltsam etwas entrissen, und ich war auch enttäuscht, daß nun aus den Aufnahmen nichts mehr wurde. Aber Träume – und was waren die Tage in Neuilly anderes als ein Traum? – lassen sich nicht festhalten ...

Anfang Mai 1944 wird Georgie in den kleinen Gerichtssaal gebracht, in dem ein Jahr zuvor Alfred Corbin, Keller und die anderen verurteilt worden sind. Während sie im Warteraum sitzt, stürzt aus dem Saal ein Mann heraus, leichenblaß. Er sieht Georgie, scheint sie zu erkennen und stammelt mit rauher Stimme: »Ich bin zum Tode verurteilt worden.« Sie schreit auf. Aber der wachhabende Soldat verbietet jedes weitere Wort.

Dann wird sie aufgerufen und in den Verhandlungsraum geführt. Einer der Richter ist Bömelburg. Pannwitz und Berg sind auch anwesend, vor den Richtern aber verhalten sie sich ihrem »Mädchen« gegenüber sehr kühl. Georgie ist nicht als Angeklagte, sondern als Zeugin vorgeladen. Sie wird einem strengen Verhör unterworfen. Es geht vor allem um Großvogel. Sie bemüht sich, so wenig wie möglich zu sagen. Als sie vor Müdigkeit in sich zusammensinkt, schreit Berg sie an: »Halten Sie sich gefälligst gerade!« Völlig erschöpft bringt man sie schließlich nach Neuilly zurück. Dieses Verhör, bei dem jedes Wort für einen anderen Menschen den Tod bedeuten konnte, ist eine ihrer schlimmsten Erinnerungen.

Im selben Monat wird Madame Queyrie eines Morgens von einem der Männer des Sonderkommandos aus dem Bett geholt. Er fordert sie auf, Patrick zu den Nachbarn zu bringen und dann sofort mitzukommen. Es ist 7 Uhr 30, als Madame Queyrie den Warteraum des Gerichts betritt. Gleich darauf werden zwei Frauen hereingeführt. Sie stellen sich vor, es sind die beiden Damen aus Bourg-la-Reine. Madame Queyrie erkundigt sich: »Wissen Sie, warum wir hier sind?« – »Aber Madame, heute wird doch das Urteil gefällt.« Beide Damen sind ganz ruhig. Sie sind fest davon überzeugt, daß man sie freisprechen wird.

Sie irren sich. Madame Parrend, die Leiterin der »Maison Blanche«, wird deportiert, überlebt zwar den Krieg, stirbt aber wenige Jahre später an den Folgen einer Krankheit, die sie sich im Lager geholt hat. Das Schicksal ihrer Mitarbeiterin kennen wir nicht. Die Schwestern aus Saint-Germain werden beide deportiert; nur eine kehrt zurück. Antonia Lyon-Smith kommt mit dem Leben davon – möglicherweise deshalb, weil ein Mitglied des Sonderkommandos sich Hals über Kopf in sie verliebt hat. Madame May wird zum Tode verurteilt, von Göring aber später begnadigt. Suzanne Spaak wird ebenfalls zum Tode verurteilt. Kurz danach bekommt ihre Schwiegermutter, Madame Spaak, einen langen Brief von ihr aus Fresnes, in dem sie das Leben im Gefängnis beschreibt (mit Hilfe von zwei Zahnstochern hat sie für ihren Sohn eine Krawatte gestrickt, und im Fensterspalt ist es ihr gelungen, eine winzige Blume zu ziehen, die sie für ihre Tochter beilegt), vor allem aber über das Todesurteil berichtet und bittet, Claude folgenden Vorschlag der Gestapo zu übermitteln: Wenn er sich freiwillig stellt, ist man bereit, sie zu begnadigen und freizulassen. Er brauche nichts zu befürchten, man wolle ihn nicht verhaften, sondern ihm nur ein paar Fragen stellen. Dann könne er wieder nach Hause gehen: er müsse sich nur regelmäßig auf dem zuständigen Polizeikommissariat melden. Zum Schluß beschwört Suzanne ihren Mann, sich um der Kinder und ihrer selbst willen zu stellen ...

Madame Queyrie wird erst am späten Nachmittag aufgerufen. Sie hat ihren Mann im Saal entdeckt, bleich und aufgedunsen. Mit ihrem Anwalt, einem durchaus sympathischen Deutschen in Offiziersuniform, hat sie einige Worte wechseln können. Vor Gericht hält sie sich an ihre früheren Aussagen. Es stimmt, daß sie die Pflegemutter vom Sohn des Grand Chef ist. (Denn für die Gestapo gibt es keinen Zweifel an der Herkunft des Kleinen; noch Jahre später hält Pannwitz daran fest: »Ich versichere Ihnen, daß Patrick sein Sohn ist. Er ist ihm wie aus dem Gesicht geschnitten!«) Es stimmt auch, daß Trepper eine Woche lang bei ihr gewohnt hat, aber von seiner Tätigkeit hat sie nichts gewußt.

Madame Queyrie wird freigesprochen. Auf der Straße merkt sie, daß sie ohne Geld aus dem Haus gegangen ist. Während sie unschlüssig dasteht, verläßt ihr Anwalt das Gebäude, bleibt stehen und gibt ihr Metro- und Autobusbillets. Auf ihre Frage, wie sie ihm das Geld dafür zurückerstatten könne, sagt er lächelnd: »Das lassen Sie nur! Hoffentlich bringt's Ihnen Glück ...«

Ende Mai wird ihre Mutter nach achtmonatiger Haft ohne jede Verhandlung entlassen. Sie berichtet, daß in Fresnes eine ungewöhnliche Frau allen Häftlingen Mut zuspricht: es ist Suzanne Spaak.

Im Juni kommt Monsieur Queyrie nach Hause. Er war zu acht Monaten Gefängnis verurteilt worden, und seine Strafzeit ist um. Ein mitfühlender Gefangener hatte ihm ein Paar Socken geschenkt: Leo Großvogel, der bald darauf hingerichtet wurde.

Am 21. April setzten bei Margarete Barcza die ersten Wehen ein. Pannwitz hatte sie in eine Privatklinik bringen lassen, aber nicht erwähnt, daß es sich um eine Gefangene handelte. Sie bringt einen Jungen zur Welt, der auf ihren und Kents Wunsch Michel genannt wird. Ihr Geliebter besucht sie jeden Tag in Begleitung von drei Mitgliedern des Sonderkommandos. Am 2. Mai werden Margarete und das Neugeborene mit einem Auto abgeholt. Aber statt sie »nach Hause« zu bringen, fährt man sie zu einem hochherrschaftlichen Gebäude in der Rue de Courcelles. Es ist das Stadtpalais des Milliardärs Veil-Picard. Die Nebengebäude hatte die Wehrmacht schon gleich 1940 beschlagnahmt, aber nur einige ältere Soldaten dort einquartiert, die Lastwagen reparierten. Dann waren Görings Plünderer gekommen und hatten die Bildersammlung und das

Mobiliar fortgeschafft. Und schließlich hatte Pannwitz beschlossen, sein Sonderkommando dort unterzubringen.

»Wir wurden nicht ganz als Juden, aber auch nicht ganz als Arier angesehen«, sagt Monsieur Veil-Picard junior. »Eine schwierige Situation ... Wir waren aus dem Stadtpalais ausgezogen, aber mein Vater ging zwei- oder dreimal in der Woche hin, um nach dem Rechten zu sehen. Als sich die neuen Herren dort einrichteten, schickte er mich zu ihnen. Ich sollte ihnen klarmachen, daß wir keine Juden seien, daß sie also gar kein Recht hätten, das Haus zu benutzen und so weiter. Ich wurde in einen Raum geführt, in dem zwei Männer standen – ich sehe diese Riesen noch vor mir mit ihren kalten grauen Augen und den Regenmänteln, die ihnen bis zu den Absätzen reichten. Ich hatte gerade angefangen zu reden, als einer von ihnen die Hand gegen mich erhob. Ich begriff, daß es besser war, den Mund zu halten und schnell das Weite zu suchen ...«

Die Angst vor einem Handstreich der Résistance läßt Pannwitz unvorstellbare Sicherheitsmaßnahmen treffen. Überall verbreitet er das Gerücht, sein Kommando gehöre nicht zur Gestapo, sondern zur Feldgendarmerie. Das Haus richtet er so ein, daß es einer Belagerung standhalten kann. Die kleine, elektrisch funktionierende Eingangstür neben dem Pförtnerhaus bleibt offen, aber das große Tor wird mit Hilfe von zwei riesigen Balken verbarrikadiert. Ein auf der Freitreppe in Stellung gebrachtes Maschinengewehr sichert den Hof. In der Eingangshalle liegt griffbereit ein ganzes Arsenal von Waffen.

Links neben dem Palais gibt es ein unbebautes Grundstück, das der Wehrmacht als Parkplatz dient. Pannwitz hat in die dazwischenliegende Mauer eine Öffnung brechen lassen. Die ständig ein- und ausfahrenden schwarzen Autos werden auf diese Weise kein Aufsehen erregen, denn man wird glauben, daß sie auf dem Parkplatz abgestellt werden sollen. Die Gefangenen läßt man aussteigen, bringt sie durch den Mauerdurchbruch zu einer nur wenige Schritte entfernt liegenden Tür, die direkt in den Keller führt. Auch dort sind Umbauten vorgenommen worden. Aus zwei kleinen Abstellräumen hat man Zellen mit übereinanderstehenden Pritschen gemacht. Eine schwere Panzertür und zwei Riegel verhindern jede Flucht. Im zweiten Stock wurde ein Dienstbotenzimmer als »Luxuszelle« eingerichtet: vor dem Fenster dicke Eisenstäbe, an der Zimmertür von außen ein schwerer Riegel.

Das von Görings Leuten abtransportierte Mobiliar wird durch Möbel ersetzt, die irgendwo requiriert worden sind. So hat Pannwitz zum Beispiel die gesamte Einrichtung aus dem Landhaus der Familie Spaak in Choisel heranschaffen lassen, bedient sich aber auch in der Rue de Beaujolais.

Kent kurz nach der Übersiedlung des Sonderkommandos
in die Rue de Courcelles

»Anläßlich meiner Rückkehr hatten sie ein großes Fest vorbereitet«, erzählt Margarete. »Sie wollten meine Hochzeit mit Kent feiern, so sagten sie, und es war wirklich fast eine Hochzeitsfeier. Nach dem Essen überreichten sie mir Geschenke: eine wundervolle Wiege und einen Kinderwagen für Michel. Pannwitz wollte unbedingt Pate werden, er gab mir sogar Ratschläge. ›Stehen Sie nur ja nicht auf, wenn er nachts schreit, und kümmern Sie sich auch nicht darum, daß er uns wecken könnte. Das macht überhaupt nichts.‹ Von diesem Tag an haben mich alle ›Mami‹ genannt.«

Für Margarete, Kent und den kleinen Michel hat Pannwitz eine Zwei-Zimmer-Wohnung herrichten lassen, sogar ein vollständiger Waschraum ist in einen Wandschrank eingebaut worden. Die Leute vom Sonderkommando kommen oft zu Besuch und schütten »Mami« ihr Herz aus. So sitzt zum Beispiel Karl Ball eine ganze Nacht weinend bei ihr, weil er bei einer Verhaftung einen Mann erschossen hat – es war sein erster Toter –, und immer wieder sprechen Margarete und ihre Besucher über das grausame Schicksal Erich Jungs. »Er hatte das Leben satt«, erzählt Margarete, »mehr als satt, und er soff wie ein Loch: das mußte ein böses Ende nehmen.«

Jung war eines Abends stockbetrunken nach Hause gekommen, er wohnte damals in einem beschlagnahmten Hotel. Sein Zimmer lag im dritten Stock, und der Offizier, der zusammen mit ihm in den Fahrstuhl gestiegen war, hatte Jung trotz seines lauten Protestes, er müsse noch höher fahren, sanft hinausgeschoben, als sie im dritten Stock angelangt waren. Blind vor Wut war Jung mit gezogenem Revolver zwei Treppen hinaufgerannt und hatte den Offizier niedergeschossen. Gegen das Urteil – zehn Jahre Zwangsarbeit – hatte Jung Berufung eingelegt. In der zweiten Verhandlung wurde er zum Tode verurteilt, dann aber einem Strafbataillon im Osten zugeteilt. Er blieb verschollen.

Die Türen zu Kents Wohnung sind ständig verriegelt, aber Margarete darf jeden Nachmittag zu festgelegter Stunde Michel im Garten umherfahren, sobald der Häftling aus der Luxuszelle, den sie nicht kennt, seinen Spaziergang beendet hat. Sie darf in Begleitung von Kent und drei Deutschen Renés Erstkommunion beiwohnen und ihn jeden Donnerstag besuchen. An diesen Tagen ißt sie mittags mit René, wird mit dem Wagen in ihre Wohnung zurückgebracht, damit sie Michel stillen kann, und geht dann mit dem Kinderwagen spazieren. Um sechs Uhr trifft sie René wieder, und Mutter und Sohn verbringen den Abend gemeinsam. »Natürlich hätte ich hundertmal Gelegenheit gehabt, zu entwischen, aber dann hätten sie Kent umgebracht ...«

Ob das geschehen wäre, ist gar nicht so sicher. Der Russe ist inzwischen zu wertvoll geworden. Abgesehen vom »Großen Spiel« ist er auch auf dem besten Wege, ein großangelegtes Täuschungsmanöver gegen die französische Résistance erfolgreich in die Tat umzusetzen.

Angefangen hatte es mit einem Funkspruch des Direktors: »Ozols Waldemar alias Solja früherer Mitarbeiter stop wiederhole Ozols Waldemar ehemaliger lettischer General stop hat auf republikanischer Seite im Spanienkrieg gekämpft stop gab Nachrichten über deutsche Truppenbewegungen stop leitete Spionagenetz stop erhielt Sendegerät von uns stop Solja lebte Paris Adresse unbekannt stop wohnte bei Zahnarzt stop hat auch Familie stop erwarten Bericht ob Existenz Solja und Art seiner Arbeit bekannt stop aber Vorsicht die Grünen* seit langem aufmerksam auf Tätigkeit Solja.«

Diese Meldung hat Kent am 14. März 1943 erhalten, vier Monate nach der Verhaftung des Grand Chef. Giering, damals noch an der Spitze des Sonderkommandos, sieht eine Möglichkeit, einem weiteren sowjetischen Spionagering auf die Spur zu kommen: die Gestapo erhält den Befehl, nach Ozols zu fahnden. Im Juli wird dessen Pariser Versteck ausfindig gemacht. Kent benachrichtigt sofort die Zentrale. Der Direktor erteilt Anweisung, Ozols zwecks Kontaktaufnahme einen mit Z unterzeichneten Brief zu schicken. Kent schlägt als Treffpunkt das Café Dupont an der Place des Ternes und als Termin den 1. August 1943 vor.

Der General kommt. Er hat keinen Grund, dem Mittelsmann zu mißtrauen, denn der Brief war ja mit dem von der Zentrale verabredeten Zeichen für eine Wiederaufnahme der Verbindung unterschrieben. Im übrigen würden wenige Sätze genügen, um sein etwa vorhandenes Mißtrauen zu beseitigen: Kent spricht wie alle Angehörigen seiner Generation zeitgenössisches Russisch. Infolge der Veränderungen der russischen Bevölkerungsstruktur seit 1918, der allgemeinen Proletarisierung und dem Einfluß der modernen Kommunikationsmittel besteht zwischen dem Russisch der Zarenzeit und dem der Jahre nach der Revolution ein ebenso großer Unterschied wie zwischen Englisch und Amerikanisch. Ozols war also sicher, einen jungen russischen Offizier vor sich zu haben und nicht den Sohn eines in deutschem Sold stehenden Emigranten.

Er erzählt Kent seine Lebensgeschichte. Als Mitglied der Internationalen Brigaden ist er nach der Niederlage der spanischen Republikaner nach Frankreich geflohen. Im Jahre 1940 erhielt er vom sowjetischen Luftwaffenattaché in Vichy den Auftrag, ein Spionagenetz aufzubauen. Er hat einige Agenten angeworben und begonnen, Informationen zu liefern. Als die russischen Diplo-

---

* So die Lieblingsbezeichnung des Direktors für die Deutschen.

maten Frankreich verlassen mußten, haben sie ihm einen Sender anvertraut, aber es ist Ozols nie gelungen, einen erfahrenen Funker aufzutreiben, und alle seine Versuche, einen Kontakt mit Moskau herzustellen, sind ergebnislos geblieben. Als er spürte, daß die Gestapo ihm auf der Spur war (zwei seiner Agenten wurden festgenommen), versteckte er sich in der Normandie. Erst 1943 ist er wieder nach Paris zurückgekommen. Er steht zur Verfügung und ist jederzeit bereit, die Arbeit wiederaufzunehmen.

Ob Ozols wohl mit Kent darüber sprach, daß er 1940 mit dem Grand Chef Kontakt gehabt hat? Möglicherweise hielt er das nicht für erwähnenswert, und ihm selbst wird unbekannt gewesen sein, daß die Zentrale Trepper damals darauf hingewiesen hatte, im Umgang mit Ozols äußerst vorsichtig zu sein: er stand im Verdacht, gleichzeitig für Moskau, für das Deuxième Bureau und für die Gestapo zu arbeiten!

Kent gibt Ozols den Auftrag, alle übriggebliebenen Mitarbeiter seines Netzes zu reaktivieren und außerdem Techniker und Offiziere der französischen Armee anzuwerben, die politische, wirtschaftliche und militärische Informationen liefern können. Als Vorauszahlung händigt er Ozols 10 000 Franc aus und verspricht ihm ein monatliches Gehalt von 12 000 Franc.

Vier Monate später, im Dezember 1943, lernt Ozols durch eine Bekannte Paul Legendre, einen fünfundsechzigjährigen Capitaine der Reserve, kennen. Legendre hat in der Gegend von Marseille drei Jahre lang die Gruppe »Mithridate«, eine der wichtigsten französischen Widerstandsgruppen, geleitet. Im Frühjahr 1943 hatte er sich dem Zugriff der Gestapo durch Flucht entzogen und war nach Paris gegangen. Er hatte die Verbindung zu seinen Vorgesetzten verloren, steht aber nun auch zur Verfügung und ist bereit, wieder aktiv zu werden. Ozols gibt ihm zu verstehen, daß er dem sowjetischen Nachrichtendienst angehört: ist Legendre bereit, mitzumachen? »Ja, unter einer Bedingung: Hauptziel muß der Kampf gegen die Deutschen sein.« Der Lette erklärt ihm daraufhin großspurig, daß er hiermit unter der Nummer 305 in die Gruppe B des sowjetischen Nachrichtendienstes aufgenommen sei. Seine monatliche Entschädigung werde 6000 Franc betragen.

Im Januar 1944 arrangiert Ozols einen Treff zwischen Legendre und Kent, dem Chef der Gruppe B. Bei dieser Unterhaltung erwähnt Legendre, daß seine Frau verhaftet und deportiert worden sei. Kent drückt ihm sein Bedauern aus und verspricht, sich um die Unglückliche zu kümmern. Dieses Versprechen wird Legendre zunächst für bloße Angeberei gehalten haben, aber seine Frau kommt tatsächlich einige Wochen später nach Hause. Von dieser Stunde an ist der Capitaine von tiefer Bewunderung für die Allmacht des sowjetischen Geheimdienstes erfüllt und seinem Vorgesetzten Kent blind ergeben.

Er liefert ihm eine vollständige Liste mit den Namen seiner ehemaligen Mitarbeiter in Marseille und ermöglicht es der Gestapo auf diese Weise, »Mithridate« bis in die Führungsspitze hinein mit Agents provocateurs zu durchsetzen. Vor allem aber bemüht er sich, eine neue Untergrundorganisation aufzubauen. Im Einverständnis mit Kent wird Frankreich in acht militärische Zonen aufgeteilt. Legendre soll die Leitung der Pariser und der Marseiller Zone übernehmen. Seine monatliche Entschädigung wird verdoppelt, dazu kommen 50 000 Franc für seine Agenten. Im Süden steht die Gruppe schon, in Paris werden Anwerbung und Organisation aktiv vorangetrieben. Legendre kann Maurice Violette, den Bürgermeister von Dreux und ehemaligen Minister, zur Mitarbeit überreden, der so im Glauben, sich für die Alliierten in die Riemen zu legen, auf die Galeere der Gestapo gerät ...

Anfangs handelte es sich um ein gegen die Résistance gerichtetes klassisches Unterwanderungs- und Irreführungsmanöver. Aber im Frühjahr 1944, als die Gerüchte von einer bevorstehenden Landung der Alliierten immer glaubhafter wurden, entstand im Kopf des um Einfälle nie verlegenen Kriminalrats Pannwitz ein erstaunlich kühner Plan: warum nicht Legendres Leute nach der Landung hinter der Front einsetzen, damit sie dort die Informationen beschafften, die der deutsche Generalstab für die Planung einer Gegenoffensive benötigen würde?

An diesem Projekt, das in besonderem Maße Einfallsreichtum und Fingerspitzengefühl verlangt, arbeitet Kent seit der Geburt seines Sohnes. Es wird nicht leicht sein, die braven Leute von der Gruppe B davon zu überzeugen, daß ihre Arbeit auch nach der Befreiung weitergehen muß. Kent läßt sich von Legendre mit allen Funkern bekannt machen, und jedem einzelnen versucht er klarzumachen, daß London und Washington ihre militärischen Pläne vor Moskau geheimhielten, was sehr bedauerlich sei, weil dadurch eine gemeinsame Strategie unmöglich gemacht werde. Man wisse noch nicht einmal, ob es sich bei der bevorstehenden Landung um einen ähnlichen Handstreich wie seinerzeit bei Dieppe oder um ein großangelegtes Unternehmen handle. Deshalb sei es wichtig, dem sowjetischen Generalstab Informationen über Zahl und Art der gelandeten Truppen zu liefern, damit er sich ein vollständigeres Bild machen und seine strategischen Pläne entsprechend einrichten könne.

Einige Pianisten halten das alles für Unsinn, anderen leuchtet seine Beweisführung ein, und sie erklären sich bereit, mitzuarbeiten.

Das ständige Ein- und Ausfahren der schwarzen Limousinen, Margaretes Spaziergänge, die Gefangenentransporte, die Aktionen von Pannwitz und seinen Leuten: alles wird aufs genaueste von unauffälligen Spähern beobachtet und Trepper gemeldet. Nur eine neue Aufgabe konnte den von aller Welt Abgeschnittenen aus seiner Lethargie reißen. Kaum hatte er sich das Ziel gesetzt, das Sonderkommando nicht mehr aus den Augen zu lassen, da war auch wieder seine frühere Vitalität erwacht. Zusammen mit seinem alten Freund Alex Lesovoy hat Trepper ein Überwachungsnetz aufgebaut, für das Lesovoy – so wie früher Großvogel – als »Generalstabschef« fungiert. Seine Leute fotografieren jedes Auto, jeden Fußgänger in der Rue de Courcelles, jeden, der das Palais betritt oder verläßt. Wie der Concierge Prodhomme in Neuilly ist auch hier das Hausmeisterehepaar dageblieben. Sie können manches erzählen. Unter den Zwangsarbeitern, die Pannwitz im Garten beschäftigt, befindet sich ein jüdischer Häftling, der über die Tätigkeit des Sonderkommandos Auskunft gibt.

All das dient einem bestimmten Zweck. Pannwitz ist nicht der einzige, der spürt, daß eine Landung unmittelbar bevorsteht. Auch der Grand Chef hat einen erstaunlich kühnen Plan ...

Eine Belgierin und ein Franzose

35

Georgie ist immer noch in Neuilly. Allmählich bemächtigt sich der Deutschen, der Slowaken und sogar der Häftlinge eine spürbare Nervosität. Eines Nachts schrecken alle aus dem Schlaf, die Wachen brüllen, Maschinengewehre rattern: Fluchtversuch! Der Mann ist entkommen, aber am Zaun sind Blutspuren zu sehen. Der Flüchtling scheint verletzt zu sein.

Diese Maitage des Jahres 1944 waren besonders schön, fast jeden Tag sah man die »Fliegenden Festungen« der Amerikaner am Himmel von Paris ihre Bahn ziehen. Beim ersten Aufheulen der Sirenen wurden die Gefangenen in den Keller gebracht. Hier konnte sich Georgie mit ihren drei D, Dumazel, Delmotte und Dungler, unterhalten, und zu ihrer Überraschung traf sie auch den Prinzen Michael von Montenegro wieder, dem sie als junges Mädchen einmal in Brüssel vorgestellt worden war.[*]

In ihrem Zimmer stand ein uralter Radioapparat, mit dem sie nur BBC hören konnte. Sie mußte ihr Ohr dicht an den Lautsprecher pressen, wenn sie die englischen Nachrichten hören wollte, und zugleich ständig auf der Hut sein, daß niemand unversehens ins Zimmer trat.

Ausgerechnet am Morgen des 6. Juni hatte sie die Nachrichten verpaßt. Sie erinnert sich noch heute an die aufgeregten Gesten, mit denen der sonst so ruhige General Delmotte, zwischen den Gemüsebeeten stehend, versuchte, ihr die Neuigkeit von der Landung der Alliierten in der Normandie mitzuteilen.

Von diesem Tage an war das Verhalten des Sonderkommandos nicht mehr das gleiche. Als Georgie zu ihrem nächsten Verhör geholt wurde, sagte ihr Begleiter düster: »Ach, Mädchen, heute sitzt Ihr Kopf nicht fest auf Ihren Schultern ...« Eine solche Bemerkung mußte die gute Laune vertreiben und angstvolle Gedanken wecken. Georgie begann um ihr Leben zu fürchten. Eines Tages befahl man ihr, auf dem rechten Gehsteig der Avenue de la Grande Armée auf den Arc de Triomphe zuzugehen. Zwei Männer des Sonderkommandos folgten ihr in einiger Entfernung, der eine hinter ihr, der andere auf

---

[*] *Prinz Michael hatte Mussolinis Angebot, ihn wieder auf den Thron seiner Väter zu setzen, abgelehnt, da er nicht die Rolle eines königlichen Quislings spielen wollte. Daraufhin war er von der Gestapo verhaftet worden. Wie François-Poncet in »Carnets d'un captif« kommt auch der Prinz in »Souvenirs d'un roi sans couronne« auf seinen Aufenthalt in der »unheimlichen Villa« in Neuilly zu sprechen.*

der anderen Seite der Straße. Sie hatte solche Angst, daß sie an der Ecke der Rue Pergolèse von dem fast unwiderstehlichen Wunsch gepackt wurde, davonzulaufen. Nur der Gedanke an Patrick hielt sie zurück. Was dieser Gang bezwecken sollte, hat sie nie erfahren.

Ende Juni wurde sie unter dem Vorwand, man könne in Neuilly die Verantwortung für ihre Sicherheit nicht länger übernehmen, nach Fresnes verlegt. Diese Mitteilung wirkte erstaunlicherweise beruhigend auf sie. Ihre Sonderstellung schien ihr eher gefährlich als beneidenswert. Sie sehnte sich danach, in der Anonymität unterzutauchen. In Fresnes würde das möglich sein.

Sie wurde in eine Einzelzelle im Erdgeschoß eingewiesen, aber sie gewöhnte sich rasch an die neue Umgebung und konnte auch mit den Gefangenen im ersten Stock Kontakt herstellen. Eine Frau ließ sogar ein Stück Stoff durch die Fensterluke zu ihr herunter, aus dem sie eine Bluse machen sollte; und Georgie, eine perfekte Schneiderin, führte den Auftrag auch aus. Bei einer Unterhaltung ertappt, wurde sie in eine Arrestzelle, in ein dunkles Loch mit einem Brett als Schlafstelle, gesperrt. Dort erfuhr sie, daß Suzanne Spaak in Fresnes war. Sobald sie aus dem Arrest entlassen wurde, ließ sie ihr eine mündliche Nachricht zukommen und erhielt eine herzliche, aufmunternde Antwort. Einige Tage später führte der Zufall sie beim täglichen Spaziergang mit Suzanne zusammen, und Georgie sagte ihr: »Es tut mir entsetzlich leid, daß Sie unseretwegen verhaftet worden sind«, worauf Madame Spaak lächelnd antwortete: »Machen Sie sich deswegen keine Sorgen, das ist ganz unwichtig.« Mit ihrem strahlenden Optimismus und ihrer Großherzigkeit war sie der Sonnenschein des Gefängnisses, alle Leidensgenossinnen stärkte sie durch ihren nie versagenden guten Mut. Sie ließ Georgie später noch einmal sagen, es ginge alles gut, sie solle nur Vertrauen haben.

Sogar in der seltsamen Welt von Fresnes räumte man Georgie aufgrund ihrer amerikanischen Staatsangehörigkeit eine Sonderstellung ein. Die deutsche Aufseherin verlor immer mehr von ihrer Strenge und wurde fast unterwürfig freundlich. Sie versorgte die Gefangene mit Büchern, verstieg sich sogar dazu, ihr einen Pullover zu schenken, und wiederholte unablässig: »Wenn Ihre Landsleute kommen, müssen Sie ihnen aber auch sagen, wie gut ich zu Ihnen gewesen bin. Darauf kann ich mich doch verlassen, nicht wahr ...«

In der Normandie bricht die deutsche Front unter den schweren Schlägen von General Pattons 3. Armee zusammen.

Am 9. August läßt Pannwitz Margarete zu einer Partie Tischtennis bitten. Beim Spielen setzt er ihr auseinander, daß der alliierte Vormarsch einige Sicherheitsvorkehrungen notwendig macht. Kent und René sollen bei ihm in Paris bleiben, Margarete und Michel aber müssen nach Deutschland fahren. Wie immer, wenn ihrer Liebe Gefahr droht, reagiert Margarete auf diese Ankündigung mit einem ihrer dramatischen Ausbrüche: Wenn man sie voneinander trennen will, soll man sie lieber gleich beide umbringen. Der Kriminalrat redet beruhigend auf sie ein und setzt schließlich seinen Willen durch. Als aufmerksamer, wenn auch inoffizieller Pate läßt er für Michel vor der Abreise noch einen ganzen Arm voll Spielzeug und anderer Sachen besorgen, die es in Deutschland nicht gibt: Schnuller, Babywäsche und anderes mehr.

Am 10. August wird Georgie aus ihrer Zelle geholt und zum Aufsichtsbeamten geführt. Ein Mann des Sonderkommandos empfängt sie mit den Worten: »Mädchen, du kommst weg aus Fresnes.« Handtasche und Schmuck werden ihr wieder ausgehändigt. Der Deutsche lacht, als er sieht, wie Georgie aus ihrer Bluse einen Ring hervorholt, den sie durch alle Kontrollen geschmuggelt hat. Draußen wartet ein Auto: »Wohin fahren wir?« – »Im Sommer, Mädchen, muß man spazierenfahren.« Es ist wirklich ein herrlicher Tag, aber der Wagen fährt nicht aufs Land hinaus, sondern nach Paris und hält vor der Gare de l'Est. Der SS-Mann bringt sie auf einen Bahnsteig, wo Pannwitz und seine Leute versammelt sind. Um sie herum herrscht panikartige Stimmung. Alte, kranke Soldaten und von »grauen Mäusen« betreute Kinder drängen sich in den Zug, der am Bahnsteig steht.

Die Alliierten rücken unaufhaltsam gegen Paris vor.

Pannwitz nimmt Georgie beiseite und sagt ihr sehr freundlich: »Sie fahren jetzt nach Deutschland. Ich kann Sie nicht länger hier behalten, die Gefahr ist zu groß. Wir kommen übrigens bald nach und bringen Ihnen dann vielleicht Nachrichten von Trepper mit.« – »Und Patrick? Was wird aus ihm?« – »Wenn Sie vernünftig sind, passiert ihm nichts, das verspreche ich Ihnen. Wenn Sie aber versuchen, auszureißen, schicken wir ihn in den Schwarzwald, und dann sehen Sie ihn niemals wieder.«

Trotz dieses Versprechens ist Georgie unruhig. Was wird aus ihrem Kind werden? Sie muß an seinen ersten Besuch in Neuilly denken, bei dem Patrick, erschreckt durch die Wachtposten und die eigenartige Atmosphäre des Hauses, eine Art Weinkrampf bekam; er hatte sich an Madame Queyries Rock geklammert und laut geschrien: »Ich will hier weg! Laß uns hier weg!« Am nächsten Morgen hatte Georgie damals in ihrem ebenholzschwarzen Haar den ersten weißen Faden entdeckt ...

Am Ende des Bahnsteigs entdeckt sie Kent. Sie stürzt auf ihn zu und fleht ihn an: »Monsieur, ich weiß, Sie sind in der gleichen Lage wie ich, auch Sie haben ein kleines Kind! Bitte, passen Sie auf meinen Patrick auf ... daß ihm nichts geschieht ...« Kent blickt sie unbeteiligt an und wendet sich ab.

Sie wird in ein reserviertes Abteil geführt, in dem außer Margarete und Michel auch die beiden Sekretärinnen des Sonderkommandos, Ella Kempka und eine jüngere Kollegin, untergebracht sind.

Der Zug setzt sich in Bewegung. Margarete holt ihr Strickzeug hervor, Georgie kümmert sich um das Baby, die beiden Deutschen schwatzen miteinander. Mehr als einmal hält der Zug auf freiem Feld: Fliegeralarm. Es wäre ein leichtes, auszureißen – aber Patrick? Abends wird in Metz Station gemacht. Die vier Frauen und Michel verbringen die Nacht im Quartier der Gestapo. Am nächsten Morgen geht die Fahrt weiter. Zwei Tage nach der Abfahrt in Paris läuft der Zug endlich in Karlsruhe ein, wo Ella Kempka zu Hause ist. Ihre Wohnung ist nicht groß, aber man richtet sich ein, so gut es geht. Die beiden Deutschen behandeln Margarete wie ihresgleichen, aber auch Georgie kann in Begleitung der Jüngeren praktisch tun und lassen, was sie will. Das junge Mädchen läßt sie allein beim Friseur und holt sie zwei Stunden später dort wieder ab. Sie trinken zusammen Tee und machen Besorgungen.

Einige Tage nach ihrer Ankunft wird Georgie von der Gestapo vorgeladen. Ein massiver, hart blickender Beamter empfängt sie. Es ist Reiser, Gierings früherer Stellvertreter, der vor einem Jahr nach Karlsruhe versetzt wurde. Er fragt, ob Georgie glaube, daß Trepper sich nun endlich entschließen werde, dem Sonderkommando ein Lebenszeichen zu geben. Auf ihre bejahende Antwort brummt er drohend: »Das wäre auch besser für Sie. Wenn er's nicht tut, könnte sich Ihre Lage verschlechtern ...«

Georgie packt wieder die Angst. Es ist unendlich gefährlich, in die Sache mit dem Separatfrieden verwickelt zu sein, die alle Welt in Hochspannung versetzt.

Trepper dagegen ist der Meinung, daß das »Große Spiel« seinem Ende zugeht. Der Zusammenbruch der deutschen Front im Westen läßt auf eine baldige Beendigung des Krieges schließen. Damit steht der Ausführung seines Plans nichts mehr im Wege: er will das Sonderkommando angreifen, verhindern, daß auch nur einem einzigen die Flucht gelingt, sie alle gefangennehmen. Es wäre ein schöner Abschluß, zu guter Letzt diejenigen festnehmen zu können, die ihn jahrelang verfolgt und ihn so vieler nahestehender Menschen beraubt haben.

Mit Kowalskis Hilfe hat er einen Stoßtrupp von dreißig gut bewaffneten Männern zusammengestellt. Den Angriffsplan hat Alex Lesovoy ausgearbeitet. Er legt für das Gelingen seine Hand ins Feuer: »Sie können uns nur entkommen, wenn sie Selbstmord begehen.« – »Keine Angst«, hat der Grand Chef lachend geantwortet, »die bringen sich nicht um, verlaß dich drauf.«

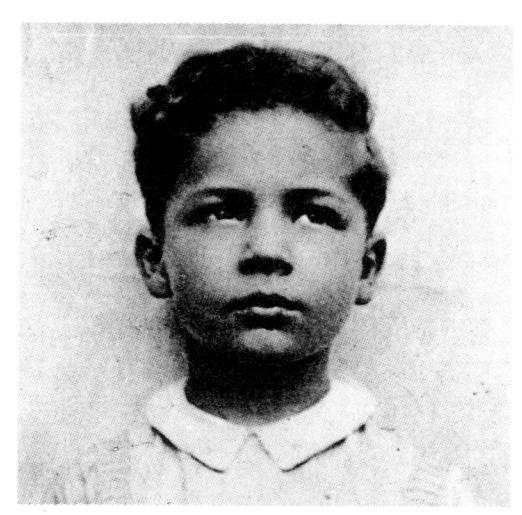
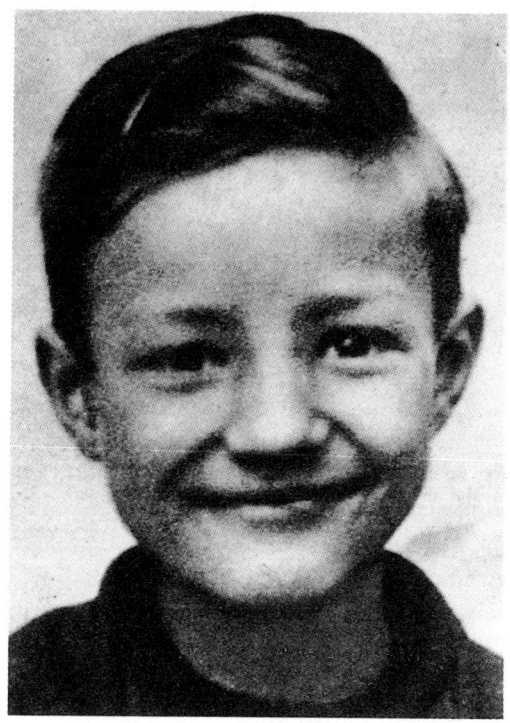

Michel Barcza
Patrick de Winter

Selbstverständlich muß Moskau dem Plan zustimmen. Eine entsprechende Meldung ist durchgegeben worden. Trepper wartet auf Antwort.

Während die Panzer General Leclercs auf Paris zurollen, packen die Männer des Sonderkommandos ihre Koffer. Sie werden in melancholischer Stimmung gewesen sein. In den letzten drei Jahren hatten sie viel gearbeitet und manche Rückschläge und Enttäuschungen einstecken müssen. Sie hatten ihre Nerven bei Verfolgungsjagden, manche auch bei Folterungen strapaziert, aber alles in allem waren es keine schlechten drei Jahre gewesen. Keiner von ihnen hatte sein Leben lassen müssen: in Paris starb man nicht so leicht wie in Stalingrad oder vor Tobruk. Sogar Willy Berg, der von Rechts wegen hätte erschossen werden müssen, weil er den Grand Chef entkommen ließ, sogar er war noch da und packte wie alle anderen Andenken in seinen Soldatenkoffer. Berlin hatte nichts erfahren. Berlin war nur so weit informiert worden, wie es dem Sonderkommando richtig erschien. Und die deutschen Dienststellen in Frankreich waren dem Sonderkommando gegenüber machtlos gewesen. Drei Jahre lang hatte die kleine Gruppe mitten im großen Krieg ihren eigenen kleinen Krieg geführt. Früher waren sie unbedeutende Polizeibeamte gewesen, hier aber hatten sie als mächtige Herren in einer der schönsten Städte der Welt ohne unmittelbare Vorgesetzte schalten und walten können. Sie hatten in Saus und Braus gelebt, bei Milliardären gewohnt, in Schwarzmarkt-Lokalen gepraßt und gesoffen, Frauen im Überfluß und Geld wie Heu gehabt, besonders nachdem der schlaue Pannwitz seine eigene Simex gegründet hatte: die Firma Helvetia mit Hauptsitz in Monte Carlo – aus Steuergründen – und Niederlassungen in Paris und Madrid; die Firma betrieb Geschäfte aller Art, konzentrierte sich jedoch hauptsächlich auf Chinin, Wolfram und strategisches Material.

Und all das mußten sie nun aufgeben ...

Der Aufbruch erfolgte am 26. August. Paris glich einem Hexenkessel. Die waffenstarrenden Autos wurden von Panzerspähwagen begleitet. Sie umfuhren verbarrikadierte Straßen, kamen ohne Schwierigkeiten durch die Vorstädte, stießen auf die zurückflutenden Truppen und rollten nach Osten in Richtung Deutschland.

Da aus Moskau keine Antwort gekommen war, hatte Trepper seinen Angriffsplan in einer Schublade verschwinden lassen und seine dreißig Partisanen wieder Kowalski zur Verfügung gestellt.

An jenem 26. August verließ der Grand Chef sein Versteck in der Avenue du Maine und versuchte zusammen mit Alex Lesovoy so rasch wie möglich in die Rue de Courcelles zu gelangen. In der Rue de Rivoli verloren sie Zeit, weil Lesovoy schnell einigen FFI zeigen mußte, wie man Handgranaten abzieht und wirft. Unweit des Hôtel Majestic, dem Hauptquartier der Deutschen, mischten sie sich sogar unter die Kämpfenden. Der Grand Chef warf unbeschwerten Herzens Handgranaten und entdeckte, daß die Freuden der direkten Aktion vielleicht nicht so subtil, aber doch auch berauschend sein können. Auch an der Place de la Concorde wurden die beiden Kameraden eine Zeitlang durch den Kampf um das Hôtel Crillon aufgehalten, so daß sie erst zwei Stunden nach dem Abzug des Sonderkommandos die Rue de Courcelles erreichten. Das Hausmeisterehepaar kam ihnen ängstlich entgegen, denn Kent hatte den beiden noch im Abfahren zugerufen: »Glauben Sie nicht, daß alles vorbei ist. Wir kommen wieder.«

Sie besichtigen die Örtlichkeiten. Im Keller die Zellen mit den Stockbetten. Dann die Empfangsräume und die Zimmer, in denen sie Berge von Dokumenten entdecken. Im letzten Stock die Luxuszelle des unbekannten Häftlings, den das Kommando mitgenommen hat. Wer war denn diese geheimnisvolle Persönlichkeit? Laut Pannwitz, den sein Gedächtnis in diesem Fall seltsamerweise etwas im Stich läßt, handelte es sich um Alamo. Aber Margarete, die den Mann häufig im Park spazierengehen sah und Alamo kannte, widerspricht dem Kriminalrat entschieden. Veil-Picard junior glaubt, daß es ein belgischer Ingenieur war. Die Späher von Lesovoy hatten ihn nicht fotografieren können, weil er niemals ausging, aber nach Aussage des jüdischen Gärtners beschäftigte er sich den ganzen Tag mit Mathematik. Trepper meint, es müsse Jefremow gewesen sein, der Ingenieur und Chemiker war.*

Am gleichen Tag geht Claude Spaak zusammen mit Ruth Peters nachmittags um zwei Uhr in seine Wohnung in der Rue de Beaujolais. Nur die schweren Möbel, die Bibliothek und die Bilder sind der Plünderung entgangen. Im Arbeitszimmer zeugt ein Haufen durcheinandergeworfener Papiere und Bücher davon, mit welcher Gründlichkeit alles durchsucht worden ist. Während die beiden noch durch die verwüsteten Räume irren, klopft Pauline, die Hausgehilfin der Schriftstellerin Colette, an die Tür: Madame Colette läßt ihnen sagen, wie sehr sie das Ganze bedauert. Sie könne leider nicht selbst kommen, bitte aber darum, ihr Nachbar möge auf einen Sprung bei ihr vorbeischauen. Colettes erste Worte zeugen von ihrem praktischen Sinn: »Brauchen Sie Geld?« Claude Spaak lehnt das großherzige Angebot dankend ab – ein Stück Seife nimmt er jedoch gerne mit.

---

* Heute weiß man mit Sicherheit, daß es Jefremow war. Ihm gelang es später, sich nach Südamerika abzusetzen, nachdem man ihn in Deutschland aufgrund seiner guten und treuen Dienste freigelassen und mit falschen Papieren und Geld versorgt hatte.

Einige Zeit später meldet sich ein Mann bei Spaak: »Ich bin Möbelspediteur. Im vergangenen März haben die Deutschen mich hierher bestellt, und ich mußte einen ganzen Lastwagen voll Sachen in ein Palais in die Rue de Courcelles bringen.« Claude Spaak macht sich auf den Weg. Er wird in einen riesigen, prunkvoll getäfelten Raum geführt, in dem nichts weiter steht als ein Tisch, zwei Stühle und ein Kanonenofen. Neben dem Ofen sitzt, in einen Mantel gehüllt, einen Hut auf dem Kopf, zitternd vor Kälte, ein kleiner, alter Herr: Monsieur Veil-Picard senior. Er verweist Spaak an seine Haushälterin. Diese führt ihn in den zweiten Stock hinauf, wo alle möglichen Möbel herumstehen, und sagt mit einer großzügigen Handbewegung: »Bitte bedienen Sie sich. Greifen Sie nur zu, die Besitzer sind tot.« Er findet einige Stücke aus Choisel und aus der Rue de Beaujolais, aber zum größten Staunen der Haushälterin weigert er sich hartnäckig, einen herrlichen Orientteppich einzupacken, der ihm nicht gehört. Auch die Badewanne aus Choisel, die im Keller steht, nimmt er erst mit, nachdem er sich überzeugt hat, daß sie nicht »benutzt« worden ist ...

Die Haushälterin hat ihm auch die glasgedeckte Galerie gezeigt, in der vor dem Krieg eine Sammlung wertvoller Gemälde aus dem 18. Jahrhundert untergebracht war. Wände und Parkett sind mit Blut bespritzt: hier hat das Sonderkommando »gearbeitet«.

Über seine Frau erfährt Spaak nichts.

An diesem Punkt seiner Erzählung verlor Claude Spaak die bisher gezeigte Selbstbeherrschung ... Wir saßen in seinem Arbeitszimmer in Choisel. Seit Stunden lauschte ich seinen Worten mit der leidenschaftlichsten Anteilnahme, die man sich denken kann, zugleich aber auch mit einer rein professionellen Freude an seiner Art zu erzählen, an der meisterhaften Sicherheit, mit der er jeweils das entscheidende Detail hervorzuheben verstand. Als er jedoch auf die Wochen nach der Befreiung zu sprechen kam – auf die Zeit, als Paris für die meisten ein Fest war –, da schien es, als verlöre er den Boden unter den Füßen. Seine bis dahin entspannten Gesichtszüge verzerrten sich. Seine tränenverschleierten Augen blickten verloren in die Ferne. Und was er mit rauher Stimme sagte, galt weniger mir als ihm selbst: »Ich hatte Gerüchte über eine Erschießung in Fresnes gehört, die einige Tage vor der Befreiung stattgefunden haben sollte, aber Genaues wußte ich nicht. Es hieß, die Kriminellen hätten revoltiert: das betraf Suzanne nicht. Wir konnten noch hoffen. Dann bekam ich einen Brief. Ihren letzten Brief. Man hatte ihr gerade gesagt, daß sie sterben müsse. Als letzter Satz stand da: ›Ich denke noch an Mira.‹ Auch ein Wort für die Kinder war dabei. Sie hatte die Briefe dem Gefängnisgeistlichen anvertraut. An wen er sie weitergegeben hat, weiß ich nicht, ich habe sie über das Auswärtige Amt bekommen. Im Umschlag steckte außerdem ein Beerdigungsformular der Friedhofsverwaltung in Bagneux.

Dort haben wir zwei frische Gräber gefunden. Man hatte die zwei Särge ohne jede Angabe gebracht. Auf den Kreuzen stand einfach: ›Eine Belgierin‹ und ›Ein Franzose‹.

Wir waren nicht sicher, daß es Suzannes Grab war, darum haben wir es öffnen lassen. Ich habe nicht in die Leichenhalle gehen wollen, das hat Dr. Chertok für mich getan. Sie war es wirklich. Wir haben sie in Bagneux gelassen. Sie wissen, ich bin Freidenker, und ich bin auch kein Friedhofgänger. Der eigentliche Friedhof ist das Herz. Aber eines Tages habe ich doch ihr Grab sehen wollen. Es war erschütternd ... eine riesige Totenstadt, in der dreitausend Soldaten begraben sind ... überall Blumen ... und zwischen all diesen Männern Suzanne und eine Leidensgenossin ... die einzigen Frauen ...

Einige Zeit nach der Befreiung besuchte mich eine ehemalige Gefangene aus Fresnes. Sie war eine Zellennachbarin meiner Frau gewesen und erzählte mir, welche Rolle Suzanne dort gespielt und wie bewundernswert sie sich verhalten hat. Sie sagte mir auch, daß meine Frau den Wunsch geäußert hätte, ich möchte ihre Zelle aufsuchen, falls sie nicht zurückkehren sollte.

Also bin ich nach Fresnes gefahren – das war im Januar 1945. Ich habe den Gefängnisdirektor um Erlaubnis gebeten, die Zelle besichtigen zu dürfen, deren Nummer meine Besucherin mir angegeben hatte. In streng bürokratischem Ton hat er geantwortet, das sei nicht nötig, alle von den Gefangenen aus dem Widerstand hinterlassenen Inschriften seien registriert worden. Ich habe das Register durchgesehen. Es stand nichts drin. Kein Satz war Suzanne zugeschrieben. Ich habe darauf gedrängt, man möge mir trotzdem die Zelle zeigen. Der Direktor hat geltend gemacht, daß das nicht einfach sei – die Gefängnisse waren damals voll von Kollaborateuren –, aber er wollte sehen, was sich machen ließe. Schließlich ist er zurückgekommen und hat mir den Besuch gestattet. Die Zelle diente seit einiger Zeit als Lagerraum für Wolldecken.

An den Wänden fand ich mehr als dreihundert Inschriften von Suzanne.

Ich weiß nicht mehr, wie lange ich mich dort aufgehalten habe. Schluchzend bin ich von einer Wand zur anderen gegangen und habe alle Inschriften auf Gefängnisbriefbogen kopiert, die mir der Direktor gegeben hatte. Da gab es Gedanken und Gedichte und auch eine Art Tagebuch, das sie in den letzten Tagen geführt hatte. Sie notierte hoffnungsvoll, daß amerikanische Panzer bereits in Chartres stünden. Sie fragte sich verwundert, warum sie noch immer in Fresnes war, während fast alle anderen Häftlinge verlegt worden waren. Aber lesen Sie selbst ...«

Tränen liefen ihm übers Gesicht, als er mir mit zitternder Hand einige Blätter zeigte, die er aus einer Schublade genommen hatte. Ich überflog sie und gab sie schnell zurück – zu schnell, aber mich bedrückte das Gefühl, den unsäglichen Kummer, der sein Gesicht verzerrte, ausgelöst zu haben. Wenn ich gewußt hätte, welch schmerzvolle Erinnerungen ich wecken würde ... Da stand: »Mit meinen Gedanken allein sein, auch das ist noch Freiheit.« Und ein Ausspruch von Sokrates: »Meine Feinde können mich töten, aber sie können mir nicht schaden.« Und einer von Kipling: »Wo die Kinder sind, müssen auch die Mütter sein, um sie zu behüten!«

Er zeigte mir auch den Brief, den Suzanne nach ihrer Verurteilung an ihre Schwiegermutter, Madame Spaak, geschrieben hatte. Der Brief war nach Belgien gegangen, und Madame Spaak hatte ihn nicht an ihren Sohn weiterleiten können, weil sie nicht wußte, wo er sich in Paris versteckt hielt. So war der Brief erst nach der Befreiung in seine Hände gelangt. In diesem Brief unterrichtet Suzanne ihren Mann von dem Vorschlag der Gestapo, er solle sich stellen, um sie zu retten – unterschrieben hatte sie mit riesengroßen Buchstaben: S U Z A N N E.

»Sie war neunundreißig Jahre alt, als sie starb, aber ich weiß nicht, wie sie starb. Fest steht, daß man ihr die Hinrichtung vorher angekündigt hat, denn man hat ihr noch Zeit für einen letzten Brief gelassen. Aber ich habe mich erkundigt: Mitte August wurde niemand mehr erschossen, weder in Fresnes noch auf dem Mont Valérien. Ich weiß nicht. Aber ich kann den großen braunen Fleck nicht vergessen, den ich auf dem Fußboden ihrer Zelle gesehen habe ...«

Das Gespräch war beendet, mit tränennassem Gesicht stand er auf und begleitete mich hinaus. Im Salon blieb er noch einmal vor einem Bild von Magritte stehen. Es zeigt ein aufgeschlagenes Buch: auf der rechten Seite sieht man weiße Wolken und einen blauen Himmel; auf der linken ein Porträt Suzanne Spaaks: kühne Nase, braunes, glatt zurückgekämmtes Haar, lebhaft blickende Augen. »Als das Bild gemalt wurde«, sagte er, »mochte es von der Familie niemand leiden. Wir fanden, es mache Suzanne zu alt. Nun sind wir es, die altern, und sie bleibt jung.«

An der Tür gaben wir uns wortlos die Hand. Seine Erschütterung war fast unerträglich: ich sah im Rückspiegel meines Wagens, wie er unbeweglich dastand, ein gebrochener Mann. Ich fuhr davon und dachte an Suzanne Spaak, an die Frau, von der ich bis vor einigen Stunden nichts gewußt hatte und die ich nun nie mehr vergessen würde. Und während ich an den so gut mit all den freudlosen Freuden ausgestatteten Wochenendhäusern im Tal der Chevreuse vorbeifuhr, sann ich darüber nach, ob richtig leben nicht vielleicht heißt, wie Suzanne Spaak zu sterben ...

›Eine Belgierin‹, ›Ein Franzose‹. Der Franzose war Fernand Pauriol, alias Duval, der bis zuletzt geschwiegen hatte. Beide sind zur gleichen Zeit umgebracht worden. Er kam aus Marseille, sie aus Brüssel. Sie hatten beide ein Stück Weges hinter sich, als sie sich in Fresnes trafen, um Seite an Seite zu sterben. Sie stammte aus einer reichen, bürgerlichen Familie, er war Kommunist. Der gleiche Kampf hatte sie zusammengeführt, bis in den Tod. Das ist die Rote Kapelle.

›Eine Belgierin‹, ›Ein Franzose‹. Eine zufällige, aber eine schöne Grabinschrift.

Die Rückkehr des Helden

36

Im Oktober 1944, zwei Monate nach der Befreiung, kam eine sowjetische Militärmission nach Paris und richtete sich zunächst in den Räumen der ehemaligen litauischen, dann in der früheren estländischen Botschaft am Boulevard Lannes ein.

Geleitet wurde die Mission von einem Oberstleutnant namens Nowikow, mit dem sich der Grand Chef unverzüglich in Verbindung setzte. Es wurde vereinbart, daß er mit dem erstmöglichen Transport nach Moskau fahren sollte. Aber die Wartezeit konnte lang werden, denn die Deutschen hatten nach ihrem hastigen Rückzug aus Frankreich am Rhein wieder festen Fuß gefaßt und den alliierten Vormarsch zum Stehen gebracht. Die Hoffnung auf einen baldigen Friedensschluß mußte auf das kommende Frühjahr verschoben werden. Unter diesen Umständen war an eine rasche Wiederherstellung der Verbindung Moskau–Paris nicht zu denken.

Trepper verbrachte seine Wartezeit damit, nach den Überlebenden seines Netzes zu suchen und etwas über das Schicksal der Verhafteten in Erfahrung zu bringen.

Hillel Katz' Frau und Kinder fand er im Chateau de Billeron bei Madame Maximowitsch. Raichman und auch Willy Berg waren von Zeit zu Zeit gekommen, um nach dem Rechten zu sehen, sonst aber hatte das Sonderkommando sie nicht belästigt. Sie als Unterpfand in der Nähe zu wissen, war wohl einfacher gewesen, als sich auch noch das Schicksal dieser Menschen aufzubürden. Zusammen mit Cécile Katz besuchte Trepper am 29. September, Patricks Geburtstag, die Queyries. Am Nachmittag gingen sie mit dem Kind in den Zirkus Médrano.

Häufig besuchte Trepper auch Spaak, um ihm bei seinen traurigen Nachforschungen behilflich zu sein. Emmanuel Mignon traf er zufällig auf der Place Saint-Michel; sie tranken ein Glas zusammen und sprachen über die guten alten Zeiten bei der Simex. Von Georgie kam kein Lebenszeichen. Trepper übergab Madame Queyrie zwei Koffer mit neuen Kleidern und Geschenken und bat sie, sie seiner Freundin auszuhändigen, wenn sie eines Tages wiederkommen sollte.

Ende November ließ Nowikow ihm ausrichten, Stalins Privatflugzeug sei in Le Bourget gelandet und er habe ihm für den Rückflug einen Platz reserviert.

Das Flugzeug hatte Maurice Thorez, der die letzten Jahre in Moskau gelebt hatte, nach Frankreich gebracht. Aber Trepper mußte noch weiter warten. Die Flugzeugbesatzung fand so sehr Gefallen am Leben und Treiben in Paris, daß ein komplizierter Motorschaden nach dem anderen den Rückflug verhinderte, bis schließlich ein ultimatives Telegramm aus dem Kreml die Motoren startbereit machte. Am 6. Januar um neun Uhr morgens hob die Maschine mit dem Grand Chef an Bord ab.

Das Flugzeug sollte eigentlich russische Kriegsgefangene nach Hause bringen, aber von den acht Passagieren erfüllte nur einer diese Bedingung. Die übrigen waren bis auf einen alten, seit zwanzig Jahren im Exil lebenden Revolutionär, den Stalin begnadigt hatte, entweder Diplomaten oder Mitglieder der Zentrale, die zurückbeordert worden waren.*

Die Kriegshandlungen zwangen zu langen Umwegen. Die Maschine mußte in Marseille, Castel Benito, Kairo, Teheran und Baku zwischenlanden, bevor sie am 14. Januar nachmittags um vier Uhr auf einem kleinen Flugplatz in der Nähe von Moskau aufsetzte.

Sechs Jahre waren vergangen, seit der Grand Chef das letztemal in Rußland gewesen war. Sechs an Freud und Leid, an Trauer und Triumph reiche Jahre. Sechs Jahre härtesten Kampfes. Die Arbeit war vollbracht.

Eine Gruppe hoher Offiziere hatte den Grand Chef auf dem Flugplatz erwartet. In der Wohnung eines gerade dienstlich abwesenden Obersten waren zwei Zimmer für ihn vorbereitet worden. Und man hatte einen Ordonnanzoffizier für ihn abgestellt.

Am Abend des darauffolgenden Tages erhielt Trepper Besuch von drei Militärs, die ein üppiges Abendessen mitgebracht hatten. Aber das Festmahl war bald vorbei:

»Welche Pläne haben Sie für die Zukunft?« fragte ein General.

»Bevor wir über die Zukunft sprechen, sollten wir vielleicht von der Vergangenheit reden. Warum haben Sie mir nicht von Anfang an geglaubt? Wieso haben Ihnen so grobe Fehler unterlaufen können? Hatte ich Sie nicht hinreichend gewarnt?«

---

* Von einem der Mitreisenden, Alexander Foote, wird der Grand Chef wie folgt beschrieben: »Ausweis Nr. 4 wurde von einem gewissen Iwanowski benutzt, der auch ein Sowjetagent fragwürdiger Nationalität war. Er sprach fließend Russisch und Französisch und außerdem etwas Englisch. Ich vermute, daß er längere Zeit während des Krieges in einem Versteck in Frankreich zugebracht hatte. Ich weiß nichts über ihn außer der Tatsache, daß er ein höchst amüsanter Reisegefährte war.« (Alexander Foote, Handbuch für Spione, Darmstadt 1954, S. 187)

»Sind Sie zurückgekommen, um Rechenschaft zu fordern?«

»Warum nicht?«

»Dann ist das nicht der richtige Ort.«

Der Grand Chef wird in das Lubjanka-Gefängnis gebracht. Er wird es erst nach zehn Jahren wieder verlassen.

»La victoire ...«

37

Kurz nach der Befreiung von Paris wurde Georgie de Winter ein zweites Mal von Reiser vorgeladen. Er sagte ihr: »Die Lage verschlechtert sich zusehends, und wir befürchten, daß irgendwelche Leute versuchen könnten, Sie zu befreien. Ich hoffe, Sie haben deshalb Verständnis dafür, daß ich Sie ins Gefängnis bringen lassen muß.«

Sie wußte nicht, ob unbekannte Freunde ihre Flucht vorbereiteten, aber sie selbst hatte auch schon an Flucht gedacht: das Sonderkommando konnte Patrick nun nicht mehr schaden. Reisers Vorsichtsmaßnahme durchkreuzte solche Pläne, aber sie hatte sich ohnehin nur wenig Hoffnung gemacht, mit ihren geringen Sprachkenntnissen ungehindert die französische Grenze zu erreichen. Die Aussicht, wieder in eine Zelle gebracht zu werden, stürzte sie daher nicht in Verzweiflung. Im Gegenteil: wie schon in Paris war ihr ein Gefängnisaufenthalt letztlich lieber als das ungewisse Dasein zwischen überwachter Freiheit und Gefangenschaft.

Sie ging zu Ella Kempka, packte ihre Sachen und ließ sich – ohne allzu große Sorgen – ins Gefängnis der Stadt einliefern. Damit begann ihr Leidensweg, der sie über Frankfurt am Main, Leipzig, Ravensbrück, Frankfurt an der Oder und Oranienburg nach Sachsenhausen führen sollte. Ein dreifacher Schutzschild half ihr, das Schwere zu ertragen: ihre Schönheit, ihre Vitalität und ihre Staatsangehörigkeit. Aber daß sie alles gesund und ungebrochen überstanden hat, verdankt sie einer weit wichtigeren, wenn auch schwer zu definierenden Eigenschaft. Wie alle hätte auch sie sich eigentlich erniedrigt, in ihrem Innersten bedroht und manches Mal zutiefst verzweifelt fühlen müssen, aber sie spricht nur von der Erniedrigung, dem Leid, der Verzweiflung ihrer Mithäftlinge. Selbstverleugnung? Nächstenliebe? Hört man ihr zu, so spürt man, daß ein unerschütterliches Gefühl der Unantastbarkeit sie in all diesen schrecklichen Jahren nie verlassen hat. Die Ereignisse sind, ohne Spuren zu hinterlassen, an ihr vorübergegangen. Sie würde nicht sterben, sich nicht erniedrigen lassen, nicht häßlich werden. »Menschen wie du und ich kommen überall durch.« Das war ihre Überzeugung. Sie wurde ihr zum Talisman.

Im Gefängnis von Karlsruhe erlebte sie schlimme Bombenangriffe, aber die Erinnerung an Karlsruhe ist für sie mit einem jungen Franzosen verknüpft – einem jungen Mann, der fast noch ein Knabe war und der eines Nachts in die

Stille des Gefängnisses hineinschrie: »Morgen werde ich erschossen!« Daß eine menschliche Stimme eine solche Verzweiflung auszudrücken vermochte, hatte sie nicht geahnt. Dann kam Reiser, sprach erneut von der Gefahr eines Handstreichs zu ihrer Befreiung und kündigte ihr an, daß sie verlegt würde.

Man brachte sie nach Frankfurt. Das Gefängnis war überfüllt, das Leben unerträglich. Die Häftlinge revoltierten, aber der Aufruhr wurde unterdrückt.

Dann Leipzig. Eine kleine Baracke, in der zwanzig Russinnen zusammengepfercht hausten. Sie mußten, eine an die andere gedrängt, auf dem nackten Fußboden schlafen. Jede Nacht lief der Kübel über, und morgens war der Boden mit Kot bedeckt. Aber es gab eine Bank, und die Russinnen, die ihr bei der Ankunft das Gesicht gestreichelt und ihre feinen Kleider mit grenzenlosem Staunen bewundert hatten, bestanden darauf, daß Georgie auf dieser Bank schlief.

Das Gefängnis von Leipzig wurde bald geräumt. SS-Leute brachten den elenden Häftlingstrupp zum Bahnhof. Auf dem Weg durch die Stadt wurden sie von Passanten beschimpft und von Kindern mit Steinen beworfen. Man zwängte sie in einen Güterwagen, sie konnten kaum atmen. Die Reise war eine Qual, der Schmutz unbeschreiblich. Schließlich kamen sie ans Ziel: Ravensbrück. Man betrachtete verwundert Georgies Schild: »Amerikanerin«. Sie wurde nicht kahlgeschoren und nur bei allgemeinen Bestrafungen geschlagen, gesondert nie. Sie freundete sich mit zwei Frauen aus Brüssel an, Mademoiselle de Fourcroy und deren Schwägerin Nicole. Zum erstenmal sah sie einen Menschen sterben: während der Arbeit schlug eine deutsche Aufseherin plötzlich mit dem Spaten auf eine Gefangene ein und spaltete ihr den Schädel ... Sie sagt, daß es eine Zeit gegeben habe, »wo es ihr gar nicht gut ging« – sie hatte hohes Fieber und phantasierte. Aber in ihrer Erinnerung an Ravensbrück steht unauslöschlich eine Zigeunerin, die bei eisiger Kälte mit einem vielleicht vierzehn Tage alten nackten Kind auf dem Arm in der Schlange vor der Baracke wartete, in der die Todeskandidaten ausgesucht wurden.

Dann wurde auch Ravensbrück geräumt, und Georgie kam in ein Lager in der Nähe von Berlin. Sie arbeitete in einer Fabrik, die aus synthetischem Gummi Telefondrähte für Überlandleitungen herstellte. Es gab eine Menge Sabotageakte. Danach mußte sie vor Frankfurt an der Oder bei klirrendem Frost Panzergräben ausheben. Schließlich sammelten die Sklaventreiber ihre Herde und trieben sie, als die Russen immer weiter vordrangen, auf Landstraßen Richtung Westen. Das war der traurig berühmte »Todesmarsch«: Tausende von abgestumpften Frauen zogen zwischen der Front im Osten und der Front im Westen im Kreis, von SS-Schergen getrieben, die aus Angst immer haßerfüllter dreinschlugen. Nachzügler wurden niedergemacht. Oft verließ eine Frau die Kolonne – und damit das Leben: sie hockte sich am Straßenrand nieder und wartete geduldig auf den Genickschuß, der diesen Höllenqualen ein Ende bereitete. Die einzige Nahrung war ein Teller Suppe, der am Straßenrand verschlungen wurde. Eines Tages, als die Häftlinge vor der Feldküche Schlange standen, stolperte die Gefangene, die vor Georgie wartete, gegen den Kessel. Der SS-Mann, der die Essensausgabe beaufsichtigte, zog seinen Revolver, wie man ein Taschentuch aus der Tasche zieht, und erschoß die Frau mit so gleichgültiger Miene, als sei es das Alltäglichste von der Welt. »Mein Hunger war so groß, daß ich vorgetreten bin und mein Eßgeschirr hingehalten habe, während die Unglückliche zu meinen Füßen lag, ihre Finger mit immer schwächer werdenden Bewegungen in den Erdboden krallte und starb.« Nachts mußten sie in viel zu kleinen Scheunen übernachten, und vor den Toren kam es zu blutigen Kämpfen. Alle, die draußen bleiben mußten, fand man am nächsten Morgen zusammengekauert, reifbedeckt – erfroren. »Ich bin immer ins Balkenwerk geklettert und habe auf dem obersten Balken, hoch über den anderen, geschlafen.«

Aber man trieb sie immer schneller voran, es gab immer weniger zu essen, immer mehr starben, und Georgie spürte, wie ihre Kräfte von Tag zu Tag nachließen. Deshalb beschloß sie zusammen mit ihren beiden Brüsseler Freundinnen, daß es besser sei, bei einem Fluchtversuch zu sterben, als mit einem Genickschuß ins Jenseits befördert zu werden. Am günstigsten dafür war die Stunde nach Einbruch der Dunkelheit, wenn die verhungerten Gestalten aufs Geratewohl vor sich hin stolperten, begleitet vom Klappern ihrer am Gürtel hängenden Kochgeschirre – ein grausiger Lärm, der Elend und Tod verkündete wie in früheren Zeiten das Glöckchen der Aussätzigen.

Bei einer Wegbiegung sprang eine von ihnen aus der Kolonne und verbarg sich hinter einer Hecke. Georgie und die andere warteten bis zum nächsten Dorf. Die Tür zu einem Garten stand offen: sie huschten hinein und versteckten sich hinter einer Mauer. Ganz in der Nähe begann wütend ein Hund zu bellen, die SS-Leute kümmerten sich nicht darum. Zitternd vor Angst lauschten die beiden Frauen auf das leiser werdende Klappern des Geisterzuges, dann schlüpften sie wieder aus dem Garten und gingen zurück, um ihre noch immer hinter der Hecke kauernde Freundin zu suchen.

Die Nacht verbrachten sie in einer mit Heu vollgestopften Jagdhütte am Ufer eines kleinen Sees. Am nächsten Morgen wurden sie von Kanonendonner geweckt. Ein kleiner russischer Zwangsarbeiter fand sie und schenkte ihnen drei Streichhölzer; so konnten sie sich einige Wurzeln kochen. »Als er fort war, haben wir uns nackt ausgezogen und gebadet – das war herrlich ...«

Die Wurzeln hatten ihren Hunger nicht gestillt, und nach dem Bad wurde er so unerträglich, daß sie beschlossen, Georgie auf Nahrungssuche zu schicken. Der Kanonendonner kam immer näher; ein ununterbrochenes Grollen ließ den Boden erzittern, während Georgie mit vor Angst zugeschnürter Kehle durch die Felder lief. Endlich entdeckte sie ein Gehöft. Die Bauersleute saßen um einen großen Tisch, auf dem noch die Reste eines Festessens standen. In ihrem Sonntagsstaat, ernst und schweigsam, warteten sie auf die Russen. Auf Georgies Frage, ob sie etwas essen dürfe, nickte der Bauer nur. Während sie sich unter den unbeteiligten Blicken der um den Tisch Versammelten den Mund vollstopfte, kam ein Kosak mit einer hohen Pelzmütze auf dem Kopf herein und verlangte Schnaps. Der Hausherr sagte, es sei keiner da. Seelenruhig gab der Russe zur Antwort, wenn er keinen Schnaps bekäme, würde er alle umbringen, und entsicherte seine Maschinenpistole. Weder vorher noch nachher hat Georgie je wieder so viel Angst ausgestanden wie in diesem Augenblick. Der Kosak erhielt seinen Schnaps, trank ihn und zog befriedigt ab.

Am 15. Mai 1945 wurde Georgie de Winter repatriiert. Als sie in Suresnes an der Haustür klingelte, waren Madame Queyrie und Patrick gerade bei den Nachbarn gegenüber. Patrick erkannte seine Mutter schon von weitem und weinte vor Aufregung. Madame Queyrie beherbergte die Heimgekehrte achtzehn Monate lang, und unter ihrer fürsorglichen Pflege war Georgie bald wieder »gesund und auf den Beinen«. Madame Queyrie sagte ihr nicht, was sie dem Verfasser sehr viel später anvertraute: »Ich weiß, es ist unrecht, aber ich habe so an dem Kind gehangen, daß ich im Innersten meines Herzens manchmal hoffte, Georgie würde nie wiederkommen – dann hätte ich Patrick adoptieren und für immer behalten können …« Das Schicksal hatte es mit Patrick entschieden gut gemeint. Anstatt allein zurückzubleiben, nachdem er hier versteckt, dort eingesperrt gewesen war, hatte eine Kette von hilfreichen Menschen, von denen einige deutsche Namen trugen, ihn von einem zum anderen weitergereicht, und die liebevolle Fürsorge der guten Madame Queyrie hatte ein übriges getan, um den Jungen unbeschadet durch den Krieg zu bringen.

Achtzehn Monate später traf Georgie in Brüssel den alten Jaspar, der aus Mauthausen zurückgekommen war. Im Lager hatte er unter den Häftlingen stets gute Laune verbreitet. Man hatte ihn mit der blauen Jacke und der roten Hose eines jugoslawischen Kavalleristen ausstaffiert, und seine Stimmung hatte diesen Farben entsprochen. Alles, sogar Mauthausen, schien wie ein Jungbrunnen auf ihn gewirkt zu haben. Aber Madame Jaspar war tot: als der Lagerkommandant eines Tages die Errichtung eines Sonderlagers für Alte und

Kranke ankündigte, hatte sie sich, allen Bitten ihrer Mithäftlinge zum Trotz, freiwillig gemeldet. Das Sonderlager war Auschwitz mit seinen Gaskammern gewesen.

Georgie de Winter, die ihre Liebe verloren hatte, entschloß sich, ihre Einsamkeit mit Jules Jaspar zu teilen. Bis zu seinem Tode lebten sie zusammen in den Cévennen. Zwei Jahre später heiratete sie einen polnischen Adeligen, einen ehemaligen Gardeoberst und Helden des polnischen Widerstands, der während des Warschauer Aufstands Adjutant von General Bor-Komorowski gewesen war. Auch der Pole, der sich nach einem bewegten Leben in die kargen Höhen der Cevennen zurückgezogen hatte, lebt heute nicht mehr. Er starb am 18. Mai 1966 und ließ Georgie in dem alten, trutzigen Haus am Berghang allein zurück. Seltsam sind die Wege, die das Schicksal diese so gar nicht für Spionage, Haft und Einsamkeit bestimmte Frau geführt hat, nur weil sie eines schönen Tages im Jahre 1939 in einer Konditorei in Brüssel ihre Handschuhe fallen ließ ...

Die Befreier kamen zu spät nach Mauthausen, um Henri de Ryck, den Aktionär der Simexco, Rauch, den Mann vom Intelligence Service, und Charles Drailly zu retten.

»Ich verdanke mein Leben nur meinem Fratzenschneiden«, behauptet Robert Christen, der ehemalige Besitzer des »Florida«. Jeden Sonntagmorgen fand – so grotesk das auch klingen mag – im Lager eine Unterhaltungsvorstellung statt. Wer von den Häftlingen irgendwelche Kunststücke beherrschte, gab sie vor einem Publikum lebender Gespenster zum besten. Christen konnte weder turnen noch jonglieren, und lustige Lieder vorzutragen, war aus sprachlichen Gründen unmöglich. Dennoch meldete er sich: »Ich kann Fratzen schneiden.« Er brachte die SS-Schergen tatsächlich so zum Lachen, daß er auftreten durfte. Er bekam deshalb nicht mehr zu essen, aber er wurde von der schweren Arbeit befreit und konnte so Kräfte sparen. Diese Vergünstigungen hatten mit seiner Verlegung nach Gouzen I, dem Todeslager von Mauthausen, ein Ende. Hier gab es keine Unterhaltungsvorstellungen und kein Fratzenschneiden mehr, dafür einen Verbrennungsofen und ... ein Akkordeon. Es gehörte dem Lagerkommandanten, der aber nicht darauf spielen konnte, Christen mußte ihn unterrichten. Außerdem gab es im Lager einige Privilegierte, die Pakete bekommen durften. Gegen eine kleine Abgabe vertrauten sie Christen ihre Vorräte an, der ihnen das Essen wärmte. Jeden Abend stellte Christen im Verbrennungsofen seine Kochgeschirre zwischen die verglühenden Knochen, nahm das Akkordeon zur Hand und spielte dem Kommandanten Walzer vor ...

Robert Corbin war der Schneiderstube zugeteilt worden. Die zerlumpten Kleidungsstücke, die er flicken mußte, waren zwar nicht aus den feinen englischen Stoffen, die er früher bei »Creed« in der Rue Royale verkauft hatte, aber die nicht sehr ermüdende Arbeit schützte ihn vor der Kälte und hielt ihn am Leben.

Das härteste Los hatte Jean Passelecq getroffen: dank seiner kräftigen Schultern und seiner unwahrscheinlichen Vitalität war er Anforderungen gewachsen, an denen ein Schwächerer zerbrochen wäre. Die Zufälle der SS-Bürokratie hatten ihm eine Art Rundreise durch die deutschen Konzentrationslager beschert: innerhalb von zwei Jahren lernte er zehn verschiedene Lager kennen. Jede Verlegung war eine Katastrophe, denn jedesmal verlor er dabei die winzigen Schätze, die er während seines Aufenthaltes gesammelt hatte, und beim Abschied bekam er immer die schlechtesten, dünnsten Lumpen. Im nächsten Lager, allen unbekannt, wurde er unweigerlich dem Kommando für Schwerstarbeit zugeteilt, in die schlechteste Baracke eingewiesen, dem bösartigsten Kapo unterstellt. Kaum hatte er sich eingelebt, kaum hatte er Freundschaften geknüpft, ohne die ein Überleben unmöglich war, mußte er wieder fort und in einer neuen Hölle von vorn anfangen. Schließlich sah er aus wie ein alter Seefahrer, der auf den Galeeren der Nazis zehnmal das Kap des Todes umfahren hat – aber er kam durch.

Alle früheren Mitarbeiter der Simex und der Simexco, soweit sie glücklich in ihre Heimat zurückkehrten, waren des Lobes voll für einen von ihnen, der noch im Lager geblieben war: Bill Hoorickx. Das Schicksal ist launenhaft: erst in der Deportation sollte die ganze Größe dieses Mannes zur Entfaltung kommen. In Mauthausen zeigte er, welche Kräfte in ihm schlummerten. Seine Kühnheit und seine Selbstlosigkeit waren bewundernswert. Durch irgendeinen verwaltungstechnischen Irrtum stand in seinen Papieren, daß er Arzt sei. Er widersprach nicht, obwohl seine medizinischen Kenntnisse sich auf Erinnerungen an einen Schnellkurs für Tropenmedizin beschränkten, den er absolviert hatte, als er vor vielen Jahren Missionar werden wollte. Mit diesen Kenntnissen hätte er allenfalls einen guten Krankenpfleger abgegeben, aber die SS ernannte ihn zum Lagerarzt und unterstellte ihm eine Reihe deportierter Ärzte. Keinem fiel der Schwindel auf, allerdings waren den medizinischen Möglichkeiten im Lager zwangsläufig enge Grenzen gesetzt. Um so viele Menschenleben zu retten, wie er gern gewollt hätte, fehlten Hoorickx die materiellen Mittel, aber er besaß Güte und Selbstverleugnung genug, um die Herzen zu stärken, die Lebenskräfte neu anzufachen und die Gefahren einer nur zu leicht um sich greifenden Verzweiflung zu bannen. Auch rettete er viele seiner für die Gaskammern bestimmten Leidensgefährten, indem er sie heimlich in die Baracken für ansteckende Krankheiten einschmuggelte, die von den SS-Leuten gemieden wurden. Nach der Befreiung lehnte er es ab, das Lager früher als die Kranken zu verlassen. Er blieb bis zuletzt und nahm als Erinnerung an diese Zeit ein Bündel Briefe mit, in denen ihm die Ärzte, die mit ihm zusammengearbeitet hatten, noch einmal ihre Bewunderung, ihren Dank und ihre Hochachtung ausdrückten.

Wladimir Keller von der Pariser Simex war zwei Monate nach der Hinrichtung Alfred Corbins aus der Lehrter Straße in das Zivilgefängnis von Tegel gebracht worden. Dort arbeitete er an einer Druckmaschine. Er hat nicht vergessen, daß er einmal 6000 Visitenkarten für Himmler drucken mußte, dessen unzählige Ehrentitel ihn wohl tief beeindruckt haben. Seine nächste Station war ein tschechisches Gefängnis. Dort litt er schwer unter Hunger und Kälte. Und mehr als einmal träumte er von der Tür im Waschraum des Bahnhofs von Lille, die er nur hätte zu öffnen brauchen, um allen Quälereien zu entrinnen. Endlich erschien am 8. Mai 1945 die Rote Befreiungsarmee in Gestalt eines allein daherreitenden Offiziers. Aus seinen durchlöcherten Stiefeln schauten die Zehen hervor. Keller, als typischer Schweizer, starrte verwundert auf dieses abgetragene Schuhwerk, aber der Russe lachte nur: »Das ist nicht schlimm. Hauptsache, wir haben den Krieg gewonnen!«

Auch der Deutsche Ludwig Kainz, die »Spitzmaus«, ist am Leben geblieben, ebenso Mademoiselle Ponsaint und Henri Seghers von der belgischen Gruppe. Aber die anderen, alle die im April 1943 nach Deutschland deportiert wurden, sind für immer dortgeblieben – hingerichtet oder an Erschöpfung zugrunde gegangen.

Außer einem vielleicht. Oberleutnant Makarow, alias Alamo, war im Februar 1943 von einem Feldgericht z. b. V. unter dem Vorsitz von »Hitlers Spürhund« Manfred Roeder zum Tode verurteilt und später mit den anderen nach Berlin überstellt worden. Auf der Fahrt hatte Hoorickx noch einige Worte mit ihm wechseln können. In Berlin verliert sich dann seine Spur. Keiner der Überlebenden seiner Gruppe hat ihn je wiedergesehen.

Nach dem Krieg aber hat Manfred Roeder, als er von den Amerikanern verhört wurde, dem Untersuchungsrichter eine merkwürdige Geschichte erzählt, die er auch dem Verfasser berichtet hat. Roeder behauptet, aus den Akten sei hervorgegangen, daß Makarow ein Neffe des russischen Außenministers

Molotow war.* Damit wäre dem Verurteilten natürlich eine besondere Bedeutung zugekommen, seine Hinrichtung unter Umständen politisch folgenschwer geworden. Da alle Todesurteile von Hitler gegengezeichnet werden mußten, Hitler aber im Falle Makarow und in einigen anderen Fällen Göring entsprechende Vollmacht gegeben hatte, machte Roeder den Reichsmarschall in einer dem Urteil beigefügten Notiz auf die verwandtschaftlichen Beziehungen des zum Tode Verurteilten aufmerksam und wies darauf hin, daß es vielleicht klüger wäre, ihn am Leben zu lassen – sei es für einen möglichen Austausch, sei es im Hinblick auf etwaige Verhandlungen mit Moskau. Roeder zufolge habe sich Göring diesen Argumenten angeschlossen und befohlen, Makarow in ein Konzentrationslager zu bringen. Dort sei er unter dem Namen Kokorine registriert worden. Die Amerikaner hätten ihn befreit, und er sei nach Rußland zurückgekehrt.

Tatsache ist, daß die »New York Times« im Mai 1945 über die Befreiung einer Gruppe »prominenter Häftlinge« berichtete und in ihrem Artikel auch einen Mann namens Kokorine erwähnte, bei dem es sich aber, wie wir festgestellt haben, in keinem Fall um Makarow handeln kann.

Es gibt jemanden, der den Gefangenen Kokorine gut gekannt hat: Captain Payne-Best vom Intelligence Service, einer der beiden von Schellenberg und Naujocks in Venlo abgefangenen Offiziere. Payne-Best war im Bunker des KZ Sachsenhausen inhaftiert, wo die Gestapo ihre prominenten Häftlinge unterbrachte. Er berichtet, daß Kokorine dort anfangs 1943 eingeliefert wurde. Zusammen mit Stalins Sohn, der mit dem Flugzeug über Deutschland abgestürzt war, habe er einen Fluchtversuch unternommen, aber der Versuch sei gescheitert.

Kokorine hat Payne-Best erzählt, daß er mit dem Fallschirm hinter den deutschen Linien abgesprungen sei, um das Kommando über eine Partisanengruppe zu übernehmen. Die Deutschen hätten ihn verfolgt, und er hätte sich ergeben müssen, da ihm die Füße erfroren waren. Als Payne-Best ihn traf, trug er noch immer die Uniform der Roten Armee. Die Zehen waren ihm amputiert worden – eine Bestätigung dafür, daß er die Wahrheit gesagt hatte. Außerdem war er zweiundzwanzig Jahre alt, also wesentlich jünger als Makarow, und im Gegensatz zu diesem muß er eine Brille getragen haben, denn nach dem mißglückten Fluchtversuch soll er sich mit Hilfe seiner Brillengläser die Pulsadern

---

* *Trepper erwähnt in seiner Autobiographie, er selbst habe, um Alamo zu retten, Giering versichert, daß es sich um einen Neffen Molotows handle. Trepper war auf die Idee gekommen, weil Alamos Schwester für Molotow gearbeitet hatte. Aller Wahrscheinlichkeit nach ist es diese »Entdeckung« Gierings, auf die Roeder in Makarows Akte stieß.*

aufgeschnitten haben. Er sprach, auch dies im Gegensatz zu Makarow, kein Englisch, unterhielt sich mit Payne-Best in gebrochenem Deutsch und sagte dann Dinge wie »Stalin sehr schöner Mann ... liebt meine Mutter ungeheuer ... sie ihn besucht jeden Tag nach dem Abendessen ... Stalin sehr faul, haßt Arbeit, mag gern gutes Essen, Wein und schöne Frauen ... Stalin fabelhafter Kerl ... macht sich nie Sorgen, lacht gern ...«[60]. Makarow mag naiv gewesen sein, aber so naiv doch wohl nicht.

Es gibt noch eine weitere Unstimmigkeit: entgegen Roeders Behauptung ist Kokorine nicht nach Rußland zurückgekehrt. Die »prominenten Häftlinge« waren von Sachsenhausen nach Südtirol transportiert und im Hotel »Pragser Wildsee« einquartiert worden. Dort wurden sie von einer amerikanischen Einheit befreit. Einige Tage danach verschwand Kokorine in den Bergen. Die Kälte ließ seine alten Erfrierungen wieder aufbrechen, er bekam Wundbrand und starb. Er hatte Payne-Best einmal im Vertrauen gesagt, daß er nicht nach Rußland zurückkehren werde, weil ihn dort ein schlimmes Schicksal erwarte.*

Kokorine kann also nicht Makarow gewesen sein. Bleibt die Frage, ob Roeder lügt oder ob er sich täuscht. Es ist nicht recht einzusehen, warum er lügen sollte. Um als Retter von Molotows Neffen dazustehen? Er hat niemals behauptet, daß bei seinen Handlungen humanitäre Gründe eine Rolle gespielt hätten, er würde solche Überlegungen rundweg als »falsche Menschlichkeit« abtun. Als er Göring seinen Vorschlag unterbreitete, hatte er nur, kühl abwägend, das Interesse des Dritten Reiches im Auge gehabt. Im übrigen würde Roeder, wenn er sich aufspielen wollte, bestimmt nicht als Russenfreund auftreten, sondern im Gegenteil – heute mehr denn je – als Bolschewikenfresser. Außerdem wäre eine Lüge sinnlos, die auf so leichte Weise zu widerlegen ist.

Einleuchtender ist, daß er sich täuscht. Inwieweit? Daß er Göring vorgeschlagen hat, Makarow zu begnadigen, und daß der Reichsmarschall dem Vorschlag, den Russen in ein Konzentrationslager einzuliefern, zugestimmt hat, können wir als richtig annehmen: Roeder hat die Notiz selbst verfaßt, und er hat Görings Antwort erhalten. Das weitere Schicksal des Gefangenen aber gehörte nicht mehr in Roeders Ressort; er konnte sich darum nicht mehr kümmern. Vermutlich hat er nach dem Krieg von der Existenz eines Molotow-Neffen namens Kokorine und von dessen Abenteuern gehört und daraus zu

---

* Bekanntlich wurden die russischen Gefangenen bei ihrer Heimkehr sehr reserviert aufgenommen. Man warf ihnen vor, daß sie sich hatten gefangennehmen lassen. Zehn Jahre nach Kriegsende waren manche noch immer erschwerenden und beschämenden Sonderregelungen ausgesetzt.

Unrecht geschlossen, es müsse sich hierbei um Makarow handeln. Sollte diese Hypothese stimmen, dann wäre Alamo tatsächlich begnadigt und in ein Lager gebracht worden – unter uns nicht bekannten Bedingungen, die ihm gute Chancen gelassen haben könnten, den Krieg zu überleben.

Ein seltsames Zusammentreffen bestärkte Roeder in seinem Glauben, Makarow sei noch am Leben – zumindest 1948 noch am Leben gewesen. Roeder saß damals in Nürnberg im Gefängnis. Im Oktober 1948 verhaftete die amerikanische Spionageabwehr in Deutschland einen wieder für die Russen arbeitenden Tschechen namens František Klecka, der schon während des Krieges einer tschechischen, der Roten Kapelle angeschlossenen Gruppe angehört hatte. Und ein böser Zufall brachte diesen ehemaligen Mitarbeiter der Roten Kapelle nun in Nürnberg in dieselbe Zelle, in der Roeder saß, der Mann, der so viele Mitglieder dieser Organisation in den Tod geschickt hatte. Nach einiger Zeit wich die anfängliche Befangenheit, und um der Langeweile der Haft zu entgehen, unterhielten sich die beiden Männer über vergangene Zeiten. »Dieser Klecka«, so Roeder dem Verfasser gegenüber, »hat mir von Makarow erzählt und mich dazu ermuntert, ihn doch in Berlin zu besuchen.«

Wir wissen, daß 1948 tatsächlich ein Hauptmann Makarow in Ostberlin stationiert war. Er leitete die Gruppe I des MGB – so die damals gebräuchliche Abkürzung für die sowjetischen Nachrichtendienste. Unser Makarow hätte also weiter auf einem Gebiet gearbeitet, das ihn in Brüssel so unendlich gelangweilt hat? Das ist nicht ausgeschlossen. Die Zentrale hätte ihn trotz der schlechten Erfahrungen aus seiner Anfängerzeit wieder eingesetzt? Auch das wäre möglich: vielleicht hatte sich Makarow in den schweren Jahren zu einem ernsthaften Mitarbeiter entwickelt. Aber das sind Vermutungen. Makarow ist ein in Rußland häufig vorkommender Name, es kann durchaus sein, daß der Hauptmann vom MGB zufällig auch so hieß.*

Kurz nachdem Reiser in Karlsruhe Georgie hinter Schloß und Riegel hatte bringen lassen, trafen im Gefolge des Sonderkommandos Margaretes Geliebter Kent und ihr Sohn René ein. Kent fuhr gleich mit Pannwitz nach Hornberg im Schwarzwald weiter, wohin die westliche Zentralstelle des SS-Geheimdienstes verlegt worden war. Bald darauf erfuhr Pannwitz von Reiser, daß aus Berlin der Befehl gekommen sei, alle Akten des Sonderkommandos zu vernichten, die ins Taubertal in der Nähe von Würzburg ausgelagert worden waren. Reiser und Pannwitz haben sie gemeinsam verbrannt.

---

* *Trepper ist davon überzeugt, daß Makarow überlebt hat.*

Mitte September 1944 mußte Margarete mit ihren beiden Kindern von Karlsruhe, das ständig bombardiert wurde, nach Friedrichroda übersiedeln. Pannwitz sorgte für Unterkunft in einer Pension, in der unter anderen die italienische Prinzessin Ruspoli sowie die Familie des französischen Generals Giraud und andere hochgestellte, aber harmlose Persönlichkeiten untergebracht waren. Das Haus wurde nicht bewacht, jeder konnte sich frei bewegen. Frauen mit Kindern würden nicht weit kommen, das wußte man. Im Oktober erkrankte Michel an doppelter Lungenentzündung. Am 22. kam sein Vater für einige Tage zu Besuch. Am 13. Dezember kam er ein zweites Mal; noch immer hatte er keine Anweisungen für die Zukunft. Margarete glaubte schon, die Zeit der häufigen Trennungen sei vorbei, sie würden zusammen das Ende des Krieges und die Rückkehr normaler Zeiten abwarten und nach diesen ruhelosen Jahren friedlich ihrer Liebe leben können. Mitte Februar jedoch tauchte plötzlich Pannwitz auf und holte Kent ab, ohne Margaretes hysterische Weinkrämpfe zu beachten.

Friedrichroda wurde bald darauf von den Amerikanern besetzt, dann aber den Russen übergeben, weil die Stadt der sowjetischen Besatzungszone zugeschlagen worden war. Beglückt über diesen Souveränitätswechsel, ging Margarete auf die Kommandantura und stellte sich dem diensttuenden Offizier vor: sie sei die Frau eines russischen Agenten mit dem Decknamen Kent. Der Offizier fuhr auf: »Was? Kent? Den suchen wir! Der Mann ist ein Verräter!« Als er Margaretes Erschrecken bemerkte, fügte er hinzu: »Sie sind natürlich nicht für die Irrtümer Ihres Mannes verantwortlich ...«

Im Juni – sie war noch in Friedrichroda – begann die Post wieder zu funktionieren. Als der Postbote ihr einen Brief brachte, der unverkennbar Kents Schriftzüge trug, wurde sie fast ohnmächtig. Der Brief war im April geschrieben und in Stuttgart aufgegeben worden, der Text eindeutig: »Wenn Du dies liest, werde ich tot sein. Öffne unsere Kassette. Notfalls mußt Du sie aufbrechen.« Ehe er im Februar mit Pannwitz weggefahren war, hatte er ihr die Kassette übergeben. Sie brach den Deckel auf und fand darin einen maschinengeschriebenen Brief, der mit folgenden Worten begann: »Ich habe mein Vaterland verraten.« Zum erstenmal gestand Kent selbst seiner Geliebten, daß er zum russischen Geheimdienst gehöre, und versicherte nachdrücklich, als sei dies das allerwichtigste, daß er kein Jude sei; nebenbei erwähnte er, sein Geburtsdatum (3. Juli 1911) habe er gefälscht, er sei 1912 geboren, und schloß mit zahlreichen Ratschlägen für sie und die Kinder. Ein Arzt, der ebenfalls in Friedrichroda inhaftiert war, riet Margarete, den Brief zu vernichten. Sie verbrannte ihn.

Im September 1945 waren endlich alle Formalitäten für ihren Rücktransport erledigt. Seit Kent verschwunden war, hielt sie nichts mehr in Friedrichroda, und sie hatte beschlossen, nach Frankreich zurückzukehren. An der Grenze wurde sie zusammen mit ihren Kindern aus dem Zug geholt, in Polizeigewahrsam genommen und über Kent verhört, ohne daß sie herausbringen konnte, ob es der französischen Spionageabwehr um den russischen Agenten oder um den bereitwilligen Mitarbeiter der Deutschen ging. Als man in ihrer Tasche eine Pfeife entdeckte, gab es große Aufregung: alle waren überzeugt, Kent sei mit Margarete im selben Zug gewesen, habe ihn aber vor der Grenze verlassen. In Wirklichkeit benutzte Margarete die alte Pfeife nur, um darin Zigarettenstummel aufzurauchen.

Nach endlosen Verhören wurde Margarete mit den Kindern in ein Internierungslager gebracht, wo Hunderte der Kollaboration Verdächtige versammelt waren. Das Leben war hart und mit den Aufenthalten in Neuilly, in der Rue de Courcelles oder in Friedrichroda nicht zu vergleichen. Sie hungerte und fror. Aber vor allem haderte sie mit ihrem Schicksal. Sie konnte nicht begreifen, weshalb sie unablässig vom Unglück verfolgt wurde. Zwei Jahre lang hatten die Deutschen sie hinter Schloß und Riegel festgehalten, und nun sperrten die Franzosen sie ein … Sie glaubte schon, sie müsse ihr Leben hinter Stacheldraht beschließen und würde – verrückt, wie die Welt nun einmal war – wahrscheinlich nie erfahren, welches Verbrechen sie begangen hatte. War es ihre Liebe zu Kent, dem Sonnenschein ihres Lebens? Warum quälte man sie dann jetzt, wo er doch tot war, noch immer?

Der Entlassungsbefehl kam gegen Ende des Jahres, aber Michel war so krank, daß sie seine Genesung abwarten mußte. Erst sechs Monate später, am 18. Mai 1946, verließ sie das Lager, nachdem sie sich schriftlich verpflichtet hatte, sofort die Polizei zu verständigen, falls sie je etwas von Kent hören sollte.

Sie hatte zwei Kinder zu versorgen; das eine war vierzehn, das andere drei Jahre alt, sie hatte weder Geld noch einen Beruf, und ihre Gesundheit war schwer erschüttert. Während für ihre Nachbarn, ihre Freunde und Bekannten der wirtschaftliche Aufstieg allmählich bessere Lebensbedingungen versprach, standen ihr zehn Jahre Krankheit und Elend bevor.

Als ich im Dezember 1965 meine Frau eines Abends ins »Moulin-Rouge« an der Place Brouckère in Brüssel führte, wußte sie schon im voraus, daß es kein lustiger Abend werden würde. Seit zwei Jahren begleitete sie mich auf meinen Wallfahrten; sie hatte sich längst daran gewöhnt, daß ich an bestimmten Orten ins Träumen geriet. Das »Moulin-Rouge« war so ein Ort. Wir saßen ernst und still dicht an der Tanzfläche und mögen auf die anderen Besucher – abgesehen von den noch nicht ergrauten Haaren – wie ein altes, müdes Ehepaar gewirkt haben, das seinen dreißigsten Hochzeitstag feiert. Ich hatte seit langem Übung darin, mein Gedächtnis in Gang zu bringen, mühelos konnte ich mich in eine andere Zeit versetzen. Der blonde Gast da drüben, das war Kent – er kam oft hierher. Wenn sich der Oberkellner zu ihm hinunterbeugte, flüsterte er ihm zu, daß die eifersüchtige Margarete ihn am Telefon verlange. An Stelle der spanischen Tanzgruppe, die gerade auftrat, sah ich die Cancan-Mädchen von 1940: »Nur jüdische Mädchen, Monsieur! Früher traten sie einzeln auf oder arbeiteten mit einem Partner zusammen; aber das waren Arier, und die haben sie sitzenlassen. Nun haben sie sich hier zusammengetan.« Auf der Bühne stand Robert Christen und trug seine komischen Chansons vor, ohne zu ahnen, daß fern im Osten ein Publikum ganz anderer Art auf ihn wartete.

Die Lichter verlöschen, ein Taschenspieler tritt auf. Unnötig, sich in andere Zeiten zu versetzen, unnötig auch, die Anwesenden in Gedanken auszutauschen: dieser temperamentvolle junge Mann mit den lebhaften, eleganten Bewegungen ist Michel, Kents Sohn, der heute dort arbeitet, wo sein Vater Stammgast war, als er sich noch Sierra nannte.

Bis 1961 hatte Michel das ruhelose Leben seiner Mutter geteilt. Mit fünfzehn Jahren war er als Botenjunge zu einer Fotoagentur gegangen. Heimlich hatte er gelernt, wie man Filme entwickelt. Als eines Tages unmittelbar vor der Agentur ein schwerer Verkehrsunfall passiert, packt Michel seinen Fotoapparat, stürzt auf die Straße, macht einige Aufnahmen, entwickelt sie und bringt die Abzüge zu verschiedenen Zeitungsredaktionen in Brüssel. Alle Fotos werden veröffentlicht. Er wird Fotograf. Bei der Hochzeit des belgischen Königs steht er in der vordersten Reihe der Menschenmenge, die auf den König wartet. Es gibt ein Gedränge – alle wollen einen Blick auf die vorüberrollende Karosse werfen. Die Polizei verliert die Nerven. Michel wird niedergeschlagen und bricht mit einem Schädelbruch zusammen. Im Krankenhaus schenkt ihm jemand zum Zeitvertreib einen Zauberkasten. Das Zaubern macht ihm Spaß, und als er entlassen wird, ist er entschlossen, damit seinen Lebensunterhalt zu verdienen. Der Anfang ist schwer, dann aber kommt der Erfolg: Tourneen durch Deutschland, Kanada, die USA, den Mittleren Osten und Japan. Das bringt keinen Reichtum, aber doch einigen Wohlstand. In zehn Jahren, mit dreißig, will er das Zaubern an den Nagel hängen. Und dann? Das weiß er noch nicht. Aber gewissenhaft, klug und vernünftig, wie er ist, wird er seinen Weg schon machen.

Dem Aussehen nach ist er eine verbesserte Ausgabe Kents. Die Form des Mundes ist schöner, das Gesicht feiner, die Ohren weniger abstehend, der Ausdruck entspannter. Er hat nichts davon, was Kents Gesicht so häßlich machte, aber auch nichts von Margarete.

Sein Beruf zwingt ihn, so scheint es, viel zu schreiben: an seinen Impresario, an Varieté-Direktoren, Nachtclubs und so weiter. Er hat Akten, Karteien und einen Schreibtisch, an dem er täglich mehrere Stunden verbringt. Auf diesem Schreibtisch steht eine Fotografie des Vaters, der verschwand, als er zwei Jahre alt war. Er verehrt Kent. Ja, er liebt ihn.

Ich habe an Sie gedacht, Michel, als ich beschrieb, wie Ihr Vater seine Freunde verraten und im Stich gelassen hat ... So geschickt Sie sind, wenn es darum geht, Tauben und bunte Tücher fortzuzaubern, es wird Ihnen nicht möglich sein, das traurige Bild, das ich heraufbeschworen habe, verschwinden zu lassen. Ihr Vater war für die Wechselfälle des Nachrichtendienstes nicht geschaffen. Man kann in einem havarierten U-Boot unerschütterlich bleiben, aber vor der Gestapo zusammenbrechen. Man kann ein hervorragender Offizier der Internationalen Brigaden gewesen sein, aber beim Anblick eines schwarzen Citroën die Nerven verlieren. Weder Sie noch ich können über ihn den Stab brechen – dazu haben nur die ein Recht, die standgehalten haben. Doch nicht einmal um Sie zu trösten, würde ich sagen, daß die meisten so waren wie er. Allerdings war er auch keine Ausnahme. Ich weiß: Väter haben ihre Kinder, Kinder ihre Mütter verraten. Ihn hat man, jung und beeinflußbar, in die Ferne geschickt, um an der Seite von Fremden zu kämpfen. Sein Herz hing an einem einzigen Menschen, und das Schicksal hat es gefügt, daß er um dieses Menschen willen zum Verräter werden mußte. Wäre Margaretes Lebensglück von seinem Mut abhängig gewesen, wäre er ein Held geworden. Der Grand Chef sagt von ihm: »Nichts wäre geschehen, wenn er diese Frau nicht kennengelernt hätte. Als sie ihm dann auch noch einen Sohn schenkte, hat er vollends den Kopf verloren.« Das ist für niemanden eine Entschuldigung – außer für Sie, denn diese Frau ist Ihre Mutter, und Sie sind dieses Kind.

Aber die Geschichte ist noch nicht zu Ende. Verlassen wir das »Moulin-Rouge« – über dessen Eingang neben einem Plakat für »Siera«-Fernseher eine Leuchtreklame für »Kent«-Zigaretten angebracht ist – und nehmen wir den Faden in einem Chalet in Vorarlberg wieder auf, wo gerade der vorletzte Akt unserer Geschichte begonnen hat ...

Pannwitz hatte sich mit Kent und einigen Leuten des Sonderkommandos in einem einsam gelegenen Chalet nicht weit von Bludenz, nahe der Schweizer Grenze, einquartiert. 300 Kilometer hatten sie sich durchschlagen müssen, zwischen zurückflutenden deutschen Truppen hindurch, an Polizeisperren und SS-Einheiten vorbei, die bereit waren, alles zu erschießen, was dem Feind den Rücken kehrte. Aber der Kriminalrat trug einen von Himmler und Jodl unterzeichneten Ausweis bei sich, der ihm volle Bewegungsfreiheit sicherte und ihm sogar Befehlsgewalt über Zivilisten und Soldaten gab.

Von ihrem Chalet aus horchten sie auf das Näherrücken der Front: die 1. französische Armee war im Anmarsch. Eines Morgens zog sie in Bludenz ein, das dumpfe Motorengeräusch der Panzer war deutlich zu hören. Pannwitz und seine Leute verbrannten ihre Personalpapiere und warteten voller Unruhe und Nervosität, was nun geschehen würde. Nichts geschah. Mit allem hatten sie gerechnet, nur damit nicht: daß niemand kam, niemand sie holte. Wochenlang lebten sie ungestört in ihrem Haus inmitten blühender Alpenwiesen und lauschten dem Gesang der Vögel. Jeden Abend nahm Kent Funkverbindung mit Moskau auf. Unten in Bludenz richtete sich die Besatzungsmacht häuslich ein.

Einer ihrer Landsleute, ein Berliner Flüchtling, mußte sie bei den Franzosen anzeigen, damit sich jemand um sie kümmerte. Das Haus wurde eines Morgens von französischen Soldaten umzingelt, die eine 3,7-cm-Kanone in Stellung brachten. Die Gelegenheit für ein Ehrenscharmützel war gekommen. Aber Pannwitz »war viel zu schlau, um für eine verlorene Sache zu sterben«. Er schwenkte ein weißes Tuch, während seine Leute die Hände hoben. Ein junger französischer Leutnant stürmte mit der Pistole in der Hand ins Haus. Ohne sie eines Blickes zu würdigen, ging er auf ein an der Wand hängendes Hitlerbild zu und riß es in Stücke. Die SS-Männer dagegen starrten mit ausdruckslosen Gesichtern auf das eiserne Kreuz, das er so an seinem Gürtel befestigt hatte, daß es auf sein Hinterteil herabbaumelte. Pannwitz warf Kent einen Blick zu. Dieser trat einen Schritt vor und erklärte: »Ich gehöre zum russischen Geheimdienst und bin Major der Roten Armee. Diese Herren hier sind Mitglieder einer deutschen Widerstandsgruppe, sie arbeiten seit langem mit mir zusammen.« Als der verdutzte Leutnant sich von seinem Staunen erholt hatte und Näheres wissen wollte, zeigte Kent ihm die letzten aus Moskau eingegangenen Funksprüche. Dann sagte er: »Diese Herren stehen selbstverständlich unter meinem Schutz: ich brauche sie noch. Alles, was Sie hier sehen«, er deutete auf den Sender und die persönlichen Waffen der SS-Leute, »ist Eigentum der Roten Armee, und ich darf Sie bitten, nichts zu berühren.«

Die Funksprüche hatten den Leutnant überzeugt. Er grüßte und verschwand. Eine Woche später jedoch wurde er abgelöst. Sein Nachfolger erschien, hörte sich mit hochgezogenen Augenbrauen Kents Erklärungen an, befürchtete aber doch einen diplomatischen Zwischenfall und hielt es für das Beste, diese Herren vom deutschen Widerstand so schnell wie möglich loszuwerden.

Er ließ sie ins Hauptquartier der französischen Armee nach Lindau bringen, wo Pannwitz und Kent von einem überarbeiteten Colonel empfangen wurden. Zwischen zwei Telefongesprächen fragte er, ob sie nicht etwas über eine Gruppe von Gestapobeamten wüßten, die verrückterweise Sonderkommando Rote Kapelle genannt würde. Pannwitz erkundigte sich vorsichtig nach näheren Einzelheiten. Der Colonel reichte ihm ein Telegramm aus dem nächstgelegenen amerikanischen Hauptquartier. Darin hieß es, daß sich in dieser Gegend das Sonderkommando Rote Kapelle aufhalten solle, dessen Chef ein gewisser Heinz Pannwitz sei – man bat, die Verhaftung der Gruppe mit allen Mitteln zu betreiben, da sie bestimmten Informationen zufolge den Auftrag habe, General Patton zu ermorden.

Kent beeilte sich, die Unterhaltung auf ein anderes Thema zu lenken. Er machte genaue Angaben zu seiner Person, über seinen militärischen Rang und seine Zugehörigkeit zum russischen Geheimdienst. Pannwitz zeigte seine falschen Papiere vor und betonte seine hitlerfeindlichen Überzeugungen. Der Colonel, wahrscheinlich ehrlich beeindruckt, wenn auch nicht absolut überzeugt, fand, daß ein gemeinsam geleertes Glas zu nichts verpflichte. Also tranken sie fröhlich auf den Sieg der Alliierten. Dann machte sich der Franzose eiligst daran, einen Bericht für General de Lattre de Tassigny aufzusetzen. Die SS-Männer und Kent verbrachten die Nacht im Hauptquartier der französischen Armee, zusammen mit völlig desinteressierten Soldaten. Zur Stunde der gewohnten Funkverbindung mit Moskau sah Pannwitz zu seiner größten Überraschung, wie Kent seinen Empfänger heimlich einem SS-Mann zuschob. Das Gerät, das sie einem englischen Agenten abgenommen hatten, war für die damalige Zeit ein technisches Wunder: seine zwei Batterien fanden in einer Streichholzschachtel Platz, der Empfänger war winzig. Als die Sendung begann, warfen die Soldaten nur einen achtlosen Blick auf den Gast, der, den Kopf in die Hand gestützt, im Schlaf vor sich hin murmelte. In Wirklichkeit hatte der SS-Mann, ein erfahrener Funker, den Hörer in seiner Hand versteckt und diktierte den Text des Funkspruchs, und Kent schrieb mit, indem er so tat, als mache er sich Notizen in einem Buch. Ein unnützer Bravourakt, aber er half zumindest, sich zu entspannen.

Am nächsten Morgen erfuhren Pannwitz und Kent, daß sie nach Paris gebracht werden sollten, da der Oberkommandierende ihren Fall dem Kriegsministerium übergeben wolle. So kehrten sie, sechs Monate nachdem sie Hals über Kopf vor den Panzern General Leclercs aus Paris geflohen waren, von einem von General de Lattre de Tassignys Offizieren begleitet, nach Paris zurück. Sie hatten zehn Koffer mit Privatsachen bei sich, Pannwitz trug noch immer seine Pistole, und bisher hatte niemand von ihm verlangt, die mit

Dokumenten vollgestopfte Aktentasche aufzumachen, die er nicht einen Moment lang aus der Hand ließ.

Das Kriegsministerium setzte sich mit der russischen Delegation in Verbindung. Oberstleutnant Nowikow erklärte sich sofort bereit, einem Offizier der Roten Armee zu helfen: sowjetischen Staatsangehörigen die Heimkehr zu ermöglichen, sei ja eine der Aufgaben seiner Delegation. Und er fügte hinzu, daß er sich auch gern bemühen werde, etwas für den Herrn vom deutschen Widerstand zu tun.

Am 6. Juni brachte ein Auto der russischen Militärmission Kent und Pannwitz samt ihren zehn Koffern nach Le Bourget zu einem Flugzeug nach Moskau. Der Kriminalrat trug seine Aktentasche voller Dokumente immer noch bei sich. Nowikow hatte nur seine Pistole zurückbehalten.

Wenn auch die nur zwei Wegstunden entfernte Schweizer Grenze streng bewacht wurde und es so gut wie aussichtslos war, hinüberzugelangen, hatte es an Gelegenheiten zur Flucht nicht gefehlt. Im nahen Tirol gab es tiefe Wälder und einsame Täler. Alle Fluchtwege der Nazis führten durch dieses Gebiet nach Italien, nach Genua, dem Tor zur südamerikanischen Freiheit. Während Pannwitz im Bludenzer Chalet schlief, kletterten seine Kollegen, von Ortskundigen geführt, zu Dutzenden durch unwegsames Gebirge.

Er wußte das nicht? Ihm, dem Kriminalrat und Chef des Sonderkommandos, sollte das entgangen sein? Möglich. Im Deutschland des Frühjahrs 1945 werden unzählige Menschengruppen wie von einem Sturm durcheinandergewirbelt: Deportierte, ausländische Zwangsarbeiter, Gefangene aller Nationalitäten sind auf dem Weg in die Heimat; aufs Land geflüchtete Familien strömen in die Städte zurück; zu Hunderttausenden fliehen die Bewohner der Ostgebiete vor der Roten Armee; eine Million Sudetendeutsche verstopft aus Angst vor tschechischen Racheakten die Straßen nach Westen; die Verbände der Wehrmacht sind in Auflösung begriffen, immer länger werden die Kolonnen der Gefangenen, die in die Sammellager strömen ... Die Alliierten haben das Land noch nicht fest in ihrer Hand, alles ist aus den Fugen geraten – seit der großen Völkerwanderung hat es in Europa ein derartiges Chaos wohl nicht mehr gegeben ...

Pannwitz ist im Besitz falscher Papiere, er hat Geld und ein unauffälliges Äußeres. Und doch rührt er sich nicht. Er taucht nicht in dem allgemeinen Wirrwarr unter. Er wartet, daß man ihn aus seinem Chalet holt.

Für Kent ist die Sache noch einfacher. Er ist Russe. Also ein Alliierter. Er braucht nur nach Bludenz – keine 300 Meter weit – hinunterzugehen und sich dort als entflohener Kriegsgefangener oder als befreiter Zwangsarbeiter zu erkennen zu geben. Die Franzosen würden sich seiner annehmen, würden sich auch um seine Repatriierung kümmern, aber das würde viel länger dauern als bei einem Offizier der Roten Armee, einem Mann des Geheimdienstes. Als kleiner russischer Zwangsarbeiter oder entwichener Soldat würde er monatelang auf den Rücktransport warten müssen – tausend Möglichkeiten könnten sich bieten ...

Jedenfalls – wie unsicher die Zukunft auch sein mag – kann es für ihn im Augenblick nur einen Imperativ geben: er darf sich nicht zusammen mit den SS-Leuten fangen lassen, er muß so schnell wie möglich verschwinden und seine aussätzigen Bewacher ihrem Schicksal überlassen, um seine Haut zu retten. Aber nein. Er rührt sich nicht. Genau wie Pannwitz wartet er, daß man ihn holt.

Und man kommt und holt sie. Das Glück will es, daß sie westlichen alliierten Soldaten in die Hände fallen; Millionen von Deutschen sehnen sich nach diesem Glück. Der kleinste Unteroffizier, der nichts anderes als sechs Jahre Ostfront auf dem Kerbholz hat, wäre bereit, Deutschland auf Knien zu durchqueren, um den Russen zu entgehen und in westliche Gefangenschaft zu kommen. Nicht so Pannwitz. Er steuert geradewegs auf Moskau zu. Denn in dem Moment, in dem Kent sich dem französischen Leutnant als russischer Offizier zu erkennen gibt, kann nur noch Moskau das Endziel sein. Er, der Kriminalrat der Gestapo, der SS-Hauptsturmführer, wendet sich nach Osten – das ist seltsam. Er, der Leiter des »Großen Spiels«, der es seit Jahren darauf angelegt hat, die Zentrale irrezuführen, wirft sich in die Arme derer, die er getäuscht hat – das ist verblüffend. Pannwitz kennt aufgrund seiner Arbeit besser als jeder andere die Spannungen, die zwischen den Alliierten bestehen; in seinen Kreisen bestand sogar die Neigung, diese Spannungen gehörig zu übertreiben. Er muß wissen, daß die westlichen Mächte nicht sonderlich betrübt wären, wenn sie erführen, daß er ihren russischen Bundesgenossen irregeführt hat. Möglicherweise würden sich ihre Geheimdienste sogar diskret für die Sache interessieren. Aber anstatt sich unter ihren beruhigenden Schutz zu stellen, wirft er sich in die Arme seines schlimmsten Feindes, des Direktors der Moskauer Zentrale.

Bei Kent gibt es keinen Zweifel, er rennt blindlings in sein Verderben. Zwischen Bludenz und Lindau, zwischen Lindau und Paris könnte er zehnmal fliehen, man bewacht die beiden Männer nicht, man begleitet sie. Ein Sprung zur Seite, und es wäre geschafft. Aber er geht weiter geradeaus, dem sicheren Tod entgegen.

Unbegreiflich?

Vielleicht gibt es doch eine Erklärung.

Ein kleines Spiel

38

Gestapo-Müller.

Wie charakterisiert ihn der in Venlo entführte Captain Payne-Best? Als
»einen angenehmen, kleinen Mann«[61]. Der ehrenwerte Gentleman hat eine unwiderstehliche Neigung, jeden nichtbritischen Staatsbürger als »klein und den
Leuten des Intelligence Service geistig nicht gewachsen« zu beschreiben. Aber
es stimmt, Heinrich Müller war nicht groß. »Klein, untersetzt«, heißt es bei
Schellenberg, mit einem »kantigen Bauernschädel, schmalen, verkniffenen
Lippen und stechenden braunen Augen, die fast stets von den ständig zucken-
den Lidern halb verdeckt waren ... massive, breitflächige Hände mit dicken,
eckigen Fingern ...«[62]

Heinrich Müller tritt lange vor der Machtergreifung Hitlers in die bayeri-
sche Polizei ein. Als Beamter der Weimarer Republik bekämpft er die Nazis
auf ihrem Wege zur Macht und fügt ihnen manche schwere Niederlage zu.
Dann aber, als sie gesiegt haben, wird er ihr Helfer. Nicht daß er sein Fähnchen
nach dem Wind hängt, seine Fahne flattert ein für allemal im Wind des Staates,
wer auch immer diesen Staat lenken mag. Er war ein ergebener Diener der Weimarer Republik, er wird ein ergebener Diener des Dritten Reichs, er wäre auch
dem Kaiser von China ergeben gewesen. Müller war ein Mann vom Schlage
Gierings und Bergs. Während diese jedoch jeden Regierungswechsel mit der
Gleichgültigkeit eines Chamäleons über sich ergehen lassen, erwartet Müller
von jeder Veränderung eine größere Befriedigung seiner Leidenschaft für Ordnung und Autorität – seiner Leidenschaft für den Staat an sich. Wilhelm Höttl,
SS-Obersturmbannführer beim Auslandssicherheitsdienst, sagt von ihm:
»Müller kannte kein anderes Gesetz als die Allmacht des Staates ... Wer im Ver-
dacht stand, widersetzlich zu sein oder es werden zu können, war für ihn ein
Gegner ... Müllers Vorbild war immer schon die politische Polizei der Sowjets
gewesen. Es gelang ihm tatsächlich, diesem Ideal recht nahe zu kommen.«[63]
Gerald Reitlinger: Er war »durch zehn Jahre die Verkörperung des kalten,
leidenschaftslosen, immer auf dem Posten befindlichen Polizeichefs«[64].
Edward Crankshaw beschreibt Müller als »Urtyp des unpolitischen Funktionärs, verliebt in persönliche Macht und dem Dienst an der Obrigkeit, dem
Staat, hingegeben«[65].

Er war in Wirklichkeit so wenig Nationalsozialist und wegen seiner beruf-

lichen Vergangenheit so ungern gesehen, daß die Partei allen seinen Aufnahme-
anträgen zähen Widerstand entgegensetzte. Nicht daß Müller sich unbändig
danach gesehnt hätte, ein Parteibuch zu besitzen – sein Vorgesetzter,
Heydrich, fand es unpassend, daß der Gestapochef kein Parteimitglied war,
während jeder kleine deutsche Beamte sich darum bemühte, in die Partei aufgenommen zu werden. Eine wahrhaft einmalige Situation. Aber es wird Jahre
dauern, und Heydrich wird seinen ganzen Einfluß geltend machen müssen, um
die Parteileitung umzustimmen. Erst 1939, kurz vor Kriegsausbruch, wurde
Müller in die Partei aufgenommen.

Rudolf Heß ist als Stellvertreter Adolf Hitlers Chef der Parteileitung. Er
ist einer der ältesten Parteigenossen und nach Göring der zweite Nachfolger
des Staatschefs. Er glaubt an Astrologie und Magie. Am 10. Mai 1941 –
während der Generalstab die letzten Vorbereitungen für das Unternehmen
Barbarossa trifft – setzt er sich, seinen Sternen und Stimmen vertrauend,
in seine Messerschmitt und fliegt nach Schottland, um auf eigene Faust einen
Separatfrieden mit Großbritannien zu schließen. Sein Stellvertreter heißt
Martin Bormann.

Martin Bormann, ein ehemaliger Gutsverwalter aus dem Mecklenburgischen,
1923 während der Ruhrbesetzung Saboteur, 1924 wegen Beteiligung an einem
politischen Mord von einem deutschen Gericht verurteilt und 1925 freigelassen, ist eines der ersten Parteimitglieder. Schellenberg beschreibt ihn so: »Er
war ein stämmiger, untersetzter Typ mit vorgeschobenen runden Schultern
und einem Ansatz zum Stiernacken. Den Kopf hielt er stets ein wenig nach
vorn, so als ob der Widerstand der Nackenmuskeln zu stark wäre. Ich mußte
bei seinem Anblick oft an einen Boxer denken, der mit vorgeschobenem Oberkörper und schnellem Augenspiel seinen Gegner belauert und dann plötzlich
auf ihn losgeht.«[66] Als rechte Hand von Heß, dem Stellvertreter Hitlers, war
er schon vor dessen abenteuerlichem Flug nach Schottland in eine der Schlüs-
selpositionen der Macht aufgerückt. Hitler hatte ihn zu seinem persönlichen
Berater ernannt, und im Mai 1941 war seine Stellung bereits so gefestigt, daß
er die Folgen der Eskapade seines direkten Vorgesetzten nicht zu fürchten
brauchte. Im Gegenteil, Bormann konnte seine Position weiter stärken und
hatte schließlich, wie Trevor-Roper schreibt, »eine unbestrittene Vormacht-
stellung erreicht, wie es sie in der unmittelbaren *entourage* seines Herrn und
Meisters zuvor nie gegeben hatte.«

Bormann erreichte diese Position, ohne Aufsehen zu erregen, ohne sich in
den Vordergrund zu spielen, allein durch Ausdauer und eine Art zäher Bescheidenheit. Eine Sekretärin Hitlers beschreibt ihn als einen »besessenen

Organisator und Aktentiger, der Hitler alle Arbeit abnahm und jede unangenehme Frage von ihm fernhielt«[67]. Und Alfred Rosenberg, Reichsminister für
die besetzten Ostgebiete, berichtet: »Während der Gespräche bei Tisch kam
die Rede auf irgendein Ereignis – Bormann zog sein Taschenbuch heraus und
machte sich eine Notiz. Ärgerte sich der Führer über irgendeine Bemerkung,
eine Maßnahme, einen Film – Bormann notierte es. Wenn irgendeine Sache un-
klar erschien, stand Bormann auf und ging hinaus; kurz darauf erschien er wieder: er hatte sein Büro angewiesen, sofort nachzuforschen, zu telefonieren, zu
telegrafieren, zu schreiben … Es kam manchmal vor, daß Bormann noch vor
Beendigung des Essens eine Erklärung geben konnte.«[68] Und noch einmal Trevor-Roper: »Unentbehrlich, unermüdlich und allgegenwärtig, war er nun der
alleinige Hüter von Hitlers Geheimnissen, der einzige Leitweg für dessen Befehle, der einzige Mann, der zu dieser immer unnahbareren Persönlichkeit Zu-
tritt verschaffen konnte.«[69]

Müller kennt Bormann natürlich seit langem, aber nach der Flucht von Heß
hat er zum erstenmal direkt mit ihm zu tun. Gestapo-Müller bekommt den
Auftrag, Heß' Dienststelle, den »Augiasstall des Dritten Reiches«, zu säubern.
Für Bormann ist das eine willkommene Gelegenheit, alte Rechnungen mit
Kollegen zu begleichen und vor allem etwaige Konkurrenten auszuschalten.
Müller ist entschlossen, sich einen warmen Platz an der Sonne von Bormanns
Macht zu sichern, er hat also für dessen Vorschläge ein offenes Ohr. Bei Schel-
lenberg heißt es: »(Müller) folgte kompromißlos den Anordnungen Bormanns,
in dem er schon damals den Nachfolger Heß' vermutete und dessen stärkere
Dynamik und Durchschlagskraft er einkalkulierte.«[70]
 Müller und Bormann hatten vieles gemeinsam. Sie waren beide Macht-
menschen, hatten beide das gleiche Ziel vor Augen und wandten beide die
gleichen Mittel an, um es zu erreichen. Sie waren beide beseelt von der Leidenschaft für die Macht an sich, nicht für Macht als Mittel zum Zweck, als
Möglichkeit etwa, einer bestimmten Weltanschauung oder einer bestimmten
Politik zum Ziel zu verhelfen; Menschen wie Joseph Fouché, der vielleicht
bedeutendste Schüler Machiavellis, der der Reihe nach der Republik, einem
Kaiser und einem König diente, um der Macht willen, die er für sich daraus
gewann; zwei Apparatschiks, geschickt in der Kunst, auf unauffällige, aber
wirksame Weise die Hebel der Macht in die Hand zu bekommen – seine
nationalsozialistischen Konkurrenten nannten Bormann »Hitlers Mephisto«
und »die braune Eminenz«; machthungrig, gewiß, aber vor allem Techniker
der Macht, deren Realitäten sie von hohlen Eitelkeiten zu unterscheiden
wußten. Goebbels, Ribbentrop und auch Göring durften bis zuletzt im hellen

Scheinwerferlicht stehen, aber im Hintergrund regelte Bormann die Beleuchtung, verteilte und bemaß das Scheinwerferlicht. Sein Aufstieg war unmerklich und darum unaufhaltsam. Plötzlich war er da, war er alles und bemühte sich, so zu tun, als sei er nichts. Und wie ihm geht es auch Gestapo-Müller nicht um die eitlen Freuden der Macht. Wilhelm Höttl: »Es schwebte Müller vor, mit der Zeit eine Zentralkartei zustande zu bringen, in der jeder Deutsche geführt werden sollte, natürlich vor allem mit seinen ›schwarzen Punkten‹, sei es auch privatester Art.«[71]

Es ist bezeichnend, daß die meisten Historiker beide Männer mit fast den gleichen Worten beschreiben. Trevor-Roper sagt von Bormann, er habe eine Maulwurfsnatur gehabt, die sorgsam das grelle Tageslicht und jede Publizität scheute, und weist darauf hin, daß es nur ganz wenige Fotos von ihm gibt. Bei Serge Lang und Ernst von Schenck heißt es: »Martin Bormann, der Mann, dessen Name in fünf Kriegsjahren nur selten in den deutschen Zeitungen, dessen Bild fast nie erschien und von dessen Tätigkeit die Goebbelssche Propagandamaschinerie immer nur in äußerst zurückhaltender Form berichtete ... dieser Mann, von dem kaum ein heute noch lebender Deutscher weiß, ob er groß oder klein, mager oder dick war ...«[72] Und Edward Crankshaw sagt über Müller: »Er arbeitete anonym, und er hat kaum eine Spur hinterlassen. Wir finden seine Unterschrift auf Anordnungen, die die entsetzlichsten Taten bestätigen. Für einen kurzen Augenblick bekommen wir ihn ein- oder zweimal in Aktion zu sehen und sind überrascht, festzustellen, daß dieser Mann ohne Schatten, dieser Berufsbürokrat umherlaufen und ein Gewehr bedienen konnte. Aber wir wissen nichts von ihm; weder woher er kam, noch wohin er ging.«[73]

Sie waren dafür geschaffen, einander zu verstehen.

Als Chef der Gestapo trug Heinrich Müller vom ersten bis zum letzten Tag die Verantwortung für das technische Gelingen des »Großen Spiels«. Die politische Verantwortung hingegen ging durch verschiedene Hände. Zunächst lag sie bei Himmler, der das Spiel mit dem von Schellenberg geschilderten geheimen Ziel in die Wege leitete: die gegnerische Allianz sollte gesprengt werden, um einen Separatfrieden mit dem Westen möglich zu machen. Ein Funkspiel dieser Bedeutung aber brauchte »Nahrung«, und der Reichsführer SS war darauf angewiesen, daß ihm die zuständigen Ministerien – vor allem das Auswärtige Amt – erstklassiges Material zur Verfügung stellten. Daraus ergaben sich ununterbrochen Konflikte, über die nur Hitler allein entscheiden konnte. Da er jedoch alles, was die Abwehr betraf, zutiefst verabscheute und obendrein vollauf mit der Leitung der militärischen Operationen beschäftigt war, beauftragte er Bormann damit, die strittigen Fragen zu schlichten, die ihn langweilten. Von diesem Zeitpunkt an lag die Initiative nicht mehr bei Himmler, sondern bei Bormann, der als Herr über das verfügbare Täuschungsmaterial nun zum eigentlichen Inspirator des »Großen Spiels« wurde. Auf Hitlers ausdrücklichen Befehl kümmerte er sich persönlich darum, ohne sich von einem Mitarbeiter oder einer Sekretärin helfen zu lassen. Außer den Gestapochefs waren nur Ribbentrop und einige besonders ausgesuchte Fachleute eingeweiht. Die Akten wurden in einem riesigen Panzerschrank unter Verschluß gehalten: Kennwort »Aktion Bär«.

Im Frühjahr 1943 führt eine Arbeitssitzung Schellenberg und Gestapo-Müller zusammen. Schellenberg berichtet in seinen Erinnerungen, daß Müller ihn »plötzlich um eine Aussprache bat. Ich war über das höflich vorgebrachte Ansinnen um so mehr überrascht, als ich damals schon in offener Feindschaft mit ihm lebte.

Er habe sich, so begann er, seither immer wieder mit den Motiven und dem geistigen Hintergrund der Verratsfälle der Roten Kapelle beschäftigt. ›Ist es nicht auch Ihre Erfahrung‹, fragte er mich, ›daß der sowjetische Einfluß im Westen Europas nicht nur auf den kommunistisch eingestellten Arbeiterkreisen beruht, sondern auch die geistig-intellektuelle Schicht der westlichen Völker erfaßt? Ich sehe darin eine Erscheinung, die zwangsläufig aus der Situation unseres Zeitalters erwächst und die sich deshalb so auszubreiten vermag, weil sie einer geistigen Indifferenz unserer westlichen Kultur entspricht. Ich beziehe hier auch die Ideenwelt des Dritten Reiches mit ein, denn auch der Nationalsozialismus ist nur eine Art Dünger auf diesem intellektuellen Moorboden der geistigen Unsicherheit, die einen politischen Nihilismus schafft. Und im Gegensatz dazu sieht man, wie in Rußland allmählich eine einheitliche geistige und biologische Kraft kompromißlos gestaltend wirksam ist. Sie vermittelt mit dem weitgesteckten Ziel einer materiellen wie geistigen Weltrevolution dem westlichen Spannungsabfall eine Art positiver elektrischer Aufladung.‹

Das waren die seltsam formulierten Worte eines Mannes, der im nationalsozialistischen Deutschland in rücksichtsloser Systematik und brutalster Härte den Kommunismus in all seinen Erscheinungsformen bekämpft hatte!

Müller lehnte sich mit vom Wein geröteten Augen in seinen Sessel zurück und betrachtete ein paar Sekunden seine dicken, fleischigen Hände. ›Sehen Sie, Schellenberg‹, fuhr er dann sarkastisch fort, ›ich komme nur aus kleinen Verhältnissen und hatte mich von der Pike auf in harter Arbeit hochzubringen. Sie hingegen gehören zu den Intellektuellen. Sie sind deshalb einer ganz anderen

Ideenwelt verhaftet und in der Entwicklung eines erstarrten Schemas konservativer Überlieferungen steckengeblieben. Doch es gibt auch Intellektuelle, die den Sprung in die andere Welt gemacht haben. Ich denke dabei an einige Männer aus der Roten Kapelle – beispielsweise an Schulze-Boysen oder Harnack. Dies waren auch Menschen aus Ihrer Welt, aber von ganz anderer Sorte – sie blieben nicht in Halbheiten stecken, sondern waren wirklich fortschrittliche Revolutionäre, die immer nach einer ganzen Lösung suchten und dieser Linie bis zu ihrem Tode treu blieben. Was sie erstrebten, vermochte ihnen der Nationalsozialismus mit seinen vielen Kompromissen einfach nicht zu bieten – wohl aber ein geistiger Kommunismus. Unsere intellektuelle Oberschicht mit ihrer unklaren Geisteshaltung hat der Nationalsozialismus nicht umzuformen vermocht, und in dieses Vakuum stößt nun der kommunistische Osten. Wenn wir den Krieg verlieren, so ist dies nicht so sehr eine Frage der militärischen Stärke der Russen wie vielmehr eine Frage des geistigen Potentials unserer Führungsschicht. Ich denke dabei weniger an Hitler als an die Etage unter ihm. Hätte der Führer 1933 bis 1938 auf mich gehört, dann hätte er hier zuerst einmal gründlich und rücksichtslos aufgeräumt und sich auch nicht von der Wehrmachtsführung einwickeln lassen.‹

Ich wurde immer unruhiger. Worauf wollte Müller eigentlich hinaus? Er trank hastig sein Glas aus und starrte verbissen vor sich hin. Ich mußte dabei an einen anderen Ausspruch denken, den er mir gegenüber kurz zuvor einmal getan hatte: ›Man sollte die gesamte Intelligenz in ein Bergwerk treiben und dieses dann in die Luft sprengen.‹

Ich wollte schon aufstehen, als Müller wieder zu reden begann: ›Ich kann mir nicht helfen, doch ich neige immer mehr zu der Überzeugung, daß Stalin auf dem richtigen Wege ist. Er ist der westlichen Staatsführung haushoch überlegen, und wenn ich etwas zu sagen hätte, dann würden wir uns schleunigst mit ihm arrangieren. Das wäre ein Schlag, von dem sich der Westen mit seinen verdammten Heucheleien nicht mehr erholen würde!‹ Jetzt fing er mit bayerischen Kraftausdrücken auf den degenerierten Westen wie auch auf das Versagen der gesamten Führungsschicht zu schimpfen an. Da er eine wandelnde Kartei war und intimste Details über alle maßgebenden Persönlichkeiten wußte, gab es für mich recht interessante Eröffnungen während dieser Selbstunterhaltung.

Dennoch vermochte ich ein gewisses Unbehagen kaum noch zu unterdrücken. Warum redete er mit einemmal mir gegenüber so offen über seine politische Kehrtwendung?

Ich tat, als ob ich dies alles nicht ernst nähme, und versuchte, diese gefährliche Unterhaltung ins Scherzhafte überzuleiten, indem ich sagte: ›Na schön,

Walter Schellenberg · Heinrich Müller
H. Himmler und (von links) F. J. Huber, A. Nebe, R. Heydrich und Gestapo-Müller

Kamerad Müller, sagen wir doch gleich alle von jetzt ab *Heil Stalin*, und unser Väterchen Müller wird Amtschef beim NKWD.‹ Müller sah mich daraufhin böse an, betrachtete mich geringschätzig und meinte dann bissig: ›Ihnen sieht man schon an der Nase an, daß Sie westlich verseucht sind.‹

Nun, deutlicher konnte er wohl kaum noch mit mir reden. Ich brach jetzt das Gespräch ab und verabschiedete mich, ohne jedoch meine Gedanken von diesem merkwürdigen Müllerschen Monolog lösen zu können.«[74]

Zu der Zeit, als dieses wirklich merkwürdige Gespräch stattfindet, beschäftigen sich die Führer des deutschen Widerstandes mit dem noch merkwürdigeren Plan, Himmler auf ihre Seite zu ziehen. Wir haben bereits über die Audienz berichtet, die der Reichsführer SS einem der Verschwörer gewährt hat, über seine stillschweigende Zustimmung zu dem Plan, Friedensverhandlungen mit dem Westen einzuleiten, und über Langbehns Reise in die Schweiz, um den westlichen Verhandlungspartnern diese gute Nachricht zu überbringen.* Wir haben auch berichtet, daß dieses Vorhaben scheiterte, weil ein Funkspruch aufgefangen wurde, in dem einer der Gesprächspartner Langbehns seine Vorgesetzten in großen Zügen über die unterbreiteten Vorschläge informierte.

Obwohl es keine Unterlagen gibt, aus denen eindeutig hervorgeht, wer den Funkspruch aufgefangen hat, läßt der Ausgang der Geschichte gewisse Schlüsse zu. Zieht man Canaris' Abwehr in Betracht, muß die Sache folgenlos bleiben: die Speerspitze des deutschen Widerstandes kann sich einem solchen Unterfangen nicht entgegenstellen. Faßt man den Nachrichtendienst der SS ins Auge, liegt auf der Hand, daß der Skandal vertuscht werden muß, um Walter Schellenberg nicht zu kompromittieren – der in seinen Erinnerungen darauf hinweist, daß aus der Nachricht hervorgegangen sei, daß Langbehn mit seinem Einverständnis gehandelt hatte. Und die Gestapo? Auch in diesem Fall durfte die Sache keine Folgen haben, um Himmler nicht in eine prekäre Situation zu bringen – vorausgesetzt, daß Müller seinem Reichsführer ergeben war.

Der abgefangene Funkspruch wird jedenfalls auf schnellstem Weg Hitler vorgelegt. Müller setzt sich über alle Regeln der Hierarchie hinweg und informiert Bormann über die Angelegenheit, damit er nach eigenem Gutdünken Gebrauch davon mache. Ja, mehr noch: er unterläßt es, Himmler zu informieren. Der Reichsführer SS empfängt Langbehn nach seiner Rückkehr aus der Schweiz und läßt sich Bericht erstatten – und ist damit kompromittiert. Es gelingt ihm zwar, die Gefahr zu bannen, denn 1943 ist er noch mächtig genug,

---

* Siehe S. 305.

Bormann in Schach zu halten, aber er muß Langbehn verhaften lassen und auf dessen Kontakt zu den Westalliierten in Zukunft verzichten.*

Man darf nicht vergessen, daß Bormann und Müller, denen es auf meisterhafte Weise gelungen ist, diesen Verhandlungsversuch zum Scheitern zu bringen, selbst ein Funkspiel dirigieren, das ursprünglich Moskau irreführen sollte, um den Abschluß eines Separatfriedens mit dem Westen zu erleichtern. Allem Anschein nach haben sie jetzt ein anderes Ziel. Aber das erstaunt Himmler nicht. Als Schellenberg ihn im August 1942 zum ersten Mal beschwor, Verhandlungen einzuleiten, beendete der Reichsführer das Gespräch mit der Mitteilung, daß Bormann unter keinen Umständen etwas davon erfahren dürfe, weil er den ganzen Plan torpedieren oder zum Scheitern bringen würde, um einen Kompromiß mit Stalin zu verhindern – und das dürfe niemals zugelassen werden. Und bei einem zweiten Gesprächs im April 1943 gibt Himmler zu erkennen, daß er Bormann für viele Fehlentscheidungen des Führers verantwortlich macht: er habe nicht nur dessen unflexible Haltung gebilligt, sondern ihn sogar noch halsstarriger gemacht.

Man darf auch nicht vergessen, daß man Stalin einen unschätzbaren Dienst erweist, wenn man alle Verhandlungsversuche mit dem Westen vereitelt und den Führer in seiner Weigerung, eine andere Lösung als den Endsieg anzuerkennen, bestärkt. Seit der Konferenz von Teheran, auf der Roosevelt und Churchill Stalins Forderungen nachgegeben haben, läßt den Herrn des Kreml die Sorge nicht los, seine Verbündeten könnten einen Separatfrieden mit Deutschland abschließen und ihn auf diese Weise um die Früchte seines Sieges bringen.

Paul Leverkuehn, einer der Mitarbeiter von Admiral Canaris, erwähnt, daß die Verachtung seines Chefs für den Nationalsozialismus nur noch von seiner Aversion gegen den Kommunismus übertroffen wurde. Die einzige gute Seite, die er dem Nationalsozialismus abgewinnen konnte, war die Tatsache, daß er

---

* *Müller und Bormann sind so konsequent und entschlossen vorgegangen, daß man sich fragen muß, ob es sich nicht von Anfang an um eine abgekartete Sache gehandelt hat. Allen Dulles, der während des Krieges in der Schweiz das amerikanische »Office of Strategic Services« leitete, versichert, daß der Funkspruch weder von englischen noch von amerikanischen Stellen ausging. Vom wem aber dann? Man kann sich schlecht vorstellen, daß Langbehn 1943 mit Vertretern von »France Libre«, der belgischen Exilregierung in London oder mit irgendeiner anderen Exilregierung Verbindung aufnehmen wollte, deren Einfluß auf die Entscheidungen der Alliierten praktisch gleich Null gewesen wäre. Es ist nicht unmöglich, daß Müller durch seine Informanten – von allen Widerstandsgruppen waren die deutschen bei weitem die geschwätzigsten – von Langbehns Mission erfahren und die Angelegenheit Hitler als einen von seinem Sicherheitsdienst aufgefangenen Funkspruch vorgetragen, den Text aber von Anfang bis Ende erfunden hat ...*

den Kommunismus bis aufs Blut bekämpfte. Aber gerade dieser Antagonismus schien ihm durch die geheimen Neigungen einiger Persönlichkeiten des Regimes immer mehr an Schärfe zu verlieren. Leverkuehn schreibt: »Noch im Kriege beobachtete er (Canaris) mit besorgtem Interesse die Aufdeckung der sowjetischen Nachrichtenorganisation ›Rote Kapelle‹, die sich im Luftfahrt-ministerium einzunisten verstanden hatte. Nach seiner Auffassung liefen Fäden dieser Organisation bis zu Bormann im Führerhauptquartier.«[75] Cana-ris nannte Bormann den »braunen Bolschewiken«.

Und bei Schellenberg heißt es: »Es war mir jetzt klar, daß Müller einen to-talen Frontwechsel vollzogen hatte und nicht mehr an den Sieg Deutschlands glaubte. Seitdem (seit seinem Gespräch mit Müller im Frühjahr 1943) hatte ich verstärkte Anhaltspunkte dafür, daß er mit dem sowjetischen Geheimdienst in Verbindung stand.«[76]

Wenn auch mit anderem Datum wiederholt und bekräftigt Wilhelm Höttl Schellenbergs Aussage: Schellenberg habe Müller bereits 1944 verdächtigt, mit Hilfe umgedrehter Funker in ehrlichem Kontakt mit der Moskauer Zentrale zu stehen. Die Beobachtung mehrerer Funker würde jeden Zweifel ausschließen. Er sei bereit gewesen, Kaltenbrunner, Heydrichs Nachfolger, Beweise für seine Anschuldigung vorzulegen. Kaltenbrunner habe jedoch die Sache nicht ernst genommen und Schellenbergs Anschuldigung als berufliche Eifersüchte-lei abgetan. Schellenberg sei jedoch hartnäckig geblieben und habe gesagt, daß er sich den Beweis für einen späteren Zeitpunkt vorbehalten werde, wenn Kal-tenbrunner nichts unternehmen wolle – es müsse bekannt werden, daß der Chef der Gestapo für die Sowjetunion gearbeitet habe. Auch Bekannte Müllers seien von dessen Verbindungen zum sowjetischen Nachrichtendienst über-zeugt gewesen und hätten behauptet, »daß es ihm gelungen sei, nach dem deut-schen Zusammenbruch zu den Russen überzulaufen.«[77]

April 1945. Das Dritte Reich bricht zusammen. Die Rote Armee hat Berlin ein-geschlossen. Fast alle führenden Nazis sind aus der bedrohten Hauptstadt geflohen, aber Bormann und Müller haben sich nicht vom Fleck gerührt. Im Bunker der Reichskanzlei spielen sich unvorstellbare Szenen ab.*

---

*Folgende Szene ist bezeichnend dafür, wie weit sich Müller bereits von der SS-Führung zu distanzieren vermocht hatte: Als Hitler erfuhr, daß Himmler mit dem Grafen Bernadotte Verbindung aufgenommen hatte, war seine Wut ebenso groß wie seine Bestürzung: der »getreue Heinrich« hatte ihn verraten! »›Er tobte wie ein Verrückter‹, sagt Hanna Reitsch. ›Er wurde puterrot, und sein Gesicht war fast unkenntlich.‹« (Trevor-Roper, Hitlers letzte Tage, Zürich 1948, S. 157) Alles, was SS-Uniform trägt, wird sofort verdächtigt, verdient den Tod. Aber Himmler und seine Leute sind außer Reichweite – an wem soll Hitler seine Wut

Einige Getreue begehen Selbstmord. Goebbels stirbt mit seiner Frau und seinen Kindern. Hitler und Eva Braun machen ihrem Leben ein Ende. »Mochte Hitler sich auch auf den Tod vorbereiten, so gab es immer noch wenigstens einen Mann im Bunker, der an Leben dachte: Martin Bormann«, schreibt Trevor-Roper.** Bormann scheint gegen die allgemeine Hysterie immun zu sein. Inmitten der Verrückten bleibt er ruhig und unerschütterlich, als beträfe ihn diese »Götterdämmerung« nicht; er spinnt bis zuletzt seine Intrigen, als würde für ihn das Leben immer weitergehen ...

Dann verschwindet er.

Gestapo-Müller hat sich nicht im Bunker der Reichskanzlei installiert. Er kommt regelmäßig zum Rapport, kehrt dann aber sofort in die Kurfürstenstraße zurück, wohin die Gestapo übersiedelt ist, nachdem ihr Hauptquartier in der Prinz-Albrecht-Straße ausgebombt wurde. Der unterirdische Bunker dort ist ebenso bombensicher wie der in der Reichskanzlei, ja, er bietet darüber hinaus noch einige weitere nicht zu unterschätzende Vorteile: die Geheimräume, in die man durch geschickt verborgene Türen gelangt, sind für einen langen Aufenthalt mit elektrischem Licht und mit fließendem Wasser ausgestattet worden. Lebensmittelvorräte und Medikamente sind vorhanden. Mehrere Gänge – einer davon ist anderthalb Kilometer lang – führen in verschiedenen Richtungen zu Notausstiegen auf Trümmergrundstücken. Adolf Eichmann hat dieses unterirdische Versteck den »Fuchsbau« getauft. Seit

---

auslassen? Glücklicherweise findet sich ein Sündenbock: Hermann Fegelein, ehemaliger Jockey, jetzt SS-Gruppenführer und Himmlers erster Vertreter. Er ist mit einer Schwester Eva Brauns verheiratet, also sozusagen Hitlers Schwager. Aber Hitler hält nichts von familiären Bindungen: in Fegelein will er die gesamte SS strafen. Und wen beauftragt Hitler, ihn zu verhören und ihm das Geständnis seines Verrats zu entlocken? Den SS-General und Mitarbeiter Himmlers Heinrich Müller! Diese Wahl zeigt, daß Müller in Hitlers Augen nicht SS-hörig war und daß Hitler von dessen Differenzen mit Himmler wußte. Trevor-Roper: »Er hatte nun eine von Himmler fast unabhängige Stellung, und Himmlers andere Untergebene hatten ihm nie getraut.« (a. a. O., S. 158) Crankshaw: »Im Hinblick auf alles, was wir von Müller wissen, ist es charakteristisch, daß von ihm nicht angenommen wurde, er sei durch den Verrat seines Chefs kompromittiert.« (Edward Crankshaw, Die Gestapo, Berlin 1959, S. 95)

*** Trevor-Roper, a. a. O., S. 183. Bormann hat sogar seinen schwarzen Humor nicht verloren, wie aus einer Unterhaltung mit jungen Offizieren im Bunker hervorgeht: »Er kam auf die Truppen Wencks zu sprechen, auf die Entsetzung Berlins und auf das baldige siegreiche Kriegsende. Dann fügte er in seinem unnatürlich gewollten Tonfall hinzu: ›Ihr, die ihr hier in Treue zu unserem Führer gemeinsam mit ihm seine schwersten Stunden aushaltet, werdet, wenn dieser Kampf bald siegreich beendet sein wird, hohe Stellungen im Staat bekleiden und als Dank für eure treuen Dienste Rittergüter bekommen.‹ Dann lächelte er uns huldvoll zu und ging selbstbewußt weiter.« (Gerhardt Boldt, Die letzten Tage der Reichskanzlei, Reinbek 1964, S. 127) Diese Szene hat sich am 27. April 1945, drei Tage vor Hitlers Selbstmord, abgespielt.*

Berlin eingeschlossen ist, lebt Müller hier zusammen mit seinem getreuen Mitarbeiter Scholz, der unter Müllers Führung die Verantwortung für das technische Funktionieren des Funkspiels übernommen hatte.

Wilhelm Höttl unterstreicht, daß Müller Schellenberg zufolge noch von seinem »Fuchsbau« in der Kurfürstenstraße aus in Funkverbindung mit den Russen gestanden habe. »Sollte Müller wirklich seine Sendungen vom ›Fuchsbau‹ aus noch weitergeführt haben, gewinnen Schellenbergs Behauptungen erheblich an Gewicht, denn welcher Mann mit gesundem Menschenverstand – und Müller war ein kühl denkender Realist – würde noch einige Tage vor dem endgültigen Zusammenbruch versuchen, mit einem ungeheuer komplizierten System einen Feind irrezuführen, der nur noch ein oder zwei Kilometer weit entfernt ist? Wenn also Müller seinen Sender noch benutzt hat, dann stand er zweifellos, wie Schellenberg behauptet, in ehrlichem Funkkontakt mit den Russen.«[78]

Die Hypothese, Müller habe praktisch noch unter den Raupenbändern der russischen Panzer weitergefunkt, sollte uns nicht verwundern oder abenteuerlich anmuten, wissen wir doch, daß auch Pannwitz, der Müller unterstellt ist, 300 Meter von den französischen Panzern entfernt nach Moskau funkt. Und wenn Müllers Verbissenheit wirklich die von Schellenberg vorgebrachten Beschuldigungen bestätigt, was soll man dann von der Verbohrtheit eines Pannwitz halten, der *noch mehrere Wochen nach Kriegsende* mit der Zentrale in Verbindung blieb ...

Die Kontroverse um das Schicksal Bormanns nach seiner Flucht aus dem Bunker der Reichskanzlei ist bekannt. Bekannt ist auch, daß die Organisationen, die sich auf die Jagd nach Kriegsverbrechern spezialisiert haben, überzeugt sind, er lebe heute in Südamerika.* Müllers Namen fand man, nachdem er mit seinem getreuen Scholz verschwunden war, auf einem Grab, mitten unter den Trümmern von Berlin, und er galt offiziell als tot. Als man sich später aber dazu entschloß, das Grab zu öffnen, um die Leiche zu identifizieren, fand man darin die Reste von drei Männern, die alle zur Zeit ihres Todes jünger gewesen waren als Müller ... Schellenberg schreibt, daß ihm »im Jahre 1950 ein aus russischer Gefangenschaft zurückkehrender Offizier berichtete, Müller sei 1945 zu den Sowjets übergewechselt. Er habe ihn 1948 in Moskau gesehen und später gehört, daß er kurze Zeit darauf gestorben sei.«[79] Jacques Delarue, der einer internationalen Gruppe angehört, die sich sehr für entflohene Nazis

---

* *Eichmann hat diese Behauptung nach seiner Gefangennahme durch den israelischen Geheimdienst bestätigt.*

interessiert, behauptet allerdings: »Aus jüngster Zeit liegt eine (unbestätigte) Information vor, wonach sich Müller zusammen mit Bormann in Chile aufhalte.«[80]

Haben sie die Sender der Roten Kapelle dazu benutzt, um einen ehrlichen Kontakt mit der Zentrale herzustellen oder nicht? Die Antwort liegt in den Hunderten mit Moskau gewechselten Funksprüchen, die uns nicht zugänglich sind ...

Es bleibt uns nichts anderes übrig, als den gesunden Menschenverstand zu Rate zu ziehen.

Was bedeutet Canaris' Beschuldigung, Bormann, der »braune Bolschewik«, habe Verbindung zur Roten Kapelle gehabt? Ein Gerücht aus zweiter Hand, bestenfalls eine unbeweisbare Behauptung. Die Unterhaltung zwischen Schellenberg und Müller? Verdächtig wie Schellenbergs Memoiren überhaupt, von denen man weiß, daß Journalisten bei ihrer Niederschrift die Hand im Spiel hatten. Vergessen wir nicht, daß Schellenberg zum Beispiel »wiederhergestellte Dialoge« bringt. Er hat seine Erinnerungen erst Jahre später aufgezeichnet, kann also nicht jedes von Müller gesprochene Wort genau im Kopf behalten haben. Er gibt sie wenigstens sinngemäß wieder? Gut. Aber wenn es darum geht, an Hand einer Unterhaltung zu beweisen, daß der Chef der deutschen Polizei für den Feind gearbeitet hat, ist jeder Satz wichtig, dann zählt jedes Wort, ja, man müßte eigentlich auch den Ton berücksichtigen können. Daß der vorsichtige, verschlossene Müller sich einem Rivalen gegenüber derartig bloßstellt, scheint doch sehr merkwürdig ... schließlich lenkt er ihn geradewegs auf die eigene Spur ... er fordert ihn nahezu auf, die umgedrehten Sender zu überwachen ... Ausgerechnet die Sender? Schellenberg bleibt den Beweis für die Verbindung mit der Zentrale schuldig. Die Tatsache, daß er diesen Beweis nach dem Krieg nicht publik machte, wie er Kaltenbrunner angedroht hatte, beweist allerdings nicht, daß er ihn nie besessen hat. Als Gefangener der Engländer hat er, um sein Leben zu retten, dem Intelligence Service alles erzählt, was er wußte.* Sein Beweis liegt vermutlich in einem Londoner Panzerschrank. Aber solange er dort liegenbleibt,** können wir uns nicht darauf berufen. Höttl? Er gibt nur in erweiterter Form die Anschuldigungen seines Chefs wieder, ohne im übrigen zu behaupten, er könne irgend etwas

---

Er starb 1952, ein Jahr nach seiner Entlassung.

**Wenn er dort liegt, wird er aller Wahrscheinlichkeit nach noch lange nicht ans Tageslicht kommen ...*

beweisen. Seine Aussage ist nur insofern interessant, als sie bestätigt, daß es einen »Fall Müller« gegeben hat und daß sich Schellenberg die Anschuldigungen nicht erst nach dem Kriege ausgedacht hat, um seine Erinnerungen spannender zu machen.

Die Affäre Langbehn? Bormann und Müller haben bewundernswert manövriert, das ist wahr. Aber zu welchem Zweck? Wollten sie einen Verhandlungsversuch mit dem Westen im Keim ersticken? Oder wollte sich Bormann nur die Gelegenheit in seinem Machtkampf gegen Himmler nicht entgehen lassen? Oder beides zugleich? Wahrscheinlich wird sich das nie aufklären lassen. Aber solange die Möglichkeit besteht, daß nur ihre ehrgeizigen Pläne sie zum Handeln trieben – die Sabotage von Langbehns Mission wäre dann nur ein Nebenprodukt und nicht das Ziel –, so lange ist es unmöglich, aus diesem Zwischenfall auf ein doppeltes Spiel der beiden Kumpane zu schließen. Wie könnte man ihnen übrigens, in der Optik der Nazis, einen Vorwurf daraus machen, daß sie Verhandlungen mit dem Westen zu verhindern suchten? Weil sie damit Stalin einen Gefallen taten? Sie gehorchten vor allem den Befehlen ihres Führers, der sich in eine fanatische Ablehnung jeglicher Konzession verbohrt hatte. Himmler beging Verrat, als er den Versuch machte, einen Separatfrieden herbeizuführen, nicht Bormann, der ihn daran hinderte.

Sie haben das »Große Spiel« neutralisiert, bis es nur noch ein Stachel war, der die Alliierten reizte, während Himmler daraus einen Hebel für eine neue Politik machen wollte? Das ist wahr. Das »Große Spiel« konnte bei einer dynamischen Konzeption Ergebnisse erzielen: Schellenberg hatte vorgeschlagen, einen Kontakt mit Moskau herzustellen und gleichzeitig Verbindungen zum Westen anzuknüpfen, um auf diese Weise das Auseinanderbrechen der Allianz zu beschleunigen. Was hatte es für einen Sinn, Breschen in die alliierte Front zu schlagen, wenn man sie nicht blitzschnell für einen Angriff nutzen wollte? Die in dem »Prawda«-Artikel vom Januar 1944 aufgestellte Behauptung war dazu angetan, Verwirrung unter den Alliierten zu stiften. Würde sich das Mißverständnis aber nicht rasch klären lassen, wenn von deutscher Seite keine diplomatische Initiative erfolgte, um die Verwirrung auszunutzen? Auch das ist wahr. Aber es steht fest, daß Hitler dieses Stillhalten gewollt hat. Er überschätzte die Spannungen im feindlichen Lager, er war davon überzeugt, daß die Koalition in jedem Fall früher oder später auseinanderbrechen würde. In seiner Vorstellung sollte das »Große Spiel« diesen Prozeß beschleunigen helfen, nicht aber zu irgendwelchen Verhandlungen führen. Die Bemerkung eines ehemaligen Beamten des Auswärtigen Amtes, der zur Gruppe der Spezialisten gehörte, die für die »Aktion Bär« zuständig waren, zeigt die Enttäuschung: »Hitler war nicht bereit oder nicht fähig, ein solches Spiel in praktische

Diplomatie umzusetzen. Und einen Talleyrand, der es auf eigene Faust unternommen hätte, gab es nicht in Berlin.« Daß Bormann nicht das Format eines Talleyrand hatte, bedeutet nicht, daß er ein Verräter war ...*

Haben Bormann und Müller (vielleicht auch Bormann oder Müller) das Funkspiel etwa dazu verwendet, ihre eigene Zukunft abzusichern, indem sie der Zentrale authentisches Material zuleiteten – kostbare Edelsteine, verborgen unter dem Schutt wertlosen diplomatischen Materials? Haben die beiden hinter den Kulissen des »Großen Spiels« ihr kleines, persönliches Spiel getrieben? Noch einmal: man könnte es nur erfahren, wenn man die Archive der Zentrale einsehen dürfte, die der Öffentlichkeit nicht zugänglich sind. Es steht fest, daß Bormann das Funkspiel großzügig mit Material versorgt hat, zum Entsetzen der betroffenen Ministerien, die zusehen mußten, wie dem Feind erstklassige Informationen übermittelt wurden. Das ist ein Hinweis, aber kein Beweis. Wir wissen auch, daß Gestapo-Müller nach dem Attentat vom 20. Juli 1944 freie Hand hatte. Auf Befehl Hitlers wurde die »Aktion Bär« gestoppt, die Spezialisten wurden mit anderen Aufgaben betraut. Die Gestapo konnte das Spiel auf eigene Rechnung weiterführen, ohne den obersten Dienststellen Rechenschaft über die nach Moskau geschickten Funksprüche abzulegen: das gab ihrem Chef die Möglichkeit, eine ehrliche Verbindung mit der Zentrale herzustellen. Aber das Vorhandensein einer solchen Möglichkeit beweist noch nicht, daß er sie wahrgenommen hat.

Kein Detail des Freskos ist völlig überzeugend. Aus der Nähe betrachtet, wird alles unscharf, läßt sich mehrfach, mitunter auf widersprechende Art deuten. Ist das verwunderlich? Wenn Bormann und Müller ihr verräterisches Treiben vor ihren Landsleuten, Schellenberg vielleicht ausgenommen, geheimhalten konnten, dann müßten die Historiker schon ein unglaubliches Glück haben, um einen Beweis für diesen Verrat zu finden. Beide verstanden es meisterhaft, im Halbdunkel zu agieren, und sie wußten, wie man Spuren verwischt.

---

* *Selbst wenn wir einmal voraussetzen, daß Himmler die Leitung des »Großen Spiels« bis zuletzt in der Hand behalten hätte oder daß Hitler dazu fähig und entschlossen gewesen wäre, ein diplomatisches Spiel durchzuführen, oder daß Bormann eine solche Verantwortung hätte übernehmen können, so wären doch alle drei bei jedem der Alliierten auf entschiedene Ablehnung gestoßen. Das »Große Spiel« war zwar an sich ein großartiges diplomatisches Werkzeug, aber es konnte zu keinen praktischen Ergebnissen führen, da keiner der vier beteiligten Staatsmänner bereit war, einen Separatfrieden zu schließen (Churchill und Roosevelt waren es zu keiner Zeit, Hitler war es nicht mehr nach den ersten Niederlagen in Rußland, die ihn in eine schwache Position gebracht hatten, und Stalin dachte bestimmt seit der Konferenz von Teheran nicht mehr daran). Aber das konnten die Hauptakteure des »Großen Spiels« – Trepper, Bormann, Müller, der Direktor usw. – nicht ahnen, wußten doch zu jener Zeit nicht einmal die Großen Drei, wie fest ihre Allianz tatsächlich war.*

Also Freispruch aus Mangel an Beweisen?

Das Bild stimmt insgesamt doch recht nachdenklich. Da stehen zwei Bürokraten, die mit dem Apparat, der ihnen anvertraut ist, umzugehen wissen, die aber bereit sind, ihn zu zerschlagen, wenn er versagt (das ist kein Verrat; man verrät eine Idee, ein Land, eine Partei, einen Menschen – nicht einen Apparat). Beide sind fasziniert vom stalinistischen Rußland: Müllers Ideal ist die sowjetische GPU, und Bormann hat 1944 angeregt, daß die Wehrmacht die »nationalsozialistischen Führungsoffiziere« nach dem Muster der politischen Kommissare der Roten Armee ausbilden solle. Beide werden als einzige von der ganzen Naziclique der Zusammenarbeit mit Moskau verdächtigt, und zwar von zwei so verschiedenen Persönlichkeiten wie Canaris und Schellenberg, die ihre Informationen nicht aus denselben Quellen schöpften. Beide konnten auf Grund ihrer hohen Positionen schon 1943 die ersten Anzeichen der unvermeidlichen Niederlage erkennen. Beide waren klarblickend genug, diese Anzeichen richtig zu deuten, da sie nicht wie viele andere die Scheuklappen des Fanatismus trugen. Beide hatten Grund genug, diese Niederlage zu fürchten, hatten zufälligerweise aber gleichzeitig auch das rechte Mittel in der Hand, um zu einem sehr frühen Zeitpunkt mit dem realistischsten der Feinde Verbindung aufzunehmen. Beide blieben im eingeschlossenen Berlin, obwohl Hitler seinen Mitarbeitern erlaubt hatte, sich nach Süden abzusetzen, obwohl alle nur wünschenswerten falschen Papiere, alle von langer Hand vorbereiteten Fluchtwege dem Chef der Gestapo zur Verfügung standen; sie hielten zusammen mit einem letzten Haufen Fanatiker und Romantiker in der verlorenen Stadt aus, obwohl sie weder zu den einen noch zu den anderen gehörten. Beide verschwanden im letzten Augenblick und wurden als einzige aus der Führungsschicht nie wieder gefunden – man hat alle anderen führenden Nazis gefaßt oder ihre Leichen gefunden. Vielleicht ist es kein Zufall, daß die einzigen Köpfe, die der gerechten Strafe entgingen, mehr als zwei Jahre lang zusammen das »Große Spiel« geleitet haben ...

Und nun?

Auf nach Stuttgart, wo uns der ehemalige Kriminalrat Heinz Pannwitz erwartet!

Der Kriminalrat und sein Dolmetscher

39

Zwischen Brüssel, Frankfurt, Warschau, Stuttgart, Neapel, Berlin und München bin ich hin- und hergereist, von den unzähligen Fahrten kreuz und quer durch Frankreich ganz zu schweigen. Meine Recherchen glichen einem Marathonlauf, aber das war vorauszusehen gewesen. Mit der Zeit wird man die Beute mit genügend Abstand prüfen können: im Augenblick galt es, die Überlebenden zu erreichen und ihre Aussagen festzuhalten, ehe sie für immer verstummten.

Bescheidenheit? Bescheiden sein heißt, richtig einzuschätzen wissen, worauf man stolz sein darf: meine 8000 Kilometer Autofahrt im Juni 1966 in kaum drei Wochen, Interviews inbegriffen – keinem Tier hätte man das zumuten können ...

Begonnen hatte ich die Arbeit im Kielwasser meines Verlegers Constantin Melnik. Wir glaubten, unsere Informationsreisen in sechs Monaten absolvieren zu können, aber wir sind viel länger unterwegs gewesen und haben unaufhörlich aneinander vorbeigeredet. (»Lieber Perrault, Ihre Naivität ist rührend: es geht Ihnen mit der Roten Kapelle wie einem Primaner mit seiner ersten Liebe.« – »Lieber Melnik, Ihr Zynismus in Ehren, aber warum müssen Sie bei Liebe immer gleich an Geschlechtskrankheiten denken?« – »Die Handhabung von Agenten beruht nicht zuletzt auf Erpressung und Korruption, auf dem psychologischen Ausnutzen von Schwächen und Lastern: ›Spion, ich lehre dich die Verachtung des Menschen.‹« – »Erpressung und Korruption – meinen Sie, daß ich nicht auch danach suche ...« – »Sie werden nichts Derartiges finden. Trepper hat Ihnen nur von der Résistance erzählt. Das war die große Zeit, die schöne Zeit, die Zeit der heiligen Allianz – was immer Sie wollen. Vorher und nachher hat sich gezeigt, wozu die sowjetischen Nachrichtendienste fähig sind. Sobald die schönen Seelen einmal eingefangen waren, hat die Zentrale – heilige Allianz hin oder her – alle nach ihrer Pfeife tanzen lassen, ob sie wollten oder nicht.« – »Mag sein, aber das geht mich nichts an: ich interessiere mich nur für die Rote Kapelle.« – »Nach dem Ausschnitt, den Sie beschreiben, werden die Leser leider an die idyllische Schönheit des Ganzen glauben!« und so fort.)

Es kam zu keinem Bruch zwischen uns. Ich glaube vielmehr, daß wir uns unmerklich voneinander entfernten, um uns nicht immer von neuem die immer gleichen Argumente an den Kopf zu werfen. Eines Tages entdeckte ich, daß mein Reisegefährte verschwunden und ich allein war.

Ich habe also allein an unzählige Türen geklopft. Im allgemeinen vermutete man wieder einen Besuch der Polizei und empfing mich mit einem muffigen »Schon wieder Sie?«, das nur selten durch ein »Ich habe es mir gleich gedacht, daß Sie nicht so aussehen wie einer von denen!« korrigiert wurde. Hunderte von Stunden habe ich den Überlebenden zugehört.

Nachdem ich, dank ihrer Berichte, mehr über sie alle wußte, als jeder einzelne von ihnen wissen konnte, wurde ich zu einer Art Postbote der Roten Kapelle, und meine Aufgabe bestand schließlich fast mehr im Überbringen von Nachrichten als im Sammeln von Informationen. Denn sie hatten untereinander keine Verbindung. Jeder hatte sich vergraben und hütete sich wohlweislich, die alten Kontakte wiederaufzunehmen, nicht einmal, um von den vergangenen Zeiten zu sprechen. Die Sorge, dem polizeilichen Verdacht dadurch auch nur den geringsten Anschein von Berechtigung zu geben, war zu groß. Meine Aktentasche enthielt oft Todesanzeigen, aber ich konnte auch manche frohe Nachricht übermitteln. Ich erinnere mich noch gut an die Freude Bill Hoorickx', als er erfuhr, daß Makarow-Alamo wahrscheinlich noch am Leben war; an das Glück Madame Queyries, als ich ihr sagen konnte, daß ihr Patrick, von dem sie seit achtzehn Jahren nichts mehr gehört hatte, in New York verheiratet war und Kunstgeschichte studierte; an die Rührung aller, als sie hörten, daß der Grand Chef noch lebte; an das unvergeßliche Gesicht Michels, als ich ihm berichtete, daß Kent, den er seit langem tot und verschollen glaubte, in Leningrad lebte: was sich auf dem Gesicht eines Sohnes abspielt, dem man seinen Vater zurückgibt, ja, das allein war alle Mühe wert.

Aber die rührenden Szenen und die Aufregungen dämpften mein brennendes Verlangen nicht, die ganze Wahrheit zu ergründen. Solange ich aufgrund der Gestapo-Berichte noch an Verrat glaubte, hatte ich bei jeder Erzählung aufgepaßt, um einen zusätzlichen Beweis für den Verrat Treppers und seiner Leute zu finden. Aufrichtig lauschte ich damals den Berichten über Leid und Unglück, ehrlich betroffen blickte ich vor mich hin, aber meine Hand wartete nur auf die Gelegenheit, die Anklageschrift aufzusetzen. Dann aber, als die Zeugenaussagen sich häuften und sich gegenseitig untermauerten, begann das Unvorstellbare glaubhaft zu werden: Alle, die bisher über diese Sache geschrieben hatten, gelehrte Professoren oder einfache Journalisten, alle hatten sich geirrt, als sie behaupteten, die Gestapo habe die Rote Kapelle schließlich besiegt und ihre Chefs in willfährige Handlanger verwandelt. Vielleicht konnte ich, mit Ausdauer, Glück und unter dem Stern ähnlicher günstiger Bedingungen, den Beweis erbringen, daß die Niederlage der Roten Kapelle in Wirklichkeit kein Waterloo, sondern ein Triumph à la Austerlitz gewesen war. Selten begegnet ein Historiker oder angehender Historiker einer solchen Herausforderung: die Möglichkeit, den Sieger einer fünfundzwanzig Jahre zurückliegenden Schlacht bestimmen zu können. Von diesem Augenblick an kannte meine Leidenschaft (oder war es Neugier? – ein zu schwaches Wort, es sei denn, Neugier kann zu einer Besessenheit werden) keine Grenzen mehr.

Sie führte mich dazu, mit Manfred Roeder und seinesgleichen Tee zu trinken, mir das antisemitische Geschwätz Dr. Darquiers anzuhören, sie ließ mich an den SS-Mann Kopkow schreiben, daß seine Verdienste der Nachwelt nicht vorenthalten werden dürften. Sie hielt mich auch auf meinem Weg nach Stuttgart in Atem. Ich fuhr wie zu einem Kampf dorthin, in dem es keine verbotenen Griffe gibt. Ich war im wahrsten Sinne des Wortes bereit, alles zu tun, um Pannwitz zum Reden zu bringen.

Er wirkt sehr jugendlich. Er war zwar erst zweiunddreißig Jahre alt, als ihm die Leitung des Sonderkommandos übertragen wurde, aber er hat doch manches durchgemacht, was Spuren in seinem Gesicht hätte hinterlassen können. Man sieht ihm nichts an. Die Ereignisse haben ihn nicht gezeichnet. Sein Gesicht ist rund und faltenlos. Ein Teint wie ein junges Mädchen. Das Haar graumeliert. Der Blick hinter den Brillengläsern lebhaft. Klein gewachsen, recht schmal gebaut. Ungewöhnlich unruhig. Er lächelt viel, redet pausenlos und springt unentwegt von einem Thema zum anderen. Eine seltsame Jovialität: er fängt an, eine Anekdote zu erzählen, er kann nicht weiter vor Lachen, man lacht mit – warum nicht? –, dann aber steigert sich unmerklich sein Ton, seine Stimme wird rauh, er wird laut, sein Auge hart, er schlägt auf den Tisch, und man beginnt sich zu wundern ...

Seine Frau muß vor zwanzig Jahren eine eindrucksvolle Erscheinung gewesen sein: groß, mit breiten Schultern, einer wohlklingenden Stimme und der üppigen blonden Haarflut einer Walküre. Sie hat es nie verwunden, daß sie Prag und seine Herrlichkeiten 1945 Hals über Kopf, ohne einen Koffer, verlassen mußte, mit den Kindern auf einem offenen Güterwagen kauernd. Sie spricht über die Tschechen wie über einen primitiven Volksstamm, versorgt aber ihre beiden Hunde mit rührender Hingabe.

Das Ehepaar Pannwitz hat drei Kinder. Ein Sohn wird Gärtner, eine Tochter Sozialpflegerin, über das andere Kind wird kaum gesprochen. Pannwitz bekommt vom Staat eine Pension. Außerdem arbeitet er für eine Bausparkasse, aber er muß sich schonen, er hat kürzlich einen Herzinfarkt gehabt. Er fährt einen alten Mercedes. Die Wohnung ist klein, gut möbliert, freundlich. Man schwimmt sichtlich nicht im Geld, aber man führt ein angenehmes, klein-bürgerliches Leben.

Seine erste Frage: welcher Geheimdienst mich zu ihm geschickt hat. Er schwankt zwischen CIA und SDECE. Meine Antwort überzeugt ihn nicht; er brummt: »Wenn das wahr ist, wenn Sie aus eigenem Antrieb gekommen sind, dann verdienen Sie einen Orden, dann wären Sie wirklich der erste.« Als die Sowjets ihn nach mehr als zehnjähriger Haft freiließen, wurde er von deut-schen, amerikanischen und englischen Geheimdiensten in die Mangel genom-men; sie alle wollten wissen, warum er sich nach Moskau abgesetzt hatte. Die Prüfung mit dem Lügendetektor hat er erfolgreich bestanden.* Danach bekam er jahrelang Besuch von alten Kollegen, die ihm freundlich auf die Schulter klopften und fragten: »Sagen Sie, ganz unter uns, wie war das mit Ihrer Moskau-Reise …?« Einer der Beharrlichsten war Reiser, der ebenfalls in Stuttgart wohnt. Jedesmal brachte er für Frau Pannwitz ein sehr schönes Geschenk mit. »Viel zu schön«, meint Pannwitz lächelnd, »meiner Ansicht nach konnte er das nicht aus eigener Tasche bezahlen, darum habe ich den Umgang mit ihm einschlafen lassen.« Auch die verschiedensten Mittelsmänner der westlichen Geheimdienste haben versucht, ihn zum Sprechen zu bringen. Er versichert, daß sein Telefon abgehört und seine Post geöffnet wird, das Amt Gehlen überwache sogar seine Besucher. Mythomanie? So klingt es eigentlich nicht; er sagt diese Dinge genauso, wie er einem auseinandersetzen würde, daß ihm der Hauswart nicht wohlgesonnen ist.

Tatsächlich hatte ich ihn nicht mit Hilfe irgendeines Geheimdienstes gefun-den, sondern durch einen Mann, der genau wie er im Dritten Reich einen hohen Posten innehatte. Dieser Mann hatte auch die vorbereitenden Gespräche mit Pannwitz geführt, war aber sehr schnell an einem heiklen Punkt angelangt: Pannwitz hatte nichts gegen ein Zusammentreffen, wollte aber bestimmte Bedingungen daran knüpfen. Welche? Es hatte Monate gedauert, um dem schamhaften Kriminalrat das Geständnis zu entreißen, daß diese Bedingungen finanzieller Art waren. Da ich nichts dagegen hatte, ihm etwas zu zahlen, wenn ich dafür aus seinem Mund das Eingeständis seines Verrats zu hören bekam, hatte ich ihm 500 Mark anbieten lassen. Er hatte nicht endgültig zugestimmt, aber da er mich einlud, zu ihm zu kommen, hatte ich angenommen, mit seinem stillschweigenden Einverständnis rechnen zu dürfen.

---

* *Nach Pannwitz ließ die Untersuchung mit dem Lügendetektor zu wünschen übrig. Dem Opfer wurden zum Beispiel sehr direkte Fragen nach seinen sexuellen Phantasien gestellt: wer gewitzt war, reagierte in aller Ruhe darauf, während ein braver Bürger, dem diese sexuellen Vorstellungen fremd waren, nervös wurde – er bekam feuchte Hände, sein Puls ging schneller, und daraus schloß man dann, daß er log.*

Daß er mir nun so zögernd antwortete, kam darum überraschend für mich. Er wich meinen Fragen aus, erzählte immer wieder unzusammenhängende Anekdoten, ohne seinen Bericht zu ordnen. Mir schien sogar, daß er es ungern sah, daß ich mir Notizen machte. Worauf wollte er hinaus?

Ein Thema gab es allerdings, auf das er ausführlichst einging: auf den Tod Suzanne Spaaks. Jedesmal, wenn der Name erwähnt wurde, huschte ein ängstlicher Ausdruck über sein Gesicht, und er wirkte dann, obwohl schon von Natur aus nervös, wie ein Gehetzter, der im voraus die Rechtfertigungen wiederholt, die er der Justiz geben wird. Der Gedanke an diesen Mord ließ ihn nicht los, immer wieder kam er darauf zurück, daß er mit diesem Tod nichts zu tun gehabt habe, als könne er so die rächende Kraft der Untat beschwören. Und während er sprach, machte er unwillkürlich immer wieder die Geste des Händewaschens: Pontius Pilatus? Lady Macbeth? Er sagt, er schwört, er schreit mir fast entgegen, daß er nichts davon gewußt habe. Er wiederholt unermüdlich: »In Moskau hat der Grand Chef mir vorgeworfen, ich sei schuld an ihrem Tod. Aber wenn die Russen davon überzeugt gewesen wären, wenn sie dafür einen Beweis gehabt hätten, wäre ich niemals lebend zurückgekommen.« Oder: »Ich bin nach Moskau gegangen, weil ich saubere Hände hatte. Die Leute der Roten Kapelle, die zu meiner Zeit hingerichtet wurden, waren alle zum Tode verurteilt worden, bevor ich nach Paris versetzt wurde. Ich konnte mit reinen Händen vor den Russen erscheinen.« Und: »Ich hatte vorsichtshalber zwei Kriegsberichterstatter gebeten, bei den Verhören dabei zu sein: Glauben Sie, daß ein so umsichtiger Mann später die Dummheit begeht und sich mit Blut besudelt?« Und schließlich fragt er: »Warum hätte ich sie töten lassen sollen?«

Treppers Antwort: »Um niemanden am Leben zu lassen, der über das ›Große Spiel‹ genau Bescheid wußte. Pauriol und Madame Spaak hätten ihren Befreiern erzählen können, daß die Gestapo ein Funkspiel mit Moskau aufgebaut hatte.« Das Argument hat Gewicht. Pannwitz konnte sich das Risiko nicht leisten, daß Amerikaner oder Franzosen von der deutschen Funkverbindung mit Moskau erfuhren. Sie hätten die Zentrale sofort von der Täuschung in Kenntnis gesetzt. Wenn aber Pannwitz mit Moskau ein ehrliches Spiel trieb, wie Höttl behauptet, was dann? Der Kriminalrat brauchte Pauriol und Suzanne Spaak nicht umbringen zu lassen, um sie mundtot zu machen. Er hätte sie mit Kent und dem geheimnisvollen Gefangenen von Courcelles nach Deutschland schicken können. An dem Tag, als die beiden hingerichtet wurden, hatten die Aufständischen noch keine Barrikaden in den Straßen von Paris errichtet; es wäre ein leichtes gewesen, die beiden Gefangenen aus Fresnes zu holen. Aus

Humanität? Natürlich nicht, und Pannwitz versucht nicht einmal, uns das einzureden. Er hätte auch hier wieder aus Vorsicht so gehandelt. Der Befehl, Pauriol, den Kommunisten, zu erschießen, würde uns nicht wundern, Suzanne Spaak aber war die Schwägerin eines Politikers, der im siegreichen Lager der Alliierten eine große Rolle spielte ...

Pannwitz war sich dieser Tatsache so sehr bewußt, daß er aus Deutschland Paul-Henri Spaak, dem belgischen Außenminister, einen Brief schrieb: »Ihrer Schwägerin geht es gut. Wir waren gezwungen, sie mitzunehmen, aber Sie können versichert sein, daß ihr nichts Schlimmes zustoßen wird.« Dieser Brief erreichte den Minister in London. Er fuhr sofort nach Paris, um seinem Bruder die Nachricht zu überbringen, aber Claude Spaak hatte inzwischen schon die Gewißheit, daß seine Frau nicht mehr am Leben war. – Dem Grand Chef genügte dieser Brief, um Pannwitz unwiderruflich zu verurteilen. Dieses Musterbeispiel böswilliger Täuschung – denn der Kriminalrat wußte nur zu gut, daß er die Gefangene nicht mitgenommen hatte – sollte Treppers Ansicht nach nur dazu dienen, die Spuren endgültig zu verwischen. Man hatte die Namen der Opfer nicht auf die Gräber gesetzt, um eine Identifizierung unmöglich zu machen. Der Brief sollte die Spaaks in der Hoffnung bestärken, Suzanne sei noch am Leben. Pannwitz könnte später behaupten, sie sei in dem allgemeinen Chaos des Zusammenbruchs ohne seine Schuld verschwunden.

Das ist möglich. Es ist aber auch vorstellbar, daß der Kriminalrat wirklich geglaubt hat, Suzanne Spaak sei mit den anderen Häftlingen aus Fresnes nach Deutschland verlegt worden. Daß auf den Grabkreuzen keine Namen stehen, läßt natürlich vieles vermuten, aber wenn man unbedingt Wert darauf gelegt hätte, keine Spur von den Ermordeten zu hinterlassen, warum hatte man sie dann nicht völlig anonym begraben, warum hatte man dann die Anonymität nicht ganz gewahrt, warum hatte man dann »Eine Belgierin« und »Ein Franzose« auf die Kreuze geschrieben und damit zumindest einen Hinweis gegeben? Warum vor allem hatte man Suzanne Spaak erlaubt, einen letzten Brief zu schreiben, in dem sie ihren Mann von der bevorstehenden Hinrichtung in Kenntnis setzte? Die Existenz dieses Briefes und die Tatsache, daß der Kriminalrat davon nichts wußte (und er kann von diesem Brief nichts gewußt haben, denn sonst hätte er sich nicht die Mühe gemacht, an Paul-Henri Spaak zu schreiben), lassen vermuten, daß er an der Tragödie von Fresnes nicht beteiligt war. Wir haben schon darauf hingewiesen, daß sich der Mann aus Prag verändert zu haben schien ...

Die französischen Gefängnisse ließen ab Januar 1944 finstere Besucher ein. Sie kamen stets zu dritt und wiesen französische oder deutsche Ausweispapiere vor, die ihnen absolute Verfügungsgewalt über alle Insassen gaben. Es waren die Henker der französischen Miliz. Manchmal kleideten sie ihr Tun in legale Formen, denn ein Gesetz der Vichy-Regierung erlaubte ihnen, Standgerichte zu bilden und unwiderrufliche, sofort vollstreckbare Urteile zu fällen. Sie kamen dann mit einem Erschießungskommando und Särgen. Jacques Delarue hat ein solches Standgericht zwar nicht in Aktion erlebt (wer vor dem Standgericht erscheinen mußte, kehrte nicht zurück), aber er hat als Häftling im Gefängnis de la Santé von seiner Zelle aus oft das schaurige Zeremoniell mit angehört, das ihre Tätigkeit umgab, den Lastkraftwagen, der mit leeren Särgen polternd in den Hof rollte, und die Hammerschläge, die anzeigten, daß ein Sarg zugenagelt wurde.[81] Manchmal erschienen die Henker ohne Erschießungskommando und übernahmen selbst die Arbeit. Dominique Ponchardier, der später einige dieser Mörder erschossen hat, schreibt in seinen Erinnerungen: »Sie fuhren wahllos in irgendeine Stadt und ließen sich aufgrund von echten oder gefälschten Papieren, ja manchmal nur auf einen einfachen Marschbefehl hin kleine Gruppen von Résistance-Häftlingen ausliefern. Sie brachten sie irgendwo vor die Stadt, ohne daß die Vichy-Franzosen oder die Deutschen etwas davon erfuhren, und schossen sie an einer Wegbiegung seelenruhig mit ihren Maschinenpistolen nieder.«[82]

Vielleicht sind auch Suzanne Spaak und Fernand Pauriol auf diese Weise umgekommen, vielleicht wurde ihr Blut von französischer Hand vergossen.

Hartnäckig versuchte ich immer wieder, Pannwitz das Geheimnis seiner Reise nach Moskau zu entreißen. Aber auf jede meiner Fragen antwortete er mit immer derselben Gegenfrage: »Welcher Geheimdienst schickt Sie?« In drei Tagen fast ununterbrochener Unterhaltung gelang es mir nur dreimal, ihm eine unbedachte Bemerkung zu entlocken. Als ich den Mut bewunderte, mit dem er sich in die Höhle des Löwen gewagt hatte, gab er spöttisch zur Antwort: »Seien Sie doch nicht dumm! Die Engländer und die Amerikaner proklamierten immer wieder im Radio, was mit Leuten wie mir geschehen würde. Ich machte mir überhaupt keine Illusionen. Nach Moskau fahren hieß, sich direkt in die Hölle wagen, das war klar. Aber dort konnte ich zumindest beim Heizen der Kessel mithelfen ...« Er ließ auch durchblicken, daß sein Entschluß reiflich überlegt war: er kannte 1945 einen sicheren Fluchtweg nach Spanien, hat es aber vorgezogen, sich nach Moskau zu begeben. Wie konnte er wissen, daß man ihn nicht gleich nach seiner Ankunft erschießen würde? »Hören Sie, am Flugplatz wartete ein Auto, das mich direkt zum Sicherheitsministerium brachte. Abakumow, der Minister, hat mich sofort empfangen, und wir haben zwei Stunden lang miteinander gesprochen. Das allein sollte Ihnen begreiflich machen, daß vor meiner Abreise schon etwas im Gange war und ich nicht aufs

Geratewohl losgefahren bin ...« So unbestimmt diese Hinweise auch waren, so bestätigten sie doch, was ein anderes Mitglied des Sonderkommandos, Otto Schwab, vor französischen Polizeibeamten ausgesagt hatte, als sie ihn 1947 im Gefängnis in der Rue du Cherche-Midi verhörten: »Kriminalrat Pannwitz hat mir im Vertrauen gesagt, daß er, wenn Deutschland den Krieg verlieren sollte, nicht auf amerikanischer Seite bleiben würde. Er wollte im Gegenteil zu den Russen fliehen und ihnen seine Mitarbeit anbieten.«

Am dritten Tag fragte Pannwitz mich plötzlich: »Also, auf welcher Basis wollen wir zusammenarbeiten, und wie wollen wir vorgehen?« Verdutzt gab ich zurück: »Ja, aber ... wir sind doch schon dabei zu arbeiten, oder?« Er machte ein verärgertes Gesicht, schien zu zögern, gab sich dann aber einen Ruck: »Ihr Angebot von 500 Mark ist natürlich indiskutabel. Eine lächerliche Summe! Sie müssen wissen, daß mir eine amerikanische Filmgesellschaft 100 000 Dollar für meine Erinnerungen geboten hat. Nicht einmal für meine Erinnerungen übrigens, ich sollte nur die Authentizität des Films garantieren. Im Vorspann hätte etwa gestanden: ›Mr. Pannwitz, ehemaliger Kriminalrat und so weiter, steht dafür ein, daß die Geschichte, die wir Ihnen hier zeigen, der historischen Wahrheit entspricht.‹ Aber die Amerikaner wollten ins Drehbuch hineinschreiben, was ihnen gefiel. Ich habe die Sache mit einigen Bekannten durchgesprochen, und wir sind zu dem Ergebnis gekommen, daß ich mir von dem Geld, das nach Abzug der Steuern übrigbliebe, doch nicht die einsame Insel kaufen könnte, die nötig wäre, um der Rache meiner ehemaligen Kollegen zu entgehen. Ich habe deshalb abgelehnt. Die derzeitigen politischen Bedingungen sprechen dagegen. Vielleicht komme ich mit Ihnen ins Geschäft, aber bestimmt nicht für 500 Mark!«

Ich gab ihm zur Antwort, daß ich, stünden mir 100 000 Dollar für meine Recherchen zur Verfügung, höchstwahrscheinlich keine Recherchen machen, sondern auch auf einer einsamen sonnigen Insel leben würde. 500 Mark, mehr könne ich nicht bieten. Wenn er mit dieser Summe nicht einverstanden sei, müßten wir uns eben trennen.

Und ich war davon überzeugt, daß es dabei bleiben würde. Er aber rückte sofort mit einem Gegenvorschlag heraus, der, wie er meinte, beiden Seiten gerecht würde: wir sollten die Autorenrechte teilen, dafür würde er mir die Geschichte des Sonderkommandos erzählen und mir erlauben, meinem Buch die bewußte Authentizitätsgarantie voranzustellen, »Herr Pannwitz, ehemaliger Kriminalrat, und so weiter«. Ich mußte so lachen, daß er sprachlos aufblickte. Ich hatte wirklich nicht damit gerechnet, daß Pannwitz mir vorschlagen könnte, in einer Geschäftspartnerschaft den Gewinn mit ihm zu teilen ... Nachdem es mir gelungen war, der Heiterkeit Herr zu werden, die mich bei dem Gedanken befallen hatte, ich solle der literarische Mitarbeiter oder vielmehr Ghostwriter des ehemaligen Hauptsturmführers SS und Kriminalrats a. D. Pannwitz werden, sagte ich ihm, sein Angebot mache mich, wie er sehe, restlos glücklich, aber mich interessiere einzig und allein eine ernsthafte Erklärung und Begründung seiner Reise nach Moskau. Zum erstenmal fragte er mich nicht, welcher Geheimdienst meinen Unterhalt bestreite. Er konnte sich aber doch nicht überwinden, entschied sich für einen Mittelweg und sagte: »Es gibt zwei Hypothesen. Entweder ich bin hingefahren, weil ich glaubte, Deutschland einen letzten Dienst erweisen zu können. Oder ich bin hingefahren, weil ich seit langem in ehrlicher Verbindung mit Moskau stand. Ich glaube, es ist das beste, diese Frage offenzulassen. Sie sollten sich darauf beschränken, Ihren Lesern beide Hypothesen zu unterbreiten, und sie dann selbst entscheiden lassen. Das ist doch gar nicht schlecht, finden Sie nicht auch? Damit käme etwas Spannung in die Geschichte ... eine geheimnisvolle Note ...«

Ich gab zu, daß so etwas spannend wäre, fügte aber hinzu, ich sei nach Stuttgart gekommen, damit die Geschichte weniger geheimnisvoll würde. Er bat mich daraufhin, ich möge doch bedenken, welches Aufsehen seine Erklärungen erregen würden und welche Folgen sich unter Umständen für ihn daraus ergeben könnten. Schließlich deutete er an, daß es ihm bei dieser dreitägigen Unterhaltung nur darum gegangen sei, herauszufinden, mit wem er es zu tun habe. Da sein Eindruck durchaus zufriedenstellend sei, habe er seinen Freund Thomas Lieven gebeten, den weiteren Unterhaltungen beizuwohnen. Lieven sei so etwas wie sein Berater in dieser Angelegenheit, sein Urteil würde ausschlaggebend sein.

Wüßte ich überhaupt, wer Thomas Lieven sei? Ich wußte es nicht. Das schien ihm unbegreiflich. Ich erfuhr, daß Johannes Mario Simmels internationaler Bestseller »Es muß nicht immer Kaviar sein« auf Lievens Erinnerungen beruhte. Eine Million Exemplare waren in Deutschland verkauft worden, dazu schwindelerregende Auflagen in der ganzen Welt; zweimal verfilmt. Bei nachträglicher Lektüre wurde mir klar, daß der Erfolg mit der außergewöhnlichen Persönlichkeit des Helden zusammenhing. Lieven war James Bond, Robin Hood, Rothschild, Casanova und Curnonski, der Koch aller Köche, in einer Person, nichts Menschliches war ihm fremd. Unwahrscheinlich gut aussehend, sehr reich und immer gut gelaunt hatte er sich durch den letzten Krieg geschlängelt, indem er alle Geheimdienste, die deutschen inbegriffen, an der Nase herumführte. Er hatte ihre jämmerlichen Praktiken amüsiert belächelt, wie sie es verdienten, nur die Schergen der Gestapo, die er nicht ausstehen konnte, hatte er, wo immer er konnte, aufs Korn genommen. Thomas Lieven mochte die Gestapo nicht, und er hatte es sie fühlen lassen.

Immer bereit, eine interessante Bekanntschaft zu machen, erklärte ich Pannwitz, wie sehr ich mich freuen würde, Thomas Lieven kennenzulernen.

Während wir auf ihn warteten, sprachen wir über General Ozols, über den französischen Widerstandskämpfer Legendre und ihre Zusammenarbeit mit dem Sonderkommando. Pannwitz bestätigte die Blindheit der beiden Männer, die bis zum Schluß überzeugt gewesen waren, für den sowjetischen Geheimdienst zu arbeiten. Am 16. August hatte Kent sich von Ozols verabschiedet und erwähnt, er habe einen »sehr gefährlichen Auftrag« zu erfüllen. Er hatte Ozols 30 000 Franc dagelassen und ihn dazu ermuntert, weiterzuarbeiten. Laut Pannwitz war der raffinierte Betrug mit den in der Normandie eingesetzten Sendern glänzend gelungen: noch Wochen nach der Landung lieferten sie aus dem Hinterland der alliierten Front alle Informationen, die man von ihnen erwartete.

Der Kriminalrat wußte nicht, was aus seinen beiden Opfern geworden war, mir aber war ihr weiteres Schicksal schon seit langem bekannt. Ich hatte es anfangs mit fassungslosem Staunen zur Kenntnis genommen: Ozols und Legendre waren am 17. November 1944 von den französischen Behörden wegen Zusammenarbeit mit dem Feind verhaftet worden. Mehrere deutsche Agenten, die von der Gestapo in die Gruppe »Mithridate« eingeschleust worden waren, hatten Legendre belastet: aufgrund der von ihm aufgestellten Liste mit den Namen aller Mitglieder der Gruppe war es dem Sonderkommando möglich gewesen, die Organisation zu unterwandern und sie teilweise unschädlich zu machen. Hätte Legendre sein Tun vor einem französischen Gericht rechtfertigen müssen, wäre es ihm wahrscheinlich sehr schwergefallen, den Richtern glaubhaft zu machen, daß er ehrlich davon überzeugt gewesen war, für die Sache der Alliierten zu arbeiten. Und auch Ozols hätte Mühe gehabt, zu beweisen, daß er nichts von Kents Arbeit für die Gestapo wußte. Aber die beiden Männer kamen gar nicht vor Gericht. *Oberstleutnant Nowikow, der Leiter der sowjetischen Militärmission in Paris, intervenierte zu ihren Gunsten bei den französischen Behörden.* Er verbürgte sich für sie und erreichte, daß sie freigelassen wurden. Gegen Legendre ist nie wieder eine Untersuchung eingeleitet worden, zur größten Verwunderung seiner ehemaligen Kameraden der »Mithridate«. Ozols wurde in Rußland repatriiert.

Wenn Nowikows Intervention schon nachdenklich stimmt, so ist die Episode mit den in der Normandie stationierten Sendern vielleicht noch aufschlußreicher. Für das deutsche Oberkommando war es ungeheuer wichtig, so schnell wie möglich in Erfahrung zu bringen, ob es sich bei der angloamerikanischen Landung um ein großangelegtes Unternehmen oder nur um eine kleine

Störaktion handelte. Für Stalin spielten diese Auskünfte aber auch eine große Rolle, denn er befürchtete, nachdem die Alliierten die Eröffnung einer zweiten Front wiederholt hinausgeschoben hatten, es könnte sich auch diesmal nur um einen neuen Handstreich handeln. Die Moskauer Zentrale hatte schon im Juli 1942, als man gerade erst anfing, von einer zweiten Front zu sprechen, folgenden Funkspruch an den Grand Chef geschickt: »Versuchen Sie mit allen Mitteln, an jedem strategisch wichtigen Punkt einen Sender aufzustellen, an dem eine angloamerikanische Landung stattfinden könnte, und richten Sie es so ein, daß wir alle zwei Tage einen detaillierten Bericht über die gelandeten Truppen und ihre Ziele erhalten.« – Wer weiß, vielleicht hat Pannwitz, als treuer Diener seines Staates getarnt, mit zwei Jahren Verspätung anstelle Treppers den Auftrag der Zentrale ausgeführt ...

Wir sprachen auch über die Spionageorganisation in der Schweiz. Denn auch auf diesem vom kriegführenden Europa fernen Planeten hat es ein sowjetisches Spionagenetz gegeben. Seine Mitglieder leisteten zur gleichen Zeit die gleiche Arbeit wie Trepper, Schulze-Boysen, Harnack und all die anderen, aber die unendliche Entfernung des Schweizer Planeten verschiebt die Perspektiven derart, daß ein Vergleich unmöglich ist. Zwischen ihnen steht alles, was ein kleines, friedliches Land von einem brennenden Kontinent unterscheidet. Während die einen wußten, daß sie auf dem Schafott oder am Galgen enden würden, wenn man sie faßte, setzten die anderen sich nur der Gefahr aus, von einem Schweizer Gericht streng verwarnt, im Höchstfall mit einigen Monaten Gefängnis bestraft zu werden.*

Wir haben die Schweizer Organisation natürlich nicht aus unserem Bericht herausgelassen, weil diese Unterschiede bestanden und das den einheitlichen Ton des Berichtes gestört hätte; auch nicht, weil sie etwa schlecht gearbeitet hätte: sie konnte Resultate verzeichnen, die ans Märchenhafte grenzen. Sie war farblos, unauffällig, langweilig, was immer man will, aber an Wirksamkeit stand sie der gesamten Roten Kapelle nicht nach. Dallin unterstreicht, daß ihr »Beitrag zum sowjetischen Sieg in seiner Bedeutung kaum überschätzt werden kann«[83]. Ein Mitglied der Schweizer Gruppe, der Engländer Alexander Foote, geht noch weiter: » ... richtete sich Moskau bei seinen Operationen sicherlich weitgehend nach ›Lucys‹ (einer der Informanten des Netzes) Berichten, was wohl jedes Oberkommando getan hätte, das Zugang zu Informationen erhielt,

---

* *Kein Mitglied der Schweizer Gruppe wurde zu mehr als zehn Monaten Gefängnis verurteilt, manche wurden freigesprochen, andere aus der Haft entlassen, ohne daß es zu einem Prozeß kam.*

die in stetigem Fluß aus dem Oberkommando des Gegners stammten.«[84] Und zwei französische Autoren meinen sogar, daß »der Krieg in der Schweiz gewonnen wurde«.[85] Diese Behauptung ist wohl übertrieben, aber ganz aus der Luft gegriffen ist sie gewiß nicht.

Wenn wir die Schweizer Organisation ausgeklammert haben, so liegt das daran, daß sie innerhalb der Schweizer Enklave selbständig und unabhängig arbeitete, während der Druck des Dritten Reichs die deutschen, belgischen, holländischen und französischen Gruppen der Roten Kapelle zu einem einzigen Apparat zusammengeschlossen hatte: sie alle kämpften unter den gleichen Bedingungen gegen die gleiche Polizei. Darum hat diese Polizei die Schweizer Organisation auch nie als Teil der Roten Kapelle angesehen: sie gab ihr, da es sich um drei Sender handelte, den Decknamen »Die Roten Drei«.

Dieser Deckname entsprach wirklich den Gegebenheiten: die Bedeutung der Schweizer Organisation beruhte vorwiegend auf ihren drei Sendern. Es war eigentlich weniger ein Spionagenetz als eine technische Übermittlungsstation, eine Art Briefkasten für Moskau. Die Suche nach Quellen (der Auftrag der Gruppe war nicht gegen die neutrale Schweiz, sondern gegen Deutschland gerichtet), die zu den zeitraubendsten und aufreibendsten Aufgaben eines Nachrichtendienstes gehört, stellte in der Schweiz kein Problem dar: die Agenten waren Freiwillige, zumeist deutsche Emigranten, die das Naziregime leidenschaftlich haßten. Der wichtigste unter ihnen, Rudolf Rössler, alias Lucy, verfügte über Informanten in den höchsten deutschen Dienststellen, vor allem in der Wehrmachtsführung. Radó, der Leiter der Organisation, hat nie erfahren, von wem Rössler seine Informationen bekam. Die Zentrale forderte immer wieder die Preisgabe ihrer Identität. Vergebens. Man kennt sie auch heute nicht, was immer darüber geschrieben worden sein mag. Die westlichen Nachrichtendienste bemühen sich noch immer, das Geheimnis zu lüften.*

---

* Es ist hier und da behauptet worden, daß Schulze-Boysen und seine Freunde zu Rösslers Informanten gehört hätten. Ein Beweis dafür konnte nie erbracht werden, und alle bis heute bekannten Tatsachen widerlegen diese Behauptung. Die von der Berliner Gruppe und die von Rösslers Agenten gelieferten Informationen waren völlig verschiedener Art. Schulze-Boysen hatte vor allem zu wirtschaftlichen Bereichen Zugang, die Rössler verschlossen blieben. Dagegen scheinen die Schweizer auf militärischem Gebiet sehr viel genauere Informationen bekommen zu haben. Hätte Schulze-Boysen andererseits seine Meldungen über die »Roten Drei« weiterleiten können, wäre die Zentrale nicht genötigt gewesen, ihm, als sich die Unerfahrenheit seiner Funker als Problem erwies, auf so dramatisch-dilettantische Weise Kent zu Hilfe zu schicken. Fest steht außerdem, daß Rösslers Ausbeute durch die Vernichtung der Berliner Gruppe im Sommer 1942 weder eine Verringerung noch eine Veränderung erfuhr, was doch automatisch hätte der Fall sein müssen, wenn sie den Schweizern Informationen geliefert hätte. (Die Abhörspezialisten der Abwehr stellten sogar fest, daß die Tätigkeit von PTX Brüssel nach der Stillegung des Berliner Geistersenders im November 1941 in einem

Daß die Nachforschungen so lange nach Kriegsende noch weitergehen, läßt ahnen, mit welcher Verbissenheit man damals versucht hat, der Schweizer Organisation das Handwerk zu legen: jede Meldung der Roten Drei war ein Dolchstoß für die kämpfende Wehrmacht. Der Suchapparat, den man gegen Treppers Pianisten eingesetzt hatte, wurde auch gegen die Funker Radós mobilisiert: Kreuzpeilung aus weiter Entfernung, dann Nahfeldpeilung, und so weiter. Bald wußte man, daß ein Sender in Lausanne, die beiden anderen in Genf standen. Die aufgefangenen Funksprüche wurden Vaucks Experten anvertraut. Es gelang ihnen, wie bei der Roten Kapelle, einzelne Texte zu entschlüsseln. Und wie bei der Roten Kapelle mußte man mit Erstaunen und Schrecken feststellen, daß dem Feind in immer rascherer Folge Staatsgeheimnisse zugespielt wurden.

Aber im Gegensatz zu den Funkern der Roten Kapelle arbeiten die Pianisten der Roten Drei außerhalb der Reichweite von Abwehr und Gestapo, die Schweizer Grenze schützt sie. Da ein direkter Zugriff unmöglich ist, bleibt nur die List: die Schweizer Organisation soll unterwandert werden, um die deutschen Quellen ausfindig zu machen und die Arbeit von innen her zu unterminieren.

Die Gefangenen der Roten Kapelle können zu den Roten Drei führen. Denn wenn beide Gruppen auch unabhängig voneinander arbeiten und der Lauf der Ereignisse ihre Eigenständigkeit noch verstärkt hat, so ist doch klar, daß sie ständig miteinander in Verbindung stehen. Malvina Gruber, die Geliebte von Raichman, dem Brüsseler »Schuster«, behauptet, sie sei zwischen 1940 und 1942 oft über die französisch-schweizerische Grenze gegangen. Kent hat ausgesagt, daß er 1940 zweimal in der Schweiz gewesen ist, im März und im Dezember, und den Leiter der dortigen Organisation getroffen hat. Bei Robinson, dem ehemaligen Chef der Komintern, hat man verschiedene Pässe

<hr>

dem Volumen des ausgeschalteten Senders entsprechenden Ausmaß zunahm: PTX hatte also den gesamten Funkverkehr übernommen.) Daß Schulze-Boysen keinen Kontakt mit der Schweiz hatte, geht schließlich auch aus folgender Episode hervor: von Horst Heilmann erfuhr Schulze-Boysen 1942, daß es der Abwehr gelungen sei, einen englischen Code zu knacken. Schulze-Boysen wollte die Engländer warnen und suchte nach einer Verbindung zu ihrer Schweizer Vertretung. Er wandte sich an einen gewissen Marcel Melliand, der dem Kreis nahestand und eine Möglichkeit sah, in die Schweiz zu fahren und die britische Botschaft entsprechend zu informieren. Gleichzeitig sollte er die Engländer über einen geplanten Angriff der Luftwaffe auf einen alliierten Geleitzug, der von Island nach Murmansk auslaufen würde, informieren. Melliand bekam aber schließlich doch kein Visum, und der Plan mußte fallengelassen werden. Wäre Schulze-Boysen einer von Rösslers Informanten gewesen, so hätte er ihm schleunigst diese Informationen zur Weiterleitung an die Engländer zukommen lassen. Und das wäre wohl auch geschehen, denn Rössler arbeitete gleichzeitig für die Russen, die Schweizer und die Westmächte ...

gefunden, aus denen hervorgeht, daß er mehrere Male die Schweizer Grenze überschritten hat.

Das sind die Anhaltspunkte, über die Giering verfügt. Wie soll er vorgehen? Das Sonderkommando hat Malvina Gruber und Raichman in Paris und vor allem in Lyon zu oft als Lockvögel benutzt. Sie in die Schweiz zu schicken, ist unmöglich. Kent? Seit 1940 hat er dort keine Kontakte mehr. Robinson hingegen bietet einen doppelten Vorteil: er ist ein wichtiger Agent, und er hat noch kürzlich mit den Schweizern in Verbindung gestanden.

Giering entschließt sich also, Robinson einzusetzen. Dazu muß sein Widerstand gebrochen, er muß zu einem gefügigen Werkzeug gemacht werden. Robinson ist einer der am meisten gefolterten Mitarbeiter der Roten Kapelle: aber die schlimmsten Qualen machen ihn nicht gefügig, er gibt seine Verbindung zum Schweizer Apparat nicht preis. Das Sonderkommando greift daraufhin zu einem erprobten Mittel: Erpressung. Franz Schneider, der Mann Germaines, hat Namen und Adresse einer Deutschen verraten, die als Kurier zwischen Berlin und Brüssel tätig war:* Klara Schabbel aus Hennigsdorf. Schneider zufolge ist Klara Robinsons Frau. In Wirklichkeit hat sie um 1920, als der junge Robinson mit der Waffe in der Hand für ein kommunistisches Regime in Deutschland kämpfte, mit ihm zusammengelebt. Sie haben einen Sohn. Die Gestapo verhaftet Klara Schabbel, sie findet auch den Sohn, der als deutscher Soldat im Osten verwundet wurde und in einem Berliner Lazarett liegt. Heinz Koenen, der am 22. Oktober 1942 mit einem Fallschirm über Ostpreußen abgesprungen war, gesteht, daß er sich mit dem Verwundeten in Verbindung setzen sollte, um ihm den Auftrag zu erteilen, sich nicht untauglich schreiben, sondern möglichst zu einem Stab versetzen zu lassen, wo er interessante Informationen beschaffen könnte.

Die Gestapo organisiert eine Gegenüberstellung von Vater und Sohn. Robinson ist niedergeschmettert: er hat nicht gewußt, daß sein Sohn zur Berliner Gruppe gestoßen ist, und begreift, daß es hauptsächlich seine Schuld ist, daß der Junge, beeinflußt von der politischen Haltung des Vaters, in die Fänge der Gestapo geraten ist. Man schlägt den gewohnten Handel vor: das Leben des Jungen (er ist einundzwanzig Jahre alt) gegen die Aussagen des Vaters. Robinson schweigt. Er wird wieder gefoltert, schweigt aber immer noch. Daraufhin wird er Manfred Roeders Gericht übergeben, das ihn zum Tod verurteilt.**

---

* Siehe S. 153.

** Klara Schabbel starb, zusammen mit vierzehn anderen Mitgliedern der Roten Kapelle, am 5. August 1943 auf dem Schafott. Wurde auch Robinson hingerichtet? Roeder, Reiser, Piepe und Pannwitz behaupten, man habe sie von Berlin aus über die Hinrichtung infor-

Da Robinson nicht einzusetzen ist, kommt Kent an die Reihe. Er macht den Vorschlag, Vera Ackermann alias »La Noire« einzuspannen. Die schöne und charmante Belgierin, eine ehemalige Spanienkämpferin – ihr Mann ist auf republikanischer Seite gefallen – war von Trepper in Brüssel engagiert worden, wo sie als Malermodell arbeitete. Nach 1940 hatte er sie als seine Kontaktperson mit Robinson und Maximowitsch nach Paris kommen lassen, sie aber auch das eine oder andere Mal mit dringenden Aufträgen in die Schweiz geschickt.

Giering lacht sich ins Fäustchen: er hat seinen Köder gefunden. Das heißt, er hat ihn ... beinahe: wo ist »La Noire«? Kent weiß es nicht, versichert aber, Trepper müsse ihre Adresse kennen. Doch Trepper leugnet empört ab. »Dann eben nicht«, meint Giering nach einigen vergeblichen Nachforschungen, »ich kann auf eure Noire auch verzichten. Wir brauchen ja nur eine Person in die Schweiz zu schicken, die sich als La Noire ausgibt.« Er verlangt vom Grand Chef, er solle einen Funkspruch aufsetzen, in dem er der Zentrale ankündigt, »La Noire« sei nun der Schweizer Organisation zugeteilt. »Der Schweizer Organisation?« gibt Trepper zu bedenken. »Das kann nicht gutgehen! Ich kann Ihnen zwar nicht sagen, wo sie sich zur Zeit versteckt, aber aller Wahrscheinlichkeit nach ist sie in der Schweiz. Wenn Sie eine falsche Vera Ackermann dorthin schicken, müssen Sie mit einer frostigen Aufnahme rechnen, und obendrein hätten Sie die Schweizer umsonst alarmiert ...« Das leuchtet Giering ein. Er läßt den Plan Ackermann fallen.***

Aber an seinem Plan, die Schweizer zu unterwandern, hält er fest. Wie könnte er ihn auch aufgeben: die Roten Drei sind die letzte Bastion des sowjetischen Spionageapparates im Westen und das wichtigste Ziel aller deutschen Polizeiorganisationen. Jedes Mittel wäre Giering recht, die Schweizer zum Schweigen zu bringen.

miert. Und doch ist in den deutschen Archiven kein Hinweis zu finden, daß das Urteil vollstreckt worden wäre. Ja, mehr noch: während die Berichte der Gestapo und die Aussagen von Reiser, Piepe und Pannwitz einmütig Robinsons heldenhafte Haltung hervorheben, sind aus dem Lager der Gegner andere Stimmen laut geworden. So versicherte etwa der Grand Chef: »Dieser Mann hat nach seiner Verhaftung viel getan, um seine Haut zu retten. Die Gestapo hat in seinem Hotel eine Menge Unterlagen gefunden und Kopien von allen seinen Berichten. Warum hatte er entgegen allen Anweisungen ein Archiv angelegt? Wem wollte er es verkaufen?« So verdichtet sich das Geheimnis um diese romanhafte Figur immer mehr; er lebte im Dunkeln, im Verborgenen, sein Leben ist voller Widersprüche, und sogar sein Tod ist ungewiß. So vieles auch zweifelhaft bleiben mag, eines ist sicher: er war es nicht, der Giering auf die Spur der Schweizer Gruppe brachte. – Festzuhalten ist noch, daß sein Sohn nicht hingerichtet wurde.

*** Der Grand Chef hatte Vera Ackermann nach den ersten Verhaftungen in Belgien in ein Versteck in der Nähe von Clermont-Ferrand geschickt, wo es ihr bis Ende des Krieges unterzutauchen gelang.

493

Kent macht ihm einen zweiten Vorschlag:

»Anfang Juni 1943«, schreibt Alexander Foote, »erhielt ich Anweisungen von der Zentrale, einen Kurier aus Frankreich zu treffen und ihm Geld für das französische ND-Netz zu übergeben. Man nannte mir für den Treff vier Tage und zwei Orte: die ersten beiden Tage beim Eingang zur Drahtseilbahnstation in Ouchy, die letzten beiden Tage im Haupteingang zum Botanischen Garten in Genf. Alle Treffs sollten am Mittag stattfinden; ich erhielt die notwendigen Treffparolen und Kontrollfragen sowie die Personenbeschreibung, wie der Kurier angezogen sein würde und was ich zu tragen hätte.

An den ersten drei Tagen sprach mich niemand an, erst beim letzten Treff, dem zweiten Tag im Botanischen Garten, trat ein Mann auf mich zu, wir tauschten die richtigen Parolen aus, und ich übergab das Geld. Der Direktor hatte mir befohlen, mich mit dem Kurier nicht zu unterhalten, sondern lediglich das Geld zu übergeben und dann fortzugehen. Der Kurier jedoch übergab mir seinerseits ein großes Buch, das in helles, orangefarbenes Papier eingewickelt war, und sagte, ich würde zwischen zwei Seiten drei verschlüsselte Sprüche finden, die ich dringend an die Zentrale auf dem Funkweg absetzen müsse. Er sagte außerdem, daß er wichtige Informationen hätte, die er weiterzugeben wünsche, und schlug so bald wie möglich einen erneuten Treff vor. Hierzu nannte er einen Punkt bei Genf, der sich sehr nahe an der von den Deutschen kontrollierten französischen Grenze befand.

Dies alles erregte meinen Verdacht, da solche Geschwätzigkeit trotz strengsten Verbots bei einem sowjetischen Agenten höchst ungewöhnlich war. Ich wurde mißtrauisch und nahm an, daß vielleicht der richtige Kurier verhaftet worden war und ich an seiner Stelle einem Agenten der deutschen Abwehr gegenüberstand. Das orangefarbene Einwickelpapier konnte bequem als weithin leuchtendes Kennzeichen für jeden dienen, der mich bis nach Hause verfolgen wollte, und der Treffort nahe der Grenze war ausgezeichnet für eine Entführung nach bester Gestapoart geeignet.* Was die verschlüsselten Sprüche anlangte, so könnten diese, wenn sie auch gefälscht waren, auf hervorragende Weise zur Identifizierung meines Senders dienen. Denn ich hatte keinen Zweifel darüber, daß die Deutschen schon seit geraumer Zeit unseren Funkverkehr abhörten, und wenn sie jetzt auf einer der von ihnen überwachten Funklinien plötzlich die drei Sprüche, die sie bei mir eingeschoben hatten, auffangen würden, so würden sie den Sender sofort als den meinigen identifizieren ...

---

* *Sicherlich eine Anspielung auf den Zwischenfall von Venlo.*

Ich versuchte mein Mißtrauen so gut ich konnte zu verbergen und sagte, ich könne den Treff in jener Woche noch nicht wahrnehmen, da ich anderswo zu tun hätte, und vereinbarte einen Treff für eine Woche später.«[86]

Foote hat sein Gefühl nicht getäuscht: der Abgesandte war ein Mitarbeiter Gierings. Entsprechend Kents Vorschlag hatte der Chef des Sonderkommandos ganz einfach die Zentrale gebeten, einen Treff zu arrangieren, und der Direktor war ihm auf den Leim gegangen. Eine Meisterleistung des Sonderkommandos, wenn sie auch durch überstürztes Handeln dann schlecht genützt wurde (das orangefarbene Papier, die Schwatzhaftigkeit, die falschen Meldungen, die Verabredung nahe der Grenze: schon viel weniger hätte genügt, um den Verdacht eines erfahrenen Agenten zu wecken). Foote erscheint zum zweiten Treff nicht. Giering weiß, daß er einen Fehler begangen hat, aber ihm ist dennoch ein beachtlicher Einbruch in die Schweizer Festung gelungen. Wenn er jetzt die Geduld aufbringt, einige Wochen oder Monate zu warten, wird die Zentrale gegen einen neuen Treff gewiß nichts einzuwenden haben, und welchen Grund sollte Foote sehen, nicht zu einem zweiten Treff zu kommen, nachdem der erste ohne unangenehme Folgen geblieben ist?

Aber die Krankheit drängt Giering aus dem Spiel. Den weiteren Verlauf des Unternehmens muß Pannwitz bestimmen. Was wird er tun?

Nichts.

Er sagt: »Gleich nach meiner Ankunft in Paris hat Kent mich darauf aufmerksam gemacht, daß er – ich glaube schon 1940 – dem Chef des Schweizer Apparates seinen Code übergeben habe. Der Code beruhte auf einem in Kiew erschienenen Buch, von dem es nur sehr wenige Exemplare gab. Aber ich bin der Sache nicht nachgegangen. Die Roten Drei interessierten mich überhaupt nicht, und ich habe mich gehütet, einen zweiten Treff zu organisieren. Warum? Aus zwei Gründen: zunächst einmal hatte ich auch so schon genug zu tun! Wenn in Berlin bekanntgeworden wäre, daß es eine Möglichkeit gab, etwas gegen die Schweizer zu unternehmen, hätte ich keine ruhige Stunde mehr gehabt ... außerdem lag mir überhaupt nichts daran, aus Kent einen vollständigen Verräter zu machen. Sein Bild mußte gewahrt bleiben, verstehen Sie ... Man mußte ihm etwas lassen, was er nicht preisgegeben hatte ...«

Nachdem ich das gehört hatte, schien es mir eigentlich überflüssig, noch auf Thomas Lieven zu warten: Pannwitz hatte mir genug verraten. Die Schweizer Organisation nicht mit allen zur Verfügung stehenden Mitteln zu bekämpfen, das allein war schon Landesverrat. – Sie kannten die Rolle der Roten Drei, Herr Pannwitz, ihre erschreckende Wirksamkeit, und Sie wußten, daß jede ihrer Meldungen scharenweise deutsche Soldaten ins Jenseits beförderte. Sie waren überlastet? Überanstrengt? Nicht genug jedenfalls, um auf Ihre Reisen nach

Spanien zu verzichten, wo Sie im Namen Ihrer Firma Helvetia einträgliche Geschäfte mit Wolfram und Chinin tätigten. Aber noch aufschlußreicher war die Anspielung auf Kent. Keinen vollständigen Verräter aus ihm machen? Sein Bild wahren? Ja, natürlich, Sie waren klarsichtig genug, um zu wissen, daß Deutschland den Krieg verloren hatte und daß man Kent in Moskau zur Rechenschaft ziehen würde. Und für seine keineswegs angenehme Rückkehr haben Sie ihm diesen eindrucksvollen Triumphbogen aufbauen wollen: den Schutz der Schweizer Organisation. Warum eigentlich? Aus Selbstlosigkeit? Eine großmütige Geste einem loyalen Gefangenen gegenüber? Nicht doch! Eine Hand wäscht die andere. Sie wahrten sein Bild, damit er Ihres wahrte. Er würde derjenige sein, der die Schweizer Organisation nicht verraten hat, und Sie derjenige, der das nicht von ihm verlangt hat ...*

Thomas Lieven war eine Enttäuschung. Groß und hager, ungefähr fünfundsechzig Jahre alt, listiger Blick, schlaffer Mund; in den Bewegungen etwas Verschwommenes, Weichliches; die Allüren eines Mannes, dem nichts im Leben fremd geblieben ist. Er sagt witzelnd: »Ich habe für alle gearbeitet, und ich habe alle verraten, aber meine Freunde konnten sich auf mich verlassen.« Außer der finanziellen Sicherheit hat ihm das Buch von Simmel auch ein gesegnetes Alter gebracht: er hat angefangen, an sein Ebenbild zu glauben. Er ist davon überzeugt, daß sich in seiner Person ein Robin Hood, ein James Bond, ein Rothschild, ein Casanova und ein Curnonski vereinen, und er liebt es, diese seine kleine Welt vorzuführen. Er wird nicht müde, dem Spiel zuzusehen, in dem er, Simmels Themen variierend, Regisseur, fünffacher Akteur und bewundernder Zuschauer zugleich ist. Es war oft bestürzend, manchmal aber auch rührend, dem armen alten Marionettenspieler zuzusehen, wie er versuchte, seine Puppen in Bewegung zu bringen ...

Nach dem einleitenden Hin und Her beugte er sich zu mir herüber, warf mir unter halbgesenkten Lidern einen schlauen, vertraulich tuenden Blick zu (man wird den Eindruck nicht los, er wolle einen auffordern, ihm beim Verscharren einer Leiche zu helfen) und sagte schnarrend: »Unter uns: Thomas Lieven ist nicht mein richtiger Name. In diesem Buch hier steht es.« Das Buch

---

* *Die ehemaligen Angehörigen der Funkabwehr werfen Gestapo-Müller vor, er habe ihre Arbeit gegen das Schweizer Netz sabotiert (siehe W. F. Flicke, Agenten funken nach Moskau, Kreuzlingen 1954). Er soll ihre Berichte in der Schreibtischschublade verschwinden haben lassen, ohne die vorgeschlagenen Maßnahmen zu ergreifen. Als General Fellgiebel, der Chef des Heeresnachrichtenwesens, sich persönlich darum bemühte, die Angelegenheit klarzustellen, waren die Akten über das Schweizer Netz auf geheimnisvolle Weise verlorengegangen. – Ein Zufall?*

heißt »La Guerre secrète de Joséphine Baker«. Die hatte uns gerade noch gefehlt! Der Verfasser ist ein gewisser Commandant Abtey, ein ehemaliger Offizier des Deuxième Bureau. Er hat Thomas Lieven ein ganzes Kapitel gewidmet: »der ungewöhnlichste Mann, dem ich je begegnet bin« und so weiter. Aber wer weiß, vielleicht war Thomas Lieven wirklich jemand, als Abtey ihn kennenlernte ...

Abtey nennt ihn nicht Lieven, sondern Mussig.

Mit dem blöden Stolz eines Primus, der seine Aufgaben auswendig kann, platzte ich los: »Ach, Hans Mussig, alias Jean Varon! Sie waren mit Georgette Dubois, alias Patricia Delage, alias Anne-Marie Rendière, befreundet!«

Eisiges Schweigen. Dann murmelte Mussig: »So! Jetzt können Sie mir nicht mehr weismachen, daß Sie keinem Geheimdienst angehören. Nur ein gut informierter Agent kann wissen, was Sie da eben gesagt haben.« Ich führte meine jahrelangen Recherchen ins Feld, die schlaflosen Nächte, die ich über vergilbten Akten verbracht hatte, die Besessenheit, die mich auch den Geburtstag des kleinsten meiner Helden nicht vergessen läßt, obgleich ich den Geburtstag meiner Tochter nicht behalten kann ... Na schön, man wolle mir glauben. Die Aufregung legte sich. Lieven fing sich wieder.

Hans Mussig. Sein Biograph – er sagt »mein Ghostwriter« – muß wirklich begabt sein, wenn er aus einem so mäßigen Vorbild einen so strahlenden Helden zu machen verstand. Er schloß sich schon sehr früh den Nazis an, wurde ein höherer Führer in der Hitler-Jugend, ging dann aus ungeklärten Gründen nach Frankreich* und stellte sich dem Deuxième Bureau zur Verfügung. Nach der Niederlage Frankreichs zog er sich in den Süden zurück und machte Geschäfte auf dem Schwarzmarkt, was ihm 1943 eine Verhaftung durch die Gestapo eintrug. Er wurde in Fresnes inhaftiert. Pannwitz holte ihn aus seiner Zelle, um ihn als Dolmetscher einzusetzen (er spricht fließend Französisch). Von 1943 bis zum Abzug der Deutschen gehörte Mussig also zum Sonderkommando, während man in Abteys Biographie immer wieder liest, wie sehr Lieven die Gestapo gehaßt habe. Wahr ist, daß er seine Chefs vom Deuxième Bureau nicht verraten hat (daher die Lobeshymnen), aber hätte er nicht, wenn er sie angezeigt hätte, sich selbst verraten?

Enttäuschend? Ja und nein. Ich für meine Person habe lieber mit einem Mussig als mit einem Lieven zu tun.

Er weiß über das Projekt einer »literarischen Zusammenarbeit« natürlich

---

* Abtey zufolge rächte sich Mussig für seine politische Enttäuschung an der Kasse der lokalen HJ-Organisation. (siehe Jacques Abtey, Deuxième Bureau contre Abwehr, Paris 1967, S. 147)

Bescheid. Als ich ihm erkläre, daß die rhetorischen Ausflüchte des Kriminalrats nicht dazu geeignet sind, mir diesen Plan schmackhaft zu machen, wischt er das Argument einfach beiseite: »Aber was denn, wenn er Ihnen nicht die ganze Geschichte erzählt, dann erzähle ich sie eben.« Pannwitz erwähnt eine Verabredung in der Stadt und verschwindet. Mussig faltet die Hände über seinem Bauch, schlägt die Beine übereinander, setzt seine schlaue Roßtäuschermiene auf und läßt dann halblaut fallen: »Sagen Sie mal, sind Sie so dumm, oder machen Sie mir etwas vor?«

»Was soll ich Ihnen denn vormachen?«

»Sie tun so, als ob Sie nicht wüßten, was passiert ist. Seine Kontakte mit den Russen, die Sache ist doch sonnenklar, oder?«

»Für mein Gefühl nicht.«

»Sie sind ein komischer Kerl! Glauben Sie wirklich, daß er 1945 so mir nichts dir nichts zu den Russen gegangen ist, ohne sich vorher abzusichern, einfach so aufs Geratewohl? ... Da kennen Sie ihn schlecht. Es gab damals nicht viele Deutsche, die nach Moskau wollten, das können Sie mir glauben. Die Typen von der Gestapo schon gar nicht. Ich will nicht behaupten, daß ich schon anfangs richtig geschaltet habe: das war unmöglich. Gleich nachdem er mich aus Fresnes herausgeholt hatte, haben wir miteinander sympathisiert. Er war von sturen, langweiligen Bullen umgeben, da hat es ihm Spaß gemacht, sich mal mit jemand anderem zu unterhalten, mit jemandem, der wußte, wie der Hase läuft, verstehen Sie ... Natürlich hinderte ihn der Rangunterschied, sich richtig auszusprechen. Aber ich habe schon bemerkt, daß da was nicht in Ordnung war. Irgendwas brütete er aus, aber was? Er hat es mir nicht gesagt. Er sagte aber, ohne ein Blatt vor den Mund zu nehmen, daß Deutschland zum Teufel wäre. Das eine kann ich Ihnen mit Sicherheit sagen: als Pannwitz nach Paris kam, war er schon davon überzeugt, daß der Krieg verloren war. Und dieses Detail hat seine Wichtigkeit. Ich habe die Geschichte damals nicht begriffen, gespürt ja, aber nicht begriffen. Als er aus Rußland zurückkam, hat er mir dann alles erzählt. Sie werden sehen, es ist alles ganz einfach ...

Versetzen Sie sich mal in seine Lage. Da ist also ein Mann, der bis zum Hals in der Prager Geschichte steckt. Sie kennen die Sache mit dem Attentat auf Heydrich? Und was danach kam? Gut. Die haben die Tschechen nicht mit Samthandschuhen angefaßt. Da ist das Blut nur so gespritzt! Gut. Unser Pannwitz hat sich da also ganz schön in die Tinte gesetzt. Und er weiß, was das bedeutet, verstehen Sie: Radio London nennt ihn einen Kriegsverbrecher, prophezeit ihm den Galgen, und so weiter. Dann sieht er, wie in Berlin bei seinen Vorgesetzten alles drunter und drüber geht. Die Schlauesten sind dabei, sich nach rechts und nach links abzusichern. Die meisten suchen ihr Heil im Westen. Ihn schickt man nach Paris, um was zu tun? Um ein Funkspiel mit den Russen aufzuziehen! Er wird also versuchen, sich mit dieser Seite zu arrangieren. Nicht nur, weil es für ihn technisch einfacher ist, mit den Russen ins Gespräch zu kommen. Er hat sich gesagt: die Russen denken realistisch, sie werden den armen Tschechen keine Krokodilstränen nachweinen, sondern an handfesten Ergebnissen interessiert sein. Die westlichen Alliierten waren da ganz anders. Man brauchte sich nur Radio London anzuhören! Pannwitz war überzeugt, daß sie ihn kurzerhand den Tschechen ausliefern würden, und ich glaube, er hat sich da nicht geirrt ...

Das Komischste oder, wenn Sie so wollen, das Traurigste an der Sache war das Ende. Er war überzeugt, mehr als nur sein Leben gerettet zu haben. Er war überzeugt, die Russen würden ihn wie einen Helden mit offenen Armen empfangen. Stellen Sie sich vor, er brachte ihnen in seiner Aktentasche sogar ein Gastgeschenk mit: die vollständige Sammlung aller in den letzten Monaten zwischen London, Washington und Paris gewechselten Funksprüche, die von unseren Abhördiensten abgefangen worden waren! Das war doch was, oder etwa nicht? Er wußte, daß man in Moskau an so was ungeheuer interessiert war. Tja, ihm hat vorgeschwebt, er würde sich in Rußland niederlassen, Frau und Kinder nachholen und ein hübsches, bescheidenes, zurückgezogenes Leben führen. Das ist nicht so ganz der Fall gewesen, wie Sie wissen. Die Russen sind wirklich gemein mit ihm umgegangen: sie haben ihn fast zehn Jahre im Gefängnis schmoren lassen und dann wie einen Hund vor die Tür gesetzt! Hier in Deutschland haben die Leute von Gehlen und die Amerikaner angenommen, er sei umgedreht worden und zurückgekommen, um zu spionieren. Sogar mit dem Lügendetektor haben sie es versucht. Da steckt die Ironie der Geschichte: er, der geglaubt hat, schlauer zu sein als alle anderen, mußte bei seiner Rückkehr nach der Pfeife von alten Kollegen tanzen, die wieder für Gehlen oder die Amerikaner arbeiteten. Er muß sich wirklich sagen, daß er bei der ganzen Sache in jeder Hinsicht verloren hat ...

Und jetzt? Jetzt glaubt er, daß er einen Haufen Geld verdienen kann, wenn er auspackt, wagt aber den Absprung nicht. Er hat Angst. Haben Sie nicht gemerkt, daß der Mann Angst hat? Er lebt hauptsächlich von seiner Pension als Kriminalrat, verstehen Sie? Ja, natürlich ist das normal, daß er seine Pension bekommt: die Bonner Regierung ist juristisch die Nachfolgerin des Dritten Reiches, sie muß die Pensionen zahlen. Wenn er aber seinen Verrat zugibt, was dann? Bonn könnte sagen: ›Halt, stop! Wir brauchen keinem Menschen Geld zu geben, der Deutschland verraten hat. Im Dritten Reich hätte man ihn erschossen, wir, die juristischen Nachfolger dieses Reiches, brauchen ihn also nicht zu unterhalten. Wir müssen einem Kriminalrat Pension bezahlen, aber nicht einem Kriminalrat, der Verrat begangen hat.‹ Haben Sie begriffen? Seine Pension steht auf dem Spiel. Er ist krank und hat Kinder ... Aber was ihn noch mehr beunruhigt als seine Pension sind die möglichen Rückwirkungen. Eine solche Geschichte würde ganz schön viel Staub aufwirbeln. Darum hat er bisher alle Angebote ausgeschlagen. Und nun kommt so ein kleiner Franzose wie Sie daher. Sie kommen wie gerufen! Verstehen Sie? Sie sind jung, Sie haben mit all den Geschichten aus dem letzten Krieg nichts zu tun, das alles ist Ihnen gleichgültig. Außerdem sind Sie Franzose, das ist sehr wichtig. Er will nicht, daß ein Deutscher die Geschichte erzählt; das wäre unmöglich. Ausländer bleibt Ausländer: da kann man immer noch alles ableugnen. Und wenn es zuviel Lärm gibt, kann er mit seinem Geld in die Schweiz verschwinden, dort kann ihm keiner an den Kragen ...

So, da haben Sie die ganze Geschichte ... Sind Sie zufrieden?«

Mir war schwindlig. Dann ging alles sehr schnell. Pannwitz kam zurück, bedrückt und erleichtert zugleich, wie jemand, der einen Stellvertreter zur Beichte geschickt hat. Ich fragte ihn, ob ihm daran gelegen sei, als der sensationellste Doppelagent des letzten Krieges in die Geschichte einzugehen. Er gab zur Antwort: »Das wäre nicht ganz richtig. Ich habe das Spiel niemals in der Hand gehabt. Die Initiative für einen ehrlichen Kontakt mit den Russen ist nicht von mir ausgegangen. Was bin ich schon gewesen? Ein Verbindungsglied zwischen einer Berliner Gruppe und Moskau. Ich hätte mich nie auf dieses Abenteuer eingelassen, wenn ich nicht gedeckt gewesen wäre. Wenn ich Ihnen einmal erkläre, wie das Funkspiel organisiert war, werden Sie begreifen, daß ich so etwas unmöglich allein hätte unternehmen können. In Berlin wurde entschieden, welche Informationen weitergegeben werden durften.« Pannwitz gab auch dem Wunsch Ausdruck, sein Verrat müsse in einem bestimmten ideologischen Licht gesehen werden. Er ließ durchblicken, daß einige der Verschwörer vom 20. Juli für Moskau Sympathien gehabt hätten und daß es gut wäre, ihn dieser Elite zuzurechnen.

Um mehr darüber zu erfahren, um Aufschlüsse über die Rolle eines Bormann oder eines Müller, um Antworten auf alle offenen Fragen zu erhalten, hätte ich unhaltbare Verpflichtungen eingehen oder ein doppeltes Spiel mit dem Meister des doppelten Spiels treiben müssen. Ich glaube nicht, daß mich Bedenken, ihn zu belügen, davon abgehalten haben. Pannwitz hatte zu deutlich durchblicken lassen, daß er mich für seine Zwecke benutzen wollte, als daß ich gezögert hätte, ihn für meine Zwecke einzuspannen. Und überhaupt! Ein Kriminalrat der Gestapo, ein SS-Hauptsturmführer, ein Verräter, der nun endlich seinerseits einmal verraten würde, das hätte lustig werden können! Und doch war ich dazu nicht imstande. Ich hatte mich getäuscht, als ich auf meiner Reise nach Stuttgart glaubte, ich sei zu allem bereit. Ich empfand diesem Mann gegenüber eine fast physische Abneigung, und ich erinnerte mich an die Worte, die der Grand Chef über ihn gesagt hatte: »Giering war hart, ein Zusammenstoß mit ihm war schmerzhaft, aber er war ein Gegner. Pannwitz war schleimig. Man hatte das Gefühl, daß einen der Umgang mit ihm schmutzig macht.«

Das war der Punkt: im Umgang mit Pannwitz wurde man zu schmutzig.

Wochen später erhielt ich einen Brief, in dem ich aufgefordert wurde, mich mit einem Schweizer Verleger zu treffen.

Ich habe nicht geantwortet.

Vielleicht wird man eines Tages die ganze Wahrheit über das »Große Spiel« erfahren, aber das wird noch lange dauern, und Moskau wird die Sache wahrscheinlich nicht aufklären, der Kreml aus politischen Gründen schweigen.* Die ostdeutschen Behörden haben die wahre Rolle von Schulze-Boysen und seinen Freunden aus Angst vor einer neuen Dolchstoßlegende lange Zeit verschwiegen. Die Veröffentlichung von Bormanns oder Müllers Verrat würde den Neonazis eine ähnliche Kampagne ermöglichen. Weder Bormann noch Müller gehörte zu den »historischen Größen« des Dritten Reiches; die Bevölkerung hat sie kaum gekannt, und wer sie kannte, hat sie gehaßt oder verachtet. Es könnte also für manche Kreise verlockend sein, ihnen die Verantwortung für die Niederlage in die Schuhe zu schieben und zu verkünden, daß ohne diese beiden Sündenböcke die »Guten« das Reich zum Sieg geführt hätten. Würde man auf sie hören, wäre das ein Zeichen für ein ganz ungewöhnliches Maß an politischer Unreife. Denn wichtig ist nicht die Frage, ob Bormann und Müller Verrat begangen haben und ob ihr Verrat zur Niederlage Deutschlands beigetragen hat oder nicht. Wichtig ist, daß unter dem Naziregime Männer wie Bormann und Müller auf so entscheidend wichtige Posten gelangen konnten.

Wenn Leben und Schicksal dieser beiden Männer noch geheimnisumwoben sind, so scheint doch das Spiel von Pannwitz jetzt klar zu sein. Nach dem Tod Heydrichs hat er versucht, sich auf die Seite von dessen Gegnern zu schlagen. Das war seine erste Fehlspekulation, und er hat sie mit einigen anstrengenden Monaten am Ufer des Ladogasees bezahlen müssen. Dann hat er

* *Die raschen Veränderungen in der Sowjetunion lassen allerdings inzwischen vieles möglich erscheinen ...*

den Einsatz verdoppelt und auf Moskau gesetzt und sich ein zweites Mal ver-
rechnet: das mußte er mit zehn Jahren Haft im Lubjanka-Gefängnis und im
Arbeitslager von Workuta bezahlen. Und nun hatte er sich ein drittes Mal
verspekuliert: der Versuch, aus seinem Verrat Geld zu schlagen, selbst auf die
Gefahr hin, verschiedene mächtige Zorneswogen zu entfesseln, auch dieser
Versuch war mißlungen.

Züge haben manchmal Verspätung

40

Am 8. Mai 1945, am Tag des Sieges in Europa, begann die zweite Phase der Ermittlungen gegen die Rote Kapelle. Die deutsche Spionageabwehr hatte der Organisation schwere, aber unzusammenhängende Schläge zugefügt. Die westlichen Abwehrdienste der Engländer und Amerikaner, der Franzosen, Belgier und Holländer konnten die Arbeit mit größeren Mitteln gemeinsam weiterführen, vor allem aber geduldig und systematisch vorgehen: im Gegensatz zu den Deutschen hatten sie Zeit. Als erstes machten sie sich daran, die Überlebenden der Roten Kapelle zu erfassen – das war nur recht und billig – und festzustellen, ob sie ihre Tätigkeit wiederaufgenommen hatten. Darum wurden die Belgier von der Simexco, die Franzosen von der Simex, Claude Spaak, Georgie de Winter und alle anderen überwacht. Mit Beginn des Kalten Krieges aber wurde diese Überwachung schärfer, und manche der Betroffenen fragten sich, ob sie wirklich nur im Verdacht stünden, weiterhin für Moskau zu arbeiten, oder ob man ihnen nicht vielmehr aus der vergangenen Tätigkeit einen Vorwurf mache: ob es nun möglicherweise zu einem Verbrechen geworden war, mitgeholfen zu haben, daß die Russen bei Stalingrad siegen konnten. Und da die meisten Mitglieder der Roten Kapelle schon während des Krieges kaum etwas von den großen Zusammenhängen begriffen hatten, in deren Rahmen ihnen eine Rolle zugefallen war (es ist das Kennzeichen eines gut angelegten Spionagenetzes, daß nur die Chefs den Gesamtplan überblicken können), brachte diese unerwartete Wendung sie endgültig zu der Überzeugung, daß die Welt verrückt geworden war. (Auch die Undankbarkeit dieser Welt sollten sie kennenlernen: man verweigerte ihnen die Anerkennung als Widerstandskämpfer.)

Es gibt kein besseres Beispiel für die allgemeine Verwirrung der Geister als den Prozeß gegen Abraham Raichman. Im Juni 1944 hatte das Sonderkommando Raichman, nachdem man sich seiner hinreichend bedient hatte, fallenlassen und in ein Brüsseler Gefängnis geworfen. Am 2. September, kurz vor dem Einmarsch der alliierten Truppen, sollte er zusammen mit anderen Gefangenen nach Deutschland verlegt werden. Dieser Transport ist als »Glückszug« in die Geschichte eingegangen: belgische Widerstandskämpfer verhinderten die Abfahrt des Transports und befreiten die Häftlinge. Raichman wurde nach dem Ende der Kampfhandlungen in Brüssel vor ein Kriegsgericht gestellt. Die

Anklage fußte auf drei Punkten: Raichman habe bis zum 10. Mai 1940 für den sowjetischen Geheimdienst gearbeitet; er habe nach seiner Verhaftung mit der Gestapo zusammengearbeitet; und außerdem warf man ihm seine Tätigkeit zwischen dem 10. Mai 1940, dem Tag des Überfalls auf Belgien, und dem 22. Juni 1941 vor, dem Tag als Rußland überfallen und somit ein Verbündeter der belgischen Exilregierung wurde. Diese Allianz, so plädierte der ehrenwerte Ankläger, mache zwar aus der späteren Arbeit des sowjetischen Agenten Raichman gegen die deutsche Besatzung eine erlaubte Tätigkeit, aber er müsse für das bestraft werden, was er vor dem Inkrafttreten dieser Allianz getan habe. Zu einer Zeit, als man den Kommunisten heftige Vorwürfe machte, weil sie erst nach »Barbarossa« in den Kampf eingegriffen hatten, verurteilte man Raichman unter anderem dafür, daß er schon 1940 gegen Deutschland gekämpft hatte ... In Wirklichkeit hat offenbar allein die Tatsache, der Roten Kapelle angehört zu haben, manchem Betroffenen ein paradoxes Schicksal beschert.*

Das praktische, zunächst sehr rege Interesse der alliierten Nachrichtendienste an der Roten Kapelle ließ nach, als die einzelnen Untersuchungen ergaben, wie ungefährlich die Überlebenden waren. Das theoretische Interesse, das sich ebenso frühzeitig geäußert hatte, nahm mit der Zeit immer mehr zu (das Studium dieser Organisation steht heute auf dem Lehrplan aller »Hochschulen« des Nachrichtendienstwesens). Man wollte genau wissen, wie diese Organisation aufgebaut war, die alles bisher Dagewesene sowohl an geographischer Ausdehnung als auch an Wirksamkeit übertroffen, die absolut neue Abschottungstechniken entwickelt hatte; die meisterhaft mit Tarnfirmen zu arbeiten verstand; die ihre Quellen in den höchsten Dienststellen des Gegners zu finden wußte und die Eigenschaften einer Widerstandsgruppe mit den üblichen Qualitäten von Berufsagenten geschickt zu einem Meisterwerk der Spionage verschmolzen hatte.

Da man die toten und verschwundenen Schlüsselfiguren der Roten Kapelle nicht mehr verhören konnte, versuchte man die Antworten aus ihren Gegnern herauszuholen. Die Jagd auf die Angehörigen des Sonderkommandos begann

---

* Das Kriegsgericht verurteilte Raichman zu zwölf Jahren Haft. Malvina Gruber verbrachte vier Jahre im Gefängnis; ihr Sohn, Eugène Gruber, wurde 1948 von der amerikanischen Spionageabwehr in Westdeutschland verhaftet: er fabrizierte falsche Pässe für den sowjetischen ND. Im Krieg war er noch zu jung gewesen, um für den Grand Chef zu arbeiten; er ist erst nach 1945 in die Fußstapfen seines Vaters getreten. – František Klecka (Roeders Zellengenosse) ist bis heute der einzige Agent der Roten Kapelle, von dem man weiß, daß er seine nachrichtendienstliche Tätigkeit auch nach dem 8. Mai 1945 fortgesetzt hat.

lange bevor die Feindseligkeiten des Krieges zu Ende waren, und die westlichen Abwehrdienste scheuten keine Mühe, um einer möglichst großen Zahl von Abwehr- und Gestapobeamten habhaft zu werden, die an der Jagd auf die Rote Kapelle teilgenommen hatten. Den Franzosen gelang mit Reiser, Schwab, Ball, Richter und einigen anderen der größte Fang. Die Belgier konnten Piepe und die Leute der Brüsseler Gestapo festnehmen. Die Engländer brachten Kopkow nach Edinburgh. Die Amerikaner erwischten nur Roeder, aber das war nicht schlimm, denn bald sollte kein westeuropäischer Geheimdienst vor seinem großen amerikanischen Bruder mehr Geheimnisse haben.*

So sprach man jahrelang in allen europäischen Gefängnissen über die Rote Kapelle, nirgends aber so viel wie im Lubjanka-Gefängnis, wo ein Quintett ohnegleichen beisammen war: Trepper, Pannwitz, Kent, Wenzel und Ozols.

Was wollte der Direktor von ihnen wissen?

Verstand und Gefühl wären befriedigt, wüßten wir, daß die Zentrale das »Große Spiel« von vornherein durchschaut und diese Erkenntnis die unbarmherzige Haltung gegenüber den Mitgliedern der Roten Kapelle bestimmt hätte.

So gesehen wäre alles leicht zu erklären – und würde sich mit einer gewissen zeitgenössischen Sichtweise** decken. Der Direktor, von Anfang an davon überzeugt, daß die Pianisten Wenzel, Jefremow und Winterink umgedreht worden sind, vermutet, was Trepper nach seiner Verhaftung von Giering erfährt: die Zerstörung des Netzes und die Verhaftung der Chefs sind nicht Ziel, sondern nur Mittel zum Zweck. Zu welchem Zweck? Der Direktor weiß es nicht, brennt aber darauf, das Rätsel zu lösen, denn hinter den Absichten des Gegners müssen sich schon Dinge von außergewöhnlicher, ja lebenswichtiger Bedeutung verbergen, wenn er sich nicht scheut, zu solchen Mitteln zu greifen. Er wartet. Und schlägt begreiflicherweise Treppers Warnungen in den Wind. Er verlangt, man solle ihn mit überflüssigen Alarmmeldungen verschonen, und stellt eine unerschütterliche Sicherheit zur Schau, denn seine Funksprüche könnten abgefangen werden (viele werden es auch) und der Grand Chef könnte

---

* *Der Dolmetscher Siegfried Schneider entging allen Nachforschungen, und niemand weiß, was aus ihm geworden ist. Sollte er zufällig dieses Buch lesen, so möge er wissen, daß sein Andenken in den Herzen derer, denen er geholfen hat, noch immer lebendig ist. Ihre Dankbarkeit gilt nicht nur den kleinen materiellen Diensten, die er ihnen erwiesen hat: er war ein Sonnenstrahl im Dunkel, der Beweis, daß man an der Menschheit nicht zu verzweifeln brauchte und daß es sogar im unerbittlichen Bereich der Gestapo so etwas wie Güte geben konnte.*

** *Man denke etwa an John Le Carrés »Der Spion, der aus der Kälte kam« und andere Romane dieser Art.*

verhaftet werden (er wird es auch). Die Gestapo darf weder durch die Sprüche noch durch den Grand Chef erfahren, daß Moskau das Spiel durchschaut: das würde ein Manöver zum Scheitern bringen, von dem der Direktor sich eine große Ausbeute verspricht, da er weiß, daß es sich um ein Manöver handelt. Eine unerbittliche Haltung, die Trepper und seine alte Garde erschreckt, weil sie annehmen müssen, daß ihre Opfer vergeblich und ihr Tod sinnlos sind – aber eine Haltung, die durch ein höheres Interesse gerechtfertigt ist.

Heute ist man allgemein geneigt, die offensichtlichen Fehler der Geheimdienste, auch wenn sie durch pure Dummheit verschuldet wurden, mit langen, wohldurchdachten Erklärungen zu rechtfertigen. Die Fachleute selbst fördern solche Interpretationen nach Kräften, lieber wollen sie für hart und grausam als für naiv gehalten werden. Ein General, dem eine Offensive mißlingt, wird durch die hohen Verluste seiner Truppen unwiderruflich der Unfähigkeit überführt; der Chef eines Geheimdienstes dagegen zwinkert mit den Augen, wenn man ihn darauf hinweist, daß seine Leute wie reife Früchte dem Gegner in die Hände gefallen sind, und flüstert wichtigtuerisch: »Ja, ja, ich habe sie opfern müssen: sie waren verdächtig!« Man ist sprachlos vor Überraschung, entsetzt über einen so machiavellistisch denkenden Menschen – und von tiefem Mitleid für einen so armen Mann erfüllt, der – halb Henker, halb Opfer – von den grausamen Göttern zu einer solchen Entscheidung gezwungen wird. Was aber, wenn er nur ein biederer Mann wäre, der sich rückwirkend bemüht, als Initiator von Ereignissen dazustehen, die ihn einfach überfordert haben? ...

Der Geheimdienst ist mitunter, wie es die Legende will, ein Drama, oft aber auch eine Tragikomödie, für deren tragisches Element der Gegner sorgt, während der komische Part von der eigenen Zentrale übernommen wird. Nehmen wir etwa die Sache mit den »security-checks« des britischen Geheimdienstes. Diese Sicherung ist ein im voraus vereinbarter Fehler, den die Funker in alle ihre Sprüche einbauen müssen und dessen Fehlen London darauf aufmerksam machen soll, daß sie unter Zwang funken. Für die britische Zentrale ist dieser Fehler der einzige Anhaltspunkt dafür, ob ihre Agenten umgedreht worden sind. Letzte Empfehlung aller Ausbilder an ihre Schüler: »Wenn ihr gefaßt werdet, dann geht auf das Funkspiel ein, vergeßt aber unter keinen Umständen den ›security-check‹.« Nun fällt ein Pianist in die Hände der deutschen Spionageabwehr, die natürlich von ihm verlangt, unter Kontrolle weiterzufunken. Er geht scheinbar darauf ein, läßt aber den »security-check« fort. Pflicht erfüllt. Und nun bekommt der arme Kerl unter den Augen der Deutschen aus London die verblüffende Antwort: »Passen Sie auf, Junge, Sie sind zerstreut: Sie haben Ihren ›security-check‹ vergessen!« Diese Geschichte ist authentisch. Und es gibt viele Geschichten dieser Art, man würde mit dem Aufzählen der haarsträubenden Nachlässigkeiten und unglaublichen technischen Fehler der Nachrichtendienste der verschiedenen Länder gar nicht fertig werden.*

Tatsächlich ist die Aufgabe keine leichte. Der oberste Chef eines Geheimdienstes hat seinen Befehlsstand gewissermaßen immer auf einem anderen Planeten. Er kennt das Schlachtfeld, die Kräfte des Gegners und dessen technische Ausrüstung kaum. Die Londoner Zentrale hat Monate gebraucht, ehe sie merkte, daß alle mit ihren verschiedenen Netzen gewechselten Funksprüche systematisch abgefangen wurden. Diese mühsame Kleinarbeit erlaubte es den Deutschen, wenn ein Code erst einmal geknackt war, an Hand der in Archiven aufbewahrten Texte die Geschichte jeder Gruppe nachzulesen und Empfänger und Absender zu identifizieren. Daß der Direktor in Moskau von den Pianisten der Roten Kapelle bisweilen verlangte, fünf Stunden lang ununterbrochen zu funken, lag zum Teil daran, daß er die Fortschritte nicht kannte, die die Funkabwehr mit Peilungen gemacht hatte. Er glaubte nicht an die Möglichkeit einer schnellen Ortung der Sendegeräte (er glaubte noch 1945 nicht daran, und diese Ungläubigkeit hat Kriminalrat Pannwitz zu spüren bekommen – wir kommen gleich darauf zurück). Ein Jahr Krieg und dreißig Kilometer See genügen, um aus Frankreich ein geheimnisvolles Land zu machen, in dem sich sogar die englischen Geheimdienste nur mühsam zurechtfinden: man kann sich die Verwirrung der jungen Funktionäre vorstellen, die nach den großen Säuberungsaktionen in der Moskauer Zentrale die Arbeit übernahmen und von denen kaum einer jemals die russische Grenze überschritten hatte ... Die europäischen Länder waren ihnen so fremd wie die Osterinseln.

Einer von ihnen verhört in der Lubjanka Pannwitz, der ihm berichtet: »Ich habe also in Hamburg den Zug nach München genommen ...« Der andere, auf Genauigkeit erpicht, unterbricht ihn sofort: »Bitte präziser. Sie mußten vorher Ihren Personalausweis von der Polizei abstempeln lassen.« Der Kriminalrat sperrt die Augen auf; er glaubt zunächst an einen Scherz, begreift dann aber, daß der Russe der Meinung ist, man brauche in Deutschland genau wie in Rußland eine polizeiliche Erlaubnis, um von einer Stadt in die andere zu fahren ...

Und doch sind die auf geographischer Entfernung beruhenden Schwierig-

---

* *Es geht nicht darum, den Nachrichtendiensten die unglaubliche Schlamperei vorzuhalten, die bei der Auswertung der Nachrichten herrschte. Es lag auch nicht an der Zentrale, sondern an Stalin, daß man auf die alarmierenden Meldungen von Sorge, Trepper, Radó u. a. über das bevorstehende »Unternehmen Barbarossa« nicht hörte. Es lag nicht am Deuxième Bureau, sondern am französischen Generalstab, daß man die Berichte, die eindeutig darauf hinwiesen, wo im Mai 1940 die deutsche Offensive eingeleitet werden würde, nicht zur Kenntnis nahm.*

keiten nichts im Vergleich zu den Mißverständnissen aufgrund der psychologischen Distanz zwischen der Zentrale und ihren Truppen. Die einsame Arbeit bringt früher oder später den Chef eines Spionagenetzes dazu, sich für den Nabel der Welt zu halten. Er behandelt die Zentrale wie eine Verwaltungsdienststelle, empfindet es aber gleichzeitig schmerzlich, daß er selbst wie ein Bauer behandelt wird, den man auf einem Schachbrett hin und her schiebt. Seine Kampfgenossen sind Menschen aus Fleisch und Blut, er würde Himmel und Hölle in Bewegung setzen, um sie zu retten; von der Zentrale aus gesehen sind die Mitglieder eines Netzes anonyme Soldaten. Für Trepper ist der Tod von Katz und Großvogel ein persönlicher Verlust, für die Zentrale gehört er in die Statistik der sowjetischen Gesamtverluste: im Durchschnitt 5000 bis 6000 Mann pro Tag. Diese völlig andere Betrachtungsweise zusammen mit den bereits erwähnten praktischen Schwierigkeiten lassen im Chef eines Spionagenetzes bald das Gefühl aufkommen, man habe ihn fallenlassen – wenn nicht gar verraten. Dagegen bringen sein Zögern und seine Klagen den Chef der Zentrale dazu, am Diensteifer seines Untergebenen, wenn nicht sogar an seiner Aufrichtigkeit zu zweifeln. Keiner von beiden trägt wirklich Schuld an der Verschlechterung der Beziehungen. Auf der einen Seite ein von den Ereignissen gehetzter Mann, auf der anderen ein in einem bürokratischen Universum eingeschlossener Stabsoffizier.

So, glauben wir, stand es zwischen Trepper und dem Direktor.

Für den Grand Chef bedeutet die Vernichtung der Brüsseler Gruppe eine schwere Niederlage, die weitere, noch schwerere Rückschläge ankündigt. Er gibt darum seiner Brüsseler Einsatzgruppe sechs Monate Urlaub. Dem Direktor fehlt jedes Verständnis dafür, daß ein verlorenes Scharmützel derartige Sicherheitsmaßnahmen auslöst, zu einem Zeitpunkt, wo ganz Rußland um seine Existenz kämpft. Die sowjetischen Generale schicken ihre abgekämpften Truppen auch nicht auf Urlaub: sie werfen sie immer wieder in die Schlacht. Trepper antwortet, er wisse besser, was zu tun sei, schließlich sei er an Ort und Stelle. Der Direktor ist es nicht, das ist richtig, er gehört aber auch nicht dorthin, genausowenig wie ein Oberbefehlshaber in die vorderste Frontlinie gehört: er würde nur den Überblick verlieren. Doch solche taktischen Streitereien sind unwichtig: es besteht ein grundsätzlicher Gegensatz zwischen dem Direktor, der leichten Herzens die Berliner Gruppe opfert – sei es aus übergroßem Vertrauen in die Unverletzbarkeit seiner Codes, sei es, weil er annimmt, die Gesamtlage verlange ein derartiges Opfer – und einem Gruppenchef, für den keine Sicherheitsmaßnahme überflüssig ist, sobald es darum geht, seine Leute zu retten. Solche Vorsicht nannte man in der Zentrale Kleinmut, und man fing sogar an, sich die Frage zu stellen, ob es dem Grand Chef nicht an Kaltblütigkeit fehle.

Die Warnung vor verhafteten und wahrscheinlich umgedrehten Funkern schien diese Annahme zu bestätigen. Ein Funkspiel? Heute wissen wir, was darunter zu verstehen ist, aber wir dürfen nicht außer acht lassen, daß es 1941 etwas völlig Neues war: Funkspiele sind eine Erfindung des letzten Krieges. Ein Funkspiel? Der Direktor würde vielleicht daran glauben, wenn die angeblich umgedrehten Funker ihm faustdicke Lügen übermittelten, aber das taten sie nicht. Was aber sonst? Wollte man ihm weismachen, daß die Gestapo eine Gruppe aushob, um dann selbst deren Arbeit weiterzuführen? Trepper ließ nicht locker. Er warnte unermüdlich, er behauptete, es stünde schlecht, während die belgischen Funker versicherten, alles stünde zum besten. Er protestierte und drohte. Er beleidigte die Zentrale durch eine Extratour – nein, er verriet sie! –, indem er gerade die wichtigsten Meldungen dem Parteisender anvertraute, sie dadurch direkt an Dimitrow und nicht an den Direktor sandte. Und welche Nachrichten ... Verdachterweckende, Panik auslösende Nachrichten ... »Es ist möglich, daß sich ein Verräter in unsere Reihen eingeschlichen hat.« Das wagt der Grand Chef via Dimitrow vor dem allgewaltigen Zentralkomitee der Kommunistischen Partei zu behaupten! So vieler Faktoren hätte es gar nicht bedurft, um den Direktor dem Erbübel der russischen Verwaltung, dem Mißtrauen, auszuliefern. Der Zentrale ist jeder verdächtig. Warum? An Gründen mangelt es nicht: man kommt leicht in den Ruf, ein Links- oder Rechtsabweichler zu sein, ein Frauenjäger oder Männerfreund, Trotzkist, Mitglied des Intelligence Service oder käuflich. Ein Gruppenchef, dem viel mißlingt, ist der Sabotage verdächtig; gelingt ihm alles, Vorsicht, Vorsicht: er kann ein verkappter Spitzel sein, denn zuviel Glück ist nicht normal. Trepper? Seit Beginn des Krieges hört man von ihm nichts als Klagen, Kritik und Vorwürfe. Er ist klug und umsichtig wie eine Schlange, wo er kühn wie ein Löwe sein sollte. Dauernd jammert er über den Mangel an Funkgeräten. Ein Verräter? Das vielleicht nicht, obwohl es unvorsichtig war, ihn mit einem Robinson zusammenzubringen, der wahrscheinlich ein Mann des Deuxième Bureau ist, oder mit Ozols, der vielleicht für die Gestapo arbeitet ... Nein, ein Verräter wohl nicht, aber ein seinen Aufgaben nicht gewachsener Chef. Der Direktor läßt ihn nicht aus den Augen.

Bis er ihn im November 1942 aus den Augen verliert. Weiß er überhaupt, daß Trepper verhaftet wurde? Das ist nicht sicher. Drei Monate später bekommt die Zentrale den dreisprachigen Bericht. Unendliche Verblüffung! Ratlosigkeit! Ein unter den Augen der Gestapo aufgesetzter und unbemerkt herausgeschmuggelter Rapport? Wie hat er das bewerkstelligen können?

Unglaublich! Ein Ammenmärchen! In Moskau hat man – genau wie in London und Washington – vom Gegner eine gewisse Vorstellung. Die Gestapo, das ist nicht der krebskranke, im Cognac Vergessen suchende Giering, auch nicht der alte, schon mittags betrunkene Berg, das sind nicht die nächtlichen Runden bei Suzy Solidor: für Moskau ist die Gestapo die Polizeiorganisation schlechthin, eine fehlerlos arbeitende, speziell zum Zupacken und Zermalmen entwickelte Apparatur – ein Mythos. Und in den Fängen dieser Organisation sollte es einem Gefangenen möglich sein, nach Belieben zu schreiben? Die Gefangenen sollten durch die Straßen von Paris schlendern können und die Möglichkeit haben, Mitteilungen herauszuschmuggeln? Da es dem zum Feind übergewechselten Trepper nicht gelungen ist, das Vertrauen des Direktors in die Pianisten von Brüssel zu erschüttern, muß der dreisprachige Bericht einen erneuten Versuch darstellen, die einzige noch nicht angekränkelte Gruppe des Netzes, die Brüsseler, in den Augen der Moskauer Zentrale, zu diskreditieren ... Allerdings bedeutet allein schon die Übermittlung durch Jacques Duclos eine Garantie für Glaubwürdigkeit. Er würde kein Dokument zweifelhafter Herkunft weiterleiten. Er hat Erkundigungen eingezogen und gewußt, was er tat. Und das »Große Spiel«, das Trepper erwähnt ... Höchst beunruhigend!

Laut Reiser dauerte die Ungewißheit des Direktors drei Monate: die vom Sonderkommando im Mai 1943 empfangenen Funksprüche waren zurückhaltend und mißtrauisch; die Angaben waren weniger präzis, man war auf der Hut. Dem Grand Chef zufolge brauchte die Zentrale vier Monate, um seinen Bericht zu überprüfen: im Juni 1943 war Moskau von der Richtigkeit des Berichts überzeugt. Wir glauben, den genauen Zeitpunkt, zu dem der Direktor sich seine endgültige Meinung gebildet hatte, auf die zweite Juniwoche festlegen zu können. Wie wir wissen, hatte er Anfang Juni einem der Schweizer Agenten, Alexander Foote, den Auftrag gegeben, sich mit einem V-Mann des französischen Netzes zu treffen. Er hatte Foote strikt angewiesen, sich »mit dem Kurier nicht zu unterhalten«. Eine einfache Sicherheitsmaßnahme aufgrund des Berichts von Trepper? Es ist anzunehmen, daß der Direktor diesen Treff als Test benutzen wollte: sollte der V-Mann das Schweigegebot durchbrechen, konnte man auf einen Unterwanderungsversuch schließen, und der Bericht des Grand Chef wäre bestätigt. Wir haben gelesen, wie der Test über alles Erwarten überzeugend verlief: das unaufhörliche Geschwätz, das in orangefarbenes Papier eingewickelte Buch, die verschlüsselten Meldungen zwischen den Buchseiten, die weitergeleitet werden sollten, das Drängen auf eine zweite Begegnung ...

Foote: »Beim Verlassen des Trefforts verbarg ich das Buch möglichst sicher unter meinem Rock und kehrte auf Umwegen nach Hause zurück, um einen etwaigen Verfolger abzuschütteln. Bei meiner nächsten Sendezeit berichtete ich den Vorgang ausführlich dem Direktor, er gab mir recht und bestimmte, daß ich den Treff nicht wahrnehmen solle. Was die verschlüsselten Sprüche betraf, die sich, wie der Kurier gesagt hatte, aufgeklebt zwischen zwei Buchseiten befanden und mit einem Schlüssel chiffriert waren, den ich nicht kannte, so sagte mir der Direktor, ich solle sie durchgeben, aber nicht ohne sie vorher mit meinem eigenen Schlüssel so zu entstellen, daß sie für den Funkhorchdienst nicht mehr erkennbar waren und keinen Hinweis zum Knacken unseres Schlüssels liefern konnten.

Vierzehn Tage später teilte mir die Zentrale mit, daß mein Verdacht zu Recht bestanden habe, denn der Kurier sei ein deutscher Agent gewesen.«[87]*

---

* *Wir sind schon an anderer Stelle (siehe S. 307) auf die Zusammenkünfte des Deutschen Peter Kleist mit dem sowjetischen Agenten Clauss in Stockholm zu sprechen gekommen. Das zweite und wichtigste Treffen fand am 18. Juni 1943 statt, zu dem Zeitpunkt also, da die Zentrale, die dem Bericht Treppers schließlich Glauben geschenkt hatte, Foote informierte, daß sein Gesprächspartner ein feindlicher Agent war. Es ist möglich, daß die unvorhergesehene Wendung der Stockholmer Verhandlungen durch das »Große Spiel« zu erklären ist. Bei seiner Rückkehr nach Berlin erlebte Kleist, der aus eigener Initiative und unter strenger Geheimhaltung gehandelt hatte, eine unangenehme Überraschung: er wurde bei Verlassen des Flugzeuges verhaftet. Clauss, der bezweifelte, daß Kleist das Angebot Alexandrows auch wirklich weiterleiten würde, hatte den deutschen Militärattaché in Stockholm aufgesucht. Der Militärattaché hatte daraufhin seinem Chef, Admiral Canaris, telegrafisch Mitteilung gemacht; dieser wiederum hatte Hitler informiert. Das Telegramm lautete: »Der Jude Clauss erklärt, daß der Jude Alexandrow in Stockholm sei, um auf einen deutschen Unterhändler zu warten. Falls innerhalb von vier Tagen kein deutscher Vertreter erscheine, werde Alexandrow nach London weiterreisen, um dort endgültige Zusammenarbeit des Kremls mit den Westmächten in Gang zu bringen.« (Peter Kleist, Zwischen Hitler und Stalin, Bonn 1950, S. 252) Diese Warnung mußte natürlich Hitlers Zorn erregen: eine »dreiste jüdische Provokation«. Bei einem Mann wie Clauss, der ein erstklassiger Agent gewesen zu sein scheint, gerissen, klug, erfahren, und überdies Alexandra Kollontai, der berühmten sowjetischen Botschafterin in Schweden, verstanden, verwundert dieser unvorsichtige Besuch in der deutschen Botschaft. Daß er sich zu einem derart spektakulären Schritt hinreißen ließ, dem deutschen Militärattaché eine Einladung in Form eines Ultimatums zu überbringen, liegt vielleicht daran, daß der Kreml, der nun über das »Große Spiel« Bescheid wußte, zu dem Schluß gekommen sein mußte, daß Berlin verhandeln wolle und man daher die Sache schnell regeln könne. – Festzuhalten ist in diesem Zusammenhang, daß deutsche Historiker den Standpunkt vertreten, Stalin habe die Stockholmer Gespräche einzig und allein deswegen angeknüpft, um die Westmächte durch das Schreckgespenst eines Separatfriedens zwischen Rußland und Deutschland unter Druck zu setzen – nichts anderes als ein sowjetisches Manöver also ... (siehe v. a. Boris Meissner, Die sowjetische Deutschlandpolitik, Frankfurt am Main 1951) Zu unterstreichen ist schließlich, daß der in der »Prawda« am 17. Jänner 1944 veröffentlichte Artikel, der die Engländer eines Treffens mit Ribbentrop in Spanien beschuldigt, nicht dem Umstand widerspricht, daß Moskau seit sechs Monaten die Wahrheit über das »Große Spiel« kannte. Stalin, der davon besessen war, von seinen Alliierten verraten zu werden, bezweifelte wahrscheinlich, daß die über Kents Sender ausgestrahlte Nachricht erst den Beginn einer diplomatischen deutschen Offensive großen Stils ankündigte – der an die Weltöffentlichkeit gerichtete »Prawda«-Artikel war ein todsicheres Mittel, diese Offensive zu stoppen.*

Dieser Zwischenfall setzte also der Unsicherheit des Direktors ein Ende, aber es hat ein Jahr gedauert, bis er den von Trepper immer wieder vorgebrachten Behauptungen Glauben schenkte, daß die Pianisten umgedreht worden seien. Sturheit? Ja und nein. Die Zentrale befand sich in der unglücklichen Lage, zu einer Zeit, wo solche Praktiken noch nicht Allgemeingut aller Geheimdienste waren, als Versuchskaninchen für das bis zum heutigen Tag ungewöhnlichste aller Funkspiele dienen zu müssen, ein Funkspiel, das allen klassischen Irreführungsversuchen des Gegners um tausend Längen voraus war, weil sein Ziel kein technisches, sondern ein politisches war und weil – angesichts der Höhe des Einsatzes – seine Erfinder zunächst nur echte Nachrichten übermittelt hatten, die es dem Direktor unmöglich machten, das Täuschungsmanöver des Sonderkommandos zu durchschauen.

Aufgrund der in Treppers dreisprachigem Bericht enthaltenen Aufklärungen erlaubte sich die sonst so humorlose Zentrale einige erstaunliche Scherze. Wie wir wissen, hatte die Verabredung mit Foote auch dazu dienen sollen, Geld für das französische Netz in Empfang zu nehmen: Giering und seinen Leuten war auch der kleinste Gewinn jede Mühe wert; wie die Männer aller Abwehrdienste freuten sie sich diebisch, wenn sie vom Gegner Geld einstreichen konnten. So beschäftigten sie die drei belgischen und holländischen Sender vornehmlich mit dem Eintreiben von Hilfsgeldern, während die ernsthafte Arbeit Paris vorbehalten blieb.

Im Januar 1943 – also vor seiner Flucht – hatte Wenzel in Moskau finanzielle Unterstützung anfordern müssen. Daraufhin war aus Bulgarien eine geheimnisvolle Konservendose mit Bohnen eingetroffen, in der hundert englische Pfund versteckt waren – ein lächerliches Almosen! Als Treppers Bericht bereits in Moskau vorliegt, erbittet das Sonderkommando wieder einmal Geld. Die Antwort der Zentrale: »Wenden Sie sich an Bohden Cervinka, Ingenieur, wohnhaft Rue Edison, Brüssel: er wird Ihnen 5000 Dollar aushändigen.« Der Mittelsmann, den man zu Cervinka schickt, wird prompt auf die gröbste Weise vor die Tür gesetzt. Da Cervinka keinen Verdacht erregt, behelligt man ihn nicht weiter. Aber die Versuche, der Zentrale Geld zu entlocken, werden fortgesetzt, diesmal über den Sender des Holländers Winterink. Zunächst ausweichend, fragt Moskau schließlich, wohin das Geld geschickt werden soll. Das Sonderkommando gibt die Adresse eines ehemaligen holländischen KP-Mitglieds an. Worauf die Zentrale boshaft bemerkt: »Sind erstaunt. Verbindungen dieses Mannes zur Gestapo sind uns gut bekannt.« Ein dritter Versuch geht über Jefremows Sender. Die Zentrale: »Gehen Sie zu X, Beerdigungsunternehmer in Charleroi: er hat in Moskau Schulden in Höhe von 50 000 belgischen Franc.« Über die 50 000 Franc befragt, erklärt der Unternehmer sichtlich zufrieden, daß die Sache erledigt sei: eine italienische Versicherung habe ihm das Geld zurückerstattet. Zurückerstattet? Er war also Gläubiger und nicht Schuldner? Genau. Moskau hatte ihm 50 000 Franc geschuldet. Dieser Scherz machte den Betteleien des Sonderkommandos ein Ende, zur Freude der Zentrale, die mit ihren Rubeln sehr sparsam umging.

Wenn der dreisprachige Bericht Treppers dem Kreml auch erlaubt, das »Große Spiel« zu durchschauen, und der Zentrale ermöglicht, sich über das Sonderkommando lustig zu machen, so vermag er doch auf die Dauer das Verhältnis zwischen Trepper und dem Direktor nicht zu verbessern.

Fünf Monate nach der Foote-Episode gelingt es Trepper zu entkommen. Die Zentrale ist entsetzt. Seine Flucht gefährdet das »Große Spiel« und die Vorteile, die Moskau daraus ziehen wollte, denn natürlich muß das Sonderkommando mit Recht vermuten, daß der Flüchtige als erstes versuchen wird, seine Vorgesetzten über das falsche Spiel zu informieren. Außerdem weckt die Flucht auch von neuem Zweifel an Treppers Loyalität. Die Zentrale reagiert auf jede Flucht automatisch mit unglaublichem Mißtrauen: eine Tradition, die aus der Kampfzeit gegen die zaristische Polizei stammt, die ihre Provokateure mit Hilfe von simulierten Ausbrüchen in die Geheimorganisationen einzuschleusen versuchte. Ein Kommunist flieht erst, wenn er von seinem Chef die Erlaubnis dazu erbeten und erhalten hat.* Handelt er auf eigene Faust, macht er sich verdächtig, sicherheitshalber wird er beiseite geschoben. Aber Trepper ist nicht irgendein Kommunist und die Gestapo nicht irgendeine Polizei: wie kann man daran glauben, daß diese Polizei die Dummheit beging, einen solchen Häftling entkommen zu lassen? Der dreisprachige Bericht hat zwar den Beweis für die Treue des Grand Chef erbracht, aber das ist schon acht Monate her. Was ist inzwischen geschehen? Hat das Sonderkommando dem Gefangenen das Rückgrat gebrochen? Hat man ihn diesmal wirklich umgedreht? ...

Ein Mißverständnis bestärkt die Zentrale in ihrem Verdacht. Trepper schlägt, sobald er wieder Kontakt hat, dem Direktor vor, eine Vertrauensperson nach Paris zu schicken, um sich ein Bild von der Lage zu machen und seine Behauptungen zu überprüfen – eine Art Inspektionsreise also. Und wen schlägt er dafür vor? Seine eigene Frau: Luba! In Treppers Augen gibt es keinen besseren Beweis für seine Loyalität, denn der Plan bringt, falls er angenommen wird, seine Frau in größte Gefahr. Der Direktor aber faßt den Vorschlag anders auf. Er sieht darin nur einen Versuch Treppers, seine Frau kommen zu lassen,

---

* *In mehreren Fällen bekamen Gefangene, die ohne Erlaubnis geflohen waren, die Anweisung, sich wieder der Polizei zu stellen. Und sie taten es auch.*

um dann mit ihr unterzutauchen, das heißt, die Arbeit aufzugeben und alle Verbindungen mit der Zentrale abzubrechen. Hat er Verrat begangen oder ist er einfach zu müde und durch die schwer erträgliche Verständnislosigkeit entmutigt, die man ihm so lange entgegengebracht hat?

Handelt es sich um eine echte Flucht, die dem »Großen Spiel« vorzeitig ein Ende setzt? Oder ist die Flucht aus undurchsichtigen Gründen von der Gestapo inszeniert? Vermutlich schwankt die Zentrale zwischen diesen beiden Hypothesen. Einige Wochen später hält der Direktor ratlos den grotesken Funkspruch in der Hand, mit dem Pannwitz versucht, das »Große Spiel« wieder in Gang zu bringen: »Was ist mit Trepper los? Ich sehe überall seinen Steckbrief ...« Unwahrscheinlich, daß der Kriminalrat den Direktor derart unterschätzt und annimmt, die Moskauer Zentrale mit so plumpen Mitteln übertölpeln zu können. Treppers Flucht ankündigen, bedeutet doch offen zuzugeben, daß seit zehn Monaten alle Meldungen unter deutscher Kontrolle abgeschickt worden sind, bedeutet, das »Große Spiel« aufzudecken und in der Zentrale ein Mißtrauen zu wecken, das jedes künftige Täuschungsmanöver von vornherein vereiteln wird ... Obwohl er vergebens den verborgenen Sinn der Intrige herauszufinden versucht, gibt der Direktor dennoch Pannwitz die erwartete Antwort: »Für uns ist Trepper ein Verräter. Die Partei soll ihm kein Stück Brot geben.« Dann wartet er. Und bei Durchsicht der späteren Meldungen wird ihm bald klar, daß es dem Kriminalrat gleichgültig war, ob sein Handeln der Zentrale zusammenhanglos erscheinen mußte, daß es ihm nur darum ging, die Verbindung mit Moskau auf keinen Fall abreißen zu lassen. Er schien darauf zu vertrauen, daß die sehr eigenartige, »ehrliche« Wendung, die er dieser Verbindung geben wollte, die Zentrale schon beruhigen würde. Der Direktor war darauf gefaßt gewesen, mit dem Gegner ein raffiniertes Spiel treiben zu müssen, und sieht nun, wie sich dieser Gegner in seine offenen Arme wirft: Ende gut, alles gut.

Nur nicht, soweit es den Grand Chef betrifft. Denn wenn sich die Wendung, die Pannwitz vollzogen hat, auch mit dem immer näher bevorstehenden deutschen Zusammenbruch und mit dem Wunsch des Kriminalrats, seine Haut zu retten, hinreichend erklären läßt, so macht sie doch das Vorhergegangene keineswegs verständlicher. Und Trepper verschlimmert jetzt obendrein noch seinen Fall, indem er vorschlägt, das Sonderkommando beim Abzug aus Paris gefangenzunehmen! Zu welchem Zweck? Um irgendwelche Akten, irgendwelche Zeugen zu beseitigen? Es kann keine Rede davon sein, das zu gestatten. Kent, der in Moskau angefragt hat, ob er den Einmarsch der Alliierten in Paris abwarten soll oder nicht, hat vom Direktor die Antwort bekommen: »Begleiten Sie Ihre deutschen Freunde auf dem Rückzug. Bleiben Sie bei diesen

Leuten, zu denen Sie so gute Beziehungen haben und die Ihnen so wertvolle Nachrichten liefern. Das kann uns später noch nützlich sein.« Es wäre eine schöne Bescherung, wenn Trepper diese feine Gruppe dingfest machte, um sie dann schließlich gezwungenermaßen den französischen Behörden auszuliefern! Der Direktor verweigert die Erlaubnis. Pannwitz und Kent müssen ihre Arbeit bis zum Ende des Krieges weiterführen können. Und außerdem wissen sie viel zuviel, sie dürfen auf keinen Fall einer verirrten – oder nur zu gut gezielten – Kugel zum Opfer fallen.

Wir täuschen uns sicherlich nicht, wenn wir annehmen, daß der Direktor mit großer Genugtuung zuerst Trepper, dann Kent und Pannwitz, dann Ozols und schließlich Wenzel in Moskau ankommen sah. Jetzt waren sie alle zur Stelle: endlich würde er die wahren Hintergründe der ganzen Angelegenheit kennenlernen …

Zehn Jahre, um von der französischen KP und von Kowalski zu erfahren, unter welchen Umständen der dreisprachige Bericht Juliette übergeben wurde? Zehn Jahre, um sich zu vergewissern, daß Treppers Flucht nicht fingiert war? Zehn Jahre, um anzuerkennen, daß der Grand Chef als einziger in der allgemeinen Verwirrung einen klaren Kopf behalten hatte, daß er trotz der zähen Verständnislosigkeit seiner Chefs unerschütterlich geblieben war, allen Gefahren getrotzt und erfindungsreich alle Schwierigkeiten bewältigt hatte? Die Untersuchungen der Zentrale stehen eigentlich nicht in dem Ruf, so langwierig zu sein wie Heiligsprechungen … Zwischen der Befreiung von Paris und Treppers Abflug nach Moskau hatten sechs Monate gelegen. Diese Zeitspanne reichte nicht, alle Rätsel der Roten Kapelle zu lösen, aber sie hätte genügt, die wichtigsten Behauptungen des Grand Chef nachzuprüfen. Als Trepper nach Moskau zurückkehrte, waren noch manche Fragen offen, aber an seiner uneingeschränkten Loyalität konnte kein Zweifel mehr bestehen. Darum war auch die Frage nach seinen Plänen für die Zukunft so bezeichnend. Trepper hatte bei der Zentrale durchaus noch eine Zukunft. Aber in der Frage klang auch eine Warnung mit: die Vergangenheit durfte nicht zur Sprache kommen – um keinen Preis! Die Antwort des Grand Chef entschied über sein Schicksal. Weit davon entfernt, über die letzten vier Jahre den Schleier des Vergessens breiten zu wollen, war er aufs äußerste empört zurückgekommen; voller Vorwürfe und entschlossen, mit seinen Vorgesetzten abzurechnen. Damit hatte er sich selbst verurteilt. *Der Direktor konnte sich nicht leisten, in Moskau einen verbitterten Mann frei herumlaufen zu lassen, der überall ausposaunen würde, daß er Stalin dreimal vor dem bevorstehenden Angriff der Deutschen gewarnt und sich dann jahrelang darum bemüht hatte, die Irrtümer der Zentrale zu berichtigen.*

Auch Richard Sorge wäre in der Lubjanka gelandet, wenn ihn die Japaner nicht gehenkt hätten und mit der gleichen Einstellung wie Trepper nach Moskau zurückgekehrt wäre.*

Zehn Jahre, um den Grand Chef zur Raison zu bringen und ihn die Kunst der Resignation zu lehren? Dazu hätte es so langer Zeit nicht bedurft. Aber nachdem er einmal in der Lubjanka war, hielt man ihn aus anderen Gründen dort fest. Es ging ihm wie einem Schiffbrüchigen, den immer neu heranrollende Wellen unter sich begruben.

Die erste Welle – das waren seine Kollegen, die Chefs der anderen Spionagegruppen und ihre Agenten, die nach fünf Jahren Auslandstätigkeit nach Rußland zurückkehrten. Der Direktor erkannte sie nicht wieder. Sie waren wie ausgewechselt. In fünf Kriegsjahren hatten sie, sich selbst überlassen, eigene Initiativen entwickeln müssen, um sich den veränderten Situationen anzupassen; die Ereignisse und nicht die Zentrale waren ihre Lehrmeister gewesen. Sie waren in die europäischen Länder geschickt worden, um dort zu spionieren, aber der Kampf gegen die deutsche Besatzungsmacht hatte sie gewissermaßen naturalisiert; sie hatten sich den nationalen Widerstandsbewegungen angeschlossen; Leute mit entgegengesetzten politischen Meinungen waren ihre Waffenbrüder gewesen, hatten Schulter an Schulter mit ihnen gekämpft. Trepper sagt: »Ich wußte, daß Ozols auch weiterhin Verbindung zu ehemaligen Offizieren des Deuxième Bureau unterhielt. Das störte mich überhaupt nicht: wir kämpften doch auf der gleichen Seite!« Und Rémy, ein Mann von rechts, schreibt im gleichen Sinn über die Hilfestellung, die er den kommunistischen Partisanen gegeben hat: »1942 interessierte uns im gemeinsamen Kampf nur, ob die Freiwilligen von dem gleichen Wunsch beseelt waren, den Feind zu vertreiben; um die politische Zugehörigkeit der einzelnen kümmerten wir uns nicht.«[88]** Dieselbe Einstellung hatte auch Schulze-Boysen gezeigt, als er London zu warnen versuchte, daß ein Code des Intelligence Service von der Funkabwehr geknackt worden war. Die Zentrale hätte ihn dafür getadelt, würde sie es erfahren haben. Alexander Radó, dem Chef des Schweizer Apparates, wurden 1942 Dokumente in die Hände gespielt, die für die Engländer von entscheidender Wichtigkeit waren. Sein Vorschlag, diese Dokumente durch einen zuverlässigen Kurier der Britischen Botschaft in Bern zuzuleiten,

---

* Sorges Mitarbeiter Max Klausen, der die japanischen Gefängnisse überlebte, ereilte übrigens bei seiner Rückkehr nach Moskau das gleiche Schicksal wie Trepper.

** Und bekennt sich später ausdrücklich dazu, stolz darauf gewesen zu sein, unter Trepper in der Roten Kapelle gearbeitet zu haben.

wurde vom Direktor der Zentrale abgelehnt. Statt dessen kam der Befehl, die Dokumente zu verbrennen. 1943, als die Schweizer Polizei seine Organisation aushob, setzte Radó der Zentrale auseinander, er sähe nur noch die Möglichkeit, bei einer Botschaft Zuflucht zu suchen und unter dem Schutz der diplomatischen Immunität seine Arbeit fortzusetzen. Da die Sowjetunion keine Botschaft in Bern unterhielt,* schlug er vor, die Engländer um Asyl zu bitten, die als Alliierte ihre Hilfe gewiß nicht versagen würden. Der Direktor reagierte darauf mit einem ungeheuren Wutausbruch: lieber sollte das Schweizer Netz zerstört werden, lieber wollte er auf dessen unendlich wichtige Mitarbeit verzichten, als den Vorschlägen Radós zuzustimmen. Radó schlug sich nach Paris durch und meldete sich, obwohl man ihn verdächtigt hatte, ein Doppelagent des Intelligence Service zu sein, nach der Befreiung bei der russischen Militärmission. Am 6. Januar 1945 bestieg er zusammen mit Trepper das Flugzeug nach Moskau. Bei der Zwischenlandung in Kairo jedoch verlor er die Nerven und verschwand; das Flugzeug flog ohne ihn weiter. Moskau meldete ihn den Engländern als desertierten sowjetischen Offizier. Er wurde gefaßt und an die Russen ausgeliefert. Seinen naiven Glauben, der Kampf gegen den Nationalsozialismus sei wichtiger gewesen als die alte Feindschaft gegenüber dem Intelligence Service, mußte er mit zehn Jahren Haft bezahlen.

Alle seine Kollegen im Ausland teilten diese Auffassung, auch wenn sie es der Zentrale gegenüber nicht verlauten ließen. Sie hatten eine Zusammenarbeit erlebt, die sie nie vergessen würden. Aber während ihrer Abwesenheit war in der Zentrale eine neue Generation junger Funktionäre ans Ruder gekommen. Die Bürokraten der Konspiration betrachteten die zurückkehrenden Romantiker der Revolution mit hämischer Verachtung. Die alten Kommunisten, die wie durch ein Wunder alle Säuberungswellen überlebt hatten – verdächtig; die ehemaligen Spanienkämpfer – verdächtig; die Waffenbrüder der verschiedenen Widerstandsgruppen – verdächtig. Die Bürokraten etikettierten die Rückkehrer als »Romantiker« und »Kosmopoliten« und fällten über sie das vernichtende Urteil: »unverwendbar«.

Einer dieser Unverwendbaren sagte uns: »Das schlimmste war: sie hatten recht. Wir waren *objektiv* gesehen unbrauchbar geworden, vor allem für den normalen Friedensdienst, wo mit Erpressung und anderen schäbigen Methoden gearbeitet wird ... Das konnten wir nicht mehr, nach dem, was wir erlebt hatten. Und auch ihre Behauptung, wir seien Kosmopoliten, traf zu ... Wir hatten zu viele Leute kennengelernt ... in zu vielen verschiedenen Milieus ver-

---

* *Die Schweiz hat erst nach dem Zweiten Weltkrieg diplomatische Beziehungen mit der Sowjetunion aufgenommen.*

kehrt ... Fünf Jahre lang hatten wir Hand in Hand mit denen zusammengearbeitet, die nun unsere Feinde sein sollten ... Wissen Sie, ich habe seither schon manchmal gedacht, es wäre besser gewesen, die Deutschen hätten uns erschossen; so haben wir alles überlebt, um von den eigenen Leuten verstoßen zu werden, mit dem Gefühl, daß objektive Gründe ihnen ein Recht dazu geben.«

Daß auch der Grand Chef zu diesen »Unverwendbaren« zählte, hätte wohl nicht ausgereicht, ihn ins Gefängnis zu werfen, aber es war Grund genug, ihn darin festzuhalten. Der Mann, den man für diensttauglich erklärte, war einer der wichtigsten Männer des russischen Nachrichtendienstes gewesen. Der Direktor, der wußte, was Trepper alles wußte, zog es vor, ihn im Gefängnis zu lassen, um ihn in der Freiheit nicht einem Anschlag oder einer Versuchung auszusetzen ...

Die zweite Welle riß den Direktor fort. Sie rollte im September 1945 heran, als in Kanada ein sowjetischer Spionagering, der von einem Offizier der Zentrale geleitet worden war, aufgedeckt und der Atomspion Allan Nunn May verhaftet wurde. Das war eine schwere Niederlage. Der KGB, der seit jeher mit der Zentrale rivalisierte, nutzte die Gelegenheit, um einige alte Rechnungen zu begleichen. Der Direktor und seine engsten Mitarbeiter wurden abgesetzt. Alle Mitglieder des Nachrichtendienstes der Roten Armee, die alten und die neuen, fielen in Ungnade. Nach dem Skandal in Kanada machte Abakumow, der Minister für Staatssicherheit und ein ergebener Anhänger Berijas, Trepper, dem verblaßten Stern der schwergeprüften Zentrale, Vorwürfe: »Es ist ein Jammer, Ihre Brust könnte über und über mit Orden bedeckt sein, wenn Sie nicht für diese elenden Kerle vom Generalstab, sondern für uns gearbeitet hätten!« Und auf den Roten Platz vor seinem Bürofenster weisend, setzte er hinzu: »Sehen Sie, da unten hätte man Sie zum Helden der Sowjetunion ernannt.«

Die ersten beiden Wellen waren ungefähr zur gleichen Zeit herangerollt. Die dritte brach drei Jahre später, 1948, über Moskau herein: es war eine Welle des Antisemitismus. Die Vorgänge sind bekannt. Wieder wurde Trepper aus seiner Zelle geholt, wieder wurde er durch den unterirdischen Gang, der das Lubjanka-Gefängnis mit dem Ministerium für Staatssicherheit verbindet, in das Büro General Abakumows geführt, der von ihm wissen wollte: »Warum haben Sie sich mit so vielen Verrätern umgeben? Erklären Sie mir, warum Sie alle wichtigen Posten Ihres Netzes mit Verrätern besetzt hatten?« – »Mit Verrätern? Welche Verräter?« – »Katz, Großvogel, Springer, Raichman, Schneider und so weiter: alles Juden!«

In Moskau wurden, mit Ausnahme Ilja Ehrenburgs, die Leiter des anti-

faschistischen jüdischen Komitees verhaftet, darunter auch Treppers Gefährten aus jener längst vergangenen Zeit seiner Mitarbeit am »Emes«. Fast alle
legten »Geständnisse« ab und wurden hingerichtet.

Kosmopolit, unverwendbar, ehemaliger Angehöriger der Zentrale und Jude:
zu Stalins Zeiten bedurfte es gar nicht so vieler Belastungen, um in der Lubjanka verschwunden zu bleiben. Aber selbst unter Stalin hüllte man die Ungerechtigkeit in einen Mantel scheinbarer Gerechtigkeit. Eine Troika saß über
Trepper zu Gericht, über den Mann, der das größte Spionagenetz Europas aufgebaut und geleitet hatte, einen Apparat, mit dem sich alle westlichen Nachrichtendienste mit besorgter Bewunderung beschäftigten. Als einziger Ankla-
gepunkt blieb nach genauester Durchleuchtung seiner fünfjährigen Tätigkeit
an der Spitze der Roten Kapelle nur der Vorwurf, daß er an dem »Großen
Spiel« mitgewirkt hatte, ohne vorher die Erlaubnis des Direktors einzuholen.
Der Grand Chef erinnerte sich an Gierings Worte: »Sie werden in jedem Fall
als Verräter angesehen werden. Ihre Vorgesetzten werden geltend machen, daß
Sie am Anfang nicht wissen konnten, ob es Ihnen gelingen würde, Alarm zu
schlagen, und man wird Ihnen vorwerfen, Sie hätten mit uns gemeinsame Sache
gemacht, nur um Ihre Haut zu retten.« Das war richtig, er hatte nicht gewußt,
ob er eine Möglichkeit finden würde, die Zentrale zu warnen. Aber wäre es besser gewesen, nichts zu tun? Hätte er mit verschränkten Armen zusehen sollen,
wie das Unheil seinen Lauf nahm? Er hielt seinen Richtern entgegen: »Ich befand mich in einem brennenden Haus, und Sie werfen mir vor, daß ich den
Brand zu löschen versucht habe!« Aber er wußte nur zu gut, daß jeder Protest
nutzlos war. Stalins Dreierkommission bestätigte Gierings Voraussage: fünfzehn Jahre Gefängnis.

Für Pannwitz und vor allem für Kent war Treppers Anwesenheit in Moskau
eine furchtbare Überraschung gewesen. Nach der Flucht des Grand Chef hatte
der Direktor immer wieder bei Kent nachgefragt: »Wissen Sie, wo er steckt?
Warum nimmt er keine Verbindung mit uns auf?« Und als die beiden Kumpane
sich nach Deutschland abgesetzt hatten, hörten sie von Moskau: »Trepper ist
untergetaucht. Er hat sich geweigert, nach Moskau zurückzukehren.« Das ließ
vermuten, daß es niemanden gab, der Kents Darstellungen widerlegen würde,
und daß er ohne Bedenken zurückkehren könnte: nicht nur das Umdrehen des
Kriminalrats würde seinem Konto gutgeschrieben werden, sondern er hätte
darüber hinaus Gelegenheit, alles, was man ihm an Verrat vorwerfen konnte,
auf Trepper abzuwälzen. Kent war blindlings in die Falle gestolpert. Mit Pannwitz' bereitwilliger Hilfe hatte er eine Akte zusammengestellt, aus der er selbst

blütenweiß hervorging, während Trepper zum perfekten Renegaten wurde. Da sich das lebende Modell aber in Moskau befand, wurde es naturgemäß schwieriger, das falsche Bild als echt auszugeben. Es gelang Kent auch nicht, aber man erkannte an, daß er Pannwitz zum Verrat verleitet hatte, und das rettete ihm das Leben.

Pannwitz wurde ohne Unterlaß verhört, anderthalb Jahre lang. Danach gönnte man ihm vier Monate Ruhe, dann fing die ganze Prozedur von vorne an, als ob es die ersten Verhöre nie gegeben hätte. Auch diese Serie dauerte anderthalb Jahre. Das war reichlich. Laut Pannwitz wurden die Verhöre in entspannter Atmosphäre geführt. Er konnte bald genug Russisch, um die Fragen zu verstehen, und das ließ ihm etwas Zeit, die Antworten vorzubereiten, während der Übersetzer die Fragen auf deutsch wiederholte. Dagegen war es mitunter sehr ermüdend, daß die russischen Beamten überhaupt keine Vorstellungen von westlichen Lebensbedingungen hatten. Sobald die Sprache auf etwas kam, was den russischen Lebensgewohnheiten nicht entsprach, runzelte der vernehmende Offizier die Stirn, und nur mit unendlicher Geduld und Beredsamkeit gelang es, seinen Verdacht zu zerstreuen. Pannwitz hatte oft den Eindruck, ein Ethnologe zu sein, der vor staunenden, leicht ungläubigen Zuhörern einen Vortrag über einen wilden Volksstamm hält. Das hätte ganz amüsant sein können, wenn dieser Vortrag nicht drei Jahre gedauert hätte …

Schlimmer wurde es, wenn es um »M«, um Moskau, ging. Oberster Glaubenssatz des russischen Nachrichtendienstes: »In Moskau gibt es keinen Spion.« Wenn Zweifel auftauchen, wenn der sakrosankte Charakter der russischen Hauptstadt in Frage gestellt wird, löst das sofort eine hektische Suche nach dem Schuldigen aus. Der Direktor war davon überzeugt, daß es den Deutschen unmöglich allein mit Hilfe eines Peilgerätes gelungen sein konnte, den Sendern der Roten Kapelle so schnell auf die Spur zu kommen. Seiner Meinung nach mußte ein Verräter ihnen Hinweise gegeben haben. Er schloß die Möglichkeit nicht aus, daß dieser Verräter in Moskau gesessen hatte. So sehr der Kriminalrat diese These auch bestritt, so wenig konnte er die ihn Verhörenden überzeugen. Eines Tages – es war Pannwitz' Hochzeitstag – kündigte ihm ein Oberst bedauernd an, er habe den Befehl erhalten, Pannwitz zu schlagen, falls er nicht bereit sei, die Wahrheit zu sagen. Pannwitz verlangte den Befehl zu sehen, und der Oberst zeigte ihm ein von Abakumow unterzeichnetes Dokument, in dem der Minister eine »Sondermaßnahme« autorisierte. Der Oberst zog einen Gummiknüppel aus der Schublade und machte Pannwitz darauf aufmerksam, daß es kein russisches, sondern ein deutsches Fabrikat sei. Der Gefangene mußte sich bäuchlings auf eine Bank legen. Nach jeweils zehn Schlägen wurde Pannwitz von einem Arzt untersucht, und dieser gab dann das Zeichen zum Weitermachen. Pannwitz wurde ohnmächtig. Man brachte ihn wieder zu sich und schlug weiter. Schließlich sagte der Arzt: »Jetzt muß Schluß sein.« Angeekelt räumte der Oberst seinen Gummiknüppel fort und brummte: »Wie Sie sehen, sind wir eine demokratische Polizei: bei uns müssen die Obersten die schmutzige Arbeit machen ...« – »Alles in allem«, ergänzt Pannwitz, »waren sie aber sehr korrekt. Sie haben nur aufs Gesäß und die Oberschenkel geschlagen. Sonst hätte es schlimm werden können.« Und er spricht als Fachmann.

Diese Szene setzte der Frage nach dem Verräter ein Ende. Man sagte Pannwitz, er habe Glück gehabt, nur äußerst selten käme ein Gefangener mit dem Leben davon, wenn es um den »Komplex M« ging.

Die Ernährung im Lubjanka-Gefängnis war ausgesprochen karg: feuchtes Schwarzbrot, Sauerkraut, gesalzener Fisch. Als Pannwitz sich bei der Gefängnisärztin über das Essen beklagte, erwiderte sie: »Wir haben auf dem Gebiet der Gefängnisernährung eine dreihundertjährige Erfahrung. Sie können ganz beruhigt sein: bei uns ist noch kein Gefangener aus Unterernährung krank geworden.« Er konnte sich von der Richtigkeit dieser Behauptung überzeugen und feststellen, daß mit Magengeschwüren oder anderen Magenleiden eingelieferte Häftlinge durch die Gefängniskost geheilt wurden. Er selbst blieb in guter körperlicher Verfassung.* Die Gefängnisordnung wurde streng eingehalten. Er wurde in regelmäßigen Abständen gewogen: sobald er abnahm, wurden seine Rationen erhöht.

Weder Trepper noch Kent hat Pannwitz je wiedergesehen. Manchmal wurden ihm Aussagen der beiden vorgelesen, aber es kam zu keiner Gegenüberstellung. In der Lubjanka war alles so geregelt, daß die Häftlinge, die zur gleichen Affäre gehörten, sich weder begegnen noch sehen konnten. Pannwitz wußte aber, daß sowohl Trepper als auch Kent da waren, und er sann hin und wieder über die paradoxe Situation nach, daß der Chef des Sonderkommandos und der Chef der Roten Kapelle nur wenige Meter voneinander entfernt im selben Moskauer Gefängnis saßen ...

Als die Verhöre zu Ende waren, wurde er nach Sibirien in das Lager von Workuta überstellt. Er sagt: »Es war ein hartes Leben, und Sie können sich die Kälte vorstellen, aber die Freundlichkeit der Aufseher machte alles erträglich. Das kommunistische System mag sein, wie es will, aber die Güte und die Menschlichkeit der russischen Menschen kann man nicht genug loben. Herzensgute Menschen! Natürlich hielten sich die Aufseher an die Vorschriften,

---

* *Paradoxerweise hat sich Pannwitz' Gesundheitszustand erst nach seiner Rückkehr nach Deutschland verschlechtert. Er konnte sich nur schwer an ein Leben im Überfluß gewöhnen.*

und wenn man einem von ihnen befohlen hätte, einen Gefangenen zu erschießen, hätte er es ohne Zögern getan – aber mit Tränen in den Augen. In der Lubjanka war es genauso ...«[*]

Schließlich wurde im Jahre 1955 über die Lautsprecher des Lagers die Unterzeichnung des »Adenauer-Abkommens« in Moskau verkündet. Der alte Kanzler hatte erreicht, daß die Sowjetunion alle deutschen Kriegsgefangenen freiließ. Die Wachmannschaften fielen den deutschen Kriegsgefangenen um den Hals und jubelten: »Jetzt ist es vorbei, nun trennt uns nichts mehr! Wir sind alle Brüder!« Zehn Jahre waren vergangen, seit der Kriminalrat mit einer Aktentasche voller Dokumente unter dem Arm in Moskau eingetroffen war, überzeugt von seiner Wichtigkeit und davon, daß ihm eine goldene Zukunft bevorstünde. Seine Träume hatten sich nicht verwirklicht, aber er war am Leben geblieben, das war das wichtigste. Glücklich darüber, daß er nach Hause zurückkehren durfte, ging er unbeschwert den Lügendetektoren seiner Landsleute entgegen ...

Von der ersten in der Lubjanka verbrachten Nacht an hatte der Grand Chef sich eines zum Ziel gesetzt: überleben, und sei es auch nur um eine Stunde. Er wollte »diese Leute da« überleben. Das hat ihn gerettet. Monat um Monat, Jahr um Jahr verging, und es schien kein Ende zu nehmen, aber immer war er von dem einen Wunsch besessen: »diese da« zu überleben. Das war der Fels, an den er sich klammerte; keiner Welle gelang es, ihn davon loszureißen. Um sich herum sah er die Verzweiflung seiner Leidensgenossen, die jede Nahrung verweigerten: er zwang sich zum Essen. Er sah, wie der Kummer über die Ungerechtigkeit einige buchstäblich verzehrte: er drängte den Zorn zurück, der nur zermürbt, er brauchte alle Kräfte, um zu überleben. Andere flüchteten sich vor der harten Wirklichkeit in die Vergangenheit, bis sie darüber den Verstand verloren: er richtete sein ganzes Denken ausschließlich auf die Zukunft. In den vierzig Jahren seines abenteuerlichen Lebens hatte er manchen Kampf siegreich ausgefochten, dieser aber war der härteste, denn er mußte ihn gegen Menschen aus dem eigenen Lager führen.

Er wurde nicht mißhandelt. Einmal warf man allerdings, als Warnung,

---

[*] *Den Leser wird dieser idyllische Bericht des Kriminalrats über seine Haft zweifellos überraschen. Abgesehen davon, daß das Leben in Workuta einem SS-Mann, dessen Kollegen mit Leistungen wie Treblinka, Auschwitz und Buchenwald aufwarten konnten, natürlich einigermaßen angenehm erscheinen mußte, ist bekannt, daß ehemalige Häftlinge aus sowjetischen Straflagern immer wieder die Menschlichkeit der Aufseher betonen, auch wenn sie alles übrige in den schwärzesten Farben schildern. Sicher ist jedes Lager furchtbar. Aber es gibt unterschiedliche Systeme und unterschiedliche Menschen ...*

einen Gefangenen in seine Zelle, der einem Verhör mit »Sondermaßnahmen« unterzogen worden war. Er erfuhr auch, daß Wenzel gefoltert worden war, aber er sah weder Kent noch Ozols, weder Wenzel noch einen anderen seiner ehemaligen Untergebenen, die vielleicht in der Lubjanka waren, ohne daß er es ahnte.

Unter seinen Mithäftlingen befanden sich der Flugzeugkonstrukteur Tupolew, bekannte Kommunistenführer und Generale, von denen viele zum Stab Marschall Schukows gehört hatten – in der Lubjanka schien die russische Elite versammelt zu sein.

Abakumow ließ ihn von Zeit zu Zeit holen, um seinen Zynismus an ihm auszulassen. Als die kanadische Spionagegruppe aufgeflogen war, zeigte er Trepper Ausschnitte aus westlichen Zeitungen, in denen angedeutet wurde, daß an dieser Affäre vermutlich der Chef der Roten Kapelle beteiligt sei. Und ironisch fügte der Minister hinzu: »Beklagen Sie sich! Sie werden von der Polizei der ganzen Welt gesucht und befinden sich hier bei uns in Sicherheit. Ist das nicht fabelhaft?«

Der einzige, der ahnte, was in Trepper vorging, war der Untersuchungsrichter. Er zeigte sich freundlich und bot dem Gefangenen oft eine Zigarette an, die Trepper mit einer Kopfbewegung ablehnte. Eines Tages sagte er nach einem nicht enden wollenden Verhör: »Sie haben beschlossen, uns zu überdauern, nicht wahr? Gibt Ihnen das die Kraft zum Durchhalten?« Und als Trepper schwieg, fuhr er fort: »Ich muß Ihnen etwas sagen. Ich gebe Ihre Akte zurück. Es liegt nichts gegen Sie vor. Meiner Meinung nach hält man Sie hier aus Gründen fest, die nichts mit dieser Sache zu tun haben. Ob dieser Schritt irgendwelche Folgen für mich haben wird, weiß ich nicht, aber es ist mir unmöglich, das noch länger mitzumachen. Ich kann das nicht länger verantworten.« Trepper beugte sich vor, griff nach dem Zigarettenpäckchen auf dem Schreibtisch und nahm sich eine Zigarette. Der Untersuchungsrichter lächelte und sagte, während er ihm Feuer gab: »Jetzt weiß ich, daß Sie durchhalten werden. Ein Raucher, der eine Zigarette ablehnt, weiß, was er will.«*

Treppers Frau Luba ahnte nicht, daß ihr Mann in Moskau war. Der Direktor hatte ihr mitteilen lassen, er wäre untergetaucht und sie könne nicht mehr mit seiner Rückkehr rechnen. Allein und ohne Verbindungen verdiente sie als freiberufliche Fotografin den Unterhalt für sich und ihre Kinder. Daß sie nicht ins Gefängnis gebracht oder nach Sibirien geschickt wurde, verdankt sie wahr-

---

Nach seiner Freilassung traf Trepper den Richter zufällig auf der Straße. Er war, nachdem er den Fall Trepper niedergelegt hatte, entlassen worden, hatte aber nach Stalins Tod seine Arbeit wieder aufnehmen können.

scheinlich dem Umstand, daß sich französische Besucher, vor allem Jacques Duclos, der Chef der französischen KP, bei jedem Aufenthalt in Moskau nach dem Grand Chef erkundigten. Es hieß immer, er befände sich in einer Sondermission im Ausland; für den Notfall aber wollte man wohl seine Frau und seine Kinder vorzeigen können. So spielte sich Lubas Leben zwischen dem Elendsloch, das ihr als Wohnung diente, und der Landstraße ab, auf der sie, mit dem schweren Fotokasten, von Dorf zu Dorf zog, während ihr Lebensgefährte ruhelos in seiner Zelle auf und ab wanderte, wie alle Gefangenen dieser Welt ...

Und das zehn Jahre lang.

Zehn Jahre.

Am 5. März 1953 brach in der Lubjanka plötzlich eine Panik aus. Die Aufseher rannten durch die Gänge, verschärfte Sicherheitsmaßnahmen wurden angeordnet, die täglichen Spaziergänge untersagt. Die Gefangenen glaubten, der dritte Weltkrieg sei ausgebrochen. Angst breitete sich aus, aber es war ein falscher Alarm. Das Gefängnis fand bald zur gewohnten Routine zurück, und die Gefangenen grübelten nicht länger über die fieberhafte Unruhe jenes Tages nach.

Monate später führte man den Grand Chef wieder einmal durch die unterirdischen Gänge zum Ministerium für Staatssicherheit. Aber diesmal brachte man ihn nicht zu Abakumow, sondern in ein Büro, in dem ein sehr alter, schnauzbärtiger General ihn erwartete. Der General, ein erstaunlicher Gegensatz zu den jungen Funktionären der Zentrale, sah den Gefangenen an und fragte: »Wie geht es?« Trepper konnte vor Überraschung nicht antworten: seit zehn Jahren hatte sich kein Mensch nach seinem Befinden erkundigt. Der General zog eine Nummer der »Prawda« aus der Schublade seines Schreibtisches und reichte sie dem Gefangenen. Es war eine alte Zeitung. Der Leitartikel auf der ersten Seite galt dem »Komplott der weißen Kittel«: darin wurde auseinandergesetzt, daß eine Gruppe von jüdischen Ärzten versucht hatte, Stalin umzubringen. »Was halten Sie davon?« fragte der General. Nachdem er den Artikel zweimal durchgelesen hatte, antwortete Trepper: »Das ist Unsinn. Das kann doch nicht stimmen. Wenn man Stalin ermorden wollte, würde man sich an Spezialisten und bestimmt nicht an Ärzte wenden.« – »Sie glauben also, daß wir Unsinn machen?« – »Das kann vorkommen.« Der General schüttelte nachdenklich den Kopf und zog dann eine andere Nummer der »Prawda« hervor: »Lesen Sie das ...« Die Ärzte waren rehabilitiert. Trepper überflog den Artikel, ohne ein Wort zu sagen. Der alte Herr hielt ihm eine dritte Zeitung hin, die in Riesenlettern Stalins Tod am vergangenen 5. März verkündete. Der Grand Chef sagte kein Wort. Er dachte: Stalin ist tot, aber seine Kreaturen haben die Armee und die Polizei in der Hand. Sie sind noch immer an der Macht. Der

General hatte noch eine vierte »Prawda« in seinem Schreibtisch, eine Nummer vom Dezember 1953. Er gab sie dem Gefangenen, und Trepper las einen Artikel über die Liquidierung Berijas.

Da ging ein Lächeln über Treppers Gesicht. Er hatte gewonnen. Er hatte sie überlebt.

Er lächelte und sagte: »Genosse ...«, unterbrach sich aber sofort: »Entschuldigen Sie, bitte ...« Die Gefangenen der Lubjanka durften die Anrede »Genosse« nicht gebrauchen. Wenn das Wort einem von ihnen aus Versehen herausrutschte, brüllten die Wachtposten: »Deine Genossen (die Wölfe) streunen durch die Steppe!« Der General winkte ungeduldig ab: »Hören Sie, ich habe früher mit Dserschinskij* zusammengearbeitet. Wir von der alten Tscheka haben sicher manches falsch gemacht, aber wir wollten das Beste. Vor mehr als zwanzig Jahren habe ich mit dieser Arbeit Schluß gemacht. Heute hat man mich zurückgeholt, um einige wichtige Fälle zu regeln. Ich fange mit Ihnen an, denn ich bin der Meinung, daß Ihr Fall einer der wichtigsten ist.«

Die Lubjanka wurde nun »eine Art Luxushotel«. Die ersten Häftlinge wurden freigelassen. Nach fünfzehn Jahren sah Trepper seine Frau und seine Kinder wieder. Man gab ihnen eine schöne Wohnung, in der sie auf ihre Heimkehr nach Polen warten konnten. Auch Ozols, Wenzel und Radó wurden freigelassen. Sogar Kent kam frei,** aber er wurde nur amnestiert, während die höchste sowjetische Gerichtsinstanz das Urteil gegen den Grand Chef als »völlig unbegründet« aufhob und ihm ein Dokument aushändigte, in dem in aller Form seine Rehabilitierung bestätigt wurde.

Trepper war kurz vor Ende des Zweiten Weltkriegs in das Lubjanka-Gefängnis eingeliefert worden – als der Kalte Krieg zu Ende ging, wurde er entlassen. Seine Kinder waren neun und vier Jahre alt gewesen, als er sie zum letztenmal gesehen hatte; nun stand er einem Mann von dreiundzwanzig und einem Jugendlichen von achtzehn Jahren gegenüber. Man hatte ihn um ihre Jugend betrogen. Luba hatte das gleiche durchmachen müssen wie die Frau des SS-

---

* *Leiter der 1917 nach der Oktoberrevolution geschaffenen Tscheka, die Geheimpolizei und Nachrichtendienst zugleich war.*

** *Wie Pannwitz war auch Kent nach Workuta gebracht worden. 1956 stieß Pannwitz auf das in New York erschienene Buch »Slave 1 E-241«, in dem der Autor, John Noble, ein ehemaliger Häftling aus Workuta, die berühmte Revolte schildert, die im Juli 1953 in einigen Abteilungen des Lagers ausbrach. Einer der Anführer war ein gewisser Gurewitsch – der wahre Name von Kent. Der Kriminalrat hält der Beschreibung des Mannes zufolge jede Verwechslung für ausgeschlossen. Laut Noble soll Gurewitsch sich während der Revolte außerordentlich mutig gezeigt haben. Wir konnten nicht nachprüfen, ob die beiden Personen identisch sind. Wir wissen lediglich, daß Kent heute in Leningrad lebt.*

Führers Kopkow: sie sah den Lebensgefährten, den sie verloren geglaubt hatte, aus dem Nichts auftauchen. Schlimmer noch: während der Frau des SS-Führers mitgeteilt worden war, ihr Mann sei gestorben, hatte man Luba gesagt, ihr Mann habe sie im Stich gelassen, er sei zum Verräter geworden. Man hatte den Chef der Roten Kapelle gedemütigt, indem man ihn im selben Gefängnis festhielt, in dem Kriminalrat Pannwitz saß. Man hatte ihn um zehn Jahre seines Lebens gebracht, die ihm kein Dokument wiedergeben konnte. Man hatte ihn den verzweifelten Tod derer auskosten lassen, die alles geopfert haben und nur Undank und Ungerechtigkeit dafür ernten. Wer würde mit diesem Mann tauschen wollen? Mit entsetztem Respekt sehen wir ihn aus der Lubjanka kommen.

Er hätte nicht gewollt, daß wir ihn so im Gedächtnis behalten, vor dem Gefängnistor, mit einem Bündel unterm Arm, alt und müde geworden, ein exemplarisches Opfer der stalinistischen Säuberungen. Er sagt: »Der Stalinismus? Das war eine Krankheit. Man mußte warten, bis sie vorüber war.« Oder: »Die Reise von Paris nach Warschau hat eben elf Jahre gedauert, aber Züge haben manchmal Verspätung.« Er kommt aus der Lubjanka, wie er hineingegangen ist: als Kommunist. Das gefällt uns, denn die Niederlage eines Menschen, den die Umstände und Widrigkeiten des Lebens dazu bringen, seine Überzeugung fortzuwerfen wie eine zu schwer gewordene Last, ist eine Niederlage für alle Menschen.

Welches Bild wollen wir behalten?

Das Bild des Rebellen von Dombrowa? Des Klassenkämpfers in Palästina? Dem Grand Chef ist diese Zeit, die wir kaum kennengelernt haben, sicher lieb gewesen. Mein Buch ist kein Buch über diese Jahre. Sie gehören in einen Roman von André Malraux.

Das Bild des Mannes, der das »Große Spiel« der SS zum Scheitern brachte? Auch wenn die Historiker nachweisen könnten, daß es Trepper gelang, zwischen Juni 1943 und der Konferenz von Teheran den Kreml vor einem Täuschungsmanöver ungeahnten Ausmaßes zu warnen, würden wir ihn nicht wegen dieser Meisterleistung in Erinnerung behalten wollen. Das »Große Spiel« bestand aus Schlauheit, Täuschungsmanövern, Verschlagenheit und unzähligen Raffinessen. Gut, daß er der Schlauere gewesen ist, aber wir bewundern ihn um anderer Qualitäten willen.

Das Bild des Chefs der Roten Kapelle? Ja, dieses Bild wäre nicht schlecht. Vielleicht ist es ein wenig in den Hintergrund getreten, seit das »Große Spiel« sich wie ein Parasit in den Vordergrund unserer Geschichte drängte. Erinnern wir uns: Von 1940 bis 1942 – bis Stalingrad – gab es Hunderte von Funksprüchen, die der Zentrale ankündigten, wo der Feind angreifen würde und wo er besonders verletzlich war; das gesamte deutsche Wirtschafts- und Wehrpotential aufgedeckt; der sowjetische Generalstab, der die Operationen nach den ihm vorliegenden Angriffsplänen des Feindes leiten konnte ... Halt, fast hätten wir geschrieben, daß der Krieg »auch ein wenig« durch ihn gewonnen wurde, und das hätte ihm nicht gefallen. Er sagt: »Keine Schlacht, kein Krieg ist je von einem Spionagenetz gewonnen worden. Kriege gewinnt man an der Front. Die Soldaten, die bereit waren, in den Ruinen der Stadt zu sterben, haben Stalingrad gerettet, sonst niemand.«

Er selbst würde uns wahrscheinlich am liebsten leise verlassen und nur seine Visitenkarte hinlegen: »Leiba Domb – Verleger«. Die klassische jüdische Literatur, die schon immer seine Leidenschaft und lange verhinderte Berufung war, ist schließlich sein Beruf geworden. Ich denke zurück an unsere Warschauer Abende. Es war schon kühl. Er ging mit mir zu meinem Hotel, ich mit ihm zu seiner Wohnung; wir hörten nicht auf, uns gegenseitig nach Hause zu begleiten. Er hatte die Hände in den Manteltaschen vergraben und trug eine recht verblichene, tief über die Ohren gezogene Baskenmütze. Das war nicht mehr der Grand Chef, der da mit roter Nase und blitzenden Augen neben mir herging, das war Väterchen Domb, der Verleger. Und während ich ihm zuhörte, wie er sich für Texte begeisterte, deren Schönheit mir unzugänglich war, fragte ich mich, ob das wirklich derselbe Mann war, vor dem die Gestapo gezittert hatte. Manchmal konnte ihn ein aufs Geratewohl hingeworfener Satz für einen Augenblick in die damalige Zeit zurückversetzen. (»Welche Idee, sich als Kaninchenhändler zu verkleiden, um in die Rue des Atrébates zu gehen!« – »Ich? Als Kaninchenhändler? Wer hat Ihnen das erzählt?« – »Piepe ...« – »Dieser Piepe! Nein, ich habe ihnen weisgemacht, ich hätte in einer beschlagnahmten Garage nebenan etwas zu tun, und mein Ausweis von der OT hat den Ausschlag gegeben ...«*) Solche Glückstreffer waren selten. Im allgemeinen bedurfte es zahlreicher Beschwörungen und vieler Fragen, um den Grand Chef für einen Augenblick wieder auftauchen zu sehen. Dann aber wurde er, wie er damals gewesen sein muß, wenn er zu einem seiner gewagten Treffs in Paris oder Brüssel kam. Er blieb stehen, kerzengerade, und sagte mit seiner leisen Stimme: »Gehen wir einmal von dieser Situation aus alle Möglichkeiten

---

* *Siehe S. 88 f.*

durch.« Ein sprühendes Feuerwerk aus einfallsreichen Spekulationen und Be-
trachtungen über »die armseligen Kreaturen« der SS, dann die Schlußfolgerung
und – dann tauchte der Verleger Domb wieder auf, der seiner Frau, seinen
Kindern und seinen Klassikern gehörte ...

Nein. Das Bild, das wir behalten wollen, ist ein Foto vom 11. April 1965, zehn
Jahre nach seiner Rehabilitierung, zwanzig Jahre nach seiner Rückkehr nach
Moskau. Von überallher gekommene Delegationen feiern den 20. Jahrestag der
Befreiung von Auschwitz. Der polnische Ministerpräsident ist anwesend, und
auch der sowjetische General, der 1945 die Tore des Lagers öffnen ließ, ist gekommen. Vor ihm Leiba Domb, der Vorsitzende des Kulturverbandes der polnischen Juden. Er steht auf, er spricht zu den 80 000 Menschen, die vor der
Tribüne versammelt sind. Durch ihn sprechen alle Toten der Roten Kapelle zu
den Toten von Auschwitz und zu den Lebenden in der ganzen Welt: der Deutsche Adam Kuckhoff, der Franzose Pauriol, die Belgierin Suzanne Spaak, der
Holländer Kruyt, die Amerikanerin Mildred Harnack, alle, die den Mut hatten
zu schweigen, und die anderen, die geredet haben, die Gehenkten, die Erschos-
senen, die Enthaupteten. Er spricht. Es ist gut, daß sie durch ihn sprechen,
nicht weil er ihr Chef, sondern weil er von allen derjenige war, der den höchsten Preis bezahlen mußte, der von seinen eigenen Leuten verwundet wurde,
während die anderen dem Feind in die Hände fielen. Er spricht. Es ist gut, daß
seine Worte über Auschwitz hallen, wo das Unsagbare geschah, wo man ein
Volk ausrottete; denn sie haben gekämpft, um *das* zu verhindern, dafür sind
sie gestorben, die Mitglieder der Roten Kapelle, Menschen der verschiedensten
Länder, Rassen und Religionen, Menschen der verschiedensten politischen
Überzeugung – *das* hat sie im Kampf und für immer geeint. Er spricht. Es ist
gut, daß sich hier an diesem Ort, an dem so viele Frauen, Kinder und hilflose
Greise zur Schlachtbank geführt wurden, so viele Menschen, denen man die
Mittel zum Kampf verweigert hatte – ja, es ist gut, daß sich hier die Stimme
des Juden erhebt, der dem Nationalsozialismus sicher die schwersten Schläge
zugefügt hat.

Leiba Domb, der ehemalige Grand Chef, bei seiner Ansprache zur Feier
des 20. Jahrestages der Befreiung von Auschwitz, 11. April 1965

Nachwort

Das Bild, das wir behalten wollen ...« – man muß schon sehr jung sein, um zu glauben, daß auf einen Mann von zweiundsechzig Jahren keine Überraschungen mehr warten ...

Als ich Trepper 1965 in Warschau traf, hatte er sich aus der Geschichte zurückgezogen. Er genoß die Freuden des so lange entbehrten Familienlebens, war glücklich, sich der Herausgabe jiddischer Literatur widmen zu können, und stand dem Kulturverband der polnischen Juden vor. Es sah so aus, als hätte er die Stürme der Geschichte überstanden, um endlich zur Ruhe zu kommen.

Aber die Geschichte hat ihn eingeholt.

Am 17. Juni 1967, also genau in den Tagen, als in Frankreich die erste Ausgabe dieses Buches erschien, griff der polnische Parteisekretär Gomulka die jüdische Gemeinde Polens in unerhört heftiger Weise an und beschuldigte sie unumwunden als »fünfte Kolonne«. Der Sechstagekrieg war gerade zu Ende, als es in Warschau hieß, daß polnische Offiziere jüdischer Herkunft den Sieg der israelischen Truppen mit Champagner begossen hätten. General Moczar, der damalige Innenminister, nahm die Sache in die Hand und zettelte in den Medien eine ausgedehnte Kampagne an. Wenn sich Moczar auch im polnischen Widerstand hervorragend geschlagen hatte, sagte man ihm hinter vorgehaltener Hand nach, daß er in seinem Antisemitismus so weit gegangen war, jüdische Partisanengruppen liquidieren zu lassen, die ihm über den Weg liefen.

Unaufhörliche Verfolgungen, Entlassungen, bürokratische Schikanen: über die jüdische Gemeinde Polens brach von neuem das Unheil herein. Von den mehr als drei Millionen Juden vor dem Krieg waren etwa 75 000 – meist ältere – Menschen am Leben geblieben. Alle anderen waren in Auschwitz, Majdanek, Treblinka, in den Vernichtungslagern des Nationalsozialismus verschwunden.

Die Emigration begann. Die arbeitslos gewordenen Söhne Treppers verließen einer nach dem anderen das Land. Er selbst hatte seinen Vorsitz beim Kulturverband aus Protest zurückgelegt. Im August 1970 suchten Luba und er um ein Ausreisevisum für Israel an. Zehn Monate später kam die Antwort: ohne Angabe von Gründen abgelehnt. Nun blieb ihm keine andere Wahl mehr, als sich zu schlagen.

Zwei Jahre lang war der Kampf für Leopold Trepper mein wichtigster Lebensinhalt. Manchmal beneidete ich die Romanschriftsteller, die von ihren Figuren nicht eingeholt werden können. Die unzähligen Augenblicke der Freude überwogen jedoch: das größte Glück war für mich, mit und für diesen verehrten und geliebten Menschen handeln zu können und – soviel Hilfsbereitschaft und Begeisterung zu finden: Daniel Soulez Larivière, ein junger und streitbarer Anwalt, schloß sich der Sache an, und Sabine Delattre stellte sich ebenso bedingungslos zur Verfügung wie Ruth Valentini, die mit mir die Nachforschungen über die Rote Kapelle durchgeführt hatte. Wir vier lösten eine Kampagne aus, die bald die öffentliche Meinung in Bewegung setzte.

Moczar kam uns unfreiwillig zu Hilfe, indem er Trepper mit übertriebenen und geradezu grotesken Sicherheitsvorkehrungen umgab, die immer wieder für die unangenehmsten Zwischenfälle sorgten. So wurde ein belgisches Fernsehteam, das eine Reportage über den Grand Chef drehen wollte, unvermutet von einem Dutzend Polizisten unter dem Kommando von zwei Obersten umzingelt und auf das Kommissariat abgeführt, wo man das gesamte Material beschlagnahmte. Auch ein französisches Fernsehteam unter der Leitung von Jean-Pierre Elkabach blieb nicht von den Übergriffen der Polizei verschont.

Die DDR verhielt sich damals vorbildlich. Die deutschen Überlebenden der Roten Kapelle, die es in diesem Land zu großen Ehren gebracht hatten, vergaßen den Grand Chef in seinem Unglück nicht. Ihre Einladungen nach Ost-Berlin wirkten auf Trepper wie eine Sauerstoffzufuhr: nur hier entging er der massiven polizeilichen Überwachung, der er in Warschau Tag und Nacht ausgesetzt war. Da mir die polnische Regierung das Einreisevisum nach Polen verweigert hatte, traf ich Trepper in Berlin, um das weitere Vorgehen mit ihm zu besprechen. Ich nehme an, daß der ostdeutsche Geheimdienst von diesen Treffen nicht sehr begeistert war – jedenfalls ließen sie uns nicht aus den Augen. Ich bin in meinem Leben schon oft überwacht worden, aber niemals wie in Berlin. Selbst auf der Straße kam aufgrund von Abhörgeräten ein offenes Gespräch nicht in Frage. Daher verlegten wir unsere Besprechungen in Treppers Hotelzimmer: während wir laut und deutlich einen völlig belanglosen Dialog führten, schrieben wir das, was wir uns eigentlich zu sagen hatten, fieberhaft auf kleine Zettel, die ich dann regelmäßig in die Toilette warf. Die Weigerung der polnischen Behörden, den Grand Chef ausreisen zu lassen, schien uns so endgültig, daß wir nach radikaleren Lösungen suchten. Es gab vor allem ein Projekt, das wir eingehend und vor Ort ausgearbeitet hatten: wir planten, mit einem Dutzend verläßlicher Freunde eine der Fähren, die zwischen Polen und Schweden verkehren, in unsere Gewalt zu bringen, um Trepper die Flucht zu ermöglichen. Wie aber konnte ein Staatsgefangener seinen zahlreichen Bewachern entgehen, um einen polnischen Hafen zu erreichen? Unser Plan scheiterte an der Lösung dieses Problems.

Im Dezember 1971, nachdem die polnische Regierung dem Grand Chef wieder einmal die Ausreisegenehmigung verweigert hatte, beschlossen wir die Sache zu beschleunigen. In Paris wurde mit dem Anwalt Léo Matarasso und mit Vercors, Vladimir Pozner und Jacques Madaule ein Unterstützungskomitee gegründet. Die Fanfanis schlossen sich tatkräftig der Kerngruppe an. Und dann begannen Daniel Soulez Larivière und ich unsere Pilgerfahrt durch Europa. Schon bald gab es weitere Komitees in der Schweiz, in Belgien, in Großbritannien und in Dänemark.

Es würde zu weit führen, wollte ich hier alle Unterstützungen aufzählen, die uns in der ganzen Welt zuteil wurden. Alle holländischen Abgeordneten, mit Ausnahme der Kommunisten, unterschrieben eine Eingabe. In London unterzeichneten einundzwanzig Parlamentarier einen Brief an die polnische Regierung, den Michael Stewart, der ehemalige Außenminister, aufgesetzt hatte. Amerikanische Senatoren intervenierten in Warschau. Gewerkschafter aus Brasilien, Australien, Großbritannien, Costa Rica und Israel verfaßten eine gemeinsame Petition. Und auch in Frankreich wurden wir von verschiedensten Seiten unterstützt, von François Mitterrand über André Malraux bis zu Monsignore Marty, dem Erzbischof von Paris.

Von dieser Protestwelle einigermaßen überrollt, sah sich die polnische Regierung zu einer Erklärung gezwungen. Am 29. Februar 1972 gab der Informationsminister eine Presseerklärung ab, in der er darauf hinwies, daß Trepper nicht aus ideologischen oder nationalen Gründen, sondern aus Gründen der Staatsräson in Polen festgehalten werde. Im Klartext hieß das, daß der große sowjetische Bruder jemanden, der so viele Geheimnisse kannte, nicht in den Westen ausreisen lassen wollte. Das war nicht gut. Luba Trepper erhielt immerhin die Erlaubnis, zu ihren Kindern zu fahren.

Sie äußerte den Wunsch, nach Frankreich zu gehen. Der Innenminister verweigerte ihr das Einreisevisum. Daß Jean Rochet, der Leiter der DST, Trepper feindlich gesinnt war, wußten wir. Mit Leib und Seele Antikommunist, schrieb dieser merkwürdige Mensch unter dem Titel »Die Affäre Trepper« einen Brief an »Le Monde«, in dem er versuchte, die Ablehnung der französischen Behörden zu rechtfertigen. Er prangerte »das hochverdächtige Verhalten« Treppers nach seiner Verhaftung durch Giering und Piepe an und beschuldigte ihn offen, mehrere Mitglieder seines Netzes verraten zu haben. Er schloß mit den Worten: »Es steht außer Frage, daß Monsieur Trepper zumindest zu einer gewissen Kollaboration mit dem Feind bereit war, um sein Leben zu retten.«

Die Aufregung war beträchtlich. So manch einer, der uns unterstützt hatte, schien verunsichert; viele verhehlten ihre Unschlüssigkeit nicht einmal. Trepper, den ich sofort anrief, nahm die Sache zunächst mit philosophischer Gelassenheit hin: er war es gewohnt, die unglaublichsten Märchen über die Rote Kapelle und über seine Person zu hören und zu lesen. Ich mußte ihm erklären, daß die Solidaritätskampagne beendet wäre, wenn wir nicht sofort reagierten. Da ich während meiner Recherchen die Akten der DST über die Rote Kapelle eingesehen hatte, wußte ich, daß sie ungenau und voller Irrtümer waren. Aber die Öffentlichkeit wußte das nicht. Sie mußte den Aussagen des Mannes, der an der Spitze der französischen Spionageabwehr stand, Glauben schenken. Da die Internationale der Bullen nicht weniger gut funktioniert als die anderen, konnte sich die polnische Polizei den Artikel Rochets sofort zunutze machen. Die polnischen Botschaften verbreiteten die Anschuldigungen in den Ländern, in denen wir Komitees ins Leben gerufen hatten. Jetzt gab es nur mehr eine Verteidigungsmöglichkeit: eine Verleumdungsklage. Der Grand Chef stimmte zu.

Die folgenden Wochen waren düster. Alle unsere Freunde legten einen pessimistischen Realismus an den Tag: es war unvorstellbar, daß ein französisches Gericht den Chef der DST wegen Verleumdung eines ehemaligen sowjetischen Agenten verurteilen würde. Der Prozeß schien verloren, noch bevor er begonnen hatte.

Daniel Soulez Larivière und Léo Matarasso bereiteten die Akte vor. Um sich mit seinem Klienten zu besprechen, reiste Daniel nach Warschau. Vor seinem Rückflug nach Paris wurde er am Flughafen von sieben muskulösen »Zöllnern« umstellt, die ihn einer Leibesvisitation unterzogen und sein Gepäck durchsuchten, als ob er ein Drogenschmuggler oder ein gesuchter Spion wäre. Sogar die Zahnpasta- und Rasiercremetuben wurden sorgfältig geleert … Man entriß ihm seine Aktenmappe, die er hartnäckig festgehalten hatte, und beschlagnahmte die Unterlagen auf die ungesetzlichste Weise der Welt. Auf der nächsten Reise war Daniel vorsichtiger und griff auf das bewährte System der Papierschnitzel zurück, die man schnell in der Toilette verschwinden lassen konnte.

Am 2. Oktober 1972 kam Gierek, der Erste Sekretär der Kommunistischen Partei Polens, zu einem offiziellen Besuch nach Paris. Wir empfingen ihn mit Plakaten, auf denen die einfache Frage stand: »Und Trepper, Herr Gierek?« Bernard Guetta, Christian Jelen und Ruth Valentini, die alle für den »Nouvel Observateur« arbeiteten, traten mit mir für die Dauer von Giereks Aufenthalt in Paris in einen Hungerstreik. Zu unserem großen Glück weilte Herr

Gierek nur eine knappe Woche unter uns. Simone de Beauvoir beehrte uns mit ihrem Besuch.

Der Prozeßtermin rückte näher.

Es ließ mir keine Ruhe. Ich war besessen von der Vorstellung, wie Trepper, allein und krank, durch seine leere, von Polizisten umstellte Warschauer Wohnung irrte. Seine Zukunft stand auf dem Spiel: würden wir verlieren, wer hätte dann noch das geringste Interesse an einem Mann, über den man ungestraft schreiben konnte, er sei »zu einer gewissen Kollaboration mit dem Feind bereit gewesen, um sein Leben zu retten«? Wie die Vorzeichen standen, konnten wir einfach nicht gewinnen.

Daniel Soulez Larivière blieb jedoch unerschütterlich, seine Entschlossenheit war bewundernswert. Und Matarasso ging mit der Kaltblütigkeit eines alten Kämpfers in die Schlacht.

Die letzten zwei Nächte vor dem ersten Verhandlungstag konnte ich kein Auge zutun.

Der Prozeß wurde am 26. Oktober 1972 vor der 17. Strafkammer von Paris unter dem Vorsitz Monsieur Hennions eröffnet. Der Saal war voll mit Polizei, die Spannung unerträglich. Sehr schnell erwies sich die Unhaltbarkeit der polizeilichen Anschuldigungen. Trepper wurde bezichtigt, nach seiner Verhaftung die Leute der Simex verraten zu haben, die in Wahrheit vor ihm verhaftet worden waren. Man legte ihm den Verrat von Kent zur Last, der ebenfalls vor Treppers Verhaftung festgenommen worden war. Man beschuldigte ihn, Katz ans Messer geliefert zu haben: Cécile Katz, die Witwe Hillels, sagte aus, unter welchen Umständen ihr Mann in die Falle des Sonderkommandos gegangen war. Hélène Pauriol, Fernands Witwe, bestätigte die Übergabe des dreisprachigen Berichts an Jacques Duclos über Juliette Moussier. Der Anwalt Charles Lederman verbürgte sich für Trepper, mit dem er während der gesamten Besatzungszeit auf seiten der Résistance zusammengearbeitet hatte. Jack Sokol, der Bruder von Hersch, und Claude Spaak brachten zum Ausdruck, wie sehr sie Trepper schätzten. Sogar die Angehörigen der Mitglieder der Roten Kapelle, die Trepper verraten haben sollte, traten also für ihn ein und bewiesen unwiderlegbar die Nichtigkeit der gegen ihn erhobenen Vorwürfe!

Der zweite Prozeßtermin war für die Woche darauf festgelegt. In der Zwischenzeit wurde Rochet zum Präfekten von Meurthe-et-Moselle ernannt. Innenminister Marcellin fühlte sich bemüßigt, öffentlich zu erklären, daß kein Zusammenhang zwischen dieser Ernennung und dem laufenden Prozeß bestehe: es handle sich »lediglich um einen Zufall«. Man glaubte ihm, soweit man eben glaubt, was Innenminister so sagen.

Die seit dem Desaster der ersten Verhandlung unausweichlich erscheinende

Verurteilung würde nur mehr einen einfachen Polizeipräfekten und nicht mehr den Leiter der mächtigen DST treffen.

Nach den wunderbaren Plädoyers von Daniel Soulez Larivière und Léo Matarasso verurteilte das Gericht Rochet wegen Verleumdung. Das Urteil wurde jedoch mit der Begründung aufgehoben, daß Rochet im Laufe des Prozesses nach Meurthe-et-Moselle versetzt worden sei und das für amtierende Präfekten vorgesehene Verfahren hätte angewendet werden müssen. Das Kassationsgericht stimmte dieser Entscheidung zu, betraute jedoch das Gericht von Versailles mit der Wiedereröffnung des Prozesses. Aber bis dahin war viel Zeit vergangen, und der Grand Chef, dessen Beziehungen zu den französischen Behörden sich inzwischen normalisiert hatten, fand es überflüssig, einen Prozeß wiederaufzunehmen, bei dem das Urteil bereits gesprochen war.

Wir hatten einen von Anfang an verlorenen Prozeß gewonnen. Es gab also noch Richter in Paris. Die Warschauer Bürokraten ließen sich dadurch nicht aus der Ruhe bringen, sondern verstärkten sogar die polizeiliche Überwachung Treppers. Mit unfaßbarer Scheinheiligkeit erklärten sie, daß ihnen nur Treppers Sicherheit am Herzen läge. Von wem war sie denn bedroht?

Im Herbst 1973 verschlechterte sich Treppers Gesundheitszustand beträchtlich. Zweifellos glaubten die polnischen Behörden, daß die Zeit für sie arbeiten und der Tod sie bald ihres lästigen Staatsgefangenen entledigen würde. Es blieb uns nichts anderes mehr übrig, als aufs Ganze zu gehen. Nie werde ich das Telefonat mit Trepper im September 1973 vergessen. Ich erklärte ihm, daß wir alle unsere Karten ausgespielt hatten, bis auf den letzten Trumpf, den er in der Hand hielt: sein Leben. Mit gleichmütiger Stimme riet ich ihm, in Hungerstreik zu treten – bis zum bitteren Ende, wenn es sein müßte. Es ist schwierig, das einem alten und geschwächten Mann von neunundsechzig Jahren zu sagen; aber dieser Mann war schließlich der Grand Chef.

Er schrieb einen Brief an die polnischen Behörden, der an die Presseagenturen weitergegeben wurde. Darin kündigte er an: »Ich bin mit meiner Geduld am Ende. Ihr habt mir keinen Ausweg gelassen, und ich weiß, was ich zu tun habe: ich werde sterben. Aber ich werde aufrecht sterben, wie es sich für den Chef der Roten Kapelle ziemt. Wenn innnerhalb einer Frist von vierzehn Tagen keine Änderung eintritt, werde ich einen Hungerstreik beginnen, der nur mit meiner Ausreise aus Polen oder mit meinem Tod enden wird ... Ich lebe wie ein Gefangener. So oder so werde ich dieses Gefängnis verlassen.«

Einige Tage später überbrachten ihm zwei Funktionäre das Ausreisevisum für England.

Wir kamen alle nach Heathrow, um ihn zu empfangen. Da war er:

souverän, gelassen, seine Baskenmütze auf dem Kopf. Als die Präsidentin des englischen Komitees ihm versicherte, daß alles vorbereitet sei, damit er sich in Ruhe und Abgeschiedenheit erholen könne, äußerte er nur einen Wunsch: man möge sofort ein großes Festessen veranstalten.

In dieser Nacht war London ein einziges Fest.

Nun folgten ereignisreiche Monate und Jahre. Nach drei Jahrzehnten der Trennung gab es ein bewegendes Wiedersehen mit den Überlebenden der Roten Kapelle. Er pilgerte zu den Schauplätzen, an denen seine Leute gelitten hatten. Er besuchte auch Breendonck ...

Gemeinsam mit Patrick Rotman schrieb er seine fesselnde Autobiographie »Die Wahrheit«, die internationalen Erfolg hatte. Dann ging er mit Luba nach Israel, wo man ihn als Helden des antifaschistischen Kampfes empfing. Wie hatte er einmal zu mir gesagt ...? – »Israel ist das einzige Land, in dem ich sicher sein kann, daß keiner mich einen dreckigen Juden nennt.« Er ließ sich in Jerusalem nieder und verbrachte einen ruhigen Lebensabend.

Leopold Trepper starb am 19. Jänner 1982 in Jerusalem. General Sharon heftete einen Orden an seinen Sarg. Niemand ist makellos.

Ich habe das Buch, das ich vor zweiundzwanzig Jahren geschrieben habe, mit gemischten Gefühlen wiedergelesen: mich geärgert, so viele Fehler darin zu finden, und mich gewundert, wie wenige es doch sind. Die drei Jahre dauernden Recherchen waren nicht einfach gewesen. Aber das ist bei Geheimdienstgeschichten auch selten der Fall. Es war meine erste Arbeit dieser Art, keine andere sollte so schwierig und aufwendig sein. Nachdem fast ein Vierteljahrhundert vergangen ist, sehe ich, daß für den entscheidenden Zeitraum von 1940 bis 1944, in dem die Rote Kapelle ihr Konzert gab, kaum wesentliche Korrekturen erforderlich sind.

In bezug auf Treppers Vorleben sind mir einige Fehler unterlaufen. Das mag verwunderlich klingen, da ich doch das Glück hatte, ihn zu treffen und ausführlich mit ihm zu sprechen.

1965 war ich nach Warschau gefahren, obwohl alle mir abgeraten hatten, die mir kompetent erschienen. Sie hatten mir dargelegt, daß noch nie – nie! – ein ehemaliger sowjetischer Agent, der im Osten lebte, ausgepackt hätte. Selbst in dem unwahrscheinlichen Fall, daß Trepper dazu Lust verspüren sollte, war klar, daß man das zu verhindern wissen würde. Der Ruf der polnischen Polizei war damals denkbar schlecht. Im besten Fall würde man mich sofort des Landes verweisen. Wenn meine Ankunft den Geheimdienst jedoch in den üblichen Verdächtigungstaumel stürzte, standen mir die größten Schwierigkeiten und ein längerer Aufenthalt bevor.

Trepper wartete seit zwanzig Jahren auf die Gelegenheit zu reden. Er wußte nicht, ob er jemals die Möglichkeit haben würde, sich persönlich zu äußern. Die Zeiten von Glasnost waren damals noch in weiter Ferne. Er wurde älter, und seine Gesundheit machte ihm Sorgen. Die Angst vor einem plötzlichen Tod, der ihn hindern würde, Zeugnis über die Rote Kapelle abzulegen, quälte ihn. Er sagte mir, er hätte gegenüber denen, die zu kommandieren er die Ehre gehabt hatte und die im Kampf gefallen waren, nur noch eine letzte Pflicht, die zu erfüllen er ihnen schuldig war: zu reden, um jeden Preis.

Natürlich einigten wir uns auf eine elementare Vorsichtsmaßnahme: ich würde schreiben, er habe mir lediglich bestätigt, »was ich schon wußte«. Sein unschätzbar wertvoller Beitrag würde einem geschulten Auge aber trotzdem nicht verborgen bleiben. Wie sonst hätte ich die genauen Umstände der Abfassung seiner dreisprachigen Botschaft, unter den Augen und dem ganzen Kommando zum Trotz, erfahren sollen?

Wir trafen uns in den zwielichtigen Restaurants der zwei, drei großen internationalen Hotels von Warschau. Das Orchester sorgte für eine Geräuschkulisse, die ausreichte, um unerwünschte Zuhörer zu entmutigen. Der Kellner präsentierte uns die reichhaltige Speisekarte, von deren zweihundert Gerichten höchstens zehn erhältlich waren. Durch die langsame Bedienung dauerte ein Essen mindestens drei Stunden, was durchaus in unserem Sinne war. Betrunkene Apparatschiks, Schwarzmarkthändler und Prostituierte plapperten durcheinander, während einige Touristen am Rande eines Nervenzusammenbruchs mit den Armen ruderten, um die Aufmerksamkeit der zur Kurzsichtigkeit entschlossenen Kellner auf sich zu ziehen.

Bei unserer ersten Begegnung verzichtete ich darauf, mir Bleistift und Papier zurechtzulegen, da ich überzeugt war, Trepper würde trotz allem nicht so weit gehen, mir Notizen zu gestatten. Nach einer Stunde sah er mich scharf an und sagte sanft, aber bestimmt: »Wozu erzähle ich Ihnen das eigentlich alles, wenn das, was ich sage, Ihnen bei einem Ohr rein und beim anderen wieder raus geht?« Das ließ ich mir nicht zweimal sagen und begann begeistert, mir Aufzeichnungen zu machen.

Aber viel Zeit hatten wir nicht. Trepper hatte mir nicht verhehlt, daß ein allzu langer Aufenthalt unweigerlich Aufmerksamkeit erregen würde, was zumindest die Beschlagnahmung meiner Notizen zur Folge hätte. Wir mußten also rasch vorankommen und uns auf das Wesentliche beschränken. Das Wesentliche, das war die aktive Zeit der Roten Kapelle. Seine Kindheit, seine Jugend und die ersten Jahre seiner politischen Tätigkeit wurden nur gestreift. Der Grand Chef war sowieso jemand, der nicht gerne von sich sprach, nicht aus beruflicher Gewohnheit, sondern aus Bescheidenheit.

Allein diese Eigenschaft unterscheidet ihn schon sehr von anderen Leitern großer und kleiner Widerstandsgruppen, in deren Milieu alle Arten der Selbstdarstellung gedeihen.

Für die Schilderung der Jahre vor seiner Ankunft in Brüssel stützte ich mich ausschließlich auf französische Polizeiberichte und auf deutsche Dokumente. Ein verhängnisvoller Irrtum! In meiner Naivität glaubte ich, Trepper hätte sich den Luxus leisten können, über seine ersten fünfunddreißig Lebensjahre die Wahrheit zu sagen, da diese für das Sonderkommando ohne Bedeutung waren. Tatsächlich hatte der Grand Chef seine Vergangenheit als Revolutionär verschwiegen und sich den Lebenslauf eines großen Berufsagenten zurechtgelegt, der eher dazu angetan war, das Kommando zu beeindrucken. Er erfand sich eine Studienzeit an einer Moskauer Podrowski-Universität, die es nie gab, und eine Spionageausbildung an der Akademie der Roten Armee, deren Schwelle er nie überschritten hatte.

In der vorliegenden Ausgabe sind alle Irrtümer getilgt, und die Biographien Treppers, Schulze-Boysens und Harnacks um alle seit 1967 zugänglichen Informationen erweitert.

Auch unsichere und ungenaue Aussagen wurden berichtigt. So schien mir im Lauf der Jahre, daß zwar die Augenzeugenberichte Harry Piepes durchaus glaubwürdig waren, seine Informationen aus zweiter Hand jedoch wesentlich weniger. Er hatte mir zum Beispiel erzählt, Wenzel sei umgefallen und habe sich in den Dienst des Kommandos gestellt. Trepper, der sich nach seiner Entlassung aus der Lubjanka in Moskau informiert hatte, behauptete das Gegenteil. Aber auch die Augenzeugenberichte Piepes waren nicht ganz frei von Widersprüchen. So erzählte er mir etwa, die Zerschlagung der holländischen Gruppe sei ihm gelungen, weil ihm Jefremow den Kurier geliefert hätte, der die Verbindung zwischen Brüssel und Amsterdam gewährleistete, und daß dieser Mann sofort zur Zusammenarbeit mit ihm bereit gewesen wäre. Ich erinnere mich noch sehr gut an einen Vortrag, den ich 1967 in Brüssel gehalten habe; nach dem Vortrag kamen zwei Frauen zu mir und sagten: »Wir sind Verwandte von Bob Isbutzki. Er hat die Nazis nicht zu der holländischen Gruppe geführt, das war ein anderer.« Wie Trepper mir bestätigen sollte, hatte Piepe Maurice Pepper mit Bob Isbutzki verwechselt. Ich war am Boden zerstört und wußte nicht, wie ich mich für einen so ungeheuerlichen Irrtum entschuldigen sollte, selbst wenn mich keine Schuld traf. Eine der beiden Verwandten von Bob aber tröstete mich mit einem wunderbaren Lächeln: »Das ist nicht schlimm. Wir, die ihn lieben, wissen ja, was wirklich geschehen ist. Das Wichtigste ist, daß Sie dieses Buch geschrieben haben, und dafür danken wir Ihnen.« Wenn die Rote Kapelle auch jetzt noch, so viele Jahre später, ein entscheidender Teil meines Lebens ist, so nicht zuletzt deshalb, weil ich nie wieder solchen Menschen begegnet bin.

Diese auf den letzten Stand gebrachte Ausgabe vermag also dem Leser alle derzeit zugänglichen Informationen über die Rote Kapelle zu bieten. Die nächste Etappe wäre die Öffnung der Moskauer Archive, die heute nicht mehr absolut unvorstellbar ist, obwohl die Akten der Geheimdienste immer und überall als letzte zugänglich gemacht werden (sogar Frankreich hat die Sperrfrist für die Akten der Résistance verlängert ...). Während ich diese Zeilen schreibe – es ist Juni 1989 –, läuft in Moskau eine Pressekampagne an, deren Ziel es ist, daß Trepper die Würde eines Helden der Sowjetunion zuteil wird. Warum nicht? Aber man könnte mehr und Besseres für das Andenken Treppers und seiner Mitstreiter tun: es möglich machen, die letzten Seiten der Geschichte der Roten Kapelle zu schreiben. Dazu fehlen vor allem die zahllosen Funksprüche, die gesendet wurden, während in den Straßen die getarnten Wagen der Funkabwehr ihre Runden drehten, die Botschaften, die so viele Mitglieder der Roten Kapelle das Leben gekostet und durch ihren Beitrag zum Sieg der Alliierten so viele Menschen gerettet haben.

So geht dieses Buch seit nunmehr zweiundzwanzig Jahren seinen Weg. Verantwortlich für den anhaltenden Erfolg des Werkes sind die Größe der Personen, die unwiderstehliche Faszination ihres leidenschaftlichen Einsatzes und die unglaubliche Kraft, mit der eine kleine Gruppe, die auf einen ungewöhnlichen Chef – ein schreckliches Wort! – eingeschworen war, in die Geschichte eingegriffen hat. Sie haben die Partitur verfaßt; ich mußte nur die verstreuten Teile sammeln und sie niederschreiben.

Manchmal konnte das Buch sogar von Nutzen sein. Bis ins Jahr 1967 schwieg die DDR über die nachrichtendienstliche Tätigkeit der Berliner Gruppe, vermutlich aus Angst, damit den »Revanchisten« der anderen Seite neues Material für die abgedroschene Dolchstoßlegende zu liefern, die den Sieg der Wehrmacht verhindert habe. Man sprach nur von den politischen Aktivitäten der Gruppe im Untergrund, von der Verbreitung von Broschüren, Aufrufen und einer alle zwei Wochen erscheinenden Zeitung; Schulze-Boysen wurde auf einen heldenhaften Verteiler von Flugblättern reduziert, die Arbeit seiner Gruppe als eine politische Agitation von zweifelhafter Wirksamkeit dargestellt. Nach 1967 änderte sich das.

Im Laufe der Jahre erfuhr ich, daß mein Buch Revolutionäre in der ganzen Welt auf ihren gefährlichen Wegen begleitete, nicht so sehr wegen der nützlichen Anleitungen zur Arbeit im Untergrund, die es enthält, sondern weil ihnen die Streitbarkeit, der Mut und die Ausdauer der Personen zum Vorbild geworden waren; es hätte die Widerstandskämpfer der Roten Kapelle wohl glücklich gemacht, zu wissen, daß die Fackel, die ihren Händen entrissen wurde, von anderen aufgenommen wird.

Die allererste Übersetzung erschien in Moskau, allerdings in einem auf vierhundert Exemplare beschränkten Raubdruck, der den Lesern der Bibliothek des KGB vorbehalten blieb ... Die Zeiten ändern sich: im Herbst 1989 erscheint das Buch zum ersten Mal in der Sowjetunion und in Polen. Der Grand Chef würde sich freuen.

Und jetzt kommt der Film von Jacques Rouffio heraus. Seit 1967 haben viele erfolglos versucht, den Stoff für das Kino zu adaptieren: alle waren an dem Problem gescheitert, aus dieser ungeheuren Fülle von Personen und Ereignissen ein Drehbuch zu machen; außerdem sind die Produzenten schließlich immer vor den Kosten des Projekts zurückgeschreckt. Erst Jacques Kirsner besaß sowohl die Kühnheit, sich auf dieses Unternehmen einzulassen, als auch die nötige Sturheit, es zu Ende zu führen. Er hatte sich aktiv an der Kampagne für Treppers Ausreise aus Polen beteiligt. Diesen Film zu machen bedeutete ihm mehr als eine Episode in seinem Berufsleben.

Claude Brasseur wird in Film und Fernsehen Trepper sein. Als ich dem Grand Chef 1968 ankündigte, daß ein Produzent sich die Filmrechte gesichert habe, überzog eine zarte, mädchenhafte Röte sein Gesicht, und, schamhaft zu Boden blickend, gestand er mir, wie unendlich glücklich er wäre, wenn Jean Gabin sich entscheiden könnte, seinen Part zu übernehmen – was zeigt, daß man nicht alles im Auge haben kann.

Die Rote Kapelle wird nicht in Vergessenheit geraten.

Anmerkungen

1 Nicole Chatel und Alain Guérin, *Camarade Sorge*, Paris 1965, S. 87.
2 Walter Schellenberg, *Memoiren*, Köln 1959, S. 254.
3 Paul Leverkuehn, *Der geheime Nachrichtendienst der deutschen Wehrmacht im Kriege*, Frankfurt am Main 1957, S. 153.
4 W. F. Flicke, *Spionagegruppe Rote Kapelle*, Kreuzlingen 1954.
5 Ernst von Salomon, *Der Fragebogen*, Reinbek 1961, S. 398 f.
6 Rémy, *Mémoires d'un agent secret de la France Libre*, 2 Bde., Bd. 1, Paris 1959, S. 327.
7 Rémy, a. a. O., Bd. 2, Paris 1960, S. 413.
8 Schellenberg, a. a. O., S. 248 f.
9 Henry Picker, *Hitlers Tischgespräche im Führerhauptquartier*, Neuausgabe, Frankfurt am Main · Berlin 1989.
10 Rémy, a. a. O., Bd. 2, S. 111.
11 David J. Dallin, *Die Sowjetspionage*, Köln 1956, S. 191.
12 Siehe Alexander Orlov, *Handbook of Intelligence*, Ann Arbor 1963.
13 Auszug aus dem Gedicht »Babij Jar« in der Übersetzung von Paul Celan, zitiert nach Paul Celan, *Gesammelte Werke in fünf Bänden*, hg. von Beda Allemann und Stefan Reichert unter Mitwirkung von Rolf Bücher, Bd. 5, Übertragungen II, Frankfurt am Main 1983, S. 285.
14 Adam Kuckhoff, *Till Eulenspiegel*, Spiel in fünf Bildern, Berlin 1941. Siehe auch den Roman *Der Deutsche von Bayencourt*, Berlin 1937.
15 Margret Boveri, *Der Verrat im XX. Jahrhundert*, 4 Bde., Bd. 2: *Für und gegen die Nation. Das unsichtbare Geschehen*, Hamburg 1956, S. 61.
16 Zitiert nach Günther Weisenborn, *Der lautlose Aufstand*, Reinbek 1962, S. 194.
17 Zitiert nach Dallin, a. a. O., S. 278.
18 Zitiert nach Weisenborn, a. a. O., S. 194.
19 Zitiert nach Dallin, a. a. O., S. 283.
20 Allen W. Dulles, *Verschwörung in Deutschland*, Zürich 1948, S. 137 f.
21 Hugo Buschmann, *De la résistance au défaitisme*, in: Les Temps Modernes, Nr. 46–47, Paris 1949, S. 266.
22 Buschmann, a. a. O., S. 264.
23 Buschmann, a. a. O., S. 273.
24 Rémy, a. a. O., Bd. 2, S. 51.
25 Rémy, a. a. O., Bd. 1, S. 413.
26 Rémy, a. a. O., Bd. 1, S. 474.
27 Rémy, a. a. O., Bd. 1, S. 498.
28 Rémy, a. a. O., Bd. 1, S. 544.
29 Buschmann, a. a. O., S. 274.
30 Buschmann, a. a. O., S. 272.
31 Rémy, a. a. O., Bd. 1, S. 329.
32 Siehe Eric H. Boehm, *We Survived*, New Haven 1949.
33 Harald Poelchau, *Die letzten Stunden*, Berlin 1949, S. 73.
34 Zitiert nach Dallin, a. a. O., S. 302.
35 Werner Krauss, zitiert nach Weisenborn, a. a . O., S. 200.
36 Ulrich von Hassell, *Vom Andern Deutschland*, Frankfurt am Main · Hamburg 1964, S. 256.
37 Joachim von Ribbentrop, *Zwischen London und Moskau*, Leoni 1961, S. 48 f.
38 Zitiert nach der Artikelserie *Rote Agenten unter uns*, in: Der Stern, Juni 1951.
39 Zeugenaussage eines Gestapobeamten, zitiert nach Dallin, a. a. O., S. 298.
40 Aussage von Dr. Rudolf Lehmann, zitiert nach Dallin, a. a. O., S. 305.

41 Poelchau, a. a. O., S. 61.
42 Rémy, a. a. O., Bd. 2, S. 121.
43 John W. Wheeler-Bennett, *Die Nemesis der Macht*, Düsseldorf 1954, S. 599.
44 von Hassell, a. a. O., S. 199.
45 Gerald Reitlinger, *Die SS*, München · Wien · Basel 1957, S. 284 f.
46 Schellenberg, a. a. O., S. 274.
47 Zitiert nach Dallin, a. a. O., S. 207.
48 Wilfrid von Oven, *Mit Goebbels bis zum Ende*, 2 Bde., Buenos Aires 1949, Bd. 1, S. 179.
49 von Hassell, a. a. O., S. 304.
50 Zitiert nach Weisenborn, a. a. O., S. 195.
51 Weisenborn, a. a. O., S. 195.
52 In: Historia, Nr. 57, August 1951.
53 Betty Depelsenaire, *Symphonie fraternelle*, Brüssel o. J., S. 28.
54 Depelsenaire, a. a. O., S. 37.
55 Depelsenaire, a. a. O., S. 35.
56 Depelsenaire, a. a. O., S. 59.
57 Zitiert nach Poelchau, a. a. O., S. 75 f.
58 Zitiert nach Weisenborn, a. a. O., S. 203.
59 Zitiert nach Weisenborn, a. a. O., S. 298.
60 S. Payne-Best, *The Venlo Incident*, London 1950.
61 Payne-Best, a. a. O., S. 44.
62 Schellenberg, a. a. O., S. 32.
63 Walter Hagen (= Wilhelm Höttl), *Die geheime Front*, Linz · Wien 1950, S. 73.
64 Reitlinger, a. a. O., S. 48.
65 Edward Crankshaw, *Die Gestapo*, Berlin 1959, S. 93.
66 Schellenberg, a. a. O., S. 285.
67 Albert Zoller, *Douze ans auprès de Hitler*, Paris 1949, S. 31.
68 Serge Lang und Ernst von Schenck, *Porträt eines Menschheitsverbrechers*, St. Gallen 1947, S. 211.
69 H. R. Trevor-Roper, *Hitlers letzte Tage*, Zürich 1948, S. 44.
70 Schellenberg, a. a. O., S. 162.
71 Hagen, a. a. O., S. 73.
72 Lang und Schenck, a. a. O., S. 209.
73 Crankshaw, a. a. O., S. 93.
74 Schellenberg, a. a. O., S. 286 ff.
75 Leverkuehn, a. a. O., S. 185 f.
76 Schellenberg, a. a. O., S. 288.
77 Siehe Wilhelm Höttl, *The Secret Front*, London 1953, S. 302; Hagen, a. a. O., S. 73.
78 Siehe Höttl, a. a. O., S. 303.
79 Schellenberg, a. a. O., S. 288.
80 Jacques Delarue, *Geschichte der Gestapo*, Düsseldorf 1964, S. 353.
81 Delarue, a. a. O., S. 317 f.
82 Dominique Ponchardier, *Les Pavés de l'Enfer*, Paris 1950, S. 225.
83 Dallin, a. a. O., S. 217.
84 Alexander Foote, *Handbuch für Spione*, Darmstadt 1954, S. 96.
85 Pierre Accoce und Pierre Quet, *La Guerre a été gagnée en Suisse*, Paris 1966.
86 Foote, a. a. O., S. 143 f.
87 Foote, a. a. O., S. 144 f.
88 Rémy, a. a. O., Bd. 2, S. 53.

Quellen

Neben zahlreichen allgemeinen Werken über den Zweiten Weltkrieg und die Arbeit der Nachrichtendienste hat der Autor vor allem die Bücher zu Rate gezogen, die in nachstehender Bibliographie aufgeführt sind.

Der Autor konnte in die Berichte von Gestapo und Abwehr über die Rote Kapelle Einblick nehmen; mehrere Urteile des Reichskriegsgerichts lagen ihm im Wortlaut vor. Es war ihm auch möglich, eine Reihe anderer Dokumente einzusehen, deren Quellen zu nennen ebensowenig angebracht erschien wie die Angabe sonstiger Hinweise; der Leser möge Verständnis haben.

Der Autor hat außerdem mit zahlreichen Personen gesprochen; da der Leser diese Interviews bereits kennt, erübrigt es sich, sie hier gesondert anzuführen. Der Autor möchte an dieser Stelle noch einmal allen seinen Dank aussprechen, die er so oft und so lange hat belästigen müssen und die ihn immer freundlich aufgenommen haben, auch wenn seine unentwegten Fragen schmerzende Wunden wieder aufrissen.

Accoce, Pierre und Pierre Quet, *La Guerre a été gagnée en Suisse*, Paris 1966.
Boehm, Eric H., *We Survived*, New Haven 1949.
Boldt, Gerhard, *Die letzten Tage der Reichskanzlei*, Reinbek 1964.
Boveri, Margret, *Der Verrat im XX. Jahrhundert*, 4 Bde., Hamburg 1956, 1957, 1960.
Burgess, Alan, *Sept hommes à l'aube*, Paris 1962.
Buschmann, Hugo, *De la résistance au défaitisme*, in: Les Temps Modernes, Nr. 46–47, Paris 1949.
Carell, Paul, *Unternehmen Barbarossa*, Frankfurt am Main · Berlin · Wien 1963.
Chatel, Nicole und Alain Guérin, *Camarade Sorge*, Paris 1965.
Crankshaw, Edward, *Gestapo*, New York 1956. – Dt.: *Die Gestapo*, Berlin 1959.
Dallin, David J., *Soviet Espionage*, New Haven 1955. – Dt.: *Die Sowjetspionage*, Köln 1956.
Delarue, Jacques, *Histoire de la Gestapo*, Paris 1962. – Dt.: *Geschichte der Gestapo*, Düsseldorf 1964.
Depelsenaire, Betty, *Symphonie fraternelle*, Brüssel o. J.
Dourlein, Pieter, *Inside North Pole*, London 1953.
Dulles, Allen W., *Germany's Underground*, New York 1947. – Dt.: *Verschwörung in Deutschland*, Zürich 1948.
Flicke, W. F., *Spionagegruppe Rote Kapelle*, Kreuzlingen 1954.
Foote, Alexander, *Handbook for Spies*, London 1964. – Dt.: *Handbuch für Spione*, Darmstadt 1954.
Ganier-Raymond, Philippe, *Le Réseau étranglé*, Paris 1967.
Giskes, H. J., *Spione überspielen Spione*, Hamburg 1949.
Hassell, Ulrich von, *Vom Andern Deutschland*, Frankfurt am Main · Hamburg 1964.
Höttl, Wilhelm, *The Secret Front*, London 1953. – Dt.: Hagen, Walter (= Wilhelm Höttl), *Die geheime Front*, Linz · Wien 1950.

Kleist, Peter, *Zwischen Hitler und Stalin*, Bonn 1950.
Lang, Serge und Ernst von Schenck, *Porträt eines Menschheitsverbrechers*, St. Gallen 1947.
Lehmann, Klaus, *Widerstandsgruppe Schulze-Boysen/Harnack*, Berlin 1948.
Leverkuehn, Paul, *Der geheime Nachrichtendienst der deutschen Wehrmacht im Kriege*, Frankfurt am Main 1957.
Manvell, Roger und Heinrich Fraenkel, *Heinrich Himmler*, London 1965.
Orlov, Alexander, *Handbook of Intelligence*, Ann Arbor 1963.
Oven, Wilfrid von, *Mit Goebbels bis zum Ende*, 2 Bde., Buenos Aires 1949, 1950.
Payne-Best, S., *The Venlo Incident*, London 1950.
Picker, Henry, *Hitlers Tischgespräche im Führerhauptquartier*, Neuausgabe, Frankfurt am Main · Berlin 1989.
Poelchau, Harald, *Die letzten Stunden*, Berlin 1949.
Ponchardier, Dominique, *Les Pavés de l'Enfer*, Paris 1950.
Reitlinger, Gerald, *The S. S.*, London 1956. – Dt.: *Die SS*, München · Wien · Basel 1957.
Rémy, *Mémoires d'un agent secret de la France Libre*, 2 Bde., Paris 1959, 1960.
Ribbentrop, Joachim von, *Zwischen London und Moskau*, Leoni 1961.
Salomon, Ernst von, *Der Fragebogen*, Reinbek 1961.
Schellenberg, Walter, *Memoiren*, Köln 1959.
Tillon, Charles, *Les FTP*, Paris 1962.
Trevor-Roper, H. R., *The Last Days of Hitler*, London 1947. – Dt.: *Hitlers letzte Tage*, Zürich 1948.
Weisenborn, Günther, *Der lautlose Aufstand*, Reinbek 1962.
Wheeler-Bennett, John W., *The Nemesis of Power*, London 1953. – Dt.: *Die Nemesis der Macht*, Düsseldorf 1954.
Zoller, Albert, *Douze ans auprès de Hitler*, Paris 1949.

Personenregister

Der Name Leopold Trepper wurde nicht ins Register aufgenommen, da es sich bei der Geschichte der Roten Kapelle praktisch um seine – Treppers – Geschichte handelt.

Kursiv gesetzte Seitenzahlen verweisen auf Abbildungen.

Abakumow, Viktor S. 485, 518, 520, 523 f.
Abetz, Otto 178, 252
Abtey, Jacques 497
Achmedow, Ismail 47
Ackermann, Vera 493
Adenauer, Konrad 522
Alamo, Carlos 34 ff., 42 ff., 70, 74, 82 ff., 88, 98 f., 105 f., 111 f., 116 ff., 134, *135*, 139, 186, 197, 242, 332, 437, 451 ff., 480
Alexandrow, Alexander M. 307, 511
»Alte« siehe Stöbe, Ilse
Aragon, Louis 165
Argoud, Antoine 57
Arnould, Rita 85 ff., 97 f., 108, 117, 130, 344
»Arwid« siehe Harnack, Arvid

Badoglio, Pietro 344
Ball, Karl 426, 505
Balthazar, August 187, 264
Barcza, Ernst 37 f.
–, Margarete 37 ff., 44, 73, 83, 89, 96 f., 155 f., 184, 193, *195*, 228, 236 ff., 262, 267, 321, 342 f., 423, 426, 429, 432 ff., 437, 454 ff.
–, Michel 423, 426, 433 f., *435*, 455 ff., 480
–, René 37, 97, 193, 343, 426, 432, 454
Bart, Robert 269, 285
Beauvoir, Simone de 537
Beck, Ludwig 221 f.
Behrens, Karl 334
Behse, Rudolf 290
Bentivegni, Franz-E. von 136
Berg, Willy 114 f., 223, 260, 267, 299, 313, 316, 342, 348, 355, 366 ff., 373 f., 377, 379 ff., 389, 392, 399, 408, 418, 422, 436, 442, 463, 510

Berija, Lawrentij P. 518, 525
Berkowitz, Liane 346
Bernadotte, Folke Graf 472
Bersin, Jan K. 19, 64
Beublet, Maurice 262, 332
»Bill« siehe Hoorickx, Guillaume
Bir, Izaia 17
Biront, Gérard 340, 344
Bismark, Otto von 400 f.
»Bob« siehe Isbutzki, Hermann
Bock, Fedor von 137
Bömelburg, Carl 237 f., 312, 320 f., 342, 407, 421 f.
Bontjes van Beek, Cato 346
Bor-Komorowski, Tadeusz 449
Bormann, Martin 286, 464 ff., 470 ff., 500 f.
Botvine, Naftali 20
Boveri, Margret 214
Braun, Eva 473
–, Otto 48
Breiter, Gertrud 277, 291
Breyer, Robert 322 f., 332, 340, *345*
Brockdorff, Erika Gräfin 288, 290 f., 317, 334
Buch, Eva-Maria 346
Buschmann, Hugo 206, 220 f., 271 f.

Caballero, Largo 318
Canaris, Wilhelm 13, 112 f., 136, 139, 140, 228, 278, 307, 470 ff., 475, 478, 511
Carell, Paul 47, 138
»Carlos« siehe Mathieu
Cervinka, Bohden 512
Chamberlain, Arthur Neville 29
–, Henri, siehe Lafont
Chaptal, Monseigneur 173 f., 180
Charbonnier 165, 231
Chataigneau 236

Bildnachweis

Bilderdienst Süddeutscher Verlag 469 links oben; Librairie Arthème Fayard bzw. Gilles
Perrault 127, 135, 169, 195, 217 rechts oben und 217 unten, 257, 289, 319, 345, 387,
403, 425, 435, 529; Ullstein Bilderdienst 217 links oben, 469 rechts oben und 469 unten.